BIBLIOTHÈQUE

DES

ÉCOLES FRANÇAISES D'ATHÈNES ET DE ROME

FASCICULE QUATRE-VINGT-DIX

L'ITALIE MÉRIDIONALE ET L'EMPIRE BYZANTIN

Par Jules Gay

TOURS. — IMPRIMERIE DESLIS FRÈRES, 6, RUE GAMBETTA.

L'ITALIE MÉRIDIONALE

ET

L'EMPIRE BYZANTIN

BIBLIOTHÈQUE DES ÉCOLES FRANÇAISES D'ATHÈNES ET DE ROME
PUBLIÉE
SOUS LES AUSPICES DU MINISTÈRE DE L'INSTRUCTION PUBLIQUE

FASCICULE QUATRE-VINGT-DIX

L'ITALIE MÉRIDIONALE

ET

L'EMPIRE BYZANTIN

DEPUIS L'AVÈNEMENT DE BASILE Ier JUSQU'A LA PRISE DE BARI PAR LES NORMANDS

(867-1071)

PAR

JULES GAY

ANCIEN ÉLÈVE DE L'ÉCOLE NORMALE SUPÉRIEURE,
ANCIEN MEMBRE DE L'ÉCOLE FRANÇAISE DE ROME
AGRÉGÉ D'HISTOIRE ET DE GÉOGRAPHIE.

CONTENANT DEUX CARTES

PARIS
ALBERT FONTEMOING, ÉDITEUR
Libraire des Écoles Françaises d'Athènes et de Rome
du Collège de France et de l'École Normale Supérieure
4, RUE LE GOFF, 4

1904

INTRODUCTION

La restauration de la puissance byzantine en Italie, après la chute de l'exarchat de Ravenne, est l'œuvre de la dynastie macédonienne et de son glorieux fondateur, Basile Ier. Les mêmes princes, qui relèvent la force et le prestige de l'empire en Orient, tournent aussi vers l'Occident leur attention et leurs efforts; ils reprennent en partie, avec un sens plus net des réalités, les projets grandioses de Justinien; ils veulent réparer les désastres des VIIe et VIIIe siècles et, par de nouvelles conquêtes, reculer le plus loin possible sur le sol de la péninsule les limites de leur domination. Dans les régions qu'ils ne peuvent directement soumettre, ils cherchent du moins à faire reconnaître la suprématie impériale, à faire entrer dans le cercle de leur influence les puissances locales.

L'œuvre entreprise par Basile Ier et Léon VI se continue, sous leurs successeurs, malgré de graves défaites; elle est énergiquement défendue, contre l'empire d'Occident, par Nicéphore Phocas; enfin, dans les dernières années du règne de Basile II, entre 1020 et 1025, la puissance byzantine est à son apogée : maîtresse d'une moitié de la péninsule, elle arrive jusqu'aux portes de l'« ancienne Rome », prête à donner un appui plus efficace à la clientèle que lui assurent, au centre de l'Occident chrétien, la présence d'une importante colonie byzantine et la facilité des Romains à se laisser corrompre par l'or du basileus. Mais Rome reste à l'Occident et, quelques années plus tard, l'œuvre de Basile II est anéantie par les progrès de l'invasion normande : à partir de 1040, les défaites des Grecs se succèdent, et bientôt toute l'Apulie leur échappe. Cependant la domination byzantine n'a pas été renversée si vite, ni si facilement qu'on est tenté de le croire : les Normands ne sont restés les maîtres qu'après une lutte acharnée, des assauts répétés, de nombreuses victoires ; leurs progrès ont été singulièrement favorisés par les circonstances extérieures, par la situation générale de l'empire, attaqué et menacé de toutes parts ; enfin il leur a fallu, comme aux Francs du VIIIe siècle, l'appui déclaré du Saint-Siège. D'ailleurs, il est difficile de fixer à une date précise la chute de la domination byzantine dans l'Italie méridionale : en réalité, la substitution des comtes normands aux officiers du basileus s'est faite très lentement, par étapes successives, et les Normands eux-mêmes, pour mieux imposer leur autorité, commencent par reconnaître, au moins en théorie, la suprématie impériale. Dans cette lutte, qui se prolonge jusqu'à la fin du XIe siècle, il y a pourtant un fait décisif : la prise de Bari, enlevée par Robert Guiscard après un siège de deux ans (1071), marque la séparation définitive de l'Italie méridionale et de l'empire. C'est à Bari que s'est concentrée la suprême résistance des troupes byzantines ; c'est Bari qui reste, jusqu'au dernier jour, la capitale du « thème » d'Italie. Au temps de Basile Ier, c'est l'entrée des troupes byzantines à Bari qui avait été le point de départ de leurs nouvelles conquêtes : l'occupation de 876 était d'ailleurs préparée, de longue main, par la politique patiente et habile du fondateur de la dynastie macédonienne. Ainsi l'avènement de Basile, la prise de Bari par Robert Guiscard marquent les limites d'une période importante dans l'histoire de l'Italie byzantine.

Il ne s'agit plus, comme au temps de l'exarchat de Ravenne, de toute la péninsule. Sans doute, le but lointain de l'ambition des empereurs grecs, c'est la reprise de l'Italie toute entière et de l'ancienne Rome; sans doute, dans cette ancienne Rome, il y a toujours place pour leurs intrigues et leur intervention. Mais, en fait, leur domination trouve ses limites dans la partie de la péninsule qui s'étend au sud de l'État pontifical : c'est là qu'est le fondement réel de leur puissance. La politique du basileus à Rome, ou à la cour des princes italiens, est subordonnée à ses intérêts en Campanie, en Pouille et en Calabre. Si les Byzantins, après la chute de l'exarchat, ont gardé au nord Venise et la côte voisine, cette région forme bientôt, sous la suzeraineté du basileus, un État autonome qui a ses destinées et sa vie à part. Les villes de Campanie, Gaëte, Naples, Amalfi, se transforment aussi par une évolution assez semblable à celle de Venise; mais elles touchent de trop près aux domaines directs du basileus pour que leur histoire puisse en être séparée.

Lorsque l'autorité byzantine disparaît à Rome et à Ravenne, les territoires grecs de l'Italie méridionale se rattachent naturellement à la Sicile : c'est l'histoire de la Sicile byzantine et de ses patrices qui formerait la suite naturelle à l'histoire de l'exarchat de Ravenne. Mais, dès la première moitié du IXe siècle, l'invasion arabe bouleverse les destinées de l'île : Palerme devient la capitale d'un nouvel État musulman, et, si longue que soit la résistance des Grecs sur la côte orientale, de Messine jusqu'à Syracuse, ils ne peuvent empêcher la domination arabe de gagner peu à peu l'île entière. Syracuse, puis Taormine succombent, pendant que les armées du basileus s'avancent victorieuses sur le continent : chassés de la Sicile, les Byzantins étendent leurs conquêtes au nord de la Calabre. Ainsi, depuis le règne de Basile, la Sicile arabe et l'Italie méridionale byzantine forment deux mondes différents, opposés l'un à l'autre, qu'il n'est plus possible de confondre dans une seule étude. On n'oubliera pas cependant que l'histoire de l'Italie continentale se rattache toujours, par des liens étroits, à celle de l'île voisine. Les rives de Calabre et de Campanie sont ravagées périodiquement par les Arabes de Palerme ; et les chrétiens de Sicile, très nombreux sur la côte orientale, ayant réussi à maintenir, à défaut d'indépendance, une certaine autonomie, donnent à l'influence byzantine en Calabre un précieux point d'appui.

Plus d'un siècle s'écoule entre la chute de l'exarchat de Ravenne et l'avènement de Basile : si l'on observe l'état de l'Italie méridionale, durant cette longue période (754-867), rien ne fait prévoir, au premier abord, les succès si prompts des Grecs.

Si large qu'on fasse la part aux éminentes qualités de Basile Ier et aux talents de ses généraux, on aura peine à comprendre le triomphe de la politique byzantine, si l'on ne cherche pas à se rendre compte, avec plus de précision, de l'état réel des forces en présence. Il sera donc nécessaire de résumer d'abord, dans ses traits essentiels, l'histoire de l'Italie méridionale, depuis la chute de l'exarchat jusqu'à l'avènement de Basile. Mais l'objet propre de notre étude, c'est de montrer comment l'Italie méridionale a été soumise et organisée, au temps de Basile et de Léon VI, par quelles alternatives de décadence et de relèvement a passé l'autorité du basileus depuis cette première restauration jusqu'au règne glorieux de Basile II, — quelles causes expliquent, après la mort de Basile II, la faiblesse des Grecs et les victoires des Normands. En observant cette évolution, nous aurons surtout à déterminer, plus nettement qu'on ne l'a fait jusqu'ici, de quelle nature sont les liens qui unissent à l'empire les différentes régions de l'Italie méridionale, comment se mêlent, pour employer des termes très modernes, les domaines d'administration directe et les pays de protectorat, en quoi consiste la suprématie du basileus sur les seigneurs lombards. Il importe aussi de rechercher par quels moyens s'est propagée, du IXe au XIe siècle, la civilisation byzantine, quels pays nouveaux ont été conquis à l'hellénisme sur ce sol de l'ancienne Grande-Grèce, qui a gardé si profondément, jusqu'à la fin du moyen âge, son empreinte byzantine.

Cette question si importante de la propagande byzantine et du rôle des moines basiliens dans l'Italie méridionale a été plutôt esquissée que traitée à fond par Zampelios et Lenormant, auxquels il faut joindre Mgr Batiffol, dans sa brève Introduction à l'*histoire de l'abbaye de Rossano*. M. Schlumberger, dans plusieurs chapitres de son *Épopée byzantine*, a résumé, de la manière la plus intéressante, les résultats de ces différents travaux. Mais, pour traiter la question dans toute son ampleur, il importe de distinguer avec plus de précision qu'on ne l'a fait généralement les différentes époques de la seconde occupation byzantine en Italie. La rareté même des documents nous oblige à ne pas limiter notre étude à une période trop restreinte : si les vies des moines basiliens de la fin du Xe siècle nous offrent une mine précieuse de renseignements, encore est-il nécessaire de les compléter et de les contrôler par d'autres textes, se rapportant à d'autres époques.

Les guerres confuses et interminables qui désolent l'Italie méridionale aux IXe et Xe siècles semblent, au premier abord, d'un intérêt médiocre. Cependant, si l'on veut comprendre les différentes vicissitudes de la domination byzantine, en évitant les conclusions trop vagues ou les généralités contestables, il faut suivre d'abord, avec toute la précision possible, l'enchaînement des faits militaires et politiques. Pour les guerres avec les Arabes, très peu de documents se sont ajoutés à ceux que connaissait déjà Amari, et dont il s'est servi dans son *Histoire des Arabes de Sicile* pour raconter aussi les invasions du continent. Mais son récit doit être contrôlé de près, car il cite, parmi les chroniques locales, quelques-uns des textes apocryphes dénoncés par Köpke. D'autre part, l'histoire politique de l'Italie méridionale a été exposée à plusieurs reprises, pour toutes les périodes où elle se rattache à l'histoire de l'empire franc et de l'empire germanique ; et les travaux des Dümmler, des Giesebrecht, des Hirsch, des Bresslau sont, sur ce point, d'une valeur incontestable. Mais ils ont surtout traité les rapports avec Byzance du point de vue occidental et germanique, et comme ils se préoccupent avant tout d'écrire les annales des empereurs, ils ont parfois jugé les affaires de l'Italie méridionale de trop haut et de trop loin pour les apprécier exactement : s'ils ont bien connu les sources locales, ils attachent parfois trop d'importance aux témoignages très vagues de certains chroniqueurs francs ou germaniques, fort éloignés du théâtre des événements. De son côté, M. Schlumberger, en racontant l'histoire de Nicéphore Phocas, de Jean Tzimiscès et de Basile II, a étudié, dans plusieurs chapitres, les affaires de l'Italie méridionale : mais, pour la longue période qui précède l'avènement de Nicéphore Phocas, sauf quelques pages de M. Rambaud dans son livre sur *Constantin Porphyrogénète*, nous n'avons aucun travail semblable. En somme, l'histoire de l'Italie méridionale n'a été traitée, jusqu'à présent, que comme un fragment accessoire dans l'histoire générale de l'un et de l'autre empire. Voilà pourquoi il est nécessaire de reprendre l'analyse chronologique des événements, même pour les périodes les mieux connues, en nous appuyant surtout sur les sources locales et en prenant l'Italie méridionale elle-même comme centre et comme objet principal de cette étude.

Pour la période finale, qui s'étend depuis la mort de Basile II jusqu'à la prise de Bari, on ne peut pas regarder comme définitifs les travaux des historiens de la conquête normande. Tous ont pris parti, plus ou moins, pour les Normands contre les Byzantins. Pourquoi ne s'est-il pas trouvé d'historien qui ait pris contre les Normands d'Italie le parti des vaincus, comme autrefois Augustin Thierry, dans son récit de *la Conquête de l'Angleterre?* C'est qu'ici ces vaincus étaient des Byzantins, fort dédaignés par l'opinion courante, et jugés avec une extrême rigueur. L'œuvre si remarquable et si utile encore de M. de Blasiis sur *l'Insurrection de Pouille et la Conquête normande au XIe siècle* n'échappe point aux préventions traditionnelles contre Byzance. Les historiens patriotes de l'Italie contemporaine, Amari comme M. de Blasiis, ont trop vu, dans les Byzantins du XIe siècle, les maîtres étrangers qui imposaient un joug odieux à une partie du peuple italien. Les insurgés lombards, alliés aux conquérants normands, sont pour eux les libérateurs de la patrie, les héros de l'indépendance nationale. Nous aurons à examiner si une étude plus attentive des sources justifie ces jugements trop sommaires : l'œuvre même des Normands en Italie ne peut être appréciée à sa juste valeur, si l'on ne se rend pas compte, plus exactement, de l'état où se trouvait l'Italie du Sud lors de leurs premières conquêtes, si l'on ne cherche pas à apprécier, plus impartialement, les résultats de l'occupation byzantine.

On se demandera quelles sont au juste les limites de l' « Italie méridionale » et s'il faut y voir une région naturelle, se distinguant du reste de la péninsule par certains caractères nettement marqués. C'est un fait remarquable que l'ancien royaume de Naples, le plus vaste de tous les États italiens, — tantôt uni à la Sicile, tantôt séparé d'elle, — ait gardé, jusqu'en 1860, les mêmes frontières qu'il avait au XIIe siècle, s'étendant au nord-ouest jusqu'au Garigliano, au nord-est jusqu'au Tronto. Mais, bien avant les Normands, dès la fin du VIIIe siècle, la partie de la péninsule qui s'étend au sud des Abruzzes a ses destinées particulières et sa vie à part. En dehors même des circonstances politiques, dont la principale est la formation de l'État pontifical, la nature même du sol nous explique en partie cet isolement. Depuis l'Apennin ligure jusqu'au golfe de Tarente il n'y a pas de région plus âpre ni plus escarpée que ce large massif des Abruzzes, où se trouvent les plus hauts sommets de la péninsule : par l'occupation de ce massif, les souverains normands donnaient à la monarchie napolitaine une *marche* naturelle, d'une valeur défensive admirable. Au VIIIe siècle, cette marche appartient au duc de Spolète ; l'étroite région comprise entre les Abruzzes et la côte Adriatique, depuis le cours du Tronto jusqu'à celui du Sangro, route naturelle d'invasion vers l'Apulie, est disputée entre Spolète et Bénévent : mais si, de ce côté, la frontière oscille entre les Lombards du Centre et du Sud, ailleurs elle ne change guère : le duc de Spolète, attiré surtout vers l'État pontifical et la vallée du Tibre, ne menace que rarement ses voisins du sud. — Au pied des Abruzzes, dans les vallées moyennes du Garigliano et du Sangro, nous entrons dans le domaine propre des Lombards du Sud, sujets de Bénévent. Dès lors, l'Apennin s'abaisse et se morcèle en massifs isolés, puis en plateaux ou collines de médiocre altitude, par où s'établissent, entre l'ouest et l'est, des communications plus nombreuses et plus faciles. On s'explique ainsi comment une population conquérante a pu, sans obstacle, dominer presque tout le pays, d'une mer à l'autre. Mais ces régions, qui communiquent entre elles si aisément, offrent les plus violents contrastes : à la plaine de Campanie, d'une incomparable richesse, succède l'âpre plateau lucanien. Les rives du golfe de Tarente, autrefois peuplées de villes florissantes, aujourd'hui presque désertes, touchent aux deux régions les moins semblables qu'on puisse imaginer : au sud-ouest, la Calabre, avec ses hauts sommets, ses vallées profondes, ses forêts majestueuses ; à l'est, la plaine monotone d'Apulie, à peine ondulée d'abord par les collines rocailleuses et arides des *Murgie*, au-delà desquelles s'étendent à perte de vue, jusqu'à l'Adriatique, les oliviers et les vignes. Mais on chercherait vainement un centre naturel, où viennent aboutir les principales voies de communication. L'Italie du Sud n'a pas de grand bassin fluvial : sillonnée de torrents médiocres, elle « s'enfuit de toutes parts en versants distincts » (E. Reclus). Par l'orientation de ses côtes, elle est attirée vers trois mers différentes, et réciproquement, elle a toujours attiré les voisins, pirates ou marchands, qui fréquentaient ces trois mers. Ainsi, largement ouverte par ses côtes, l'Italie méridionale est loin de former un tout homogène, dont toutes les parties aient entre elles une naturelle cohésion. Les populations y offrent les mêmes contrastes que le sol lui-même, et plus on remonte loin dans l'histoire, plus ces contrastes s'accusent : les rudes pâtres du Samnium ou de la Lucanie, aussi sauvages que les primitifs habitants du Latium, ne sont-ils pas les contemporains des Grecs raffinés de Tarente, de Métaponte, de Sybaris ?

Au moment où les Byzantins sont chassés de Rome et de Ravenne, Sybaris et Métaponte ont disparu depuis des siècles ; Tarente, toujours vivante, mais réduite à un rôle secondaire, est occupée par ces Lombards du Sud, héritiers des Samnites et maîtres incontestés depuis les Abruzzes jusqu'à la mer Ionienne. S'il y a encore, aux extrémités de la Calabre et de la Terre d'Otrante, une « Grande-Grèce » byzantine, son importance politique est nulle jusqu'à Basile Ier. Si, à la fin du VIIIe siècle, une certaine unité peut s'établir entre les régions diverses de l'Italie méridionale, il semble que ce soit par la force militaire des Lombards, et non par les armes ou l'influence de Byzance. Pourquoi les Lombards ont-ils échoué dans cette tâche ? Comment la Grande-Grèce byzantine s'étend-elle à leurs dépens? Quels rapports nouveaux s'établissent entre Lombards et Grecs ? Quel est enfin, près de deux siècles après les conquêtes de Basile Ier, l'état de l'Italie méridionale, et comment l'œuvre civilisatrice de Byzance doit-elle survivre à sa domination politique ? — Telles sont, en somme, les questions essentielles, auxquelles on espère répondre par la présente étude.

C'est un devoir pour moi d'exprimer ici toute ma reconnaissance aux personnes qui m'ont aidé ou encouragé, et d'abord à mon maître, Mgr Duchesne, à qui je dois la première idée de ce travail, à MM. Schlumberger et Diehl, dont les conseils m'ont été si précieux. Je ne saurais oublier, sans ingratitude, le bienveillant appui que j'ai reçu du regretté M. Geffroy, au temps où j'ai commencé mes recherches. Plusieurs séjours dans l'Italie méridionale m'ont fait faire plus intime connaissance avec un pays, dont l'histoire offre encore tant de parties inexplorées. J'ai pu mieux profiter ainsi des travaux de l'érudition locale, souvent trop peu connus au dehors. Parmi ceux qui m'ont accueilli là-bas, avec tant de bienveillance et d'aimable courtoisie, je suis heureux de compter plus d'un ami. A tous, je dois beaucoup : si je leur dois surtout d'avoir appris à mieux comprendre et à mieux aimer leur pays, les indications qu'ils m'ont données, les livres qu'ils m'ont procurés m'ont été fort utiles pour l'objet précis de mes recherches. Qu'il me soit permis d'adresser mes plus vifs remerciements à MM. les membres de la société d'histoire de Naples, et à son obligeant bibliothécaire, le comte de la Ville-sur-Yllon, au comte Hector Capialbi, à M. le député Fortunato, à M. le professeur de Giorgi, à M. le chanoine Minasi, à MM. Maggiulli et Nervegna.

Les archives ou bibliothèques de l'Italie, où il reste encore, pour l'époque byzantine, des documents inédits, sont fort peu nombreuses. Les chartes de Bari, dont j'avais pris connaissance, autrefois, grâce à l'obligeance de M. le chanoine Montuori et de M. le professeur Nitto de Rossi, viennent de paraître, dans la belle publication, entreprise par la commission d'histoire provinciale. Mais à la Bibliothèque nationale de Naples, j'ai consulté avec grand profit le cartulaire inédit de l'abbaye de Tremiti, à Brindisi, les copies des anciennes archives, conservées à la bibliothèque communale; enfin j'ai trouvé aux archives du Mont-Cassin un assez grand nombre de chartes latines, des x et xie siècles, non encore publiées. Je remercie tout particulièrement dom Ambrogio Amelli, prieur du Mont-Cassin, qui a bien voulu faciliter mes recherches.

L'hospitalité bénédictine, si précieuse aux travailleurs dans les couvents illustres du Mont-Cassin et de la Cava, je l'ai retrouvée naguère en France. Les Pères de l'abbaye de Solesmes, maintenant déserte, avaient mis à ma disposition, avec une inépuisable obligeance, les ressources d'une bibliothèque, où l'on avait, à côté de vieux livres d'histoire monastique, souvent utiles à consulter, tous les instruments d'étude, indispensables au médiéviste. Si j'ai pu continuer ce travail — en de rares heures de loisir — pendant le temps que j'ai passé loin de Paris, comme de l'Italie, c'est à eux que je le dois. Aujourd'hui surtout, je m'en voudrais de ne pas rappeler ce souvenir, et j'offre aux moines en exil l'expression émue de ma profonde gratitude.

Paris, 7 octobre 1903.

INDEX BIBLIOGRAPHIQUE

CRITIQUE DES SOURCES

L'étude la plus récente et la plus complète qui existe sur les sources de l'histoire de l'Italie méridionale, pendant la période byzantine, est celle de B. CAPASSO dans le tome Ier (1876) de l'*Archivio Storico per le Province Napoletane* (*le Fonti della Storia delle provincie Napolitane dal 568 al 1500*). Les articles de Capasso ont été réunis et publiés de nouveau, avec des notes et un index alphabétique, par les soins du professeur O. *Mastrojanni* (1 vol. 8°, Naples, 1902).

Dans sa « dissertatio inauguralis » intitulée : *De Italiæ inferioris annalibus sæculi decimi et undecimi* (Berlin, 1864) F. HIRSCH a étudié spécialement les annales de Bari et celles de Bénévent, — les annales du Mont-Cassin, — l'œuvre de Romuald de Salerne et la chronique d'Amalfi.

Avant lui, KÖPKE, dans l'*Archiv* de PERTZ (t. IX, 1847) a démontré le caractère apocryphe du *Chronicon Cavense*, fabriqué par Pratilli (*die Quellen des Chronicon Cavense und einiger verwandten Chroniken*). Cf. sur le même sujet un article de CAPASSO, dans le tome V de l'*Arch. Stor. per le prov. Nap.* Pour les apocryphes de Bari, fabriqués par Calefati, on consultera les deux articles de WÜSTENFELD et de CANTU, publié dans l'*Archivio Storico italiano*, nuova serie, t. X, p. 68 (*Delle falsificazioni di alcuni documenti concernenti la storia d'Italia nel medio evo*), et t. XII, p. 3 (*di Alcune falsificazioni storiche e del signore Wüstenfeld*) (1859-1860).

Les sources indiquées ci-après, et consultées pour la présente étude, se trouvent, pour la plupart, dans les recueils suivants :

Monumenta Germaniæ historica, éd. f°. *Scriptores* (*M. G. Ss.*).

Id., éd. 4°. *Scriptores rerum langobardicarum* (*S. r. l.*).

Monumenta ad Neapolitani ducatus historiam pertinentia, publiés par CAPASSO. Naples, 1881-1892, 3 vol. 4°.

MURATORI, *Rerum Italicarum Scriptores* (*R. I. S.*).

ID. *Antiquitates Italicæ* (*Ant. It.*).

UGHELLI, *Italia Sacra* (2e édition revue par Coleti, Venise, 1717-22, f°).

D'autres recueils sont assez connus, pour qu'il suffise de les rappeler d'un mot : les éditions de *la Byzantine*, publiée à Bonn, les deux *Patrologies* de MIGNE, les collections conciliaires de HARDOUIN et de MANSI, les *Acta Sanctorum*, publiés par les Bollandistes (*A. S.*).

I

SOURCES PROVENANT DE L'ITALIE MÉRIDIONALE

A. — SOURCES IMPRIMÉES

1° Chroniques :

a) *Grecques :*

La *cronaca siculo-saracena* di Cambridge con doppio testo greco, éd. Cozza-Luzzi. Palerme, 1890, 1 vol., 8° (dans les *Documenti per servire alla storia di Sicilia*, 4[a] serie.)

b) *Latines :*

Aimé, *ystoire de li Normant*, publiée avec une introduction et des notes par l'abbé Delarc, Rouen, 1892, 8°.

Annales Barenses (*M. G. Ss.*, V, 51).

Annales Beneventani (*M. G. Ss.*, III, 173).

Annales Casinates (*M. G. Ss.*, III, 171).

Annales Casinenses (*M. G. Ss.*, XIX, 305).

Anonymus Barensis (*R. I. S.*, V, 138).

Anonymus Vaticanus (*R. I. S.*, VIII, 755).

Catalogus comitum Capuæ (*M. G. S. r. l.*, 498).

Catalogus regum Langobardorum et ducum Beneventanorum (*S. r. l.* 490).

Chronicon Amalfitanum (*Ant. It.*, I, 207).

Chronicon breve Northmannicum (*Patr. lat.*, CXLIX, 1083).

Chronicon episcoporum S. Neap. Ecclesiæ (Capasso, I, 145, et *S. r. l.*, 398 sous le titre : *Gesta episcoporum Neapolitanorum*).

Chronicon Salernitanum (*M. G. Ss.*, III, 470).

Chronicon Sancti Benedicti Casinensis (*S. r. l.*, 467).

Chronicon Vulturnense (Murat., *R. I. S.*, I, p. 2, 325).

Erchempert, *Historia Langobardorum Beneventanorum* (*Script. r. l.*, 231).

Gaufredus Malaterra, *Historia Sicula* (*Patr. lat.*, CXLIX, 1087).

Guilelmus Apuliensis, *Gesta Wiscardi* (*M. G. Ss.*, IX, 239).

Leo Ostiensis seu Marsicanus, *Chronicon monasterii Casinensis* (*M. G. Ss.*, VII, 555). Continuation de Petrus Diaconus.

Lupus Protospata (*M. G. Ss.*, V, 51).

Romualdus Salernitanus, *Annales* (*M. G. Ss.*, XIX, 398).

2° Vies de saints. — Translations. — Œuvres diverses :

a) *Grecques, ou traduites de grec :*

Vie de *saint Barthélemy* (*de Rossano*) (*A. S.*, septembre, VIII, 792, et *Patr. gr.*, CXXVII, 477).

Vie de *saint Elie le jeune*, d'Enna en Sicile, (17 août, III).

Vie de *saint Elie le Spéléote*, de Reggio en Calabre (*A. S.*, 11 septembre, III).

Vie de *saint Léon-Luc* (*A. S.*, 1er mars, I).

Vie de *saint Luc d'Armentò* (*A. S.*, 13 octobre, VI).

Vie de *saint Nil* (*A. S.*, 26 septembre, VII et *Patr. gr.*, CXX, 1).

Vie de *saint Philarète* (*A. S.*, 6 avril, I).

Vie de *saint Vital* (*A. S.*, 9 mars, II).

Vie de *saint Sabas* (éd. Cozza-Luzzi, *Studi et documenti di storia e diritto*, 1891, t. XII).

Vie des *saints Christophore et Macarios* (Id., *id.*, 1892, t. XIII).

Les vies de *saint Elie le jeune*, de *saint Léon-Luc*, de *saint Vital* et de *saint Luc d'Armentò*, se trouvent également (trad. lat.) dans Caietani (Gaetani) *Vitæ Sanctorum Siculorum*, Palerme, 1657, 2 vol. f° (t. II, p. 63, 80, 86, 96).

b) *Latines :*

Ex miraculis *Agrippini* (*M. G. S. r. l.*, 463).

Vita *Antonini abbatis Surrentini*.

Ex miraculis *Antonini abbatis Surrentini* (*S. r. l.*, 583; — Capasso, I, 80).

Vita S. *Athanasii episcopi Neapolitani* (*S. r. l.*, 439).

Acta translationis S. *Athanasii* (*S. r. l.*, 449; — Capasso, I, 282).

Vita *Barbati, episcopi Beneventani* (*S. r. l.*, 556).

Translatio S. *Heliani* (*S. r. l.*, 581).

Ex vita *Laurentii Sipontini* (*S. r. l.*, 541).

Translatio S. *Leucii* (Ughelli, VII, 892; — *A. S.*, jan., I, 672).

Ex translatione *duodecim Martyrum* (*S. r. l.*, 574; — *A. S.*, sept. I, 142).

Vita S. *Mercurii* (Martène, *Amplissima collectio*, VI, 743).

Ex translatione S. *Mercurii* (*S. r. l.*, 577).

Liber de apparitione S. *Michaelis in monte Gargano* (*S. r. l.*, 540; — *A. S.*, sept., VIII, 56).

Ex vita et translatione S. *Pardi Lucerini* (*S. r. l.*, 589).

Ex vita et translatione S. *Sabini Canusini* (*S. r. l.*, 586; — *A. S.*, febr., II, 323).

Vita *Secundini* (Ughelli, I, 1336).

Acta translationis S. *Severini abbatis*, auctore Johanne diacono (*S. r. l.*, 452; — Capasso, I, 291).

Acta translationis S. *Sosii*, auctore Johanne diacono (*S. r. l.*, 459; — Capasso, I, 304).

Alfani (archiepiscopi Salernitani) *carmina* (*Patr. lat.*, CXLVII, 1257).

Anonymi sed antiqui *narratio consecrationis et dedicationis ecclesiæ Casinensis ab Alexandro II* (*R. I. S.*, V, 76).

Bertharii (abbatis Casinensis) *carmina* (*M. G.*, 4°; *Poetæ latini ævi carolini*, t. III).

Desiderii (abbatis Casinensis) *dialogi* (*Patr. lat.*, CXLIX, 1090).

Petri Diaconi *de viris illustribus monasterii Casinensis* (*R. I. S.*, VI, 10).

3° Recueils de lois. — Traités :

Capitula des princes de Bénévent, Arichis et Adelchis (*M. G.*, 8°: *Edictus ceteræque Langobardorum leges*, 171-179).

Traités avec les Napolitains (*M. G.: Edictus*, 180-194; — Capasso, III, 135).

Traité de partage entre Radelchis et Sikenolf (*M. G.: Edictus*, 195; — *M. G. Leges*, IV, 221).

Pactum Sergii ducis cum Neapolitanis (Capasso, III, 157).

Fragments de traduction grecque de l'édit de Rotaris (*M. G.: Leges*, IV, introd., XLIII, 226).

Prochiron legum, éd. Brandileone, Rome, 1895, 8° (dans les *Fonti per la Storia d'Italia*).

4° RECUEILS DE CHARTES.

BELTRANI, *Documenti longobardi e greci per la storia dell Italia meridionale nel medio evo*. Rome 1877, 8°.

Chartularium Cupersanense, éd. MOREA. Montecassino, 1893. 1 vol., 4°.

Chronicon beneventani monasterii S. Sophiæ (UGHELLI, X, 415).

Codex diplomaticus Caietanus, t. I et II. Montecassino, 1888-91, 4°.

Codex diplomaticus Cavensis. Naples et Milan, 1873-93, 8 vol., 4°.

Codice diplomatico barese, t. I (Pergamene del duomo di Bari), III (p. della cathedrale di Terlizzi), et IV (p. di S. Nicola di Bari). Trani, 1896-1901, 4°.

DEL GIUDICE, *Codice diplomatico del regno di Carlo I e II d'Angiò*. Naples, 1863, t. I (4°) *appendice*.

GATTOLA, *Historia abbatiæ Casinensis*. Venise, 1734, 1 vol. f°.

ID., *Ad historiam abbatiæ Casinensis accessiones*. Venise, 1734, 1 vol. f°.

PROLOGO, *Le carte che si conservano nello Archivio del capitolo metropolitano della città di Trani*. Barletta, 1877, 8°.

Regesta Neapolitana (CAPASSO, t. II).

Regii Neapolitani archivi Monumenta. Naples, 1845-61, 6 vol., 4°.

TRINCHERA, *Syllabus Græcarum membranarum*. Naples, 1865, 1 vol. 4°.

TROYA, *Codice diplomatico longobardo*. Naples, 1853-55, 6 vol., 8°.

B. — SOURCES INÉDITES

Cartulaire de Tremiti (ms. du XIIIe siècle. Bibliothèque nationale de Naples).

— Chartes diverses dans le ms. E, VI, 182, de la bibliothèque Chigi à Rome.

— Archives du Mont-Cassin (chartes originales et copies manuscrites réunies par les P. Federici et Frangipani dans le *Codice diplomatico cassinese*).

— Archives capitulaires de Bénévent.

— *Codex diplomaticus brundusinus* (recueil manuscrit du XVIIIe siècle, conservé à la bibliothèque municipale de Brindisi).

II

AUTRES SOURCES

1° GRECQUES :

Acta et Scripta quæ de controversiis ecclesiæ græcæ et latinæ sæculo undecimo composita extant, éd. WILL. Leipzig, 1861, 4°.

ANNE COMNÈNE, *Alexiadis libri XV*. Bonn, 1839-78, 2 vol., 8°.

BASILII *notitia* (*in* Georges de Chypre, éd. Gelzer, p. 27).

Cecaumeni *strategicon et incerti scriptoris de officiis regiis libellus*, éd. Wassiliewsky et Jernstedt. Petropoli, 1896, 8°.
Constantin Porphyrogénète, De *administrando imperio*.
Id., *De thematibus*, Bonn, 1840, 1 vol. 8°.
Id., *Vita Basilii*. Cf. Theoph. Cont.
Id., *De Cerimoniis*, éd. Reiske. Bonn, 1829, 2 vol. 8°.
Genesios (Theophilactus Simocatta, Genesius. Bonn, 1834, 1 vol. 8°).
Georges de Chypre, *Descriptio orbis Romani*, éd. Gelzer, 12°.
Georges le Moine (Theophanes continuatus).
Jus Græco-Romanum, éd. Zachariæ von Lingenthal, VII partes, 1856-1884, 8°.
Léon Diacre, éd. Hase. Bonn, 1828, 1 vol. 8°.
Léon Grammaticus, éd. Bekker. Bonn, 1842, 1 vol. 8°.
Léon le Sage, *Tactica* (*Patr. gr.*, CVII, 671).
Maxime, Œuvres (*Patr. gr.*, XC et XCI).
Michel Attaliate, éd. Bekker. Bonn, 1853, 1 vol. 8°.
Νέα Τακτικά (*in* Georges de Chypre, p. 57).
Nicetas Paphlago, *Laudatio S. Bartholomæi* (*Patr. gr.*, CV, 195).
Nicolas le Mystique, patriarche de Constantinople (*Patr. gr.* CXI, 29).
Nil Doxopater, *Notitia patriarchatuum* (*Patr. gr.*, CXXXII, col. 1035).
Notitiæ episcopatuum (Parthey, *Hieroclis Synecdemus et notitiæ græcæ episcopatuum*. Berlin, 1866, 8°).
Psellos, Ἑκατονταέτηρις Βυζαντινῆς ἱστορίας (Sathas, *Bibl. græca medii ævi*, t. IV. Paris, 1874, 8°).
Cf. *id.* dans les *Byzantine Texts* (Collection Bury). Londres, 1899, 8°. t. I).
Ἐπιστολαί (Sathas, *l. c.*, t. V. Paris, 1876).
Skylitzès-Cedrenus, éd. Bekker, Bonn, 1838, 2 vol., 8°.
Symeon Magister (Theophanes continuatus).
Theophane, éd. de Boor. Leipzig, 1883, 8°.
Theophanes continuátus. Bonn, 1838, 1 vol. 8°.
Vie de Saint Philarète (Mémoires de l'Institut archéologique russe de Constantinople, t. V, p. 64).
Vita Euthymii, éd. de Boor. Berlin, 1888, 8°
Zonaras, *Epitome historiarum*, éd. Dindorf, 1868-71, 6 vol. 12°.

2° Arabes :
Al-Baladuri (*Bibliotheca Arabo-Sicula*, Turin et Rome, 1880, 2 vol. 8°).
Al-Bayan (*Id.*, t. II).
Chronique de Cambridge (*Id.*, t. I).
Ibn al Atir (*Id.*, t. I).
Ibn Khaldun (*Id.*, t. II).
Nuwayri (*Id.*, t. II).
Edrisi, *l'Italia descritta nel libro del re Ruggiero*, éd. Amari et Schiaparelli. Rome, 1883, 4°.

3° Latines :
Acta regum et imperatorum Karolinorum, éd. Sickel, 1867, 2 vol. 8°.
Acta pontificum Romanorum inedita, éd. Pflugk-Harttung, 3 vol. 4°.
Ademari *Historiarum libri III* (*M. G. Ss.*, IV, 140).

Ex Adonis *archiepiscopi Viennensis chronico* (*Id.*, II, 315).
Alexandri II *papæ epistolæ* (*P. L.*, CXLVI, 1279).
Alpertus, *de episcopis Mettensibus libellus* (*Id.*, IV, 697).
Andreæ Bergomatis *historia* (*M. G. S. r. l.*, 220).
Annales Altahenses (*M. G. Ss.*, XX, 785).
Annales Augustani (*Id.*, III, 123).
Annales Fuldenses (*Id.*, I, 343).
Annales Hildesheimenses (*Id.*, III, 22).
Annales Lamberti (*Id.*, III, 33).
Annales Laureshamenses (pars altera) (*Id.*, I, 30).
Annales Laurissenses contin. auctore Einhardo (*Id.*, I, 174).
Annales Lobienses (*Id.*, XIII, 224).
Annales Quedlinburgenses (*Id.*, III, 22).
Annales Sangallenses (pars altera) (*Id.*, I, 78).
Arnulfi *gesta archiepiscoporum Mediolanensium* (*Id.*, VIII, 1).
Benedicti, S. *Andreæ monachi chronicon* (*Id.*, III, 695).
Benzonis, *episcopi Albensis ad Heinricum IV* (*Id.*, XI, 591).
Bertholdi *Annales* (*Id.*, V, 264).
Bonizo, *ad Amicum* (Watterich, *Pontificum Romanorum Vitæ*, I, 104).
Capitularia regum Francorum:
Hlotharii capitulare de expeditione contra Sarracenos facienda (*M. G.*, 4° : *Legum* S. II, t. II, 65).
Hludowici II constitutio de expeditione beneventana (*Id.*, 94).
Casuum S. Galli continuatio II (*M. G. Ss.*, II, 148).
Chronica S. Laurentii Leodiensis (*Id.*, VIII, 261).
Chronicon Casauriense (*R. I. S.*, II, 2, 776).
Chronicon Farfense di Gregorio di Catino (*Fonti per la storia d'Italia*. Rome, 1903, 2 vol. 8°).
Chronica varia Pisana (*R. I. S.*, VI, 167).
Cronache Veneziane antichissime (*Fonti per la storia d'Italia*. Rome, 1890, 1 vol. 8°).
Codex Carolinus (*M. G.*, 4° : *Epistalarum III*, 469),
Diplomata regum et imperatorum Germaniæ:
Conradi, Heinrici et Ottonis I diplomata (*M. G.*, 4°, t. I).
Ottonis II et Ottonis III diplomata (*Id.*, t. II).
Henrici II diplomata (*Id.*, t. III).
Einhardi *annales* (*M. G. Ss.*, I, 135).
Id., *vita Karoli imperatoris* (*Id.*, II, 426).
Epitaphium Adalheidæ imperatricis (*Id.*, IV, 633).
Flodoardi *annales* (*Id.*, III, 363).
Fundatio monasterii Brunwilarensis (*Archiv*, XII, 156).
Gerbert, *lettres*, éd. J. Havet. Paris, 1889, 8°.
Gesta episcoporum Cameracensium (*M. G. Ss.*, VII, 402).
Gesta episcoporum Virdunensium (*Id.*, IV, 47).
Gregorii I *registri* (*M. G.*, 4° : *Epistolarum*, t. I et II).
Ex Guillelmi Gemmeticensis, Orderici Vitalis et Roberti *gestis ducum Normannorum* (*M. G. Ss.*, XXVI, 4).
Hadriani II *papæ epistolæ* (*Patr. lat.*, CXXII, 1259).
Herimanni Augiensis *chronicon* (*M. G. Ss.*, V, 67).
Hincmari *archiepiscopi Remensis annales* (*Id.*, I, 455).

Hugonis *abbatis Flaviniacensis chronicon* (*Id.*, VIII, 288).
Humberti *cardinalis adversus Simoniacos* (*Patr. lat.*, CXLIII, 1005).
Indiculus loricatorum Ottoni II in Italia mittendorum (*M. G.*, 4° : *Legum*, s. 4, t. I, 634).
Itinerarium Bernardi Monaci (*Itinera Hierosolymitàna bellis sacris anteriora*, éd. Tobler et Molinier. Genève, 1879, t. I).
Jean Diacre (de Venise). Cf. *Cronache veneziane.*
Joannis VIII *papæ epistolæ* (*Patr. lat.*, CXXVI, 651).
Landulfi *historia Mediolanensis* (*M. G. Ss.*, VIII, 32).
Leonis III *papæ epistolæ* (*M. G.*, 4° : *Epistolarum*, t. V, pars I[a]).
Leonis IX *papæ epistolæ* (*Patr. lat.*, CXLIII, 591).
Libellus de imperatoria potestate in urbe Roma (*M. G. Ss.*, III, 719).
Liber Pontificalis, éd. Duchesne. Paris, 1886-92, 2 vol. 4°.
Liudprandi episcopi Cremonensis opera omnia :
Antapodosis.
Historia Ottonis.
Relatio de legatione Constantinopolitana (*M. G.*, 8° in usum Scholarum).
Marini : *I papiri diplomatici*. Rome, 1805, f°.
Miracula S. *Gorgonii* (*M. G. Ss.*, IV, 239).
Nicolai I *papæ epistolæ* (*Patr. lat.*, CXIX, 769).
Nicolai II *papæ epistolæ* (*P. L.*, CXLIII, 1301).
Orderici Vitalis *Historia ecclesiastica*, éd. Le Prevost. Paris, 1838-55, 5 vol., 8°.
Ordo Farfensis (*M. G. Ss.*, XI, 544).
Paul Diacre, *Historia Langobardorum* (*M. G. S. r. l.*)
Id., *Carmina* (*Id.*, *Poetæ latini ævi carolini*, I, 66).
Pierre Damien, *vita Romualdi* (*Patr. lat.*, CXLIV, 954).
Id., *epistolæ* (*Id.*, 205).
Id., *opuscula* (CXLV, 10).
Pontificum Romanorum vitæ, éd. Watterich. Lipsiæ, 1863, 2 vol., 8°.
Das privilegium Otto's I für die römische Kirche, éd. Sickel, Innsbrück, 1883, 8°.
Prudentii *Trecensis annales* (*M. G. Ss.*, I, 429).
Raoul Glaber, *les Cinq Livres de ses histoires*, éd. Prou. Paris, 1886, 8°.
Il regesto di Farfa, publicato da I. Giorgi e U. Balzani. Roma, 1883-92, 4 vol. 4°.
Reginonis *chronicon et continuatio* (*M. G. Ss.*, I, 578, 613).
Richeri *Historiarum libri IV* (*Id.*, III, 561).
Sigeberti *Gemblacensis chronica* (*Id.*, VI, 300).
Stephani V *papæ epistolæ* (*Patr. lat.*, CXXIX, 786).
Thietmari *chronicon* (*M. G. Ss.*, III, 723).
Victoris II *papæ epistolæ* (*Patr. lat.*, CXLIII, 803).
Vita S. Adalberti episcopi (*M. G. Ss.*, IV, 574).
Vita Bernwardi episcopi auctore Thangmaro (*Id.*, IV, 754).
Vita Brunonis archiepiscopi auctore Ruotgero (*Id.*, IV, 252).
Vita Deoderici episcopi Mettensis (*Id.*, IV, 461).
Ex vita Heriberti archiepiscopi Coloniensis (*Id.*, IV, 540).
Vita S. Gerardi episcopi Tullensis (*Id.*, IV, 490).
Vita Gregorii abbatis (*Id.*, XV, 1185).

Vita JOHANNIS abbatis Gorziensis (*Id*., IV, 344).
Vita HLUDOWICI imperatoris (*Id*., II, 604).
Vita MATHILDIS reginæ (*Id*., X, 573).
Vita MEINWERCI episcopi Patherbrunnensis (*Id*., XI, 104).
Vita ODONIS (ex vitis abbatum Cluniacensium (*Id*., XV, 588).
Vita *quinque fratrum* (*Id*.. XV, 717).
WIBERTI *vita Leonis* (*papæ*) (*Patr. lat*., CXLIII, 465).
WIDUKINDI *res gestæ Saxonicæ* (*M. G. Ss*., III, 408).
WIPO, *vita Chuonradi* (*Id*., XI, 254).

LIVRES ET ARTICLES CITÉS

ERMANNO AAR, *Gli studi Storici in Terra d'Otranto*. Florence, 1888, 1 vol., 8°.

ABEL und SIMSON, *Jahrbücher des fränkischen Reichs unter Karl dem Grossen*. Leipzig, 1866-83, 2 vol., 8°.

ALIANELLI, *Delle antiche consuetudini e leggi marittime delle provincie Napolitane, notizie e monumenti*. Napoli, 1871, 1 vol., 8°.

AMARI, *Storia dei Musulmani di Sicilia*. Firenze, 1854-1872, 3 vol., 8°.

J. S. ASSEMANI, *Italicæ historiæ Scriptores : de rebus Neapolitanis et Siculis ab anno 500 ad annum 1200*. Rome, 1751, 4 vol., 4°.

BATIFFOL, l'*Abbaye de Rossano*. Paris, 1891, 1 vol., 8°.

ID., *Das Archiv des Griechischen Collegs in Rom* (*Römische Quartalschrift*, 1888).

ID., *Ungedruckte Papst-und Kaiserurkunden aus basilianischen Archiven* (*Id*., 1888).

ID., *Vier bibliotheken basil. Klöster in Unteritalien* (*Id*., 1889).

ID., *La Vaticane depuis Paul III* (*Revue des Quest. hist*. 1889, XLV, p. 177).

BERTAUX, *l'Art dans l'Italie méridionale*, t. I : *de la fin de l'empire romain à la conquête de Charles d'Anjou*. Paris, 1904, 1 vol., 4°.

DE BLASIIS, *la Insurrezione pugliese e la conquista normanna nel secolo XI*. Napoli, 1864-1873, 3 vol., 8°.

J, F. BÖHMER, *Regesta Imperii. Die Regesten des Kaiserreichs unter den Karolingern* (751-918) *neu bearbeitet* von E. MÜHLBACHER. 1re éd., 1889 ; 2e éd. (1er fasc.), 1899. 1 vol., 4°.

ID., *Id*. : *Die Regesten des Kaiserreichs unter den Herrschern aus dem Sächsischen Haus. neu bearbeitet* von T. VON OTTENTHAL, 1893, 4°.

BORGIA, *Memorie storiche della città di Benevento*. Rome, 1763, 3 vol., 4°.

BRANDILEONE, *Il diritto greco-romano nell Italia meridionale sotto la dominazione Normanna* [*Archivio Giuridico*, vol. XXXVI (1886), p. 80, 257].

ID., *Notizia del prochiron legum* contenuto nel codice vaticano greco 845 (*Rendiconti dell' Accademia dei Lincei*), 1885, p. 507.

ID., *Sulla data del pactum giurato dal duca Sergio ai Napoletani* (*Rivista italiana per le scienze giuridiche*, 1900, vol. XXX).

BRÉHIER, le *Schisme oriental du XIe siècle*. Paris, 1899, 1 vol., 8°.

H. BRESSLAU, *Jahrbücher des deutschen Reichs unter Konrad II*. Leipzig, 1879-1884, 2 vol. 8°.

Id., *Ein beitrag zur Kenntnis von Konrads II Beziehungen zu Byzanz und Dänemark* (*Forschungen zur D. G.*, t. X, p. 606-613).

Bryce, le *Saint-Empire Romain germanique. Trad. Domergue.* Paris, 1890, 1 vol., 8°.

Bury, *Roman Emperors from Basil II to Isaac Komnenos* (*The english historical review*, 1889).

Calisse, *Diritto ecclesiastico e diritto longobardo.* Roma, 1888. 1 vol., 8°.

M. Camera, *Memorie storico-diplomatiche dell'antica città e ducato di Amalfi.* Salerno, 1876-81, 2 vol., 4°.

Capasso, *Monumenta ad Neapolitani ducatus historiam pertinentia.* Naples, 1881-1892, 3 vol., 4°.

Id., *Il pactum giurato dal duca Sergio ai Napoletani* (*Archivio Storico per le province Napoletane*, t. IX (1884), p. 319-350.

Carabellese, *Divagazione sulla storia medievale della Puglia* (Rassegna Pugliese, 1896).

Chalandon, *Essai sur le règne d'Alexis Ier Comnène.* Paris, 1900, 1 vol., 8°.

L'état politique de l'Italie méridionale à l'arrivée des Normands [*Mélanges d'arch. et d'hist.*, publiés par l'Ecole de Rome, t. XXI (1901), p. 411].

Ciccaglione, *Le istituzioni politiche e sociali dei ducati Napoletani.* Naples, 1892, 1 vol., 8°.

Davidsohn, *Entstehung des Consulats* [*Deutsche Zeitschrift für Geschichtswissenschaft*, t. VI (1891), p. 22, 358, 381].

Delarc, les *Normands en Italie.* Paris, 1883, 1 vol., 8°.

De Lorenzo, Le *Quattro motte esistenti presso Reggio di Calabria.* Siena, 1892, 1 vol., 12°.

Id., *Un secondo manipolo di monografie e memorie reggine e calabresi.* Siena, 1895, 1 vol., 12°.

Diehl, *Etudes sur l'administration byzantine dans l'exarchat de Ravenne.* Paris, 1888, 1 vol., 8°.

L'Art byzantin dans l'Italie méridionale. Paris, 1894, 1 vol., 8°.

Di Meo, *Annali critico-diplomatici del regno di Napoli della mezzanaetà.* Naples, 1795-1819, 8 vol. 4°.

Dina, *Il comune beneventano nel mille.* Milan, 1898.

Id., l'*Ultimo periodo del principato longobardo e l'origine del dominio pontificio in Benevento.* Bénévent, 1899.

Dizionario corografico universale dell' Italia. T. IV, p. 1^a^ : *Reame di Napoli.* Milan, 1852, 1 vol., 4°.

Duchesne, *les Premiers temps de l'Etat pontifical.* Paris, 1898, 1 vol., 8°.

Id., les *Evêchés de Calabre* [*Mélanges Paul Fabre* (Paris, 1902) p. 1-16].

Dümmler, *Geschichte des östfränkischen Reichs*, 2e éd. Leipzig, 1887-88, 3 vol., 8°.

Id., *Kaiser Otto der Grosse.* Leipzig, 1876, 1 vol., 8°.

Id., *Auxilius und Vulgarius. Quellen und Forschungen zur Geschichte des Papsthums im Anfange des zehnten Jahrhunderts.* Leipzig, 1866, 8°.

Id., *Gesta Berengarii imperatoris : beiträge zur Geschichte Italiens in Anfange des zehnten Jahrhunderts.* Halle, 1871, 8°.

Id., *Über die älteste Geschichte der Slaven in Dalmatien* (*Sitzungsberichte der Kaiserl. Akademie v. Wien.* 1856, t. XX).

ENGEL, *Recherches sur la numismatique et la sigillographie des Normands de Sicile et d'Italie.* Paris, 1882, 1 vol. 4°.

ENGEL et SERRURE, *Traité de numismatique du moyen âge.* Paris, 1891-1894, 2 vol., 8°.

P. FABRE, édition du *Liber Censuum.* 1889, fasc. I, 4°.

ID., une hypothèse sur les tertiatores de la terre de Labour (*Revue historique du droit français et étranger*, 1893, t. XVII, 701).

ID., *le Polyptyque du chanoine Benoît* (*Travaux et Mémoires des facultés de Lille.* 1889).

P. FANTASIA, *Il duomo di Bari.* Bari, 1892, 8° (estratto dal vol. IX dell' *Annuario del R. Istituto tecnico di Bari*).

FATTESCHI, *Memorie istorico-diplomatiche del ducato di Spoleto.* Camerino. 1801, 1 vol., 4°.

FEDELE, *la Battaglia del Garigliano dell'anno 915 ed i monumenti che la ricordano* (*Archivio della R. Societa Romana di Storia Patria*, 1899, t. XXII).

G.-B. FEDERICI, *Degli antichi duchi e consoli o ipati della città di Gaeta.* Napoli, 1791, 1 vol., 4°.

J. FICKER, *Forschungen zur Reichs-und Rechtsgeschichte Italiens.* Innsbrück, 1868-1874, 4 vol., 8°.

FLACH, *Etudes critiques sur l'histoire du droit romain.* Paris, 1890, 8°.

FORTUNATO, *Rionero medievale.* Trani, 1899, 1 vol. 12°.

GABOTTO, *Il Commercio e la dominazione dei Veneziani a Trani* (*Archivio Storico per le province Napoletane*, 1898, t. XXIII).

GASQUET, *l'Empire byzantin et la monarchie franque.* Paris, 1888, 1 vol., 8°.

GAY, *Notes sur la conservation du rite grec dans la Calabre et la Terre d'Otrante au* XIVe *siècle; listes de monastères basiliens, d'après les archives du Vatican* (*Byzantinische Zeitschrift*, 1895, t. IV, p. 59).

ID., *le Monastère de Tremiti au* XIe *siècle d'après un cartulaire inédit* (*Mélanges d'archéologie et d'histoire* publiés par l'Ecole française de Rome, 1897, t. XVII).

ID., *Etude sur la décadence du rite grec dans l'Italie méridionale à la fin du* XVIe *siècle* (*Revue d'histoire et littérature religieuses*, 1897, t. II, et *Compte rendu du IVe congrès scientifique international des catholiques*).

ID., *Saint-Adrien de Calabre, le monastère basilien et le collège des Albanais* (*Mélanges de littérature et d'histoire religieuses publiés à l'occasion du jubilé de Mgr de Cabrières.* Paris, 1899, t. I, p. 293).

ID., *les diocèses de Calabre à l'époque byzantine* (*Revue d'histoire et de littérature religieuses*, 1900, t. V).

ID., *l'Etat pontifical, les Byzantins et les Lombards sur le littoral campanien, d'Hadrien Ier à Jean VIII* (*Mélanges d'arch. et d'hist. de l'Ecole française de Rome*, 1901, t. XXI).

GELZER, *Zur Zeitbestimmung der griechischen notitiæ episcopatuum* (*Jahrbücher für protestantische Theologie*, 1886, t. XII).

ID., *Die Genesis der Themenverfassung* (*Abhandlungen der phil.-hist. Classe der königl. sächsischen Gesellschaft der Wissenschaften*, 1898, t. XVIII).

ID., *Ungedruckte und ungenügend veröffentlichte Texte der notitiæ episcopatuum* (*Abhandlungen der Akademie der Wissenschaften.* München, 1901).

Id., édition de Georges de Chypre.

Gfrörer, *Byzantinische Geschichten.* (aus seinem Nachlass herausgegeben, ergänzt und fortgesetzt von d^r Weiss). Graz, 1872-1873, 3 vol., 12°.

Giesebrecht, *De litterarum studiis apud Italos primis medii œvi seculis.* 1845, 4°.

Id., Jahrbücher des deutschen Reichs unter der Herrschaft Kaiser Otto's II. Berlin, 1840, 1 vol. 8°.

Id., *Geschichte der deutschen Kaiserzeit*, t. I. Leipzig, 1881 (5e éd.).

Gothein, *Die Culturentwicklung Süditaliens in einzel-darstellungen.* Breslau, 1886, 1 vol., 8°.

Gregorobius, *Geschichte der Stadt Rom im Mittebalter.* Stuttgart, 1869 (t. III), 8°.

Guarini, *Curiosità d'arte medievale nel Melfese.* Trani, 1900 (estratto dalla *Napoli nobilissima*, vol. IX).

O. Harnack, *Das karolingische und das byzantinische Reich in ihren wechselseitigen politischen Beziehungen.* Göttingen, 1880, 8°.

Hefele, *Conciliengeschichte* (t. III-IV, 2e éd., 1877-79).

L. von Heinemann, *Geschichte der Normannen in Unteritalien und Sicilien*, t. I, Leipzig, 1894, 8°.

Id., *Zur Entstehung der Stadtverfassung in Italien.* Leipzig, 1896.

Hergenröther, *Photius Patriarch von Constantinopel, sein Leben, seine Schriften und das griechische Schisma.* Regensburg, 1867-1869, 3 vol., 8°.

Heyd (trad. F. Raynaud), *Histoire du Commerce du Levant au moyen âge.* Leipzig, 1885-1886, 2 vol., 8°.

F. Hirsch (trad. Schipa), *Il ducato di Benevento sino alla caduta del regno longobardo.* Torino, 1890, 8°.

Id., Desiderius von Monte Cassino als Papst Victor III (*Forschungen zur deutschen Geschichte*, 1867, t. VII).

Id., *Amatus von Monte Cassino und seine Geschichte der Normannen* (*Forschungen*, 1868, t. VIII).

Id., Papst Hadrian I und das Furstenthum Benevent (*Forschungen*, 1873, t. XIII).

Id., Byzantinische Studien, 1876, 1 vol., 8°.

S. Hirsch, *Jahrbücher des deutschen Reichs unter Heinrich II*, t. II, publié par Pabst (1864); t. III, publié par Bresslau (1875).

Jaffé, *Regesta Pontificum Romanorum*, 2e éd. rev. par Löwenfeld, Kaltenbrunner, Ewald. Leipzig, 1885, 2 vol. 4°.

H. von Kap-herr. *Bajulus Podesta Consules* (*Deutsche Zeitschrift für Geschichtswissenschaft*, 1891, t. V).

Kaufmann, *Die Chronik des Achimaaz von Oria*, 850-1054. Frankfurt, am Main, 1896, 8°.

P. Kehr, *Papsturkunden in Salerno, la Cava und Neapel.* (*Nachrichten der Gesellschaft der Wissenschaften zu* Göttingen, 1900).

Kleinclausz, *l'Empire carolingien, ses origines et ses transformations.* Paris, 1902, 1 vol., 8°.

La Blanchère, *Terracine, Essai d'histoire locale.* Paris, 1883, 1 vol., 8°.

Lancia di Brolo, *Storia della chiesa in Sicilia.* Palermo, 1880-84, 2 vol., 8°.

Langobardische Regesten — von Bethmann und Holder-Egger (*Neues Archiv*, 1878, t. III).

LAPOTRE, *l'Europe et le Saint-Siège à l'époque carolingienne : le pape Jean VIII*, Paris. 1895, 1 vol., 8°.

Id., de Anastasio bibliothecario. Paris, 1887.

LEHMANN, *das Aufgebot zur Heerfahrt Otto II nach Italien* (*Forschungen*, 1869, t. IX, p. 435).

LENORMANT, *la Grande Grèce, paysages et histoire*. Paris, 1881-1884, 3 vol., 12°.

L. MAGGIULLI, *Otranto*. Ricordi. Lecce, 1893, 1 vol., 8°.

MEYER VON KNONAU, *Jahrbücher des deutschen Reichs unter Heinrich IV*. Leipzig, 1890, 1 vol., 8°.

G. MINASI, *S. Nilo di Calabria monaco basiliano nel decimo secolo con annotazioni storiche*. Napoli, 1892, 1 vol., 12°.

ID., *Lo Speleota ovvero S. Elia di Reggio di Calabria monaco basiliano nel IX e X secolo con annotazioni storiche*. Napoli, 1893, 1 vol., 12°.

ID., *Il monastero basiliano di S. Pancrazio sullo scoglio di Scilla, note storiche e documenti*. Napoli, 1893, 1 vol., 12°.

ID., *le Chiese di Calabria dal quinto al duodecimo secolo*. Napoli, 1896, 1 vol., 12°.

MOMMSEN, *Epitaphium Cæsarii consulis Neapolitani* (*Neues Archiv*, 1878, t. III, p. 403).

MORISANI, *de Protopapis et deutereis græcorum et catholicis eorum ecclesiis diatriba*. Neapoli, 1768, 4°.

DE MURALT, *Essai de Chronographie byzantine*. Saint-Pétersbourg, 1855, 2 vol. 8°.

MYSTAKIDIS, *Byzantinisch-deutschen Beziehungen zur Zeit der Ottonen*. Stuttgart, 1881, 8°.

G. MORIN, *Un concile inédit tenu dans l'Italie méridionale à la fin du IX° siècle* (*Revue bénédictine*, avril 1900).

C. NEUMANN, *Die Weltstellung des byzantinischen Reichs vor den Kreuzzügen*. Leipzig, 1894. 8°.

Die byzantinische Marine (*Historische Zeitschrift*, 1898, t. II, p. 1).

OZANAM, *Documents inédits pour servir à l'histoire littéraire de l'Italie, depuis le VIII° siècle jusqu'au XIII°*. Paris, 1850, 1 vol. 8°.

PARDESSUS, *Collection de lois maritimes antérieures au XVIII° siècle*. Paris, t. I et V, 1828-39, 4°.

A. PERLA, *Del dritto romano-giustinianeo nelle province meridionali d'Italia prima delle assise normanne* (*Archivio Storico per le province Napoletane*, 1885, t. X, p. 130).

PERROT, *les Langues en Sicile dans l'antiquité et au moyen âge* (En Sicile, guide du savant et du touriste, p. 275).

PFLUGK-HARTTUNG, *Iter italicum*, 2 vol. 8°. Stuttgart, 1883.

ID., *Gefälschte Bullen in Monte Cassino, la Cava und Nonantola* (*Neues Archiv*, 1884, t. IX, p. 473).

PITRA, *Analecta Sacra Spicilegio Solesmensi parata*, t. I, 1876, 8°.

ID., *Analecta Novissima, Spicilegii Solesmensis altera continuatio*, t. I, 1885, 8°.

Id., *Juris ecclesiastici græcorum Monumenta*. Paris, 1846-68, 2 vol., 8°.

POUPARDIN, *le Royaume de Provence sous les Carolingiens*. Paris, 1901, 1 vol., 8° (131° fascicule de la *Bibl. de l'Ecole des Hautes Etudes*).

Racioppi, *Storia dei popoli della Lucania e della Basilicata.* Roma, 1889, 2 vol., 8°.

Id. (Homunculus), *Storia della denominazione di Basilicatà.* Roma, 1874.

Id., *Ordinamenti e consuetudini maritime di Trani.* (*Archivio storico per le prov. Nap.*, 1878, t. III, p. 679).

Id., *Il « patto d'Arechi » e i « terziatori della Liburia* (*Archivio storico per le prov. Nap.*, 1896, t. XXI, p. 42).

Richter und Kohl, *Annalen des deutschen Reichs im Zeitalter der Ottonen und Salier.* Halle, 1890, 1 vol., 8°.

Rambaud, *l'Empire grec au Xe siècle : Constantin Porphyrogénète.* Paris, 1870, 1 vol., 8°.

Rinaldi, *Dei Primi feudi nell' Italia meridionale. Napoli,* 1886, 8° (Cf. *Compte rendu de* Brandileone, *Arch. Stor. prov. Nap.*, 1887, t. XII).

Ul. Robert, *le Pape Etienne X* (*Revue des questions historiques*, 1876, t. XX, p. 49).

Rocchi, *la Badia di Grotta-Ferrata.* Roma, 1884.

Id., *De cænobio Cryptoferratensi ejusque bibliotheca et codicibus commentarii.* Roma, 1893.

Rodota, *Dell'Origine, progresso e stato presente del rito greco in Italia.* Roma, 1758-1763, 3 vol., 4°.

Sackur, *Die Cluniacenser in ihrer kirchlichen und allgemeingeschichtlichen Wirksamkeit bis zur Mitte des elften Iahrhunderts*, Halle, 1892-94, 2 vol., 8°.

Sambon, *Le Monete del ducato Napoletano* (*Arch. Stor. per le prov. Napol.*, 1889, t. XIV, p. 459).

P.-Em. Santoro, *Storia del Monastero di Carbone* (trad. Spena). Napoli, 1831.

Sciommari, *Note ed osservazioni storiche spettanti all'insigne badia di Grottaferrata.* Roma, 1728, 4°.

Schipa, *Storia del principato di Salerno* (*Arch. Stor. per le prov. Napol.*, 1887, t. XII).

Storia del ducato di Napoli (*Arch. Stor. per le prov. Nap.*, 1892-93, t. XVII-XVIII).

La Migrazione del nome Calabria (*Arch. Stor. per le prov. Nap.*, 1895, t. XX).

Schulz, *Denkmäler der Kunst in Unteritalien.* 3 vol., 4°.

Schupfer, *Manuale di Storia del diritto italiano, le fonti.* Città di Castello. 1892, 1 vol., 12°.

Schlumberger, *Nicéphore Phocas.* Paris, 1890. 1 vol. 4°.

Id., *l'Epopée byzantine.* 1896-1900, 2 vol. 4°.

Id., *Sigillographie de l'empire byzantin.* Paris, 1884, 1 vol., 4°.

Id., *Sceaux byzantins inédits* (*Revue des Etudes Grecques*, 1900).

Sickel, *l'itinerario di Ottone II nell'anno 982* (*Archivio della R. Società Romana di Storia Patria*, t. IX, 1886.

Spicilegium Casinense, t. I. Mont-Cassin, 1893, 1 vol., 4°.

Steindorf, *Jahrbücher des deutschen Reichs unter Heinrich III.* Leipzig, 1874, 2 vol., 8°.

Stumpf Brentano, *Die Kaiserurkunden des X. XI und XII Jahrhunderts.* Innsbruck. 1865-83, 2 vol., 8°.

L. Tosti, *Storia della badia di Montecassino*. Roma, 1888, t. I, 8°.

Uhlirz, *Jahrbücher des deutschen Reichs unter Otto II*. Leipzig, 1902, 1 vol., 8°.

Wilmans, *Jahrbücher des deutschen Reichs unter der Herrschaft Kaiser Otto's III*. Berlin, 1842, 1 vol. 8°.

Wüstenfeld, *Uber die Herzoge von Spoleto* (*Forschungen*, t. III, p. 417).

Zachariæ von Lingenthal, *Geschichte des Griechisch-römischen Rechts*, 3e éd. Berlin, 1892, 1 vol., 8°.

Id., *Zum Militärgesetz des Leo* (*Byzantinische Zeitschrift*, 1893, t. II. 606).

Id., *Wissenschaft und Recht für das Heer vom 6 bis zum Anfang des 10 Jahrhunderts* (*Byzantinische Zeitschrift*, 1894, t. III, 437).

Zambler e Carabellese, *Relaz. comm. fra la Puglia e la republica di Venezia dal secolo X al XV*. 1897, 2 vol. 4°.

Zampelios, Ἰταλοελληνικά. ἤτοι κριτικὴ πραγματεία περὶ τῶν ἐν τοῖς ἀρχείοις Νεαπολέως ἀνεκδότων ἑλληνικῶν περγαμηνῶν. ἐν Ἀθηναῖς. 1865, 8°.

LIVRE I

L'ITALIE MÉRIDIONALE AVANT LE RÈGNE DE BASILE Ier

LIVRE I

L'ITALIE MÉRIDIONALE AVANT LE RÈGNE DE BASILE Ier

Depuis la formation de l'Etat pontifical et la soumission aux Francs du royaume lombard de Pavie (754-774), l'Italie est divisée politiquement en trois grandes régions : Italie franque, Italie pontificale, Italie lombarde, représentée par les ducs de Spolète et de Bénévent. Les territoires byzantins, Gaëte, Naples, la Calabre et la Terre d'Otrante, ne sont que des morceaux épars, enveloppés par les domaines, beaucoup plus étendus, des Lombards de Bénévent. Le duché de Spolète, bientôt vassal des Francs, ne dépasse pas à l'est le cours de la *Pescara;* le duché de Bénévent, au sud du Garigliano et de la Pescara, est la puissance prépondérante; à vrai dire, cette région de la péninsule est la moins troublée par les révolutions de 754 et de 774 : les Lombards du Sud, protégés par le haut massif des Abruzzes et par l'éloignement de leur capitale, réussissent, plus longtemps que ceux de Spolète, à défendre leur indépendance. S'ils sont obligés, un peu plus tard (après 788), de reconnaître la suprématie franque, ils gardent leur dynastie nationale, et le lien qui les unit à l'empire d'Occident reste purement nominal jusqu'au règne de Louis II, l'arrière-petit-fils de Charlemagne.

Les Grecs de Naples, de la Calabre et de la Terre d'Otrante, sujets du basileus, mais en fait abandonnés à eux-mêmes, semblent destinés, tôt ou tard, à être absorbés par les Lombards du Sud. Bientôt apparaissent les bandes sarrasines, qui, dès le milieu du IXe siècle, ne rencontrant aucune résistance sérieuse, fortement établies à Bari et à Tarente, menacent d'étendre leur domination sur la plus grande partie de l'Italie du Sud. Les Lombards et les Grecs, victimes du même ennemi, réduits à la même impuissance, vont subir le même sort que les Siciliens. Cependant, toute communication étant rompue entre les côtes d'Italie et le centre de l'empire byzantin, les Napolitains et les Calabrais peuvent compter, moins que jamais, sur un secours de Byzance. — Viennent alors les Francs de l'empereur Louis II, seuls capables de résister à l'effort victorieux de l'Islam et de rétablir un peu d'ordre dans ce pays, désolé depuis trente ans par l'invasion arabe et par la guerre civile. Au moment où une dynastie nouvelle prend possession du trône de Byzance, les destinées de l'Italie méridionale se jouent, sous les murs de Bari, entre les troupes du « soudan » et celles de l'empereur franc : c'est Louis II lui-même qui attire les Byzantins en Apulie. Ainsi, pour expliquer l'intervention de Basile Ier, nous devons définir d'abord le rôle et la politique du fils de Lothaire. Mais il importe, avant tout, de montrer quelle est la situation intérieure du pays, avant les incursions sarrasines; comment les Grecs de Naples et de Calabre ont maintenu leur indépendance, et pourquoi les Lombards de Bénévent, après une courte période d'éclatante prospérité, se divisent en seigneuries rivales, qui l'une contre l'autre appellent à leur aide les premières bandes sarrasines.

CHAPITRE I

LES BYZANTINS DANS L'ITALIE MÉRIDIONALE

DEPUIS LA CHUTE DE L'EXARCHAT JUSQU'A L'INVASION SARRASINE EN APULIE

Après la révolution de 754, les possessions byzantines, dans l'Italie du Sud, se divisent en deux groupes : d'une part, le littoral campanien, soumis au duc de Naples ; d'autre part, les deux extrémités méridionales de la péninsule, Calabre et Terre d'Otrante, qui ne forment qu'une circonscription administrative, le duché de Calabre. Tandis que la Campanie byzantine se morcèle en duchés autonomes, la Calabre et la Terre d'Otrante restent directement soumises à l'empire. Ni la décadence politique de Byzance, ni l'abandon où elles sont laissées n'altèrent leur fidélité au basileus : c'est que les habitants de la Calabre, bien mieux que les Napolitains, sont devenus des Grecs par la langue, le rite et les usages ; ainsi ces deux régions byzantines s'opposent nettement l'une à l'autre par des traits distincts, et, dans le cours du IXe siècle, elles n'ont plus entre elles que des rapports assez rares.

I

LE DUCHÉ DE CALABRE ET LES ORIGINES DE LA GRANDE-GRÈCE BYZANTINE

Dans les dernières années du VIIe siècle, les Byzantins ont perdu les deux places de Brindisi et de Tarente, conquises par le duc de Bénévent, Romuald (671-687), ainsi que toute la région comprise entre ces deux villes[1]. Un peu plus tard, ils perdent la ville d'Otrante, qui, au moment de la chute de l'exarchat, est occupée par les Lombards[2]. Dans la péninsule que nous appelons aujourd'hui la Terre d'Otrante, Gallipoli est la seule ville connue où les Grecs restent les maîtres. Mais au sud-ouest, dans la Calabre actuelle, leur domaine est plus étendu : s'ils ont perdu la vallée du Crati, avec Cosenza et Bisignano, ils gardent la région montagneuse du centre et du sud, jusqu'au détroit de Messine, et les importantes places fortes de Rossano, Amantea, Cotrone, Reggio. C'est précisément vers la seconde moitié du VIIe siècle que le nom de *Calabre* commence à être employé dans son sens nouveau : longtemps appliqué à l'ancienne *Japygie* ou Terre d'Otrante, il remplace peu à peu le vieux nom de *Bruttium*, et ne désigne plus que la péninsule montagneuse du sud-ouest. On a dit que les Grecs, pour dissimuler en quelque sorte la perte de Tarente, de Brindisi et d'une grande partie de l'ancienne Calabre, avaient maintenu ce nom sur leurs listes officielles, en l'appliquant à la seule région dont ils restaient effectivement les maîtres[3]. Il faut admettre dans cette hypothèse que le changement est postérieur à la conquête de Tarente et de Brindisi par les Lombards, et que cette conquête même est un fait accompli, vers l'année 680, où le nom de Calabre est déjà employé dans son sens moderne. Mais nous ignorons la date précise où les Lombards s'emparent de Tarente et de Brindisi : en tout cas, dès le milieu du VIIe siècle, avant l'entrée des Lombards à Tarente, le nom de *Bruttium* commence à tomber en désuétude. A vrai dire, il y a eu d'abord, non pas changement, mais *extension* du terme : avant de s'appliquer uniquement à l'ancien Bruttium, le mot de Calabre commence par désigner indifféremment les deux péninsules ; il désigne proprement *l'ensemble des possessions byzantines autour du golfe de Tarente*.

L'emploi nouveau de ce terme ancien est très probablement la conséquence d'une réforme administrative, qui remonte au milieu du VIIe siècle : si nous cherchons à quel empereur il faut

1. HIRSCH (trad. Schipa), *Il Ducato di Benevento*, p. 69 ; — DIEHL, *Etudes sur l'adm. byz.*, p. 34.
2. *Cod. Carol.* (*Mon. Germ. epist.*, t. III, p. 515) ; — *Langob. Regesten*, 293 (*Neues Archiv*, III, p. 286).
3. DIEHL, *loc. cit.*, p. 32.

attribuer l'institution du *duché de Calabre*, ce sera de préférence à Constant II, qui s'est occupé tout spécialement des affaires de l'Italie méridionale[1]. Ayant débarqué à Tarente, il cherche à reprendre aux Lombards plusieurs places d'Apulie; battu près de Bénévent, il s'enfuit à Rome, puis revient à Naples, dont il fait, très probablement, le centre d'un nouveau duché[2]. Il part ensuite pour Syracuse, où il réside pendant six ans : s'il y a dès la fin du VIIe siècle un *duché* de Calabre, c'est dans les entreprises de Constant II pour réorganiser la défense de l'Italie méridionale qu'il faut en chercher l'origine. Le nouveau chef qui commande toutes les forces militaires dispersées dans le Bruttium et la Terre d'Otrante doit continuer la lutte contre les Lombards de Bénévent[3], et tenter, comme l'empereur lui-même, de leur reprendre l'Apulie. La région de Brindisi et de Tarente est, en quelque sorte, le centre principal du nouveau duché, et peut-être est-ce à Tarente que doit résider le duc : outre les avantages exceptionnels de sa position maritime, les facilités qu'elle offre pour un prompt débarquement, cette ville n'est-elle pas admirablement située, entre les deux péninsules qui terminent l'Italie, pour servir de centre et de point de ralliement à toutes les garnisons byzantines, depuis Reggio jusqu'à Otrante?

Mais bientôt les conquêtes de Romuald enlèvent précisément aux Grecs cette région centrale et, par l'établissement des Lombards à Tarente et sur les rives voisines, brisent en deux morceaux la province militaire constituée par l'empereur Constant II. Ce sont les montagnes du Bruttium qui sont le principal réduit de la défense des Grecs : c'est là que le duché de Calabre a son centre, et le débris de la Terre d'Otrante, gardé par les Byzantins, n'en est plus, pour ainsi dire, qu'une annexe insignifiante. La nouvelle Calabre, qui comprend d'abord tout ce qui reste aux Grecs au sud de l'Italie, finit par se confondre avec l'ancien Bruttium.

Le duché de Calabre est une dépendance du thème de Sicile[4] : quand il n'y a plus d'exarque en Italie, c'est le patrice de

1. Schipa, *Archivio storico per le province Napoletane*, t. XX (1895), p. 23. Je reproduis ici les conclusions que j'ai déjà exposées dans un article sur *les Diocèses de Calabre à l'époque byzantine* (*Rev. d'hist. et littér. relig.*, t. V, 1900, p. 233).

2. Capasso, *Monumenta ad hist. Neap. duc.*, I, p. 21.

3. Diehl, *loc. cit.*, p. 35.

4. Const. Porphyrog., *de them.*, p. 60; — *de adm. imp.*, c. L, p. 225.

Sicile qui est le plus haut fonctionnaire byzantin d'Occident Mais avant même que Ravenne et Rome soient perdues pour l'empire, Syracuse est la véritable capitale de toutes les possessions byzantines dans l'Italie méridionale. A la cour de Byzance, dès l'époque de Constant II, on s'habitue à regarder la Sicile et la Calabre comme une région unique; les deux termes sont constamment associés chez les historiens du temps; sous Constant II, comme sous Léon III, le premier empereur iconoclaste, les mêmes impôts extraordinaires frappent le thème de Sicile et le duché voisin[1]. Quand l'Italie se soulève contre les décrets des empereurs iconoclastes, ceux-ci, par leur politique violente et habile, empêchent la révolte de s'étendre au sud; ils rompent tout lien entre Rome, centre de l'opposition, et les églises de Sicile et de Calabre[2]. La Calabre se détache en quelque sorte du reste de l'Italie pour se rattacher plus étroitement à l'île voisine : n'est-elle pas séparée de l'Italie centrale par le vaste domaine des Lombards de Bénévent, en guerre ouverte contre Byzance? Depuis la fin du VIIe siècle jusqu'à l'invasion arabe, l'histoire de la Calabre, c'est l'histoire de la Sicile elle-même; leurs destinées sont communes, et si la Calabre devient une nouvelle « Grande-Grèce », c'est surtout par son union intime avec la Sicile.

Ce ne sont pas les décrets des empereurs grecs, ordonnant la soumission des églises de Sicile et de Calabre au patriarcat de Constantinople, qui ont introduit dans ces églises la langue et la liturgie byzantines. Le changement est antérieur, et si le passage de la juridiction de Rome à celle de Constantinople a pu s'accomplir si facilement, sans résistance apparente, c'est qu'il était préparé par d'autres circonstances : la Sicile et la Calabre avaient déjà cessé d'être latines pour devenir les pays les plus grecs de l'Occident.

L'assimilation byzantine dans l'Italie centrale a été nécessairement plus superficielle et plus lente que dans les régions méridionales, en rapports plus directs avec les provinces orientales de l'Empire. A mesure que l'Eglise romaine et les populations italiennes se détachent du basileus, la propagande byzantine devient moins efficace; combattue par des forces différentes ou hostiles, elle n'arrive point à pénétrer très profondément la

1. *Liber Pontif.*, I, 136, 154; — THÉOPH. (éd. de Boor), I, p. 410-422.
2. BARONIUS-PAGI, *ad an.* 730.

masse du peuple italien. Certes, au commencement du VIIIe siècle, la civilisation byzantine est encore florissante en Italie : la guerre des images, d'où sort la révolte des milices italiennes, provoque d'autre part, dans toute la péninsule, une nouvelle immigration de moines grecs. Mais ces moines sont brouillés avec le clergé officiel byzantin, comme avec les fonctionnaires impériaux. S'ils contribuent, dans une certaine mesure, à prolonger l'influence religieuse de l'Eglise grecque, ils sont perdus au milieu d'une population latine, dont les liens avec l'Orient vont peu à peu s'affaiblir.

Dans les provinces méridionales, et surtout en Sicile, c'est une évolution inverse : sans doute, la Sicile était toujours restée, plus ou moins, un pays de langue mixte[1]. A la fin de l'empire romain, il semble bien que le grec soit la langue usuelle, dans une grande partie de l'île ; la plupart des inscriptions chrétiennes, recueillies dans les catacombes de Syracuse, sont écrites et rédigées en grec[2] ; un acte du Ve siècle nous donne les noms de plusieurs paysans siciliens, qui sont évidemment des Grecs[3]. Il n'en est pas moins vrai que, jusqu'à la fin du VIe siècle, l'influence réunie de l'administration impériale et de l'Eglise romaine fait prévaloir le latin comme langue officielle de l'île. Au temps de Grégoire le Grand, le clergé sicilien, qui dépend directement du Saint-Siège, est surtout latin : cependant Grégoire lui-même, dans une lettre à l'évêque de Syracuse, parle des Siciliens, *Latins ou Grecs*, qui accusent le pape d'imiter servilement les coutumes de l'Eglise de Constantinople[4]. En tout cas, la propagande byzantine trouve en Sicile un terrain particulièrement favorable ; quand à la cour même de Byzance le latin cesse d'être langue officielle, l'influence des fonctionnaires ne s'exerce plus dans le même sens, et le grec ne tarde pas à l'emporter. Le changement est visible dans la langue de l'Eglise, et il est d'autant plus remarquable que le clergé sicilien, dans les querelles théologiques, fait cause commune avec les églises latines d'Occident, groupées autour du Saint-Siège, contre l'autorité byzantine et la plus grande partie du clergé d'Orient[5]. Dès le commencement du VIIe siècle, on observe les progrès de la langue et de la culture grecques dans le clergé de

1. AMARI, I, p. 197.
2. PERROT dans le *Guide en Sicile*, publié par la *Revue générale des Sciences*, p. 275.
3. MARINI, *Papiri diplomatici*, n° LXXIII (p. 108).
4. GREG., *Epist.*, IX, 26 (*Reg.*, dans *Mon. Germ. epist.*, t. II, p. 59).
5. Cf. l'attitude du clergé sicilien dans les conciles de 649 et 680 (HEFELE,

l'île : le célèbre moine Maxime, dans son voyage de Sicile, y trouve un grand nombre de moines et de prêtres fort instruits de la littérature religieuse hellénique[1]. Un monastère de Syracuse, latin au temps de saint Grégoire, a pour abbé, quatre-vingts ans plus tard, un higoumène basilien, du nom de Théophane, qui devient patriarche d'Antioche. Vers la même époque, l'évêque de Syracuse, Georges, auteur probable d'hymnes grecs, est en relations suivies avec le clergé de Crète, dont il transmet les réclamations à Rome[2].

L'évêque Grégoire d'Agrigente, dont on connaît les œuvres, est un théologien grec mentionné par les ménologes du xe siècle ; son nom ne se trouve dans aucun calendrier latin, mais on sait que son élection est confirmée par le pape, et c'est à Rome qu'il vient se justifier contre certains griefs du clergé sicilien ; puisqu'il dépend du patriarcat romain, il a vécu, sans nul doute, avant l'époque des iconoclastes[3]. Le clergé sicilien du VIIe siècle joue d'ailleurs un rôle particulièrement brillant dans l'histoire de l'Eglise ; il fournit deux patriarches d'Antioche et plusieurs papes[4]. Il est bon de remarquer que ces papes, nés et élevés en Sicile, appartiennent à des familles d'origine orientale, et c'est par eux que la culture byzantine se maintient si longtemps à Rome même, alors que, cent cinquante ans plus tôt, saint Grégoire avouait qu'il ne savait pas le grec.

La conclusion générale qui ressort de tous ces faits peut s'appliquer à la Calabre, au moins pour la fin du VIIe siècle ou le commencement du VIIIe. Mais il est probable que le changement de langue y a été plus lent : au temps de Cassiodore, comme au temps de saint Grégoire, le Bruttium est un pays purement latin, et rien n'y prouve l'usage du grec, à l'époque où nous l'avons signalé en Sicile. Dès la fin de l'empire romain, on ne trouve plus à Tarente que des inscriptions latines[5] ; et c'est aujourd'hui un fait généralement reconnu que, dans l'ancienne Grande-Grèce, il n'était resté, au commencement du

Conciliengeschichte, 2e éd., t. III, 213, 257 ; — Lancia di Brolo, *Storia della chiesa in Sicilia*, t. II, p. 7, 21, 65).

1. Lancia di Brolo, II, 14, 15 ; — Migne, *Patr. grecque*, t. XC, col. 84 ; et XCI, col. 111.

2. Lancia di Brolo, II, p. 21.

3. Id., II, p. 38 ; — Gaetani, *Vitæ sanct. Sicul.*, II, 27.

4. *Liber Pontificalis*, I, p. 350, 359, 368. — Cf. Lancia di Brolo, II, 58-103 ; — Diehl, p. 258.

5. Lenormant, *la Grande-Grèce*, t. I, p. 65.

moyen âge, aucune trace de la langue et de la culture helléniques[1]. Si l'hellénisme a repris possession de cet ancien domaine, c'est uniquement par l'influence byzantine et le voisinage de la Sicile. En admettant que la langue grecque soit décidément prépondérante en Sicile vers le milieu du VIIe siècle, elle n'a pu l'être en Calabre qu'à une époque un peu plus tardive. N'est-ce pas ce changement de langue qui a favorisé l'usage nouveau du mot Καλαβρία et la disparition progressive du mot *Bruttium?* Rappelons d'ailleurs qu'au moment où la Calabre, à la suite de la Sicile, s'hellénise si profondément, Cosenza et Tarente sont perdues pour les Byzantins; la domination lombarde y rétablit peu à peu la prépondérance du latin. Aussi bien le triomphe de la langue grecque, en Calabre, n'est-il attesté, au commencement même du VIIIe siècle, que pour la région méridionale, en rapports plus étroits avec la Sicile. L'évêque grec Cirille gouverne l'église de Reggio et a comme archidiacre Léon le Thaumaturge, futur évêque de Catane, célèbre dans les fastes de l'Eglise grecque et contemporain des premiers iconoclastes[2].

C'est ainsi que le clergé sicilien et calabrais, soumis à la juridiction romaine, attiré vers l'Eglise d'Occident par ses doctrines et ses tendances générales, est entraîné au contraire vers Byzance par sa langue et par sa liturgie. Sans doute, dans la Rome à demi byzantine du VIIIe siècle, on attache beaucoup moins d'importance que plus tard à ces différences liturgiques. Mais, si naturelle que paraisse, à cette époque, la situation mixte du clergé sicilien et calabrais, les choses ne peuvent ainsi durer que par l'accord de Rome et de Byzance : quand survient la rupture, la différence de langue et de rite devient un principe d'opposition, et le basileus ne peut admettre que des églises grecques reconnaissent la juridiction du patriarche latin, en guerre avec le pouvoir impérial.

On présente souvent l'acte de Léon III l'Isaurien comme

1. ZAMPELIOS, Ἰταλοελληνικά p. 39 et suiv.; — LENORMANT, *La Grande-Grèce*, t. II, p. 372, 379. D'après la remarque du savant Calabrais MORISANI (*De protopapis*, p. 158), on ne connaît pas d'inscriptions chrétiennes grecques en Bruttium, avant le VIIIe siècle. Le *Corpus inscr. gr.* (t. IV, p. XL, n° 9511) en signale une seule, trouvée à Reggio.

2. GAETANI, *Vitæ sanct. Sicul.*, II, 9. — Cf. LANCIA DI BROLO, II, 129. — D'après une tradition souvent reproduite, le pape Zacharie serait un Grec de de Santa-Severina, en Calabre. Mais le *Liber Pontificalis* (I, 426) parle seulement de son origine grecque : *natione grecus*.

une mesure de violence. Mais nous n'avons aucune preuve que le basileus ait prescrit, par un décret formel et unique, la soumission des églises de Sicile au patriarcat byzantin. Le texte de Théophane[1] indique seulement que, pour se venger de la révolte de l'Italie et de l'opposition du pape aux décrets contre les images, Léon III attribue au fisc impérial les revenus de tous les patrimoines du Saint-Siège, en Sicile et en Calabre. Cette confiscation violente devait avoir, d'ailleurs, les plus graves conséquences. L'Eglise romaine avait, au sud de l'Italie, d'immenses domaines et une population nombreuse de colons; la possession de ces domaines lui assurait une influence énorme, en lui permettant de rester en relations directes et constantes avec les évêques les plus éloignés de Rome. Les recteurs du patrimoine, fondés de pouvoir et légats du Saint-Siège, exerçaient en son nom une active surveillance sur le clergé méridional. Mais les progrès de l'invasion lombarde rendaient leur tâche de plus en plus difficile, et il est probable que plusieurs de ces grands domaines étaient en fait abandonnés. En tout cas, le basileus, en les attribuant au fisc, minait l'influence du Saint-Siège, lui enlevait tous ses moyens d'action, brisait enfin les derniers liens qui unissaient à Rome l'Italie méridionale et la Sicile. Dès lors, il était facile d'interdire aux évêques le voyage à Rome et la reconnaissance de la juridiction romaine. Au fur et à mesure des élections nouvelles, c'est le patriarche byzantin qui exerce les droits autrefois reconnus au pape. Mais il a fallu sans doute une période de plusieurs années pour que toutes les églises de Sicile et de Calabre reconnaissent la juridiction nouvelle. S'il y a eu un décret formel de l'empereur, peut-être faut-il le placer un peu plus tard et l'attribuer au fils de Léon III, Constantin Copronyme (741-775) : la notice du moine arménien Basile, écrite au commencement du IXe siècle, en faisant mention des églises enlevées au patriarcat romain, ajoute ces mots : « Ces églises ont été réunies au synode de Constantinople, depuis que le pape de l'ancienne Rome est sous la domination des Barbares[2]. » N'est-ce pas une allusion à la chute de l'exarchat et à la constitution de l'Etat pontifical, plutôt qu'à la première rupture entre Léon III et le Saint-Siège?

1. THÉOPH. (éd. de Boor), I, 410.
2. GEORG. CYPR., *Descriptio orbis Romani*, éd. Gelzer, p. 27.

Dans l'Italie septentrionale et centrale, l'Eglise romaine tire profit de sa rupture avec l'empire : entraînée dans une direction nouvelle, ayant conscience d'avoir pour elle la masse des Italiens latins, elle trouve ailleurs d'éclatantes compensations aux pertes que lui inflige le basileus. Sur l'église de Naples l'influence du Saint-Siège est encore assez forte pour la détourner du schisme[1] : l'évêque Sergius, après avoir accepté d'abord du patriarche byzantin le titre nouveau d'archevêque, se réconcilie avec Rome. Mais au-delà de Naples, au-delà des pays lombards soumis à Bénévent, la papauté reste impuissante, et dans le clergé grec de Calabre ou de Sicile il n'y a pas trace de résistance. C'est un fait remarquable, et déjà signalé par Lenormant, que les papes semblent s'être résignés assez vite à la perte de leurs droits de métropolitains. Hadrien Ier, quelques années plus tard, revendique, à deux reprises différentes[2], les anciennes prérogatives du patriarcat romain : les dispositions conciliantes de l'impératrice Irène, le rapprochement entre les Francs et les Byzantins, encourageaient les espérances ou les illusions du pape. Mais au fond cette protestation ne tient qu'une place tout à fait secondaire dans les lettres d'Hadrien Ier, qui songe surtout à la reprise des anciens patrimoines et à l'extension de l'Etat pontifical. Après lui, pendant près d'un siècle, il n'y a pas trace d'une protestation nouvelle : il faut descendre jusqu'au pontificat de Nicolas Ier pour trouver de nouveau, dans les lettres du Saint-Siège, une allusion à ses anciens droits sur la Sicile[3]. En somme, ces revendications si rares restent purement théoriques, et l'on ne voit pas qu'aucun pape ait tenté d'agir directement sur le clergé calabrais ou sicilien, pour le détacher du patriarcat de Constantinople.

Les évêques grecs de Calabre et de Sicile obtiennent, en fait, cette autonomie, qui devait satisfaire tous leurs désirs. Il ne semble pas que les patriarches de Constantinople agissent aussi directement sur eux que les papes du VIe siècle sur leurs prédécesseurs latins. Ils servent souvent d'intermédiaires entre Rome et Constantinople : les Siciliens jouent un rôle particu-

1. *Chron. episc. Neap.* dans CAPASSO, *Monumenta*, I, 94 ; — et *Script. rer. langob.*, p. 422.
2. JAFFÉ-LÖW., 2448, 2449, 2483.
3. JAFFÉ-LÖW., 2682 ; — MIGNE, *P. L.*, t. CXIX, col. 778 ; — LENORMANT, *loc. cit.*, II, 394.

lièrement actif au concile œcuménique, réuni à Nicée en 787, pour mettre fin à la guerre des images et réconcilier l'Orient avec l'Occident; avec eux se trouvent de nombreux évêques de Calabre, ceux de Reggio, de Tropea, de Crotone, de Sainte-Cyriaque[1]. Tous se reconnaissent loyalement les suffragants du patriarche byzantin, Tarasios, auquel ils donnent le titre de patriarche « œcuménique »[2]. Un peu plus tard, vers l'année 820 l'évêque de Tauriana, en Calabre, est envoyé en ambassade à Constantinople par le patrice de Sicile avec un certain nombre d'autres Siciliens[3].

Ainsi tous ces faits s'enchainent étroitement : changement dans la langue et la liturgie, confiscation des patrimoines du Saint-Siège, soumission des évêques à la juridiction de Constantinople. A l'époque même où les empereurs byzantins voient le reste de l'Italie leur échapper, ils obtiennent du moins ce résultat qu'aux deux extrémités de la péninsule, Calabre et Terre d'Otrante, leur domination s'attache davantage au sol et y tient, pour ainsi dire, par des racines plus profondes.

Très peu de temps après la perte de Ravenne, vers 758, les Byzantins alliés au roi Didier contre le duc de Bénévent, réfugié à Otrante, profitent de leur alliance et de la colère du roi contre son vassal pour se faire céder cette place[4]. Ils reprenaient ainsi, à l'entrée de la mer Adriatique, une position de premier ordre, par laquelle la côte méridionale de l'Italie restait en communication facile avec l'Illyrie et la Grèce, — port tout désigné pour un débarquement des troupes byzantines, le jour où le basileus voudrait reprendre, par le sud, la conquête de l'Italie.

On n'ignorait point à Byzance quelle était la valeur stratégique de la Calabre; tant que les empereurs songent à revendiquer l'exarchat, à tirer vengeance des Francs, c'est en Calabre que se concentrent les troupes, chargées probablement d'envahir, d'accord avec le prince de Bénévent, le nouvel Etat pontifical : l'expédition la plus importante est celle de 788, qui se termine

1. MANSI, XII, 993.
2. Le patriarche Tarasios, qui est en relations courtoises avec le pape Adrien, s'adresse directement aux évêques de Sicile, qui observent la même liturgie que lui-même : « συλλειτουργοί », et les engage à faire observer les décrets du II° concile de Nicée dans le synode provincial, qu'ils ont coutume de tenir (PITRA, *Juris ecclesiastici Græcorum Monumenta*, II, 309).
3. *Petri episcopi de vita sancti Fantini* (GAETANI, *Vitæ sanct. Sicul.*, I, 160).
4. *Cod. Carol.*, ep. 17, p. 515; — HIRSCH-SCHIPA, p. 107.

par la défaite des Grecs[1]. Mais, après cette date, il n'est plus question d'entreprise semblable : la défense du pays est abandonnée au patrice byzantin de Syracuse, véritable vice-roi de la Sicile et de la Calabre, marche occidentale de l'empire. Quand la paix est rétablie entre Byzance et les Francs, le patrice conclut des traités avec le Saint-Siège et avec le roi Charles[2]. Il est en correspondance avec le pape Léon III, qui recueille, par lui, toutes les nouvelles du monde byzantin et les transmet à Charles. De même, il négocie directement avec les Arabes[3] et conclut une trêve avec leur chef Ibrahim (805). Mais le patrice de Sicile est un trop haut personnage, trop indépendant, trop éloigné du centre de l'empire pour ne pas être tenté parfois d'usurper l'autorité suprême. D'autre part, l'armée sicilienne est assez nombreuse et assez forte pour fournir un sérieux appui aux tentatives de ce genre. Avant la chute de l'exarchat, la révolte du patrice Sergius, à l'avènement de Léon III l'Isaurien (718), avait été promptement réprimée[4]. En 781, c'est le patrice Elpidios qui se soulève à son tour, et les Siciliens refusent de le livrer au spathaire Théophile, envoyé par l'impératrice Irène. Enfin, entre 821 et 826, c'est encore une révolte militaire provoquée, il est vrai, non par le patrice, mais par un officier secondaire du nom d'Euphemios, qui attire les Arabes en Sicile[5]. Depuis que la paix a été conclue avec les Francs, d'abord en 802, puis en 812, le seul danger qui menace du dehors la domination byzantine en Sicile et en Calabre, c'est l'invasion arabe.

Dès le commencement du VIIIe siècle, les émirs de Kairouan avaient armé une flotte pour attaquer la grande île : les expéditions arabes se répètent à intervalles assez rapprochés entre 701 et 753. Mais les Grecs, battus en Italie, organisent d'une manière plus sérieuse la défense de la Sicile : les places sont fortifiées, de nombreux vaisseaux font croisière le long des côtes et poursuivent les Arabes jusque dans les parages de l'Afrique. Ainsi, depuis 753 jusqu'en 815, on ne signale plus de nouvelles incursions, et même des relations pacifiques s'établissent entre les Aglabites de Kairouan et les patrices de

1. Théoph. (éd. de Boor), I, 464 ; — Einhardi, *Ann.* 788 (*Mon. Germ. Ss.*, I, 175).
2. Lettres de Léon III (*Epist.*, V, p. 97) ; — Cf. Amari, I, 191.
3. Amari, I, 225 ; — *Ann. Lauriss.* 797 (*Ss.*, I, 182).
4. Théoph. (éd. de Boor), I, 398. — Cf. Amari, I, 217.
5. Théoph., I, 455 ; — Amari, I, 239.

Syracuse[1]. Mais d'autres Arabes, venus d'Espagne et du Maroc, indépendants des émirs aglabites, pillent les côtes de Sardaigne et de Sicile. Bientôt les Aglabites eux-mêmes envoient des corsaires dans la mer Tyrrhénienne : ceux-ci s'établissent aux portes même de Naples, dans l'île d'Ischia ; ils occupent Ponza et menacent Civita-Vecchia[2]. Quand leurs navires sont chargés de butin, les Arabes s'éloignent : ces incursions passagères n'ont encore d'autre but que le pillage. La première armée arabe envoyée d'Afrique pour entreprendre, d'accord avec le rebelle Euphemios, la conquête de l'île, débarque à Mazara en 827; mais après avoir traversé toute l'île, elle échoue au siège de Syracuse ; en 829, les Musulmans n'occupent encore que deux places. L'année suivante, une nouvelle armée plus nombreuse tente un nouvel effort : les Arabes assiègent Palerme, qui, après une héroïque résistance de treize mois, finit par capituler[3] : c'est la prise de Palerme, en septembre 831, qui marque véritablement le point de départ de la conquête arabe en Sicile. Là s'organise un nouvel Etat musulman, une colonie africaine, bientôt indépendante de sa métropole. Ainsi le danger grandit et s'approche pour les populations italiennes de la côte occidentale.

Les forces byzantines étant concentrées à l'est de l'île, depuis Messine jusqu'à Syracuse, la Calabre méridionale et les côtes du golfe de Tarente sont encore assez bien protégées. Mais les succès des Arabes ont montré la désorganisation profonde de la marine byzantine, si puissante encore au VIIIe siècle : si les Byzantins ne sont plus maîtres de la mer, l'invasion musulmane sur le continent italien doit suivre, à brève échéance, la création de l'émirat de Palerme.

II

LES TRANSFORMATIONS DU DUCHÉ DE NAPLES

Dans la crise qui détache l'Italie de l'empire, les ducs de Naples défendent avec une singulière énergie les intérêts byzantins : leur rôle grandit à mesure que diminue celui des ducs

1. AMARI, I, 168-175, 224.
2. Lettres de Léon III, 6 (*Epist.*, t. V, p. 96).
3. AMARI, I, 264-290.

de Rome. Leur action s'exerce sur tout le littoral campanien, depuis les environs de Palerme jusqu'à Terracine, où l'on trouve encore sur un monument le nom du duc Georges[1]. Ces ducs du VIIIe siècle ne sont point des personnages inconnus; plusieurs sceaux, des inscriptions nous ont transmis leur nom et leur souvenir : avant le duc Georges, c'est le duc Théodore « ὕπατος καὶ δούξ » qui érige à Naples une église nouvelle consacrée aux saints Jean et Paul[2]. Après la chute de l'exarchat, Naples reste gouvernée par le duc Grégoire, qui a le titre de *spathaire impérial*[3]. Il n'occupe qu'un rang secondaire dans la hiérarchie byzantine, et c'est le patrice de Sicile qui, tout d'abord, apparaît aux Napolitains eux-mêmes comme le véritable représentant du basileus. Dans un accord conclu en 763 entre une vénérable abbesse et le duc Etienne *eminentissimus consul*, les deux parties prêtent serment par l'empereur, le pape et « la vie de notre seigneur Antiochos, très excellent patrice et protostratège[4] ». Quand Hadrien Ier réclame aux Napolitains les anciens patrimoines du Saint-Siège, il reconnaît qu'ils doivent consulter d'abord le patrice de Sicile et attendre ses ordres[5]. Les Napolitains se montrent profondément attachés à la domination byzantine et partagent l'hostilité des Grecs contre le Saint-Siège, au moment où Rome et Ravenne sont pour jamais enlevés à l'empire. Les iconoclastes, si peu populaires dans le reste de l'Italie, comptent à Naples de nombreux partisans, et leur influence est assez grande pour interrompre pendant plusieurs années toutes relations avec Rome. Vers 740, il s'en était fallu de peu que l'évêque de Naples, acceptant de Byzance le titre d'archevêque, ne se détachât du patriarcat romain[6]. Vingt ans plus tard, une lutte acharnée s'engage entre l'aristocratie militaire, hostile au Saint-Siège, et le clergé resté fidèle à Rome.

On empêche l'évêque élu d'aller se faire consacrer par le pape; on le tient prisonnier dans la ville. Cependant il réussit à s'échapper, s'enfuit secrètement à Rome, et reçoit l'investi-

1. La Blanchère, *Terracine*, p. 174. — Cf. mon article sur *l'Etat pontifical, les Byzantins et les Lombards sur le littoral campanien* [*Mél. d'arch. et d'hist.*, t. XXI (1901), p. 489].
2. Capasso, *Monumenta ad hist. Neapol. duc.*, I, 48, et III, 215.
3. Capasso, I, 56.
4. Capasso, I, 262.
5. *Cod. Carol.*, ep. 64 (p. 591).
6. Capasso, I, 194; — *Gesta episc. Neap.* (*M. G.*, *Script. rerum langob.*, 422).

ture pontificale. Mais à son retour, les Napolitains lui ferment les portes et le confinent à quelques lieues des murs de Naples, dans une dépendance de la petite église rurale de Saint-Janvier. Le clergé, très attaché à la tradition romaine, reste en rapports avec lui, et ses partisans sont assez nombreux pour l'encourager à la résistance : mais son exil ne cesse que deux ans plus tard, quand l'aristocratie napolitaine consent à une réconciliation[1].

Vers l'année 787, au moment où le roi des Francs s'avance sur Capoue, des ambassadeurs byzantins, appelés par le prince lombard de Bénévent, débarquent sur le littoral campanien[2]. L'accueil empressé qu'ils reçoivent à Naples, les honneurs qu'on leur prodigue nous montrent quels sujets fidèles le basileus trouve dans cette ardente population. S'ils veulent maintenir les liens traditionnels de leur église avec le Siège de Rome, les Napolitains restent hostiles au nouveau souverain temporel ; ils refusent de restituer les patrimoines confisqués ; ils s'entendent avec les Lombards pour menacer — s'il faut en croire le pape, — la Campanie romaine[3]. Cependant les relations avec l'empire d'Orient ne tardent pas, en fait, à se relâcher : Naples, quel que soit son loyalisme, commence à se gouverner elle-même. Le patrice de Sicile n'a guère les moyens d'exercer un contrôle efficace sur l'administration de la ville. S'il reconnaît officiellement le duc Etienne, le premier qui soit nommé à Naples depuis la chute de l'exarchat, il est probable que ce choix lui est imposé par l'aristocratie locale, dont Etienne est le chef[4]. Or c'est le duc Etienne qui est le véritable fondateur de l'autonomie napolitaine : ce n'est plus un fonctionnaire révocable ; il devient, en réalité, maître absolu et gouverne la ville avec une entière indépendance. Par un cas singulier, qui doit se renouveler une fois encore dans l'histoire de Naples, Etienne réunit bientôt l'autorité spirituelle à la souveraineté civile : l'évêque de Naples, étant mort au milieu d'une peste, qui décime le peuple et le clergé, les Napolitains acclament comme son successeur le duc Etienne, qui, depuis douze ans déjà, administrait pacifiquement la

1. CAPASSO, I, 198 ; — *Gesta episc. Neap.*, 424.
2. *Cod. Carol.*, 616.
3. *Cod. Carol.*, 591.
4. CAPASSO, I, 61 ; — SCHIPA, *Storia del ducato di Napoli* (*Archivio Storico per le province Napoletane*, t. XVII, p. 377).

ville[1]. Etienne va trouver le pape et réussit, en dépit des règles canoniques, à se faire conférer immédiatement les ordres sacrés. Il reste évêque de Naples pendant près de trente-trois ans, et, s'il cesse officiellement d'être duc, le titre ne sort pas de sa famille : il a pour successeur son fils Grégoire, — peut-être un autre fils du nom de Césaire, — puis son gendre Théophilacte[2]. Mais, en fait, l'évêque garde une influence prépondérante sur la direction générale des affaires.

Etienne II, en raison même des circonstances extraordinaires de son entrée dans les ordres, manifeste, à l'égard du Saint-Siège, une particulière déférence : dans cette ville, naguère divisée par le schisme, il s'attache à fortifier l'influence romaine. Il envoie des clercs s'instruire à Rome, il se signale par son zèle pour les images, il fait disparaître toute trace d'opposition religieuse[3]. Il est vrai que, vers la même époque, la cour byzantine elle-même travaille à rétablir la paix religieuse par l'entente avec Rome. Mais, à Naples, le résultat de la politique d'Etienne II, c'est de faire triompher dans le clergé la langue et la culture *latines*, aux dépens de l'influence byzantine.

D'autre part, il observe scrupuleusement les formes traditionnelles de la soumission à l'empire ; s'il assure à son fils le titre de duc, il a soin de le faire reconnaître par l'autorité byzantine[4]. Mais il est visible, à plusieurs signes, que cette subordination de Naples au basileus devient purement nominale. Dans l'inscription si curieuse, composée par Etienne II lui-même en l'honneur de son fils, le duc Césaire, mort à la fleur de l'âge, il le loue d'avoir su ménager les Lombards sans rompre l'accord avec les Grecs : *Sic blandus Bardis eras ut fœdera Graiis servares*[5]. Ce n'est déjà plus le langage d'un sujet, mais celui d'un allié.

Le changement se manifeste avec évidence dans les actes publics et sur les monnaies. L'image du basileus disparaît sur les monnaies de bronze pour céder la place à celle de saint Janvier, patron et protecteur de la ville[6], et cette image nouvelle

1. Capasso, I, 200 ; — *Gesta episc. Neap.*, 425.
2. Capasso, I, 66.
3. Capasso, I, 200 ; — *Gesta episc. Neap.*, 425.
4. Inscription de Césaire : Capasso, III, 218.
5. Capasso, *loc. cit.* — Cf. sur cette inscription, Mommsen, *Neues Archiv*, III, 403.
6. Capasso, III, 243-251. — Cf. *Archivio storico per le prov. Napol.*, t. XIV, 461 ; — Schipa, *loc. cit.*, 380.

est le symbole même de l'autonomie napolitaine. Enfin, dans cette ville qui se glorifie avant tout d'être la ville de saint Janvier, la langue officielle de l'administration comme de l'église n'est plus la langue de Byzance : les habitants du littoral campanien, Napolitains, gens de Gaëte et d'Amalfi, sont et restent essentiellement des *Latins*, et ce seul trait suffit à les distinguer profondément des Siciliens ou des Calabrais[1].

Au commencement du IXe siècle, quand les corsaires sarrasins menacent les côtes de Sicile, c'est en vain que l'amiral byzantin requiert le duc Anthime de lui fournir des vaisseaux : le duc refuse et garde la neutralité[2].

Etienne II avait cherché à maintenir la dignité ducale dans sa famille; en réalité le pouvoir reste électif, ou plutôt il appartient à qui sait le prendre et le garder. Entre 800 et 840, la succession des ducs donne lieu à des troubles fréquents, et l'on voit même les Napolitains, las de ces luttes continuelles, renoncer provisoirement à leur indépendance : en 818, comme plusieurs factions rivales se disputent le pouvoir, ne pouvant arriver à s'entendre, ils ont recours au patrice de Sicile, et lui demandent de leur désigner un duc[3]. Pendant trois ans (818-821), ce sont des fonctionnaires byzantins, nommés par le patrice, qui gouvernent Naples. Mais bientôt les Napolitains se lassent d'obéir à un « étranger » : c'est le terme employé par la chronique officielle des ducs, écrite à la fin du IXe siècle. Ils chassent le protospathaire Théodore et acclament Etienne III, petit-fils d'Etienne II[4]. L'autorité ducale rétablie revient à l'aristocratie locale et à la famille qui l'a déjà exercée pendant près de quarante ans. Cependant les troubles recommencent et provoquent plus d'une fois une intervention étrangère, qui n'est plus celle des Byzantins. En 832, quelques Napolitains, secrètement soudoyés par le prince de Bénévent, assassinent leur duc, et l'un des meurtriers prend sa place[5]. En 840, le duc André ayant imploré, contre les Lombards de Bénévent, l'appui des Francs, l'empereur Lothaire envoie à Naples un seigneur franc du nom de Contard : celui-ci se brouille

1. Cf. les chartes de Gaëte : *Cod. dipl. Caiet.*, t. I. — CAMERA, *Memorie stor. dipl. della città e ducato di Amalfi*, t. I, 95.
2. Lettre de Léon III, *Epist.*, t. V, p. 96; — CAPASSO, I, 69.
3. CAPASSO, I, 204 ; — *Gesta episc. Neap.*, 428.
4. CAPASSO, I, 70 et 205.
5. CAPASSO, I, 204 ; — *Gesta episc. Neap.*, 429.

avec le duc, le fait tuer et occupe militairement la ville. Cette usurpation provoque une terrible émeute : les Napolitains envahissent le palais épiscopal, où s'est installé le chef des Francs, le massacrent, lui, sa femme et ses compagnons, et vont chercher à Cumes le comte Sergius, pour en faire leur duc[1]. Vers la même époque, il y avait entre le pouvoir épiscopal et le pouvoir militaire ou ducal d'interminables conflits : l'évêque Tiberius reste en prison pendant sept ans, et jusqu'à sa mort l'église de Naples est administrée par un évêque usurpateur, imposé au clergé par le duc, sans avoir reçu la consécration épiscopale[2]. L'avènement de Sergius en 840 marque le commencement d'une ère nouvelle : son prestige est assez grand pour mettre un terme à l'anarchie, rétablir la paix et fonder une dynastie. Tiberius étant mort, l'évêque qui avait pris sa place est régulièrement consacré, après une enquête du pape Grégoire IV. Nous verrons plus tard par quels services Sergius mérite la reconnaissance des Napolitains et réussit à jouer un rôle glorieux dans la lutte contre les Arabes. Il nous reste à montrer quels sont les rapports des ducs de Naples avec leurs voisins immédiats, et comment les dangers qui menacent leur indépendance nous expliquent les révolutions intérieures de la ville, durant cette période de crise qui s'étend de la mort d'Etienne II à l'élection de Sergius.

Le duché de Naples ne comprend pas seulement la ville de Naples et ses environs immédiats. Théoriquement, l'autorité du duc s'étend sur toute la partie du littoral campanien que les Byzantins ont gardée, depuis la chute de l'exarchat, — sauf le territoire de Terracine, occupé par les troupes pontificales, au temps d'Hadrien Ier[3]. Ces possessions byzantines ne forment pas une ligne continue : à l'est de Gaëte, la côte appartient aux Lombards de Bénévent, maîtres de Minturnes, de l'embouchure du Liris et de celle du Vulturne. Ainsi la région de Gaëte forme une enclave isolée entre l'Etat pontifical et la Campanie lombarde ; le duché de Naples proprement dit s'étend depuis l'embouchure du Clanius et le lac de Patria jusqu'à l'est d'Amalfi. Il comprend donc les petites villes de Cumes, Pouzzoles

1. Capasso, I, 209 ; — *Gesta episc. Neap.*, 431.
2. Capasso, I, 208 ; — *Gesta episc. Neap.* (*Script. r. l.* 430).
3. *Cod. Carol.*, 591. — Cf. la discussion sur la date de la réunion de Terracine à l'Etat pontifical dans l'article déjà cité : *l'Etat pontifical, les Byzantins et les Lombards*... [*Mél. d'arch. et d'hist.*, t. XXI (1901), p. 493].

et Sorrente, gouvernées par des fonctionnaires de rang inférieur, *comites* ou *prefecti*, qui sont subordonnés au duc de Naples[1]. Un texte de la fin du VIIIe siècle nous montre qu'Amalfi est comprise dans les limites du *ducatus*[2]. A Gaëte même, le premier magistrat de la ville, qui porte le titre byzantin d'*hypatos*, reconnaît explicitement, en 839, l'autorité du duc de Naples[3]: mais ce n'est là peut-être qu'une formule officielle, à laquelle on ne peut attacher grande importance; car il n'y a pas trace d'une intervention des ducs napolitains dans les affaires de Gaëte. En fait, Gaëte et même Amalfi sont des villes assez importantes pour se rendre autonomes. En 812, quand l'amiral byzantin réclame des vaisseaux au duc Anthime, il le charge d'en demander aussi à tous les habitants du littoral qui voudront bien lui obéir. Si le duc Anthime refuse, pour son propre compte, d'en donner, Gaëte et Amalfi en fournissent, au contraire, un certain nombre de leur plein gré[4].

La limite du duché de Naples à l'intérieur des terres est assez difficile à déterminer : car elle varie souvent, selon le progrès ou le recul de la domination lombarde. Entre le cours du Clanius (aujourd'hui le ruisseau appelé *Regi Lagni*), le lac de Patria, les villes de Cancello et de Nole, il y a une étroite zone de plaine, constamment disputée entre Lombards et Napolitains, et dans laquelle les uns et les autres possèdent certains domaines communs : c'est la *Liburia* ou *Liguria*[5]. En contact avec les Lombards dans cette plaine admirablement fertile, objet d'âpres convoitises, les Napolitains luttent pied à pied, pour ne pas laisser le cercle ennemi se resserrer de plus en plus autour de leur ville.

A vrai dire, c'est la guerre contre les Lombards, qui est la grande affaire des Napolitains, depuis la fin du VIIIe siècle jusqu'au milieu du IXe. Ce sont les princes de Bénévent qui menacent le plus directement leur indépendance; c'est dans

1. CAPASSO, III, 161, 182, 200. — Sergius est comte de Cumes avant d'être duc de Naples (CAP., I, 210).

2. *Cod. Carol.*, 610.

3. CAPASSO, I, 263; — et *Cod. dipl. Caiet.*, I, n° 5. — Cf. les termes du traité conclu par le prince de Bénévent avec le duc André de Naples en 836 : *Populo vobis subjecto ducati Neapolitani et Surrento et Amalfi et celeris castellis vel locis in quibus dominium tenetis* (*Edictus*, p. 187).

4. *Qui vero dux... in adjutorio ejus ire contempsit : Kaietani autem et Amalfitani aliquanta congregantes navigia in auxilio illius abierunt* (LEONIS III *Epist.* 96).

5. CAPASSO, III, 192.

cette lutte violente, acharnée, à peine interrompue par quelques années de trêve, que se développe chez les Napolitains ce patriotisme local, si étroit, si jaloux, si dédaigneux de tout ce qui n'est pas l'intérêt immédiat et présent de la ville. Naples, à plusieurs reprises, est assiégée par les princes lombards; à plusieurs reprises elle est obligée de payer tribut. Le prince Sicon, vers 830, lui inflige une humiliation suprême : il réussit à dérober le corps de saint Janvier, protecteur de la cité, et le transporte en grande solennité dans sa capitale[1]. Tandis que les chroniques lombardes font grand bruit de cet événement mémorable, les Napolitains observent à ce sujet le plus complet silence. Ils se vantent du moins d'avoir gardé la tête du saint, et rien n'est changé au culte traditionnel[2].

Quelques années plus tard, le prince Sicard, résolu à terrifier les Napolitains, en occupant tout le littoral, vient ravager les environs de Misène, puis assiège Sorrente pendant plusieurs mois, cherchant à ravir aux habitants d'autres reliques. Mais, tandis que son armée campe dans la plaine de Pompéi, arrivent les Sarrasins, dont l'intervention inopinée sauve Naples[3]. En résumé, pendant près de vingt ans, de 820 jusqu'en 840, les Napolitains n'évitent un blocus prolongé qu'en payant tribut à leur redoutable voisin.

Si l'on compare le petit duché de Naples et l'immense territoire sur lequel régnait alors le prince de Bénévent, il semble que la lutte fût impossible : outre leur nombre, les guerriers lombards avaient, contre leur faible adversaire, tous les avantages de la position : maîtres de l'embouchure du Vulturne et du golfe de Salerne, ils pouvaient envahir le duché de Naples aux deux extrémités et bloquer complètement la ville, au moins du côté de la terre. Les Napolitains n'ont pour se défendre que leurs vaisseaux, et il semble bien qu'ils aient réussi à empêcher le blocus maritime. Mais ils ont aussi toutes les ressources d'une habile diplomatie, d'un esprit fécond en ruses : dans le récit monotone de ces guerres, de ces massacres et de ces pillages, le seul intérêt vient du contraste qui s'accuse parfois entre la rude naïveté des Lombards et l'astuce napolitaine. Un jour qu'il s'agit de conclure la paix, l'envoyé du prince de

1. Capasso, I, 75; — *Chron. Salern.*, c. 57 (*M. G. Ss.*, III, 497).
2. Gothein, *die Culturentwicklung Suditaliens*, p. 112.
3. Capasso, I, 80, 209; — *Gesta episc.*, 431; — *Chron. Salern.*, c. 63 (*Ss.* III, 499).

Bénévent, introduit dans la ville, est amené sur la grande place, où on lui montre des monceaux de blé : sur d'énormes tas de sable, les Napolitains avaient mis une couche légère de grains de froment. Mais le Lombard, persuadé qu'ils ont entassé des vivres pour de longs mois de siège, s'empresse de porter la nouvelle à son maître, le décide à renoncer au siège de Naples et à conclure la paix à des conditions favorables [1].

Enfin les Napolitains cherchent au dehors des alliances. Mais les Byzantins, qui ne peuvent empêcher le débarquement des Arabes en Sicile, sont hors d'état de prêter aux ducs le moindre appui ; dès 826, le duc de Naples implore, contre les Lombards, le secours de l'empereur des Francs, Louis le Pieux, qui est nominalement leur suzerain ; et, quelques années plus tard, le duc André sollicite l'intervention de Lothaire [2].

L'occupation de Palerme par les Arabes, en 831, isole encore davantage les habitants du littoral campanien et rend leurs rapports avec l'empire grec de plus en plus rares. Mais quelle attitude vont-ils avoir vis-à-vis de ces nouveaux voisins, dont ils ont déjà, vers 812, éprouvé les ravages ? Il est remarquable qu'à cette époque les Napolitains semblent ne pas s'émouvoir outre mesure de l'établissement, d'ailleurs temporaire, des Arabes dans les îles les plus rapprochées de la côte : Ischia, Ponza [3]. Leur grand souci, c'est de défendre et de garder la plaine de Liburie : contre les Lombards, le duc André ne se contente pas de faire appel aux Francs. Il attire sur la côte quelques bandes sarrasines et se sert d'elles pour obliger le prince Sicard à reculer [4]. L'accord avec les Sarrasins entre dans les traditions de la politique napolitaine : s'il faut en croire un texte arabe [5], les Napolitains, après avoir pris à leur service des troupes sarrasines, fournissent des vaisseaux aux Arabes pour les aider à enlever Messine. On voit ce qu'était devenue, vers le milieu du IXe siècle, la fidélité de Naples à l'empire byzantin !

1. *Chron. Sal.*, c. 64 (*Ss.*, III, 499).
2. Capasso, I, 210 ; — *Gesta episc. Neap.*, 431.
3. Leonis III, *Epist.* 6 (V, p. 96).
4. Capasso, I, 209 ; — *Gesta episc. Neap.*, 431.
5. Amari, I, 314. — Cf. Ibn-al-Atir, *Bibliotheca arabo-sicula*, I, 372.

CHAPITRE II

LES LOMBARDS DE BÉNÉVENT

DEPUIS LE MILIEU DU VIIIe SIÈCLE JUSQU'A L'INVASION SARRASINE EN APULIE (840)

En dehors des territoires byzantins, toute l'Italie méridionale, des Abruzzes au golfe de Tarente, est soumise au duc lombard de Bénévent : au sud de la péninsule, la nation vaincue par Charlemagne garde son indépendance, et lors de la chute du royaume lombard, en 774, le duc de Bénévent prend le titre de prince, pour mieux affirmer cette indépendance ; c'est la cour de Bénévent qui reste le dernier refuge des vieilles traditions lombardes. Ce vaste duché comprend les antiques régions du Samnium, de l'Apulie, de la Lucanie, une partie de la Calabre, une grande partie de la Campanie. On a vu quelles sont ses limites au sud, du côté de la Calabre byzantine : la frontière part du littoral de la mer tyrrhénienne, un peu au nord d'Amantea, enveloppe tout le bassin du Crati, et vient aboutir, probablement, à l'embouchure du fleuve ; depuis l'embouchure du Crati jusqu'au sud de Tarente, toute la côte est lombarde. Au sud-est, la frontière suit une ligne qui passe au sud de Tarente et d'Oria, et vient déboucher sur la mer Adriatique, un peu au sud de Brindisi : du moins en est-il ainsi après 758, quand les Byzantins ont repris Otrante[1].

Au nord-ouest, les Lombards sont maîtres, depuis 702, de Sora, Hirpinum, Arce, c'est-à-dire de toute la vallée moyenne du Liris, par laquelle ils touchent au nouvel Etat pontifical ; vers 752, ils enlèvent même au Saint-Siège la bourgade de

1. Hirsch, trad. Schipa, 24.

Ceccano[1]. Au nord, le duché de Bénévent confine au duché de Spolète, qui comprend le pays des Marses, autour du lac Fucin, et probablement la haute vallée du Liris, en amont de Sora; puis la frontière suit le cours de la Pescara, au moins jusqu'en 802[2]. A cette date, les Bénéventains perdront le comté de Chieti, situé entre la Pescara et le Sangro, qui passera sous la domination de Spolète.

I

LES DERNIERS DUCS DE BÉNÉVENT

Au VIIIe siècle, et bien avant la chute du royaume lombard, le duché de Bénévent peut être regardé comme un Etat distinct et indépendant, les ducs comme de véritables souverains, qui ne sont qu'en apparence les vassaux des rois de Pavie. Tant que les communications entre Rome et Ravenne restaient entre les mains des Byzantins, il était presque impossible aux rois lombards de faire respecter leur autorité au sud de la péninsule. De bonne heure, les ducs de Bénévent ont une situation très différente de celle des autres ducs lombards. Partout ailleurs, le roi nomme directement les ducs et cherche à les choisir parmi des nobles étrangers au pays. A Bénévent, le pouvoir reste, pendant plusieurs générations, dans la même famille, et le duc fait reconnaître d'avance son fils comme successeur. Dans le nord, le roi nomme directement les officiers inférieurs *gastaldi*, *sculdahis*, et l'autorité des *gastaldi*, chargés de l'administration des domaines royaux, fait contrepoids à celle des ducs. Chez les Lombards du Sud, c'est le duc lui-même qui nomme les gastaldi, comtes, etc., exerçant dans tout le duché la prérogative royale. Dans l'Italie du Nord ou en Toscane, la puissance des rois lombards a pour fondement de grands domaines, dispersés un peu partout; dans l'Italie méridionale, les rois de Pavie ne possèdent aucun domaine et ne lèvent directement aucun impôt[3].

1. Paul Diacre, VI, 27; — *Liber Pontificalis : Vie d'Etienne II*, 237 (t. I, p. 444).
2. Hirsch, *loc. cit.*, 24; — Erchempert, c. 5 (*S. r. l.*, 236).
3. Hirsch, trad. Schipa, 78.

Au moment des grandes luttes du VIIIe siècle, lorsque se joue le sort de Rome et de Ravenne, on voit clairement s'affirmer l'indépendance des ducs de Bénévent et de Spolète. Ils n'ont aucun intérêt à favoriser la conquête des provinces byzantines dans l'Italie centrale et à laisser disparaître l'utile barrière qui les sépare des Lombards du Nord. Aussi s'empressent-ils de négocier, d'un commun accord, avec le pape Grégoire II, pour faire alliance avec lui contre le roi Liutprand (728-729). Il est vrai que Liutprand les traite en rebelles, et veut profiter de l'occasion pour les rattacher enfin plus étroitement à l'autorité royale[1]. Il réussit même à soumettre les Bénéventains et leur impose un duc, étranger au pays (732). Mais en 739, les Bénéventains profitent de l'éloignement du roi pour se choisir un autre duc, pris dans l'aristocratie locale : celui-ci renouvelle l'entente avec le Saint-Siège contre le roi. Il faut une nouvelle expédition de Liutprand pour rétablir à Bénévent un duc qui soit sa créature[2] : encore fait-il aux Lombards du Sud une concession importante, puisqu'il reconnait l'héritier des anciens ducs, le jeune Gisulf, qu'il avait écarté du pouvoir, pour le garder comme ôtage (742). Si Gisulf II reste fidèle à Liutprand, à peine celui-ci est-il mort (744) que le lien se brise entre le royaume lombard et les deux duchés de Spolète et Bénévent : le roi Ratchis, dans les lois nouvelles qu'il promulgue, traite les deux duchés en pays étrangers et ennemis. Il interdit à ses sujets, sous peine de confiscation et de mort, d'envoyer aucun messager, sans un ordre exprès du roi « à Rome, Ravenne, Spolète, Bénévent, chez les Francs, les Bavarois ou les Alamans[3] ».

Cependant, quand le roi Aistulf prend Ravenne et menace directement le duché de Rome, les Lombards de Bénévent sont d'accord avec lui. En 752, ils envahissent la Campanie romaine ; en 756, ils prennent une part directe à l'attaque de Rome, en cherchant à pénétrer dans la ville par la porte de Saint-Paul[4]. La guerre d'Aistulf contre Pépin a pour effet d'établir entre le roi lombard et les ducs une entente plus étroite qu'elle ne l'a jamais été : pour la première fois, on voit des plaideurs de Béné-

1. *Vie de Grégoire II* (*Lib. Pontif.*, I, 407) ; — Hirsch, 83.
2. Paul Diacre, VI, 55 ; — Gregorii III, ep. 2 (*Epist.*, III, 477) ; — Hirsch, 90.
3. *Ratchis Leges* (746) (*Edictus*, p. 157).
4. *Cod. Carol.*, ep. 9 (III, 499).

vent faire appel au roi d'une sentence prononcée par les juges locaux[1].

Mais à l'avènement de Didier, se produit un nouveau revirement, qui nous montre tout ce qu'il y a de factice dans cette union. Les ducs de Spolète et de Bénévent se rapprochent du Saint-Siège et demandent au pape de les réconcilier avec le roi Pépin : ils se déclarent tout prêts à reconnaître la prépondérance franque et à se *recommander* au roi des Francs[2]. Leur principal souci, c'est de séparer leur cause de celle du roi des Lombards ; c'est de ménager le plus fort des deux adversaires, pour assurer leur propre indépendance.

Didier, le dernier roi de Pavie, fait une troisième et dernière tentative pour obtenir la soumission des duchés. Tandis qu'il vient occuper Spolète avec son armée, le duc de Bénévent, Liutprand, s'enfuit de sa capitale et va s'enfermer à Otrante[3]. Didier installe à sa place Arichis, auquel il donne sa fille en mariage ; l'union est rétablie, et elle subsiste jusqu'à la chute du royaume lombard en 774. Mais, en fait, le nouveau duc reste aussi indépendant que ses prédécesseurs ; rien n'est changé à la constitution intérieure du duché. Le roi Didier a une autorité trop fragile, il est trop occupé par d'autres soins pour pouvoir intervenir dans le gouvernement de l'Italie méridionale ; en 766, le duc Arichis revise un procès qui s'était engagé devant le roi Aistulf, et il casse tout ce que le roi avait décidé[4]. Il ne semble pas, d'autre part, que les Lombards de Bénévent aient pris une part active aux dernières luttes de Didier contre les Francs. La guerre est concentrée dans le nord, et quand Didier devient le prisonnier du roi des Francs, maître de Pavie, les ducs de Spolète et de Bénévent ne songent qu'à sauver leur situation personnelle. Les Lombards de Spolète jurent fidélité au Saint-Siège, qui les regarde désormais comme ses vassaux[5]. Le roi Charles, bien qu'il ait mis sur sa tête la couronne des rois lombards, ne songe point à revendiquer les droits ou les prétentions de la dynastie déchue sur le duché de Bénévent. C'est un politique trop prudent pour se lancer dans une pareille

1. Charte de 766 dans Troya, *Cod. dipl. longob.*, V, 364.
2. Stefani III ep. *Cod. Carol.*, III, 506.
3. *Cod. Carol.*, 515.
4. Troya, V, 364 ; — Muratori, *R. I. S.*, I, 2, 394.
5. La soumission de Spolète (773) est antérieure de quelques mois à la prise de Pavie (Cf. *Lib. Pontif.*, I, 495 ; — Duchesne, *Les premiers temps de l'État pontifical*, p. 69).

aventure. Si la puissance des Lombards du Sud inquiète surtout le nouvel Etat pontifical, elle n'est pas une menace sérieuse pour la souveraineté franque en Italie. Tout au plus, le pape obtient-il de Charles que le duché de Bénévent sera un jour rattaché à l'Etat pontifical et qu'il formera, comme Spolète, une seigneurie vassale[1]. Mais cette vague promesse reste sans exécution, et ni l'autorité ni l'indépendance du duc Arichis n'éprouvent la moindre atteinte. Tandis que l'Italie du Nord et l'Italie centrale subissent, entre 750 et 780, de si profonds changements, la partie de la péninsule qui s'étend au sud des Abruzzes échappe encore à toute intervention des Francs.

II

ARICHIS, PREMIER PRINCE DE BÉNÉVENT (774-787)

Tant qu'il y avait eu à Pavie des rois lombards, le sentiment d'un intérêt national avait paru complètement étranger aux Lombards du Sud. Mais, depuis que l'Etat bénéventain est le seul où les représentants de la nation vaincue ne soient ni sujets ni vassaux de Charles, l'orgueil national lombard se réveille dans la noblesse de Bénévent avec une intensité nouvelle. Pour la première fois, l'intérêt particulier des ducs se confond avec l'intérêt général du peuple lombard. Arichis se souvient qu'il est gendre de Didier, et il prétend relever le prestige de la dynastie déchue. Pendant que le fils de Didier mène la vie errante d'un prince exilé, seul Arichis est assez fort pour braver les Francs et gouverner avec gloire, « selon l'exemple de ses ancêtres, les débris de sa nation : *suæ gentis reliquias*[2] ».

En 774, il y avait seize ans déjà qu'Arichis gouvernait le duché de Bénévent. Apprenant la chute de Didier et l'usurpation de la couronne lombarde par le roi des Francs, il prit le titre nouveau de *prince*, se fit donner l'onction par les évêques, et, lui aussi, mit sur sa tête une couronne, symbole de l'autorité souveraine; ses diplômes portèrent, pour la première fois, la formule : « écrit dans notre Sacré Palais[3] ». Tout en évitant de provoquer le roi des Francs, il se refusait à lui reconnaître

1. *Lib. Pontif.* (introd. Duchesne), I, CCXXXVIII.
2. *Introd. aux Capitula d'Adelchis* (*Edictus*, p. 177).
3. ERCH., 3; — LEO OST., I, 8, 9 (*S.*, VII, 586).

les mêmes prérogatives qu'à Didier. En montrant aux Lombards qu'il n'était le vassal de personne, il releva le prestige de l'autorité ducale et encouragea ses sujets à défendre énergiquement leur indépendance, en face de l'Etat pontifical et du duché de Spolète, protégés par les Francs. Le premier prince de Bénévent est assurément l'un des plus curieux personnages italiens du VIIIe siècle : peut-être l'Italie franque et l'Italie pontificale ont-elles occupé, trop exclusivement, l'attention des historiens ; on a trop négligé l'histoire de ces Etats secondaires et de ces princes de second rang, que l'imposante figure de Charlemagne a rejetés dans l'ombre.

Arichis, soit comme duc, soit comme prince indépendant, resta, pendant près de trente ans, le souverain de presque toute l'Italie méridionale (758-787) : aussi bien son règne est-il l'époque la plus brillante et la plus intéressante, à beaucoup d'égards, dans l'histoire des Lombards du Sud avant la restauration byzantine : d'ailleurs, ses relations avec l'Empire byzantin nous donnent une raison nouvelle de mieux mettre en lumière son rôle politique.

Toutes les chroniques de l'Italie méridionale, du IXe au XIe siècle, parlent avec complaisance du fondateur de la principauté de Bénévent, restaurateur de la ville de Salerne et grand bâtisseur d'églises[1]. L'épitaphe composée, après sa mort, par son contemporain et son ami le savant Paul Diacre célèbre avec une emphase naïve les talents, les vertus, les exploits d'Arichis. « Issu de la race des ducs et des rois, il s'est élevé au-dessus de tous les siens par sa propre noblesse ; par sa beauté, sa force, sa douceur, son éloquence, sa sagesse, il a brillé entre tous... Son intelligence a embrassé toutes les sciences ; plein de zèle pour l'étude et la culture des livres divins, il l'emportait sur tous les jeunes hommes par sa vaillance à la chasse et à la guerre[2]. » Comme tant d'autres de ses contemporains, c'est un prince d'une dévotion ardente, qui comble de faveurs les églises et les monastères ; il achève à Bénévent la construction de la grande église de Sainte-Sophie, commencée par un de ses prédécesseurs ; il va chercher partout des reliques, au fond de l'Apulie comme aux environs de sa capitale, pour les réunir à Sainte-Sophie, qui devient le sanctuaire national

1. ERCH., 3 ; — *Chron. Sal.*, 9-18 (*Ss.*, III, 476-481) ; — LEO OST., I, 9.
2. *Chron. Sal.*, 20 ; — *Poet. lat. ævi Carol.*, I, 66.

des princes lombards[1]. Il témoigne beaucoup de déférence pour les évêques, dont il fait à la fois ses conseillers et ses ambassadeurs[2]. Dans les décrets qu'il ajoute à l'ancienne législation lombarde, il augmente le chiffre de la composition pour les crimes commis contre les gens d'église; il corrige les dispositions de l'ancien édit, qui entravent la liberté des donations aux *loci venerabiles*[3].

S'il fonde et restaure beaucoup d'églises et de monastères, il se préoccupe aussi de réparer ou d'agrandir ses anciennes forteresses. Vers la fin de son règne, inquiet de l'ambition des Francs, ne se trouvant plus en sécurité dans sa vieille capitale, il établit sa résidence sur le bord de la mer, dans la petite bourgade de Salerne, dont il fait une véritable ville. Il l'entoure de hautes murailles et de tours fortifiées; il y accumule ses trésors; il s'y fait construire un grand palais[4]. Salerne devient, par la faveur d'Arichis, une capitale nouvelle, dont l'importance ne cessera de grandir, jusqu'au jour où ses habitants donneront le signal de la révolte contre Bénévent.

Arichis, très soucieux de maintenir son autorité absolue, semble avoir eu la main assez dure dans le gouvernement de son duché. La liste très longue de ses donations au monastère et à l'église de Sainte-Sophie nous indique en même temps les nombreuses confiscations[5] qu'il a prononcées : un tel a conspiré contre le prince; tel autre, après avoir commis plusieurs assassinats, s'est enfui en pays étranger, sur le territoire de Naples; un notaire a fabriqué des chartes fausses. Pour tous ces crimes, le châtiment est uniforme : les biens du coupable sont attribués au fisc. Ainsi le domaine public, qui se confond avec le domaine du prince, s'agrandit sans cesse et s'étend peu à peu à travers toute la principauté : soit par les conquêtes des anciens ducs, soit par les confiscations nouvelles, Arichis occupait des terres en Lucanie comme au pied des Abruzzes, dans la plaine d'Apulie comme autour de Salerne[6]. Dans l'Etat

1. *Cartulaire de sainte Sophie* (Ughelli. *Italia Sacra*, X, 421; — Borgia, *Mem. stor. di Benevento*, I, 269); — *Script. rer. longob.*, 574 (*ex Transl. XII martyrum*).
2. *Chron. Sal.*, 10.
3. *Arichis capitula* (*Edictus*, p. 170).
4. Erch., 3; — *Chron. Sal.*, 10.
5. *Cart. S. Sophie* (Ughelli, *Italia sacra*, X, 421; — Borgia, *Mem. stor. di Benevento*, I, 269).
6. A Cannes, Canosa, Luceria, Salpi, Siponto (Ugh. et Borgia, *loc. cit.*).

bénéventain, c'est le prince qui est partout le plus grand propriétaire ; la surveillance de ses domaines, partout dispersés, lui permet de faire sentir son autorité aux gastaldi et aux comtes les plus éloignés de sa capitale.

Les fonctionnaires infidèles ou rebelles sont impitoyablement poursuivis, et le pouvoir absolu du prince n'est pas un vain mot. Mais ce résultat n'est dû peut-être qu'à l'infatigable activité, à l'indomptable énergie d'Arichis : lorsqu'il va faire une tournée en Apulie, pour y chercher des reliques, il réclame dans plusieurs villes « l'impôt accoutumé ». Elles refusent, et il faut que le prince les attaque de vive force pour les contraindre à payer[1]. Ce seul trait nous indique déjà quelle est la faiblesse réelle de l'Etat bénéventain, trop vaste pour qu'il soit possible de maintenir longtemps, sous une domination commune, les régions si différentes dont il est composé. Mais cette infirmité ne se manifestera que plus tard, dans le courant du IXe siècle : du vivant d'Arichis, l'énergie personnelle du prince, sa puissance territoriale et militaire assurent encore à l'autorité centrale un singulier prestige.

On sait par quelle pompe extérieure Arichis a soin de rehausser ce prestige. Dans le « Palais Sacré » de Bénévent, autour du prince, se trouvent ses fidèles, les chefs de la noblesse lombarde et les grands officiers, qui portent toujours les anciens titres romains : *referendarius*, *thesaurarius*, *vestararius*[2]. Quand les envoyés du roi Charles viennent au palais de Salerne, Arichis cherche à les éblouir par une réception magnifique : les Francs passent d'abord entre plusieurs groupes de guerriers, qui ne portent ni le même costume ni les mêmes armes ; au fond, dans la grande pièce du palais, se tient le prince, assis sur un trône d'or. Le soir, il leur fait servir les mets les plus délicats, les vins les plus variés, et leur assure, durant plusieurs jours, la plus large hospitalité[3].

Il semble qu'Arichis ait dû partager l'humeur conquérante de ses prédécesseurs et chercher à reculer plus loin les fron-

1. *Translatio XII Martyrum* (*Script. rer. long.*, p. 574-575 ; — BOLL. *A. S.*, sept., I, 142).

2. Chartes de Sainte-Sophie en 720-740 (UGHELLI, X, 457-460) ; — il y a aussi le *cubicularius*, le *stolezais*, terme qui correspond peut-être à *thesaurarius* (UGH., X. 465), le *marepahis* (Chartes de 752, 756, 772 ; — UGH., X, 465 ; — BORGIA, I, 278, et TROYA, t. IV, p. 89, 114, 151, 449 ; V, 171.) ; — HIRSCH, trad. Schipa, p. 78.

3. *Chron. Sal.*, 10-12.

tières de sa principauté. En fait, l'Etat bénéventain était si vaste que l'activité turbulente du prince et de ses compagnons s'employait, le plus souvent, à réduire des comtes rebelles, ou à lever, par force, des contributions périodiques dans les régions les plus éloignées, comme l'Apulie. Du côté des Grecs de Calabre, il n'y a pas trace d'expédition nouvelle, et la frontière entre les Lombards et les Grecs ne paraît pas avoir changé, depuis la reprise d'Otrante par les Byzantins jusqu'à la fin du IXe siècle.

C'est contre le duché de Naples qu'Arichis dirige son principal effort : c'est dans la plaine fertile de Campanie, vers cette côte merveilleuse dont les meilleures positions échappent encore aux Lombards, qu'il conduit de préférence ses guerriers. A plusieurs reprises, il ravage le territoire d'Amalfi, et ces incursions répétées prouvent le projet bien arrêté de conquérir toute la côte orientale du duché de Naples[1]. S'il concentre à Salerne ses trésors et ses soldats, ce n'est pas seulement pour échapper aux Francs, c'est aussi pour se rapprocher de Naples, peut-être pour créer un grand port qui puisse prendre sa part du commerce campanien. Malgré l'étendue de ses côtes, la principauté de Bénévent n'a pas assez de ports, avantageusement situés, pour être un Etat maritime ; si les Lombards ont eu des vaisseaux, ne fût-ce que pour attaquer Naples, leur marine n'a jamais été très importante. Sur le littoral apulien, leur position principale et la plus rapprochée de Bénévent, c'est le port de Siponto, trop exposé aux incursions des pirates slaves ; à Tarente, le commerce est assez actif[2], mais la ville est trop éloignée de la capitale lombarde pour attirer beaucoup l'attention des princes. C'est le littoral campanien qui est le débouché naturel de la région bénéventaine, et c'est la possession de ce littoral qui intéresse le plus directement les maîtres de l'Italie méridionale. Or les vaisseaux qui font le commerce tout le long de cette côte appartiennent presque tous à des gens de Gaëte, de Naples, de Sorrente, d'Amalfi, tous indépendants des Lombards. Les vaisseaux des Grecs de Campanie vont jusqu'à Civita-Vecchia, et le pape se plaint qu'ils fassent le commerce des esclaves[3]. Tel est le principal avantage des habitants du Napolitain, telle est la cause

1. Lettre d'Hadrien Ier (*Cod. Carol.*, p. 610).
2. *Chron. Salern.*, 79.
3. *Cod. Carol.*, p. 584.

essentielle de l'antagonisme entre eux et les Lombards : toute la politique d'Arichis et de ses successeurs tend à briser leur indépendance, pour occuper tout le littoral, depuis la frontière de l'Etat pontifical jusqu'au golfe de Salerne.

Cependant Arichis n'a pas poursuivi jusqu'au bout ses projets de conquête : la crainte du péril franc le décide à conclure la paix avec les Napolitains et à leur faire même des concessions assez larges, dans la zone contestée du territoire de *Liburie*[1]; dès lors, toute son attention est occupée par les rapports avec les Francs et avec Byzance, et c'est ici surtout que son rôle politique est intéressant à rappeler. Il lui fallait une prudence et une habileté singulières pour maintenir le *statu quo* dans l'Italie méridionale. Car il avait à Rome un adversaire acharné, qui ne cessait de dénoncer au roi des Francs ses prétendues intrigues : depuis qu'Arichis reste le seul chef de la nation lombarde, c'est contre lui que se tournent toute la méfiance, toutes les vieilles rancunes du Saint-Siège[2].

Hadrien Ier l'accuse de vouloir conquérir la Campanie romaine, de négocier secrètement avec les Grecs, de refuser la restitution des patrimoines du Saint-Siège. Quels étaient au juste les projets d'Arichis, au sujet de l'Etat pontifical, il est difficile de le savoir, et l'on ne peut accepter sans réserve le témoignage unique de son principal adversaire. Mais l'alliance entre les Byzantins et les Lombards, pour la revendication de l'exarchat, est un fait incontestable, et quand on voit, d'une part, le patrice de Sicile venir à Gaëte, d'autre part, les envoyés de Bénévent s'entendre à Spolète avec d'autres Lombards, parmi lesquels se trouvaient probablement des émissaires d'Adelgis, fils de Didier, il est difficile de nier qu'Arichis ait pris une part active à toutes ces négociations[3]. Cependant le roi Charles sentait si bien la nécessité de ménager le ressentiment des Lombards et d'empêcher leur accord avec les Byzantins, qu'il cherchait, de son côté, à négocier avec le prince de Bénévent sans l'intermédiaire du Saint-Siège[4].

Quand Charles vient à Rome, en 781, il semble que l'indépen-

1. ERCH., 2, 3.
2. *Cod. Carol.*, p. 582 et s. — Cf. l'étude de HIRSCH sur Hadrien Ier et Bénévent (*Forschungen*, XIII, 35).
3. *Cod. Carol.*, p. 582, 588. — Cf. article cité : *Mél. d'arch. et d'hist.*, t. XXI, 492.
4. *Cod. Carol.*, 581.

dance des Lombards du Sud soit sérieusement menacée. Dès ce moment, l'autorité franque commence à intervenir dans les affaires des grandes abbayes lombardes, le Mont-Cassin et Saint-Vincent-de-Vulturne. Il y a, dans ce dernier monastère, un parti franc : plusieurs moines accusent l'abbé d'avoir refusé les prières solennelles pour le roi Charles, et d'avoir parlé de lui en termes outrageants[1]. Cependant le *statu quo* n'est pas encore modifié. Charles a réussi à rompre la ligue gréco-lombarde, en entamant des négociations directes avec l'impératrice Irène. Mais il ne s'inquiète pas autrement des faits et gestes d'Arichis.

C'est en 787 que se produit la crise finale où se joue le sort des Lombards du Sud. Peu s'en est fallu que le prince de Bénévent ne devînt, dès cette époque, le vassal de l'empire byzantin. Aussi n'est-il pas inutile de rappeler avec quelque détail comment l'Etat lombard, à ce moment, se rapproche de Byzance. Charles, cédant enfin aux instances d'Hadrien Ier, lui promit de reculer plus au sud la frontière de l'Etat pontifical, en lui donnant le territoire de Capoue et les villes de la vallée du Liris, conquises par les Lombards au commencement du VIIIe siècle[2]. Il voulait ainsi couper court aux intrigues du prince de Bénévent, et le rattacher définitivement à la monarchie franque.

Arichis, apprenant l'approche des Francs, s'empressa d'envoyer à Charles son fils Romuald, avec une promesse de soumission. Mais Charles, arrivé à Capoue, somma le prince de comparaître devant lui : Arichis se contenta de lui envoyer de nouveaux ambassadeurs, avec son second fils Grimoald, pendant qu'il s'enfermait derrière les murs de Salerne. Charles, enfin satisfait, gardant auprès de lui, comme otage, l'un des jeunes princes, renvoya l'autre à son père, et chargea ses missi d'aller recevoir dans les principales villes les serments de fidélité des nobles lombards (mars 787)[3]. En même temps qu'il imposait aux Bénéventains sa suprématie, le roi des Francs rompait avec l'empire grec : les ambassadeurs d'Irène, qui étaient venus le trouver à Capoue pour reprendre les négociations commencées vers 781, lors des fiançailles de

1. *Cod. Carol.*, 594-596.
2. *Cod. Carol.*, 616 ; — *Lib. Pontif.*, I, *Introd.*, CCXL.
3. *Ann. Lauriss.* et *Ann. Einh.*, 786, 787 (Ss., I, 168-171) ; BÖHMER, *Regesta Imperii*, 284, 286.

Rotrude avec Constantin VI, quittèrent bientôt la ville sans avoir pu s'entendre avec lui[1].

La docilité du prince de Bénévent n'était qu'une feinte : Arichis entamait immédiatement des négociations secrètes avec la cour byzantine, au moment même où celle-ci se brouillait avec les Francs. Il demandait à l'impératrice Irène de lui accorder le titre et la dignité de patrice ; il promettait en échange de reconnaître la suprématie impériale et d'adopter les modes byzantines, en se faisant tondre les cheveux à la grecque[2]. Le seul moyen d'échapper à la suzeraineté franque, ou du moins de la rendre illusoire, n'était-il pas de reconnaître la suzeraineté lointaine du basileus, beaucoup moins dangereuse, en fait, pour l'autonomie lombarde? D'autre part, les continuelles agressions d'Arichis contre Naples avaient dû irriter la cour byzantine, fort bien informée par le patrice de Sicile de tout ce qui se passait dans ses anciens domaines. Très habilement, Arichis venait d'accorder aux Napolitains une paix durable : le moment était bien choisi pour gagner les Byzantins à sa cause et se faire céder indirectement par eux l'autorité qu'il n'avait pu conquérir par la force ; s'il recevait le titre de patrice, il devenait l'égal du stratège de Sicile, il se plaçait dans la hiérarchie byzantine bien au-dessus de son rival, le duc de Naples. N'était-ce pas le plus sûr moyen d'établir sur le littoral campanien, sous le couvert de la protection byzantine, la suprématie lombarde?

L'impératrice Irène s'empressa de faire droit à la demande du prince : elle envoya dans l'Italie méridionale deux spathaires, chargés avec le procurateur de Sicile de remettre à Arichis les insignes de sa dignité nouvelle : l'épée de cour, les vêtements brodés d'or[3]. La cour byzantine appréciait fort, à défaut d'une puissance réelle, une prépondérance apparente. L'accord avec Arichis était la conséquence naturelle de la politique suivie depuis la chute de l'exarchat : quelle revanche à toutes les défaites byzantines de pouvoir de nouveau rattacher à l'Empire tout ce que les Lombards gardaient encore en Italie!

Ainsi la ligue gréco-lombarde, rompue par Charlemagne, se

1. Einh. *annales*, 787.— Cf. Théoph., éd. de Boor., I, 463 ; — et Zonaras, XV, 10.

2. *Cod. Carol.*, p. 617.

3. Le « procurateur » de Sicile (διοικητής) est un fonctionnaire civil subordonné au stratège. Cf. Du Cange : au mot *diœcetæ* (*Mél. d'arch. et d'hist.*, *loc. cit.*, p. 501). D'après la *vie de S. Philarète*, récemment publiée (*Mémoires de l'Institut archéologique russe de Constantinople*, t. V, p. 64) Arichis aurait demandé la main d'une princesse byzantine pour un de ses fils.

reformait, plus étroite que jamais: tandis que les ambassadeurs d'Irène s'embarquaient pour l'Italie, une grande expédition se préparait, probablement dirigée vers l'Adriatique. Le beau-frère d'Arichis, le prince Adelgis, réfugié à Constantinople, où il était devenu dignitaire byzantin, devait y prendre part : telles étaient du moins les nouvelles qui couraient en Italie, et que le pape avait recueillies par ses agents secrets[1].

Mais ce grand dessein n'aboutit qu'à un lamentable échec. Avant que les deux spathaires ne fussent arrivés au terme de leur voyage, Arichis mourait à Salerne (26 août 787), suivant de près dans la tombe l'aîné de ses fils[2]. Son seul héritier survivant, le jeune Grimoald, était resté l'otage du roi des Francs. Dans une situation si périlleuse, la veuve d'Arichis, Adelperga, sut se montrer assez énergique et assez habile pour continuer la politique de son mari. Enfermée dans Salerne, c'est de là qu'elle dirigeait les affaires, cherchant, d'une part, à éviter une rupture avec Charles, d'autre part, à poursuivre en secret l'accord avec les Grecs. Dans les grandes villes de l'Italie lombarde, on voit s'agiter différents partis : à Bénévent, les Francs trouvent un certain nombre de partisans, tandis qu'à Capoue une partie du clergé travaille pour le Saint-Siège. Mais c'est le parti de l'alliance byzantine, dirigé à Salerne par Adelperga, qui l'emporte. Quand les missi francs arrivent à Salerne, ils se sentent mal vus et suspects ; leurs collègues de Bénévent eux-mêmes prennent peur tout d'un coup et, se croyant menacés d'une conspiration, s'enfuient à Spolète. L'un d'entre eux, cependant, le diacre Atton, est resté à Salerne, où il reçoit les feintes protestations des seigneurs lombards. Trompé par leur belles paroles, il reprend la route de la Gaule: mais à peine est-il parti que les ambassadeurs byzantins, débarqués depuis peu à Agropolis, font leur entrée dans la ville. Sur le conseil d'Adelperga, ils se rendent à Naples, escortés par les Lombards[3]. Tant que le jeune Grimoald restait entre les mains des Francs, il importait de ne pas éveiller les soupçons de Charles, en observant vis-à-vis des Grecs la plus grande réserve.

1. *Cod. Carol.*, 612; — Einh. *ann.*, 774.
2. *Chron. Salern.*, 17, 20.
3. Tout le détail de ces intrigues se trouve dans quatre lettres d'Hadrien Ier : nos 80, 82, 83, 84 (*Cod. Carol.*, p. 612-620). Voir aussi la lettre du pape aux missi francs, et la relation de Maginaire, abbé de Saint-Denis (*Cod. Carol.*, *App.*, p. 654-655).

Si Charles avait écouté les réclamations du pape Hadrien Ier, il aurait gardé prisonnier le jeune Grimoald et entrepris une grande expédition dans le Sud, pour enlever de vive force aux Lombards les villes promises au Saint-Siège. Mais le roi des Francs préféra s'attacher les Lombards par d'habiles concessions. Il consentit à renvoyer Grimoald à Bénévent, à le reconnaître comme successeur légitime d'Arichis, à condition qu'il se déclarât son vassal et s'engageât à payer un tribut annuel de 7.000 sous d'or : en outre, les monnaies bénéventaines et les diplômes du prince devaient porter le nom du roi des Francs. De nouveaux missi, soutenus d'ailleurs par le duc de Spolète, tout dévoué aux Francs, allaient parcourir l'Italie méridionale, pour assurer la soumission effective de l'aristocratie lombarde[1].

Quant au pape Hadrien, c'est en vain qu'il réclama les territoires promis par Charles. Les missi francs jugèrent plus utile de ménager les Lombards au lendemain de leur soumission : on se contenta de donner au Saint-Siège les évêchés, les monastères et les clefs des villes[2]. Mais la vallée du Liris, les forteresses de Teano et de Capoue, restèrent occupées par les princes de Bénévent[3].

Cependant l'expédition promise par Irène arrivait sur les côtes de Calabre (fin 788), trop tard pour jouer un rôle utile. A son chef, le sacellaire et logothète Jean, s'étaient joints Théodore, patrice et stratège de Sicile, et le fils de Didier, Adelgis, qui avait pris le nom grec de Théodote. Mais le nouveau prince de Bénévent, Grimoald, fut obligé, pour montrer la sincérité de sa soumission, de joindre ses forces aux troupes franques envoyées en Calabre[4]. La victoire des Francs, la mort du général byzantin, rendirent définitive l'union à la monarchie franque de l'Italie méridionale lombarde. C'était la ruine de la politique tentée par Arichis : cette curieuse tentative devait être reprise avec plus de succès, au temps de Basile et de Louis II.

1. ERCH., 5 ; — *Regesta Imperii*, 294 *b*.
2. *Cod. Carol.*, p. 620.
3. Sora, Teano et Capoue sont occupées par les Lombards au milieu du IXe siècle (Traité de 849, dans *M. G.*, *Leges*, IV, 221 : — CAPASSO, I, 82).
4. THÉOPH., éd. de Boor., I, 464 ; — EINH. *ann.* 788. L'expédition est de 788 et non de 787. Sur l'erreur commise par les éditeurs du *Cod. Carol.* (p. 612) et par Simson (p. 606), cf. *Mél. d'arch. et d'hist.*, *loc. cit.*, p. 501.

III

LES SUCCESSEURS D'ARICHIS (788-840)
LES TRAITÉS AVEC NAPLES. — LA DÉCADENCE DE L'ÉTAT LOMBARD

Le lien qui unit Bénévent à l'Italie franque laisse intacte l'autonomie lombarde. La seule législation qui soit appliquée dans la principauté, c'est celle des rois lombards, récemment complétée par les décrets d'Arichis; mais les capitulaires francs y semblent inconnus. Bientôt même Grimoald se rend aussi indépendant que l'était son père : au bout de quelques années, les promesses de 788 cessent d'être observées; le nom du roi des Francs disparaît sur les monnaies comme sur les diplômes[1], et le prince de Bénévent ne reconnaît plus ni suzerain, ni protecteur. « Le puissant roi des Francs ne réussit point à le faire plier devant lui[2]. » A plusieurs reprises, Charles envoie son fils Pépin dans l'Italie méridionale pour aller soumettre ce vassal indocile; mais ces expéditions répétées (en 793, en 800[3]) montrent combien reste précaire la suprématie franque. Grimoald songe même à reprendre la politique paternelle, en se rapprochant de l'empereur de Constantinople, dont il épouse une parente[4] : il est vrai qu'il la répudie quelques années plus tard.

Sous les successeurs du fils d'Arichis, les relations avec les Francs sont aussi incertaines et fragiles. Grimoald IV, dit un chroniqueur, fait la paix avec tous ses voisins, et en particulier avec les Francs : mais, d'après un autre texte, il refuse de leur payer tribut et lève contre eux des troupes[5].

Sicon (817-831) envoie, dès son avènement, une ambassade à Louis le Pieux, et lui promet sa soumission. Douze ans plus tard, à Worms, arrive de Bénévent une ambassade[6]. Ces témoignages extérieurs de déférence ne sont pas le signe

1. Erch., 5.
2. *Chron. Sal.*, 29 (*Ss.*, III, 486).
3. Erch., 6; — *Ann. Laureshamenses*, 793 (*Ss.*, I, 35); — *Ann. Lauriss.* et *Einh.*, 800 (*Ss.*, I, 188-189).
4. C'était une nièce de l'empereur, dit Erch., 6. Mais d'après *la vie de S. Philarète* (Cf. supra, p. 36) c'est la belle-sœur de Constantin VI, que la cour byzantine aurait envoyée à Bénévent pour répondre à la demande d'Arichis.
5. Erch., 7; — épitaphe de Sicon (*M. G.*, *Poetæ latini*, II, 631); — Capasso, I, 71.
6. Einh. *Ann.*, 818, 829; — Erch., 10.

d'une réelle docilité; le tribut, promis par les princes lombards, n'est payé que fort irrégulièrement; la subordination officielle à l'empire franc n'est regardée, à la cour de Bénévent, que comme une simple alliance. Si le prince fait renouveler par ses ambassadeurs « les anciens traités », il est très loin de se reconnaître comme sujet de l'empire.

La faiblesse politique de Byzance au IXe siècle n'empêche pas les Lombards d'aller parfois chercher un refuge à la cour du basileus. Avant de s'emparer par la violence de l'autorité souveraine, le prince Sicon a failli partir pour Constantinople: il n'appartient pas, par son origine, à la noblesse bénéventaine. C'est un réfugié de Spolète, mal vu des Francs, dénoncé au roi Pépin comme un personnage suspect. Fort bien accueilli à Bénévent par le prince Grimoald IV, il lui demande tout d'abord une escorte pour l'accompagner jusqu'à Otrante, d'où il pense s'embarquer pour Constantinople. Mais il renonce ensuite à son projet, réussit à gagner la confiance du prince et à se faire céder, entre autres domaines, la ville d'Acerenza[1]. Il se brouille bientôt avec Grimoald, assassine son bienfaiteur et prend sa succession : que cet aventurier sans scrupules se tourne ensuite vers les Francs, et se fasse reconnaître par Louis le Pieux, il n'y a rien là qui puisse nous surprendre : par ses ambassades et ses marques extérieures de soumission, il se garantissait contre tout danger d'une intervention franque.

Rapports avec le duché de Naples. — Les princes bénéventains du IXe siècle ne sont ni moins turbulents ni moins belliqueux qu'Arichis. Mais déjà leur territoire est entamé par les ducs de Spolète, vassaux plus fidèles de l'empire franc : la conquête de Chieti, faite à l'instigation des Francs, est le châtiment de la révolte de Grimoald. Depuis 802, la frontière bénéventaine, du côté de la mer Adriatique, est reportée plus au sud, jusqu'au-delà du Sangro[2]. Dans la région qui s'étend entre le Sangro et le Fortore se forment des seigneuries plus ou moins indépendantes, qui ne reconnaissent que très vaguement l'autorité de Bénévent. En fait, l'expansion conquérante des princes lombards est arrêtée vers le nord; on ne voit pas non

1. *Chron. Sal.*, 42, 44.
2. Erch., 5; — Einh. *Ann.*, 801.

plus qu'ils songent à menacer l'Etat pontifical, protégé par les Francs. Comme au temps d'Arichis, le but unique de leur ambition, c'est la conquête de Naples et du littoral campanien[1]. Semblables aux Samnites, qui descendaient périodiquement vers les fertiles plaines de Campanie, les guerriers lombards viennent, à maintes reprises, ravager et piller ces champs de Liburie, dont les Napolitains prétendent partager avec eux l'exploitation. On a vu l'opiniâtre résistance de leurs adversaires, qu'ils écrasent de contributions, mais dont ils ne peuvent réussir à faire des sujets.

Sicon réussit à prendre jusque dans Naples le corps de saint Janvier[2]. Sicard attaque Misène à l'ouest, Sorrente à l'est[3]; les habitants d'Amalfi, craignant à leur tour de se voir prendre les corps de leurs saints, dispersés dans les bourgades voisines, vont les chercher par mer pour les transporter à Amalfi. Mais les troupes lombardes ne se bornent point à piller ces bourgades : elles pénètrent de force dans les murs d'Amalfi, ouvrent et pillent les tombeaux, transportent les reliques à Bénévent. Sicard fait charger de fers une partie des habitants d'Amalfi et les emmène à Salerne[4]. Il oblige les gens d'Amalfi et ceux de Salerne à contracter entre eux des mariages, cherche à mêler de force les deux populations. En un mot, il prétend faire d'Amalfi un simple faubourg de Salerne.

C'est assurément sous le règne de Sicard que l'indépendance de Naples a couru les plus grands dangers; et pourtant Sicard a dû conclure la paix avec Naples à des conditions fort honorables pour la ville[5]. Le traité de 836, dont nous avons gardé le texte, nous montre quelles concessions les Napolitains pouvaient obtenir, malgré l'infériorité de leurs forces militaires. Le prince lombard leur reconnaît la liberté commerciale la plus étendue : les marchands de Naples pourront librement circuler dans tout le territoire de la principauté; ils pourront traverser sans être inquiétés les fleuves ou les lacs qui appartiennent aux Lombards, le Vulturne, le Minturne[6], le lac de Patria; on ne devra pas toucher à leurs barques, et, s'ils

1. Erch., 8, 10.
2. Capasso, I, 75; — *Chron. Sal.*, c. 57. — Cf. *supra*, p. 23.
3. *S. Antonini vita et acta transl. S. Sosii* (Capasso, I, 80 et 304).
4. *Chron. Sal.*, 72-74.
5. *Chron. Sal.*, 64.
6. C'est sans doute le cours inférieur du *Liris* qui est ainsi nommé.

veulent faire du commerce, ils paieront selon l'ancienne coutume. En revanche, il est interdit aux Napolitains d'acheter des esclaves lombards pour faire la traite le long des côtes[1]. Ce qui ressort de ce curieux traité, c'est que les Lombards sont les clients des Napolitains, et ne peuvent se passer des bons offices de leurs marchands. Les *negociatores* qui voyagent en Campanie sont presque tous des gens du littoral, sujets du duc de Naples.

Le traité de 836 renouvelle aussi, d'une manière plus précise, certaines règles adoptées pour l'exploitation des terres indivises entre Lombards et Napolitains. Les domaines communs, cultivés par des colons, qu'on appelle *tertiatores* et plus tard *hospites*, sont situés en *Liburie*, dans la plaine qui se trouve au nord de Naples, le long du Clanius. Déjà Arichis avait dû s'entendre avec le gouvernement napolitain au sujet de ces terres, constamment disputées entre les uns et les autres, et dont la condition était mal définie[2].

On a prétendu que, si ces propriétés indivises sont communes aux deux parties, la *souveraineté* de la Liburie appartient au duc de Naples[3] : cette distinction trop subtile ne paraît pas conforme à la réalité des choses. En fait, il est impossible de donner au mot *frontière*, quand il s'agit des Etats campaniens du IXe siècle, le sens précis que nous lui donnons aujourd'hui. Les domaines des Lombards et des Napolitains sont enchevêtrés les uns dans les autres et, en outre, quelques-uns sont indivis. Quant aux principales bourgades de Liburie, comme Nole, Acerra, il n'est pas douteux qu'au IXe siècle elles ne soient occupées par les Lombards[4].

Décadence de l'État lombard. — En étudiant les rapports des princes de Bénévent avec Naples, on se rend mieux compte de la réelle faiblesse de cet Etat lombard, si puissant en apparence par son étendue territoriale. Nous avons déjà indiqué quelques-unes des raisons qui expliquent la longue résistance

1. *M. G.*, *Leges*, t. IV, p. 216 ; — *Edictus*, p. 187.
2. *Edictus*, p. 180 ; — ERCH., 2, 3.
3. CAPASSO, III, 187. — Sur la question des *tertiatores* de Liburie, cf. HIRSCH-SCHIPA, p. 35 ; — P. FABRE, *Revue historique du droit français*, 1893, 42 ; — RACIOPPI, *Archivio storico Napol.* (1896), XXI, 42.
4. Sur quelques-uns de ces domaines, cf. *Reg. Neapol.* (CAPASSO, II, 97, 102, 116). A Nole, il y a un gastaldus lombard (CAPASSO, I, 88). — Sur Suessula et Acerra, voir ERCH., 23, 27 ; — CAPASSO, III, 192.

des Napolitains : mais la principale, c'est dans la constitution intérieure de l'Etat lombard, dans l'organisation rudimentaire de son armée qu'il faut la chercher. Manifestement, le prince de Bénévent est incapable de lever une armée régulière, recrutée parmi tous ses sujets. Seuls les hommes d'armes qui sont les fidèles immédiats du prince, seuls les comtes ou gastaldi, voisins du duché de Naples, prennent part à la campagne. Dans ces expéditions, continuellement renouvelées, on ne voit pas les assaillants suivre un plan méthodique : une fois satisfaite leur soif de sang et de butin, ils se retirent, ne songeant plus qu'à se faire payer leur retraite le plus chèrement possible. Dans ces conditions, une ville populeuse, comme Naples, entourée de hautes et fortes murailles, bien abritée au pied de ses collines d'où la plaine était facile à surveiller, difficile à bloquer par mer, pouvait tenir tête très longtemps à ses ennemis.

Si déjà, du vivant d'Arichis, il faut toute l'énergie du prince pour faire respecter l'autorité centrale, comment ses successeurs pourront-ils empêcher la lente dissolution qui menace l'Etat de Bénévent? Un premier signe de faiblesse, c'est qu'il ne peut s'établir à Bénévent de dynastie héréditaire; il faut que le prince soit accepté et reconnu par l'aristocratie. Après Grimoald III, fils d'Arichis, c'est son premier ministre ou trésorier, qui est proclamé prince (806). Sicon, gastaldus d'Acerenza, s'empare violemment du pouvoir en 817[1]; et, s'il réussit à le transmettre à son fils Sicard (831), celui-ci, à son tour, meurt assassiné, pour être remplacé par son trésorier (839)[2]. Depuis la mort d'Arichis, il est visible que l'aristocratie joue un rôle de plus en plus important dans la direction des affaires : avant de déclarer la guerre aux Francs, Grimoald consulte ses principaux fidèles, ses parents, les chefs de la noblesse qui l'entourent et forment une sorte de conseil permanent[3].

Comme il est difficile au prince de garder l'administration directe de tous les domaines publics, dispersés dans toutes les régions de l'Italie méridionale, il arrive à la longue que beaucoup de ces terres sont aliénées, cédées à des églises, à des

1. Erch., 7, 9, 10; — *Chron. Sal.*, 53; — Capasso, I, 71.
2. Erch., 14; — *Chron. Sal.*, 77; — *Chron. S. Bened.* (*Script. rer. langob.*, p. 487); — Capasso, I, 73, 78, 81.
3. *Chron. Sal.*, 40, 42, 43; — *Transl. S. Heliani* (*Script. rer. langob.*, 581).

monastères, à des fidèles du prince. Les comtes ou gastaldi des principales villes ne sont plus qu'en apparence des fonctionnaires révocables; en fait, ils deviennent les égaux de leur chef; entourés de leurs fidèles et de leurs hommes d'armes, ils peuvent le braver impunément. Lorsque Rofrit, premier ministre de Sicard, provoque par ses exactions la colère des Lombards, un noble, du nom d'Alfanus, réunit ses amis, ses compagnons d'armes, et leur propose de se soulever. Près de 400 hommes armés, de Bénévent ou de Salerne, se joignent à lui; ils vont chercher du renfort à Naples même, puis viennent ravager les environs des deux villes, enlèvent les troupeaux, terrifient les paysans par le pillage et l'incendie. Alfanus ne consent à faire la paix que si l'évêque de Salerne et son clergé, avec les principaux habitants de la ville, lui jurent qu'on ne touchera pas à sa personne. Il obtient le serment demandé, rentre à Salerne sans être inquiété : mais, quelques mois plus tard, Sicard le fait arrêter, au mépris de la parole donnée, et le noble rebelle est condamné au gibet[1]. Si les propriétaires, qu'ils aient ou non le titre et les fonctions de *comtes* ou de *gastaldi*, peuvent si aisément devenir des chefs de bande et faire la guerre pour leur propre compte, on voit à quoi se réduit l'autorité du prince.

Pour lever des impôts dans les régions un peu éloignées de la capitale, Apulie ou Calabre, il faut une expédition armée. Le prince de Bénévent, ou son premier ministre, chevauchant à travers l'Italie méridionale, pour forcer les villes à leur payer tribut[2], ne sont pas mieux obéis que le sultan du Maroc, obligé de faire, loin de sa capitale, des tournées périodiques pour rançonner les tribus vassales.

Chez les Lombards du Sud, les principales villes, qui sont en même temps des forteresses bien défendues, deviennent pour les rebelles un refuge inexpugnable. La nature même du pays favorise ce morcellement et empêche la ville de Bénévent de rester une véritable capitale. Bénévent a l'avantage d'être presque à mi-chemin entre la mer Tyrrhénienne et l'Adriatique; c'est la principale étape sur la route historique de Capoue à Brindisi, elle commande les communications entre les deux

1. ERCH., 12-13; — *Chron. Salern.*, 68, 69.
2. *Translatio XII Martyrum* (*Script. rer. langob.*, 574); — *Chron. Sal.*, 68 : *Factum est autem ut ipse Rofrit fuisset missus cum pluris viris per Calabriæ simulque per Apuliæ fines ut vectigalia exinde exigeret.*

versants, en un point où les hauteurs de l'Apennin cessent de former un obstacle naturel. Importante surtout par sa position stratégique, Bénévent garde aisément son rang de capitale, tant que l'Etat lombard est dans la période de conquête et d'expansion militaire. Mais quand cet Etat s'organise, quand les campagnes dévastées se repeuplent et qu'une vie nouvelle circule dans le pays, d'autres villes grandissent et deviennent bientôt, pour la vieille capitale, des rivales dangereuses. Comme centre d'échanges, la région bénéventaine ne joue qu'un rôle secondaire; c'est sur les côtes et dans les fertiles plaines voisines de la mer que la population se développe; ce sont les régions maritimes qui deviennent les plus vivantes et les plus riches. Salerne surtout, avec son port excellent, bien abrité et défendu vers le nord, devient, en quelques années, une grande ville, active et prospère; le commerce, les relations plus fréquentes avec la Campanie maritime, les Grecs de Calabre et de Sicile, y créent des intérêts nouveaux, une richesse nouvelle; les princes lombards y résident souvent, c'est là qu'est le tombeau du glorieux Arichis et de ses fils[1]. Il se forme ainsi, à vrai dire, deux capitales, ayant des intérêts opposés; les premiers habitants de chaque ville forment deux clans hostiles, dont aucun ne veut subir la prépondérance de l'autre. — En dehors de Bénévent et de Salerne, d'autres villes, gouvernées par des comtes presque indépendants, ont leur vie propre : Capoue, Conza, Acerenza[2]. Sous le règne de Sicard (832-839), le dernier des successeurs d'Arichis, qui ait gardé toute la principauté, il n'y a plus, à vrai dire, d'administration centrale régulière : contre les révoltes incessantes des grands, le prince ne peut maintenir l'unité de l'Etat qu'à force de violences et de confiscations[3].

IV

LES LOMBARDS DU SUD ET LA CIVILISATION BYZANTINE

La principauté de Bénévent, nominalement vassale de l'empire franc, reste toujours en contact avec l'empire byzantin.

1. *Chron. Sal.*, 17, 21, 29.
2. *Chron. Sal.*, 42, 44 ; — Erch., 14, 15.
3. Erch., 12, 13 ; — *Chron. Sal.*, 68, 75.

Sans doute, c'est surtout à la fin du VIIIe siècle, du temps d'Arichis, et lorsque les Byzantins sont encore maîtres de la Sicile, que les relations commerciales sont fréquentes entre les Grecs et les Lombards du Sud. Le luxe dont s'entourent les princes, dans leurs palais de Bénévent et de Salerne, les dons qu'ils prodiguent aux églises nous montrent quelles richesses ils reçoivent de l'Orient. C'est ainsi qu'Arichis donne à Sainte-Sophie des étoffes de pourpre, des toiles tissées avec broderies orientales, venues d'Asie Mineure, des vases d'argent et d'or ciselés, garnis de pierres précieuses[1]. Comme il le rappelle avec un complaisant orgueil, au début d'une charte de donation, il reçoit les produits de l'Inde, de l'Arabie, de l'Ethiopie[2]. Si plus tard les progrès des Arabes dans la Méditerranée, l'occupation de la Crète, la prise de Palerme (831), apportent un obstacle au commerce, il est probable qu'au milieu du IXe siècle les relations entre la Méditerranée orientale et les côtes d'Italie sont encore assez actives.

Ayant des rapports si fréquents avec le monde byzantin, il est naturel que les Lombards de Bénévent soient éblouis par le prestige de la civilisation byzantine. Le même prince, qui cherche à se faire donner les insignes et la dignité de patrice, semble préoccupé de suivre les traces de Justinien, lorsqu'il embellit l'église de Sainte-Sophie pour en faire le principal sanctuaire de sa capitale[3]. Il est probable que le nom donné au monastère avant Arichis vient d'un culte local : mais il s'est établi, dans l'esprit des Lombards, une confusion entre le nom obscur de la vierge Sophie et le nom beaucoup plus glorieux de la basilique Justinienne[4]. Or c'est en souvenir de cette basilique, et par une sorte d'attraction naturelle vers tout ce qui rappelle Byzance, qu'Arichis transforme le monastère de Sainte-Sophie, agrandit l'église et lui donne le premier rang parmi les sanctuaires de Bénévent.

Enfin n'est-il pas curieux de voir quelle est à Bénévent l'importance des légendes et des reliques de provenance byzantine ? Parmi les reliques qu'Arichis fait transporter à Sainte-Sophie, celles de saint Mercure semblent pour lui les

1. *Ex translatione S. Mercurii* (*Script. rer. langob.*, 577).
2. *Cart. S. Sophie :* BORGIA, I, 269 ; — UGHELLI, X, 421.
3. ERCH., 3 ; — LEO OST., I, 8.
4. BORGIA, I, 233 ; — *Premiers actes concernant sainte Sophie*, dans TROYA, *Cod. dipl. longob.*, III, p. 88, 99, 116.

plus précieuses ; il veut faire de saint Mercure l'un des principaux patrons et protecteurs de la ville. Lui-même a composé le récit de la *translation* du saint et, peut-être aussi, l'une des vies que nous avons conservées[1]. Son ami Paul Diacre, l'écrivain le plus illustre de la cour de Bénévent, a écrit un poème en l'honneur de saint Mercure[2]. On ne voit pas, d'autre part, que ce culte nouveau ait une importance quelconque chez les Lombards avant Arichis : Mercure, d'après sa légende, est un soldat arménien, qui a subi le martyre à Césarée de Cappadoce, et dont le corps a été transporté en Italie par l'empereur Constant II ; ses reliques, laissées dans une petite ville obscure de Campanie, y restent oubliées jusqu'à l'époque d'Arichis.

Le prince se fait envoyer aussi certaines reliques de Constantinople[3] : un de ses ambassadeurs lui rapporte de la capitale de l'empire le corps de saint Helianus, l'un des 40 martyrs de Sébaste. Dans le courant du IXe siècle, des marins d'Amalfi vont chercher, sur l'ordre du prince Sicard, dans l'île de Lipari, les reliques de l'apôtre saint Barthélemy, gardées jusque-là par un moine grec : elles sont transportées à Salerne, puis à Bénévent, où le prince fait construire, pour les recevoir, une nouvelle église[4].

Quelle que soit la valeur de ces diverses légendes, le seul fait qu'il importe de signaler ici, c'est l'attrait extraordinaire qu'exerce sur l'imagination des Lombards tout ce qui vient de l'Orient et de Byzance.

La cour de Bénévent est le centre d'un mouvement intellectuel où l'influence byzantine a sa large part. Ces clercs, qui, encouragés par Arichis, recueillent avec un soin pieux les traditions nationales, sont fort au courant de la langue et de la culture grecques. L'historien des Lombards, Paul Diacre, de son vrai nom Paul Warnefrid, enseigne le grec à la princesse de Bénévent, Adelperga[5]. Placés aux confins du monde latin et de l'empire d'Occident, les Lombards de Bénévent et de Salerne, ainsi que les Napolitains, servent d'intermédiaires entre les

1. *Transl. S. Mercurii* (*Script. rer. langob.*, 576) ; — BORGIA, I, 207 : — MARTÈNE, *Amplissima Collectio*, VI, 743.
2. MIGNE, *P. L.*, XCV, col. 1600.
3. *Transl. S. Heliani* (*Script. r. l.*, 581).
4. BORGIA, I. 336. — Cf. texte de Nicetas : MIGNE, *P. G.*, CV, col. 215.
5. *Script. rer. langob.*, p. 13, 17, 18.

deux civilisations, carolingienne et byzantine : si, dans le courant du IXe siècle, il y a toujours, entre les Francs et la cour byzantine, des relations directes et régulières, c'est surtout par la Campanie et par Venise que l'influence byzantine pénètre en Occident.

CHAPITRE III

L'OCCUPATION SARRASINE ET L'ANARCHIE DANS L'ITALIE MÉRIDIONALE

L'INTERVENTION DES FRANCS : ROLE DE L'EMPEREUR LOUIS II (840-867)

Avant le milieu du IXe siècle, toutes les côtes de l'Italie méridionale, depuis Siponto à l'est jusqu'à l'embouchure du Tibre à l'ouest, sont envahies par des bandes sarrasines, venues de tous les coins de la Méditerranée. Ces invasions répétées amènent l'établissement durable de plusieurs colonies musulmanes, qui deviennent à leur tour des foyers permanents de piraterie. En même temps les Lombards se divisent, et, déchirés par la guerre civile, favorisent les progrès des Sarrasins : vers 860, la puissance musulmane est aussi forte et aussi redoutable dans l'Italie méridionale qu'en Sicile. Pendant que les Byzantins luttent péniblement sur les côtes de Sicile, le péril sarrasin donne aux empereurs francs l'occasion d'intervenir, en usant, pour la première fois, de leurs droits de suzerains sur les Lombards du Sud : la principale expédition de Louis II se place précisément quelques mois avant l'avènement de Basile Ier. Durant cette triste période d'invasions et de guerres civiles, qui précède immédiatement l'intervention byzantine, l'Italie méridionale, subissant le même sort qu'une grande partie de l'Europe occidentale, nous présente ce double spectacle : les progrès menaçants de l'anarchie, au milieu de laquelle se multiplient les seigneuries locales, la dernière tentative d'un empereur carolingien pour arrêter cette anarchie et rétablir une apparence d'ordre public.

I

LES DÉBUTS DE L'INVASION SARRASINE ET LA RÉVOLTE DES LOMBARDS

C'est au cours des luttes entre le prince Sicard de Bénévent (832-839) et le duc André de Naples (834-840) que les Lombards se heurtent aux premières bandes sarrasines, attirées en Campanie par les Napolitains[1]. A mesure que les Arabes affermissent leur puissance en Sicile et y occupent des forteresses nouvelles, leurs corsaires s'enhardissent davantage : bientôt, franchissant la mer Ionienne et contournant la Terre d'Otrante, quelques Siciliens débarquent à Brindisi et forcent l'entrée de la ville. Le prince Sicard accourt pour les chasser; mais les cavaliers lombards viennent trébucher dans les fossés creusés par les Arabes autour de la ville, et habilement dissimulés avec des fagots ou de la terre; ils périssent en grand nombre, et leur chef s'enfuit en toute hâte[2]. Cependant les Sarrasins, s'étant bornés à piller la ville et à y mettre le feu, se rembarquent quelques jours après pour la Sicile.

Bientôt la guerre civile qui éclate en pays lombard, de Tarente à Bénévent, leur donne l'occasion de fonder sur la côte d'Italie leur premier établissement durable. Le prince Sicard, en cherchant à maintenir par la terreur son autorité chaque jour plus impuissante, avait mécontenté violemment une partie de la noblesse lombarde; en se débarrassant par la confiscation, l'exil ou le meurtre, de rivaux dangereux, il n'avait réussi qu'à ajourner la révolte. Son frère Sikenolf, exilé à Tarente, n'attendait que l'occasion de se venger[3].

A la mort de Sicard, c'est le trésorier Radelchis[4] qui prend possession du pouvoir (839). Mais les nobles de Salerne se mettent d'accord avec quelques exilés bénéventains pour tenter de le renverser. D'autre part, les gens d'Amalfi, amenés de force à Salerne, sous le prince défunt, profitent de sa mort

1. Capasso, I, 79, 209; — Amari, I, 311.
2. *Chron. Sal.*, 72.
3. Erch., 12, 13; — *Chron. Sal.*, 75,
4. Erch., 14; — Cap., I, 81.

pour se proclamer indépendants et rentrer dans leur ville à demi détruite[1].

Les conspirateurs lombards leur proposent une alliance contre le nouveau prince de Bénévent, auquel ils opposent le frère de Sicard, exilé et prisonnier à Tarente, Sikenolf. Les conjurés, cachant leurs armes, quittent Salerne et Amalfi, les uns par terre, les autres par mer, et se donnent rendez-vous à Tarente, où ils se font passer pour des marchands : car Tarente est resté un centre commercial assez prospère. On y vend des vases de terre cuite, et c'est un marché important pour les vins. Les faux marchands enivrent les gardiens de Sikenolf, délivrent le prisonnier et, montrant alors leurs armes, le proclament prince des Lombards. De Tarente, ils reprennent la route de Salerne, et la révolte, qui couvait partout, s'étend de proche en proche : les « gastaldi » de Conza et d'Acerenza, le comte de Capoue prennent parti contre Radelchis et joignent leurs forces à celles des Salernitains[2]. Une première bataille s'engage entre les deux rivaux, non loin de Salerne : Radelchis, bien qu'il ait avec lui, dit un chroniqueur, plus de 20.000 cavaliers, est battu, et Sikenolf le poursuit jusqu'à Bénévent (840).

Sur ces entrefaites, les Sarrasins de Sicile étaient revenus sur les côtes de la mer Ionienne, et, ne rencontrant aucune résistance, ils avaient pu s'installer au foyer même de la révolte lombarde, à Tarente[3]. De là, ravageant les côtes de Calabre, ils se préparaient à porter secours à ceux de leurs coreligionnaires qui, vers la même époque, tentaient d'occuper le détroit de Messine. C'est alors que l'empereur byzantin, Théophile, n'ayant plus de flotte, réclama le concours des Vénitiens[4]. Ceux-ci, qui depuis l'attaque de Brindisi voyaient l'Adriatique menacée, envoyèrent au secours de Tarente une flotte de soixante navires. Mais à peine les Vénitiens cherchent-ils à débarquer qu'ils sont surpris par la multitude des Sarrasins : les musulmans, vainqueurs sur terre et sur mer, profitent du désarroi des chrétiens pour tenter une course audacieuse jusqu'au fond de l'Adriatique. Ils passent le long de l'archipel dalmate, s'arrêtent à Ancône, qu'ils pillent et brûlent, et

1. *Chron. Sal.*, 78.
2. Erch., 14; — *Chron. Sal.*, 79.
3. Ibn al Atir (*Bibl. arabo-sicula*, I, 372); — Jean Diacre, *Cron. Ven.*, p. 114; — Amari, I, 358.
4. Jean Diacre, *loc. cit.*

arrivent jusqu'à l'embouchure du Pô. A leur retour dans la mer Ionienne, ils rencontrent les débris de la flotte vénitienne, avec d'autres vaisseaux venus de Sicile : presque tous sont pris et viennent grossir la flotte sarrasine de Tarente. Ainsi la colonie de Tarente, ayant repoussé toutes les attaques, devint pour les musulmans un centre important, qui s'accrut très vite par l'arrivée incessante d'autres navires et d'autres bandes armées. Sur la côte apulienne, vers la même époque, un aventurier africain, affranchi de l'émir de Kairouan, avait attaqué Bari sans succès : quelques mois plus tard, les Lombards eux-mêmes se chargeaient d'attirer dans cette ville un autre chef sarrasin[1].

Le prince de Bénévent, Radelchis, menacé jusque dans sa capitale par l'insurrection des Lombards campaniens et lucaniens, n'avait trouvé de sujets fidèles que dans les villes d'Apulie, à Siponto et à Bari : c'est alors que le « gastaldus » de Bari, pour aider le prince, prit à son service une bande sarrasine, commandée par un Berbère, du nom de Khalfûn[2]. On ignore s'il venait des environs de Tarente, ou s'il faisait simplement la course le long de la côte d'Apulie. En tout cas, Khalfûn et ses compagnons, s'étant établis sur le littoral, tout près de Bari, forcent bientôt l'entrée de la ville, tuent le gastaldus et obligent les habitants terrifiés à les reconnaître pour leurs maîtres. Bari devient à son tour, comme Tarente et Palerme, le centre d'une colonie musulmane qui ne tarde pas à dominer l'Apulie tout entière. Le prince de Bénévent, hors d'état de les chasser, préfère traiter avec ses nouveaux voisins et les prendre pour alliés[3].

Aux Arabes siciliens de Tarente étaient venus se joindre des corsaires africains ou crétois : parmi ces derniers se trouvait une bande de Maures espagnols, réfugiés en Crète ; leur chef Apolaffar se met au service de Sikenolf contre les Lombards de Bénévent, alliés aux Sarrasins de Bari[4]. Ainsi les diverses bandes musulmanes, alliées aux clans qui se divisent la noblesse lombarde, sont attirées de plus en plus dans l'intérieur du pays. Les chefs lombards ne peuvent garder à leur service ces ter-

1. IBN AL ATIR (*Bibl. arabo-sicula*, I, 372) ; — *Chron. Sal.*, 81 ; — AMARI, I, 359.
2. *Chron. S. Bened.*, 5 (*Script. r. l.*, 471).
3. ERCH., 16.
4. ERCH., 17 ; — *Chron. Sal.*, 81 ; — AMARI, I, 361.

ribles auxiliaires qu'en leur donnant de larges subsides : ayant vidé promptement leur trésor, ils se mettent à piller les églises, les monastères, et c'est à qui trouvera le plus d'or pour en donner aux chefs sarrasins[1].

Tandis que la colonie de Tarente étendait sa domination sur toute la Calabre lombarde, c'est-à-dire dans la vallée du Crati, son chef Apolaffar venait à Salerne pour s'entendre avec Sikenolf. Mais tous deux se brouillent, et le Sarrasin passe au service de Bénévent[2]. Il remplace sans doute le chef berbère de Bari, dont il n'est plus question. Quand Bénévent est assiégée par les Lombards de Salerne et de Capoue, auxquels se sont joints ceux de Spolète, ce sont les auxiliaires sarrasins qui défendent la ville avec le plus de vigueur. Mais le prince de Bénévent, inquiet de la puissance de son allié, s'empresse de le trahir ; il réussit à le faire arrêter et le livre à son rival[3]. Cependant Bénévent garde toujours une garnison sarrasine : son nouveau chef Massar ne reste point enfermé dans la ville; pénétrant dans la région montagneuse du nord-ouest, il remonte la haute vallée du Vulturne, pille le monastère de Sainte-Marie-de-Cingla, menace Isernia et s'empare de Telese[4]. Ainsi les musulmans occupaient les principales forteresses du haut pays lombard, menaçant les confins du duché de Spolète et de l'État pontifical. Par les hautes vallées du Vulturne et du Liris, les bandes de Massar allaient se joindre à d'autres Sarrasins qui, vers la même époque, avaient envahi la Campanie romaine. C'est qu'en effet, entre 840 et 845, l'attaque est générale sur toutes les côtes italiennes. A peine les Arabes ont-ils occupé Messine, et fortifié leur puissance sur toute la côte septentrionale de la Sicile, qu'ils s'élancent vers le golfe de Salerne, occupent au sud la pointe de Licosa et, plus au large, s'établissent dans l'archipel de Ponza, déjà visité par leurs corsaires trente ans auparavant[5].

1. *Chron. Sal.*, 81 ; — *Chron. S. Bened.*, 7.
2. *Chron. Sal.*, 81.
3. *Chron. Sal.*, 82, 83.
4. *Chron. S. Bened.*, 7 ; — Erch., 18.
5. Capasso, I, 212 ; — *Gesta episc. Neap.*, 60.

II

L'INDÉPENDANCE D'AMALFI ET LE ROLE DE LA LIGUE NAPOLITAINE

La révolte des Lombards de Salerne et de toute la Campanie contre le prince proclamé à Bénévent eut d'importantes conséquences pour les habitants du littoral campanien, anciens sujets de Byzance. Elle affaiblit leurs adversaires et détourna vers un autre but la turbulente activité de ces bandes de pillards ; elle les délivra du péril lombard, sans cesse renaissant ; elle rendit l'indépendance à ceux qui l'avaient perdue, notamment aux gens d'Amalfi.

On a vu comment une partie de la population amalfitaine avait été transportée de force à Salerne. A peine Sicard est-il mort (839), que les Amalfitains de Salerne se soulèvent, mettent le feu à une partie de la ville, la pillent et rentrent chez eux. Quand la guerre civile éclate chez les Lombards, ils s'empressent de prêter leur appui aux rebelles : les conjurés de Salerne, qui veulent proclamer Sikenolf, leur promettent de tout oublier et de respecter leur indépendance s'ils consentent à venir avec eux jusqu'à Tarente[1]. Les discordes des Lombards, en se prolongeant plusieurs années, assurent pour une longue période l'indépendance d'Amalfi : les habitants peuvent, en toute sécurité, fortifier leur ville et organiser un gouvernement autonome.

Le territoire d'Amalfi, resserré entre le duché de Naples et la banlieue de Salerne, forme désormais un État distinct, qui joue un rôle bien spécial dans l'histoire de l'Italie méridionale. Ce littoral âpre et montueux, qui s'étend de Positano à Cetara, rappelle, à bien des égards, la rivière ligure, elle aussi terre de pêcheurs et de marins. Sur ces pentes boisées, les villages se pressent, le long des torrents au cours rapide, qui creusent comme autant de brèches dans l'abrupte chaîne. Les habitants de ces villages ne communiquent avec la plaine de Campanie que par de hauts défilés, à la source de ces torrents. Protégés par leurs montagnes, resserrés sur un étroit espace, ils tour-

1. *Chron. Sal.*, 78-79.

nent toute leur activité vers la mer, et les premières familles d'Amalfi songeront beaucoup plus à s'enrichir par le commerce lointain que par l'acquisition de domaines nouveaux. Les vastes forêts de leurs montagnes leur donnent en abondance les matériaux de construction nécessaires; ils sont à cet égard mieux favorisés que les Napolitains. Ainsi, dès le milieu du IXe siècle, la marine d'Amalfi a une importance au moins égale à celle de Naples, bien que la ville elle-même ne semble, en comparaison de Naples, qu'une bourgade secondaire.

Devant les progrès menaçants des corsaires sarrasins, quelle sera l'attitude de Naples et d'Amalfi? On a vu comment, entre 830 et 835, les Napolitains se sont servis des premières bandes arabes contre leur principal ennemi, qui était alors le prince lombard [1]. Mais après 840 la situation n'est plus la même. Les Lombards ne sont plus à craindre, et tout au contraire, pour les gens du littoral, le péril arabe devient de jour en jour plus pressant. Le nouveau duc de Naples, Sergius, rassemble, avec ses vaisseaux, ceux d'Amalfi, de Sorrente et de Gaëte, et bat les Sarrasins près de la pointe de Licosa [2]. Pour venger cette défaite, l'émir de Palerme prépare une grande expédition, qui se dirige directement vers le littoral napolitain: Ischia est occupée, la forteresse de Misène est complètement détruite; des milliers de Sarrasins se répandent tout autour de Naples, ravagent les plaines de Liburie, puis, passant au pied du Vésuve, arrivent jusqu'aux portes de Sorrente. Mais les gens de Naples et ceux de Sorrente leur prennent une partie de leurs navires et obligent les autres à s'enfuir [3].

Ce sont probablement les mêmes bandes, accrues de nouveaux renforts, qui vinrent, un peu plus tard, ravager les côtes de l'Etat pontifical. Le 23 août 846, les Sarrasins débarquaient à l'embouchure du Tibre, prenaient Ostie et Porto; puis le principal groupe des pirates, suivant la rive droite du Tibre, allait piller la basilique de Saint-Pierre. Les troupes franques, chargées par l'empereur Lothaire de la défense de Rome, poursuivent les Sarrasins en Campanie : l'ennemi leur échappe, menace Gaëte, s'empare de Fondi et pénètre dans la vallée du Liris, complétant ainsi l'investissement de l'Italie méridionale. Cependant la flotte napolitaine

1. *Cf. supra*, p. 23.
2. Capasso, I, 212; — *Gesta episc. Neap.*, 57-60.
3. *Vita S. Antonini*, 20-24 (Capasso, I, 86).

s'est reconstituée : son chef Césaire, fils du duc de Naples, vient croiser dans le port de Gaëte, et empêche les Sarrasins de poursuivre leurs avantages. Ils se rembarquent avec leur butin, mais leurs vaisseaux sont dispersés par une tempête [1].

Bientôt les Sarrasins, venus des côtes de Sardaigne, reparaissent à l'embouchure du Tibre. C'est alors que la ligue navale, formée par Naples, Amalfi et Gaëte, conclut un accord direct avec le pape Léon IV, qui vient d'entreprendre à Rome les travaux de défense prescrits par l'empereur, en faisant construire autour de Saint-Pierre une enceinte fortifiée. Depuis les luttes de la fin du VIIIe siècle, au sujet de la possession du littoral campanien, c'est la première fois que le Saint-Siège se rapproche des Napolitains [2]. Au début, le pape n'est pas sans inquiétude sur les intentions de ses nouveaux alliés : il faut que le chef de la ligue, Césaire, fils du duc de Naples, vienne lui-même à Rome et rassure Léon IV. La réconciliation est complète quand le pape, à la tête des milices romaines, se rend à Ostie, où il bénit les Napolitains prêts à combattre [3]. Césaire remporte, non loin de la côte, une brillante victoire, et l'invasion sarrasine est de nouveau refoulée (849). Ainsi la ligue napolitaine sauve Rome et l'Etat pontifical : le prestige de ses victoires met le duc Sergius hors de pair parmi les princes de l'Italie méridionale. Non seulement Naples assure glorieusement son indépendance contre les Lombards et contre les Sarrasins, mais les troubles, qui depuis si longtemps déchiraient la ville, ont pris fin ; et le gouvernement de Sergius, assez fort pour transmettre pacifiquement le pouvoir à son fils [4] Grégoire (864-870), fait contraste avec l'anarchie qui désole le pays lombard. Avant même la dernière victoire de Césaire, l'empereur Lothaire, dès 846, faisait appel aux bons offices de Sergius, pour réconcilier les Lombards de Bénévent et de Salerne. — Un autre fils de Sergius Ier, Athanase, reçoit la dignité épiscopale et devient, par sa science et ses vertus, l'une des gloires de l'église napolitaine.

1. *Gesta episc. Neap.*, *loc. cit.*; — *Vita Sergii II* (*Lib. Pontif.*, II, 99 et 104, n. 38) : — PRUD. TREC. *Ann.*, 846 ; — *Chron. S. Bened.*, 6 ; — LEO OST., I, 27. — Cf. AMARI, I, 364 ; — et DUCHESNE, *Premiers temps de l'État pontifical*, 107.
2. GAY, *Mélanges d'arch. et d'hist.* (1901), t. XXI, 504.
3. *Vita Leonis IV* (*Lib. Pontif.*, II, 117).
4. CAPASSO, I, 93.

III

LES RELATIONS FRANCO-BYZANTINES AU MILIEU DU IXe SIÈCLE ; L'INTERVENTION DES FRANCS DANS L'ITALIE MÉRIDIONALE ET LE TRAITÉ DE PARTAGE ENTRE BÉNÉVENT ET SALERNE.

Tandis que sur mer la ligue organisée par Naples opposait aux Arabes une vigoureuse résistance, dans l'intérieur des terres l'armée franque était la seule qui fût assez forte pour arrêter l'invasion musulmane. Il fallut l'attaque de Rome pour que les Francs fussent amenés à combattre les Arabes, il fallut l'impuissance avérée des princes lombards et leurs interminables querelles pour provoquer une intervention plus directe de l'empereur Lothaire dans les affaires de l'Italie méridionale. Mais déjà, de Byzance même, on avait réclamé son alliance contre l'ennemi commun des deux empires.

Il importe de rappeler ici quels rapports s'étaient établis entre la cour byzantine et les successeurs de Charlemagne. Depuis les deux traités de 802 et de 812, les questions litigieuses étant réglées, l'empereur grec avait consenti à reconnaître le titre nouveau, usurpé par le roi des Francs, et lui abandonnait ses conquêtes d'Italie, y compris la suzeraineté sur les Lombards du Sud[1]. Cette politique d'union entre les deux empires, obstinément poursuivie par Charlemagne, était de plus en plus justifiée par les circonstances et par la nécessité, tous les jours plus urgente, de défendre la Méditerranée contre les Sarrasins. Avant même la mort de Charlemagne, lors de la première apparition des corsaires arabes dans la mer Tyrrhénienne, en 812, l'intérêt d'une commune défense amenait le patrice byzantin de Sicile à s'entendre avec le pape et les Francs[2]. Quand les Arabes sont maîtres de Palerme et de Messine, il est visible que la mer Tyrrhénienne est perdue pour les Byzantins : c'est à peine s'ils peuvent envoyer quelques renforts aux villes siciliennes de la côte orientale, au sud de Messine ; vers la même époque, la Crète, occupée et gardée

1. GASQUET, *l'Empire byzantin et la monarchie franque*, p. 319 ; — HARNACK, *Das karolingische und das byzantinische Reich*, p. 53.
2. LEONIS III ep., *M. G. ep*, t. V, p. 97.

par les Arabes, dresse un nouvel obstacle entre les provinces centrales de l'Empire et la Sicile[1].

Sous le règne de Louis le Pieux, les relations entre Byzance et l'Empire d'Occident sont devenues fréquentes et amicales[2]. Les causes de conflit qui existent encore, dans la mer Adriatique, sur le littoral dalmate, s'atténuent peu à peu et deviennent, à vrai dire, insignifiantes, en présence des graves dangers qui menacent les deux empires sur toutes les côtes de la Méditerranée. L'accord va si loin qu'il se manifeste même dans les questions les mieux faites, en apparence, pour brouiller Francs et Byzantins : il est curieux de voir que les prétentions théologiques de Louis le Pieux, loin de le conduire à un conflit avec Byzance, l'amènent plutôt à chercher une politique de conciliation entre le Saint-Siège et les nouveaux iconoclastes, moins intransigeants, sans doute, que les premiers, mais moins dociles qu'Irène aux suggestions de Rome.

En 824, l'empereur Michel II fait appel au concours de Louis le Pieux pour faire chasser de Rome les émigrés byzantins, qui entretiennent une agitation violente contre le parti iconoclaste. De son côté, Louis s'efforce d'agir sur le pape, pour l'amener à une attitude plus conciliante : que les légats romains, qui partent pour Constantinople, veillent à ne pas blesser les Grecs, car, depuis trop longtemps, la concorde est troublée entre les deux églises ; il faut la rétablir, y travailler de toutes ses forces, « parce que les deux empires, institués par Dieu, entre lesquels se partage l'Univers, doivent rester unis par les liens d'une mutuelle affection[3] ».

Un projet d'alliance entre l'empereur Théophile et les Francs. — Il n'est pas douteux que l'empereur Théophile, successeur de Michel II (829-842), ne fût animé des mêmes intentions. Quand l'évêque Théodose et le spathaire Théophane vinrent à Ingelheim, en 839, pour renouveler avec l'empire franc les anciens traités[4], il est bien probable que la cour byzantine poursuivait

1. C'est en 825 que des émigrés arabes d'Espagne occupent la Crète (Amari, I, 162).
2. Harnack, *loc. cit.*, p. 38.
3. Mansi, XIV, 417; — Migne, *P. L.*, t. XCVIII, 1347.
4. Prud. Trec., *ann.*, 839. — Il y a eu une première ambassade de Théophile en 833 [*Vita Ludowici*, 49 (*M. G. Ss.*, II, 636)].

un projet plus précis : celui d'une alliance offensive contre les musulmans. Théophile est un prince énergique, qui se préoccupe de défendre les marches occidentales de l'empire byzantin, tout autant que ses frontières d'Asie. Au lendemain de la prise de Palerme par les Arabes, il confie à l'un de ses premiers généraux, son gendre l'Arménien Alexis Mousélé, le gouvernement de la Sicile. Décoré des titres les plus élevés de la hiérarchie byzantine, proconsul, maître des offices, César, Alexis, à la tête d'une nombreuse armée, s'embarque pour l'Italie, — les textes byzantins disent la *Longobardie*[1], comme pour marquer expressément qu'avant d'arriver en Sicile il devait débarquer sur le continent voisin, sans doute afin de joindre à ses troupes de nouveaux renforts. Mais dénoncé au basileus, devenu tout d'un coup suspect, il est rappelé, et le désarroi des troupes byzantines les rend incapables d'arrêter les progrès des Arabes dans la conquête de l'île.

En 840, le patrice Théodose vient demander aux Vénitiens le concours de leur flotte, pour chasser des côtes de Calabre les Sarrasins de Tarente. C'est probablement le même personnage, désigné dans les chroniques byzantines sous le nom de *Théodose Baboutsikos*, qui est envoyé au « roi des Francs » vers 842, peu après la prise d'Amorion par les Arabes[2]. L'ambassadeur de Théophile devait proposer à Lothaire une alliance offensive et obtenir de lui l'envoi d'une armée auxiliaire. Mais les textes byzantins sont ici assez obscurs : d'après Genesios et la chronique de Théophane, les troupes demandées par Théophile à Lothaire étaient destinées à l'Asie Mineure. Le fait est bien étrange. N'est-il pas plus probable que l'historien byzantin, fort ignorant des événements d'Occident, a commis ici une confusion? Si Théophile demande le concours d'une armée franque, s'il compte sur des officiers francs[3], pour occuper certaines villes, conquises par les Sarrasins, n'est-ce pas de l'Italie méridionale qu'il est ici question, beaucoup plutôt que de l'Asie Mineure? L'ambassade envoyée aux Vénitiens nous montre à quel point le basileus était préoccupé de la prise de Tarente et des progrès des Sarrasins dans la mer Ionienne : — fait capital dont les chroniqueurs byzantins ne disent pas un mot !

1. Théoph. Contin., III, 109; — Sym. Mag., 632 ; — Zonaras, XV, c. 27.
2. Genesios, III, 71-72; — Théoph. Contin., III, 135.
3. « Κατ'ἐπικουρίαν συνθέσθαι αὐτῷ πολυάνθρωπον στράτευμα, καί τινας ὑποστρατήγων αὐτοῦ... » (Genesios, III, 72).

Quoi qu'il en soit, la mission de Théodose n'eut aucun résultat : l'empereur Lothaire, au moment où il venait de recueillir la succession paternelle, et où l'empire d'Occident se démembrait, n'était guère en état d'envoyer des troupes en Italie. Théophile lui-même meurt dans le courant de l'année 842, et il n'y a plus trace dans les années suivantes de relations entre les deux cours[1].

Intervention de Lothaire et de Louis II dans l'Italie méridionale. — Les Byzantins, réduits à se défendre péniblement en Sicile, ne jouent plus aucun rôle en Italie. Ils n'ont plus aucune relation avec leurs anciens vassaux du littoral campanien, qui sont amenés par la nécessité à se tourner plutôt vers l'empire franc[2]. C'est du duc de Naples, André, que vient en 840 le premier appel à l'intervention de Lothaire dans les affaires de Campanie : il s'agit alors de défendre Naples, non contre les Sarrasins, qui sont au contraire ses alliés, mais contre Sicard, prince de Bénévent : on a vu les aventures du fidèle de Lothaire, le franc Contard, qui arrive à Naples peu après la mort de Sicard, se brouille avec le duc André, le tue, prend sa place, et périt à son tour, victime de la fureur des Napolitains[3].

Un nouvel appel est adressé aux Francs, en 844, par Sikenolf, chef des Lombards de Salerne, qui, depuis trois ans, dispute le pouvoir à Radelchis de Bénévent. S'étant brouillé avec ses alliés sarrasins, Sikenolf se tourne d'abord vers le duc Guy de Spolète; puis, sur les conseils de Guy, qui est lui-même un comte franc, il va trouver à Rome le roi Louis, fils de Lothaire, lui prête hommage, et s'engage à payer un tribut de 1.000 pièces d'or[4]. Mais Sikenolf ne réussit point à obtenir l'appui d'une armée franque contre son rival, et la guerre civile continue entre les Lombards, depuis l'Apulie jusqu'à la Campanie, en même temps que l'occupation sarrasine[5]. — C'est l'attaque de Rome, en 846, qui décide enfin l'empereur à intervenir : peut-

1. Théodose est mort en route, avant d'avoir accompli sa mission (Theoph. Cont. III, 135). Nous savons cependant par les annales franques (Prud. Trec., *ad ann.* 842) qu'une ambassade byzantine arrive à Trèves en 842 (Cf. Harnack, *loc. cit.*, p. 72).

2. Les Napolitains ont fait appel, une première fois, à l'empereur Louis le Pieux, vers 830 (Erch., 10). — *Cf. supra*, p. 24.

3. Capasso, I, 210; — *Gesta episc. Neap.*, 57.

4. Prud. Trec., *ann.*, 844; — *Vita Sergii* (*Lib. Pontif.*, II, 90); — Erch., 17.

5. Erch., 16, 17. — On se bat à Cannes et à Cancello (entre Nole et Caserte).

être aussi, dès cette époque, a-t-il reçu les ambassades de Naples, de Capoue, de Salerne, qui le supplient de mettre un terme aux ravages des Sarrasins[1]. Au mois d'octobre 846, l'empereur, d'accord avec son fils Louis[2], déclare qu'il est urgent de chasser les Sarrasins et Maures du pays de Bénévent, « tant parce que le peuple lui-même réclame notre secours que parce que, très certainement, si les infidèles restent en possession de cette terre, ils envahiront la Romanie et une grande partie de l'Italie ». Le roi Louis doit se mettre à la tête d'une armée nombreuse, formée des contingents de toute l'Italie, auxquels se joindront des troupes auxiliaires de France, Bourgogne et Provence. Le rendez-vous général est fixé à Pavie pour la fin de janvier 847 : Louis se dirigera vers le pays de Bénévent par la côte des Marches, le long de l'Adriatique. Pour rétablir la paix chez les Lombards, deux évêques doivent se rendre à Bénévent avec le comte Guy de Spolète : ils doivent réconcilier entre eux Radelchis et Sikenolf, fixer les conditions de l'accord, partager le pays entre les deux princes, qui, de leur côté, prêteront serment de fidélité aux représentants de l'empereur et s'engageront à fournir des troupes pour l'expulsion des Sarrasins. Enfin Lothaire déclare qu'il fait appel, pour hâter la réconciliation, aux bons offices de Sergius, duc de Naples.

Cette constitution de Lothaire marque le point de départ d'une ère nouvelle dans l'histoire politique de l'Italie méridionale : depuis l'union — toute théorique — de la principauté de Bénévent à l'empire d'Occident, au temps de Charlemagne, c'est la première fois que les Francs ont l'occasion d'exercer en fait leurs droits et leurs prérogatives de suzerains.

Nous n'avons malheureusement aucun détail sur la campagne entreprise par le roi Louis. Tout ce que nous pouvons savoir, c'est qu'après plusieurs combats il arrive à chasser de Bénévent la colonie sarrasine : Massar et les principaux chefs sont faits prisonniers et décapités en présence du roi[3]. Enfin Louis reçoit les serments des princes lombards et ratifie le traité de paix et de partage qu'ils viennent de conclure. Si l'expédition de Louis se place en 847, la réconciliation des Lombards ne s'est pas faite sans des négociations assez longues ; car le

1. Capasso, I, 212 ; — *Gesta episc. Neap.*, 61.
2. *M. G.*, ed. 4°, *Legum*, v. II, t. II, p. 65.
3. Erch., 19 ; — *Chron. S. Bened.*, 12. Jean Diacre l'appelle « Abomasale » (*Cron. Ven.*, p. 115).

traité, dont nous avons le texte, n'a été conclu probablement que dans les premiers mois de l'année 849. En effet, c'est à la fin de 849 que meurt Sikenolf, prince de Salerne, quelques mois après le traité. D'autre part, c'est en avril 850 que Louis reçoit à Rome la couronne impériale, peu après son retour de Bénévent[1].

Le traité de partage entre Bénévent et Salerne. — Cet acte important a la forme d'une donation et d'une promesse faite par Radelchis à Sikenolf[2]. Au reste, le texte de cette promesse ne laisse pas soupçonner l'intervention directe du roi ni des missi francs. Il semble que les deux princes fassent un accord, comme deux souverains indépendants : si les Francs sont mentionnés, ce n'est qu'à titre d'alliés et d'étrangers. A vrai dire, c'est Guy de Spolète qui a servi de médiateur entre les deux rivaux; les détails du partage ont été réglés directement entre les nobles lombards de chaque parti, qui ensuite les font approuver par le roi des Francs.

Sikenolf prend le titre de prince de Salerne avec les mêmes prérogatives que Radelchis. Les deux princes s'engagent à maintenir la paix entre eux et forment une alliance défensive contre quiconque menacera l'un ou l'autre. Les Salernitains pourront librement traverser le territoire de Bénévent pour marcher contre leurs ennemis, à condition qu'ils ne pillent pas les champs qu'ils traversent. Les deux princes s'engagent à renoncer à l'alliance des Sarrasins, tant de ceux qui sont encore en pays lombard que des autres; ils uniront leurs forces pour les chasser.

Ces belles promesses devaient être vite oubliées; ce qui est important à connaître, ce sont les détails du partage. La part attribuée au prince de Salerne, — la seule qui soit mentionnée par une énumération précise — comprend les villes et gastaldats de Tarente, Cassano, Cosenza, Laino, Salerne, Conza, Sarno, Cimitile, Capoue, Teano, Sora[3]. Le territoire d'Acerenza est par-

1. Jean Diacre, *Cron. Venez.*, 115. — Les *Annales* de Prudence (*Ss.* I, 443) placent en 848 la victoire de l'armée franque sur les Sarrasins. La *Chronique* d'Adon place la prise de Bénévent par Louis en 850 (*Ss.* II, 323). Sur la date du traité, cf. Capasso, I, 82. La date de la mort de Sikenolf est connue par les chartes du *Cod. Cav.*, t. I, nos 32 et 33; — Id., p. III.

2. *M. G.*, (*f°*) *leges*, IV, p. 221.

3. Il est plus difficile d'identifier les noms suivants : 1° *Latinianus* — situé entre Tarente et Cassano — où plusieurs érudits ont voulu voir *Altojanni*,

tagé par moitié : la limite coupe le Bradano en aval d'Acerenza, puis le cours supérieur de l'Ofanto, en contournant Conza, passe un peu au sud d'Avellino, qui reste au prince de Bénévent, puis va couper le Vulturne au-dessus de Capoue. La principauté de Salerne ne forme qu'une bande très étroite au nord du duché de Naples ; elle se compose ainsi de deux régions distinctes : 1° Salerne, la Lucanie, et le Nord de la Calabre (Cosenza, Cassano) ; 2° Capoue, la plaine du Vulturne, et la vallée du Garigliano, c'est-à-dire la plus grande partie de la Campanie.

Si nous cherchons, par d'autres documents, de quelles villes ou gastaldats se compose la part attribuée à Bénévent, nous pouvons dresser approximativement la liste suivante : Brindisi, Bari, Canosa, Lucera, Siponto, Ascoli, Bovino, Sainte-Agathe, Avellino, Telese, Alife, Isernia, Bojano, Larino, Biferno, Campobasso[1]. Le prince de Bénévent garde l'Apulie et le Samnium. Mais c'est le prince de Salerne qui occupe les meilleures positions maritimes, celles de la mer Tyrrhénienne et du golfe de Tarente. Ce traité marque, en définitive, la déchéance de Bénévent : ce sont désormais les princes de Salerne et les comtes de Capoue qui, parmi les Lombards du Sud, vont jouer le premier rôle.

Il ne faut pas oublier, d'autre part, que plusieurs des villes ci-dessus mentionnées n'appartiennent plus, en réalité, aux deux princes : Radelchis de Bénévent n'a plus à subir dans sa capitale la protection onéreuse d'un chef musulman, mais il n'a pas réussi à reprendre l'Apulie, c'est-à-dire la province la plus riche de son Etat. — Quant à la Calabre lombarde, soumise théoriquement à Sikenolf, il est probable qu'elle reste livrée, sans défense, aux ravages des Sarrasins de Tarente. — A vrai dire, il semble que Tarente ait été abandonnée par ses

dans le territoire de Grottola, assertion très contestable (Cf. SCHIPA (*Princip. di Salern.*, l. c. XII, 107 ; — RACIOPPI, II, 8). Peut-être est-ce le territoire actuel de Stigliano ; — 2° *Montella, Rota* — entre Conza et Salerne ; — 3° *Furcule* ou *Forcli* devait être situé près de Cancello (entre Nole et Caserte) (SCHIPA, *loc. cit.*).

1. Des *gastaldi* sont mentionnés expressément à Bojano et Telese (ERCH., 29), à Sainte-Agathe (ERCH., 66, et *Chron. S. Ben.*, 13), à Bari (ERCH., 16), à Larino (*Cart. S. Sof.* UGH., X, 470), à Biferno et Campobasso (*Id.*, UGH., X, 438 ; — cf. BORGIA, I, 289), à Canosa et Siponto, au VIII° siècle (TROYA, IV, 258 ; III, 684), à Lucera (*Cart. S. Sof.* UGH., X, 435). L'importance des autres villes citées nous autorise à y voir des résidences de *gastaldi*. Cf., pour tout ceci, HIRSCH, trad. Schipa, p. 73-74.

premiers envahisseurs. Mais une nouvelle colonie musulmane y remplace bientôt la première, et dès 848, la ville est définitivement perdue pour les princes de Salerne[1].

IV

LA POLITIQUE DE LOUIS II
LES PRINCES LOMBARDS ET L'OCCUPATION SARRASINE DE 850 A 866

L'œuvre accomplie par le roi Louis, dans sa campagne de 847-849, n'était qu'un commencement : il s'agissait de poursuivre, avec le concours des princes lombards réconciliés, la guerre contre les Sarrasins; il fallait les chasser de l'Apulie. Au premier abord, cette tâche semblait plus facile pour Louis II que pour son père. Le nouvel empereur, couronné en 850, ne s'occupe que des affaires italiennes. Après la mort de Lothaire (855), il doit laisser à ses frères toute la partie de l'héritage paternel située au-delà des Alpes. C'est le premier empereur carolingien dont l'autorité ne dépasse pas, en fait, les limites de la péninsule[2]; en lui, l'empereur et le roi d'Italie se confondent; c'est à la politique italienne qu'il peut consacrer tous ses efforts. De là l'intérêt de ce règne, dont l'histoire n'est, à vrai dire, qu'une longue tentative pour placer toute la péninsule sous l'autorité directe de l'empereur, et constituer ainsi une monarchie purement italienne. Depuis le règne de Théodoric, c'est la première fois qu'une tentative de ce genre est sur le point de réussir.

Mais dans la pensée même de Louis II et de son entourage, c'est le titre impérial qui prime tout : son ambition reste toujours supérieure à son autorité comme à ses moyens, et, par une sorte de fatalité héréditaire, l'arrière-petit-fils de Charlemagne se laisse entraîner à des entreprises qui le détournent des affaires proprement italiennes.

Cependant, à Rome même, il s'agit de fortifier l'autorité

1. *Chron. S. Bened.*, 11 (*Scr. r. l.*, 474). — Amari (I, 370) donne arbitrairement la date de 852. Cf. Ibn al Atir (*Bibl. arabo-sicula*, I, 372).

2. Au moins jusqu'en 859 : car, à cette date, il se fait céder par son frère Lothaire II les trois diocèses de Genève, Lausanne et Sion, et en 863, après la mort de Charles de Provence, il reçoit toute la partie orientale du royaume de Provence.

impériale. Entouré de légistes qui entretiennent en lui le culte des traditions de l'ancienne Rome, Louis II revendique avec énergie tous les droits qui dérivent à ses yeux de la dignité impériale[1]. S'appuyant sur la constitution de 824, acceptée par le Saint-Siège, il cherche à briser tous les obstacles qui empêchent l'empereur d'être le protecteur effectif de l'Etat pontifical. Le parti impérialiste franc se fortifie à Rome et lutte contre les tendances à une plus large autonomie : c'est ce parti qui dénonce, sous Léon IV, certains personnages suspects de sympathies byzantines[2]; c'est lui qui cherche à opposer à Benoît III l'antipape Anastase; c'est lui qui fait élire en 858 Nicolas Ier, qui passait alors pour être un fidèle ami de l'empereur. Mais le nouveau pape, véritable précurseur de Grégoire VII, déjoue bientôt toutes les espérances que les Francs avaient fondées sur son élection; il résiste opiniâtrement au protectorat de Louis II : de là des conflits qui augmentent singulièrement les embarras de la politique impériale et contribuent à rendre son action moins efficace, en dehors même de l'Etat pontifical.

Les prétentions de Louis II. — Louis II n'entend plus se contenter, dans l'Italie méridionale, de la suprématie indirecte revendiquée par Charlemagne. Comme le dit l'auteur du *Libellus de imperatoria potestate*, composé probablement par un Franc de Spolète à la fin du IXe siècle[3], Louis II regarde le pays de Bénévent, la Pouille et la Calabre comme « des provinces d'Italie », et il veut soumettre à son autorité tout le territoire du royaume italien[4]. L'invasion sarrasine a montré clairement quels intérêts communs unissent l'Italie méridionale au reste de la péninsule. Seul, l'empereur — et à bon droit — s'estime capable de tenir tête aux ennemis du nom chrétien : s'il arrive à les chasser, ce ne sera pas pour abandonner le pays aux misérables querelles des princes lombards; ceux-ci ne pourront garder leur titre et leur pouvoir qu'avec

1. Voir *Libellus de imper. potestate* (*M. G.*, *Ss.*, III, 719) ; — DUCHESNE, *Premiers temps de l'Etat pontifical*, p. 111).
2. *Liber Pontificalis : vita Leonis IV* (II, p. 134 et n. 34).
3. LAPÔTRE, *l'Europe et le Saint-Siège à l'ép. carol.*, p. 174.
4. *Hic etiam Beneventi fines ingressus est, et totius Calabriæ duobus modis : uno quod provincia esset Italiæ, volens totius regni fines suæ vindicare ditioni ; altero, eo quod immanissima gens Agarenorum illa jam tangebat confinia...* (*M. G.*, *Ss.*, III, 721).

l'approbation formelle de l'empereur, et s'ils se montrent réellement des sujets dociles.

Progrès des Sarrasins. — Mais le contraste est saisissant entre les intentions de Louis II et son impuissance. De 849 à 866, pendant plus de seize ans encore, l'Apulie reste occupée par les Sarrasins : ce ne sont plus des bandes venues de différents points, et dispersant leurs attaques un peu au hasard. L'occupation musulmane s'est concentrée entre Tarente et Bari, mais elle prend un caractère durable ; Bari est la capitale d'un État autonome, semblable à celui de Palerme. Les Sarrasins ont fortifié la ville, y ont accumulé des vivres, et en ont fait un lieu de refuge inexpugnable[1]. — Après le berbère Khalfûn, le souverain de Bari est Mufarrag-ibn-Sallâm, qui occupe en Apulie vingt-quatre forteresses, construit une mosquée et sollicite l'investiture du khalife de Bagdad, par l'intermédiaire du gouverneur de l'Egypte. Mais ses soldats se soulèvent contre lui et le tuent. Son successeur garde le titre de sultan ou soudan[2]. Au reste, le soudan de Bari fait bon accueil aux moines étrangers qui viennent s'embarquer en Apulie pour l'Orient; il leur délivre un permis de naviguer, avec une lettre de recommandation pour le khalife de Bagdad[3].

Malgré tout, les Sarrasins de Bari restaient la terreur des chrétiens lombards : en 851-852, ils ravagèrent l'Apulie et la Calabre, et menacèrent de nouveau Bénévent et Salerne. Les abbés du Mont-Cassin et de Saint-Vincent de Vulturne allèrent trouver Louis II, pour le supplier de venir à leur secours. L'empereur, avec les Francs et les Lombards, arriva sous les murs de Bari, et entreprit le siège de la ville ; les assiégeants réussirent même à détruire une partie de la muraille, mais, tandis qu'ils se retiraient la nuit dans leur camp, les Sarrasins s'empressèrent de combler la brèche; une nouvelle attaque de l'empereur n'eut aucun résultat[4].

Quelques années plus tard, en 858, le soudan recommence à piller tout le pays de Bénévent : arrive une nouvelle armée franque, qui se fait battre et se disperse, aussi vite que les

1. *Libellus*, *loc. cit.* (*M. G.*, *Ss.*, III, 721).
2. AL-BALADURI (*Bibl. arabo-sicula*, I, 268) ; — AMARI, I, 371.
3. *Itinerarium Bernardi monaci* [*Itinera Hierosolymitana bellis sacris anteriora*, éd. Tobler et Molinier (t. I, p. 310)].
4. PRUD. TREC., *An.* 852 (*M. G.*, *Ss.*, I, 447) ; — ERCH., 20.

précédentes. Alors les Sarrasins viennent en Campanie et dévastent les environs de Naples. Vainement les *gastaldi* de Telese et de Bojano, qui gouvernent la région montagneuse au nord de Bénévent, essaient-ils, d'accord avec le duc de Spolète, de barrer le passage aux bandes sarrasines, quand celles-ci reprennent le chemin d'Apulie : ils sont battus et tués; le soudan occupe Venafro et toute la haute vallée du Vulturne; il pille le riche monastère de Saint-Vincent, revient tout près de Capoue, pendant que les paysans, persuadés de son départ, font tranquillement la récolte. Les malheureux sont surpris par ces terribles maraudeurs : on enlève leur bétail, les gerbes qui couvrent leurs chars, un grand nombre sont emmenés prisonniers, et le chef des Sarrasins vient camper près de Teano, où l'abbé du Mont-Cassin, pour prévenir le pillage de son monastère, lui paie une forte rançon [1].

Ainsi, d'une mer à l'autre, les Sarrasins parcourent librement le pays; et les Francs, devant cette invasion, sont aussi impuissants que les seigneurs lombards. Les armées envoyées par Louis II ne sont, sans doute, que des bandes peu nombreuses, mal organisées, qui se dispersent au premier échec; l'empereur, malgré toutes ses bonnes intentions, n'a pas réussi à mettre sur pied une armée assez forte pour entreprendre une longue campagne.

D'autre part, l'égoïsme des seigneurs lombards, leurs querelles toujours renaissantes, paralysent ses efforts. Dans les premières années qui suivent le traité de 849, ils restent fidèles à leur promesse de combattre les Sarrasins; quand Louis II marche sur Bari, vers 852, ils lui donnent des renforts [2]. Mais les défaites qu'ils subissent les amènent bientôt à traiter avec les musulmans, aux plus humiliantes conditions. A Salerne, les ambassadeurs du soudan de Bari sont reçus avec les plus grands égards; on les loge même dans le palais épiscopal, au grand scandale de l'évêque, qui s'enfuit à Rome. A Bénévent, le prince Adelchis, vers 859, paie tribut au soudan et lui donne des otages [3].

Nouvelles divisions des Lombards. Les comtes de Capoue. — La faiblesse des princes lombards s'explique par les mêmes rai-

1. Erch., 29; — *Chron. S. Bened.*, 16-18; — Prud. Trec., *An.* 856.
2. *Chron. Sal.*, 93. — Adelchis, prince de Bénévent, et Pierre, tuteur du jeune Sicon, prince de Salerne, viennent combattre les Sarrasins de Bari.
3. *Chron. Sal.*, 99; — Erch., 29.

sons qui ont amené, entre 840 et 849, le démembrement de l'ancien Etat lombard. Dans les deux principautés nouvelles, l'autorité du prince, quoique s'exerçant sur un territoire beaucoup moins étendu, est toujours aussi précaire et aussi mal respectée. Le traité de partage conclu en 849, loin de mettre fin à la guerre civile, est au contraire le point de départ de divisions nouvelles, qui achèvent de morceler le pays lombard en une foule de seigneuries indépendantes et rivales.

Il faut citer, en première ligne, les comtes de Capoue, maîtres de la vallée du Liris, où ils occupent Teano et Sora ; c'est une nouvelle dynastie qui se fonde et dont la puissance territoriale est assez forte pour s'affranchir complètement des princes de Salerne. Le comte Landolf avait pris une part active à la révolte de Sikenolf : la guerre entre les deux rivaux durait encore, quand il sentit venir sa fin. Sur son lit de mort, dit un chroniqueur, il recommande à ses quatre fils d'empêcher de tout leur pouvoir la réconciliation de Bénévent et de Salerne. C'est en vain qu'après le traité de 849 le prince Sikenolf revendique la souveraineté de Capoue : le comte Landon et ses frères lui refusent toute obéissance[1].

Pour mieux protéger leur indépendance, les gens de Capoue élevèrent, sur les bords du Vulturne, près des ruines de l'ancienne Casilinum, une ville nouvelle qui leur servit de forteresse : assiégés par le prince Ademar, qui avait récemment usurpé le pouvoir à Salerne, ils durent reconnaître, au moins provisoirement, sa suzeraineté, pendant que Guy de Spolète se faisait céder la vallée du Liris, avec Teano et Sora[2].

Le comte de Capoue, Landon et ses frères, se vengèrent de leur défaite en provoquant une révolution à Salerne : Ademar est arrêté, jeté en prison, et l'un de ses ennemis, Guaifer, est proclamé prince de Salerne (861)[3]. Le comte et l'évêque de Capoue reconnaissent comme leur *senior* le nouveau prince, qui leur doit son élévation, — quitte à se brouiller avec lui peu de temps après. Dans la famille même des comtes de Capoue, ce sont de continuelles divisions, des querelles acharnées. Toutes les petites villes de la Campanie, Suessula,

1. Erch., 15-22.
2. *Chron. S. Bened.*, 10 ; — Erch., 25.
3. Capasso, I, 93 ; — Erch., 27-28 ; — *Chron. Sal.*, 100.

Caserte, Cajazzo, sont sans cesse assiégées, prises et reprises[1]. Les villes indépendantes du littoral, Gaëte, Naples, Amalfi, sont naturellement mêlées à ces luttes et y prennent une part active : les comtes d'Amalfi sont parents des comtes de Capoue et font alliance avec eux. Le duc de Naples Sergius se rapproche d'Ademar de Salerne, pour guerroyer contre Amalfi et Capoue. La Liburie est de nouveau parcourue par les bandes hostiles des Napolitains et des Lombards, et, cette fois, ce sont les Napolitains qui cherchent à venger leurs anciennes défaites, en envahissant la Campanie lombarde : ils enlèvent Suessula et viennent assiéger Capoue[2]. Mais ils sont repoussés (vers 858-859).

Occupés à batailler les uns contre les autres, quelle résistance peuvent-ils opposer aux Sarrasins? Les guerres privées, qui deviennent, pour ces seigneurs turbulents et féroces, une habitude et un besoin, font autant de ravages et amènent autant de ruines que les incursions musulmanes. C'est l'anarchie féodale dans toute son horreur.

Les rapports de l'empereur franc et des Lombards. — Au milieu de cette confusion, comment l'autorité impériale est-elle respectée? Quand l'empereur est présent avec son armée, les princes lombards témoignent avec empressement leur fidélité et prêtent tous les serments qu'on leur demande. Mais à peine s'éloigne-t-il que toutes les promesses sont oubliées. D'ailleurs l'intervention impériale ne se produit que rarement. Quand Louis II traverse la Campanie, entre 852 et 854, au moment de sa campagne contre les Sarrasins de Bari, les seigneurs de Capoue restent enfermés derrière les murailles de leur ville et se contentent d'envoyer à l'empereur l'évêque Landolf. Mais ils ne fournissent pas le moindre renfort. L'empereur s'éloigne de Capoue sans autre résultat[3]. A Salerne, il prononce la déposition du fils de Sikenolf, l'emmène comme otage, et reconnaît à sa place l'usurpateur Adémar : c'est ce protégé de l'empereur qui est renversé lui-même, quelques années plus tard, par Guaifer, avec le concours des comtes de Capoue[4]. Vers 860, deux seigneurs du duché de Spolète, Lampert et Ildebert, se soulèvent contre

1. Erch., 28, 30, 31.
2. Erch., 27; — *Chron. S. Bened.*, 14.
3. Erch., 20.
4. *Chron. Sal.*, 100.

l'empereur, qui les poursuit jusqu'à la ville des Marses (*Marsis*), dans les environs du lac Fucin. Les rebelles s'échappent et trouvent un refuge auprès du prince de Bénévent; l'un d'entre eux va jusqu'à Bari, où il reste quelque temps l'hôte du soudan des Sarrasins. Louis II envahit alors la principauté de Bénévent par la haute vallée du Vulturne : mais il faut qu'il s'arrête devant chaque ville pour en faire le siège. Isernia, Alife, Sainte-Agathe, défendues par leurs « gastaldi », opposent aux troupes impériales une longue résistance; l'empereur n'obtient leur soumission qu'à la condition de faire grâce aux gastaldi. C'est alors seulement qu'Adelchis, prince de Bénévent, fait à son tour sa paix avec Louis II[1].

En dehors de ces expéditions impériales, y a-t-il trace d'une action directe des Francs? Quand Louis II, rappelé dans le nord de l'Italie ou à Rome par d'autres intérêts, quitte l'Italie méridionale, laisse-t-il derrière lui un *missus* qui représente son autorité? Un seul texte nous renseigne à cet égard; dans les environs de Capoue réside un parent de l'empereur, nommé Magenolf. Un gastald lombard construit un château fort sur un domaine de la ville d'Aquino, près de Pontecorvo, puis il se proclame indépendant de Capoue, comptant sur l'appui de Magenolf. Mais le Franc le trahit, le jette en prison, lui enlève ses trésors, ses serfs et sa forteresse, et s'en proclame seul maître. A ces rudes paysans lombards, vivant en véritables sauvages, il impose une administration régulière, à la mode franque : *more palatii*[2]. Ce fait isolé nous montre que des seigneurs francs se sont installés en Campanie : mais on ne voit pas de *missi* chargés de parcourir régulièrement le pays, au nom de l'empereur.

Cependant l'influence impériale trouve un appui solide, au milieu des seigneuries lombardes, dans les deux grandes abbayes du Mont-Cassin et de Saint-Vincent-de-Vulturne, qui jouissent de privilèges exceptionnels. Les princes lombards de Bénévent et de Salerne ont reconnu en effet leur entière indépendance[3]; elles sont placées sous la protection immédiate de l'empereur. Par l'étendue même de leurs domaines, les deux abbayes échappent au droit de patronage qu'auraient

1. *Chron. S. Bened.*, 13; — PRUD. TREC., *Ann.* 860; — BÖHMER, *Regesta Imperii*, 1182 *l*.
2. *Chron. S. Bened.*, 14.
3. Voir traité de 849 (*M. G.*, *Leges*, IV, 222, c. 4).

pu revendiquer sur elles les princes lombards : car elles possèdent des terres, des églises, des monastères dans toute l'Italie méridionale, depuis la vallée du Liris jusqu'en Apulie; elles en ont au cœur même de l'Apennin, dans le pays de Spolète et la région des Abruzzes[1]. Dès l'époque de Charlemagne et de Louis le Pieux, elles ont été placées sous la protection impériale, et, quel que soit le nombre des faux diplômes fabriqués par les moines, nous en avons assez d'authentiques pour avoir une juste idée de leur richesse territoriale[2].

Or la guerre civile et l'invasion sarrasine rendent cette protection de plus en plus utile et urgente; elles donnent aux deux abbés l'occasion fréquente de rappeler à l'empereur ses promesses, d'invoquer son appui. Ce sont eux surtout qui mettent Louis II au courant des affaires de l'Italie méridionale[3]. Mais, en outre, comme les ravages des bandes ennemies se prolongent, et que nul soulagement n'est apporté à la détresse de ces populations misérables, des fuyards de plus en plus nombreux arrivent à Rome, au moment où s'y trouve l'empereur, et le supplient de venir à leur secours[4].

On aperçoit clairement pour quelles raisons l'empereur est si faible : à peine arrivé dans le sud, il est rappelé à Rome ou ailleurs par d'autres soins; sa lutte contre le pape Nicolas Ier, ses rapports avec les autres princes carolingiens, les affaires du royaume italien du Nord, l'obligent sans cesse à interrompre une campagne commencée. En 863, il réside à Bénévent ou aux environs, lorsqu'il reçoit des lettres des archevêques lorrains, qui réclament son appui contre le Saint-Siège[5] : une fois de plus, voilà l'empereur détourné de la défense de l'Italie méridionale et ramené sur la route de Rome.

1. Pour le Mont-Cassin, cf. Leo Ost., I,, 12 et s.; — pour Saint-Vincent-de-Vulturne, *Chron. Vult.* (Murat., R. I. S., I, 2,363 et s.).

2. Sickel, *die Urkunden der Karolinger*, 1, p. 48, 396, 440; — *Regesta Imperii.* (2e éd.), nos 284, 285, 291, 660, 681. Sur les faux fabriqués au Mont-Cassin, v. Pertz, *Archiv*, V, 319; — Pflugk-Harttung. *Neues Archiv*, IX, 478.

3. *Chron. S. Bened.*, 12; — Erch., 20.

4. *A multis per varia tempora invitatus* (Erch., 30; — *Chron. Sal.*, 102).

5. *Regesta Imperii*, 1188 *d.* Son frère Lothaire vient le trouver à Venosa (André de Bergame, *Script. rer. lang.*, p. 226).

V

LA CAMPAGNE DE 866-867 : LOUIS II EN CAMPANIE ET EN APULIE

Ce n'est qu'en 866 que Louis II se décide enfin à tenter un grand et sérieux effort : il s'agit d'éteindre l'incendie à son foyer, en allant attaquer Bari. L'empereur convoque tous les hommes d'armes du royaume italien. Les comtes qui refuseront de partir seront dépouillés de leurs dignités et de leurs biens. Les hommes libres, qui ne sont pas assez riches pour s'équiper et s'armer individuellement, doivent s'entendre avec leurs voisins, pour fournir la dépense nécessaire à l'armement d'un homme sur deux. Les pauvres seront chargés de la défense des côtes et de la garde des villes. Les évêques doivent envoyer à la guerre tous les laïcs qui se trouvent sur leurs terres. On prendra des vêtements pour une année, des vivres pour plusieurs mois. L'empereur dresse en même temps le plan général de la campagne : partant de Ravenne, il doit arriver le 15 mars sur les bords de la Pescara, puis, à la tête du corps principal de l'armée italienne, s'avancer le long du littoral de l'Adriatique, tandis que les Toscans et les troupes auxiliaires le rejoindront à Lucera, en passant par Bénévent : le rendez-vous est fixé à Lucera pour le 23 mars[1].

Il est assez difficile de déterminer la date de cette constitution, d'autant plus que le plan de Louis II a été modifié par les circonstances. La mention qui se trouve à la fin de l'acte (indiction XV) correspond à l'année 867. Or nous savons, d'autre part, que Louis II se trouve dans l'Italie méridionale dès 866[2] ; et les termes dans lesquels il explique son plan de campagne nous montrent qu'au moment où l'acte est promulgué l'empereur est encore dans le nord. Il semble donc que la date : *indiction* XV soit une erreur : on doit lire probablement *indiction* XIII (865).

Louis II et les États campaniens. — Quoi qu'il en soit, il est certain que, cette fois encore, la marche directe sur Bari a été

1. Erch., 32 : — *Regesta Imperii*, 1198 : — capitulaire de Louis II dans *M. G.*, *Legum s. II*, t. II, p. 94 : — *Chron. S. Bened.*, 3 (*Script. rer. langob.*, p. 469).
2. *Regesta Imperii*, 1198 *a*.

interrompue. Si Louis II est allé d'abord jusqu'à la Pescara, il s'est bientôt détourné vers l'ouest, à travers les montagnes du duché de Spolète, pour arriver, par la haute vallée du Liris, à Sora et dans la plaine de Campanie. Il s'arrête au Mont-Cassin, où il reçoit les députés des villes lombardes et, en particulier, l'évêque de Capoue, Landolf, qui est à ce moment le véritable maître de la Campanie[1]. A force d'intrigues et de fourberie, ce personnage est devenu l'homme le plus redouté et le plus puissant du pays; son neveu Pandonolf a le titre de comte, mais toute la réalité du pouvoir appartient à l'évêque. Landolf sème la discorde parmi les autres membres de sa famille, les arme les uns contre les autres, les trahit tour à tour; il s'appuie tantôt sur le prince de Bénévent, tantôt sur celui de Salerne, et finit par tromper tout le monde. Quand Louis II arrive au Mont-Cassin, il cherche aussi à le circonvenir, à gagner ses faveurs. Mais l'empereur, prévenu sans doute par les moines et l'abbé contre le turbulent évêque, édifié par eux sur les actes de brigandage qui désolent la Campanie, se décide à frapper un grand coup. Marchant sur Capoue, il fait raser les murs de la ville, la livre d'abord à Lampert de Spolète, puis à d'autres comtes francs, qui sont changés très fréquemment, et qui soumettent les habitants à l'autorité directe de l'empereur. A Salerne, le prince Guaifer, installé depuis plusieurs années sans son consentement, s'empresse de lui prêter hommage[2]. De là l'empereur gagne Amalfi et traverse le territoire napolitain, sans entrer dans la ville de Naples[3]. Le duc Sergius Ier, très dévoué d'ailleurs à la politique impériale, était mort depuis peu : mais son fils, l'évêque Athanase, frère aîné du duc Grégoire, reste le partisan zélé de l'alliance franque. Louis II, ne pouvant revendiquer sur Naples les mêmes titres que sur Salerne et Capoue, est tenu, à l'égard des Napolitains, à plus de ménagements : il lui suffit de pouvoir compter sur le dévouement fidèle de l'évêque.

Enfin, au mois de décembre de la même année, l'empereur arrive à Bénévent, où il reçoit la soumission du prince Adelchis[4]. Ainsi ce voyage, qui avait pour but principal une expédition contre les Sarrasins, était devenu, en fait, tout autre chose :

1. Erch., 32; — *Chron. S. Bened.*, 4.
2. Erch., 32; — *Chron. S. Bened.*, 4; — *Chron. Salern.*, 105.
3. Capasso, I, 218; — *Gesta episc. Neap.*, 64.
4. Erch., 32; — *Chron*, *S. Bened.*, 4; — *Regesta Imperii*, 1108 *g*.

Louis II avait fait une tournée dans les pays lombards, pour y mettre un terme à la guerre civile et y faire reconnaître ses droits de suzerain. Sans doute jugeait-il que c'était la condition préliminaire d'une campagne efficace au sud de la péninsule. Au reste, dès l'année suivante, l'armée franque se dirigeait vers l'Apulie.

Guerre contre les Sarrasins. — Vaincu dans une première rencontre avec les Sarrasins, Louis II réussit cependant à occuper, sur les confins de la Lucanie et de l'Apulie, la place forte de Matera, qui est livrée aux flammes; puis il prend Venosa, Canosa, où il laisse une garnison, et, plus au sud, Oria[1]. Maître de la ligne de places fortes qui domine, à l'ouest, la plaine apulienne, il avait une excellente base d'opérations pour continuer la campagne vers les villes du littoral et vers Bari. Mais on voit Louis II s'arrêter de nouveau et revenir sur Bénévent. Peut-être une partie de son armée s'était-elle déjà dispersée; peut-être les troupes venues de l'Italie du Nord refusaient-elles de poursuivre la campagne jusqu'au plus fort de l'été : au dire d'un chroniqueur[2], les soldats étaient fort éprouvés par le climat, la dysenterie, les morsures des insectes. En tout cas, l'empereur jugeait insuffisantes les forces qu'il avait autour de lui pour tenter l'action décisive contre Bari. Sentant bien que ses vassaux italiens ne lui donneraient jamais qu'un secours dérisoire, il avait songé, dès le début, à chercher des auxiliaires hors d'Italie; il pria son frère Lothaire, roi de Lorraine, de lui envoyer une armée franque[3]; mais ce fut en vain. Ne pouvant compter ni sur ses vassaux, ni sur les autres princes carolingiens, Louis II se tourne alors vers cette cour byzantine, dont Louis le Pieux et Lothaire avaient obstinément cherché l'alliance. Au moment même où il s'engageait à fond dans la guerre d'Apulie, l'Arménien Basile venait de s'emparer du pouvoir par le meurtre de Michel III (septembre 867). L'empire d'Orient, qui, depuis la mort de Théophile (842), semblait de plus en plus réduit à l'impuissance, retrouvait un chef plein de vigueur et d'audace, homme de guerre et homme d'Etat de premier ordre. Le rapprochement entre Louis II et Basile allait ramener sur le sol italien l'ancienne

1. Erch., 33; — *Chron. S. Bened.*, 4.
2. Reginon, *An.* 867 (*M. G.*, *Ss.*, I. 578).
3. Reginon, *loc. cit.*

puissance rivale de l'empire franc, dont l'arrière-petit-fils de Charlemagne était loin de soupçonner la force.

On voit quel est, à la veille de ce rapprochement, l'état de l'Italie méridionale. Depuis plus de vingt-cinq ans, les Sarrasins, fortement établis à Bari, maitres des principales villes d'Apulie, envoient périodiquement des bandes de pillards dans les régions voisines, et surtout dans les fertiles vallées de la Campanie, jusqu'aux confins de l'Etat pontifical et du pays des Marses. Les princes lombards de Bénévent et de Salerne, les comtes de Capoue, occupés surtout de batailler entre eux, favorisent les incursions musulmanes, ou ne leur opposent qu'une résistance dérisoire. Si les vaisseaux de Naples et d'Amalfi protègent la côte, entre le golfe de Salerne et l'embouchure du Tibre, l'intérieur des terres n'est pas défendu. Seul, l'empereur franc est résolu à la guerre : mais, pendant plusieurs années, il n'a ni l'autorité, ni les ressources nécessaires pour assurer le succès. Toute la force dont il dispose, il l'emploie d'abord à faire reconnaitre sa suprématie par les princes lombards; et ce n'est qu'en se décidant à occuper brusquement la ville de Capoue qu'il oblige les seigneurs campaniens à lui obéir. Cependant, vers la fin de l'année 867, une série de brillantes victoires fait reculer, pour la première fois, l'invasion sarrasine, en restituant aux chrétiens d'importantes places fortes.

A l'extrémité de la péninsule, les possessions byzantines sont plus mal défendues encore. Les villes de la Calabre et de la Terre d'Otrante, menacées ou attaquées par les Sarrasins de Tarente, par ceux de Messine et de Palerme, ne reçoivent aucun secours : tous les renforts, envoyés de Byzance en Occident, sont destinés à la Sicile, où ils n'arrivent point à empêcher le progrès continu de l'occupation musulmane. Les historiens byzantins, panégyristes de la dynastie macédonienne, disent qu'avant Basile Ier les provinces occidentales de l'empire, c'est-à-dire la Calabre et la Sicile, sont complètement négligées et oubliées[1]. C'est là un jugement excessif; car, même au temps de Michel III, on voit des flottes byzantines soutenir vaillamment la lutte, sur les côtes de Crète, et non loin de la

1. Théoph. Cont., II, 83 : « Les Sarrasins se rendirent maitres non seulement de la Sicile, mais de la Calabre et de la Longobardie, ravageant et pillant tout le pays jusqu'au règne de Basile. » Id., V, 52 (*Vie de Basile*); — et Cedr., t. II, p. 218.

Sicile, contre les flottes sarrasines. Un auteur arabe[1] mentionne en 859 une grande expédition, dont les textes byzantins ne disent pas un mot : 300 vaisseaux se dirigent vers Syracuse, mais l'armée grecque, à peine débarquée, se fait battre. Si la Sicile n'est pas oubliée à la cour de Byzance, il faut reconnaître qu'au moins sur terre les défaites continuelles des troupes byzantines prouvent assez leur faiblesse et leur insuffisance. En 861, à la mort de l'émir Abbâs, les Arabes de Palerme occupent près de trente villes ou forteresses de Sicile; la grande citadelle de Castro-Giovanni, au centre de l'île, vient de succomber; même la région orientale, sauf Taormine, Syracuse et quelques villes de la montagne, est devenue tributaire des musulmans. Après 861, il y a un temps d'arrêt dans la conquête, à cause des discordes qui suivent la mort d'Abbâs : mais à Byzance on ne sait point profiter de ces heureuses circonstances, et comme le danger devient moins pressant, le césar Bardas[2], qui gouverne au nom de Michel III, n'envoie même plus de troupes nouvelles. Ainsi les chrétiens indigènes, en Calabre comme en Sicile, n'ont plus à compter que sur eux-mêmes ou sur l'appui des Francs.

1. Ibn al Atir et Ibn Khaldun, *Bibl. arabo-sic.*, I, 379; II, 182; — Amari, I, 333.
2. Amari, I, 336-340.

LIVRE II

LA POLITIQUE
ET LA CONQUÊTE BYZANTINES
DANS L'ITALIE MÉRIDIONALE

DEPUIS L'AVÈNEMENT DE BASILE Ier
JUSQU'A LA VICTOIRE DU GARIGLIANO
(867-915)

CHAPITRE I

LES RAPPORTS ENTRE BASILE Ier ET LOUIS II

SIÈGE ET PRISE DE BARI

ÉTAT DE LA CAMPANIE A LA FIN DU RÈGNE DE LOUIS II (867-875)

Avec le fondateur de la dynastie macédonienne, qui répare en quelques années les désastres des règnes précédents, les affaires occidentales prennent, à la cour de Byzance, une importance toute nouvelle; la défense des intérêts de l'empire en Italie et dans le bassin occidental de la Méditerranée devient l'une des tâches principales de la politique byzantine. Mais, dans le développement de cette politique, il y a naturellement plusieurs étapes, et ce n'est pas du premier coup que Basile Ier songe à la conquête de l'Italie méridionale. Ce n'est pas lui qui enlève Bari aux Sarrasins, et, jusqu'en 872, c'est encore l'empereur des Francs qui joue le premier rôle : la tentative d'alliance entre Basile et Louis II ne sert, tout d'abord, qu'à faire ressortir davantage les véritables malentendus qui séparent les deux cours. Cependant, dès cette époque, Basile se prépare à une intervention plus active. Si les relations franco-byzantines, durant cette période, ont été souvent étudiées[1], peut-être n'a-t-on pas assez montré tout ce qu'il y a de personnel et de nouveau dans la politique de Basile, comment ses projets et ses actes s'enchainent étroitement, avec quelle habileté il sait tirer parti des circonstances

1. Cf. surtout Dümmler, *Geschichte des ostfrankischen Reichs*, 2e éd., t. II, p. 250; — Hirsch, *Byzantinische Studien*, p. 258 et s.; — Gasquet, *l'Empire*

favorables, pour s'introduire de plus en plus dans les affaires de l'Italie méridionale et pour réaliser plus sûrement le dessein, d'abord assez vague, que ses succès même l'aident à concevoir plus nettement.

I

LES RAPPORTS ENTRE LOUIS II ET LA COUR BYZANTINE AVANT LA TENTATIVE D'ALLIANCE

Depuis la mort du basileus Théophile, qui précède de quelques mois le partage de l'empire carolingien, les relations entre les deux cours, si fréquentes au temps de Louis le Pieux, sont devenues très rares. Les textes ne nous font connaître qu'une seule tentative de rapprochement : en 853, Louis II est fiancé avec une princesse byzantine ; mais le projet n'aboutit pas et, sans qu'on puisse voir clairement de qui vient la rupture, les deux cours en gardent l'une contre l'autre un assez vif ressentiment[1]. Après la mort de Lothaire (855), quand Louis II reste seul empereur et roi d'Italie, la rupture continue, et pendant plus de douze ans il n'est plus question d'aucune ambassade entre Byzance et les Francs.

Quelle que soit à ce moment la faiblesse de l'empire byzantin, Louis II, soucieux de restaurer à Rome l'autorité impériale, se montre très jaloux de l'influence et du prestige que garde encore le basileus dans la capitale du monde chrétien. L'aristocratie militair[illegible] milles des anciens fonctionnaires forment un pa[illegible] dont le Saint-Siège se sert, au besoin, pour neu[illegible] prétentions des Francs. Le parti impérial franc a[illegible] adversaires de préparer, avec la complicité secrè[illegible] Léon IV, une révolte en faveur des Grecs[2]. La polit[illegible] ne de l'empereur carolingien contribue sans do[illegible] endre plus méfiant à l'égard de Byzance.

C'est la lutte entre le Saint-Siège et Photius, qui modifie

byzantin et la Monarchie franque, p. 329 et s. ; — HARNACK, *Das karolingische und das byzantinische Reich*, 76 et s.

1. PRUD., *Ann.* 853 (*M. G.*, *Ss.*, I, 448).

2. *Liber Pontificalis*, II, 134 (*Vie de Léon IV*) ; — JAFFÉ-LÖW., 2602, 2610, 2620, 2622, 2630.

les dispositions réciproques de la cour byzantine et de l'empereur franc. Le nouveau patriarche de Constantinople est très bien informé de tout ce qui se passe en Occident; il sait quelles haines soulève[1], par sa rigueur intransigeante et son énergie, le pape Nicolas Ier; il sait que le pape, dont Louis II avait espéré se faire un instrument docile, n'a pas tardé à s'affranchir de la tutelle impériale, et que l'indépendance de son attitude irrite profondément les princes carolingiens. Les archevêques lorrains, Gunthaire de Cologne et Thietgaud de Trèves, déposés par Nicolas Ier pour avoir consenti au divorce de leur roi Lothaire II, frère de l'empereur, se sont empressés d'envoyer à Photius un mémoire où ils résument tous leurs griefs contre le pape, et déclarent qu'ils se séparent ouvertement de sa communion[2]. D'autre part, l'empereur Louis II, très disposé à soutenir contre le Saint-Siège la cause des archevêques lorrains et de son frère, cherche à s'entendre avec tous les adversaires de Nicolas Ier. C'est alors que Photius, condamné dès 863 par un concile romain, songe à gagner à sa cause l'empereur d'Occident. Pour répondre au mémoire des archevêques lorrains, il envoie au clergé d'Occident une sorte de manifeste contre le pape et s'adresse particulièrement à Louis II, pour l'engager à faire déposer Nicolas Ier par un concile[3]. Ainsi Photius, bien résolu à résister au Saint-Siège jusqu'à se séparer de lui, ne songe point, à vrai dire, à une rupture complète entre les Eglises d'Orient et d'Occident. Malgré tout le mépris que lui inspirent les usages des Latins, et surtout la médiocrité de leur science et de leur culture, bien que le basileus, dans une de ses lettres à Nicolas Ier, appelle le latin « une langue de barbares[4] », il y a encore, à Byzance comme à Rome, un sentiment assez vif de l'unité du monde chrétien. Photius n'entend point reconnaitre la suprématie du pape, mais il espère, si Nicolas Ier est renversé par la coalition de ses adversaires, trouver dans le nouvel élu des dispositions plus conciliantes. Lorsqu'il apprend que les missionnaires romains sont venus en Bulgarie et ont évincé ceux de Byzance, furieux de cette nouvelle attaque, qu'il regarde comme une usurpation sur ses

1. Gasquet, *loc. cit.*, 372.
2. Hefele, *Conciliengeschichte*, IV, 354;
3. Hefele, *loc. cit.*, IV, 357.
4. Lettre de Nicolas Ier : *Patr. lat.*, t. CXIX, col. 932.

droits de patriarche, il se décide aux mesures extrêmes : un concile, tenu à Constantinople, prononce la déposition de Nicolas Ier. En se révoltant contre le Saint-Siège, Photius cherche à flatter l'empereur franc : le concile de Constantinople reconnaît à Louis II et à l'impératrice Engelberge les titres d'*augustus* et d'*augusta*, qui les mettaient sur le même rang que les souverains de Byzance; les ambassadeurs du patriarche viennent trouver Louis II dans les derniers mois de l'année 867[1]. Sur ces entrefaites, Nicolas Ier meurt, et Photius lui-même est renversé par la révolution qui porte au pouvoir Basile Ier.

Le nouveau basileus, qui avait fait assassiner Michel III, obligea le patriarche à s'enfermer dans un monastère, et rétablit Ignace, faisant ainsi triompher, dans l'église de Constantinople, le parti qui avait pour lui l'appui du Saint-Siège. Aussitôt il s'empressait d'envoyer à Rome un officier du palais, le spathaire Euthymius, pour annoncer la réintégration d'Ignace[2]. Quelques semaines plus tard, avant la fin de l'année 867, partirent de Constantinople, escortés par le spathaire Basile, deux métropolites grecs, qui représentaient l'un Ignace, l'autre Photius, et qui venaient en leur nom solliciter l'arbitrage du Saint-Siège[3].

Mais les communications étaient très lentes entre Rome et Constantinople : Basile ignorait, au moment du départ de ses ambassadeurs, la mort de Nicolas Ier; et le premier parti, le spathaire Euthymius, n'était pas encore à Rome en février 868[4]. Tandis que la cour byzantine, par une brusque volteface, s'était tournée vers le pape Nicolas Ier, qu'elle croyait encore vivant, les amis et partisans de celui-ci, désolés de sa mort, semblaient redouter les dispositions trop conciliantes de son successeur, dont on connaissait le caractère pacifique, et qui était soutenu, d'ailleurs, par le parti impérial-franc. Dans une réunion du clergé romain, où se trouvaient, en grand nombre, des réfugiés grecs, adversaires de Photius, le pape Hadrien II s'engagea solennellement à suivre les traces de Nicolas, et les moines orientaux, ardents Nicolaïtes, firent une manifestation bruyante en l'honneur du pape défunt[5] (2 fé-

1. Hard., *Acta Conciliorum*, V, 983, 1113.
2. Lettre d'Hadrien II : *Patr. lat.*, t. CXXII, col. 1277.
3. Hard., V, 790 (lettre de Basile au pape Nicolas); — *Liber Pontif.*, II, 177.
4. *Lib. Pontif.*, II, 172, n. 80.
5. *Lib. Pontif.*, II, 177.

vrier 868). La nouvelle, bientôt arrivée, de la déposition de Photius leur donna satisfaction. Mais la seconde ambassade byzantine devait rester en voyage près d'un an; elle ne parvint à Rome qu'à la fin de l'année 868[1] : encore l'un des deux métropolites, celui-là même qui était chargé de défendre les intérêts de Photius, avait-il péri en route!

Basile Ier, qui cherche avant tout une entente avec le Saint-Siège, n'a point sans doute pour l'empereur Louis II les mêmes égards que Photius et Michel III, et nous le verrons désavouer hautement le langage de l'ancien patriarche, qui a eu la témérité de reconnaître au roi des Francs un titre, réservé au basileus, seul héritier légitime des anciens empereurs. Mais c'est un fait important que la présence à Rome de plusieurs hauts fonctionnaires byzantins, au moment où Louis II est à Bénévent et poursuit la campagne contre les Sarrasins. Or le pape Hadrien II suivait, avec un vif intérêt, la lutte entreprise, véritable guerre sainte contre les ennemis de la foi. S'adressant aux clercs et aux moines de toutes nations, réunis à Rome en février 868, il les invite à prier « pour notre fils Louis, afin que Dieu lui soumette les Sarrasins, et que nous jouissions enfin de la paix[2] ». Dans une lettre à Louis le Germanique, écrite vers la même époque, il vante les exploits de l'empereur et les services qu'il rend, par son intrépide courage, à l'Eglise romaine[3]. Mais le péril sarrasin créait entre les deux empires une étroite communauté d'intérêts : puisqu'on était disposé à régler ensemble les affaires religieuses, l'entretien devait naturellement porter sur d'autres questions. Si le silence des textes ne nous permet ici aucune affirmation précise, du moins c'est une hypothèse vraisemblable que d'attribuer au pape Hadrien II un rôle de médiateur entre Louis II et les représentants du basileus.

1. Postérieurement au mois d'août. Cf. les lettres d'Hadrien II : Jaffé-Löw., 2908, 2909 ; — et 2913, 2914; — *Lib. Pontif.*, *l. cit.*

2. *Lib. Pontif.*, *l. cit.*

3. Jaffé-Löw., 2895, 2917.

II

LA LETTRE DE LOUIS II A BASILE EST-ELLE AUTHENTIQUE ?

Les rapports entre les deux empires, depuis l'avènement de Basile jusqu'à la prise de Bari par les Francs (février 871), sont surtout connus par les sources occidentales. En dehors des annales franques, le principal document est la lettre de Louis II à Basile, insérée dans une chronique lombarde de la seconde moitié du xe siècle : la chronique du moine de Salerne.

Les historiens avaient accepté généralement, jusqu'ici, l'authenticité de ce document célèbre, qui semble s'accorder fort bien avec tout ce que nous savons de la politique et des tendances de Louis II. Comme on y trouve des allusions fort nettes à certains faits récents, — comme la prise de Bari (février 871), — le rôle du patrice Nicétas, les plaintes des légats pontificaux, dépouillés en 870 par les pirates de l'Adriatique, on croyait pouvoir en fixer la date avec une précision assez grande : visiblement, la rédaction de cette lettre devait se placer entre la prise de Bari et la captivité de Louis II à Bénévent, c'est-à-dire après le mois de février et avant le mois d'août 871 [1].

Mais l'auteur d'un récent travail sur *l'Empire carolingien, ses origines et ses transformations* a contesté par des arguments très spécieux l'authenticité de la lettre de Louis II : selon M. Kleinclausz, ce serait un document apocryphe, fabriqué dans l'entourage du pape Jean VIII, vers l'année 879, très probablement par le célèbre Anastase, bibliothécaire du Saint-Siège [2].

On observe que la formule initiale *imperator augustus Romanorum* n'est pas conforme aux usages de la diplomatique carolingienne, et que l'auteur est préoccupé surtout d'établir le droit du pape à faire un empereur : or la théorie de l'élection impériale, telle qu'elle est ici formulée, non seulement est con-

1. Hergenröther, *Photius*, II, 177; — Dümmler, t. II, 722, n. 5; — Böhmer-Mühlb., *Regesta Imperii*, 1213.
2. Kleinclausz, *l'Empire carolingien*, p. 443 et s.

traire aux prétentions de Louis II, mais, en fait, elle n'a été énoncée expressément qu'après la mort de Charles le Chauve (877), au temps du pape Jean VIII. Il s'agit, en outre, de montrer la nécessité d'une entente entre les deux empires, pour chasser les Sarrasins de Calabre et de Sicile. Ces deux idées maitresses de la prétendue lettre de Louis II représentent, en réalité, « le programme de l'action pontificale et impériale, telle qu'on la concevait à Rome, vers le milieu de 879 ». Enfin le passage où il est question de l'alliance étroite entre Naples et les Sarrasins s'applique beaucoup mieux à l'année 879 qu'à l'année 871. Avant le pontificat de Jean VIII, les Napolitains, loin d'être les alliés des Sarrasins, n'auraient jamais été que leurs adversaires. L'histoire de l'évêque Athanase, chassé de Naples par son neveu le duc Sergius, sous prétexte qu'il blâmait ses rapports avec les musulmans, n'aurait, en réalité, « rien de commun avec les péripéties de la lutte sarrasine ».

Ecartons tout d'abord ce dernier argument, qu'une étude plus approfondie de l'histoire napolitaine ne permet pas d'accepter. De ce que les Napolitains ont combattu les Sarrasins entre 840 et 850, il ne s'ensuit nullement qu'ils soient restés leurs adversaires vingt ans plus tard. Ils ont pu fort bien, vers 870, reprendre avec eux des négociations pacifiques, comme ils l'avaient déjà fait, avant 840, au temps du duc André[1]. D'ailleurs, la prétendue lettre de Louis II n'est pas le seul document qui fasse allusion à ce changement de politique : l'auteur de la *Vita Athanasii* indique nettement que le duc Sergius emploie des auxiliaires sarrasins contre les partisans de l'évêque Athanase[2]. L'acharnement de la lutte entre l'évêque et le duc, l'intervention active de Louis II et du préfet d'Amalfi, au moment même où se poursuit la campagne contre les Sarrasins de Bari, prouvent assez qu'il ne s'agit pas seulement ici d'une querelle de famille, et que des intérêts plus graves sont en jeu : l'histoire d'Athanase est étroitement liée à celle de la guerre sarrasine.

Quant au programme d'action commune entre les deux empires, il n'est pas une invention personnelle de Jean VIII, et il a pu être conçu très nettement, comme l'indiquent les annales d'Hincmar[3], dès le temps du siège de Bari, et sous le

1. Cf. *supra*, p. 23.
2. Capasso, I, 96.
3. *Ann.* 869 (*M. G.*, *Ss.*, I, 481).

pontificat d'Hadrien II. Mais ce qui n'est pas conforme à la politique de Jean VIII, c'est l'insistance maladroite et pédantesque avec laquelle l'auteur de la lettre revendique, contre les prétentions byzantines, le droit de Louis II à porter le titre d'*empereur*, et d'*empereur des Romains*. Si ce document n'est pas authentique, et qu'il ait pour but de préparer une alliance plus étroite entre Basile et Louis II, comment expliquer les griefs et les reproches dont il est rempli à l'adresse des Byzantins? Leurs soldats ne sont que des insectes malfaisants, qui font plus de bruit que de besogne[1]; le patrice Nicétas, qui commande la flotte de l'Adriatique, s'est fort mal conduit vis-à-vis des sujets de l'empereur d'Occident; le pape et l'Eglise romaine se plaignent très vivement que le basileus ait renvoyé les légats pontificaux sans leur donner une escorte suffisante, etc. Il y a ici plusieurs allusions à des faits précis, qui sont bien connus par d'autres témoignages, les annales d'Hincmar, la vie d'Hadrien II, la chronique de Théophane. Quel intérêt y avait-il à rappeler ces griefs huit ou neuf ans plus tard? Si l'on admet au contraire qu'il s'agit de faits tout récents, qui ont provoqué dans l'entourage de l'empereur un assez vif dépit, le document est beaucoup plus facile à expliquer.

Au reste, la lettre attribuée à Louis II suppose nécessairement un document antérieur, une lettre de Basile Ier, dont le texte est perdu, mais qu'il est assez facile de reconstituer, d'après la réponse qui lui est faite, au nom de l'empereur d'Occident. Si la théorie de l'élection et de l'onction impériales par le Saint-Siège trouve place dans cette réponse, c'est pour justifier les droits de l'empereur sur Rome, à l'encontre des prétentions byzantines. Si la fin de la lettre, où il est question de l'alliance contre les Sarrasins, a un caractère politique, le reste est surtout une œuvre de *polémique* : l'auteur songe d'abord à réfuter les arguments favoris des Byzantins au sujet du titre impérial. C'est une œuvre de circonstance inspirée par un débat tout récent. Or ne savons-nous pas que la question a été agitée précisément au concile tenu à Constantinople, en 869-870[2], concile auquel assiste Anastase le bibliothécaire, ambassadeur de Louis II? Les légats du pape et les envoyés de l'empereur se plaignent que les Grecs, en commu-

1. *Vestri autem sicut bruchi præ multitudine apparentes, et sicut locustæ primum impetum dantes* (Ss., III, 525).
2. *Lib. Pontif.*, II, 189 et s.; 188, n. 38.

niquant au concile une lettre du pape Hadrien II, aient biffé un passage qui contenait l'éloge de Louis II, et ils refusent obstinément de reconnaître à ce dernier le titre d'empereur[1]. Basile écrit à Louis II dans le même sens, et sa lettre est la conclusion naturelle du débat engagé au concile; elle a dû être envoyée au souverain franc dans le courant de l'année 870 : peut-être est-ce Anastase lui-même qui la rapporte en Italie. Dès lors n'est-il pas naturel de placer la réponse de Louis II en 871, peu de temps après la prise de Bari?

Prétendre que ce document apocryphe a pu être répandu dans le sud de l'Italie vers 879, et que l'occasion était alors favorable de « placer les vues du Souverain Pontife sous l'invocation du prince franc le plus populaire qui fût en Italie et à Constantinople », c'est oublier que la captivité de Louis II à Bénévent, six mois après la prise de Bari, marque la chute définitive du prestige carolingien dans l'Italie méridionale. Enfin il est utile de remarquer que le moine de Salerne, qui a inséré dans sa chronique cet important document, n'admet en aucune façon, pour son compte, les théories occidentales sur le titre d'empereur. Tout au début de son œuvre, en parlant des rapports de Charlemagne avec le prince de Bénévent, il fait observer que le seul souverain qui puisse être appelé *imperator*, c'est celui qui gouverne le *regnum Romanum*, qui, pour lui, est l'empire d'Orient. Les rois des « Gaulois », en prenant ce titre, ont commis une usurpation[2]. Sans doute le moine de Salerne n'a écrit sa chronique que dans la seconde moitié du xe siècle, mais ses idées sur le titre impérial ont dû être courantes dans l'Italie méridionale, et spécialement à Salerne, dès le commencement du xe siècle. Comment admettre que le faux d'Anastase ait trouvé si facilement créance dans un milieu si peu favorable aux théories impériales franques, quelques années à peine après l'époque de Jean VIII?

Nous pensons donc qu'il faut s'en tenir à la date généralement acceptée, et qu'il n'y a, d'autre part, aucune raison péremptoire pour contester l'authenticité de la lettre de Louis II. Les faits qui y sont allégués, les théories qui y sont émises s'accordent trop bien avec les documents contemporains pour soulever aucune difficulté sérieuse. La seule objection valable

1. *Lib. Pontif.*, *l. c.* — Cf. Hard., V. 755, 775.
2. *Chron. Sal.*, 11 (*Ss.*, III, 479).

est celle qui résulte de l'emploi de certaines formules. Si le fond de la lettre est authentique, il est très probable qu'elle n'a pas été rédigée par l'empereur lui-même. Nous admettons volontiers qu'elle a été écrite par Anastase le bibliothécaire, mais Anastase n'est ici que le secrétaire de Louis II. On sait quel a été son rôle dans la rédaction des lettres de Nicolas Ier [1]; sous le pontificat d'Hadrien II, il se trouve être à la fois l'homme de confiance du pape et celui de l'empereur. S'il est à Constantinople en 869, c'est précisément pour négocier au nom de Louis II avec Basile, mais il s'occupe aussi très activement des débats ecclésiastiques soulevés par l'affaire de Photius[2]. S'il y a, dans l'entourage du souverain franc, un personnage qui soit naturellement désigné par son ambition remuante, comme par ses prétentions littéraires, pour réfuter les arguments des Grecs et se charger de composer une réponse au basileus, c'est bien Anastase. Sa connaissance du grec, dont il est si fier, ne fait-elle pas de lui le traducteur en titre et l'interprète officiel de la cour impériale ?

Si la réponse de Louis II a été rédigée par Anastase, on ne saurait s'étonner d'y trouver une affirmation aussi nette du rôle du Saint-Siège dans l'élection de l'empereur et du caractère romain de l'empire. Un secrétaire franc eût sans doute expliqué en d'autres termes la théorie occidentale de l'empire. Mais on ne peut pas dire qu'entre les idées de Louis II, déjà très éloignées de la conception carolingienne primitive, et la doctrine exposée par son secrétaire, il y ait une contradiction véritable. Aussi bien faut-il se souvenir qu'en 871, au moment où se place la rédaction de cette lettre, les relations entre l'empereur et le Saint-Siège sont devenues aussi cordiales que possible : le langage tenu par Anastase est tout à fait conforme aux tendances qui dominent, à cette époque, dans le clergé romain, également dévoué à Louis II et au pape Hadrien.

En résumé, la lettre impériale, rédigée probablement par Anastase le bibliothécaire, et insérée dans la chronique de Salerne, a pour nous toute la valeur d'un document contemporain, dont il est légitime de se servir pour vérifier et contrôler le récit d'Hincmar, dans les *Annales* de saint Bertin, et le témoignage du biographe officiel de Basile Ier.

1. Lapôtre, *de Anastasio bibliothecario*.
2. Cf. sa préface à la traduction des actes du concile : Hard., V, 755.

III

LA TENTATIVE D'ALLIANCE ENTRE LES DEUX EMPEREURS PRISE DE BARI PAR LES FRANCS

Dès le printemps de 869, l'empereur des Francs savait, au dire d'Hincmar, qu'une flotte byzantine de plus de 200 navires devait venir à son aide : quand il manifeste l'intention d'abandonner le siège de Bari, pour aller au-devant de son frère Lothaire, plusieurs de ses conseillers le blâment de s'éloigner ainsi, au moment où le secours promis est sur le point d'arriver[1]. Il y a donc eu, en 868, des négociations engagées et des promesses échangées, en vue d'une entente commune. En même temps sont repris les anciens projets de mariage entre les deux familles impériales. Basile Ier a demandé pour son fils la main de la fille de Louis II, et c'est l'amiral de la flotte byzantine qui doit venir chercher la jeune princesse. Mais quand la flotte, forte, non plus de 200, mais de 400 navires, arrive devant Bari, Louis II a déjà renvoyé une grande partie de son armée, et il ne reste pour assiéger la place que quelques centaines d'hommes. L'empereur s'est retiré du côté de Venosa, — où il a une entrevue avec son frère Lothaire[2], — et il ne paraît point d'humeur à donner sa fille. Furieux, l'amiral byzantin s'éloigne brusquement et emmène sa flotte vers le golfe de Corinthe, non sans avoir manifesté sa colère contre Louis II par de violentes injures, qui faillirent amener une rixe entre lui et les soldats francs. Ainsi l'alliance à peine ébauchée semblait aboutir à une demi-rupture, dont les Francs surtout étaient responsables. Basile ne manqua point d'adresser à Louis II les plus vifs reproches, et ce qui prouve combien le récit d'Hincmar est exact, c'est la manière même dont l'empereur franc, dans sa réponse à Basile, cherche à excuser sa conduite. Il prétend que, la saison étant déjà fort avancée, il ne comptait plus sur le secours promis ; s'il a quitté Bari avant l'arrivée de Nicétas, c'est qu'il

1. Hincm., *Ann.* 869 (*Ss.* I, 481).
2. André Berg., 7 (*Script. rer. langob.*, 226); — *Reg. Imp.*, 1207 *b*.

croyait impossible de tenter avant l'hiver l'attaque décisive contre la place[1].

Mais avant même d'envoyer ces excuses, Louis II cherche à reprendre les négociations. En janvier 870, au moment où se termine le grand concile qui doit sceller la réconciliation du Saint-Siège et de l'Eglise grecque, trois ambassadeurs francs se trouvent à Constantinople[2]. Anastase le bibliothécaire et ses deux compagnons sont chargés par l'empereur Louis II de traiter l'affaire du mariage projeté entre le fils de Basile et la fille de leur maître. En 869, sous les murs de Bari, il n'y a eu qu'un simple malentendu. Si Louis II n'a pas attendu le patrice byzantin, il ne veut pas qu'on le soupçonne, à la cour byzantine, d'avoir cherché une occasion de rompre.

Reste à savoir auquel des deux princes on doit attribuer l'initiative de l'alliance. Très probablement, ce sont les ambassadeurs grecs qui, les premiers, en 868, ont proposé à l'empereur franc et au pape une action commune contre les Sarrasins. En effet, Louis II a reçu les représentants du basileus bien avant que celui-ci ait pu s'entretenir, à Constantinople, avec les envoyés francs. Quand Basile, un peu plus tard, se vante du bon accueil qu'il a fait aux ambassadeurs de Louis, vers la fin de 869 ou au commencement de 870, Louis II riposte en rappelant avec quels égards, quelle amitié, quelle confiance il a traité d'abord le patrice Jean, envoyé du basileus[3]. En 868, l'empereur franc, très soucieux probablement d'obtenir du nouveau basileus les mêmes concessions théoriques, que lui avaient faites Michel III et Photius, ne pouvait pas croire que la flotte byzantine, si impuissante au temps de Michel III, fût capable de lui prêter un concours efficace dans sa lutte contre les Sarrasins de Bari. D'ailleurs l'empressement de Basile à envoyer ses ambassadeurs au Saint-Siège, au lendemain de la chute de Photius, fait un singulier contraste avec la lenteur du pape à lui répondre[4]. Il est visible qu'Hadrien II et sans doute aussi l'empereur Louis II ont hésité quelque temps, avant de faire bon accueil aux avances du basileus : on voulait rester

1. *Chron. Sal.*, *Ss.*, III, 525.
2. *Lib. Pontif.*, II, 181 et n. 38 ; — Hard., V, 755.
3. *Chron. Sal.*, *Ss.*, III, 521.
4. La première lettre, envoyée par le pape à Basile, est du 1er août 868 (Jaffé-Löw., 2908). Dans la seconde (10 juin 869 : Jaffé-Löw., 2914) le pape s'excuse d'avoir retenu si longtemps à Rome les ambassadeurs byzantins.

en bons termes avec lui, à condition qu'il ne se mêlât point des affaires italiennes. N'est-il pas remarquable que dans les lettres d'Hadrien II, adressées soit à Basile, soit au patriarche Ignace, aucune allusion ne soit faite à la guerre sarrasine et au projet d'alliance politique?

Valeur du témoignage byzantin sur les préliminaires et les causes de l'alliance. — Enfin, d'après le biographe de Basile Ier, qui n'est autre que son petit-fils Constantin Porphyrogénète, c'est le basileus qui sollicite l'alliance des Francs[1]. Mais quelle est la raison qui le fait agir? Très peu de temps après son avènement, il reçoit une ambassade des habitants du littoral dalmate, épouvantés par les ravages des Sarrasins : ceux-ci, vers la fin du règne de Michel III, ont occupé, sur la côte d'Illyrie, plusieurs places fortes et commencé le siège de Raguse. Basile Ier s'empresse d'envoyer dans l'Adriatique une flotte de secours, sous les ordres du patrice Nicétas Oryphas. Mais avant l'arrivée de la flotte, les corsaires sarrasins lèvent le siège de Raguse, traversent l'Adriatique, et vont ravager la côte d'Apulie. Il apparaissait clairement au basileus que la mer Adriatique et l'Illyrie byzantine resteraient toujours exposées aux incursions musulmanes, tant que ceux-ci trouveraient sur le littoral italien un refuge et un point d'appui. Une flotte ne suffisait pas : il fallait attaquer les Sarrasins sur terre avec des forces assez nombreuses. Comme l'armée byzantine était occupée en Asie Mineure, Basile Ier résolut de s'entendre avec les Francs pour tenter avec eux une action commune contre la capitale sarrasine, Bari. Il est probable qu'on apprit assez vite à Constantinople les premières victoires de l'empereur Louis II sur les musulmans d'Apulie. Vers la même époque, une flotte vénitienne était venue attaquer, comme en 840, les Sarrasins de Tarente, et avait réussi à leur infliger plusieurs défaites[2].

On a relevé, dans le texte de Constantin Porphyrogénète, des erreurs et des contradictions qui semblent, au premier abord, lui enlever toute valeur[3]. L'auteur ne semble pas se

1. Théoph. Cont., V, 53-55. — Le même récit est reproduit dans le *De adm. imperio* (c. xxix) et le *De thematibus*, p. 31.
2. Jean Diacre, *Cron. Venez.*, 119.
3. Hirsch, *Byzantinische Studien*, p. 237 ; — Dümmler, *Sitzungsberichte der Wiener Akademie*, 1856, t. XX, p. 398.

douter qu'à l'avènement de Basile, Bari est entre les mains des musulmans depuis plus de vingt-cinq ans. Il confond la première expédition sarrasine contre Raguse, qui a eu lieu vers 840, presque en même temps que l'occupation de Bari, avec la seconde expédition qui provoque, lors de l'avènement de Basile, l'envoi dans l'Adriatique d'une flotte byzantine. Les deux attaques sont mentionnées expressément par la chronique arabe-sicilienne de Cambridge[1]. Mais faut-il conclure de là, comme l'ont fait Hirsch et Dümmler, que l'historien se trompe en établissant un lien entre la guerre dalmate et la guerre d'Apulie? Pourquoi ne pas admettre que les corsaires qui attaquent Raguse en 867 sont précisément des sujets du soudan de Bari, ou qu'au moins ils agissent d'accord avec lui, et trouvent un appui sur le littoral italien?

De la lettre de Louis II à Basile, on a prétendu tirer cette conclusion que le patrice Nicétas est envoyé dans l'Adriatique, non contre les Sarrasins, mais contre les pirates slaves[2]. Mais entre les deux textes, la contradiction n'est qu'apparente : c'est en 870 que se place l'expédition de Nicétas contre les pirates slaves, établis à l'embouchure de la Narenta[3] et dans les îles voisines. N'est-il pas naturel d'admettre que le même amiral est chargé, deux ou trois ans plus tôt, de défendre Raguse et les villes dalmates contre les corsaires sarrasins? Enfin, si l'on rapproche ces deux textes du passage d'Hincmar, déjà cité, il paraît certain que la flotte de 400 vaisseaux, chargée en 869 d'attaquer Bari, est précisément cette flotte de l'Adriatique commandée par Nicétas. Quand Louis II, dans sa lettre à Basile, rappelle les injures du patrice Nicétas à l'adresse de l'empereur d'Occident, il s'agit évidemment du personnage qui, d'après Hincmar, s'éloigne brusquement de Bari, furieux contre les Francs, et emmène ses vaisseaux sur les côtes de Grèce[4].

Il est vrai que la chronique de Salerne présente autrement les faits : ce serait Louis II qui, le premier, aurait envoyé une ambassade à Basile pour demander le secours de sa flotte. « Basile reçut cette demande avec la plus grande joie et, sans

1. *Bibl. arabo-sicula*, I, 278 : *Cronaca sic.-sar.*, ed. Cozza Luzzi, 28, 30, 58.
2. Dümmler, *l. cit.*
3. Cette date résulte du rapprochement entre la lettre de Louis II (*Chron. Sal.*, c. 107) et le récit du *Liber Pontific.* (II, 183).
4. Hincm., *Ann.* 869.

tarder, il envoya un grand nombre de *chelandia*, sous les ordres du patrice Georges[1]. » Mais, si l'on examine plus attentivement le texte du moine de Salerne, on s'aperçoit que la source unique d'où il tire ses renseignements, c'est justement la lettre de Louis II, qu'il cite intégralement, et que d'ailleurs il a mal comprise. Le patrice Georges est le chef d'une petite escadre, beaucoup moins considérable que la flotte de Nicétas, et qui, vers 871, croise sur les côtes du golfe de Tarente, près de deux ans après que Nicétas s'est éloigné de Bari pour ne plus y revenir.

On ne doit pas hésiter à préférer le témoignage du biographe officiel de Basile Ier à celui du moine de Salerne, fort mal informé des raisons qui font agir le basileus. Constantin Porphyrogénète nous apprend, d'autre part, que Raguse et les villes voisines ont fourni plusieurs vaisseaux chargés de transporter en Apulie des troupes auxiliaires, recrutées parmi les Slaves ou « Sclavins » du littoral de l'Adriatique. Les historiens allemands ont cru voir ici une nouvelle erreur[2], les Sclavins étant à cette époque vassaux de l'empire franc et non de l'empire byzantin. Louis II, dans sa lettre à Basile, fait précisément allusion au secours des Sclavins, qui, à l'en croire, reconnaissaient la suprématie carolingienne : *Sclavini nostri*. S'ils se soumettent à l'autorité byzantine, c'est, dit-on, après la mort de Louis II, quelques années plus tard ; ce serait donc Louis II et non Basile qui, lors du siège de Bari, aurait réclamé le concours des chefs slaves, Croates et Serbes du Sud.

Mais n'y a-t-il pas quelque naïveté à prendre au pied de la lettre l'expression de Louis II : *Sclavini nostri ?* L'empereur, fidèle aux traditions carolingiennes qu'il prétend faire revivre, regarde comme ses vassaux les petits princes croates et serbes de la côte illyrienne : est-ce une raison suffisante pour admettre que cette vassalité soit bien réelle et reconnue par les intéressés ? Rien n'est plus fréquent, dans les revendications carolingiennes, que le contraste entre la théorie et les faits. On a vu combien faible et précaire était l'autorité de Louis II, à Bénévent et à Capoue, où cependant il peut venir lui-même avec une armée.

1. *Chron. Sal.*, c. 107 (*Ss.*, III, 521).

2. Harnack (*Das karol. und das byz. Reich*, p. 79) reproduit simplement les conclusions de Dümmler. Cependant Gfrörer fait justement observer que, si dès 869, les Sclavins avaient été les vassaux de Louis II, il n'aurait pas eu besoin de demander le secours de la flotte byzantine (*Byzantinische Geschichten*, II, 127).

Comment supposer qu'il ait pu exercer une action quelconque sur l'autre rive de l'Adriatique? Si dans la première moitié du IXᵉ siècle, il y a encore quelques traces de l'intervention franque chez les Slaves de Dalmatie, il n'en est plus de même à partir de 840[1], quand les corsaires sarrasins commencent à circuler librement le long des côtes, italienne ou illyrienne. On gardait à la cour franque le souvenir du traité de 812, qui, tout en reconnaissant à Byzance la suprématie sur les villes du littoral dalmate, attribuait à l'empire d'Occident un droit de suzeraineté sur les populations slaves de l'intérieur[2]. C'est évidemment ce traité de 812 que Louis II entend remettre en vigueur : mais, en fait, il est oublié depuis longtemps par les chefs slaves, surtout aux environs de Raguse et près de l'embouchure de la Narenta. Au moment où commence le siège de Bari, ceux-ci ne relèvent, à vrai dire, ni des Francs ni des Byzantins : princes indépendants et souverains, ils ne reconnaissent aucune autorité supérieure.

Si le sentiment de leur faiblesse les incline bientôt vers l'un ou l'autre empire, c'est d'abord aux Byzantins qu'ils ont dû s'adresser. Quand la flotte de Nicétas vient au secours de Raguse, vers 867 ou 868, il est naturel que les chefs serbes des environs, très effrayés, eux aussi, de l'invasion sarrasine, soient entrés en relations avec l'amiral byzantin; et quand celui-ci, sur les ordres du basileus, se prépare à venir aider les Francs sur la côte d'Apulie, il a dû demander aux mêmes chefs de fournir, à titre d'auxiliaires, un certain nombre de soldats. Admettons que les Sclavins ne soient devenus réellement les vassaux de Byzance que plusieurs années après le siège de Bari : cela empêche-t-il qu'ils aient commencé par être, dès 868, les alliés plus ou moins volontaires de l'empire byzantin ? Tout autant que les villes dalmates, restées fidèles à Byzance, ils profitaient de l'intervention de la flotte byzantine. Ne devaient-ils pas, en échange, donner leur concours à l'entreprise nouvelle du patrice Nicétas ?

On sait l'aventure des légats pontificaux, arrêtés et dévalisés, vers 870, entre Durazzo et Ancône, par les corsaires slaves établis à l'embouchure de la Narenta[3]. Le même Nicétas, pour

1. Dümmler, art. cité, *Sitzungsber.*, XX, 388.
2. Einhardi, *Ann.* 812 (*Ss.*, I, 199); — et *Vita Karoli*, 16 (Id., II, 451); — Diehl, *l'adm. byz.*, p. 239.
3. *Liber Pontif.*, II, 183. — Cf. n. 52.

tirer des pirates une vengeance éclatante, débarque des troupes sur le littoral dalmate, et fait occuper plusieurs bourgades slaves, restées jusque-là indépendantes. La rigueur même du châtiment semble indiquer qu'il y avait déjà entre ces villes slaves et l'empire grec certains engagements : l'amiral byzantin y trouve un prétexte de resserrer par la force des liens encore très lâches, et de transformer l'alliance en sujétion étroite. Louis II se plaint très vivement à Basile de cette entreprise; mais, lorsqu'il lui reproche de n'avoir pas assuré la protection des légats entre Durazzo et Ancône, ne reconnaît-il pas implicitement dans la flotte byzantine la seule force navale capable de faire la police de l'Adriatique? Ainsi la réquisition des contingents slaves a été faite par l'amiral byzantin, et non par l'empereur franc.

Il est remarquable que les annales d'Hincmar, en parlant de la flotte de secours envoyée sous les murs de Bari, nous donnent, à quelques lignes de distance, deux chiffres différents. Basile avait promis plus de 200 vaisseaux, et il en arrive 400. La différence ne vient-elle pas précisément de la présence des vaisseaux de Raguse et des villes dalmates? Cette flotte de l'Adriatique représente, à l'avènement de Basile, la principale force navale de l'empire : c'est bien la flotte *impériale*, qu'il faut distinguer nettement des flottes provinciales, chargées de la défense particulière de tel ou tel thème[1]. Nicétas a été, pendant les cinq ou six premières années du règne de Basile, le grand drongaire, le commandant en chef de la flotte de l'empire : c'est la puissance navale de Byzance que le nouveau basileus s'attache d'abord à restaurer, et ce sont les victoires de Nicétas, d'abord sur les côtes d'Illyrie, plus tard sur les côtes de Crète et du Péloponnèse, qui relèvent partout le prestige impérial, si longtemps humilié par de continuelles défaites[2].

En se plaisant à montrer l'ignorance et l'inexactitude des historiens byzantins sur les affaires occidentales, on risque de porter sur eux un jugement trop sévère : les erreurs de détail ne doivent pas nous faire méconnaître la justesse de l'ensemble. Pour bien comprendre dans ses grandes lignes la politique de Basile, nous n'avons pas de meilleure source que l'histoire officielle, composée sous ses successeurs et par leurs soins. C'est

1. Cf. l'étude de Neumann sur *la Marine byzantine* (*Historische Zeitschrift*, 1898, t. II).
2. Théoph. Cont., V, 53, 55, 59, 60, 61.

le grand mérite du fondateur de la dynastie macédonienne d'avoir eu, dès le début, une politique occidentale, un plan bien arrêté de défense et de lutte contre les Sarrasins d'Afrique et de Sicile. Chasser les corsaires musulmans des côtes d'Illyrie, de Grèce et de la Terre d'Otrante, rendre au pavillon byzantin la libre circulation de la mer Ionienne, pour rétablir les communications de la Sicile avec le centre de l'empire, tel est le plan dont le basileus poursuit l'exécution avec une promptitude, une énergie et une ténacité également admirables. Depuis la mer Tyrrhénienne, en passant par les côtes de Calabre et d'Apulie, jusqu'à l'entrée de la mer Adriatique, puis le long des îles ioniennes jusqu'à la Crète, les stations ou colonies musulmanes forment, en quelque sorte, une chaîne continue. C'est cette chaîne qu'il s'agit de briser, et dans cette tâche le principal effort appartient à la flotte.

Le rôle militaire des Francs; prise de Bari. — Il faut reconnaître, d'ailleurs, que les malentendus avec Louis II retardèrent plusieurs années l'exécution de ce plan. La lutte sur terre fut abandonnée aux troupes franques : après la tentative avortée de 869, les Francs et les Byzantins agirent séparément, chacun de leur côté; mais les victoires de Nicétas contribuèrent indirectement à préparer la ruine de l'Etat sarrasin de Bari, en l'empêchant de recevoir des renforts de Crète ou d'Afrique.

Quand Louis II s'éloigne de Bari, vers la fin de 869, le soudan sarrasin, profitant de la dispersion de ses adversaires, fait une sortie audacieuse et conduit ses cavaliers, à travers la plaine d'Apulie, jusqu'au sanctuaire national des Lombards, Saint-Michel au mont Gargano[1]. Il pille l'église et jette de nouveau la terreur dans toutes les bourgades voisines. Au reste, la guerre entre Francs et Sarrasins se poursuit dans toutes les directions, sans suite et sans ordre. Lorsque Louis II revient sous les murs de Bari, en 870, il reçoit des députés de la Calabre, qui viennent implorer son secours contre d'autres chefs Sarrasins. Ils consentent à prêter serment à l'empereur et à lui payer tribut. Sans doute, il s'agit ici de la Calabre septentrionale, des villes de la vallée du Crati, Cosenza, Bisignano, Cassano, qui appartenaient, au moins théoriquement, au prince de Salerne : l'empereur s'empressa de répondre à cet appel et

1. Hincm., *Ann.* 869 (*M. G.*, *Ss.*, I, 485).

chargea trois de ses fidèles, le comte Otton de Bergame et deux évêques, de se rendre en Calabre[1]. Il est douteux que les Francs, en assez petit nombre, aient pu dépasser la vallée du Crati : les bandes sarrasines, qu'ils venaient attaquer, obéissaient à l'émir d'Amantea, ville enlevée aux Grecs, un peu à l'ouest de Cosenza, tout près de la frontière lombarde. La petite armée impériale, à laquelle s'étaient joints les chrétiens indigènes, Lombards ou Grecs, remporta sur l'émir une brillante victoire et revint ensuite sur Bari.

Par cette rapide et heureuse campagne en Calabre, les Francs rendaient un précieux service aux sujets du basileus, comme Louis II ne manqua point de le rappeler, dans sa lettre à Basile. En même temps ils affaiblissaient et divisaient les forces sarrasines. Encouragé par ce nouveau succès, Louis II attaqua de nouveau les murs de Bari; en février 871, il réussit enfin à entrer dans la ville et à faire prisonnier le soudan sarrasin. Il y avait cinq ans, dit un chroniqueur, que les troupes impériales avaient commencé la campagne[2].

C'est donc à l'empereur franc que revenait le principal mérite de la prise de Bari et de l'occupation de la Pouille : sur ce point, le biographe officiel de Basile Ier dissimule soigneusement la vérité. Mais Louis II se rend fort bien compte que, pour compléter sa victoire et la rendre définitive, il a besoin du concours de la flotte byzantine : c'est lui maintenant qui prend l'initiative de propositions nouvelles, et qui cherche à renouer l'alliance. Tant que les Sarrasins sont maîtres de Tarente, la conquête de la Pouille est fragile. Aussitôt après la prise de Bari, Louis II songe à occuper Tarente, entreprise plus difficile encore que le siège de Bari, car les Sarrasins de Tarente communiquaient aisément avec les Arabes de Sicile, qui leur fournissaient tous les secours et les vivres nécessaires. L'escadre byzantine qui faisait croisière le long des côtes, malgré la vigilance de son chef, le patrice Georges, était trop peu nombreuse pour établir un blocus rigoureux : aussi l'empereur réclamait-il avec instance un secours plus efficace[3].

Sur un autre point, le danger est pressant, et l'interven-

1. André BERG., 14 (*Script. rer. lang.*, 227) ; — *Chron. Sal.*, *Ss.*, III, 525 ; — REGIN. *Chron.*, *ann.* 871 (I, 583).
2. André BERG., 15 ; — LUP. PROT., *ad a.* 868 (Cf. HIRSCH : *de Italiæ inferioris annalibus*, p. 16). *Regesta Imp.*, 1212 *e*.
3. *Chron. Sal.*, *Ss.*, III, 527.

tion de la flotte byzantine est urgente : c'est dans la mer Tyrrhénienne. Le duc de Naples, Sergius, a fait alliance avec les Sarrasins de Palerme ; il a pris à sa solde des troupes sarrasines, qui combattent avec lui contre les chrétiens d'Amalfi[1]. Naples est devenue, dit l'empereur franc, « une autre Palerme, une autre Afrique ». Ces corsaires siciliens, qui trouvaient sur le littoral campanien un si bon accueil, étaient en relations étroites avec les Sarrasins de la côte calabraise ; ils procuraient à l'émir d'Amantea des vivres et des troupes. Dès lors, le basileus n'avait-il pas un intérêt essentiel à envoyer une flotte près de Naples?

C'est ainsi que Louis II trace à Basile le plan détaillé d'une action navale, aux confins occidentaux de l'empire. La terre aux Francs, la mer aux Grecs, voilà comment l'empereur carolingien se représente la part de chaque empire dans la défense commune. Quant à la Sicile, elle devait revenir naturellement à ses anciens maitres, les Grecs, et Louis II se déclarait prêt à aider Basile, dans son effort pour délivrer les chrétiens de l'ile. La délivrance de la Sicile est le but final de l'alliance, — car l'émir de Palerme menace l'Italie tout autant que l'empire byzantin.

Malentendus et causes de rupture. — Mais l'alliance, cette fois encore, ne put aboutir. Entre Francs et Byzantins, il semble qu'il n'y eût pas de rapprochement possible sans récriminations et sans disputes. Ils ne restent d'accord qu'en échangeant, de temps à autre, de lointaines ambassades et de vagues protestations d'amitié. Dès qu'ils cherchent à s'unir par des liens plus étroits et plus durables, l'opposition des caractères s'accuse ; avec les soupçons et les injures, les malentendus surgissent ; il y a, de part et d'autre, une invincible méfiance, un dédain arrogant qui empêche toute entente.

Les ambassadeurs de Louis II, qui se trouvaient à Constantinople au début de l'année 870, pour négocier l'affaire du mariage, avaient échoué dans leur mission. Anastase le bibliothécaire semble s'être beaucoup plus occupé de l'affaire de Photius que des intérêts politiques dont il avait la charge ; il se vante d'avoir mis au service des légats sa connaissance de la langue grecque, de les avoir aidés ainsi à déjouer les manœuvres

1. Cf. *supra*, p. 85 ; — *Vita Athanasii* (*Scr. r. l.*, p. 446).

byzantines et à faire reconnaître l'autorité de l'Eglise romaine[1]. Mais on croirait volontiers que son intervention dans le débat n'a servi qu'à envenimer les rapports. Basile accuse les envoyés de l'empereur franc de s'être fort mal conduits à Constantinople et d'avoir indigné les Grecs de la capitale par leurs discordes, leur brutalité, leurs allures de barbares mal élevés[2]. L'union religieuse qui venait d'être conclue contre Photius n'avait point atténué l'antipathie profonde des idées et des caractères, et, dès les dernières sessions du concile, on recommençait à se disputer. D'ailleurs la restauration d'Ignace n'empêche point les conflits de juridiction entre les deux églises. La présence à Constantinople des ambassadeurs bulgares provoque un important débat entre les légats romains et les représentants du patriarche, qui revendiquent les uns et les autres avec la même âpreté la suprématie sur la jeune église bulgare[3]. Plus Basile Ier a montré de déférence pour le Saint-Siège, plus il a fait de concessions sur le terrain religieux à la cause de la concorde et de l'union, plus il se montre jaloux de maintenir les droits et les prérogatives de l'empire; et tandis que Photius, dans l'espoir de provoquer à Rome une révolution contre le pape Nicolas, n'avait point fait difficulté de reconnaître au Carolingien le titre impérial, Basile refusait obstinément de ratifier cette imprudente concession.

Ainsi renaît le conflit théorique, qui s'est élevé, lors de la création de l'empire d'Occident, et qui apparaîtra de nouveau à l'époque d'Otton et de Nicéphore, un siècle plus tard. Comme le basileus a mis tout son zèle à réaliser l'unité religieuse, il ne peut admettre aucune dérogation au principe de l'unité de l'empire : s'il n'y a qu'un empire, il ne peut y avoir qu'un empereur, et seul le souverain de Constantinople a le droit de porter ce titre. Mais ce qui aggrave à ses yeux l'usurpation, c'est que Louis II entend s'appeler empereur des Romains, et non empereur des Francs. C'est par là surtout que le Carolingien « change les bornes éternelles, bouleverse les formes traditionnelles de l'empire[4] ». C'est qu'en effet Louis II, beaucoup plus nettement que ses prédécesseurs, entend faire

1. HARDOUIN, V, 755.
2. *Chron. Sal., l. cit.*, 526.
3. HARD., V, 758.
5. *Terminos æternos transferre et veterum Imperatorum formas commutare* (*Chron. Sal., l. cit.*, 521). Cf. le récit du *Lib. Pontif.* (II, 181-182), sur les débats du concile.

reposer la puissance impériale sur la possession de Rome. La conception primitive, qui faisait de la dignité impériale un droit attaché à la nation des Francs, s'est lentement modifiée. Louis II n'est empereur des Francs que parce qu'il est d'abord « empereur des Romains »; comme l'écrit, en son nom, Anastase le bibliothécaire, ce sont les Grecs qui sont devenus des étrangers à Rome, « abandonnant non seulement la ville et le siège de l'empire, mais le peuple Romain et sa langue elle-même[1] ». Ainsi s'accuse, entre les deux théories impériales, un irréductible antagonisme.

Mais cette dispute de mots et de théories dissimule mal une réelle opposition d'intérêts. La politique offensive des deux empereurs contre leur ennemi commun les amène nécessairement à faire revivre, aux confins des deux empires, certaines prétentions rivales. Des droits de suzeraineté très vagues, qui n'existaient plus que de nom, reprennent pour leurs anciens possesseurs une valeur toute nouvelle, du moment qu'ils sont exercés en fait par leurs rivaux. Quand Louis II apprend la campagne de Nicétas contre les Slaves de Dalmatie, il se rappelle que les premiers Carolingiens ont été reconnus comme leurs suzerains légitimes, et il prétend revendiquer cet héritage oublié. Quand Basile Ier apprend que Louis II, avant de faire campagne contre les Sarrasins de Bari, a traité les gens de Naples et d'Amalfi comme ses vassaux de Capoue et de Bénévent[2], il prétend remettre en vigueur les anciens droits du basileus, méconnus par les Napolitains eux-mêmes depuis près d'un demi-siècle. Dans les projets de Louis II sur l'Italie méridionale, comme dans la politique occidentale de Basile, il y a le germe de nombreux conflits. Déjà l'empereur franc est allé batailler en Calabre, aux confins du territoire byzantin, et l'on sait qu'il regarde toute la péninsule comme une dépendance naturelle de l'empire occidental. De leur côté, les Byzantins ne voudront point se contenter de l'empire de la mer et des îles, que Louis II leur abandonne; ils chercheront naturellement à prendre possession des côtes les plus voisines sur le continent.

1. *Græci vero propter cacodoxiam, videlicet malam opinionem Romanorum imperatores existere cessaverunt, deserentes scilicet non solum urbem et sedem Imperii, sed et gentem Romanam, et ipsam quoque linguam amittentes, atque ad alia transmigrantes* (*Chron. Sal.*, 524).
2. Id., 526.

Mais au lendemain de la prise de Bari, ces conflits, faciles à prévoir, n'ont pas encore éclaté, et Louis II espère toujours qu'une action commune est possible. S'il n'y a pas encore de rupture déclarée, il n'y a pas non plus et il ne peut pas y avoir de franche alliance. Les deux souverains, n'ayant pu s'entendre, continuent la guerre sarrasine chacun de leur côté. La flotte de Nicétas va poursuivre les Sarrasins de Crète sur les côtes du Péloponnèse, au sud des îles Ioniennes, où ils sont bientôt dispersés[1]. C'est seulement après la mort de l'empereur franc (875), qu'on voit de nouveau les vaisseaux de Byzance reprendre la lutte contre les Sarrasins d'Italie. Mais avant cette date, les querelles entre Francs et Lombards donnent à la politique byzantine une autre occasion d'intervenir dans l'Italie méridionale.

IV

LA RÉVOLTE DE BÉNÉVENT ET L'APPEL AUX BYZANTINS CONTRE LOUIS II ; LES FRANCS ET LES SARRASINS EN CAMPANIE JUSQU'A LA MORT DE LOUIS II (871-875).

L'Apulie et Bari, reprises aux Sarrasins, se rattachaient naturellement à l'ancienne principauté de Bénévent. Mais Louis II ne voulait point que cette victoire, chèrement achetée, tournât au seul avantage d'un vassal peu docile. Il fallait profiter du prestige nouveau qui s'attachait à ses armes pour rendre plus complète et plus étroite la soumission des princes lombards. Il fallait assurer pour l'avenir la prépondérance franque, ôter aux Lombards toute velléité de reprendre leur ancienne indépendance.

Après avoir guerroyé quelque temps contre les Sarrasins de Tarente, Louis II revint à Bénévent, gouvernée depuis 853 par le prince Adelchis[2], fils de Radelchis Ier. Les Francs, encore enivrés de leur victoire, sont dispersés par petites garnisons dans les principales villes fortes du pays, où ils font sentir

1. Théoph. Cont., V, 59-61.
2. Il succède à son frère Radelgarius, prince de Bénévent, entre 851 et 853 (Capasso, I, 91).

durement leur domination[1]. Les Lombards se plaignent de leurs vexations, des outrages que subissent leurs femmes. L'impératrice Engelberge montre une extrême arrogance : on l'accuse de pousser son mari à détrôner le prince pour le remplacer par un comte franc[2]. Le moine Erchempert, plein de respect pour la majesté impériale et grand admirateur de Louis II, qui a sauvé des infidèles le pays lombard, ne dissimule pas que les Francs soulèvent, par la dureté de leur tyrannie, la haine des habitants[3]. Ce n'est pas seulement à Bénévent qu'on voulait en finir avec le régime nouveau. Tous les princes voisins se mirent d'accord, secrètement, avec Adelchis : le comte de Spolète, le prince Guaïfer de Salerne, enfin le duc de Naples, Sergius II, qui dès son avènement s'était montré, contre son oncle l'évêque Athanase, l'adversaire acharné de l'influence franque[4]. Enfin les chefs sarrasins avaient trop d'intérêt à fomenter la discorde pour rester étrangers à ces intrigues. Une tradition d'origine lombarde, qui a été transmise à Byzance, mentionne avec des détails évidemment légendaires le rôle du soudan prisonnier de Bari, que Louis II avait imprudemment confié à la garde des Bénéventains[5]. Quant aux Byzantins, leur rôle n'est signalé que par un annaliste franc, Réginon, trop vaguement informé des événements de l'Italie méridionale pour que son témoignage, d'ailleurs isolé, mérite grande confiance[6].

Captivité de Louis II à Bénévent. — Les Sarrasins devant Salerne. — Les Lombards profitèrent de la dispersion des Francs, pour organiser une insurrection générale. Dans plusieurs villes, les Francs sont arrêtés, mis en prison, tandis qu'à Bénévent on vient la nuit surprendre l'empereur dans l'ancien palais ducal, où il a fixé sa résidence. Les conspirateurs mettent le feu à une partie du palais; Louis II se réfugie avec sa femme et quelques compagnons dans une tour fortifiée, où il tient tête aux assaillants pendant trois jours. Mais il est bientôt contraint de se rendre et n'obtient la vie sauve que

1. André Berg., 16.
2. Hincm., *ann.* 871 (*M. G., Ss.*, I, 492).
3. Erch., 35, 36.
4. *Gesta episc. Neap.*, 435 ; — Cap., I, 218.
5. *Chron. Salern.*, 109. — Theoph. Cont., V, 56.
6. Regin., *ann.* 871. — Reginon confond les événements de 866 et 871 ; il affirme, à tort, qu'Adelchis s'est soumis à Louis II.

par l'intervention de l'évêque Aion, frère du prince[1]. Pendant quarante jours, l'empereur reste le prisonnier de son vassal[2]. La nouvelle de cette brusque révolte, de cette humiliante captivité, quelques mois à peine après une éclatante victoire, frappa vivement les imaginations. On le sut bientôt dans toute l'Italie, comme à la cour des autres princes carolingiens[3]. Le bruit se répandit même au-delà des Alpes que Louis II avait été tué, et son oncle, Charles le Chauve, se préparait à partir pour l'Italie, lorsqu'en route, à Besançon, des messagers vinrent l'avertir que la nouvelle était fausse.

Le premier résultat de la révolte des Lombards et de la captivité de l'empereur, ce fut de laisser le champ libre aux Sarrasins encore établis sur les côtes italiennes. Ceux de Tarente purent s'avancer impunément dans l'intérieur des terres ; au reste, l'émir de Kairouan, Mohammed-ibn-Ahmed se préparait, vers la même époque, à leur envoyer des renforts. Une armée de 20 à 30.000 hommes, spécialement destinée à l'Italie, est constituée sous les ordres d'Abd-Allah, qui reçoit le titre de *wali* de la Grande Terre (du continent), en même temps que son frère Ribbâh est nommé wali de la Sicile[4]. Abd-Allah débarque en Calabre, occupe plusieurs villes, puis arrive sous les murs de Salerne, avec tous les contingents auxiliaires, qui en route ont grossi son armée. C'est en apprenant cette nouvelle invasion que les Lombards de Bénévent se décidèrent à mettre l'empereur en liberté : Louis II dut promettre, sous la foi du serment, qu'il ne chercherait, ni à rentrer à Bénévent, ni à tirer vengeance des Lombards.

Louis II délivré prépare une nouvelle campagne. — Mais à peine échappé de sa prison, Louis II déclare que le serment lui a été imposé par la force. Arrivé à Ravenne, il écrit au pape Hadrien II pour obtenir qu'il veuille bien, par un acte solennel, le délier de sa promesse. En attendant, il poursuit Lambert de Spolète et un autre seigneur, du même nom, complices de la révolte des Lombards : mais ceux-ci se réfugient vers le sud, dans les montagnes voisines de Bénévent,

1. Hincm., *Ann.* 871.
2. Du 13 août au 17 septembre (André Berg., 16 ; — Erch., 34 ; — *Regesta Imp.*, 1216).
3. Hincm., *l. cit.* ; — *Ann. Fuld.*, 871 ; — Jean Diacre, *Cron. Venez.*, 120.
4. Amari, I, 353, 385.

où Louis II renonce à les atteindre[1]. L'empereur étant rentré à Rome (17 mai 872), le pape Hadrien prononce la nullité du serment, imposé par les Bénéventains, tandis qu'Adelchis est proclamé ennemi de l'empire. Quant au couronnement du 18 mai 872, il s'explique par de tout autres raisons : l'empereur profita de son séjour à Rome pour se faire couronner roi de cette partie de la Lorraine, qui lui avait été cédée récemment à Trente[2].

En quittant Rome, Louis II reprit le chemin de la Campanie, dans l'intention bien arrêtée d'y rétablir la puissance franque, et, s'il le pouvait, de tirer vengeance des Bénéventains. Mais une raison plus haute, cette fois encore, justifiait son intervention : la présence d'une nombreuse armée sarrasine sous les murs de Salerne ; c'était les Lombards eux-mêmes, au moins ceux de Capoue et de Salerne, qui dans leur épouvante, oubliant tous leurs griefs contre les Francs, sollicitaient de nouveau la protection impériale. A Capoue, l'évêque Landolf avait repris toute son influence : il reconnaît avec empressement la suprématie de Louis II, et réussit, à force de flatteries, à s'en faire un allié contre tous ses rivaux. Landolf devient, au bout de quelques mois, comme le fondé de pouvoirs et le premier ministre de l'empereur dans l'Italie méridionale ; et déjà il songe à faire de l'évêché de Capoue la métropole de tous les diocèses lombards[3]. Quand le prince de Salerne, Guaifer, assiégé depuis plusieurs mois dans sa capitale par les troupes d'Abd-Allah, se décide à envoyer à l'empereur son fils Guaimar et l'un de ses parents, pour témoigner de sa soumission et réclamer un secours, Louis II, déjà prévenu contre le prince de Salerne, qu'il soupçonne d'avoir été complice des Bénéventains, cède aux conseils perfides de l'évêque de Capoue, en retenant prisonniers le jeune Guaimar et son compagnon[4].

Un autre personnage, un autre évêque, fait aussi appel à l'empereur, c'est Athanase, exilé de Naples par son neveu le duc Sergius II, fidèle allié des Sarrasins. Mais le pieux et savant Athanase, vénéré par ses contemporains comme un saint, fait un singulier contraste avec Landolf, qui ne se distingue des

1. Hincm., *Ann.* 871.
2. Kleinclausz, *l'Empire carolingien*, p. 433.
3. Erch., 36.
4. Erch., *l. cit.*; — *Chron. Sal.*, 114.

tyrans féodaux les plus féroces que par la supériorité de sa fourberie. Depuis l'avènement de Sergius II, les Napolitains bravaient à la fois l'empereur et le pape. C'est en vain qu'Hadrien II, s'adressant au clergé et au duc, les avait suppliés de se réconcilier avec leur évêque. Ils n'avaient tenu nul compte de cet avis : tout excommuniés qu'ils fussent, les prêtres napolitains continuaient le service divin. Puis le pape leur envoya Anastase le bibliothécaire, récemment revenu de Constantinople, avec l'abbé Berthaire, du Mont-Cassin, qui représentait plus spécialement l'empereur[1]. Les deux ambassadeurs échouèrent également. C'est alors que Sergius encouragea secrètement la révolte des Lombards contre Louis II.

Cependant l'évêque exilé, réfugié à Sorrente, s'était décidé à partir pour Rome au moment où l'empereur, délivré, quittait Bénévent. Il alla trouver Louis II en Sabine et revint avec lui à Rome, où il rencontra l'évêque de Capoue et les envoyés de Salerne[2].

En attendant le secours des Francs, les gens de Salerne, protégés par leurs hautes murailles, avaient subi, sans faiblir, pendant près d'une année, les attaques de l'ennemi. Cependant les bandes sarrasines, incapables de rester immobiles, se sont répandues dans toutes les vallées voisines, pénétrant jusqu'à Bénévent d'une part, jusqu'à Capoue d'autre part; les paysans sont massacrés, les villages incendiés; partout recommencent les mêmes ravages, que les malheureux habitants de la Campanie ont vus, tant de fois, depuis près de trente ans[3], — et pour aggraver leurs désastres, la complicité des Napolitains assure aux musulmans la possession tranquille de Misène et du littoral voisin.

Louis II à Capoue. — Le prince de Bénévent se tourne vers Byzance. — Une première armée franque, envoyée par Louis II, pendant son séjour à Rome, rencontra les Sarrasins sur les bords du Vulturne, près de Capoue, et leur infligea une sanglante défaite; les Lombards eux-mêmes furent vainqueurs à Suessula. Enfin l'empereur étant venu lui-même avec de nou-

1. *Vita Athanasii*, 21-25 (Capasso, I, 96, 97).
2. *Vita Athan.* (Cap., *l. c.* et *Script. r. l.*, 448). — Cf. le récit plus bref de la chronique des évêques de Naples (Capasso, I, 218; — *Gesta episc.*, *Script. r. l.*, 435). C'est le *senior* d'Amalfi qui protège la fuite de l'évêque à Sorrente.
3. Erch., 35; — *Chron. Salern.*, 113 et s.

velles troupes[1], les soldats sarrasins, découragés, refusèrent de continuer la lutte. Abd-el-Malek, successeur d'Abd-Allah, mort pendant le siège, est arrêté par les siens, jeté sur un navire, et embarqué de force pour la Sicile[2]; une partie des troupes musulmanes se retire en Calabre. Il avait suffi de l'arrivée des Francs pour délivrer la Campanie, au moins provisoirement : les habitants de Bénévent, de Salerne et de Capoue ne verront plus reparaître, pendant trois ou quatre ans, les bandes dévastatrices.

Louis II reste à Capoue, près d'une année, pour mieux affermir son autorité reconquise. Mais c'est en vain qu'il cherche à s'avancer du côté de Bénévent. Le prince Adelchis et ses fidèles, après avoir repoussé, eux aussi, les incursions sarrasines, lors du siège de Salerne, interdisent aux Francs les abords de leur capitale. Par leur attitude menaçante, ils se déclarent en rupture ouverte avec l'empire franc, et bientôt Adelchis se décide à une démarche encore plus grave : reprenant la politique tentée au temps de Charlemagne par le premier prince de Bénévent, il se tourne vers les Grecs et entre en relations avec le patrice byzantin, qui vient d'arriver à Otrante avec une armée assez nombreuse. Adelchis s'engage à payer désormais au basileus le tribut que ses prédécesseurs et lui-même avaient dû jusque-là payer aux Carolingiens (873)[3]. Il est remarquable de voir quelle force avait gardée, dans cette petite cour de Bénévent, l'orgueil national lombard, et combien les souvenirs de la fin du VIIIe siècle, du temps où Didier et Arichis luttaient contre Charlemagne, y étaient encore vivants. Ce prince Adelchis, qui, déjà rebelle à l'autorité franque vers 860, osait, onze ans plus tard, faire arrêter l'empereur, puis le chasser de sa capitale et lui en interdire à tout jamais l'entrée, a voulu compléter la vieille législation lombarde, comme l'avait fait Arichis lui-même. Les *capitula*, qu'il a promulgués la douzième année de son gouvernement (vers 865-866), sont moins intéressants par eux-mêmes que par l'introduction historique qui les précède[4]. Rien ne montre mieux de quels sentiments était animée la noblesse lombarde

1. ERCH., *l. c.*; — *Chron. Sal.*, 117, 118; — André BERG., 15.
2. AMARI, I, 387, 388. — Cf. *Chron. de Cambridge : Bibl. a.-s.* I, 278.
3. HINCM., *Ann.* 873 (*M. G.*, *Ss.*, I, 495).
4. *Adelchis capitula* (*Edictus ceteræque Langobardorum leges*, *M. G.*, in-8°, p. 176).

à l'égard des Francs, avant même que Louis II ne fût venu s'installer à Capoue. « Le tout-puissant maître de toutes choses avait soumis autrefois le royaume d'Italie à notre nation lombarde... La nation des Francs lui enleva tout d'un coup le premier rang... En ce temps-là régnait Didier, qui avait pour gendre Charles, roi des Francs : celui-ci, envieux de son trône, lui tendit des embûches et ne craignit pas de conspirer contre lui ; il soumit à son empire le royaume d'Italie et la nation lombarde. La puissance divine ayant permis que cette nation tombât encore plus bas, le duché de Bénévent était alors gouverné par le duc Arichis, catholique et magnifique, qui, fidèle à l'exemple des rois, gouverna noblement et avec honneur les débris de sa nation[1]. » Pour le prince Adelchis, l'ancêtre de Louis II n'est qu'un usurpateur, et il a grand soin de ne pas nommer empereur celui qui n'est, aux yeux des Lombards, que le roi des Francs. Si tels étaient, vers 865, les sentiments qui dominaient à la cour de Bénévent, on comprend mieux pourquoi la noblesse lombarde comptait trouver dans la suzeraineté lointaine de Byzance une garantie d'indépendance plus certaine que dans la lourde protection des Francs.

Louis II cherche inutilement à gagner Adelchis par une attitude plus conciliante, en demandant la médiation du nouveau pape Jean VIII, successeur d'Hadrien II[2]. De ce côté, tous ses efforts échouent. Quant aux Napolitains, il paraît bien qu'ils restent brouillés avec les Francs comme avec le Saint-Siège : l'évêque Athanase accompagne l'empereur, dans son voyage à Capoue ; mais il tombe malade en route et meurt[3] ; son corps est transporté au Mont-Cassin. Nous ne connaissons le nom d'aucun évêque de Naples, jusqu'au moment où Athanase II, frère de Sergius, est consacré par le pape Jean VIII, au commencement de 876 : d'où on peut conclure que la politique du duc Sergius à l'égard des Sarrasins n'a pas varié depuis 870, et que, pendant six ans, les Napolitains, en paix avec les musulmans, restent en dehors de la communion romaine.

Seul le prince de Salerne, Guaifer, toujours menacé par les

1. *Per omnia catholicus atque magnificus : qui imitator existens majorum, suæ gentes reliquias rexit nobiliter et honorifice, et sequens vestigia regum* (*l. c.*).
2. Hincm., *Ann.* 873.
3. *Vita Athanasii*, *S. r. l.*, 448 (Cap., I, 219). — Athanase meurt le 15 juillet 872.

intrigues de l'évêque de Capoue et la méfiance de l'empereur, qui garde son fils comme otage, consent à faire profession de fidélité à l'empire; tant que les Francs restent à Capoue, les chartes de Salerne, en 873 et 874, sont datées par les années de règne de Louis II[1].

C'est Capoue qui demeurait le point d'appui de la domination franque en Campanie, avec le monastère du Mont-Cassin, enrichi par la faveur impériale de nouveaux privilèges[2]. Après le départ de Louis II, l'impératrice Engelberge continua de résider à Capoue; quand elle prit à son tour la route de Ravenne, emmenant avec elle comme otages les neveux de l'évêque Landolf et le fils du prince de Salerne, elle confia le gouvernement de la Campanie à sa fille Irmingarde. Mais celle-ci s'éloigne bientôt pour aller rejoindre son père, qui meurt près de Brescia (12 août 875)[3]. Les otages lombards sont renvoyés dans leur pays, et l'autorité franque, n'étant plus soutenue par la présence de la famille impériale, s'écroule d'elle-même dans l'Italie du Sud.

Ainsi le rêve de domination sur toute la péninsule avait misérablement échoué : et pourtant l'empereur n'avait manqué ni d'énergie, ni de vaillance, ni d'obstination. Seul il avait réussi à infliger aux Sarrasins de sérieuses défaites, à leur enlever l'Apulie et Bari, à les éloigner de Bénévent et de Salerne. Tout le résultat des victoires impériales était anéanti, au bout de quelques semaines, par la révolte de Bénévent et le guet-apens où faillit périr l'empereur. Assez redouté pour se faire obéir, pendant quelque temps encore, à Capoue et à Salerne, sa domination est si fragile qu'il n'en reste plus, lui parti, la moindre trace. A Capoue, l'évêque Landolf profite du départ des Francs pour traiter avec les Sarrasins, et il s'attire, dès 875, les plus vifs reproches du pape Jean VIII[4].

1. *Cod. Cav.*, t. I, n°s 76-79.
2. Böhmer-Mühlb. *Reg. Imp.*, 1222 et s., 1227.
3. *Reg. Imp.*, 1240 *a*.
4. Jaffé-Löw., 3015.

CHAPITRE II

LES DÉBUTS DE L'OCCUPATION BYZANTINE AU SUD-EST PREMIÈRE INTERVENTION EN CAMPANIE (875-883)

I

LES BYZANTINS MAÎTRES DE BARI ET DE TARENTE (876-880)

Le départ des Francs fut le signal d'une nouvelle attaque des bandes sarrasines, un instant déconcertées par la vigueur inattendue de leurs adversaires. Depuis 872, la colonie musulmane de Tarente, accrue et fortifiée, était devenue aussi redoutable que naguère celle de Bari, et peu à peu les Sarrasins avaient repris l'offensive dans toutes les directions : on les voit apparaître de nouveau tout près de Bari et de Canosa. Trois fois de suite, le prince Adelchis, avec les troupes lombardes, se jette à leur rencontre, mais sans succès. Bientôt de nouveaux renforts sont envoyés d'Afrique, et leur chef Othman vient ravager les environs de Bénévent, envahit la haute vallée du Vulturne, où les deux villes de Telese et d'Alife, déjà pillées par les bandes de Massar entre 840 et 850, subissent un nouveau désastre[1]. L'Apulie tout entière, à peine délivrée, est menacée de retomber sous le joug musulman. Au reste, vers la même époque, l'Adriatique est si mal protégée que la flotte byzantine n'empêche pas les corsaires

1. Erch., 38.

arabes de venir jusqu'au fond du golfe de Venise et de piller Comacchio[1].

Les Byzantins entrent à Bari. — C'est alors que les Lombards d'Apulie font appel au gouverneur byzantin d'Otrante, qui venait de recevoir les promesses et les serments du prince Adelchis (873). Ils lui ouvrent les portes de Bari : le *bajulus* impérial Grégoire[2] prend possession de la ville, au nom du basileus ; le « gastaldus » lombard, installé par Adelchis depuis l'expulsion des Sarrasins, et quelques-uns des principaux habitants sont envoyés à Constantinople comme otages (25 décembre 876)[3]. Ainsi les Lombards, en voulant échapper à la domination franque, n'avaient réussi qu'à changer de maître. En quittant Otrante pour Bari, le patrice byzantin se rapprochait du prince de Bénévent : il pouvait plus facilement lui porter secours et, du même coup, le mettre en demeure de se montrer, comme il l'avait promis, un vassal fidèle du basileus. Mais le premier résultat de la prise de Bari, ce fut de brouiller Adelchis avec les Byzantins. Le prince lombard, voulant défendre son indépendance contre les Grecs aussi bien que contre les Francs, préféra négocier avec les Sarrasins, en rendant la liberté aux chefs arabes, ses prisonniers[4].

Cependant les Byzantins ont cette supériorité sur les Francs de savoir attendre, et de garder ce qu'ils tiennent. Seuls ils ont su profiter des victoires de Louis II, de ses longs et laborieux efforts ; ayant occupé, sans coup férir, cette capitale de l'Apulie, devant laquelle leur flotte n'avait fait, en 869, qu'une apparition fugitive, ils y établissent une garnison assez solide pour en rester les maitres. Au moment où s'achève, sur l'autre rive

1. Jean DIACRE, *Cron. Ven.*, 121.

2. *Gregorius stratico qui et baiulus dicebatur* (LUP. PROTOSP., *ad a.* 875). Dans les lettres du pape Jean VIII, le même personnage est appelé *imperialis pædagogus* ou *gloriosus primicerius et imperialis bajulus* (JAFFÉ-LÖW., 3092-3239). Dans un diplôme, dont la traduction latine a été conservée au Mont-Cassin, il s'intitule *primicerius, imperiali protospathario et bajulo* (TRINCHERA, n° 1). Le titre de *bajulus* se trouve dans quelques textes byzantins sous la forme βαγῦλος (THÉOPHANE, éd. de Boor, t. I, 96. 465). D'après un scholiaste grec, il serait synonyme de « παιδαγωγὸς, παιδοτρίβης » (FABROTTI, *Gloss.*, ap. CEDR., II, 896).

3. En réalité, il y a, dans la date de ce fait important, quelque incertitude. Si la *feria III*, mentionnée par Lupus Protosp. (Ss., V, 52), correspond au 25 décembre 876, l'année indiquee est inexacte. Cf. di MEO, *Annali critico-diplom. del regno di Napoli*, IV, 307 ; — et HIRSCH, *Byzantinische Studien*, 258.

4. ERCH., 38, 39.

de l'Adriatique, la soumission des Slaves illyriens, ils acquièrent une position de premier ordre sur le littoral italien : le stratège byzantin y fixe sa résidence, comme pour mieux montrer que la prise de Bari n'est qu'un point de départ pour de nouvelles expéditions. Mais surtout, en rapports plus directs avec les Lombards, il se prépare à user, patiemment, de toutes les ressources de sa diplomatie pour les attirer dans le cercle de l'influence byzantine. Basile Ier laisse pleins pouvoirs à son représentant, et il se garde bien de remplacer trop tôt un si utile serviteur : le stratège Grégoire devait rester à Bari au moins jusqu'en 885[1].

Campagne navale. — L'occupation de Bari n'était encore qu'un succès bien médiocre pour l'empire, à côté des graves désastres qu'il subissait en Sicile. Pendant que la flotte de Nicétas poursuivait les corsaires musulmans le long des côtes de Grèce, il n'y avait plus, dans les parages de la Sicile, assez de vaisseaux pour porter secours aux chrétiens de la côte orientale, de nouveau menacés par un retour offensif des Arabes de Palerme. Pendant plusieurs semaines, les Syracusains assiégés attendirent en vain le navarque Adrien, que leur envoyait Basile : il s'attardait sur les côtes du Péloponnèse, où les fuyards de Sicile vinrent le rejoindre, pour lui apprendre que la capitale des Byzantins dans l'île venait de succomber (mars 878)[2]. Maîtres de Syracuse, les Arabes pouvaient soumettre facilement la Calabre : depuis le détroit de Messine jusqu'au-delà de Tarente, leurs vaisseaux ne rencontraient plus aucun obstacle. L'émir d'Afrique, encouragé par les succès des Arabes siciliens, envoie une flotte de 60 gros navires, qui traversent la mer Ionienne et viennent ravager les îles de Zante et de Céphallénie. Basile Ier, résolu à réparer promptement le désastre de Syracuse, prépare une grande expédition navale : à la tête de la flotte impériale, composée de 140 navires, il place le Syrien Nasar, qui succède à Nicétas. Nasar réussit à chasser les Sarrasins des îles Ioniennes, remporte plusieurs victoires sur les côtes de Grèce, puis se dirige en toute hâte vers la Sicile[3] : il

1. La première charte du recueil de Trinchera (*Syllabus græcarum membranarum*), extraite du registre de Pierre Diacre, porte la date : indict. III. Si cette mention est exacte, elle ne peut répondre qu'à l'année 885.
2. Théoph. Cont., V, 70 ; — Amari, I, 399.
3. Théoph. Cont., V, 62 et s.

est précédé par une flotte d'avant-garde, qui apparaît en vue de Naples dès octobre 879[1]. Soit qu'il ait pu franchir directement le détroit de Messine, soit qu'il ait fait le tour de l'île, Nasar vient attaquer la côte septentrionale, à l'est de Palerme, et cherche à occuper plusieurs villes. C'est sans doute dans ces parages, et non loin des îles Lipari, qu'il remporta sur les musulmans cette grande victoire dont la nouvelle arriva bientôt à Rome, et que le pape Jean VIII annonçait à Charles le Gros en octobre 880[2]. Au cours de cette longue campagne, l'amiral byzantin avait arrêté de nombreux navires de commerce, qui, en dépit de la guerre, continuaient à faire le trafic entre la Sicile et les côtes d'Italie. Dans l'énorme butin qu'il apportait à Constantinople, il y avait de l'huile en telle quantité que le prix de cette marchandise tomba brusquement à un chiffre dérisoire[3].

Première armée envoyée en Calabre. — Après avoir laissé quelques vaisseaux dans les ports de Sicile, à Termini, à Cefalù, Nasar se dirige sur les côtes de Calabre. Jusque-là, c'est la flotte qui a joué le premier rôle; mais en 880, pour la première fois, une forte armée byzantine débarque en Italie, et les opérations navales se combinent dès lors avec celles des troupes de terre ferme : par cette double campagne, il s'agit de reprendre possession de la Calabre, de chasser les Sarrasins de Tarente, et d'occuper la région voisine, qui relève nominalement du prince de Salerne. Une fois maîtres de Tarente, les Grecs pourront plus facilement rattacher la Calabre et la Terre d'Otrante à la région de Bari, nouvellement conquise.

Par l'importance des troupes envoyées en Calabre, par le nom et le rang des chefs qui les commandent, on peut juger du prix qu'attachait le basileus à cette expédition. D'une part, sont les contingents des thèmes d'Occident, avec les alliés serbes et croates, commandés par le protovestiaire Procope; d'autre part, les légions de Thrace et de Macédoine, avec leur stratège Léon Apostyppos[4]. Les renseignements des historiens sont trop vagues pour que nous puissions évaluer avec quelque

1. Jaffé-Löw., 3303.
2. Jaffé-Löw., 3327.
3. Genesios, IV, 120.
4. Théoph. Cont., V, 65; — Skyl.-Cedr., II, 230.

précision le chiffre auquel s'élève cette double armée. D'après Georges le Moine, Procope a sous ses ordres tous les thèmes occidentaux : en réalité, cette expression générale ne désigne guère, à la date où nous sommes, que les thèmes de Péloponnèse et de Hellade, peut-être aussi ceux de Dyrrachion et de Nicopolis, de création récente[1]. L'armée d'Italie comprenait, en somme, les forces de *six* thèmes, ce qui représenterait environ 35.000 ou 36.000 hommes[2], sans compter les contingents slaves.

Nous ignorons malheureusement quelle a été la marche suivie par les généraux byzantins : comme ils doivent agir de concert avec la flotte, il est probable qu'ils s'éloignent peu des côtes. Les textes ne donnent qu'un détail précis sur la campagne de Nasar : les vaisseaux sarrasins, venus d'Afrique, sont battus par l'amiral byzantin près d'un endroit appelé « les Colonnes » Στῆλαι, qu'on identifie généralement avec *Stilo*[3]. Les troupes grecques ont dû s'avancer le long de la côte orientale de Calabre, pour venir occuper la plaine du Crati et se rapprocher de Tarente. D'après l'historien de Basile, toutes les places occupées par les Sarrasins en Calabre et en Longobardie, à l'exception d'un petit nombre, sont reprises par les Grecs : or le mot de Longobardie, opposé à celui de Calabre, désigne spécialement, pour les Byzantins du Xe siècle, l'ancienne principauté de Bénévent, qui comprend l'Apulie, jusqu'aux environs de Tarente. Avant d'assiéger cette dernière place, les généraux grecs ont dû achever l'occupation de l'Apulie méridionale.

Procope avait, semble-t-il, le commandement général de l'expédition; mais Léon Apostyppos, stratège de Thrace et de Macédoine, était presque son égal. Dans une grande bataille livrée à quelque distance de Tarente, chacun commande une aile de l'armée : Léon, à droite, est vainqueur, pendant que Procope, contre lequel l'ennemi concentre toutes ses forces, est écrasé par le nombre; Léon, par jalousie, refuse de venir

1. Georges le Moine, 20 ; — Léon Gramm., p. 258. — On doit remarquer que les thèmes de Thrace et de Macédoine sont considérés comme distincts des thèmes d'Occident. Il est possible, mais il n'est pas certain qu'il y ait, dès ce moment, un thème de Céphallénie (Cf. plus loin, l. III, chap. I).

2. En adoptant le chiffre de 6.000 comme moyenne des forces d'un thème, on ne doit guère s'éloigner de la vérité (Cf. les calculs de Gelzer, d'après le texte de Kodama) (*Die Genesis der Themenverfassung. Abhandl. der philol.-histor. Classe der königl. sächsischen Gesellschaft der Wissenschaften*, 1899, t. XVIII, p. 96).

3. Théoph. Cont., V, 65 ; — Amari, I, 439.

au secours de son collègue, et son inaction volontaire cause la défaite et la mort du général en chef. Cependant Léon Apostyppos, soucieux de réparer ce désastre, prend le commandement de toutes les troupes et attaque vigoureusement Tarente. Il y entre de vive force ; les Sarrasins prisonniers sont emmenés comme esclaves, et une garnison grecque est installée dans la ville[1] (880). La flotte de Nasar, chargée de butin, rentre à Constantinople. Quant au stratège, à peine de retour, il est accusé de trahison et condamné à l'exil.

Ainsi, vers la fin de 880, la domination byzantine semble assez fortement établie sur toutes les côtes du golfe de Tarente : mais nous ignorons jusqu'où elle pénètre dans l'intérieur des terres. Cependant les Sarrasins ont gardé en Calabre quelques places fortes, mieux défendues par leur position naturelle : sur le versant oriental, à une assez grande distance de la côte, ils occupent Santa-Severina ; à l'ouest, sur le littoral de la mer Tyrrhénienne, ils sont les maîtres d'Amantea[2], d'où ils peuvent facilement atteindre les côtes de Salerne et de Naples.

II

LES SARRASINS EN CAMPANIE ; LA POLITIQUE DU PAPE JEAN VIII ET SON ALLIANCE AVEC LES BYZANTINS

Au moment où un stratège byzantin vient occuper Bari, tous les petits Etats du littoral campanien, anciens sujets de Byzance, ont conclu la paix avec les Sarrasins et laissent leurs vaisseaux circuler librement le long des côtes ; l'évêque de Capoue et le prince de Salerne, après le départ des Francs, suivent le même exemple[3]. C'est alors que les bandes musulmanes apparaissent de nouveau près de l'embouchure du Tibre et menacent l'Etat pontifical. La situation est aussi grave qu'en 845, avant la première intervention de Lothaire et de Louis II.

Mais le pape Jean VIII, qui gouverne l'Eglise romaine depuis 872, entreprend, avec une infatigable énergie, la lutte

1. Théoph. Cont., V, 66 ; — Lupus Protosp., *An.* 880.
2. Erch., 51.
3. Erch., 39 ; — Jaffé-Löw., 3012, 3016.

contre l'infidèle. En toute hâte, il fait construire des vaisseaux et les envoie secourir Fondi et Terracine[1]. Louis II étant mort et l'empire étant vacant, c'est le pape seul, avec les ressources qu'il a sous la main, qui peut veiller à la sécurité de son Etat. Si, dans les premières années de son pontificat, Jean VIII, fidèle ami et protégé de l'empereur, ne joue aucun rôle personnel, après 875, il est amené par la force des choses à reprendre une politique indépendante et à recommencer, sans appui du dehors, l'œuvre de défense et de lutte, entreprise trente ans plus tôt par le pape Léon IV. Mais tandis que Léon IV a pu obtenir le concours des vaisseaux de Gaëte, de Naples, d'Amalfi, Jean VIII ne trouve de ce côté qu'indifférence et hostilité. Seuls les Amalfitains semblent lui avoir fourni une petite flotte, tout au début de son pontificat, alors que les Francs étaient encore en Campanie[2]. Mais en 875, Amalfi, suivant l'exemple de Naples, renonce à guerroyer contre les Sarrasins,

Capoue et Salerne détachées de l'alliance sarrasine. — Dès lors tout l'effort du pape tend à briser cet accord : il envoie dès 875 deux légats, qui cherchent à détacher Naples, Amalfi et Salerne de l'alliance sarrasine ; à plusieurs reprises, il menace l'évêque Landolf de Capoue de le déposer ou de l'excommunier[3] ; il le somme de venir à Rome justifier sa conduite. Mais toutes ses tentatives sont inutiles : sans force matérielle suffisante, sans appui, le pape reste impuissant à se faire obéir. Pendant ce temps, il travaille à restaurer l'autorité impériale, en profitant de la faiblesse et des divisions des princes carolingiens pour choisir qui bon lui semble et modifier, en faveur du Saint-Siège, l'union des deux pouvoirs[4]. Ce fut le roi des Francs occidentaux, Charles le Chauve, qui, le 25 décembre 875, vint recevoir à Rome la couronne impériale. Le nouvel empereur confia au duc Lambert de Spolète et à son frère Guy le soin de protéger l'Etat pontifical et d'aider le pape dans la lutte contre les Sarrasins. Accompagné de ses nouveaux protecteurs, Jean VIII se rendit à Capoue et à Naples pour agir personnellement auprès des princes campaniens,

1. Jaffé-Löw., 2966, 3008 (Migne, *P. L.*, t. CXXVI, col. 939).
2. Jaffé-Löw., 2960 (*P. L.*, *l. c.*, col. 942).
3. Jaffé-Löw., 3012 et 3016 (*P. L.*, *l. c.*, col. 655).
4. Lapôtre, *l'Europe et le S. Siège ... le pape Jean VIII*, p. 246 ; — Kleinclausz, *l'Empire carolingien*, p. 395.

tout en leur montrant de quelles forces il pouvait désormais disposer[1]. L'évêque de Capoue et le prince de Salerne consentirent à rompre l'accord avec les Sarrasins et à se mettre au service du Saint-Siège et de l'empire. A Naples, le pape dut se contenter sans doute de vagues promesses, moyennant lesquelles il voulut bien consacrer comme évêque, après une vacance de près de quatre ans, le propre frère du duc Sergius, Athanase le jeune[2].

Cependant Jean VIII avait obtenu de l'empereur, par ses légats envoyés en Gaule, d'importantes concessions : le pacte de Ponthion confirmait, avec plus de précision, certaines promesses antérieures des princes carolingiens, restées sans effet, et tendait surtout à modifier les rapports du pape avec les Etats voisins. C'est d'abord le duc de Spolète qui devient expressément le vassal du Saint-Siège; en outre, un droit éminent de souveraineté est reconnu à Jean VIII sur les Etats lombards du Sud, provenant du partage de l'ancienne principauté de Bénévent[3]. Dès lors le pape va s'efforcer de transformer en vassaux effectifs du Saint-Siège les comtes de Capoue, les princes de Salerne et de Bénévent. C'est à Capoue surtout, la ville la plus rapprochée de l'Etat pontifical, et celle qui a subi déjà, pendant plusieurs années, la domination franque, que la tâche semble d'une exécution facile. Capoue, étant située au centre d'une riche plaine, et commandant les voies de communication entre la Campanie romaine d'une part, Bénévent, Salerne et Naples, d'autre part, il importait beaucoup au pape d'y trouver des sujets fidèles, capables de le renseigner sur la conduite des princes voisins et d'être pour lui, en cas d'intervention armée, de sûrs auxiliaires. L'évêque Landolf, ayant réussi à se réconcilier avec Jean VIII, recommence à jouer le même rôle qu'au temps de Louis II et devient, en quelque sorte, le vicaire du Saint-Siège pour les affaires méridionales. Ainsi la politique de Jean VIII, après le pacte de Ponthion[4], poursuit

1. Erch., 39.
2. Jaffé-L., 3030, 3051, 3046 (*P. L.*, t. CXXVI, col. 685, 686, 681 ; — Capasso, 1, 220).
3. *Libellus de imp. pot.*, *Ss.*, III, 722 ; — Lapôtre *l. c.*, 309.
4. Les lettres adressées à Landolf de Capoue et à Guaifer de Salerne à cette époque contiennent des allusions fort claires aux récentes promesses de Charles le Chauve : *inter quæ de terræ vestræ pacta prout Christo duce voluissemus statuere, nostro juri potestatique commisit* (Jaffé-L., 3030-3031) ; — *P. L.*, *l. c.*, col. 685, 686).

un double objet : fonder d'une manière durable la suzeraineté pontificale sur les Etats lombards, en se servant de l'évêque de Capoue, — acquérir ainsi un nouveau moyen de peser sur les Etats maritimes, et les forcer à modifier leur attitude pour entrer dans une ligue générale contre les Sarrasins. La tâche que l'empereur ne peut plus remplir, c'est le pape qui prétend s'en charger, en reculant plus loin vers le Sud les limites de sa puissance temporelle. Voilà comment les affaires de l'Italie méridionale tiennent une si grande place dans les préoccupations de Jean VIII, comme le montrent les lettres si nombreuses adressées aux princes campaniens et les voyages continuels du pape lui-même, ou de ses légats, à Gaëte, à Capoue et à Naples.

Les Sarrasins dans l'Etat pontifical. — Si Jean VIII a réussi, vers 876, à détacher Capoue et Salerne de l'alliance sarrasine, sur les bords du Tibre et aux portes même de Rome, il est incapable d'arrêter les déprédations des bandes musulmanes. Tout en travaillant, par de longs et pénibles efforts, à faire sortir de leur inertie les princes campaniens, c'est du Nord que le pape attend le secours efficace, immédiat, la force militaire, dont il a un pressant besoin. Il s'adresse à Boson de Provence, à l'empereur Charles[1], il attend sans cesse un secours promis, qui n'arrive jamais. Dans cette population épouvantée se répandent les plus terribles nouvelles : on annonce la prochaine arrivée, à l'embouchure du Tibre, d'une flotte musulmane de 100 navires[2]. Les mêmes plaintes, les mêmes lamentations, les mêmes appels se répètent, à maintes reprises, pendant trois ou quatre ans, dans les lettres de Jean VIII aux princes carolingiens. « Le peuple des fidèles est décimé par un carnage continuel, écrit-il à la fin de 876. Ceux qui échappent au glaive ou à l'incendie deviennent les esclaves des envahisseurs et sont condamnés à un perpétuel exil ; les villes, les villages, les forteresses tombent en ruines ; les évêques se dispersent et ne trouvent plus d'autre refuge que les sanctuaires de Rome : leur demeure est devenue le repaire des bêtes[3]. » Et que dire des païens, ajoute le pape, quand les chrétiens eux-mêmes, c'est-à-dire les seigneurs voisins, comtes ou margraves, se livrent aux mêmes brigan-

1. Jaffé-L., 3043, 3062 ; — *P. L.*, t. CXXVI, col. 679, 696.
2. Jaffé-L., 3048 ; — *P. L.*, col. 684.
3. *P. L.*, col. 696.

dages[1] ! Trois mois plus tard (février 877), la Campanie tout entière a été ravagée, les Sarrasins ont franchi l'Anio, pillé la Sabine; et, tandis qu'ils arrivent souvent la nuit jusque sous les murs de Rome, les pillards chrétiens, venant d'un autre côté, enlèvent les troupeaux, arrêtent les paysans et ne laissent rien intact de tout ce qui appartient au domaine de Pierre[1].

S'il faut, sans doute, dans le langage du pape, faire la part d'une certaine rhétorique et d'une certaine emphase, destinées à frapper plus vivement les souverains carolingiens, il semble bien que ces détails, confirmés dans l'ensemble par les chroniques lombardes de l'Italie méridionale, doivent donner une image assez exacte de la réalité.

Au reste, ces bandes de pillards vont et viennent; elles s'éloignent dès qu'elles ont assez de butin, pour revenir quelques mois plus tard. Mais dans l'intervalle de ces attaques, rien n'empêche le pape ou ses légats de sortir de Rome et de se rendre en Campanie. En février 877, Jean VIII se plaint que les routes soient trop peu sûres pour permettre à ses légats de s'éloigner. Mais un peu plus tard, il les envoie à Gaëte, et lui-même se rend à Traecte, en mai ou juin 877, pour s'entendre avec l'évêque de Capoue, le prince de Salerne et le principal magistrat ou *prefecturius* de la ville d'Amalfi[2]. L'évêque Landolf et le prince Guaifer servent de médiateurs entre le Saint-Siège et Amalfi : Jean VIII s'engage à fournir un subside de 10.000 *mancusi*, à condition que les vaisseaux d'Amalfi protègent les côtes pontificales, depuis Traecte jusqu'à Civita-Vecchia. Le subside est payé, et le pape rentre à Rome : mais la flotte promise n'arrive point[3] !

Révolution à Naples : avènement de l'évêque Athanase. — Quant au duc de Naples, un synode romain de 876 l'a condamné et excommunié. Mais il s'est mis secrètement d'accord avec le prince de Bénévent, qui est aussi l'allié des Sarrasins, et il continue à braver toutes les remontrances et tous les anathèmes de l'Eglise[4]. Le prince de Salerne, poussé par Jean VIII, lui déclare une guerre acharnée; 25 notables napolitains, faits prisonniers, sont décapités sur les ordres du pape. Le frère

1. Jaffé-L., 3077, 3078, 3081 ; — *P. L.*, t. CXXVI, col. 711, 712, 716.
2. *Id.*, 3082, 3088, 3095-3097 ; — *P. L.*, 722, 729, 735.
3. *Id.*, 3126, 3127-3281 ; — *P. L.*, 749, 750, 878.
4. *Id.*, 3046, 3089, 3090 ; — 3076, 3091.

de Sergius, l'évêque Athanase, reçoit les plus vifs reproches pour n'avoir pas rompu avec un excommunié[1]. Bientôt une révolution éclate à Naples, avec les encouragements de Jean VIII : l'évêque lui-même fait arrêter son frère, s'empare du pouvoir et renvoie Sergius à Rome, après lui avoir fait crever les yeux! Mais Athanase et les Napolitains jurent solennellement de combattre les Sarrasins, ce qui leur vaut les éloges et les félicitations de Jean VIII[2]. S'il faut en croire le pape, Sergius n'aurait été qu'un détestable tyran, coupable des plus horribles scandales et du meurtre d'une foule d'innocents. Le seul fait certain, c'est que, dès le début de son gouvernement, Sergius avait montré un profond mépris pour les gens d'église, qu'il s'agît de son oncle, le pieux évêque Athanase, ou du pape Hadrien II; il s'était montré leur implacable adversaire, et, pendant près de neuf ans, Naples était restée, comme le disait, vers 870, le secrétaire de l'empereur Louis II, « une autre Palerme, une autre Afrique[3] ».

Le résultat de la chute de Sergius, c'est que le pouvoir ecclésiastique et le pouvoir militaire sont réunis dans les mêmes mains. A la fin du VIIIe siècle, le premier duc indépendant de Naples, Etienne, était arrivé ensuite à l'épiscopat, mais en résignant, au moins en théorie, ses fonctions civiles. Athanase II resta tout ensemble évêque et duc de Naples jusqu'à sa mort (877-898)[4]. En favorisant, à Naples comme à Capoue, la constitution de seigneuries ecclésiastiques, le pape croyait les rattacher plus étroitement à sa politique. Pendant quelque temps, Naples resta fidèle au Saint-Siège, et lorsque Jean VIII alla trouver en France Louis le Bègue, il s'embarqua[5] sur un vaisseau napolitain. Mais Athanase, après avoir manifesté un grand zèle pour la cause de l'Eglise romaine, ne devait point tarder à reprendre les errements de son frère.

Le Saint-Siège tributaire des Sarrasins. Alliance avec les Byzantins. — Si la politique pontificale triomphait passagèrement sur un point, c'était pour subir, ailleurs, d'autres échecs.

1. Erch., 39; — Jaffé-L., 3090; — *P. L.*, *l. c.*, col., 724.
2. Erch., 39; — Jaffé-L., 3116.; — *P. L.*, 746.
3. *Chron. Sal.*, *l. c.*, p. 526.
4. Capasso, I, 100.
5. Jaffé-L., 3228, 3229, 3232; *Auxilii in defens. Formosi* (Dümmler, *Auxilius und Vulgarius*, p. 63).

Lambert de Spolète, au printemps de 878, arrive brusquement devant Rome, et n'ayant pu s'entendre avec le pape, le retient prisonnier pendant trente jours dans la cité léonine. Une fois délivré, Jean VIII vient se réfugier en France, et pour assurer la paix pendant son absence, il consent à payer un tribut aux Sarrasins[1].

Cependant le stratège byzantin, récemment établi à Bari, cherchait, de son côté, à entraîner les princes lombards, et surtout celui de Bénévent, dans une guerre commune contre les Sarrasins[2]. Jean VIII et le « bajulus » Grégoire poursuivent la même tâche, l'un en Campanie, l'autre en Apulie. S'ils ont à lutter contre des bandes différentes, dans deux régions assez éloignées l'une de l'autre, il n'en est pas moins vrai que tous les chefs sarrasins, depuis ceux de Tarente jusqu'à ceux qui envahissent l'Etat pontifical, se prêtent un mutuel appui, et qu'affaiblir les uns, c'est aussi affaiblir les autres. Un péril commun, des intérêts semblables doivent une fois de plus rapprocher, tôt ou tard, les deux puissances qui, seules, dans l'Italie du Sud, suivent une politique nettement dirigée contre les Sarrasins, et songent à mettre un peu d'ordre dans ce chaos. D'autre part, quelle que soit l'ambition temporelle du Saint-Siège, ses revendications ne peuvent s'exercer en fait que sur un domaine assez restreint; et les risques de conflits, entre lui et les Grecs, sont bien moindres qu'ils ne pouvaient l'être entre les Grecs et l'empereur Louis II.

Au reste, Jean VIII, fidèle d'abord à la tradition franque, n'attend des Byzantins que le secours de leurs vaisseaux : encore n'en demande-t-il qu'un très petit nombre[3], ayant l'espoir d'enrôler à son service la marine d'Amalfi. Mais bientôt le mauvais vouloir des Amalfitains, les déceptions qu'il éprouve de toutes parts, l'impuissance et l'inaction des Francs le décident à sortir de sa réserve : après l'attaque de Lambert de Spolète, il écrit à l'empereur Basile et n'hésite point à lui demander le secours d'une armée[4]. Il est vrai qu'à ce moment la couronne impériale est vacante, et que cette vacance se prolonge pendant près de trois ans.

1. Duchesne, *Les premiers temps de l'Etat pontif.*, p. 142. — Voir lettre à Carloman : Jaffé-L., 3138.
2. Erch., 39.
3. Jaffé-L., 3092 : — *P. L.* t. CXXVI, col. 727.
4. Lettre du 26 février 878 (Jaffé-L., 3118 : — *P. L.*, 767).

On a supposé que Jean VIII ajournait à dessein le choix d'un empereur, et qu'en négociant avec les différents princes carolingiens il avait la ferme intention de ne pas aboutir[1], afin de ménager la cour byzantine, dont il demandait l'appui. Mais on n'a, pour soutenir cette ingénieuse hypothèse, que de trop vagues indices. Il est impossible d'admettre que le pape ait songé à ne donner aucun successeur à l'empereur Charles le Chauve. L'Eglise romaine, plus attachée que jamais à l'idée impériale, ne concevait pas la défense de Rome et de l'Occident sans l'existence d'un empereur — distinct de celui des Grecs. Si Jean VIII admet qu'une armée byzantine puisse lui venir en aide, à Rome même, ce n'est là, pour lui, qu'un secours accidentel, extraordinaire. Les véritables défenseurs, chargés à ses yeux de protéger la Ville Eternelle contre les seigneurs de Spolète ou de Toscane, voisins aussi dangereux que les Sarrasins, ce sont les princes francs : c'est toujours à eux qu'il s'adresse, avec une insistance et une opiniâtreté que rien ne décourage[2]. Quelques semaines après son appel au basileus, il s'embarque pour la France, avec le projet, d'ailleurs chimérique, de réunir, en une sorte de congrès, les princes carolingiens. Comme il y a plusieurs candidats à la succession impériale, le pape hésite à se prononcer, et il cherche à profiter des divisions entre les princes pour imposer d'avance ses conditions. L'embarras du pape est d'autant plus grand que les Francs de la branche occidentale, pour lesquels il semble avoir une préférence marquée, tiennent médiocrement à l'empire. Il a dû bientôt se retourner vers les chefs des Francs orientaux, Carloman d'abord, puis Charles de Souabe. Mais ceux-ci ajournent sans cesse leur voyage à Rome, condition nécessaire du couronnement impérial: et cependant Jean VIII, toujours faible, toujours menacé par les pillards sarrasins ou les bandes de Spolète, attend avec une fébrile impatience l'arrivée des Francs. Au mois de janvier 880, il ne reste d'autre candidat sérieux à la couronne impériale que Charles de Souabe, proclamé roi d'Italie à Ravenne, en présence du pape. S'il n'avait tenu qu'à Jean VIII, Charles aurait pu, dès ce moment, venir à Rome. Mais d'autres intérêts l'attiraient ailleurs, et voilà comment la dignité impériale reste vacante

1. Gasquet, *l'Empire byzantin et la Monarchie franque*, 460.
2. Jaffé-L., 3204, 3205, 3244, 3251, 3256.

jusqu'au mois de février 881, — où Charles le Gros fait son entrée à Rome[1]. Si le pape lui donne alors la couronne impériale, ce n'est nullement « par résignation et pour avoir été dupé par les Grecs ». Les relations du Saint-Siège avec les Grecs ne font que se resserrer davantage depuis 878, et rien ne prouve que, vers la fin du pontificat, elles tendent à se refroidir.

En 880, cette alliance est si étroite qu'elle n'est pas sans porter ombrage au nouveau roi d'Italie. Charles le Gros s'inquiète des projets des Grecs et de l'attitude du pape ; il faut que Jean VIII le rassure sur ses intentions, en le suppliant de ne pas prêter l'oreille aux faux bruits répandus par ses ennemis[2]. Il est visible que la politique nouvelle du Saint-Siège trouvait à Rome même de violents adversaires. Charles le Gros ne veut point s'engager sur la route de Rome sans savoir exactement à quoi s'en tenir : il demande de nouvelles explications, interroge le pape sur les Grecs, les Arabes et les autres nations étrangères[3]. Jean VIII lui annonce alors la grande victoire que les Grecs viennent de remporter sur la flotte sarrasine : il s'agit probablement de la bataille qui s'est livrée, au nord du détroit de Messine, entre Nasar et les Arabes de Palerme[4].

Depuis que les Byzantins sont établis à Bari, une route nouvelle est ouverte pour les relations entre Rome et Constantinople. Par Capoue et Bénévent, les envoyés du pape peuvent rejoindre directement le stratège de Bari, qui est lui-même en communications faciles avec le centre de l'empire par Durazzo. C'est le stratège de Bari qui devient l'intermédiaire naturel des relations entre Jean VIII et la cour byzantine. C'est lui qui annonce au pape l'arrivée du basileus ; et comme les stratèges byzantins, surtout aux confins de l'empire, ont la plus large initiative, c'est surtout avec ce haut fonctionnaire — le « bajulus » Grégoire — que le pape cherche à s'entendre directement[5].

Le prince de Bénévent se rapproche du pape et des Byzantins. — Pour que ces relations deviennent fréquentes et régulières, il faut que le prince de Bénévent n'y mette point obstacle, et

1. Duchesne, *l. c.*, 145 ; — et Lapôtre, p. 352 ; — Jaffé-L., 3327, 3333, 3345.
2. Jaffé-L., 3321 (*P. L.*, t. CXXXI, col. 907).
3. Jaffé-L., 3327 (*P. L.*, col. 914).
4. Ibn-al-Atir, *Bibl. arabo-sicula*, I, 266 ; — *Vie de S. Elie le jeune*, 23-24.
5. Jaffé-L., 3031, 3239, 3249 (*P. L.*, col. 727, 828, 834).

que les envoyés du pape ou du stratège soient assurés d'être bien accueillis, dans leur passage à travers le pays lombard. Or, si l'évêque de Bénévent se fait l'instrument docile de la politique pontificale, tout autre est l'attitude du prince Adelchis, qui, lorsque les Grecs lui enlèvent Bari, se rapproche, comme nous l'avons dit, des Sarrasins. La situation ne se modifie qu'avec le successeur d'Adelchis, son neveu Gaideris (vers juin 878)[1]. Celui-ci, au contraire, négocie avec le pape et lui demande son appui contre les Sarrasins ; de même, il entre en rapports avec le stratège de Bari, qui le charge aussitôt de transmettre un message au Saint-Siège, et qui manifeste l'intention d'avoir une entrevue avec Jean VIII[2]. En 879, le stratège Grégoire vient pour la première fois en Campanie : accompagné du prince de Bénévent, il se rend à Nole, où il trouve le prince de Salerne, Guaifer et le nouveau comte de Capoue, Pandonolf[3]. Mais c'est en vain qu'on attend le pape : cette fois, c'est Jean VIII qui retarde son voyage, et le stratège byzantin revient sur Bénévent avant d'avoir eu l'entrevue projetée.

Ici la chronique lombarde présente une telle confusion qu'il est impossible de savoir si le pape et le stratège ont fini par s'entendre. Nous savons en tout cas que l'alliance du Saint-Siège avec les Byzantins aboutit à un résultat positif : le basileus a répondu à l'appel de Jean VIII et envoyé des vaisseaux sur le littoral campanien. Vers la fin de l'année 879, c'est-à-dire quelques semaines après le voyage du stratège Grégoire à Bénévent et à Nole, une petite flotte, commandée par le spathaire Grégoire, le turmarque Théophylacte et le comte Diogène, arrive en vue de Naples et remporte une victoire sur les Sarrasins. Le pape s'empresse de les féliciter et se plaint qu'ils ne soient pas venus jusqu'à Rome ; il les supplie de revenir avec d'autres vaisseaux et des troupes, afin de défendre l'Etat pontifical sur terre comme sur mer. Dès l'année suivante, les vaisseaux demandés reviennent, et l'empressement du basileus à resserrer son alliance offensive avec le Saint-Siège fait un singulier contraste avec les continuelles hésitations des petits Etats campaniens[4].

1. Capasso, I, 102.
2. Jaffé-L., 3091, 3225, 3226, 3249.
3. Erch., 41, 42.
4. Jaffé-L., 3303, 3223 (*P. L.*, t. CXXVI, col. 899, 909).

Jean VIII et l'Église byzantine. — A ce moment, l'accord est plus étroit que jamais entre Rome et Byzance; et pour sceller l'alliance politique, Jean VIII a fait toutes les concessions possibles. Après la mort d'Ignace, il a consenti, sur la demande du basileus, à oublier le passé, en reconnaissant Photius, qui vient de succéder à son rival sur le siège patriarcal[1]. De son côté, Basile s'engage à terminer le conflit bulgare, à la satisfaction du Saint-Siège, en lui abandonnant toute juridiction sur l'église de Bulgarie. Cette politique, si contraire à celle de Nicolas Ier, a valu à Jean VIII bien des reproches et des accusations passionnées. L'opinion s'est établie de bonne heure, dans le clergé latin, qu'il s'était laissé duper par Photius; les chroniques lombardes, composées au Mont-Cassin, et d'ailleurs très défavorables à sa politique campanienne, le représentent comme bien naïf ou bien ignorant[2]. Mais, comme on l'a remarqué[3], tant que Jean VIII a vécu, Photius n'a nullement trompé l'Eglise romaine, et, longtemps après la mort du pape, le patriarche vante avec un respect, qui paraît très sincère, son intrépidité et son esprit politique. Les concessions faites au sujet de la Bulgarie ont été maintenues quelque temps; car il est remarquable que les diocèses bulgares cessent de figurer sur les listes épiscopales officielles. Si plus tard les prétentions romaines sont restées lettre morte, c'est que le roi des Bulgares, sans rompre ouvertement avec Rome, a traité son église comme si Rome n'existait pas. Mais en réalité, la conséquence la plus importante de ces rapports nouveaux entre le Saint-Siège et la cour byzantine, c'est la présence des dromons byzantins sur les côtes de l'Etat pontifical.

Guerre civile en Campanie. — Quant au rôle particulier que joue en Campanie le stratège Grégoire, il semble bien qu'il ne soit guère d'accord avec les projets et les tentatives de Jean VIII. Tandis que l'un cherche à entraîner dans le cercle de l'influence byzantine les deux princes de Bénévent et de Salerne, l'autre veut rester le maître ou, tout au moins, le suzerain de Capoue; mais il se heurte alors aux prétentions de Salerne. La mort de l'évêque Landolf, tout-puissant à Capoue

1. Jaffé-L., 3271-72-73 (*P. L.*, t. CXXVI, col. 853, 870).
2. Erch., 52. — Cf. Leo Ost., I, 41.
3. Lapôtre, *l. c.*, p. 65.

depuis l'époque de Louis II, ralluma le feu mal éteint de la guerre civile (février ou mars 879). Les neveux de l'évêque se partagèrent à l'amiable le territoire du comté, qui comprenait, avec les deux villes de Capoue, l'ancienne et la nouvelle, les bourgades de Caserte, Cajazzo, Teano, Calinum et Sessa[1]. Mais au bout de quelques semaines, chacun cherche à enlever la part du voisin. Deux partis se forment : d'un côté, Pandonolf, qui a pris le titre de comte, et garde, avec la ville de Capoue, Teano et Caserte; de l'autre, ses cousins, les fils de Landonolf, qui font alliance contre lui avec le prince de Salerne. Pandonolf essaie de gagner à sa cause le prince de Bénévent et le stratège de Bari, qui, revenus ensemble de Bénévent, après l'entrevue manquée de Nole, se rapprochent de Capoue. Le prince Gaideris de Bénévent veut obliger le comte de Capoue à lui prêter hommage, comme à son légitime seigneur : Pandonolf refuse et tous deux se brouillent. Sous les murs de Capoue se rassemblent plusieurs bandes ennemies : Lombards de Salerne, Lombards de Bénévent, Grecs d'Apulie avec le stratège Grégoire. Ceux-ci s'éloignent bientôt, et seul le prince Guaifer de Salerne continue à guerroyer contre le comte de Capoue[2].

Si ces obscures intrigues doivent être ici rappelées, c'est pour nous montrer l'état véritable de la Campanie lombarde et la politique du Saint-Siège. Le comte Pandonolf se reconnaît explicitement, dès l'origine, le vassal fidèle de Jean VIII; il fait mettre le nom du pape en tête de ses diplômes et sur ses monnaies[3]. Contre ses rivaux et ses adversaires, il entend se servir de la protection pontificale et entraîne ainsi le pape en de nouvelles aventures, qui ne sont pas faites pour ramener la paix. Ayant chassé de Capoue l'évêque Landolf le jeune, nouvellement élu, sous prétexte qu'il est d'accord avec le parti ennemi, Pandonolf envoie à Rome son propre frère et demande à Jean VIII de le consacrer évêque, au mépris de toutes les règles canoniques, car le jeune homme était marié et venait seulement, pour la circonstance, d'entrer dans la cléricature. Cette démarche audacieuse provoque un grand scandale dans le clergé local; l'évêque de Teano et l'abbé du Mont-Cassin viennent supplier le pape de résister au comte de

1. Erch., 40.
2. Erch., 41, 42, 47.
3. Erch., 47.

Capoue. Mais Jean VIII, résolu à soutenir son vassal Pandonolf envers et contre tout, essaie de donner satisfaction aux deux partis, en partageant par moitié le diocèse de Capoue; lui-même se rend à Capoue, à la fin de 879, pour consacrer les deux évêques et fixer les limites de leurs diocèses. A ce moment, les petites armées de Salerne, de Bénévent et de Bari n'ont point encore quitté le pays. Quand le pape arrive aux portes de Capoue, il trouve tous les Lombards en armes, et tous les jours, sous ses yeux, les deux partis en viennent aux mains[1].

Politique napolitaine. Les Sarrasins à Agropolis et sur les bords du Liris. — Le comte de Capoue, fort de l'appui du Saint-Siège, trouve un autre allié dans le duc-évêque de Naples, Athanase II, qui a tout intérêt à prolonger la discorde entre ses voisins lombards. Mais d'autre part, voici que, vers la même époque, apparaissent sur le littoral napolitain les vaisseaux de Byzance, vainqueurs des Sarrasins. Il n'est pas douteux que Basile Ier n'ait donné pour mission aux chefs de cette flotte non seulement de chasser les Sarrasins, mais aussi de rétablir sur toute la côte la suprématie impériale. On a vu comment, dès 870, il accusait les Francs d'avoir empiété sur les droits du basileus, en traitant les Napolitains comme leurs vassaux[2]. En fait, depuis le commencement du IXe siècle, ces droits n'étaient plus qu'une vaine théorie, et les ducs de Naples se regardaient comme des souverains indépendants. Il est donc vraisemblable qu'Athanase II repousse énergiquement les prétentions byzantines, et c'est sans doute la raison qui le décide à se rapprocher de nouveau des Sarrasins. Après avoir affecté, pendant quelques mois, le plus grand zèle pour les projets de Jean VIII, le duc-évêque, levant le masque, fait appel aux infidèles, et leur offre un asile au pied du Vésuve[3]. Amalfi s'empresse aussi de négocier avec ses nouveaux voisins, et les bandes sarrasines, au grand désespoir du pape, peuvent reprendre impunément leurs courses à travers la plaine de Campanie. Le comte de Capoue, Pandonolf, occupé surtout à se défendre contre ses rivaux lombards, loin d'empêcher les incursions des musulmans, en prend à son service.

1. Erch., 46, 47; — et *Catal. comitum Capuæ* (*Script. r. l.*, 498); — Jaffé-L., 3277-79-80.
2. Cf. *supra*, p. 100.
3. Erch., 49.

Ainsi ce sont les propres alliés du pape qui favorisent le plus les attaques des Sarrasins [1].

Jean VIII entreprend alors un nouveau voyage dans le Sud; il vient à Naples, cherche à gagner Athanase en lui offrant un fort subside, et arrache de lui la promesse solennelle de rompre avec les Sarrasins, sous peine d'être déposé. Mais la rupture promise est continuellement ajournée; une nouvelle entrevue du pape avec les envoyés de l'évêque, qui viennent jusqu'à Gaëte, n'amène aucun résultat [2]. Enfin, de guerre lasse, en avril 881, Jean VIII excommunie l'évêque de Naples [3]. Mais il faut que les Sarrasins, forts de cette complicité prolongée, menacent l'indépendance même des Napolitains, en saccageant les environs de la ville, en s'apprêtant à y entrer de vive force, pour qu'Athanase, épouvanté, se décide à leur résister. Le pape lui promet l'absolution en exigeant qu'une partie des chefs sarrasins soit envoyée à Rome, et que les autres périssent étranglés [4]. Athanase fait appel à ses ennemis de la veille : les seigneurs lombards, rivaux du comte de Capoue et le prince de Salerne; un instant, l'imminence du danger réunit en un faisceau toutes les forces navales et militaires des Etats campaniens, et les Sarrasins, chassés du golfe de Naples, vont se réfugier à l'est de Salerne, au fond du golfe d'Agropolis, d'où ils peuvent ravager aisément la Calabre [5].

S'ils disparaissent sur un point, c'est pour apparaître bientôt ailleurs; si ceux-ci les éloignent, d'autres les appellent à leur aide, et l'intervention trop active du pape dans les querelles particulières des Etats campaniens, en provoquant des représailles, procure à sa politique des déceptions nouvelles. Au-delà de Terracine et de Fondi, situées à l'extrémité méridionale de l'Etat pontifical, le Saint-Siège possède encore de vastes domaines, débris de ses anciens patrimoines, qui enveloppent le territoire de la ville libre de Gaëte. Le premier magistrat de Gaëte ou *hypatos*, comme le duc de Naples ou le préfet d'Amalfi, est devenu, en réalité, un seigneur indépendant. C'est lui ou ses parents, qui administrent les terres du patrimoine pontifical, soit à Fondi, soit sur les bords du Liris, à

1. Erch., 44.
2. Jaffé-L., 3343 (*P. L.*, t. CXXVI, col. 927).
3. Jaffé-L., 3346.
4. Jaffé-L., 3378.
5. Erch., 49-50; — *Chron. Salern.*, 126, 130.

Traecte[1]. Ainsi la défense de cette partie du littoral contre les corsaires sarrasins offre pour le Saint-Siège un intérêt tout particulier. Mais l'hypatos de Gaëte, Docibilis, toujours rebelle aux remontrances de Jean VIII, s'obstine à négocier avec les musulmans. Il a pour voisin et pour rival le comte de Capoue, qui cherche à s'étendre sur les bords du Liris. Le pape, dans sa colère contre Gaëte, l'abandonne à la vengeance de son fidèle vassal Pandonolf et autorise ce dernier à occuper les patrimoines pontificaux, administrés par l'hypatos de Gaëte. Les soldats du comte de Capoue s'avancent jusqu'à Formies, et les gens de Gaëte sont bloqués dans la péninsule rocheuse, où s'abrite leur ville[2]. C'est alors que Docibilis appelle à son aide les Sarrasins d'Agropolis, qui, dirigés par lui, ravagent les terres du Saint-Siège et occupent Fondi. Pandonolf s'étant retiré, Jean VIII en est réduit à négocier avec Docibilis. Il lui cède Fondi et Traecte, à condition qu'il en chasse les Sarrasins et se reconnaisse, pour la possession de ces nouveaux domaines, le vassal du Saint-Siège. Le traité conclu entre Docibilis et Jean VIII nous a été conservé dans une charte de 1014, dont l'authenticité n'est pas sérieusement contestable[3]. Cet acte présente déjà tous les caractères d'un contrat féodal. Le Saint-Siège, ne pouvant pas garder l'administration directe de ses domaines, les a confiés aux grands propriétaires voisins; une concession temporaire est devenue viagère, puis bientôt héréditaire. Traecte et Fondi font désormais partie de l'État de Gaëte. Quant aux Sarrasins, s'ils abandonnent Fondi, c'est pour s'établir, non loin de là, sur les bords du Liris ou du Garigliano. — A Capoue, le comte Pandonolf est victime d'une révolte fomentée par son ancien allié l'évêque de Naples, et ce sont ses rivaux qui s'emparent de la ville[4].

Résultats de la politique de Jean VIII. — Jean VIII meurt assassiné le 15 décembre 882; il « meurt à la peine, victime d'une situation qui, en dépit de tous ses efforts, n'avait fait que s'aggraver[5] ». Si par son insistance, si plus encore par les menaces et la corruption, il obtient, çà et là, quelques succès,

1. Gay, *l'Etat pontif., les Byz. et les Lomb.* (*Mél. d'arch. et d'hist.*, 1901, p. 504).
2. Leo Ost., I, 43.
3. *Cod. dipl. Caiet.*, I, n° 31; — Gay, *l. c.*, p. 505.
4. Erch., 50.
5. Duchesne, *l. c.*, 146.

c'est un résultat de quelques mois ou de quelques semaines. L'œuvre est toujours à reprendre. Par une force invincible, les États maritimes, Gaëte, Naples, Amalfi, sont toujours ramenés vers l'alliance sarrasine. Peu leur importe que les bandes musulmanes ravagent les plaines lombardes; ce sont surtout leurs voisins et leurs rivaux qui en souffrent. L'essentiel, pour eux, c'est de garder le littoral et d'assurer les intérêts de leur commerce. En négociant avec les Sarrasins, ils ont leur part de butin et continuent de s'enrichir. La politique de Naples et d'Amalfi est avant tout une politique de marchands, qui vivent de pillage, autant que du commerce régulier. Les États qui ont le plus à souffrir des incursions sarrasines, ce sont les principautés lombardes : aussi les princes de Salerne et de Bénévent se laissent-ils plus facilement persuader par le pape ou le stratège byzantin. De ce côté du moins, le double effort de Jean VIII et du stratège Grégoire n'a point été inutile : en 882, les Lombards de Salerne et de Bénévent combattent les Sarrasins, qu'ils traitaient en amis quelques années plus tôt. Mais la guerre civile, qui désole toute la région de Capoue, paralyse leurs forces. Le seul résultat durable de la politique pontificale en Campanie, c'est l'alliance avec les Grecs. Jean VIII a contribué dans une large mesure à les attirer dans la mer Tyrrhénienne, à les ramener dans le golfe de Naples. Sans réussir à chasser les Sarrasins du littoral campanien, les Byzantins arrivent du moins à leur tenir tête et à protéger les côtes de l'Etat pontifical. Si les bandes sarrasines qui parcouraient la campagne de Rome n'ont pas reçu, du côté de la mer, de nouveaux renforts, si elles sont restées trop faibles pour menacer sérieusement la ville de Rome, c'est très probablement à l'intervention de la flotte byzantine, en 879-880, que les habitants de Rome et de l'Italie centrale ont dû leur salut. Trois ans après la mort du pape Jean VIII, et bien que ses successeurs aient de nouveau rompu avec Photius, l'alliance politique subsiste toujours entre Rome et Byzance : Etienne V, en 885, continue de réclamer à Basile les vaisseaux qui doivent protéger l'Etat pontifical[1]. Mais il semble bien qu'à ce moment l'attitude nouvelle du Saint-Siège contribue à refroidir le zèle des Byzantins. Jean VIII, plus conciliant et plus hardi, avait tout sacrifié à cette noble tentative d'une alliance étroite entre l'Eglise romaine et l'em-

1. JAFFÉ-L., 3403.

pire byzantin contre l'adversaire le plus redoutable de la chrétienté. Cette politique si personnelle était déjà trop contraire aux préjugés latins pour n'être pas violemment combattue. Elle contribua du moins à retarder la rupture entre les deux églises, en même temps qu'à maintenir entre les deux parties du monde chrétien, de plus en plus différentes et de plus en plus étrangères l'une à l'autre, le sentiment et la notion d'un intérêt commun.

Nouvelles incursions des Sarrasins de Campanie; destruction des grandes abbayes lombardes. — Si le littoral italien est mieux défendu contre les incursions nouvelles des corsaires siciliens, dans l'intérieur des terres la situation ne s'est guère améliorée. Les bandes sarrasines ne sont plus assez nombreuses pour se répandre, à la fois, dans toutes les vallées campaniennes et jusqu'aux portes de Rome; elles se dispersent davantage et apparaissent plus rarement. Mais elles forment trois ou quatre colonies permanentes, ayant chacune son centre, sorte de camp retranché, d'où elles sortent, de temps à autre, pour venir se mêler aux querelles des seigneurs lombards, pour aller piller une riche abbaye, ou se jeter brusquement sur une bourgade et y mettre le feu. Outre les colonies du Garigliano et d'Agropolis, on en connaît une autre, établie assez loin dans l'intérieur du pays, sur les hauts plateaux de l'Apennin samnite, au nord de Bénévent : les Sarrasins de Sepino, avec lesquels le comte franc de Spolète, Guy, conclut un accord[1], sont évidemment les mêmes qui, en 881, incendiaient les deux villes d'Isernia et de Bojano[2]. Quelques mois plus tard, les mêmes bandes détruisent le grand monastère bénédictin de Saint-Vincent-de-Vulturne, qui reste abandonné pendant près de trente ans. Maîtres des hautes vallées du Vulturne et de ses principaux affluents, elles envahissent le pays des Marses, recommencent à piller la Sabine, puis reviennent, à travers la Campanie romaine, vers les rives du Liris. A leur tour, les moines du Mont-Cassin subissent, à quelques semaines de distance, deux attaques distinctes : au mois de septembre, c'est le monastère de Saint-Benoît, en haut de la montagne, qui est réduit en cendres; puis vers la fin d'octobre, les moines réfugiés dans le monastère de Saint-Sauveur, à San-Germano, sont brusque-

1. Erch., 79.
2. Erch., 48.

ment enveloppés et périssent en foule autour de leur abbé, Berthaire. Ceux qui échappent au massacre vont chercher un refuge derrière les murailles plus solides de Teano et de Capoue[1]. Cette grande destruction, qui a laissé un souvenir lugubre dans les annales du Mont-Cassin, est de l'année 883. Les deux abbayes bénédictines, devenues, l'une et l'autre, le « repaire des bêtes », ne seront reconstruites et de nouveau habitées que dans le courant du xe siècle.

1. *Chron. Vult.* (Murat., *R. I. S.*, t. I, 2, p. 405); — *Script. rer. lang.*, p. 251; — Leo Ost., I, 44.

CHAPITRE III

LES SARRASINS CHASSÉS DE CALABRE ET DE CAMPANIE

ÉTABLISSEMENT DU PROTECTORAT BYZANTIN SUR LES LOMBARDS DU SUD

(883-915)

I

LES CONQUÊTES DU STRATÈGE NICÉPHORE PHOCAS
L'ACTION BYZANTINE A SALERNE ET A NAPLES

Au moment où disparaissait le pape Jean VIII, une lutte active s'engageait en Calabre contre les Sarrasins. Après le retour de Léon Apostyppos, vers 882 ou 883, le basileus envoya en Italie une nouvelle armée, sous les ordres du stratège Etienne Maxentios : elle comprenait, avec les troupes déjà fixées dans le pays depuis la prise de Tarente, les soldats des deux thèmes de Thrace et de Macédoine, une partie des Cappadociens et des Charsianites. Etienne Maxentios vint d'abord assiéger Amantea, mais sans résultat; puis il se fit battre, honteusement, sous les murs de Santa-Severina. Son incapacité notoire le fit rappeler[1]; il fut remplacé par Nicéphore Phocas (vers 885).

C'est surtout à Nicéphore Phocas qu'est due la restauration durable de la puissance byzantine dans l'Italie méridionale : c'est lui qui achève, du moins en Calabre et en Apulie, l'expulsion des Sarrasins, et qui organise la conquête. Par l'éclat de

1. Théoph. Cont., V, 71.

ses services en Italie, et, plus tard, en Bulgarie, il gagne la confiance du fils de Basile Ier, son successeur Léon VI. Avec lui entre dans l'histoire une de ces familles qui ont donné à l'empire byzantin tant de généraux et d'hommes d'Etat de premier ordre; l'un de ses descendants méritera d'être placé à côté de Basile Ier parmi les souverains les plus remarquables du moyen âge byzantin. Celui-ci, le premier de la race, est à la fois un homme de guerre éminent et un très habile politique. On vante son activité, son infatigable vigilance, sa bravoure intrépide, sa prudence et sa modération dans la victoire[1]. Malheureusement, pour connaître l'œuvre si importante qu'il a su accomplir en Italie, nous en sommes réduits à quelques lignes de l'histoire officielle, — la *Vie de Basile Ier*, par son petit-fils, et la chronique de Skylitzès, auxquelles il faut joindre un bref passage des *Tactica* de Léon le Sage[2]. Sur la guerre de Calabre, les historiens arabes et la chronique lombarde d'Erchempert confirment les textes byzantins, sans y rien ajouter d'essentiel[3].

Les campagnes de Nicéphore Phocas en Calabre et chez les Lombards. — Nicéphore Phocas amenait en Italie de nouveaux renforts, forces régulières des thèmes d'Orient et troupes auxiliaires. Parmi ces dernières, se trouvait en particulier un corps d'élite, formé par les Manichéens d'Asie Mineure : leur chef Diaconitzès était l'ancien lieutenant du fameux Chrysochir, qui avait défendu avec une indomptable énergie contre les soldats de Basile Ier la place forte de Tephrica, située en Cilicie[4]. Ainsi dans cette dernière année du règne de Basile, c'est en Calabre que se trouve la plus forte armée byzantine, recrutée dans les principaux thèmes d'Orient et d'Occident; c'est sur ce point que l'empereur fait porter le principal effort de sa puissance militaire reconstituée. Il est probable que Nicéphore, sans trop disperser ses forces, a pu les diviser en deux ou trois corps principaux, chargés d'agir en même temps assez loin les uns des autres. Tandis qu'il assiège Santa-Severina, il envoie un détachement sur l'autre versant des montagnes de Calabre, pour bloquer Amantea. — Les deux grandes places sarrasines de la côte occidentale, Amantea et Tropea, sont

1. Théoph. Cont., V, 71.
2. Skyl.-Cedr., t. II, 236, 353; — Leonis *Tactica* (*P. G.*, t. CVII, col. 896).
3. Erch., 51; — Amari, *l. c.*, t. I, 440.
4. Théoph. Cont., V, 71.

bientôt prises; Santa-Severina succombe à son tour, et de fortes garnisons byzantines sont partout installées. Bientôt les Sarrasins n'ont plus en Calabre une seule forteresse où s'abriter[1].

Mais ce n'est là qu'une partie de l'œuvre de Nicéphore. Le pays qu'il a délivré des Sarrasins, c'est la vieille Calabre byzantine, qui ne comprend pas la vallée du Crati. Il s'agit maintenant de relier cet ancien domaine du basileus aux conquêtes récentes de Tarente et de Bari. Il faut obtenir la soumission des Lombards, depuis Cosenza jusqu'à Brindisi, et en faire les sujets fidèles de l'empire. Dans ces régions, assez éloignées des capitales lombardes, l'autorité des princes de Salerne et de Bénévent est, pratiquement, très faible, surtout après de longues années d'incursions ou d'occupation musulmanes; et si ces princes eux-mêmes, comme le fait celui de Salerne, réclament pour leur capitale la protection militaire des Grecs[2], comment les comtes ou gastaldi, qui se trouvent aux confins de la principauté, pourraient-ils refuser obéissance à ces généraux byzantins, qui arrivent dans leur ville avec une armée imposante, fière de ses récentes victoires? Mais le plus difficile, c'est d'assurer cette obéissance pour l'avenir, c'est d'organiser l'administration nouvelle, en sorte qu'elle puisse se maintenir après le départ des troupes byzantines. Car il est impossible au basileus de laisser en Italie une armée aussi nombreuse, sans risquer d'affaiblir gravement, sur d'autres points, la défense de l'empire. Pour réussir dans cette tâche, les qualités purement militaires et l'énergie du commandement ne suffisent plus : il y faut beaucoup de souplesse et de modération. Il importe de gagner les Lombards, de les accoutumer insensiblement à un changement d'autorité, de leur faire sentir les avantages d'une administration régulière et d'une protection militaire assurée, sans les opprimer par d'inutiles violences.

C'est précisément ce que sut faire Nicéphore Phocas, et voilà pourquoi l'empereur Léon le Sage le cite en exemple dans ses *Tactica* aux généraux qui doivent organiser un pays conquis[3]. A celui qui a pris une ville, il recommande d'agir ensuite avec douceur et bienveillance, de ne pas écraser les habitants par de lourdes contributions, de ne pas les épouvanter par des châtiments. « C'est ainsi que notre stratège

1. Théoph. Cont., *l. c.*; — Erch., 51.
2. Erch., 54.
3. Leonis *Tactica*, XV (*P. G.*, CVII, col. 896).

Nicéphore traita la nation des Lombards. Non seulement il sut les soumettre par des campagnes habilement dirigées, mais il usa de modération et de clémence; il se montra juste, bienveillant, et leur accorda la liberté et l'exemption des impôts[1]. » Les paroles de Léon le Sage trouvent leur commentaire naturel dans un texte de Skylitzès : par son souci de la justice, Nicéphore Phocas s'attire la reconnaissance des populations qu'il a délivrées du joug sarrasin. Les Italiens élèvent une église pour rappeler le souvenir de ses bienfaits. Les soldats et les officiers byzantins, ayant pris à leur service et gardé comme esclaves un certain nombre d'habitants, Nicéphore les oblige à leur rendre la liberté, et quand l'armée s'embarque à Brindisi, il veille à ce que chaque soldat s'embarque seul[2].

Par malheur, nous n'avons pas un seul texte, de provenance italienne, qui nous renseigne sur l'administration de Nicéphore et nous permette de contrôler par des détails plus précis ces trop brèves indications. Il faut aller en Campanie, à Salerne et à Naples, pour avoir, comme nous le verrons, des données positives sur les progrès de l'intervention byzantine. Mais ces progrès même, conséquence indirecte des victoires de Nicéphore, et l'ensemble des résultats obtenus nous autorisent à croire que Nicéphore mérita réellement, par ses services, les éloges et les faveurs qui lui furent prodigués.

On voudrait au moins savoir quelles sont les limites de la région qu'il a occupée et soumise après sa campagne de Calabre. Dans la ville de Matera, sur les confins de l'Apulie et de la Lucanie, se trouvent, à cette époque, plusieurs fonctionnaires du basileus et une forte garnison byzantine[3]; d'autre part, des évêchés grecs sont créés dans la Calabre lombarde, à Cosenza, à Bisignano, plus tard à Cassano[4]. De ces faits

1. Leonis *Tact.*, *l. c.* : « ... τὸν ἡμέτερον στρατηγὸν πρὸς τὸ Λαγοβάρδων ἔθνος πεποιηκότα, ὅτι παρὰ τῆς βασιλείας ἡμῶν εἰς τὸ ὑποτάξαι αὐτοὺς ἐξαπεστάλη..... τὴν ἐλευθερίαν αὐτοῖς πάσης τε δουλείας καὶ τῶν ἄλλων φορολογίων χαριζόμενος. »

2. Skyl.-Cedr., II, p. 353. — Lenormant, dans sa *Grande Grèce* (t. I, p. 343), a commenté ce passage avec plus de fantaisie que de vérité. Il nous montre « les Byzantins enlevant dans les campagnes des milliers d'esclaves italiens parmi les fidèles sujets de l'empereur », oubliant que depuis plus de deux siècles ces prétendus sujets avaient perdu tout lien avec l'empire, et « le général recourant à un stratagème pour empêcher le crime de se consommer ». Il n'y a rien de tel dans le texte de Skylitzès.

3. *Chron. Vulturn.* (Murat, *R. I. S.*, I, 2, 410); — Erch., 57.

4. Leonis : Νέα Τακτικά (Georges de Chypre, éd. Gelzer, p. 77); — Parthey, *Notitiæ episcop.*, III et X.

nous pouvons conclure que les Byzantins occupent, au commencement du règne de Léon le Sage, toute la région qui s'étend de la vallée du Crati aux environs de Tarente, ainsi que la Lucanie orientale, avec les vallées du Sinni et du Bradano, au moins dans leur cours inférieur. Mais au nord et à l'ouest de Bari, il nous est impossible de savoir jusqu'où pénètrent les officiers du basileus. Au reste, avant de chercher une limite précise entre le domaine lombard et le domaine byzantin, on doit déterminer, tout d'abord, quels sont les rapports des princes lombards avec les nouvelles autorités byzantines.

Nicéphore Phocas, envoyé en Calabre par Basile Ier, fut maintenu dans son commandement par le nouveau basileus Léon VI. Mais il ne tarda point à être appelé dans une autre région de l'empire, en Bulgarie. Il devient, après la mort du patrice André, « domestique des scholes », c'est-à-dire général en chef des troupes d'élite, qui étaient directement attachées à la personne de l'empereur. Sa haute dignité lui attira les calomnies et les haines de certains personnages de la cour, qui obtinrent sa révocation. Mais cette disgrâce dura peu de temps, et Nicéphore finit par être nommé stratège d'un des principaux thèmes d'Asie Mineure, celui des Thracésiens. Après sa mort, l'un de ses fils, Bardas, conserva de longues années la confiance de Léon VI[1].

Rôle politique de l'évêque de Naples ; accord avec les Sarrasins. — Le bruit des victoires de Nicéphore Phocas s'était vite répandu jusqu'en Campanie. Les Sarrasins de Calabre ayant appelé à leur aide ceux d'Agropolis et du Garigliano, toutes les forces musulmanes se concentrent, pendant quelques mois, dans le voisinage de Santa-Severina, sur les pentes méridionales de la Sila[2]. A ce moment, il ne reste, sur le littoral campanien, qu'une petite troupe musulmane peu nombreuse, au service de l'hypatos de Gaëte. Mais après la victoire des Grecs, les Sarrasins mis en fuite reviennent, en partie, dans leurs anciens campements, et les deux colonies d'Agropolis et du Garigliano ne tardent pas à se reconstituer. Elles fournissent des mercenaires au duc-évêque de Naples, qui continue de guerroyer contre ses voisins, les Lombards de Capoue et de Salerne[3].

1. Théoph. Cont., VI, 9, 10.
2. Erch., 51.
3. Erch., 55, 56.

Les Sarrasins d'Agropolis sont pour Naples des alliés plus utiles et moins dangereux que lorsqu'ils étaient aux portes de la ville. Athanase II profite de leur appui pour jouer en Campanie un rôle prépondérant. La lutte séculaire entre Napolitains et Lombards pour la possession de la Liburie et de toute la plaine arrosée par le Vulturne se poursuit maintenant à l'avantage de Naples : aux portes de la nouvelle ville de Capoue, l'ancien amphithéâtre, transformé en forteresse, est occupé par un chef lombard, au service du duc-évêque de Naples[1]. L'influence d'Athanase II, qui s'étend bien au-delà des limites du duché de Naples, remplace en Campanie celle de l'évêque Landolf. Tous deux l'emportent par les mêmes moyens, à force de fourberie et d'intrigues ; ils nous offrent comme un premier modèle, plus rude et plus barbare, de ce que seront certains tyrans des petites villes italiennes au xve siècle. On n'aurait d'ailleurs qu'une idée incomplète de ce singulier évêque de Naples, allié des Sarrasins, bravant les anathèmes du Saint-Siège, si l'on n'ajoutait qu'Athanase II fut, pour son temps, un personnage très cultivé, un véritable lettré[2].

Le prince de Salerne et le duc de Spolète provoquent l'intervention byzantine. — Les mercenaires sarrasins, au service de Naples, ravagent continuellement les environs de Salerne et empêchent ainsi le prince d'intervenir dans les querelles des seigneurs de Capoue. Salerne est alors gouvernée par Guaimar, fils de Guaifer, qui avait abdiqué vers 880 pour se retirer au Mont-Cassin, où il mourut quelques mois plus tard[3]. Menacé sans cesse, soit par Athanase, soit par les Sarrasins d'Agropolis, Guaimar se décide, en désespoir de cause, à implorer le secours des Byzantins.

Depuis le voyage du stratège de Bari à Nole et à Capoue, en 879, et l'apparition de la flotte byzantine sur les côtes de

1. Erch., 50.
2. Capasso, I, 220 et n. 3. — La chronique officielle des évêques de Naples l'appelle *vir altioris ingenii, mirabilis prudentiæ.* Dans la famille de Sergius Ier (dont Athanase II est le petit-fils), les études sont particulièrement en honneur. Le duc Sergius lui-même et son fils Grégoire sont instruits dans les lettres grecques et latines. L'évêque Athanase Ier, savant théologien, enrichit la bibliothèque épiscopale et développe la culture du clergé (Capasso, *l. c.*, I, 214-218).
3. Erch., 48 ; — *Chron. Sal.*, 128 ; — Schipa, *l. c.*, t. XII, 136.

Naples, il n'y a pas trace, pendant plusieurs années, d'une action directe des Byzantins en Campanie. C'est sur les côtes de Calabre, on l'a vu, que sont dirigées les grandes expéditions, et la petite armée grecque qui, en 879, accompagne le stratège Grégoire sous les murs de Capoue ne paraît pas plus nombreuse que les bandes guerrières, commandées par les princes de Salerne ou de Bénévent[1]. Mais après l'occupation de Tarente et leurs premières victoires en Calabre, les Byzantins apparaissent de plus en plus aux princes italiens, menacés par les Sarrasins, comme les seuls protecteurs efficaces. Ce ne sont plus seulement les Lombards du Sud, mais les comtes francs eux-mêmes de l'Italie centrale, qui se détournent de l'empire carolingien : en 883, Guy de Spolète, brouillé avec ses dangereux voisins, les Sarrasins de Sepino, incapable cependant d'arrêter leurs incursions, envoie une ambassade à Constantinople ; il reçoit l'or du basileus et entre ainsi dans la clientèle de l'empire grec. Mais l'empereur Charles le Gros, venu en Italie vers cette époque, le cite devant lui, comme coupable de haute trahison, et le fait arrêter. Guy réussit à s'enfuir[2] ; un peu plus tard, il se réconcilie avec le carolingien.

Charles étant trop faible pour enlever son duché à un vassal infidèle, Guy reste maître de Spolète et de Camerino. Nous ignorons si ses relations avec les Byzantins ont continué. Mais on le voit intervenir fréquemment dans les affaires de ses voisins, les princes lombards, et chercher à étendre le duché de Spolète vers le sud. Entre 883 et 887, les troupes de Guy font campagne, à plusieurs reprises, depuis la Campanie jusqu'à l'Apulie, soit pour combattre les Sarrasins sur les bords du Liris, soit pour se mêler aux querelles locales, ou tenter d'occuper, pour leur propre compte, Bénévent et Siponto[3].

Par toutes ces entreprises, le duc de Spolète faisait indirectement le jeu de la politique byzantine, dont l'intérêt, pour garder plus sûrement l'Apulie, était d'affaiblir les Lombards de Bénévent. Il est donc probable que Guy de Spolète était resté d'accord avec les Grecs. Il pouvait être leur client et leur allié, sans risquer, autant que les princes lombards du Sud, de subir une protection trop onéreuse.

1. Erch., 41, 47. — Cf. *supra*, p. 112, 123.
2. Erch., 79 ; — *Ann. Fuld.*, 883.
3. Erch., 58, 59, 65.

Le protectorat byzantin à Salerne. — Il est remarquable que le seul de ces princes qui échappe aux attaques de Guy de Spolète, c'est Guaimar de Salerne, qui devient, vers la même époque, le plus fidèle vassal de l'empire byzantin. Lorsque Guaimar demande, contre les Sarrasins d'Agropolis, le secours des Grecs, il reçoit bientôt, probablement par Tarente, de l'or, du blé et des soldats. Une garnison d'auxiliaires byzantins est installée dans la ville et y reste plusieurs années. Le prince de Salerne doit reconnaître, en échange de ce bienfait, la suzeraineté byzantine. C'est pour resserrer ces liens qu'un peu plus tard il se rend lui-même à Constantinople ; accueilli avec bienveillance par les empereurs Léon et Alexandre, il obtient d'eux le titre de *patrice*[1].

Ce voyage de Guaimar a lieu tout au début du règne de Léon VI, un peu avant la révolte du prince Aion de Bénévent, c'est-à-dire probablement vers la fin de 886 ou au commencement de 887. La première demande de secours, adressée aux Grecs, doit être antérieure de quelques mois à peine[2]. Au moment où les Sarrasins reviennent sur Agropolis, après leurs défaites en Calabre (885-886), ils recommencent leurs incursions tout autour de Salerne, et si Guaimar a reçu si promptement le secours qu'il demandait, c'est que probablement ce secours lui a été envoyé par Nicéphore Phocas lui-même, au lendemain de ses victoires, et quand les armées byzantines, ayant occupé Amantea et Santa-Severina, reviennent, en traversant la vallée du Crati, dans les environs de Tarente. On peut soutenir, il est vrai, que le moment où les Sarrasins d'Agropolis, unis à l'évêque de Naples, sont le plus dangereux pour Salerne se place avant leur départ en Calabre, c'est-à-dire vers 883-884. Mais les Byzantins auraient-ils pu, dès cette époque, envoyer si facilement les secours demandés? Il est plus vraisemblable de rattacher l'intervention byzantine à Salerne à la campagne de Nicéphore Phocas. C'est en établissant le protectorat byzantin dans la capitale même de la principauté que Nicephore fait recon-

1. Erch., 54, 67. — Le témoignage d'Erch. sur le secours envoyé par les Grecs, *a quibus nobiliter est adjutus*, est d'autant plus précieux que le chroniqueur manifeste très vivement son antipathie contre eux (*Id.*, 81). La première charte, où apparaisse le titre : *princeps et patricius*, est de 890 (*Cod. Cav.*, I, n° 111).

2. *Ante hoc tempus*, dit Erch. (67). — Schipa, *l. c.*, t. XII, p. 214.

naître l'autorité du basileus par les Lombards de Cosenza et de la vallée du Crati, théoriquement sujets du prince de Salerne.

Les auxiliaires byzantins à Naples. — L'exemple de Salerne décide l'évêque de Naples à réclamer à son tour des auxiliaires byzantins : on lui envoie trois cents soldats, sous les ordres de Chasanos[1]. Athanase se sert de cette petite troupe pour harceler sans cesse les seigneurs de Capoue. Tandis que les Grecs de Salerne luttent surtout contre les Sarrasins, ceux de Naples font au besoin cause commune avec les Sarrasins contre les Lombards de Capoue. Chasanos prend le commandement de l'armée d'Athanase, où se trouvent, à la fois, des Napolitains, des Sarrasins et des Grecs. Que Naples soit en guerre avec Salerne, et l'on verra des soldats byzantins dans les deux camps.

Chasanos est bientôt rappelé à Constantinople, et le stratège de Bari envoie à Naples un nouveau chef et une nouvelle troupe : le candidatos Jean ou Joannikios recommence à piller Capoue et met en liberté l'ancien comte Pandonolf, prisonnier de ses cousins. Les Grecs et les Napolitains réunis s'installent sur le mont Tifata, près de Sicopolis, et parcourent la campagne jusqu'à Teano[2].

Au mois de janvier 887, Atenolf devient seul comte de Capoue : la guerre entre Napolitains et Lombards se poursuit avec le même acharnement, et les auxiliaires grecs sont toujours au premier rang des soldats d'Athanase. Dans une bataille qui s'engage entre les troupes d'Atenolf et celles d'Athanase on voit, de part et d'autre, des mercenaires sarrasins, ceux-ci avec les Napolitains et les Grecs, ceux-là avec les gens de Capoue, et des auxiliaires lombards, venus des confins de l'Apulie, envoyés à Atenolf par le prince de Bénévent, qui est momentanément son allié[3].

Il est probable que l'évêque Athanase, en prenant à son service des auxiliaires byzantins, a dû reconnaître de nouveau, plus explicitement que ses prédécesseurs, l'antique suprématie du basileus sur le duché de Naples, simple formalité, qui ne semble pas l'engager à grand'chose ! Quelles que soient, en tout cas, les paroles et les promesses dont l'évêque de Naples

1. Erch., 56.
2. Erch., 60.
3. Erch., 65, 70-73.

se montrait volontiers prodigue, il est clair qu'il suit toujours sa politique personnelle et continue d'agir, en Campanie, avec la plus entière indépendance. Sans doute, il ne pouvait déplaire au stratège byzantin de Bari que le turbulent Athanase, par ses continuelles attaques contre Capoue, usât les forces des Lombards. Mais, tant que cette anarchie effroyable se prolongeait en Campanie, comment mettre un terme aux invasions des bandes sarrasines et rétablir sur des fondements durables l'autorité du basileus?

II

L'AUTORITÉ BYZANTINE ET LES BÉNÉVENTAINS RÉVOLTE DU PRINCE AION ; BARI PERDUE ET REPRISE (885-888)

Des trois grandes villes lombardes, Salerne est la seule qui semble échapper au fléau de la guerre civile. Tandis qu'à Capoue les nombreux descendants du comte Landolf, incapables de reconnaître, parmi eux, une autorité unique, donnent l'exemple des pires discordes et des parjures les plus cyniques, Bénévent est troublée par plusieurs révolutions de palais, où l'on voit intervenir encore les turbulents seigneurs de Capoue. Le prince Gaideris, renversé dès 881, et livré aux Francs de Spolète réussit à s'échapper et va chercher un refuge à Bari[1]. Le stratège l'envoie à Constantinople, d'où il revient avec la dignité de « protospathaire » pour gouverner, au nom du basileus, l'importante ville d'Oria, située au sud de l'Apulie, à peu près à égale distance de Tarente et de Brindisi. En 885, il se trouve à Trani avec le stratège Grégoire, et confirme de sa signature un privilège du stratège en faveur du Mont-Cassin[2]. Pendant ce temps, son neveu Radelchis, qui l'a remplacé à Bénévent, est chassé au bout de trois ans, victime d'une nouvelle conjuration (juillet-août 884)[3]. Le nouveau prince, Aion, frère de Radelchis, ayant voulu jouer un rôle dans les guerres qui déchirent la Campanie, est attaqué par le duc de Spolète, Guy, qui réussit à l'arrêter et l'emmène prisonnier jusqu'aux portes de Siponto. Délivré par les Lombards de Siponto, qui

1. Erch., 48.
2. Trinchera, *Syllabus*, I.
3. Capasso, I, 103.

forcent le duc de Spolète à rentrer chez lui, Aion est à peine de retour à Bénévent, qu'un de ses vassaux, le « gastaldus » de Sainte-Agathe, se révolte et provoque une nouvelle guerre [1].

Révolte des Lombards de Bénévent et d'Apulie contre le stratège. — C'est à ce moment que le stratège de Bari, profitant des discordes lombardes, cherche à occuper, au nom du basileus, un certain nombre de villes, qui reconnaissaient encore l'autorité du prince de Bénévent. Théophilacte, qui est peut-être, à Bari, le successeur immédiat du *bajulus* Grégoire, vient en Campanie avec une petite armée, probablement au début de l'année 887, pour combattre les Sarrasins du Garigliano, déjà menacés dans leur campement par Guy de Spolète. Le chef byzantin, ayant franchi le Vulturne, arrive jusqu'à Teano, mais les Sarrasins l'obligent à battre en retraite; il passe alors à Naples, puis, au retour, pour employer les troupes qu'il a sous la main, entre de force dans plusieurs villes lombardes[2]. C'est le signal d'une révolte générale qui, de Bénévent, gagne toute l'Apulie. On venait d'apprendre la mort de l'empereur Basile, et il est probable que le prince de Bénévent crut le moment favorable pour reprendre aux Byzantins une partie de leurs conquêtes. Aion, à la tête de ses Lombards, se jette sur Bari et réussit à en chasser la garnison byzantine[3]. Ce grave échec laisse supposer que le nouveau stratège, plein de mépris pour les Lombards et trop convaincu de leur faiblesse ou de leur docilité, avait eu l'imprudence de disperser ses forces. Peut-être aussi les officiers byzantins s'étaient-ils écartés de la politique modérée et conciliante, qui fut celle de Nicéphore en Calabre et dans l'Apulie méridionale. En voulant traiter les Lombards en sujets, ils subissaient la même mésaventure que les Francs de Louis II. Allaient-ils montrer la même impuissance à maintenir leur suprématie?

Pendant que les troupes du stratège cherchaient à reprendre Bari, Athanase de Naples, ayant toujours ses auxiliaires byzantins, attaquait, du côté de l'ouest, la principauté de Bénévent. Le prince Aion revient alors sur la Campanie, laissant les Lombards d'Apulie se défendre seuls contre les Grecs. Il ravage la plaine de Liburie, les environs de Naples, cherche vainement à enlever la forteresse de l'amphithéâtre, dans l'ancienne

1. Erch., 59, 66.
2. Erch., 66.
3. Erch., 71.

Capoue; puis il revient à Bénévent par Sainte-Agathe, où il reçoit la soumission de son vassal rebelle[1].

Envoi d'une armée byzantine et campagne autour de Bari. — Il y avait, semble-t-il, plus d'un an que les Grecs étaient chassés de Bari, quand l'empereur Léon VI, comprenant l'insuffisance des troupes byzantines laissées en Apulie, résolut d'envoyer en Italie une nouvelle armée, sous les ordres du patrice Constantin, l'un des plus hauts fonctionnaires de la cour impériale[2]. Cette armée comprend, au dire des historiens byzantins, tous les thèmes d'Occident. De son côté le prince de Bénévent a pris à son service un corps d'auxiliaires sarrasins. Une bataille s'engage sous les murs de Bari, et les Grecs, surpris par la brusquerie de l'attaque, sont complètement vaincus. Les Sarrasins et les Lombards massacrent les soldats grecs, qui tombent entre leurs mains, et c'est à peine si le patrice Constantin réussit à s'échapper[3].

Cette nouvelle dut produire à Byzance une vive impression : la défaite des Grecs est un des rares événements de l'histoire d'Italie, mentionnés par les historiens de Léon VI. Mais si l'on s'en tenait à leur témoignage, on pourrait croire que la défaite n'a pas été réparée : il est singulier que dans les mêmes textes aucune allusion ne soit faite à la victoire définitive, par laquelle le prestige de Byzance est rétabli en Italie.

Les Grecs, habiles à choisir une bonne position, ne tardent point à réparer leur premier échec : maîtres des environs de Bari, ils obligent Aion à s'enfermer dans les murs de la ville, où il est bientôt bloqué. Pendant ce temps, les Lombards sont abandonnés par leurs auxiliaires Sarrasins ; Aion a demandé des secours au duc de Spolète et au comte de Capoue, mais c'est en vain qu'il les attend.

Le comte de Capoue se rapproche des Byzantins. — Le duc de Spolète vient de quitter l'Italie méridionale pour courir à de nouvelles aventures : ayant appris que l'empereur carolingien Charles est sur le point de mourir, il va en Lombardie pour revendiquer la couronne royale, et tout le pays de Spolète se trouve de nouveau abandonné sans défense aux incursions

1. Erch., 71.
2. Théoph. Cont., VI, p. 356; — Sym. Mag., p. 701 ; — Cedr., II, 252; — Lup., Protosp., ad a. 886. Il était préposé à la table impériale : « τῆς τραπέζης ».
3. Théoph. Cont., *l. c.*; — Erch., 71, 72, 76.

sarrasines[1]. Quant au comte de Capoue, Atenolf, il semblait que le prince de Bénévent pût compter davantage sur son appui : c'était avec des auxiliaires envoyés par Aion qu'il avait réussi à rester seul maître de Capoue ; il s'était reconnu par un serment solennel le vassal de Bénévent ; avec les mêmes troupes, il avait battu les Sarrasins et les Grecs de Naples et, pour la première fois depuis plusieurs années, fait reculer son rival Athanase. La forteresse de l'amphithéâtre, menace perpétuelle pour l'indépendance de la nouvelle Capoue, venait d'être occupée, et l'autorité d'Atenolf s'étendait pour la première fois sur tout le comté de Capoue[2].

Mais, au lieu d'envoyer des renforts aux Lombards de Bénévent, assiégés dans Bari, Atenolf s'adresse au patrice Constantin, pour demander son alliance ; il songe même à faire partir un ambassadeur pour Constantinople, sans doute dans l'espoir d'obtenir un titre qui fasse de lui l'égal de son voisin et rival, le prince de Salerne. Le diacre Dauferius, sur le point de partir pour Tarente, où il doit s'embarquer, se brouille avec le comte Atenolf, et le projet d'ambassade est ajourné à plus tard[3].

Prise de Bari et soumission du prince de Bénévent. — Quant au prince de Bénévent, se voyant abandonné de tous les alliés sur lesquels il comptait, réduit à ses seuls forces, il préféra se soumettre et négocier avec le patrice Constantin. Bari fut rendue aux Grecs, tandis qu'Aion rentrait, sain et sauf, dans sa capitale. Ainsi, vers 888, les Byzantins sont de nouveau les maîtres de l'Apulie ; ils représentent dans l'Italie méridionale la puissance prépondérante, vers laquelle se tournent fatalement les princes lombards, au lendemain de ces guerres interminables qui épuisent leurs forces. Si le prince de Salerne, revenu de Constantinople avec le titre de patrice, est le seul qui soit officiellement vassal du basileus, on peut dire que le prince de Bénévent et le comte de Capoue entrent aussi dans la clientèle de l'empire. Atenolf est aussi mobile dans ses alliances, aussi prompt à oublier ses serments que son voisin l'évêque Athanase[4]. Mais s'il se tourne tantôt d'un côté,

1. Erch., 76, 79.
2. Erch., 72, 73, 74.
3. Erch., 80.
4. Erch. ; — *Chron. Sal.*, 146.

tantôt de l'autre, « comme le roseau », c'est le plus souven avec les Grecs qu'il cherche à faire la paix.

Avant de solliciter l'alliance des Grecs, avant de prêter serment au prince de Bénévent, il s'était reconnu, pendant quelque temps, le vassal du Saint-Siège, afin d'obtenir l'appui du pape Etienne V, qui revendiquait en Campanie les mêmes droits que Jean VIII[1]. Mais en fait la protection du pape devient illusoire, et le Saint-Siège lui-même a plus que jamais besoin du secours des Grecs, comme le montre la correspondance échangée entre Etienne V et Basile[2].

III

LA POLITIQUE BYZANTINE DANS L'ITALIE MÉRIDIONALE APRÈS LA REPRISE DE BARI; CONFLIT AVEC LA MAISON FRANQUE DE SPOLÈTE (888-900).

La politique byzantine en Campanie ne se heurte plus à aucun obstacle sérieux; nulle puissance, en dehors des seigneurs du pays, ne peut arrêter ou limiter son intervention. L'empire carolingien n'existe plus depuis la déposition de Charles le Gros (novembre 887), bientôt suivie de sa mort. Le duc de Spolète se détourne de l'Italie méridionale, pour ne s'occuper que de la succession du royaume de Pavie. Il semble qu'à ce moment l'empire grec « ait la partie belle, non seulement en Campanie, mais à Rome même et dans toute la péninsule ». Est-il vrai cependant qu'il aurait pu « reprendre pied à Rome, user l'un par l'autre les prétendants de Spolète et de Frioul, et profiter de la faiblesse des royaumes transalpins pour refaire l'œuvre italienne de Justinien[3] » ? Accepter cette conclusion, ce serait peut-être s'exagérer la force des Byzantins. Pour réussir dans une entreprise aussi vaste, il fallait d'abord que l'autorité du basileus sur les princes lombards et sur les petits États du littoral campanien fût mieux assurée. Mais la révolte du prince de Bénévent avait montré combien était superficielle la sou-

1. Erch., 65.
2. Jaffé.-Löw., 3403, 3405; — *Patr. lat.*, t. CXXIX, col. 785.
3. Duchesne, *Les premiers temps de l'Etat pontifical*, p. 152.

mission de l'Italie méridionale, et quels efforts étaient nécessaires pour garder l'Apulie elle-même.

La protection de la Calabre méridionale. — D'autre part, pour protéger la Calabre reconquise, les Byzantins étaient tenus à une continuelle vigilance. Vers 888-889, les Arabes de Sicile ayant attaqué de nouveau la côte italienne au nord de Reggio, une flotte byzantine traverse le détroit de Messine et vient combattre les Sarrasins. Mais elle est complètement battue, non loin de Milazzo; les vaisseaux des chrétiens sont tous saisis, et la panique est telle en Calabre que les habitants de Reggio et des villes voisines se réfugient le plus loin possible dans l'intérieur des terres[1]. — Peu de temps après, ce désastre est réparé : l'amiral byzantin Michel fait prisonnier le chef de l'armée musulmane, envoyée en Calabre, Mogber-ibn-Ibrahim, et reprend possession du détroit de Messine[2]. Puis les musulmans de Sicile, divisés et affaiblis par leurs querelles, révoltés en partie contre l'émir d'Afrique, abandonnent pour quelques années la Calabre. Les chrétiens qui habitent la région montagneuse, au nord-est de l'île, dans les parages de Messine, ont réussi à maintenir à peu près leur indépendance, et la paix se trouve ainsi provisoirement assurée aux Byzantins sur les deux rives du détroit de Messine[3].

Après la nouvelle occupation de Bari, le patrice Constantin et une partie de l'armée byzantine ont dû s'embarquer pour Byzance. Mais le nouveau stratège, Symbatikios, qui s'intitule « protospathaire impérial, stratège de Macédoine, de Thrace, de Céphallénie et de Longobardie[4], » a probablement sous ses ordres des troupes bien plus nombreuses que ses prédécesseurs Théophilacte et Grégoire. Résolu à prévenir, de la part des Lombards de Bénévent, toute tentative nouvelle de révolte, il entreprend bientôt de les soumettre, plus directement, à l'autorité du basileus. Le prince Aion, rentré à Bénévent, s'était empressé d'associer au pouvoir son fils Ursus; mais le jeune prince, âgé de dix ans à peine[5] à la mort de son père, se montre incapable de sauver l'indépendance de sa couronne.

1. Erch., 81; — *Chron. de Cambr.* (*Bibl. ar. sic.*, I, 278); — *Cron. Sic.-Sar.*, éd. Cozza-Luzzi, p. 36; — Amari, I, 425.
2. *Vie de saint Elie le jeune*, 39, 40.
3. Al-Bayan (*Bibl. arabo-sicula*, II, 40); — Amari, I, 427, 431.
4. Trinchera, *Syllabus græc. membr.*, n° 3.
5. Capasso, I, 104.

Les stratèges à Bénévent. Tentatives pour soumettre directement la Campanie. — En juillet 891, le stratège Symbatikios arrivait avec son armée devant les murs de Bénévent : les habitants, ayant fermé les portes, opposèrent aux Grecs une énergique résistance ; mais, après un siège de trois mois, ils furent contraints de capituler, et le stratège, abandonnant Bari, fixa sa résidence à Bénévent[1]. C'est là que viennent le trouver les moines du Mont-Cassin, alors réfugiés à Teano, qui obtiennent de lui, en juin 892, un privilège de confirmation pour tous les domaines du monastère. Vers la même époque, les troupes byzantines ont occupé la grande ville de Siponto, au pied du Gargano[2]. Ainsi les Grecs tenaient pour ainsi dire à leur merci le sanctuaire national des Lombards, cette grotte merveilleuse de Saint-Michel, l'archange guerrier, qui autrefois avait conduit la nation lombarde à la victoire contre l'empire byzantin[3].

Cependant le stratège Symbatikios, bientôt rappelé à Constantinople, est remplacé en août 892 par le patrice Georges, « protospathaire impérial, stratège de Céphallénie et de Longobardie », qui accorde, à cette date, aux moines de Saint-Vincent-de-Vulturne un privilège semblable à celui du Mont-Cassin[4].

Le nouveau stratège veut réduire Capoue et Salerne au même sort que Bénévent. Sous prétexte d'aller combattre les Sarrasins du Garigliano, il vient assiéger Capoue, probablement sans résultat ; puis s'étant mis en relations avec des ennemis du prince de Salerne, il cherche à entrer dans sa capitale par surprise[5]. Mais les Salernitains étaient sur leurs gardes : peu disposés à échanger le protectorat byzantin contre une sujétion plus étroite, prévenus à temps de cette brusque attaque, ils fermèrent leurs portes et obligèrent les troupes byzantines à battre en retraite. Il semble aussi que le patrice Georges, pour achever la soumission des Lombards et leur faire sentir plus directement la suprématie byzantine, ait parcouru en tous sens

1. *Catalog. reg. langob.* (*Script. rer. lang.*, p. 494) et *Chron. S. Bened.* (*Id.* p. 488) ; — *Chron. Salern.*, 143.
2. Trinchera, *l. c.*, III ; — Lupus Protosp., 891.
3. Voir le début de la *Chron. S. Bened.* (*Script. r. l.*, p. 467) : *Horum princeps, militie celestis exercitus Michahèl extitit archangelus... Grecorum Romanorumque Langobardi gentes superantes, totam simul Beneventi possiderunt patriam.* — Cf. Erch., 27.
4. *Chron. Vult.* (*R. I. S.*, t. I, 2, 413).
5. *Chron. Salern.*, 145.

l'Apulie et la Calabre, pour lever les milices locales et les conduire en Campanie[1].

Rappelé à son tour, deux ans plus tard, il a pour successeur le stratège Barsaci, qui fixe sa résidence à Bari et ne laisse à Bénévent qu'un fonctionnaire de rang inférieur, le turmarque Théodore. Etait-ce par la volonté du basileus ou de sa propre initiative, était-ce par crainte des intrigues lombardes, ou par une confiance excessive en la docilité des habitants que le nouveau stratège abandonnait ainsi la capitale de la principauté? Nous n'avons aucun moyen de le savoir. En tout cas, les Lombards profitèrent de son départ pour s'affranchir d'un joug qu'ils supportaient avec impatience depuis trois ans. Au début, les stratèges avaient cru gagner la noblesse lombarde par de fréquentes largesses; selon le procédé habituel de la politique byzantine, ils comptaient bien venir à bout de ces barbares par la corruption autant que par la crainte. Mais la docilité apparente des gens de Bénévent dissimulait une hostilité radicale contre leurs nouveaux maîtres. Les Grecs, abusant de leur puissance, comme naguère les Francs, n'arrivent qu'à se faire détester. Les Lombards se plaignent d'être méprisés et maltraités, on les écrase d'impôts, on les traite en esclaves; les officiers byzantins, installés en pays conquis, se livrent à tous les excès; « vols, pillages, parjures, adultères, ne sont qu'un jeu pour eux ». Si quelqu'un réclame ou se plaint, on le fait battre de verges. — Au reste, les Lombards de Bénévent peuvent compter, sinon sur l'appui, au moins sur la neutralité bienveillante de leurs voisins de Capoue et de Salerne, inquiets des progrès menaçants de la domination byzantine. Dans tous les pays lombards : Apulie, Samnium, Lucanie, Campanie, la haine du Grec à ce moment semble générale[2]. Mais pour chasser de Bénévent la garnison byzantine, il faut un secours étranger. Le margrave et duc Guy de Spolète, qu'il ne faut pas confondre avec son parent l'empereur Guy (mort en décembre 894), vient guerroyer contre les Grecs. Avant de marcher sur Bénévent, il va s'entendre à Salerne avec son beau-frère le prince Guaimar[3]; il est probable aussi qu'il est

1. *Chron. Sal.*, *l. c.* : *et sine mora per Calabriæ Apuliæque fines misit, et exercitus coadunavit, faciens famam ut super Agarenos... irrueret.*
2. *Catal. regum lang.* (*Script. r. l.*, 495-497) : *In ipsorum odium fere omnes cultores Apuliæ, Samnii, Lucaniæ, Campaniæ conspiraverunt.*
3. *Chron. Sal.*, 146-147; — *Catal. regum lang.*, p. 496; — Wüstenfeld, *Uber die Herzoge von Spoleto, Forschungen*, III, 417.

poussé à intervenir par sa parente, l'impératrice Ageltrude, sœur du prince défunt Aion de Bénévent.

Les Byzantins chassés de Bénévent et remplacés par les Francs de Spolète. — Tandis que le turmarque byzantin envoie demander des renforts au stratège de Bari, les troupes de Spolète viennent camper aux portes de Bénévent ; aussitôt les Lombards, à l'instigation de leur évêque, les font entrer dans la ville. La petite garnison grecque est chassée et le turmarque n'obtient la vie sauve qu'au prix d'une forte rançon. Mais Guy de Spolète, au lieu de rétablir l'ancienne dynastie, représentée par un enfant, garde le pouvoir pour lui-même et reste le maître de Bénévent, pendant près de deux ans (août 895-897)[1].

Quand il fut sur le point de rentrer à Spolète, c'est à son beau-frère, le prince Guaimar de Salerne, qu'il confia le gouvernement de la ville. Guaimar, espérant ainsi refaire à son profit l'unité de l'ancienne principauté lombarde, marcha sur Bénévent avec son armée. Mais entre les villes rivales les vieilles rancunes se réveillent : Guaimar a une réputation de cruauté qui soulève contre lui bien des haines. En traversant Avellino, — ville dépendant de Bénévent, — il est arrêté par des nobles lombards et chargé de chaînes; on lui crève les yeux, tandis que ses compagnons sont retenus prisonniers. Le duc de Spolète, furieux, vient châtier les gens d'Avellino, qui lui opposent une vigoureuse résistance. Il faut un véritable siège pour soumettre la ville. Guy reste maître de la place et renvoie à Salerne le malheureux Guaimar aveugle[2]. Bénévent est gouvernée par l'évêque Pierre, au nom du duc de Spolète, pendant que celui-ci va recevoir, dans sa capitale, l'empereur Lambert et sa mère Ageltrude.

En fait, c'est l'énergique et ambitieuse Ageltrude qui réussit à maintenir pendant quelque temps l'union de Spolète et de Bénévent. Tandis qu'elle laissait à son parent, le margrave Guy, le soin de rétablir l'ordre chez les Lombards du Sud, elle organisait à Rome la résistance contre le roi de Germanie, Arnoulf, appelé par le pape Formose, et couronné empereur en février 896. Mais Arnoulf, frappé de paralysie peu après son

1. *Catal. reg. lang.*, 494, 497; — Capasso, I, 104.
2. *Chron. Salern.*, 147*.

départ de Rome, disparaît bientôt ; Formose étant mort, au commencement de 897, Ageltrude et Lambert reprennent possession de Rome. Alors s'accomplit, contre le cadavre de Formose, exhumé de son tombeau, le sinistre attentat, dont se charge le pape Etienne VI, sans doute à l'instigation de l'implacable Ageltrude[1].

Quelques semaines plus tard, elle vint elle-même à Bénévent (31 mars 897) et reconnut, comme prince, son frère Radelchis, qui avait déjà gouverné les Lombards de 881 à 884. Ainsi, de 895 à 899, la principauté de Bénévent, enlevée aux Grecs qui gardent seulement Siponto et Bari, se rattache étroitement au nouvel empire, fondé par la maison de Spolète[2] : contre les Carolingiens et les Byzantins, Ageltrude et son fils Lambert, reprenant à leur profit la tentative de Louis II, cherchent à constituer une monarchie impériale purement italienne.

Nouvelle révolution. La dynastie des comtes de Capoue prend possession de Bénévent. — Mais quand l'impératrice s'éloigne de Bénévent pour rentrer à Pavie, Radelchis est aussi impuissant que ses prédécesseurs à maintenir son autorité. Comme eux, il est le jouet de cette aristocratie turbulente, aux exigences de laquelle il ne sait rien refuser. Une nouvelle conjuration se forme contre lui et appelle à Bénévent le comte de Capoue Atenolf[3].

Les guerres civiles, qui divisaient depuis tant d'années les descendants de Landolf, semblent terminées : le comte Atenolf, seul maître de Capoue depuis douze ans, a réussi d'une part à éliminer tous ses rivaux, d'autre part à détruire, en Campanie, la prépondérance de l'évêque de Naples. Sur les bords du Vulturne, il a fondé une seigneurie puissante, où son autorité est plus respectée que celle des princes de Bénévent ou de Salerne dans leurs Etats, de plus en plus diminués par la conquête byzantine. Allié des Byzantins, il n'est pas encore leur vassal ; il se trouve, en fait, le plus éloigné de Bari, le moins exposé aux entreprises du stratège. C'est dans

1. Duchesne, *l. c.*, p. 156.
2. Capasso, I, 105 : *Catal. regum lang.*, 494 ; — Wustenfeld, *Forschungen*, III, 415, 430.
3. *Chron. Salern.*, 154 ; — Capasso, I, c. 106 ; — *Annales Benevent.*, 900 (*M. G. Ss.*, III, 173).

le comté de Capoue que les Lombards gardent le plus longtemps leur ancienne indépendance.

Tel est le prince qui, en 899, appelé par les Bénéventains, réussit à les pacifier, à se faire reconnaître par eux prince de Bénévent, et à fonder même une dynastie nouvelle ; en effet, il associe bientôt au pouvoir son fils Landolf[1], et désormais, jusqu'à la fin du XIe siècle, ce sont les descendants d'Atenolf et de Landolf qui restent les maîtres de Bénévent et de Capoue. Ainsi se termine l'ère de troubles et de violences, inaugurée en 840 par la révolte de Sikenolf et des nobles de Salerne contre la prépondérance de Bénévent. Le prince Radelchis, déposé en 899, est le petit-fils du premier Radelchis, le rival de Sikenolf. Durant ces soixante années, c'est la même famille qui a gouverné Bénévent, sauf de 891 à 897, où la ville est occupée successivement par les Grecs et par les Francs de Spolète. Mais la plupart de ces princes ont été chassés de leur capitale, ou sont morts assassinés. Quant aux tentatives des souverains étrangers, Francs ou Byzantins, pour établir à Bénévent leur domination directe, elles ont abouti, nous l'avons vu, au même insuccès.

Avec l'avènement d'Atenolf de Capoue, s'ouvre, dans l'histoire de la principauté lombarde, une période nouvelle, où la paix semble mieux assurée, où l'autorité du prince est mieux respectée. L'union de Bénévent et de Capoue sous une même dynastie donne à ce nouvel Etat une force et une stabilité plus grandes : par sa position même, Bénévent a des rapports plus faciles et plus directs avec la plaine arrosée par le Vulturne qu'avec l'Apulie. Mais Bénévent, plus éloignée de la mer et des riches régions du littoral, devient une ville secondaire. Capoue la remplace, comme capitale de l'Etat lombard, rival de Salerne. Atenolf et ses successeurs, attirés surtout vers la plaine de Campanie, où ils ont à lutter encore contre les Sarrasins du Garigliano, n'ont plus le même intérêt à disputer l'Apulie aux Grecs, et désormais les stratèges de Bari peuvent plus sûrement affermir l'autorité byzantine sur tout le littoral de l'Adriatique, jusqu'au pied même du Gargano. Quand le turmarque Théodore est chassé de Bénévent, en 895, on ne voit pas que les Grecs aient perdu leurs autres conquêtes ; leurs soldats continuent de parcourir la campagne de Bénévent,

1. *Catal. com. Cap.* (*Script. r. l.*, 499) ; — Capasso, I, 108.

au moment même où les Francs de Spolète rétablissent Radelchis [1]. A l'est de Bénévent, et dans les murs de Siponto ils restent les maîtres.

La principauté de Salerne, dont Capoue se détache définitivement, est restée, depuis 890, fidèle vassale de Byzance, et le prince Guaimar s'intitule encore *patrice*, quand son beau-frère, Guy de Spolète, enlève Bénévent aux Grecs [2].

Léon VI et les Francs de Spolète. — En face de cette maison de Spolète qui fait reculer les Grecs, après avoir été leur alliée, et qui menace pendant quelques années leur expansion dans l'Italie méridionale, on voudrait savoir quelle a été l'attitude de l'empereur Léon VI. La situation générale de l'empire. à cette époque, et notamment le péril bulgare nous expliquent que la cour byzantine n'eût pas les moyens d'envoyer en Italie une nouvelle armée. Mais sa diplomatie est-elle restée inactive? Nous n'avons, pour répondre à cette question, que d'assez vagues indices. Deux ambassadeurs byzantins viennent trouver le roi de Germanie, Arnoulf, à Ratisbonne, en 894 et en 896 [3]. Il est difficile d'admettre que le basileus, à deux reprises différentes et à deux dates aussi rapprochées l'une de l'autre, envoie des présents à Arnoulf sans un dessein politique bien arrêté. Le premier de ces ambassadeurs, Anastase, rencontre le roi à son retour d'Italie, après la campagne victorieuse, engagée en Lombardie contre les Francs de Spolète. Si le voyage d'Anastase a un résultat, c'est au moins de donner à la cour byzantine une information directe sur la guerre déjà commencée entre le roi des Francs orientaux et son rival l'empereur Guy. Deux ans plus tard, arrive l'évêque Lazare, auquel Arnoulf témoigne une particulière déférence, et qu'il renvoie, au bout de quelques jours, en le comblant d'honneurs [4]. A ce moment même, la rivalité entre Arnoulf et Lambert de Spolète, fils de Guy, est plus violente que jamais, puisqu'ils se disputent non seulement la couronne d'Italie, mais aussi la possession de Rome, d'où les Allemands viennent d'être chassés. A ce conflit la cour byzantine ne pouvait pas assister indifférente, et il est probable qu'elle a vu les entreprises

1. *Catal. regum lang.*, 497.
2. *Cod. Carensis*, t. I, nos 102 à 111.
3. *Ann. Fuld.*, 894 et 896.
4. *Ann. Fuld.*, 896.

d'Arnoulf contre la maison de Spolète avec la plus grande faveur.

Un projet de mariage entre la fille du basileus et le roi carolingien de Provence. — Mais nous avons, sur les efforts de Léon VI pour nouer des relations avec les adversaires de l'impératrice Ageltrude et de Lambert, une indication plus précise, et d'autant plus curieuse à signaler qu'elle a passé jusqu'ici complètement inaperçue des historiens.

Dans une lettre écrite au pape Anastase III par le patriarche de Constantinople, Nicolas le Mystique, pour justifier sa résistance à l'empereur Léon VI, dans l'affaire du quatrième mariage, il y a une allusion très nette à un traité conclu avec les Francs, au moment où l'empereur, après la mort de sa seconde femme, était sur le point de contracter un troisième mariage[1]. Voici comment s'exprime le patriarche : « Le troisième mariage, ai-je dit à l'empereur, était déjà indigne de ta majesté ; mais il avait une excuse, dans l'accord que tu avais conclu avec le Franc. Car il était convenu que tu lui destinais comme épouse ta fille unique. C'était ce parent (cousin ou neveu)[2] de Berthe, auquel est arrivée l'infortune que l'on sait. Puisque ta fille devait partir pour le pays des Francs, la présence d'une femme dans le palais impérial était nécessaire. »

La princesse Berthe, dont parle ici Nicolas le Mystique, et qui était sans doute fort connue à Rome, au commencement du xe siècle, ne peut être que la femme du margrave Adalbert de Tuscie, fille de Lothaire II et de Waldrade, dont le rôle politique très actif nous est connu par les textes contemporains[3] : c'est elle qui vers 900 attire en Italie, pour l'opposer à Bérenger, le roi Louis de Provence, couronné empereur quelques mois plus tard. Or « ce Franc », qui a failli devenir le gendre du basileus, qui peut-il être, sinon Louis de Provence lui-même, plus tard connu sous le nom de Louis l'Aveugle, depuis que son rival Bérenger lui a fait arracher les yeux ? N'est-ce-pas le malheur auquel le patriarche fait allusion ? La cour byzantine a dû en être très vite informée par les légats du Saint-

1. *Patr. Gr.*, t. CXI, col. 195 (lettre 32).
2. « Ἦν δὲ ὁ τῆς Βέρτας ἀνεψιὸς, ᾧ συνέπεσε δυστυχῆσαι οἷα δεδυστύχηκε », (*l. cit.*).
3. Liudpr., *Antapodosis*, I, 39 ; II, 36, 39. — Cf. l'épitaphe de Berthe, à la fin des *Liudprandi opera* (*Monum. Germ.*, ed. 8°, p. 167).

Siège, qui sont venus à Constantinople vers la même époque[1].

Louis de Provence, comme Berthe de Tuscie, est d'origine carolingienne : petit-fils de Louis II par sa mère Irmingarde, c'est au nom de son aïeul qu'il doit la faveur d'une partie de la noblesse italienne[2]; mais ce n'est pas seulement en Italie, c'est aussi à Byzance que la descendance du « grand Charles » garde tout son prestige. Il suffit de rappeler ici le curieux chapitre du livre de *l'administration de l'Empire*, où le fils même de Léon VI, Constantin Porphyrogénète, expose la généalogie du roi Hugues, fils de Berthe de Tuscie, et raconte aussi les tristes aventures de Louis l'Aveugle[3].

Si le troisième mariage de Léon VI est de 899[4], c'est aux environs de l'année 898 que la cour byzantine engage des négociations avec Louis de Provence : il est probable que ce projet d'union devait avoir pour corollaire une alliance contre les Francs de Spolète qui, réconciliés avec Bérenger, occupaient à ce moment l'Italie du Nord : peut-être faut-il chercher dans les rapports avec Arnoulf et dans l'entrevue de Ratisbonne, en 896, l'origine première de ces négociations. Le roi de Germanie, incapable de reprendre l'Italie du Nord à Lambert de Spolète et à Bérenger, ne pouvait trouver un meilleur allié que le carolingien Louis de Provence, auquel il avait, dès le début, donné son appui. Pourquoi ne l'aurait-il pas poussé à envahir à son tour l'Italie, pour y revendiquer l'héritage de son aïeul ? C'est ainsi qu'un intérêt commun a pu rapprocher, de 896 à 898, contre la maison de Spolète, le roi de Germanie, le roi de Provence et l'empereur de Byzance.

Mais Lambert de Spolète et Arnoulf de Germanie meurent peu après[5]; quand Louis de Provence passe les Alpes, en 900, pour disputer la couronne d'Italie à Bérenger, il est probable qu'il se soucie peu des projets byzantins. La fille de Léon VI est restée à Constantinople, puisque, un peu plus tard, elle est couronnée « Augusta[6] ». Après la mort de Lambert, la puissance de la maison de Spolète s'effondre en Italie ; au centre de la péninsule, il n'y a plus de seigneurie indigène assez forte

1. *Vita Euthymii*, éd. de Boor, XIII, 11, p. 44 ; XV, 12.
2. POUPARDIN, *le Royaume de Provence*, p. 164 et s.
3. *De Adm. imp.*, c. XXVI.
4. *Vita Euthymii*, éd. de Boor, introd., p. 104.
5. Lambert est mort le 15 octobre 898 ; Arnoulf, le 8 décembre 899.
6. *Vita Euthymii*, éd. de Boor, p. 102, 109 ; — THÉOPH. CONT., VI, 17.

pour menacer, par son extension vers le sud, le développement de l'influence byzantine. La dynastie nouvelle qui réunit Bénévent à Capoue et abandonne l'Apulie aux Grecs sera bientôt conduite à rechercher, comme sa rivale de Salerne, le protectorat de l'empire.

IV

LE PÉRIL SARRASIN AU DÉBUT DU Xe SIÈCLE ; DERNIÈRES LUTTES EN CAMPANIE, VICTOIRE DU GARIGLIANO (915)

C'est la lutte contre les Sarrasins, enfin terminée en 915 par la victoire du Garigliano, qui amène le stratège et les princes lombards à un accord plus étroit. Si le péril sarrasin, dont les habitants de la Calabre, dans les dernières années du IXe siècle, sont presque entièrement délivrés, menace toujours la Campanie, c'est que la colonie musulmane du Garigliano, bien protégée contre ses voisins par des travaux de défense, est assez nombreuse et assez forte pour envoyer des bandes de pillards rançonner les villes lombardes. Il n'est plus question des Sarrasins d'Agropolis, qui ont dû sans doute se joindre à leurs coreligionnaires[1] : le camp établi sur les hauteurs qui dominent la rive droite du Garigliano, tout près de son embouchure, reste le seul refuge des musulmans en Campanie[2]. C'est un asile inexpugnable, où ils peuvent entasser leur butin, faire vivre leurs familles et leurs serviteurs. Nous ignorons si cette colonie campanienne s'est accrue de nouveaux renforts, venus de Sicile ou d'Afrique. Quant aux chrétiens de Naples et de Gaëte, ils continuent, selon toute vraisemblance, d'entretenir avec leurs voisins musulmans des relations généralement pacifiques.

Mais dans les premières années du Xe siècle, une autre invasion musulmane, dont la Calabre eut seule à souffrir provoqua sur le littoral campanien une véritable panique. Depuis que la paix était rétablie autour du détroit de Messine (vers 889), les Arabes de Sicile avaient cessé d'inquiéter la côte

1. AMARI, II, 161.
2. LIUDPR., *Antapod.*, II, 44, le *mons Garilianus* doit être identifié avec le « monte d'Argento », ou *castrum Argenti*, dont il est question dans les chartes de Gaëte (FEDELE, *Arch. della R. Soc. Romana di Storia Patria*, 1899, p. 198).

calabraise. En 900, ce sont des troupes envoyées d'Afrique qui font brusquement irruption sur le sol italien. L'émir de Kairouan, le terrible Ibrahim-ibn-Ahmed, après avoir brisé la puissance de la noblesse arabe, étouffé dans le sang plusieurs révoltes, entreprit de châtier ses vassaux turbulents de Sicile, qui avaient eu la faiblesse de traiter avec l'infidèle[1] ; il chargea son fils Abd-Allah d'aller soumettre les insurgés de Palerme et de reprendre la guerre sainte contre les chrétiens. L'armée africaine débarquait à Mazzara le 1er août 900, et tandis qu'elle occupait Palerme, beaucoup de Siciliens allaient se réfugier chez les Grecs, soit à Taormine, qui était restée l'une des dernières forteresses byzantines dans l'île, soit en Calabre et dans les autres provinces de l'empire[2].

Les Africains en Calabre. — Abd-Allah, maître de Palerme, tourne ses forces contre les chrétiens de Taormine et de Catane, qui ont profité des troubles de la Sicile pour se préparer à une vigoureuse résistance. Cependant les Grecs concentrent des troupes à l'extrémité de la Calabre, afin de porter secours aux chrétiens de l'île, et d'entrer en rapports avec les rebelles musulmans. En 901, Abd-Allah vient attaquer Reggio, met en fuite les troupes byzantines et livre la ville au pillage : les Arabes y trouvent beaucoup d'or et d'argent, des étoffes de luxe; ils font plusieurs milliers de prisonniers. Les villes voisines, pour prévenir une attaque, s'empressent d'offrir une contribution de guerre[3]. Pendant ce temps, une flotte byzantine est arrivée à Messine : le fils d'Ibrahim repasse le détroit, réussit à s'emparer de trois cents vaisseaux grecs, et pour empêcher Messine de donner asile aux Impériaux, détruit les murs de la ville. Après une nouvelle et rapide incursion sur les côtes italiennes[4], il rentre à Palerme et cherche à rétablir l'ordre par la fermeté de son administration.

Malgré ses victoires, l'armée africaine n'avait pas poursuivi ses avantages. Ce n'était pas ce que voulait l'émir Ibrahim, fanatique partisan de la guerre. D'ailleurs, menacé en Afrique

1. Amari, II, 45 ; — Jean Diacre, *Translatio S. Severini* (Capasso, I, 291).
2. Ibn-Haldoun (*Bibl. ar.-sic.*, II, 185).
3. Ibn-al-Atir (*Bibl. ar.-sic.*, I, 400); — Al-Bayan (*Id.*, II, 18); — Jean Diacre, *Translatio S. Severini* (Capasso, I, 291).
4. Ibn-al-Atir (*l. c.*, I, 392 et 400). — Si l'interprétation d'Amari (II, 72) est exacte, Abd-Allah aurait occupé la ville de *Nardo*, dans la Terre d'Otrante.

même par les haines que soulève sa tyrannie, par l'appui que ses ennemis ont trouvé à la cour de Bagdad, l'émir se décide à renoncer au pouvoir : il rappelle son fils en Afrique, et lui-même passe en Sicile, afin d'entreprendre la guerre sainte[1]. En 902, il vient assiéger Taormine, qui succombe quelques mois plus tard, après une héroïque résistance, malgré l'armée de secours envoyée de Constantinople. Les Arabes mettent le feu à la ville, massacrent une grande partie de la population, poursuivent les fuyards et les traquent, comme des bêtes fauves, jusqu'au fond des vallées, dans l'épaisseur des bois; l'évêque Procope est égorgé[2]. D'autres places, autour de Taormine, sont également prises et leurs murs rasés. Une foule de chrétiens s'enfuient en Calabre. Mais Ibrahim passe le détroit avec toute son armée (3 septembre 902), et la horde furieuse, chassant devant elle les chrétiens épouvantés, s'avance jusqu'au nord de la Calabre, dans la vallée du Crati. Sa marche est si rapide, l'invasion est si brusque, que les nouveaux renforts envoyés de Constantinople n'ont pas le temps d'arriver. Plusieurs villes cherchent vainement à arrêter l'envahisseur, en lui promettant de payer tribut; peut-être Ibrahim reçoit-il aussi à ce moment les députés des villes campaniennes, Salerne, Amalfi, Naples[3]. Tous sont renvoyés avec mépris, et l'armée africaine, continuant ses pillages et ses massacres, vient camper près de Cosenza, vers la fin de septembre 902.

La nouvelle de cette invasion, plus redoutable et plus violente que les précédentes, frappa de terreur toute l'Italie méridionale : les Napolitains, qui s'attendaient à voir l'orage fondre sur eux d'un jour à l'autre, s'empressèrent de raser les murs du *Castellum Lucullanum*, petite bourgade située en avant de Naples et qui, en cas d'attaque du côté de la mer, devait être la première occupée[4]. On se répétait avec effroi les menaces et les paroles injurieuses du conquérant africain, qui se vantait d'aller jusqu'à Rome détruire « la cité de ce ridicule vieux Pierre[5] ».

1. *Transl. S. Sever.*, *l. c.*; — Nuwairi (*Bibl. ar.-sic.*, II, 151).
2. *Transl. S. Sever.*, *l. c.*; — Ibn-al-Atir (*l. c.*, I, 392).
3. *Tanta mentis elatio bachatus est, ut Italicarum legatis urbium, qui ad eum fœderis causa venerant, loqui dedignaretur* (*Transl. S. Sever.*, *l. c.*).
4. C'est aujourd'hui la colline de Pizzofalcone.
5. *Forsitan sperant, quod mihi reniti possit Græculus aut Franculus...*

Cependant les habitants de Cosenza, ayant cherché en vain à négocier, s'enferment derrière leurs murailles : ils ont assez de vivres pour se laisser bloquer par l'armée assiégeante et se préparer à une longue résistance. Tout d'un coup, on apprend qu'Ibrahim a succombé, victime d'un accès de dysenterie (octobre 902). L'armée arabe, découragée par la mort de son chef, renonce au siège de la ville ; le petit-fils d'Ibrahim, qui prend le commandement, se contente de lever une contribution de guerre et ordonne la retraite[1].

Paix provisoire en Calabre. — Les populations chrétiennes, affranchies de leur épouvante par la soudaine disparition d'Ibrahim, retrouvèrent, pendant plusieurs années, la paix et la sécurité : il n'y a plus trace d'invasion musulmane avant 914. La guerre civile continuait en Sicile ; l'Afrique était troublée par une révolution dynastique, qui parut absorber pour quelque temps toutes les forces des Arabes. Les sectateurs des Chiites, très nombreux dans la population berbère, ayant chassé l'émir Aghlabite de Kairouan, la dynastie nouvelle des Fatimites s'empara du pouvoir et vint s'établir dans une autre capitale : Mehdia. Les Siciliens cherchèrent à profiter de cette révolution pour rompre tout lien avec l'Afrique ; l'émir Ibn-Khorob, maître de Palerme depuis 913, prétendit rattacher la Sicile au khalifat de Bagdad[2].

L'attaque de la Calabre en 914 ne fut qu'une tentative passagère : les vaisseaux de l'émir, en partie dispersés par une tempête, furent bientôt détournés de la lutte contre les chrétiens par la flotte, que les Fatimites envoyèrent d'Afrique pour rétablir leur suzeraineté sur la Sicile[3]. Peut-être, dès cette époque, la veuve de Léon VI, Zoé, qui exerce la régence pendant la minorité du jeune Constantin, se décide-t-elle à traiter avec les musulmans, pour pouvoir concentrer toutes ses forces contre les Bulgares. Les Arabes siciliens se contentent d'une contribution régulière, qui leur est consentie par les Grecs, et

Vadant et certo certius teneant quia non solum illos verum etiam et civitatem Petruli senis destruam (*Id.*, p. 294).

1. Ibn-al-Atir, *l. c.*, I, 395 ; — Nuwayri, *l. c.*, II, 151 : — Amari, II, 95. — Outre les textes arabes et la *Transl. S. Severini*, il faut citer la *Vie de saint Elie le jeune* (Boll. 17 août, c. 49) et Lup. Protosp.

2. Amari, II, 124-139, 149.

3. *Chron. Cambr.* (*Bibl. ar.-sic.*, I, 280) ; — Ibn-al-Atir (*Id.*, I, 408) ; — Ibn-Haldun (*Id.*, II, 187).

semblent renoncer à toute expédition nouvelle sur les côtes de Calabre[1].

Luttes en Campanie. — Mais si la Calabre est pacifiée, les Lombards de Campanie continuent de batailler contre les Sarrasins du Garigliano : en 903, ceux-ci ont battu les chrétiens sur les bords du fleuve ; en 905, ils s'unissent aux Napolitains et massacrent des gens de Capoue. Cependant Atenolf, prince de Capoue, réussit un peu plus tard à détacher Naples de l'alliance sarrasine et à former une ligue où Naples et Amalfi se joignent aux Lombards : il fait construire un pont de bateaux, pour franchir le fleuve. Mais les Sarrasins, aidés des gens de Gaëte, se jettent sur les alliés et en tuent un grand nombre[2].

Vers la même époque, c'est-à-dire dans les dix premières années du xe siècle, les Sarrasins apparaissent de nouveau dans les environs de Rome ; ils occupent la Sabine, les villes de Narni, d'Orte, de Nepi ; maîtres de la vallée du Tibre, au nord de Rome, ils franchissent le fleuve pour pénétrer jusqu'en Tuscie ; ils s'installent en Sabine, dans le monastère abandonné de Farfa. D'après le moine du Mont-Soracte, chroniqueur de la fin du xe siècle, ces bandes sarrasines des environs de Rome seraient sorties de la colonie du Garigliano[3]. Mais il est plus naturel de croire qu'elles étaient formées en partie des anciennes bandes de Sepino et de Bojano, qui vers 887 s'étaient répandues dans tout le duché de Spolète, après le départ de Guy pour l'Italie du Nord. En somme, depuis 880 jusqu'en 915, les Sarrasins parcourent librement, à intervalles plus ou moins éloignés, les hautes vallées du Vulturne, du Liris et de son affluent le Sacco, de l'Anio et de la Nera, affluents du Tibre.

Dans la campagne romaine, vers 905, la situation est la même qu'au temps de Jean VIII ; les villages sont déserts, les églises abandonnées tombent en ruines[4]. Quand le moine de Mont-Soracte dit que, pendant près de trente ans, les Sarrasins règnent dans l'Etat romain, il n'y a dans ces brèves paroles

1. Cedr., II, 353 ; — Amari, II, 153.
2. *Catal. com. Cap.* (*Script. r. l.*, 499) ; — Leo Ost., I, 50.
3. *Bened. Chron.*, c. 27 (*M. G.*, *Ss.*, III, 713) ; — *Chron. Farf.* (Gregorio di Catino, éd. Balzani, t. I, p. 32) ; — Duchesne, *l. c.*, p. 166.
4. Jaffé-Löw., 3535 ; — *Patr. lat.*, t. CXXXI, col. 973.

qu'une très légère exagération. Vers la fin du IXe siècle et au commencement du Xe, l'occupation musulmane pèse beaucoup plus lourdement sur l'Italie centrale que sur l'Italie méridionale, et ce lent refoulement des bandes sarrasines vers le nord est une conséquence des progrès de la domination byzantine. Il semble que la cour byzantine, satisfaite d'avoir délivré l'Apulie et la Calabre du péril de la domination arabe, abandonne à son sort la Campanie, où d'ailleurs l'autorité du basileus est très faible, puisqu'elle doit compter avec la politique particulière des princes lombards et du duc de Naples. Il est vrai que l'empereur Léon VI, moins belliqueux que son père, moins énergique aussi et moins heureux, est réduit sur plusieurs points à la défensive. Il est vrai que la guerre avec les Bulgares l'oblige à replier ses forces vers le centre de l'empire. Cependant un texte isolé, faisant allusion à des subsides envoyés aux princes « francs » vers 904, nous montre que Léon VI ne s'est pas tout à fait désintéressé de la lutte contre les Sarrasins de Campanie[1]. A défaut de troupes, il envoie des subsides, soit au comte de Capoue, soit peut-être au nouveau margrave qui, depuis 898, gouverne le duché de Spolète.

Le prince de Capoue-Bénévent entre dans la clientèle byzantine. — Pour provoquer de sa part une intervention plus active, il faut un appel d'Atenolf, prince de Capoue et Bénévent. Celui-ci, sentant son impuissance, envoie à Constantinople, vers 909, son fils Landolf, associé au pouvoir depuis quelques années, pour demander le secours d'une armée byzantine; le basileus promet son appui, à condition que le prince se reconnaisse explicitement le vassal de l'empire. Atenolf meurt sur ces entrefaites, et Landolf, rentré à Capoue avec la permission du basileus, prend le titre de *patrice impérial*[2]. Son frère Atenolf II gouverne avec lui la principauté ; mais Landolf seul a le titre byzantin, qui, dans la hiérarchie officielle, le place à côté du prince de Salerne et des stratèges des principaux thèmes.

Le prince de Capoue arrive à détacher Naples de l'alliance sarrasine, puisqu'un traité conclu vers 911 entre Landolf et le duc Grégoire a pour condition principale une alliance offen-

1. Sym. Mag., p. 707, c. 14. — Cf. Hirsch, *Byzantinische Studien*, p. 315.
2. Leo Ost., I, 52; — Capasso, t. I, 110; — *Cod. Cav.*, I, n° 131 ; — Di Meo, *Annali critico-diplom.*, V, 143, 164, 169.

sive contre les Sarrasins[1] — résultat aussi peu durable qu'au temps de l'évêque Athanase, car un peu plus tard, au moment où arrivent les troupes byzantines, Naples et Gaëte sont en paix avec les musulmans.

La mort de l'empereur Léon VI (911), la faiblesse de son frère Alexandre (911-913) retardent l'envoi du secours promis. D'autre part, le pape Jean X, qui occupe le trône pontifical en mars 914, cherche à s'entendre avec le margrave Albéric de Spolète, pour débarrasser des bandes sarrasines la vallée du Tibre. il entre en rapports avec le prince de Capoue et, sur l'avis de ce dernier, envoie lui aussi une ambassade à Constantinople, pour demander, comme ses prédécesseurs Jean VIII et Etienne V, le secours des Grecs[2]. Pendant ce temps, la défense s'organise à Salerne et dans le duché de Spolète : un notable de Rieti se met à la tête d'une petite armée qui chasse les Sarrasins de la haute vallée de l'Anio ; les chrétiens de Nepi et de Sutri remportent une autre victoire, non loin des bords du Tibre[3], et les musulmans se replient vers le sud, à travers la plaine du Latium, pour aller rejoindre le camp du Garigliano. Les troupes de Rome et de Spolète, ayant à leur tête le pape et le margrave Albéric, marchent à leur poursuite.

La suprématie byzantine reconnue à Naples et à Gaëte. Bataille du Garigliano. — Mais déjà le stratège de Longobardie, Nicolas Picingli, est arrivé en Campanie avec les troupes de Calabre et d'Apulie, auxquelles se joignent des renforts envoyés de Constantinople. Il s'est arrêté d'abord à Naples pour forcer le duc Grégoire à quitter le parti des Sarrasins[3]. La présence des forces imposantes, amenées par le stratège, l'or byzantin, la promesse d'un titre officiel étaient des arguments sans réplique : le duc de Naples et son complice l'hypatos de Gaëte se décident à reconnaître la suzeraineté byzantine et à rompre tout lien avec les musulmans. L'hypatos de Gaëte

1. Ce traité est rappelé dans un traité de 933 (Capasso, III, 144, et *Pactiones de Leburiis* dans *Edictus celeræque Langob. leges*, (*Ex Monum. germ.* ed. 8°, p. 183).

2. Liudpr., *Antapod.*, II, 52. — Duchesne, *l. c.*, p. 167. — Vers la même époque, ou quelques mois plus tard, l'abbé du Mont-Cassin, Jean, alors établi à Capoue, est envoyé par les princes à Constantinople et s'arrête en route à Conversano (*Chart. Cup.*, n° 6, charte d'avril 915).

3. Bened. *Chron.*, 29.

3. Leo Ost., I, 52.

fait renouveler par les nobles romains, au nom du pape, la donation de Fondi et des patrimoines pontificaux, faite en 882 par Jean VIII : le traité est signé en présence du stratège, du duc de Naples et des princes lombards, Atenolf de Capoue et Guaimar de Salerne, qui ont amené leurs troupes sur les bords du fleuve[1].

Sous la pression du danger commun, la ligue chrétienne s'est reconstituée, plus forte, mieux armée qu'elle ne le fut jamais au IXe siècle. Pendant que la flotte byzantine remonte l'embouchure du Garigliano, les troupes chrétiennes, accourues de toutes parts, Romains et Spolétans, venus du nord, Lombards de Capoue et de Salerne, venus de l'est et du sud-est, milices d'Apulie et de Calabre, troupes byzantines, se rapprochent et forment, autour des Sarrasins, un cercle infranchissable. Le pape et le margrave de Spolète combattent en personne à la tête de leurs soldats. Le stratège Nicolas Picingli, qui dirige les opérations, vient camper au pied de la colline principale, qui est le réduit de la défense sarrasine. Les musulmans, se voyant bloqués, n'ayant plus de vivres, se décident, après trois mois de siège, à tenter une sortie. Ils mettent le feu à leur campement et arrivent à s'échapper, en se dispersant par petites bandes dans les montagnes voisines. Mais ils sont poursuivis par les chrétiens plus nombreux, et c'est à peine si quelques-uns échappent au massacre[2].

Quelques mois après cette grande victoire, qui se place en 915[3], le roi d'Italie, Bérenger, vient à Rome se faire couronner empereur. Par une ironie singulière, le vaniteux personnage qui revendique ce titre n'a pris aucune part à la guerre contre les Sarrasins[4]; en dehors de la plaine lombarde, son autorité est nulle dans la péninsule. La ligue de 915 s'est formée sans lui, et comme s'il n'existait pas, par une entente directe entre le pape, le margrave de Spolète, le prince de Capoue et la cour

1. *Cod. dipl. Caiet.*, I, n° 130 (placitum de 1014).
2. Leo Ost., I, 50. — Liutpr., II, 51.
3. La mention « indictione IIIa », qui correspond à l'année 915, se trouve dans le *Cod. Casin.*, 353, et dans les *Annales beneventani* (Cf. Capasso, I, 107; — et Fedele, *Archivio d. R. Soc. Rom. di Storia Patria*, 1899, p. 198). Cette date doit être adoptée de préférence à celle de 916, qu'on tire d'un passage de Léon d'Ostie *triennio*... Fedele (*l. c.*) fait remarquer que ce passage a été effacé dans une correction faite par l'auteur même de la *Chronique*. S'il y a quelque intérêt à rectifier cette erreur de date, c'est qu'elle nous permet d'établir que la bataille du Garigliano est antérieure à l'arrivée de Bérenger à Rome.
4. *Gesta Berengarii*, éd. Dümmler (p. 50).

byzantine. C'est le stratège byzantin qui organise, pour la lutte décisive, cette masse incohérente et confuse de troupes venues de toutes parts.

La victoire du Garigliano fait disparaître la dernière colonie musulmane, établie sur le littoral de la mer Tyrrhénienne. La Campanie et l'Italie centrale sont définitivement affranchies des incursions sarrasines. Cet événement décisif donne à la puissance byzantine en Italie un prestige hors de pair : la suprématie du basileus est reconnue de la manière la plus explicite sur toutes les rives de l'Italie méridionale, depuis Gaëte jusqu'au pied du mont Gargano. Le duc de Naples et l'hypatos de Gaëte se parent avec orgueil des dignités que leur a conférées, de la part du basileus, le stratège de Bari. L'hypatos Jean, fils de Docibilis, fait construire sur les bords du Garigliano, à la limite de ce domaine tout entier restitué à l'Etat de Gaëte, une tour fortifiée qui rappelle le souvenir de l'expulsion des Sarrasins.

LIVRE III

LE RÉGIME BYZANTIN DANS L'ITALIE MÉRIDIONALE

DEPUIS LE RÈGNE DE LÉON VI JUSQU'A L'AVÈNEMENT DE NICÉPHORE PHOCAS (886-963)

CHAPITRE I

L'ADMINISTRATION BYZANTINE : LES THÈMES ET LES ÉTATS LOMBARDS VASSAUX

AU COMMENCEMENT DU Xe SIÈCLE

I

COMMENT SE FORMENT LES THÈMES DE LONGOBARDIE ET DE CALABRE

Sous le règne de Léon VI, le domaine byzantin, dans l'Italie méridionale, se divise en deux thèmes : *Longobardie* et *Calabre*. La question de savoir comment ces thèmes ont été formés, à quelle date ils apparaissent et quelles sont leurs limites respectives, est loin d'être élucidée. Dans les textes de Constantin Porphyrogénète, qui seuls nous renseignent à ce sujet[1] d'une manière explicite, le départ est assez difficile à faire entre les erreurs ou les confusions, dues à l'ignorance de l'auteur, et les indications dignes de foi qu'on peut en tirer. Il ne suffit pas de signaler ces erreurs, il faut encore en expliquer l'origine. Il importe aussi de relever avec soin dans les chroniques ou les chartes de provenance italienne, comme dans les textes byzantins, les noms et les titres des hauts fonctionnaires, qui ont exercé un commandement dans l'Italie méridionale, au moment où s'organise la conquête.

Origine du thème de Calabre. — Si l'on compare tout d'abord les trois listes de thèmes que nous trouvons dans les œuvres

1. *De them.*, éd. Bonn, p. 59, 61; — *De adm. imp.*, c. XXVII.

Salerne et de Capoue, au temps de Léon VI. Il considère Capoue comme la première ville de l'Italie du Sud, et il a recueilli certains détails sur la construction de la nouvelle Capoue[1]. En réalité, pour l'écrivain impérial, les mots « thème de Longobardie » désignent tantôt la péninsule tout entière, y compris Venise, tantôt l'Italie du Sud, jusqu'aux limites de l'Etat pontifical[2]. Dans la pensée de l'empereur, ce thème ne procède pas d'une création récente, mais d'une restauration de l'ancienne suprématie byzantine. Théoriquement, il représente tout ce que le basileus revendique, en Italie, en dehors de l'ancienne Calabre byzantine, dépendance de la Sicile. Ce sont les conquêtes entreprises depuis l'occupation de Bari qui vont peu à peu en déterminer l'étendue réelle.

Les premiers stratèges de Longobardie. — Le stratège de Bari est chargé à la fois d'un rôle militaire et d'un rôle diplomatique : c'est lui qui entre en rapports avec les princes lombards, qui leur transmet les présents ou les promesses du basileus, et qui cherche à les entraîner dans la lutte contre les Sarrasins. C'est lui qui vient en Campanie, soit pour intervenir dans les querelles locales, soit pour combattre les Sarrasins[3]. Mais en même temps, d'autres stratèges, d'un rang au moins égal au sien, font campagne dans une autre région de la Longobardie, aux environs de Tarente. Ce sont d'abord les stratèges des anciens thèmes, ceux de Thrace et de Macédoine, du Péloponnèse et de Dyrrachion, envoyés avec leurs troupes dans l'Italie méridionale, comme Léon Apostyppos qui occupe Tarente vers 880. Un peu plus tard, le stratège Etienne Maxentios a sous ses ordres, outre le contingent des thèmes de Thrace et de Macédoine, les troupes déjà fixées en Longobardie : il occupe, dit l'historien de Basile, la contrée qui est assignée à son commandement[4]. Son successeur, Nicéphore Phocas, nous apparait aussi comme un véritable gouverneur militaire de la Longobardie. Cependant l'un et l'autre font campagne surtout en

1. *De adm. imp.*, *l. c.*, p. 120. — La principale source des informations du Porphyrogénèse sur l'Italie du Sud doit être cherchée dans les ambassades d'Atenolf et de Landolf, princes de Capoue.
2. Cf. *de adm. imp.*, *l. c.*, et *de thematibus*, p. 61.
3. Cf. *supra*, p. 110, 120, 142, le rôle des stratèges Grégoire, Théophilacte, etc.
4. Theoph. Cont., V, 64, 71 : « Ὃς τὴν ἀποδειχθεῖσαν τῆς ἀρχῆς χώραν καταλαβών. »

Calabre, puis dans la région de Tarente et de Brindisi; et rien n'indique qu'ils aient résidé à Bari.

C'est encore le stratège Grégoire qui se trouve à Bari, au moment où Etienne Maxentios débarque en Italie : il a probablement pour successeur direct le stratège Théophilacte, qui vient à Teano, vers 886, et, en revenant à Bari, cherche à occuper plusieurs villes lombardes[1]. Les stratèges de Bari ne doivent donc pas être confondus avec ceux qui rétablissent la domination byzantine à Tarente ou dans le nord de la Calabre, bien que ceux-ci aient aussi à soumettre des Lombards. Grégoire et Théophilacte ne semblent avoir, avec eux, qu'une petite armée, très inférieure en nombre à celles qui font campagne entre Amantea et Tarente, et qui, la conquête terminée, retournent en Thrace, en Macédoine et dans les différents thèmes dont elles font partie. Etienne Maxentios et Nicéphore Phocas sont des généraux en chef, chargés d'une mission spéciale, investis de pouvoirs extraordinaires pendant la durée de la campagne. Ils ne sont pas encore les gouverneurs d'un thème, régulièrement constitué et distinct des autres thèmes de l'empire.

Après leur départ, c'est le stratège de Bari qui reste en Italie le plus haut représentant du basileus. Cependant un patrice byzantin, du nom de Georges, réside à Tarente vers 887-888 : il veut obliger les habitants à choisir un évêque grec, qui reconnaisse la juridiction du patriarche de Constantinople[2]. Faut-il en conclure que Tarente, après le départ de Nicéphore Phocas, demeure le centre d'un commandement militaire, distinct de celui de Bari? Rien ne prouve qu'il y ait à Bari un autre stratège, contemporain du patrice Georges : nous savons, au contraire, qu'à cette époque les Byzantins viennent d'être chassés de Bari par le prince Aion de Bénévent! — Le patrice Constantin, envoyé par Léon VI, pour reprendre la ville, commande les troupes de plusieurs thèmes[3], et il est rappelé aussitôt la guerre finie : on ne voit point qu'il reste en Longobardie comme gouverneur du thème.

Le premier personnage, qui s'intitule expressément « stratège de Longobardie », c'est Symbatikios, maître de Siponto et de Bénévent en 891 : encore faut-il remarquer qu'il com-

1. Cf. *supra*, p. 142 : — Ench., 66.
2. *Lettres d'Etienne V* (Jaffé-Löw., 3436, 3437).
3. Théoph. Cont., VI, 6.

mande, en même temps, d'autres thèmes, et qu'au bout de quelques mois il retourne en Orient avec les troupes de Thrace et de Macédoine, amenées par lui en Italie[1]. Mais son successeur à Bénévent, le patrice Georges, ne s'intitule plus que « stratège de Céphallénie et de Longobardie » : peut-être est-ce le même personnage que nous trouvons à Tarente, trois ou quatre ans plus tôt. Le stratège qui le remplace ensuite abandonne Bénévent pour retourner à Bari.

Ainsi, pendant les premières années de l'occupation byzantine, et jusque vers 892, on ne peut pas dire encore que la Longobardie forme, aux yeux des Byzantins, un thème distinct : en fait, l'autorité suprême, en Calabre comme en Apulie, appartient le plus souvent à des généraux en chef, chargés d'une délégation extraordinaire, et qui réunissent le commandement de plusieurs thèmes. Cependant la ville de Bari devient la résidence habituelle d'un haut fonctionnaire, qui représente, d'une façon permanente, les intérêts byzantins dans l'Italie méridionale.

Le thème de Céphallénie : ses rapports avec la Longobardie. — Les titres portés par les stratèges Symbatikios et Georges nous montrent que la Cephallénie, c'est-à-dire les îles Ioniennes, et la Longobardie, sont unies, pendant quelque temps, sous l'autorité d'un même gouverneur militaire. Ce fait est confirmé par Constantin Porphyrogénète, dans son livre sur *l'administration de l'Empire* : « La stratégie de Céphallénie ou des îles était anciennement une simple turme de la stratégie de Longobardie ; c'est Léon le Sage qui en fit une stratégie[2]. » D'après ce passage, le thème de Longobardie serait antérieur à celui de Céphallénie. Mais on observe, d'autre part, que la liste la plus ancienne du livre des Cérémonies[3] contient seulement le thème de Céphallénie : la Longobardie n'est citée que dans les listes plus récentes ; et si les stratèges Symbatikios et Georges, en énumérant leurs titres, nomment le thème de Céphallénie avant celui de Longobardie, n'est-on pas fondé à croire que le premier nommé est le plus ancien des deux[4] ? Les îles Ioniennes sont

1. *Cf. supra*, p. 147.
2. *De adm. imp.*, c. L (p. 225).
3. *De cerim.*, II, 52.
4. Un chroniqueur byzantin, énumérant les thèmes d'Occident dont les troupes sont envoyées en Italie avec le protovestiaire Procope, vers 880,

occupées par les Grecs, et victorieusement défendues par eux contre les Arabes, alors qu'ils commencent à peine à s'établir en Apulie. On a vu que l'empereur Basile Ier emploie d'abord toutes les forces militaires et navales de l'empire à la défense de la mer Ionienne et des îles. Il est vraisemblable qu'à ce moment les garnisons de Céphallénie et de Zante ont été renforcées, et que les îles, qui d'abord se rattachaient au Péloponnèse, en ont été séparées pour former un thème distinct[1]. Ce nouveau thème maritime s'agrandit peu à peu par la conquête des côtes de Calabre et de l'Apulie méridionale. Mais à mesure que l'occupation byzantine s'étend dans l'intérieur des terres, c'est l'Italie ou « Longobardie » qui exige le plus de troupes; la défense des îles passe au second plan, et peut-être, à ce moment, n'y laisse-t-on qu'un simple turmarque. C'est l'empereur Léon VI, qui après l'ère des grandes conquêtes sépare définitivement la Longobardie et les îles Ioniennes, pour y établir de part et d'autre un stratège.

Si l'auteur du livre de *l'administration de l'Empire* nous représente, à tort, le thème de Longobardie comme le plus ancien, c'est qu'il cherche à reculer le plus loin possible dans le passé les titres de la domination byzantine sur les côtes italiennes. Il s'attache surtout à montrer que la Longobardie est une ancienne terre impériale, occupée pendant quelque temps par les Lombards, et reprise sur eux par son père et son aïeul. De tout ce passé, d'ailleurs, il n'a que les notions les plus vagues et le souvenir le plus confus; il place à la même époque l'impératrice Irène et le patrice Narsès, qu'il accuse d'avoir attiré en Italie les Lombards. Il se représente le gouvernement de l'Italie comme partagé entre deux patrices, dont l'un gouverne la Sicile, la Calabre, Naples et Amalfi, — et l'autre Bénévent, Pavie et Capoue[2]. Dans cette conception singulière, on retrouve peut-être le souvenir des rapports d'Arichis avec la cour byzantine, à la fin du VIIIe siècle, quand l'impératrice Irène envoie les insignes de patrice au duc de Bénévent. De même, si le Porphyrogénète fait de Naples la résidence du patrice de Sicile,

nomme les stratèges de *Sicile*, *Céphallénie*, *Dyrrachion* et *Peloponnèse* (Georges LE MOINE, 20 ; — Cf. Léon GRAMM., p. 258).

1. C'est ce qui résulte d'un passage du *De them.*, l. II, p. 54 qui est en contradiction avec le texte cité du *De adm. imp.* Sur le thème de Céphallénie, cf. les sceaux, énumérés par Schlumberger (*Sigillographie byzantine*, p. 207-208).

2. *De adm. imp.*, c. XXVII, p. 118 et suiv.

n'est-ce pas encore un souvenir de la même époque, alors que la ville de Naples était le principal foyer des intrigues byzantines ?

Telle est, pour le fils de Léon VI, l'origine des deux thèmes italiens. Des faits précédents nous pouvons conclure que le thème de Longobardie commence, vers 892, à prendre une place distincte dans la nomenclature officielle de Byzance. Quant à la Calabre, elle ne devient probablement la résidence habituelle d'un stratège qu'après la chute de Taormine. En 902, lors de l'attaque d'Ibrahim, il y a encore un patrice et stratège de Sicile, établi à Taormine; un peu plus tard, l'amiral de la flotte byzantine, chargée de protéger les abords du détroit de Messine, réside à Reggio comme gouverneur de la Calabre[1].

Les guerres incessantes qui remplissent les premières années du règne de Léon VI, la présence de nombreuses troupes étrangères, qui ne se trouvent en Italie que pour un temps assez court, ne permettent pas encore de fixer, d'une manière certaine, les cadres de l'administration byzantine. C'est quand la paix est rétablie, soit au sud avec les Sarrasins, soit au nord avec les Lombards de Bénévent, que l'organisation nouvelle prend une forme régulière. La limite septentrionale du thème de Calabre doit être probablement la limite naturelle de l'ancien Bruttium, c'est-à-dire le cours du Sinni; le reste du pays, Terre d'Otrante, Lucanie méridionale, Apulie, forme le thème de Longobardie.

Il est encore plus difficile de fixer avec quelque certitude les limites septentrionale et occidentale de la Longobardie byzantine. A vrai dire, ces limites sont tout à fait factices, essentiellement mobiles, et, pour les Byzantins, elles ne représentent aucune réalité : comment distinguer avec précision le domaine laissé aux princes lombards de Salerne ou de Capoue-Bénévent, et celui qu'administrent directement les officiers du basileus ? Les Byzantins regardent les deux principautés lombardes comme faisant partie intégrante du thème[2]. Les princes lombards, il est vrai, prétendent garder les mêmes droits que leurs prédécesseurs et gouverner le même territoire qu'avant la conquête byzantine, avec cette différence que ces droits et cette autorité sont placés désormais sous la protection du basi-

1. *Vie de saint Elie d'Enna* 58.
2. Const. Porph. *De adm. imp.*, xxvii, p. 118.

leus. Du côté des Byzantins, comme du côté des Lombards, il y a opposition entre les prétentions théoriques et la réalité.

II

LES RAPPORTS AVEC LA POPULATION LOMBARDE

Pour comprendre comment s'organise, en fait, l'administration byzantine dans l'Apulie et la Lucanie lombardes, il faut d'abord se rendre compte exactement des relations qui unissent les princes lombards au pouvoir impérial. Dans un diplôme de Guaimar, prince de Salerne, et patrice impérial, diplôme écrit en 899[1], il est fait mention d'un chrysobulle des empereurs Léon et Alexandre, qui confirment au prince de Salerne la possession de toute la terre lombarde, d'après l'accord conclu entre Sikenolf et Radelchis (par le traité de 849) ; en vertu de ce privilège, le prince jouit de la même autorité que tous ses prédécesseurs ; les hommes qui sont à son service ou dans sa dépendance peuvent, dans les mêmes conditions, garder leurs terres, leurs esclaves et leurs colons. En conséquence, le prince de Salerne, faisant une donation à l'église de Saint-Maxime et lui accordant un privilège d'immunité, prétend la garantir, par ce privilège, contre toute usurpation possible, non seulement des « gastaldi » lombards, mais des officiers byzantins, quels qu'ils soient, stratèges, protospathaires ou spathaires. Nous n'avons pas, malheureusement, le texte du chrysobulle impérial, auquel fait allusion le diplôme de Salerne. Peut-être la cour byzantine a-t-elle voulu, durant l'occupation de Bénévent par les Francs de Spolète, reconnaître Guaimar comme le seul successeur légitime des anciens princes lombards : mais il faudrait savoir par quelles formules on lui garantissait la possession de l'ancienne principauté. Une telle promesse a dû être faite en termes généraux, qui n'engageaient pas à grand'chose ; en fait, elle ne pouvait avoir qu'une valeur toute théorique, puisque, depuis assez longtemps, Capoue d'une part, Tarente et le nord de la Calabre d'autre part, avaient cessé d'obéir au prince de Salerne.

Le seul fait positif à retenir de ce diplôme, c'est qu'il nous

1. *Cod. dipl. Cav*, t. I, n° 111.

aide à comprendre les rapports de protecteur à protégé, qui unissent le basileus aux princes lombards. Ceux-ci ne se contentent pas, en entrant dans la hiérarchie byzantine, par la collation d'un titre officiel, de prêter un serment de fidélité à l'empire; ils placent sous sa sauvegarde leurs droits de souverain et de propriétaire; et ce n'est pas là une vaine formule, du moins à l'origine, si l'on se souvient que Salerne est défendue, pendant plusieurs années, par une garnison byzantine[1]. Ainsi, les princes lombards ont à côté d'eux, dans les villes même où leur autorité souveraine est toujours reconnue, des officiers ou des dignitaires byzantins, qu'ils invoquent comme des auxiliaires utiles, ou qu'ils subissent comme des protecteurs gênants. Mais loin de leurs capitales, dans les régions situées à une assez grande distance de Capoue, de Bénévent, ou de Salerne et occupées, pendant de longues années, par les Sarrasins, l'autorité du prince est, en fait, complètement détruite au profit des officiers byzantins. Les anciens fonctionnaires ou notables lombards, comtes, gastaldi, grands propriétaires, entrent, peu à peu, par une sorte d'attraction fatale, dans les cadres de l'administration byzantine : le stratège leur prodigue, sans compter, les titres pompeux qui flattent leur naïf orgueil de demi-barbares : protospathaires, spatharo-candidats, simples spathaires[2]. A côté d'eux, les officiers grecs restent sans doute assez nombreux, surtout au début de la conquête, pour que l'assimilation se fasse lentement au profit de Byzance, et que la fidélité de ces nouveaux fonctionnaires soit mieux garantie par leur mélange avec les Byzantins d'origine.

Les trois régions du thème de Longobardie. — Ainsi, dans le thème de Longobardie, il n'y a pas de ligne de démarcation bien tranchée entre la région administrée directement par le stratège de Bari et les principautés vassales. On peut y distinguer, en quelque sorte, trois régions ou zones principales : 1° sur le littoral de l'Adriatique et de la mer Ionienne, autour de Bari et de Siponto, autour de Tarente et dans la vallée du Crati, le pays où l'autorité des princes lombards a complètement disparu au profit du stratège et de ses représen-

1. Cf. *supra*, p. 139; — Erch., 54.

2. *Chart. Cup.*, n°s 4, 5, 7 : la charte n° 7 (datée de 917) est signée par sept témoins indigènes, dont six ont le titre de *imperialis spathario candidato*. Cf. Trinchera, *Syllabus*, n°s 3, 4, 5.

tants; 2° l'ancien comté de Capoue, les environs de Bénévent et de Salerne, où l'autorité des princes lombards s'exerce à peu près comme autrefois, les officiers byzantins n'apparaissant que par exception et à titre d'auxiliaires; 3° une zone intermédiaire, où l'autorité des princes et celle du stratège ne sont pas nettement définies : les gastaldi lombards et les officiers byzantins, — Lombards ou Grecs d'origine, — s'y trouvent les uns à côté des autres, ayant à peu près les mêmes attributions. C'est dans cette région que l'action byzantine, tour à tour brutale ou insinuante, cherche à s'étendre, de manière à resserrer dans des limites de plus en plus étroites le domaine des princes lombards; il s'agit soit d'éliminer peu à peu les fonctionnaires lombards, pour les remplacer par des Grecs, soit plutôt de les faire entrer dans les cadres byzantins; on profite des rivalités qui divisent l'aristocratie lombarde, pour substituer lentement le gouvernement direct de Byzance à un protectorat trop vague et trop précaire, mais on laisse une large place, dans l'administration locale, aux notables du pays.

Un exemple précis nous permettra de mieux saisir sur le vif la présence simultanée des fonctionnaires lombards et byzantins dans cette zone intermédiaire, au début de la conquête. Après la destruction, par les Sarrasins, du monastère bénédictin de Saint-Vincent-de-Vulturne, l'abbé et les moines réfugiés à Capoue ou à Bénévent, et réduits à un état voisin de la misère[1], cherchent des ressources dans une meilleure exploitation de leurs domaines; quelques-uns de ces domaines sont forts éloignés, et il s'agit de trouver, dans leur voisinage, des cultivateurs qui consentent à les prendre à bail pour une période de temps assez longue. C'est ainsi que les terres de l'abbaye, situées dans le gastaldat d'Acerenza, aux confins de la Lucanie et de l'Apulie, sont affermées, pour vingt-neuf ans, à un personnage du nom de Godinus, protospathaire impérial, habitant la ville de Matera[2]. Godinus est évidemment un Lombard d'origine, comme l'indique le nom de son père Radelchis, qui, lui aussi, avait le titre de protospathaire. Mais, pour que cette cession soit valable, il faut le consentement du prince de Salerne, souverain légitime du gastaldat d'Acerenza et protecteur de l'abbaye. Le prévôt du monastère va trouver le prince

1. Leo Ost., I, 44; — *Chron. Vult.*, *l. c.*, I, 2. 405.
2. *Chron. Vult.*, *l. c.*, I, 2, 410.

Guaimar, qui charge un de ses fidèles de se rendre à Matera comme avoué des moines. La convention entre les deux parties est ratifiée par un *judex* de Matera, assisté des notables de la ville; le *judex* Léon est un fonctionnaire byzantin, décoré du titre de *strator imperialis*, écuyer impérial.

Ainsi la ville de Matera, entre 886 et 890[1], est administrée directement par les officiers du basileus, et déjà quelques-uns des principaux habitants ont reçu les dignités officielles, qui les font entrer dans la hiérarchie byzantine. Mais, comme c'est toujours l'ancien droit lombard qui est observé dans les conventions entre particuliers, on fait encore appel, dans certains cas, à l'intervention du prince de Salerne et de ses délégués. L'ancienne ville lombarde d'Acerenza reste le siège d'un gastaldus, nommé par le prince de Salerne. Mais l'autorité réelle de ce gastaldus est de plus en plus limitée par l'action des officiers byzantins, installés dans le voisinage. La place forte de Matera paraît être, à vrai dire, une ville nouvelle, qui doit toute son importance, d'abord à l'occupation arabe, puis à l'occupation byzantine. Il est très probable qu'à l'ancienne population lombarde se joint un fort élément byzantin, puisque la garnison byzantine de Naples semble formée, en grande partie, de *Greci Materienses*[2]. On voit, par cet exemple, comment l'administration byzantine a dû étendre peu à peu le cercle de son action. Elle accepte, par la force des choses, le droit local et les coutumes locales; elle ne cherche nullement à les supprimer. Là où les anciens fonctionnaires lombards exercent encore une autorité réelle, ils seront, pour ainsi dire, les collaborateurs des officiers byzantins, en attendant qu'ils se laissent corrompre et se transforment eux-mêmes en agents directs du basileus ou de son représentant, le stratège de Bari.

L'attitude des stratèges et les principes de la politique impériale. — En effet, dans les rapports entre notables lombards et officiers byzantins, la corruption joue un grand rôle. Aux titres et aux dignités se joignent des cadeaux, et sans doute

1. Le texte publié par Muratori porte : *anno septimo imperantibus Leone et Alexandro sanctissimis imperatoribus mense martio per ind. XV*. Les deux chiffres indiqués ne sont pas d'accord et supposent une erreur. Di Meo (*Annali*, V, 37) adopte la date 889, pour des raisons assez plausibles.
2. Erch., 57, 72.

aussi, dans bien des cas, la promesse d'un traitement régulier sur la caisse impériale ou la caisse du stratège. L'empereur Léon VI, dans le portrait qu'il trace des Francs et des Lombards, insiste sur leur avidité, leur âpreté au gain. Il se plaint même que leur exemple ait exercé une fâcheuse influence sur les Byzantins envoyés en Italie : « Nous avons appris par expérience, dit-il, que ceux qui sont restés quelque temps en Italie, à force de vivre avec les Lombards, ont fini par adopter leurs mœurs barbares et par devenir aussi avides [1]. »

Un tel système coûtait fort cher, et les stratèges ne pouvaient en continuer l'application qu'en frappant le pays de charges nouvelles : comme ils ne recevaient pas de traitement régulier [2], c'était le thème lui-même qui devait les entretenir; ce qu'ils donnaient d'une main, ils cherchaient à le reprendre de l'autre. Sans doute aussi, certains stratèges, entraînés par le succès même de leur politique, pleins de mépris pour ces barbares si faciles à corrompre, en ont profité pour empiéter, de la façon la plus brutale, sur l'autorité encore reconnue aux princes et garantie par les promesses de la cour byzantine : c'est ainsi qu'ils ont provoqué la révolte de Bari, au commencement du règne de Léon VI et, plus tard, celle de Bénévent [3]. On a vu comment l'empereur Léon VI propose aux stratèges l'exemple de Nicéphore Phocas, qui a soin de faire respecter les droits des anciens propriétaires du sol et de n'imposer aux habitants aucune charge financière nouvelle. Il est probable que cet exemple dut être souvent oublié par la suite, et c'est pour cette raison que l'empereur y insiste. Cependant, instruits par l'expérience, les officiers byzantins sont ramenés peu à peu à la politique prudente et souple qui, seule, peut leur assurer la soumission durable des Lombards. Telle a été, sans doute, l'attitude des stratèges dans les vingt premières années du xe siècle, lorsque la paix est rétablie dans la région de Bénévent, et que le prince de Capoue, après celui de Salerne, reconnait explicitement le protectorat byzantin. Dans les villes même où il n'y a plus d'officiers lombards, ce qui est vrai au moins pour toutes les villes du littoral, le succès de l'administration byzantine dépend, dans une large mesure, des bons rapports avec les princes lombards : la fidélité des notables

1. Leonis *Tactica*, XVIII, 80, col. 965.
2. Const. Porph., *de Cerim.*, II, 50 : « Οἱ τῆς δύσεως στρατηγοὶ οὐκ ἐρογεύοντο. »
3. Cf. *supra*, p. 142, 149.

du pays, même encadrés dans la hiérarchie byzantine, n'est vraiment assurée, que s'ils ne trouvent autour d'eux, dans les villes où l'autorité des princes nationaux garde encore un certain prestige, aucune incitation à la révolte. Aussi le stratège de Bari doit-il veiller à ce que ces relations pacifiques ne soient point troublées ; tâche délicate, car il doit ménager l'orgueil des princes lombards, qui, en se reconnaissant comme les vasseaux du basileus, n'entendent être, d'aucune manière, les subordonnés du stratège : celui-ci doit traiter avec eux, au moins en apparence, d'égal à égal, et c'est sans doute pour être mieux protégés contre ses usurpations qu'ils tiennent tant à la dignité de *patrice impérial*.

Il n'est pas douteux que l'empereur Léon VI, éclairé par la révolte de Bari et par l'échec de ses stratèges à Bénévent, n'ait cherché, en suivant une politique plus conciliante, à établir des relations pacifiques durables avec les princes lombards et les ducs de Spolète. Le curieux chapitre des Τακτικά, où il est question des « Francs et des Longobards », nous révèle la pensée intime du fils de Basile Ier sur les nouveaux vassaux et alliés de l'empire en Italie. Puisque des doutes se sont élevés sur l'attribution à Léon VI de ce livre des Τακτικά, dont certains passages sont évidemment d'origine plus ancienne[1], il importe d'observer que ce chapitre porte en lui-même sa date : en le rapprochant du passage déjà cité, où l'empereur fait l'éloge du stratège Nicéphore Phocas[2], on se convaincra aisément que cette partie du livre appartient en propre à l'empereur Léon VI, et qu'il faut en placer la composition dans les dernières années du règne, après la pacification de l'Italie méridionale.

L'auteur rappelle, pour l'instruction de ses stratèges, quelle est la manière de combattre des Francs et des Lombards, et quel est le caractère particulier de chacun de ces deux peuples. Mais il se défend de vouloir leur faire la guerre. Comment songer à combattre « ceux qui sont en paix avec l'empire, ses alliés, des hommes qui partagent notre foi et qui nous sont soumis[3] ? » Il distingue nettement les Francs, qui sont seulement des alliés, et les Lombards, qui sont des sujets, ὑπήκοοι. Peut-

1. *Byzant. Zeitschrift*, II, 606, et III, 437. Une grande partie du Code pénal militaire, inséré dans les *Tactica*, a pour auteur Léon III l'Isaurien.
2. *Tactica*, xv, 38 col. 896.
3. « Οὐ χάριν τῆς αὐτῶν ἐκστρατείας, πῶς γὰρ τῶν εἰρηνευόντων, καὶ συμμάχων, καὶ ὁμοθρήσκων καὶ ὑπηκόων ; » (*Tact.*, XVIII, col. 963.)

être Léon VI, en parlant des Francs, fait-il allusion aux princes carolingiens, avec lesquels il échange des ambassades, entre 890 et 900. Mais le même mot désigne, selon toute vraisemblance, les ducs de Spolète, qui ne sont en conflit avec Byzance qu'à l'époque où l'impératrice Ageltrude fait occuper Bénévent. Après la chute de la dynastie franque des Guy et des Lambert, des relations pacifiques ont dû s'établir entre le nouveau margrave et la cour byzantine : ainsi s'explique cette brève allusion d'un chroniqueur byzantin aux subsides que reçoivent les Francs[1], au moment où les Bulgares ravagent la Macédoine et où les Sarrasins menacent Thessalonique. La politique pacifique de Léon VI à l'égard des princes lombards et des autres seigneurs italiens est continuée après lui, et son triomphe le plus certain, c'est la grande alliance conclue en 915 entre le stratège de Longobardie, les princes lombards, le duc de Naples, le pape et le margrave de Spolète. Au reste, dans la politique générale de l'empereur, surtout pendant les dernières années de son règne, il y a une tendance manifeste à rendre plus étroites et plus intimes les relations entre la cour byzantine et le monde latin.

III

LA COLONISATION BYZANTINE

Pour en revenir au thème de Longobardie, il reste une dernière question à résoudre : dans la population du thème, quelle est l'importance de l'élément proprement byzantin ? Y a-t-il eu, à la suite des conquêtes de l'armée byzantine, une immigration sérieuse des autres régions de l'empire, une tentative de colonisation ? *A priori*, on serait tenté de le croire, car les exemples de ce genre ne manquent pas dans l'histoire de Byzance. Il faut distinguer, il est vrai, deux modes de colonisation, dont le seul trait commun est d'être l'œuvre directe de l'Etat. Tantôt on voit des Grecs, transplantés et dispersés au milieu des Slaves, pour arriver peu à peu à les helléniser ; c'est ce qui arrive en Péloponnèse, au temps de

1. Sym. Mag., p. 707, c. 14.

l'empereur Nicéphore (802-811)[1]; — tantôt, et le plus souvent, on recrute des colonies militaires dans les populations turbulentes du Liban et de l'Arménie, pour les envoyer un peu partout, très loin de leur pays. Telles sont les nombreuses colonies de Mardaïtes du Liban, qui se trouvent cantonnées soit en Asie Mineure, soit dans les thèmes de Céphallénie et de Nicopolis; telles sont les colonies arméniennes, qu'on disperse en Sicile, en Thrace, en Macédoine[2], pour débarrasser les confins orientaux de l'empire d'éléments dangereux, et les transformer en instruments utiles de défense ou d'attaque.

Dans l'Italie méridionale, nous trouvons, sous les règnes de Basile Ier et de Léon VI, quelques rares exemples de cette double colonisation. Une veuve très riche du Péloponèse, qui possède une immense fortune, — terres, troupeaux, esclaves, — en lègue la plus grande partie à l'empereur. Sur l'ordre de Léon VI, 3.000 de ces esclaves sont affranchis et forment une colonie qu'on envoie, peu de temps après la conquête, dans le thème de Longobardie[3]. Aucun texte ne nous permet de savoir dans quelle région s'est établie cette colonie, si elle a formé un groupe unique, ou si, au contraire, elle a été répartie par les stratèges sur plusieurs points. Si l'on songe que la lutte contre les Sarrasins, un peu avant la prise de Bari par les Francs, a été particulièrement acharnée dans la région de collines et de steppes, — le pays actuel des *Murgie*, — qui s'étend à l'ouest de la plaine d'Apulie, depuis le cours supérieur de l'Ofanto et le mont Vulture jusqu'aux environs de Tarente, on sera disposé à croire que les places fortes de cette région, en partie incendiées ou détruites, étaient séparées par de véritables déserts. Il a fallu, après la conquête byzantine, repeupler les champs et rebâtir les villes : si des bourgades secondaires, comme Matera, deviennent des centres importants de population, c'est probablement qu'on y a établi, en assez grand nombre, des colons byzantins. Le même fait a pu se produire dans toutes les régions dévastées par les Sarrasins, et notamment dans la Lucanie méridionale et dans le nord de la Calabre.

Mais l'histoire des esclaves de Danelis est un fait isolé, dont

1. Théoph. ed. de Boor, I, p. 486.
2. *De Cerim.*, II, 44; — *De Adm. imp.*, c. L. — Cf. Rambaud, p. 218, 251. — Sur les Arméniens de Sicile, cf. Théoph. ed. de Boor, I, 469; — Amari, I, 223.
3. Théoph. Cont., V, 74, 77.

il serait imprudent de tirer des conséquences trop générales[1]. Quant aux soldats des autres thèmes, qui ont été envoyés, à plusieurs reprises, dans l'Italie méridionale, il semble bien que, la conquête finie, la plupart soient rentrés dans leurs provinces respectives. Quelques-uns cependant ont dû se fixer dans le pays et y recevoir des terres. C'est sans doute le cas des auxiliaires arméniens, venus avec Etienne Maxentios et Nicéphore Phocas, vers 885 : en accordant des privilèges d'immunité aux monastères du Mont-Cassin et de Saint-Vincent-de-Vulturne, pour leurs domaines d'Apulie, les stratèges nomment, parmi les usurpateurs possibles de ces domaines, les officiers des trois nations : Grecs, Lombards, Arméniens[2].

En fait, rien ne nous autorise à croire que ces colonies aient été très importantes : nous n'avons, il est vrai, pour la fin du IXe siècle et le commencement du Xe siècle, qu'un assez petit nombre de chartes[3]; mais, si on y joint celles de la période suivante, l'impression d'ensemble qui en résulte, c'est que dans la population d'Apulie, les indigènes, Lombards et Latins, sont en grande majorité; la prédominance de la langue latine et du droit lombard en est une preuve suffisante.

1. Cependant, d'après un texte inséré dans la *chronique* de Cedrenus (II, 225 c), la ville de Gallipoli aurait été reconstituée, à l'époque de Basile, avec des colons venus d'Héraclée du Pont.

2. Trinchera, *Syllabus*, n° 3; — *Chron. Vult.*, *l. c.* 413.

3. Dans le *Syllabus* de Trinchera, il y a 6 chartes antérieures à 960; dans le *Cartulaire* de Conversano, 16; dans les *Chartes* de Trani, 4; la plus ancienne du *Codice Barese* est de 939 (t. IV, n° 1).

CHAPITRE II

LES ÉGLISES DE CALABRE ET D'APULIE APRÈS LA CONQUÊTE BYZANTINE

Après l'occupation de la Calabre et de l'Apulie, le gouvernement byzantin dut se préoccuper, tout en organisant les thèmes nouveaux, d'y restaurer la hiérarchie ecclésiastique. Cette tâche était d'autant plus nécessaire, que le long séjour des Sarrasins avait eu pour conséquence la ruine ou l'abandon d'un grand nombre d'églises. D'autre part, l'un des moyens les plus efficaces pour rendre durable et permanente l'influence byzantine sur les populations nouvellement soumises, c'était de créer, parmi elles, des centres nouveaux de vie ecclésiastique, c'était d'envoyer à la suite des stratèges des évêques et des prêtres grecs. Dans le pays des Lombards, dévasté par des guerres incessantes, il devait être assez facile, semble-t-il, de substituer lentement un clergé grec à l'ancien clergé latin, qui, en bien des endroits, avait dû être dispersé ou décimé par l'invasion sarrasine. Au reste, pour opérer ce changement, il n'était pas nécessaire de faire venir des clercs d'Orient. Les progrès de la domination arabe en Sicile amenaient sur le continent italien un flot continuel d'émigrants chrétiens, laïcs, prêtres ou moines; et plus la puissance byzantine s'enracinait en Italie, plus croissait cette émigration. C'est surtout par les réfugiés de Sicile, — nous le verrons plus loin, — que se multiplient, au cours du xe siècle, les monastères calabrais. Il faut montrer d'abord quel est, après la conquête byzantine, l'état des diocèses, d'abord dans la région qui dépend du patriarche de Constantinople, — puis dans les pays restés latins et soumis à la juridiction romaine.

I

LES ÉGLISES GRECQUES EN CALABRE ET TERRE D'OTRANTE

Si nous connaissons, par les œuvres de Constantin Porphyrogénète, les thèmes nouveaux créés au temps de Léon VI, nous avons aussi, pour la même époque, une liste officielle des diocèses de tout l'empire. Jusqu'aux recherches récentes de M. Gelzer[1], il régnait quelque incertitude sur l'origine et la date des différents catalogues épiscopaux, publiés autrefois par Leunclavius, puis, de nos jours, par Parthey[2]. Car si plusieurs de ces catalogues ont été remaniés au XIIe siècle, à l'époque des Comnène, il est évident qu'ils sont formés d'éléments beaucoup plus anciens. Mais, tandis que les uns attribuaient les premières listes à l'empereur Léon le Sage, d'autres prétendaient y voir une œuvre de Léon V l'Arménien ; d'autres remontaient même jusqu'à Léon III l'Isaurien[3]. M. Gelzer a publié le texte inédit de la « diatypose » de Léon VI « Νέα Τακτικά », et il a montré que la *Notice I* du recueil de Parthey se compose, en réalité, de deux éléments très distincts : 1° la description civile du monde romain par Georges de Chypre, écrivain du VIIe siècle ; — 2° une notice purement ecclésiastique, ayant pour auteur le moine arménien Basile, qui a vécu au commencement du IXe siècle, au temps des empereurs Michel II et Théophile (entre 840 et 842).

Avant la conquête byzantine, parmi les évêchés grecs du duché de Calabre (qui comprend, en réalité, le sud de la Calabre et la Terre d'Otrante), un seul est le siège d'un métropolitain : c'est celui de Reggio[4]. Encore la métropole de Reggio est-elle, au début du IXe siècle, de création toute récente. Car, au temps de l'impératrice Irène et du IIe concile de Nicée (787), si les évêques de Calabre venus à Constan-

1. Cf. son *Introduction* à Georges de Chypre : *Descriptio Orbis Romani* ; *Jahrbücher f. prot. Theol.*, t. XII, p. 528 ; et *Abhandlungen der Akad. der Wissenschaften. München*, 1901, p. 549 (*ungedruckte Texte der Notitiæ episcopatuum*).

2. Parthey, *Synecdemus Hieroclis et notitiæ grecæ episcopatuum*, 1866. — Cf. Gay, art. cité (*Rev. d'hist. et litt. relig.*, 1900, [p. 233]).

3. Cf. Assemani, *l. c.*, t. III, p. 496 ; — Fabre, *Liber censuum*, fasc. I, p. 20 ; — Minasi, *le Chiese di Calabria*, p. 230.

4. *Basilii notitia* (dans Georges de Chypre, éd. Gelzer, p. 27).

tinople forment, avec leurs collègues de Sicile, un groupe spécial, aucun d'eux ne parait avoir le pas sur les autres, par son titre ou ses prérogatives [1]. Ni la Sicile, ni la Calabre ne forment encore une province ecclésiastique; elles relèvent directement du patriarcat de Constantinople.

Un siècle plus tard, à l'époque de Léon VI, il n'en est plus de même : l'auteur des Νέα Τακτικά mentionne, dans la nouvelle Calabre, deux métropoles, dont l'une, celle de Reggio, a douze suffragants, et l'autre, Santa-Severina, en a quatre. Dans l'ancienne Calabre ou Terre d'Otrante, il n'y a qu'un siège archiépiscopal, Otrante, qui n'a pas de suffragants : ce n'est donc pas une métropole, mais un siège « autocéphale ». L'évêché de Gallipoli est rattaché à la métropole calabraise de Santa-Severina [2].

La province de Reggio. — Parmi les douze suffragants de Reggio, il y a plusieurs groupes à distinguer : 1° les sept diocèses anciens de Vibona, Tauriana, Locres (ou Sainte-Cyriaque), Squillace, Cotrone, Nicotera, Tropea, qui existaient bien avant l'époque des Iconoclastes, et dont les évêques assistent presque tous au IIe concile de Nicée, en 787 ; — 2° les trois diocèses nouveaux de Rossano, Amantea et Nicastro, dont la création est une conséquence de la conquête byzantine : comme cette conquête n'est pas achevée au moment de la mort de Basile, c'est sans doute l'empereur Léon VI et le patriarche Etienne, successeur de Photius, qui ont établi des évêques dans ces trois villes. Amantea devient siège épiscopal, quand les troupes du basileus en ont chassé définitivement l'émir sarrasin, qui de cette ville, située sur la côte de la mer Tyrrhénienne, avait fait sa capitale. Nicastro, comme son nom l'indique, est une cité nouvelle, bâtie sur une hauteur fortifiée; elle remplace le diocèse disparu de Tempsa, situé plus près de la mer. De même Rossano, ville plus ancienne, mais de second ordre, remplace le diocèse de Thurii, situé près du littoral de la mer Ionienne, non loin de l'embouchure du Crati. Ces deux antiques cités, Thurii et Tempsa, sont mentionnées, pour la dernière fois, à la fin du VIIe siècle [3]. Elles ont été ruinées, sans

1. MANSI, XII, 993, 1096 ; XIII, 139.
2. Georges DE CHYPRE, p. 57 et 77.
3. Voir les signatures du concile romain de 680 (HARD., III, 1127). — Cf. DUCHESNE, *les Evêchés de Calabre* (*Mélanges Fabre*, p. 1).

doute, au cours du IXe siècle, par les incursions sarrasines. — 3° Les deux diocèses de Cosenza et de Bisignano, situés dans la vallée du Crati, appartiennent à cette région de la Calabre, que les Lombards ont occupée depuis la fin du VIIe siècle jusqu'au milieu du IXe, et qui fut rattachée théoriquement, par le traité de 849, à la principauté de Salerne[1]. Au moment de la conquête lombarde, la Calabre est encore rattachée au patriarcat romain, et c'est à peine si la liturgie grecque commence à s'y introduire : aussi les anciennes églises de Cosenza et de Bisignano sont-elles restées des églises latines, dépendant directement du Saint-Siège : on voit leurs évêques assister, en 743, à un synode romain, à côté des autres évêques lombards de Lucera, Bénévent et Capoue[2]. Mais c'est surtout dans cette partie septentrionale de la Calabre que l'invasion sarrasine a dû tout bouleverser : très probablement, il n'y a plus de relations directes entre Rome et ces églises lointaines, et l'autorité byzantine n'a pas dû rencontrer de résistance, en installant dans ces deux villes, après l'expulsion des Sarrasins, des évêques soumis au métropolitain de Reggio et au patriarche de Constantinople. Plus tard même, nous ignorons à quelle époque, un évêché nouveau est créé dans la même région, c'est celui de Cassano, mentionné dans les listes épiscopales, postérieures aux Νέα Τακτικά de Léon VI[3].

Cependant, si la population de ces villes était restée latine, on peut se demander comment l'autorité byzantine a réussi à lui imposer des évêques grecs. Un fragment de lettre du pape Etienne V nous apprend qu'à Tarente le patrice byzantin veut empêcher l'évêque élu d'aller à Rome se faire consacrer par le pape, et qu'il prétend installer à sa place un prêtre grec, dépendant du patriarcat de Constantinople[4]. Il résulte de cette lettre que la lutte est assez vive entre le clergé local et le représentant du basileus. On peut admettre, avec une grande vraisemblance, que le cas de Tarente n'est pas isolé. Dans les premières années du Xe siècle, un évêque de Cosenza, nommé Itelgrimus, échange des terres avec l'abbé de Saint-Vincent-de-Vulturne, qui possède certains

1. Cf. *supra*, p. 62.
2. Mansi, XII, 367.
3. Parthey, *Not.*, III et X.
4. Jaffé-Löw., 3436, 3437.

domaines en Calabre[1] : il semble bien que cet Itelgrimus soit un Lombard, sorti du clergé local et resté fidèle aux traditions latines. On se demandera dès lors si les listes épiscopales dressées à Byzance donnent bien une image exacte de la réalité, et s'il y a eu vraiment des évêques grecs à Cosenza et à Bisignano. Malheureusement, nous n'avons aucun autre document qui nous aide à contrôler la valeur de ces catalogues officiels. Il faut observer que l'é[illegible]ché de Tarente, revendiqué, au dire d'Etienne V, par l[illegible]che de Constantinople, ne se trouve nulle part sur l[illegible] officielles byzantines : ceci semble indiquer que, du [illegible] temps de Léon VI, le clergé local latin et le Sain[illegible] obtenu gain de cause à Tarente, — tandis qu'à Cos[illegible]tentions du patriarcat ont été maintenues par la [illegible]ne.

Rapports des Latins et des Grecs au nord de la Calabre. — Les compromis entre Rome et Byzance. — Il est très possible qu'au nord de la Calabre, dès le début de l'occupation byzantine, il y ait à la fois un clergé grec et un clergé latin. Deux hypothèses se présentent : ou chacun de ces deux groupes a, dans la même ville, son évêque distinct, fait étrange et dont il serait singulier qu'il ne restât aucun indice ; ou bien, par une sorte de *modus vivendi* ou de tolérance tacite, les évêques de Cosenza et de Bisignano, élus dans le clergé local lombard, vont se faire consacrer à Reggio par le métropolitain byzantin, sans qu'ils cessent, pour cette raison, d'user dans leurs églises de la liturgie latine. On ne doit pas oublier qu'à cette époque, si grandes que soient les différences entre les deux rites, elles le sont beaucoup moins que plus tard : les clercs grecs et latins sont accoutumés, dans certaines villes, à célébrer ensemble certaines fêtes, comme c'est l'usage courant à Rome, au VIIIe siècle et plus tard encore, dans l'église de Naples[2].

Au reste, les relations qui existent entre la cour byzantine et le Saint-Siège, surtout vers la fin du règne de Léon VI, sont bien faites pour favoriser la concorde et écarter toutes les occasions de conflit. Le fils de Basile, bien qu'élève de Photius, se montre, une fois empereur, aussi hostile à son ancien maître que les plus intransigeants des successeurs de Jean VIII sur

1. *Chron. Vult.*, p. 418.
2. DIEHL, *l. c.*, p. 261. FABRE : *le polyptique du chanoine Benoît*, p. 11, 20. Cf. plus loin, p. 243.

le siège romain. Quelques mois après son avènement, Photius est déposé, envoyé dans un monastère et remplacé par le jeune frère de Léon VI, Etienne. Le nouveau patriarche, âgé de seize ans, n'est qu'un instrument docile entre les mains du basileus : mais pour briser la résistance du parti photien, Léon VI a besoin de l'appui de Rome et le recherche avec empressement[1]. Il est vrai que, de part et d'autre, surgissent de graves difficultés, qui arrêtent les négociations entre Rome et Byzance, notamment à l'époque du pape Formose; puis les révolutions violentes qui bouleversent Rome, après la mort de Formose, apportent de nouveaux retards au rétablissement de l'union. Mais quand le pape Jean IX réussit enfin à pacifier l'Eglise romaine (898), il est d'accord avec Léon VI et le patriarche Antoine Cauléas, successeur d'Etienne, pour mettre un terme aux luttes violentes entre les partisans d'Ignace et ceux de Photius; il couvre par une amnistie générale les conflits du passé et ne désavoue aucun de ses prédécesseurs, pas plus le conciliant Jean VIII, qui avait reconnu Photius, qu'Etienne V et Formose, qui avaient renouvelé contre lui les anciens anathèmes[2]. C'est sans doute à ce moment que se place l'ambassade à Constantinople de l'évêque Nicolas et du cardinal Jean, mentionnés dans un écrit contemporain[3]. Plus tard, quand le patriarche Nicolas le Mystique se brouille avec le basileus, dont il refuse de bénir le quatrième mariage, c'est dans les complaisances de Rome que le basileus cherche un appui contre l'intraitable rigueur de Nicolas. Le pape Serge III, dont la vie scandaleuse fait un contraste étrange avec la noble et austère figure du patriarche byzantin, s'empresse de faire droit aux réclamations impériales, en envoyant à Constantinople des légats, chargés de soutenir l'empereur contre le patriarche[4]: Nicolas le Mystique, comme Photius, est contraint d'abdiquer.

Si tels sont les rapports entre Léon VI et l'Eglise romaine, on s'explique mieux que la situation du clergé de Calabre, aux confins des deux patriarcats, reste assez indécise. D'une part, le Saint-Siège, surtout après Etienne V, est de moins en moins

1. Cf. HERGENRÖTHER, *Photius*, II, 683 et suiv.; — *Vita Euthymii*, éd. de Boor, *Introd.*, p. 148.
2. MANSI, t. XVIII, col. 201.
3. Le *Clerotologion* de Philothée, daté de 900 (*de Cerim.*, II, 52).
4. *Vita Euthymii*, éd. de Boor, XIII, p. 46.

capable de faire valoir, au sud de la péninsule, des revendications quelconques; d'autre part, le basileus, éclairé sur les inconvénients d'une politique trop violente, renonce à helléniser les Lombards malgré eux : s'il consent à leur laisser leurs institutions et leur droit, il ne cherche point à modifier de force leur langue et leur liturgie. Mais, de même que les « gastaldi » recherchent avec empressement les titres byzantins, de même les évêques lombards du nord de la Calabre, se détournant de Rome, ont pu demander au métropolitain de Reggio, représentant du patriarche, l'investiture byzantine.

La province nouvelle de Santa-Severina. — L'archevêché d'Otrante. — Une autre région de la Calabre subit, à l'époque de Léon VI, des transformations plus profondes. La ville de Santa-Severina, reprise aux Sarrasins par Nicéphore Phocas en 885-886, devient le centre non seulement d'un diocèse nouveau, mais d'une métropole nouvelle, indépendante de Reggio : autour de Santa-Severina se groupent, sur les pentes orientales du massif de la Sila, les quatre diocèses, également nouveaux, d'Umbriatico, Cerenzia, Isola-di-Capo-Rizzuto, Belcastro, moins étendus que les autres diocèses calabrais[1]. Il y a quelque chose d'un peu étrange dans la constitution de cette province ecclésiastique, formant comme un îlot isolé, au milieu de la province de Reggio : il est clair que l'autorité byzantine entendait donner à Santa-Severina une importance toute particulière[2] et en faire le foyer d'une propagande religieuse plus intense : peut-être est-ce dans cette région que sont attirés surtout les réfugiés siciliens, ou les colons, envoyés des autres parties de l'empire.

Tandis que la péninsule de Calabre compte en tout dix-sept diocèses, il n'y en a que deux dans la Terre d'Otrante : l'ancien évêché de Gallipoli, rattaché à la métropole de Santa-Severina, et l'archevêché d'Otrante, qui n'est pas une métropole. Au concile tenu par Photius à Constantinople, en 879, on voit apparaître l'évêque Marc d'Otrante[3] : s'il reçoit, un peu plus tard, le

1. Νέα Τακτικά (Georges de Chypre, p. 77). — Cf. les identifications de Fabre, *Liber Censuum*, fasc. I, p. 24.

2. Un écrivain grec de Sicile, contemporain des Normands, nous apprend que Santa-Severina s'appelait aussi la ville de la victoire « Nicopolis » (Nil Doxopater, *Patr. Gr.*, t. CXXXII, col. 1087).

3. Mansi, XVII, 374. Avec Léon de Reggio, il représente seul l'épiscopat de l'Italie méridionale.

titre d'archevêque, c'est pour rester en rapports plus étroits avec le patriarche de Constantinople, dont il dépend directement ; l'importance de la ville lui vaut une prérogative spéciale et un rang à part dans la liste des évêchés byzantins d'Italie. Il n'y a pas d'autres sièges épiscopaux, à l'extrémité sud-est de l'Italie byzantine. L'évêché de *Lippiæ* (Lecce), mentionné au VIe siècle[1], a disparu depuis. Un document du XVe siècle fait allusion à une prétendue lettre du pape Paul Ier, où il serait question d'un évêque de Nardò. Mais on ignore sur quels documents repose cette tradition très suspecte[2].

II

LES ÉGLISES LATINES D'APULIE

Les églises de Tarente, Brindisi et Oria. — A l'ancienne Calabre se rattachaient les deux villes épiscopales de Tarente et de Brindisi, conquises et gardées par les Lombards depuis la fin du VIIe siècle. Tandis que le clergé d'Otrante devient purement grec, celui de Tarente et de Brindisi est resté latin et soumis au patriarcat d'Occident. L'évêque de Tarente assiste au synode romain de 743[3]. Vers le milieu du IXe siècle, Tarente est un centre commercial important, visité par des marchands de Salerne et d'Amalfi[4]. Rattachée à la nouvelle principauté lombarde de Salerne, elle ne tarde point à être occupée par les musulmans, qui la gardent jusqu'en 880. Il n'est pas douteux que Tarente, en raison même de son importance, ne soit devenu un des centres principaux de l'administration byzantine. Au commencement du règne de Léon VI, le patrice Georges y réside, et avec lui probablement une assez forte garnison. Mais, à côté des immigrés grecs, la masse de la population reste latine ; c'est un évêque latin qui est élu, puisque le patrice le chasse et veut le remplacer par un prêtre, que le patriarche de Constantinople doit consacrer[5]. Contre cette attitude du patrice,

1. Greg., *Epist.* VI. 21.
2. Ughelli, *Italia Sacra*, t. I, 1039.
3. Mansi, XII, 367.
4. *Chron. Sal.*, 79 ; — Erch., 80.
5. Cf. *supra*, p. 187 ; — Jaffé-Löw., 3436.

le pape Etienne V proteste énergiquement; et comme, vers la même époque, se trouve à Constantinople l'évêque d'une ville voisine, Théodose d'Oria[1], on peut en conclure que la protestation du Saint-Siège a été transmise directement à l'empereur. Nous avons déjà remarqué que le diocèse de Tarente n'est pas mentionné dans les listes officielles des églises de l'empire. S'il y a, plus tard, un évêque grec à Tarente, ce n'est pas avant la seconde moitié du xe siècle.

Quant à la ville de Brindisi, elle fait partie, à cette époque, du diocèse latin d'*Oria*, et on n'y trouve pas trace de la présence d'un évêque grec. A la suite des premières incursions sarrasines, l'évêque de Brindisi a dû se retirer dans l'intérieur des terres, pour fixer sa résidence dans la ville d'Oria, mieux fortifiée et plus facile à défendre. L'évêque Théodose d'Oria, légat du Saint-Siège auprès de Léon VI, est un personnage fort actif, dont le rôle nous est connu par plusieurs textes[2]: dans ce pays si troublé par l'occupation musulmane, il emploie tous ses efforts à la restauration du culte chrétien. C'est lui qui fonde à Oria l'église cathédrale, consacrée à la Vierge : il y fait transporter différentes reliques, venues de Rome ou d'Apulie; d'après un texte du xie siècle, il aurait obtenu du prince de Bénévent une partie des reliques de saint Leucius, l'un des patrons du diocèse de Brindisi, dont le corps a été transporté à Bénévent, lors de l'invasion sarrasine[3]; c'est lui qui fonde ou restaure, à Oria, le culte d'un saint ermite de Palestine, Barsanophius, dont il semble bien que la légende soit une traduction du grec[4]. Mais un texte plus curieux encore, qui nous révèle l'activité de l'évêque Théodose, c'est un fragment de législation canonique, contenant les décrets d'un synode diocésain, tenu à Oria vers la même époque[5]. On y voit comment l'occupation sarrasine avait favorisé le relâchement de la discipline ecclésiastique. Beaucoup d'églises sont abandonnées; la simonie s'est partout répandue; les charges sont données au plus offrant; les prêtres

1. JAFFÉ-LOW., 3405.
2. Cf. UGHELLI, *Italia Sacra*, IX, 67. *Codex diplomaticus brundusinus* 1er vol. recueil manuscrit conservé aux archives municipales de Brindisi). Le nom de l'évêque Theodosius se trouve dans une inscription citée au *Corpus*, t. IX, n° 233 (p. 21).
3. UGHELLI, VII, 892. C'est l'histoire de la *Translatio S. Leucii*, qui se trouve aussi dans *Boll. A. S.*, jan., I, 672.
4. BOLL., *Apr.*, II, 23.
5. *Spicilegium Casinense*, p. 377.

ont transformé en domaines privés les biens confiés à leur administration : il faut que l'évêque prenne des mesures sévères pour combattre tous ces abus.

L'Apulie centrale et septentrionale : disparition des anciens évêchés. — Au nord de Brindisi et de Tarente, dans l'Apulie proprement dite, occupée par la colonie musulmane de Bari entre 840 et 870, la conquête byzantine n'a d'autre effet que de favoriser la restauration des anciennes églises latines, toujours unies au siège de Rome. Au reste, dans cette vaste région, les villes épiscopales sont peu nombreuses. Si l'on dresse la liste des diocèses d'Apulie, au commencement du VIIe siècle, on est surpris de voir combien la conquête lombarde en a fait disparaître. Avant l'arrivée des Lombards, il y a des évêques, au sud de l'Ofanto, dans les villes de *Canosa*, *Bari*, *Acheruntia*, *Egnatia*, *Venosa*, qui sont toutes d'anciens *oppida* romains ; puis à *Trani* et à *Cupersanum* (Conversano), localités moins importantes ; au nord de l'Ofanto, on trouve des évêques à *Siponto*, *Salapia*, *Arpi*, *Ecæ*, *Larino*, *Luceria*, *Herdoniæ*[1]. Il importe de noter, d'ailleurs, que même à cette époque le nombre des diocèses reste inférieur à celui des anciennes *civitates* romaines. Mais après la conquête lombarde, plusieurs de ces villes sont abandonnées ou ruinées. Peu de régions, en Italie, ont autant souffert de l'invasion des Lombards et des guerres incessantes, qui en sont la suite, que cette fertile plaine apulienne, où la cupidité des bandes pillardes de toute origine, Lombards, Grecs ou Slaves, trouvait sans peine de quoi se satisfaire. C'est ainsi que disparaissent, à partir du VIIe siècle, les noms de plusieurs villes, mentionnés dans les documents de l'époque antérieure : il n'est plus question ni d'*Egnatia*, ni de *Salapia*, ni d'*Arpi*, ni d'*Herdoniæ*. Les évêchés de Venosa et de Cupersanum, qui apparaissent de nouveau au XIe siècle, sont à ce moment des créations récentes[2].

Quand l'empereur byzantin Constant II essaie, vers 660, de reprendre l'Apulie, l'évêque de *Luceria* va chercher un refuge à Lesina, plus près de la mer : ce n'est là sans doute qu'un

1. Cf. les signatures des conciles de 465, 499, 501 et 502, 536 ; — HARD., II, 799 B, 961-970, 1399. Pour les noms des civitates, cf. *Corpus I. L.*, t. IX, p. 27 et tab. II (d'après les notes d'un cours inédit de Mgr Duchesne).

2. Cf. DI MEO, *Annali*, I, 70 ; — et HIRSCH, *l. c.*, trad. Schipa, p. 38, n. 4. — *Liber Censuum*, éd. Fabre, fasc. I., p. 30.

changement peu durable, car, en 743, il y a un évêque de Lucera qui, avec d'autres évêques lombards, vient assister à un synode romain[1]. Mais au pied du Gargano, l'église épiscopale de Siponto, qui existe encore en 649, est supprimée, trente ou quarante ans plus tard, par le duc Romuald, qui la réunit à l'église de Bénévent, récemment restaurée ; et depuis cette époque, les évêques de Bénévent continuent d'administrer ensemble les deux églises[2]. D'ailleurs, jusqu'à la fin du VIIe siècle, les Lombards du Sud, maîtres de l'Apulie, semblent beaucoup plus voisins du paganisme que du christianisme[3]. Le duc Romuald et la duchesse Theoderada sont les premiers à entreprendre la restauration de quelques églises. Theoderada, qui gouverne le duché lombard, pendant la minorité de son fils Gisulf (689-706), rétablit le siège épiscopal de Canosa, abandonné probablement depuis l'époque de saint Grégoire[4], et bâtit une église en l'honneur de saint Sabinus, — un évêque du VIe siècle, — qui est vénéré comme le protecteur principal de Canosa, et plus tard de Bari. Mais que sont ces deux ou trois églises, restaurées par les ducs lombards, à côté de toutes celles qui ont disparu ? Au commencement du IXe siècle, avant l'occupation sarrasine, les seuls diocèses dont on puisse affirmer l'existence en Apulie sont ceux de Lucera et de Canosa ; peut-être aussi y a-t-il un évêque à Trani, s'il faut accepter comme exacte la signature d'un concile de 761[5]. Mais la bourgade de Trani, peu importante à cette époque, se trouvant très voisine de Canosa, cette mention isolée reste suspecte. Il en est de même pour le siège de Bari : car il n'est pas certain que la mention « Sebastianus Bariensis » d'un synode romain de 826[6] se rapporte à Bari de Pouille.

L'église de Canosa-Bari. — Si nous savons qu'au Xe siècle l'église de Bari est unie à celle de Canosa[7] nous ignorons à quelle époque précise remonte cette union. L'histoire des évêques de Bari est encombrée d'un fatras de documents apo-

1. *Script. rer. lang.*, p. 590 (*ex Vita et transl. S. Pardi*) ; — MANSI, XII, 367.
2. HARD., III, 689 : — *Script. r. l.*, 556 (*Vita Barbati*) ; — UGHELLI, t. VIII, 34 et s.
3. *Vita Barbati*, *l. c.* : — et HIRSCH-SCHIPA, p. 37.
4. *Greg. I epist.* (JAFFÉ-LÖW., 1121, 1246, 1247) ; — *Vita S. Sabini* (*Script. r. l.*, 586 : — et *Acta S.*, febr., II, 323).
5. HARD., III, 2003.
6. MANSI, XIV, 1000.
7. *Codice Barese*, t. I, n°s 3, 7.

cryphes ou suspects, au milieu desquels il est fort malaisé de découvrir quelques données précises et sûres. Longtemps les historiens locaux se sont appuyés sur le récit d'un soi-disant prêtre Grégoire, qui aurait écrit, en 892, l'histoire de l'image miraculeuse de la Vierge de Bari : il est démontré que ce récit a été fabriqué au XVIIIe siècle par le chanoine Calefati[1]!. Les listes publiées par Ughelli dans son *Italia Sacra* d'après des catalogues du XVIIe siècle ne méritent pas plus de confiance[2]; et, si l'on remonte plus haut encore, jusqu'à l'époque normande, on s'aperçoit que les luttes continuelles entre le clergé de Canosa et celui de Bari ont donné lieu à bien des fraudes. Ainsi, depuis l'époque lombarde jusqu'au milieu du Xe siècle, l'histoire de l'église de Bari nous est presque entièrement inconnue.

La *Chronique de Salerne* nous apprend qu'au début de l'occupation sarrasine un évêque de Canosa, nommé Pierre, se réfugie à Salerne, et qu'il y reste fort longtemps, puisqu'un peu plus tard les habitants de Salerne le choisissent pour leur évêque[3]. Nous ignorons si, dès cette époque, Bari fait partie du diocèse de Canosa ; mais il est manifeste que, depuis l'occupation sarrasine, entre 840 et 870, il n'y a pas plus d'évêque à Canosa qu'à Bari[4]. Partout les clercs et les moines prennent la fuite, et se dispersent dans les régions, qui ne sont pas encore atteintes par la guerre. Lorsque les deux princes de Bénévent et de Salerne font la paix entre eux et se partagent le pays lombard, en 849, ils s'entendent pour ordonner aux évêques, aux moines, aux clercs, de quelque rang qu'ils soient, de rentrer dans les villes ou les monastères, où ils habitaient avant la guerre[5]. Mais comme l'occupation sarrasine se prolonge, surtout en Apulie, pendant près de vingt ans encore, il est probable que ces prescriptions sont fort mal observées. Les

1. Voir l'*Introd.* du *Codice Barese*, I., p. X et s., et CANTU, *Arch. storico Italiano*, nuova serie, t. XII, p. 3.

2. UGH., t. VII, 589. L'histoire de Bari par Petroni, qui accepte sans discussion les faux de Calefati, est aussi peu véridique.

3. *Chron. Sal.*, c. 97. Ce texte même n'a qu'une autorité fort suspecte. Car, si la liste des évêques de Salerne, donnée par le chroniqueur, est exacte, il s'ensuit que Pierre de Canosa s'est réfugié à Salerne bien *avant* l'arrivée des Sarrasins.

4. Schulz, dans les *Denkmäler der Kunst in Unteritalien*, I. p. 21, fait allusion à une bulle du pape Sergius II qui unit le siège de Canosa à Bari. Je ne sais de quelle source apocryphe il a tiré ce renseignement sans valeur.

5. *Edictus*, p. 196 (n°s 5, 6 et 7).

conciles, tenus à la fin du IXe siècle, à Oria, à Siponto ou à Bénévent, pour restaurer la discipline ecclésiastique, nous montrent en quel triste état se trouve alors le clergé apulien, et comment beaucoup de prêtres, restés dans le pays, ont fini par adopter les mœurs musulmanes; les clercs vagabonds rentrent dans les villes, et les évêques se plaignent qu'on les reçoive dans les églises, sans savoir d'où ils viennent[1]. Aussitôt que les musulmans sont chassés, la hiérarchie se rétablit dans les principaux centres. C'est sans doute à ce moment que le siège épiscopal de Canosa est transféré à Bari. Mais il importe de le remarquer : sur cette translation, le témoignage le plus précis et le plus ancien que nous possédions, c'est la tradition de l'église de Bari, telle qu'elle existe *à la fin* de la période byzantine. Dans les dernières années du XIe siècle, les habitants de Bari sont persuadés qu'ils possèdent le corps de saint Sabin de Canosa, et l'archidiacre Jean raconte, dans son récit de l'*Inventio S. Sabini*, qu'on a découvert une inscription ainsi conçue : *Angelarius episcopus attulit corpus B. Sabini*[2]. Mais cette inscription n'existe plus et il est impossible d'en apprécier la valeur. Celle qui l'a remplacée, et qu'on peut lire encore aujourd'hui, date de la fin du XIIe siècle[3]. Même sans tenir grand compte de ce texte, il est naturel de supposer que Bari devient, après l'expulsion des Sarrasins et l'arrivée d'un stratège byzantin, le principal siège épiscopal d'Apulie.

Il est probable aussi que les stratèges ont cherché, comme à Tarente, à établir, au centre du thème de Longobardie, un évêque grec relevant du patriarcat de Constantinople. Mais dans l'état actuel des textes, ce n'est là qu'une hypothèse : pas un fait précis ne nous permet d'affirmer que cette tentative ait été couronnée de succès. Quand on voit avec quelle facilité la population de Bari accueille vers 887 le prince de Bénévent, révolté contre Byzance, on peut croire que le clergé local et les habitants sont encore moins disposés qu'à Tarente à subir un évêque étranger.

1. *Spicilegium Casinense*, p. 377 et 386 (Oria et Siponto). — D'autres canons d'un concile tenu probablement à Bénévent vers la même époque ont été récemment découverts par le P. Morin dans un manuscrit de Londres (*Revue bénédictine*, avril 1900).

2. BARONIUS, *Ann. eccl.*, 1091 : — BOLL., *Acta S.*, febr., II, 329 ; — UGHELLI, VII, 594.

3. FANTASIA, *il duomo di Bari*, p. 21 suiv.

L'église de Siponto et le sanctuaire du Gargano. — Quant à l'Apulie septentrionale, sauf le diocèse de Lucera, elle se rattache tout entière au diocèse de Bénévent. L'histoire de l'église de Siponto, qui perd son indépendance à la fin du VIIe siècle, mérite ici une mention spéciale. Elle doit surtout son importance au voisinage du sanctuaire national des Lombards, l'église de Saint-Michel au Mont-Gargano, déjà fréquentée, sans doute, par de nombreux pèlerins. C'est surtout pendant les guerres du VIIe siècle, à la suite des victoires remportées sur les troupes de l'empereur Constant II, que le « chef des milices célestes » est vénéré par les Lombards comme le protecteur attitré de leur nation[1]. Le roi Grimoald, qui bat les Grecs près de Siponto, transporte le culte de saint Michel de la « Longobardie » du Sud à celle du Nord, et de Bénévent à Pavie. Si le duc Romuald, une fois la guerre finie, réunit l'église de Siponto à celle de Bénévent, c'est pour établir un lien plus étroit entre sa capitale et la basilique du Gargano. L'union s'est faite sur la demande de l'évêque Barbatus, qui restaure à Bénévent le culte chrétien[2] : mais le Saint-Siège n'a pas été consulté, et c'est beaucoup plus tard qu'on a fabriqué, pour justifier la suppression du diocèse de Siponto, une bulle du pape Vitalien, contemporain de Romuald et de Barbatus[3]. Au temps du prince Sicard de Bénévent, vers 839, on savait fort bien que les droits de l'évêque de Bénévent sur l'église de Siponto dérivaient d'une usurpation, contraire aux règles canoniques et non ratifiée par le Saint-Siège[4].

C'est vers cette époque qu'ont été rédigés la *Vita Barbati*, où l'on rappelle dans quelles circonstances les églises de Siponto et du Gargano ont été confiées à l'évêque de Bénévent, et le récit de l'*Apparitio sancti Michaelis*. Pour ce dernier texte, on a dit que, si les manuscrits sont du IXe siècle, la rédaction est certainement plus ancienne[5]. Il est très possible que ce récit repose sur un texte plus ancien, antérieur au IXe siècle. Mais il y a, dans la rédaction actuelle, des éléments beaucoup plus récents. L'auteur rattache l'apparition de

1. Gothein, *die Culturentwicklung Süditaliens*, p. 67 et suiv. — Cf, dans *Script. r. l.*, *Chron. S. Ben. Casin.*, 2 (p. 469), et Erch. 27.
2. *Vita Barbati* (*Script. r. l.*, 556).
3. Jaffé Löw., † 2098.
4. *Chron. Vult.*, 388.
5. Gothein, *l. c.*, p. 69. Pour l'*Apparitio S. Michaelis*, voir *Script. r. l.*, 540 ; — et Boll., *Acta S.*, sept., VIII, 56.

saint Michel à une victoire remportée par les Lombards sur les « Napolitains encore païens ». Il y a ici un souvenir manifeste des batailles qui se sont livrées, autour de Siponto, dans le courant du VIIe siècle[1]. Mais une confusion s'est établie entre les troupes byzantines d'Apulie et les Napolitains, qui sont, au commencement du IXe siècle, les adversaires acharnés des Lombards : n'est-ce pas une preuve que le rédacteur de ce récit est un contemporain des princes de Bénévent, successeurs d'Arichis? Il écrit, sans nul doute, à une époque fort éloignée de ces guerres du VIIe siècle, dont le souvenir s'est transmis jusqu'à lui. Il affirme, par exemple, que les Napolitains, encore plongés dans le paganisme, ne se convertissent qu'après leur défaite : erreur naïve et grossière, qui est toute naturelle sous la plume d'un clerc lombard du IXe siècle. On la retrouve, d'ailleurs, au début de la *Chronique de saint Benoît*, écrite au Mont-Cassin vers la même époque[2].

Tant que les deux villes de Bénévent et de Siponto obéissent au même prince, les prétentions de l'évêque de Bénévent ne trouvent aucune résistance à Siponto même : elles ne sont contestées que par les monastères, qui se trouvent en conflit avec l'évêque pour la possession de certaines terres. Lorsque les Byzantins commencent à s'emparer des pays lombards, les habitants de Siponto restent fidèles au prince de Bénévent, qui trouve derrière leurs murailles un sûr asile[3]. Mais bientôt les deux villes appartiennent à deux maîtres différents, et même ennemis. Quand les Grecs, chassés de Bénévent, gardent Siponto, ne vont-ils pas faire effort pour rompre toute relation entre les évêques de Bénévent et le clergé de Siponto? Comme on avait le souvenir très net d'une époque où Siponto était le siège d'un évêché spécial, il était facile de faire revivre dans le clergé local une tradition ancienne. Si au milieu d'une population toute latine les Byzantins ne pouvaient installer un évêque grec, ils pouvaient du moins rétablir l'ancien évêché latin. Un texte, rédigé très probablement vers cette époque, la *Vie de saint Laurent, évêque de Siponto*, nous montre comment un clerc de Siponto a pu être encouragé à revendiquer l'ancienne autonomie de son église[4]. L'auteur

1. Paul DIACRE, *Hist. Langob.*, IV, 46 (*Script. r. l.*, 135).
2. *Script. r. l.*, p. 469.
3. ERCH., 59. — Cf. *supra*, p. 142.
4. *Script. r. l.*, 543; — et BOLL., *Acta S.*, febr., II, 56.

anonyme rappelle les faits qui se trouvent déjà dans l'*Apparitio sancti Michaelis*, dont il s'est certainement servi. Mais il insiste sur le rôle particulier de l'évêque de Siponto, sur les circonstances de son élection ; il fait de ce Laurentius un parent de l'empereur byzantin, et rappelle l'époque lointaine, antérieure à l'arrivée des Lombards, où le pays était disputé entre les Grecs et les Goths; son récit se rattache manifestement à une époque où il n'est pas permis d'élire un évêque, même latin, sans la permission de l'empereur[1]. Il ne suffit pas de dire que ce texte appartient à la seconde moitié du IXe siècle : on peut le dater sûrement de l'époque où, Siponto étant occupé par les Byzantins (depuis 891), ceux-ci songent à y rétablir un évêque indépendant de Bénévent.

Mais ici encore, rien ne prouve que les tentatives byzantines aient abouti à un résultat durable : on ne connaît pas, au Xe siècle, d'évêque de Siponto, et les évêques de Bénévent continuent probablement d'administrer ensemble les deux églises, dont ils n'ont pas cessé de revendiquer la possession. Ils ont fait reconnaître leurs droits par les empereurs francs, par Louis II, en 866, et par Charles le Chauve, en 875[2]. C'est sans doute pour obtenir contre les prétentions rivales, soutenues par Byzance, l'appui du Saint-Siège, qu'ils ont fait fabriquer la bulle fausse du pape Vitalien. Vers le milieu du Xe siècle, les papes ne reconnaissent qu'un seul diocèse pour toute la région, qui s'étend de Bénévent au Gargano : non seulement Siponto, mais Larino, Ascoli, Bovino, sont directement soumis à l'évêque de la capitale lombarde[3].

Au reste, depuis que le prince Atenolf de Capoue, maître de Bénévent, se rapproche de Byzance, l'intérêt des Grecs n'est plus le même à rompre le lien de fait qui, depuis deux siècles, unit Siponto et le sanctuaire de saint Michel à l'église de Bénévent. Au contraire, la politique byzantine ménage les princes lombards, pour être plus assurée de leur fidélité : si l'évêque de Bénévent, qui est le plus souvent un proche parent

1. Assemani (*Ital. hist. Script.*, I, 403) a déjà fait cette remarque.
2. Cf. le diplôme de Charles le Chauve, délivré à Rome, le 26 décembre 875, au lendemain du couronnement de l'empereur, à la requête de l'évêque Aion (*Mittheilungen f. Ost. Gesch.*, t. V, p. 397).
3. Bulle de 943 (JAFFÉ-LÖW., 3623 : — UGH., VIII, 50).

ou un frère du prince, continue à exercer sa juridiction sur toute l'étendue de ce vaste diocèse, ce n'est qu'avec le concours des autorités byzantines, établies sur le littoral : là encore, il a besoin de la protection byzantine, et c'est peut-être pour les stratèges de Bari un moyen de le tenir en tutelle.

CHAPITRE III

L'ITALIE MÉRIDIONALE ET LA POLITIQUE BYZANTINE

AU TEMPS DE ROMAIN LÉCAPÈNE ET DE CONSTANTIN PORPHYROGÉNÈTE (919-959)

I

INCURSIONS SARRASINES ET RÉVOLTES DES PRINCES LOMBARDS SOUS LE RÈGNE DE ROMAIN LÉCAPÈNE (919-944)

La politique inaugurée dans l'Italie méridionale par l'empereur Léon VI doit se juger surtout par ses résultats : pour mieux la connaître, il importe de savoir si la puissance byzantine s'est affermie, après cette victoire du Garigliano, qui devait, semble-t-il, porter si haut le prestige du basileus. Si au contraire, de nouveaux périls contribuent à l'affaiblir, il faut en rechercher la cause et montrer dans quelle mesure la cour byzantine et les stratèges de Longobardie ou de Calabre ont réussi à s'en défendre.

Au moment où disparaît la dernière colonie musulmane de Campanie, le danger des incursions sarrasines menace, plus ou moins, les côtes de Calabre. Si une paix assez longue a suivi la révolution fatimite d'Afrique et les troubles intérieurs qui divisent les Arabes de Sicile, à peine les Fatimites ont-ils rétabli, dans l'île pacifiée, leur autorité directe, que les corsaires reprennent leurs entreprises de pillage. C'est en 917 qu'est renversé l'émir indépendant de Palerme. Dès lors le gouvernement du Mehdi africain intervient directement sur les côtes d'Italie; ce sont des flottes et des armées d'Afrique qui attaquent les villes de Calabre les plus rapprochées de la Sicile. Il ne semble point, du reste, que ces courses de pillage soient des entreprises de conquête : si les corsaires viennent périodiquement rançonner les populations calabraises, ils ne cherchent point à les assujettir. La prise de Reggio, saccagée en 918, reste un fait isolé et sans conséquence[1].

Traités avec les Arabes : les stratèges de Calabre Eustathios et Jean Muzalon. — Les stratèges byzantins s'efforcent d'établir avec ces dangereux voisins une sorte de *modus vivendi :* puisqu'on ne peut échapper au pillage, il faut chercher, du moins, à le maintenir dans certaines limites et transformer la rançon qu'exigent les Arabes en un tribut régulier. Comme il était impossible, dit le chroniqueur Skylitzès[2], de lutter en même temps contre les Sarrasins d'Orient et ceux d'Occident, comme les Bulgares, d'autre part, venaient de rompre la trêve, on résolut de traiter avec les Arabes de Sicile. Le stratège de Calabre, Eustathios, l'un des chambellans de l'empereur, s'engage à payer un tribut de vingt-deux mille pièces d'or. Il est assez difficile de fixer la date de ce traité. Amari pense qu'il a été conclu au temps d'Ibn-Khorob, avant la restauration fatimite[3], c'est-à-dire vers 915 ou 916. Mais ses raisons ne sont pas très solides. Skylitzès laisse entendre que les Bulgares ont déjà recommencé la guerre : en ce cas, le traité est postérieur à 917[4]. D'ailleurs la suite du texte montre qu'il précède immédiatement l'avènement de Romain Lécapène (décembre 919). Il est plus vraisemblable de placer le traité d'Eustathios tout de suite après la prise de Reggio, en 918. On s'explique ainsi que cette attaque soit un fait isolé, et qu'il n'y ait plus de nouvelles tentatives contre la Calabre avant les années 922 ou 923. D'autre part, il n'est pas surprenant que Skylitzès confonde les Sarrasins d'Afrique avec leurs sujets de Sicile.

Le stratège Eustathios est remplacé en Calabre par le patrice Jean, surnommé Muzalon ou Bizalon. Mais celui-ci, pour payer le tribut aux Arabes, aggrave les impôts et par ses

1. *Chron. Cambr.* (*Bibl. ar.-sic.*, I, 280) ; — AMARI, II, 157-170.
2. SKYL.-CEDR., II, 354.
3. AMARI, II, 153.
4. SKYL.-CEDR., II, 282, MURALT, *Chron gr. byz.*, 493.

exactions provoque une révolte. Il est assassiné, peu de temps après l'avènement de Romain Lécapène, c'est-à-dire vers 920, ou peut-être seulement vers 921-922, d'après le témoignage de la chronique[1] grecque de Sicile récemment publiée. Au dire de Skylitzès, les rebelles de Calabre auraient appelé à leur aide le prince des Lombards, Landolf de Capoue.

Nous pouvons contrôler le texte du chroniqueur par un récit plus digne de foi, puisqu'il a pour auteur un Calabrais qui a vécu, au plus tard, dans la seconde moitié du xe siècle : c'est le moine qui a écrit la biographie de saint Elie de Reggio[2]. « Insolent et plein d'orgueil, le patrice Jean Bizalon nourrit contre le basileus de perfides desseins; il est prêt à se révolter et à se tourner vers les païens : le moine Elie lui ayant adressé les plus sévères reproches, le stratège, furieux, le menace de la prison et du dernier supplice. A quelque temps de là, il est égorgé par quelques hommes de sa suite. » Ainsi, d'après ce texte, ce ne sont pas les Calabrais qui se révoltent contre le basileus, c'est le stratège qu'ils accusent de les trahir. Le seul point où les deux textes soient d'accord, c'est que Jean Muzalon se rend odieux par ses exactions. Comme il est assassiné à Reggio ou dans les environs immédiats, il est peu probable que les meurtriers se soient tournés vers le prince de Capoue.

Révolte des Apuliens et du prince de Capoue (921-922). — Rôle du patriarche Nicolas le Mystique. — Il y a, dans la chronique byzantine, une confusion évidente entre le stratège de Calabre, Jean Muzalon, et le stratège de Longobardie, Ursileon, qui, lui aussi, périt à Ascoli, vers la même époque[3], dans une bataille sanglante où les Byzantins ont contre eux les princes lombards, soutenus par les Apuliens rebelles. Maîtres d'Ascoli, les princes lombards Landolf et Atenolf prennent possession de presque toute l'Apulie. Si les Calabrais ne songent qu'à se débarrasser d'un gouverneur détesté, il semble que les Apuliens fassent vraiment acte de révolte contre le basileus. C'est là un fait grave, qui nous montre combien la domination byzantine est fragile en pays *lombard et latin*. Mais pour apprécier exactement le caractère de cette révolte, il faudrait connaitre

1. *Chron. Sic.-Sar.*, éd. Cozza-Luzzi, p. 42-72 ; — CEDR., II, 354.
2. *Vie de saint Elie*, 54.
3. LUP. PROTOSP., *ann.* 921 ; — *Catal. com. Cap.*, p. 300.

quelle est au juste l'attitude du prince de Capoue : or nous sommes assez bien renseignés sur ce point par plusieurs lettres, fort curieuses, du patriarche de Constantinople, Nicolas le Mystique.

Ce personnage a joué un rôle politique important au commencement du xe siècle; déposé par l'empereur Léon VI, à cause de son attitude intransigeante dans le conflit du quatrième mariage (la tétragamie), peut-être aussi à cause d'une tentative de haute trahison, il est rétabli sur le siège patriarcal presque tout de suite après la mort de l'empereur. C'est lui qui préside, au début de la minorité de Constantin VII, le conseil de régence, et qui dirige, à ce titre, toute la politique de la cour. Ecarté bientôt des affaires par la jalousie de l'impératrice-régente, Zoé, il reprend, à l'avènement de Romain Lécapène, toute son influence[1].

Sa correspondance nous montre quelle importance on attachait, dans les milieux politiques de Byzance, aux succès de l'empire en Italie. Dans une lettre à un inconnu, le patriarche rappelle avec orgueil le règne glorieux de Basile : parmi les hauts faits de ses généraux, il place au premier rang la prise de Bari, la soumission de la Longobardie, la conquête de Tarente et des autres places enlevées aux Sarrasins[2]. Or, nous avons de lui un groupe de lettres adressées à différents personnages de l'Italie méridionale, très peu de temps après le meurtre du stratège Ursiléon; l'une au prince Landolf qui a le titre « d'anthypatos » ou proconsul, les autres : au protospathaire impérial Gaido qui est, sans doute, un noble Lombard; à l'archevêque d'Otrante, aux archiprêtres, prêtres, aux grands et au peuple de Longobardie[3]. Ces documents nous aident à mieux comprendre la révolte des Apuliens. Les troubles qui éclatent dans la ville d'Ascoli coûtent la vie non seulement au stratège, mais à plusieurs officiers byzantins. Or, au len-

1. *Vita Euthymii*, éd. de Boor, p. 168-176 et s.; — HERGENRÖTHER, *Photius*, III, 684.

2. *Patr. gr.*, t. CXI, col. 276 (l. 75).

Il est en relations avec Nicolas Picingli, le stratège de Longobardie, qui contribue, en 915, à la victoire du Garigliano : c'est à son corps défendant que Nicolas est venu gouverner cette lointaine province « autrefois si malheureuse, maintenant si prospère ». Il a fallu les instances personnelles du patriarche pour le décider à accepter cette charge, col. 371 (l. 144).

3. *L. c.*, col. 285, 288, 289 (l. 82 à 85) : la dernière de ces lettres est adressée πρὸς τοὺς ἀρχιερεῖς, καὶ ἱερεῖς καὶ ἄρχοντας καὶ τὸ λοιπὸν πλῆθος τοῦ λαοῦ Λογγιβαρδίας.

demain de ces troubles, les nobles apuliens, et le prince Landolf avec eux, s'empressent d'écrire à Constantinople pour protester de leur fidélité à l'empire et donner une excuse à leur révolte. Toute la faute, disent-ils, en revient au stratège, dont le gouvernement inique méritait un châtiment. Les Apuliens demandent au basileus de ne pas poursuivre les coupables et de prendre en considération le ressentiment légitime de la population. Ils s'adressent aussi au patriarche, dont ils savent l'influence; ils laissent entendre que le seul moyen de rétablir la paix et d'assurer en même temps leur soumission à l'empire, c'est de nommer stratège le prince de Capoue, Landolf. En présentant cette requête au gouvernement byzantin, les chefs de la noblesse lombarde d'Apulie sont entièrement d'accord, ils ne s'en cachent pas, avec le prince de Capoue. Puisque Landolf a déjà reçu les titres d' « anthypatos » et de patrice, pourquoi n'obtiendrait-il pas de la cour byzantine une dignité nouvelle? Ainsi le prince lombard n'entend point se soustraire à l'autorité byzantine, mais s'en servir, au contraire, pour reconstituer, sous le protectorat lointain du basileus, l'ancienne principauté lombarde.

Il est naturel qu'à Byzance une requête aussi audacieuse n'ait pas reçu un accueil favorable. Aux premières nouvelles des troubles d'Apulie, on avait interprété les événements dans un tout autre sens : aux yeux de la cour, c'était le prince de Capoue qui était le grand coupable; on l'accusait de trahir l'empire, d'oublier ses serments et les bienfaits dont l'avaient comblé les empereurs; on l'accusait aussi d'avoir occupé indûment plusieurs villes ou forteresses, qui ne lui appartenaient pas[1]. Comment ce rebelle et cet usurpateur pouvait-il être sincère dans ses protestations de fidélité? Cependant le patriarche promet d'intercéder en sa faveur : à la requête des Apuliens, appuyée, il faut le remarquer, par l'archevêque grec d'Otrante[2], il se garde d'opposer une fin de non-recevoir. Selon lui, cette proposition mérite un sérieux examen. Mais, pour que le basileus puisse faire droit aux demandes de Landolf et des Apuliens, il faut qu'ils se soumettent d'abord à certaines conditions : le prince lombard, tout en renouvelant d'une manière plus explicite ses anciens serments, doit donner un gage de sa

1. *P. G.*, t. CXI, col. 285 (l. 82 à Landolf).
2. *L. c.*, col. 288 (l. 83).

fidélité : qu'il abandonne les places occupées par ses troupes, qu'il envoie des otages à Byzance, et notamment son second fils, auquel sera conférée une dignité impériale; alors peut-être pourra-t-il mériter la bienveillance du basileus et être nommé stratège[1].

Les Apuliens acceptaient volontiers les bénéfices de l'administration byzantine, à condition que le personnel des fonctionnaires fût choisi avec soin dans l'aristocratie locale. Mais, si à Byzance on montrait beaucoup d'empressement à faire entrer les chefs lombards dans les cadres secondaires de la hiérarchie, il ne pouvait en être ainsi des plus hautes charges. L'autorité suprême ne pouvait être livrée, sans contrôle, à un Lombard, encore moins au prince de Capoue; et plus le stratège était puissant, plus il importait qu'il fût étranger au pays. On comprend, malgré les belles paroles du patriarche, que l'accord n'ait pu se faire entre la cour byzantine et Landolf. A partir de 925, ce dernier ne porte plus dans les chartes les titres de patrice et d'anthypatos, ce qui semble indiquer qu'en fait les relations sont rompues entre la cour byzantine et le prince de Capoue. Nous savons, d'autre part, que l'Apulie a été évacuée par Landolf, puisqu'il l'envahit de nouveau quelques années plus tard. Mais faut-il attribuer cette retraite à l'intervention du patrice Cosmas de Thessalonique, dont parle Skylitzès? Il semble que le chroniqueur byzantin ait confondu les deux révoltes de 921 et de 929[2].

Incursions des Hongrois, des Sarrasins et des Slaves (922-929). — Au reste, une nouvelle invasion, venue du nord, menace les Lombards de Bénévent et de Capoue, tandis que les incursions sarrasines viennent affaiblir la puissance byzantine au sud de l'Apulie. En 922, les premières bandes hongroises apparaissent en Campanie[3]. Vers la même époque, les musulmans recommencent leurs attaques sur la côte de Calabre et occupent la petite ville de Sainte-Agathe, près de Reggio[4]. Mais le péril est aggravé par l'intervention d'autres corsaires : les Africains trouvent des auxiliaires redoutables chez les Slaves de l'Adria-

1. *L. c.*, col. 285.
2. GATT. I. 105 : *access.* 45, 47. — LUP., *ad a.* 929 ; — CEDR., II, 353.
3. *Catal. comitum Cap.* (*Script. r. l.*, p. 499).
4. AL-BAYAN (*Bibl. a. s.*, II, 27) ; — *Chron. Camb.* (*Bibl. a. s.*, I, 281) : — *Cron. Sic. Sar.*, p. 43, 75.

tique, dont plusieurs se mettent au service du Mehdi. Depuis le temps où la flotte de Nicétas combattait à la fois les Sarrasins de Bari et les pirates païens de la Narenta, beaucoup de Slaves étaient devenus, de gré ou de force, les mercenaires et les serviteurs des émirs arabes[1]. En outre, il restait toujours, dans les îles de l'archipel illyrien, des chefs de pirates indépendants, qui faisaient la course pour le compte des Arabes de Sicile ou d'Afrique. C'est ainsi que les habitants de l'Apulie, qui depuis la conquête de Bari et de Tarente jouissaient d'une tranquillité presque complète, subissent de nouveau, à partir de 924-925, d'incessantes attaques. En 925, une armée venue d'Afrique, et commandée par le premier ministre du mehdi, débarque près de Tarente et s'avance jusqu'à Oria : dans cette grande ville, riche, populeuse, où réside une importante colonie juive, le stratège de Calabre est venu s'enfermer[2]. Il est fait prisonnier avec une partie de la garnison, la ville est pillée et les Arabes sont émerveillés de tout ce qu'ils trouvent, étoffes de luxe et draps précieux. Cependant le stratège obtient sa liberté moyennant une forte rançon ; des otages sont livrés à l'ennemi et une trêve est conclue, qui assure la paix pour quelques mois à toute la Calabre[3].

Il semble qu'à ce moment le roi des Bulgares, Syméon, en guerre avec Romain Lécapène, ait recherché contre les Byzantins l'alliance des Arabes. Des ambassadeurs bulgares et africains furent arrêtés, au retour d'Afrique, par les vaisseaux byzantins qui croisaient au large des côtes de Calabre ; on les emmena prisonniers à Constantinople. Romain Lécapène garda les Bulgares, mais renvoya les Arabes, en renouvelant au mehdi la promesse d'un tribut régulier, qui devait lui être payé par le stratège de Calabre. Le mehdi consentit à ratifier la trêve d'Oria. D'après la chronique de Skylitzès, le souverain d'Afrique aurait fait remise aux Byzantins de la moitié du tribut, qu'ils payaient depuis Eustathios. Mais nous ignorons à quelle

1. Amari, II, 169, 218. Un des quartiers les plus populeux de Palerme prend le nom de « Schiavonia ».

2. Le savant juif Sciabtai Domnolo, médecin et astronome, raconte, dans la préface d'un de ses livres, qu'il fut fait prisonnier par les musulmans, lors du siège d'Oria, sa ville natale ; il fut racheté à Tarente, quelques mois plus tard (Amari, *l. c.*, p. 171, n. 7. — Cf. *Il commento di Sabbatai Domnolo sul libro della creazione*, éd. David Castelli, Florence, 1880, p. 61.

3. Lup. Prot. *ad a.* 924 ; — *Chron. Camb.* (*Bibl. ar.-sic.*, I, 283). — Al-Bayan (*Id.*, II, 27) — Amari, *l. c.*, II, 172.

date se place cet accord[1]. En tout cas, le traité de 925 fut bientôt rompu. L'émir de Sicile et le chef slave Saian, conduisant une flotte de plus de 50 vaisseaux, viennent en 926 assiéger Tarente. La ville est prise, une partie de la garnison massacrée, le reste transporté en Afrique. Puis la flotte sicilienne, contournant l'extrémité de la péninsule, attaque Otrante : mais une épidémie qui éclate soudain parmi les Arabes les oblige à battre en retraite[2].

En même temps, un chef slave d'Illyrie, Michel, était venu surprendre et piller Siponto (926)[3]. Le corsaire Saian, l'un des vainqueurs de Tarente, ravage les côtes de la mer Tyrrhénienne, impose de lourdes contributions aux villes de Salerne et de Naples, puis, dans une nouvelle expédition, il dirige sa flotte vers l'Adriatique, et, dépassant le promontoire du Gargano, se jette sur Termoli, après avoir dispersé quelques vaisseaux byzantins[4]. Quant aux villes de Calabre, elles échappaient à ce pillage systématique par le paiement régulier du tribut. Contre ces désastres successifs, on ne voit pas que les Byzantins prennent de sérieuses mesures de défense, et ce seul fait nous montre l'affaiblissement de leur puissance maritime. Mais, s'ils ne sont plus en état de faire la police de la mer Ionienne ou de l'Adriatique, le péril sarrasin reste cependant moins grave qu'au début du règne de Basile Ier. L'attaque même de Tarente ne semble point se rattacher à un plan d'ensemble des Arabes pour reprendre l'Italie méridionale. Au reste, l'état de la Sicile à cette époque nous montre que le mehdi, loin de suivre une politique de conquête et d'annexion violente, laisse des relations pacifiques s'établir entre les musulmans et les chrétiens de l'île : plusieurs bourgades de la côte orientale, où la majorité de la population est chrétienne, semblent avoir gardé ou repris une certaine indépendance[5]. Après la mort du mehdi (934), les villes de Calabre cessent de payer régulièrement le tribut habituel, et bientôt la révolte des habitants de Girgenti, qui entraînent à leur suite une grande partie des Arabes de l'île (937-941), détourne de l'Italie, pendant plusieurs années, les forces musulmanes.

1. CEDR., II, 356 ; — AMARI, II, 173.
2. IBN-AL-ATIR, (*Bibl. a.-s.*, I, 412) ; — *Chron. sic. sar.*, p. 43, 75.
3. *Ann. Bar. ad a.* 928 ; — LUP., *ad a.* 926.
4. AL-BAYAN, II, 28 ; — *Chron. Camb.* (*l. c.*, I, 285).
5. AMARI, II, 182, 184, 185 et suiv.

Révolte des princes de Capoue et de Salerne (929-934). — Ce sont les princes lombards, plutôt que les Arabes, qui profitent des désastres subis par les Byzantins entre 925 et 929 : ils y trouvent un prétexte pour s'affranchir d'une tutelle devenue inutile. En 926, le prince Landolf de Capoue, allié cette fois à son neveu Guaimar, prince de Salerne, envahit l'Apulie[1]. Jusqu'en 926, il semble que le prince de Salerne, patrice impérial, soit resté le vassal fidèle de l'empire : on ne le voit point intervenir dans la querelle entre Landolf et le stratège de Bari[2]. Mais il est curieux d'observer qu'à partir de 926, c'est-à-dire au moment où les Sarrasins apparaissent de nouveau à Oria, à Tarente, à Salerne, à Naples, les chartes de Salerne, comme d'ailleurs celles de Capoue[3], ne font plus aucune mention des dignités byzantines, auparavant portées par les princes. Soit que le basileus les abandonne, plus ou moins volontairement, aux incursions arabes, peut-être afin de mieux préserver la Calabre, soit que, tout simplement, la protection byzantine, faute de troupes et de flottes, devienne purement illusoire, les princes lombards ne tiennent plus aucun compte des liens très vagues qui les unissent à l'empire. Ouvertement rebelles, ils s'attaquent au stratège de Bari, dans l'espoir de reprendre aux Byzantins une partie de l'Apulie. Le margrave de Spolète, Teobald, vient au secours de Landolf, d'abord battu par l'armée du stratège. Mais les troupes réunies de Spolète et de Bénévent reprennent bientôt leur revanche, et la rébellion se prolonge jusqu'en 934[4].

La Lucanie et le nord de la Calabre sont envahis à leur tour par le prince de Salerne. Dans cette suite de combats obscurs, auxquels font allusion les chroniques, la seule mention précise que la tradition ait gardée est celle d'une bataille, livrée à Basentello, entre Acerenza et Venosa, contre le stratège Anastase[5]. Pendant sept années entières, au dire de Liutprand, la haute Apulie reste occupée par Landolf. Ce texte est con-

1. LUP. PROTOSP., *ad a.* 929. — Guaimar avait épousé Gaitelgrima, fille d'Atenolf II (*Chron. Sal.*, 159).

2. Cf. les chartes du *Cod. Cav.*, I, n° 133 à 143 (Guaimar, prince et patrice, fils de Guaimar, prince et patrice). Le stratège de Bari est parrain d'un fils de Guaimar (*Chron. Sal.*, 158).

3. *Cod. Cav.*, n° 144 ; — GATTOLA, I, 105, *access.*, p. 45. — Cf. DI MEO, *Annali*, V, 205.

4. LIUDPR., *Antapod.*, IV, 8 ; *Leg.* 7.

5. *Chron. Sal.*, 158.

firmé par un passage du livre des Cérémonies, où sont énumérées les troupes que Romain Lécapène envoie en Longobardie deux ans de suite.

Expéditions byzantines en 934-935. — Alliance avec le roi Hugues. — En 934, c'est le patrice Cosmas qui part pour l'Italie avec une petite escadre de onze vaisseaux ou *chelandia*, auxquels se joignent sept grandes barques de Russes, montées par 415 rameurs. Les troupes choisies pour cette expédition d'Italie sont surtout des troupes de cavalerie, formées des éléments les plus divers : 200 chefs Thracésiens et Macédoniens; des soldats de la garde impériale, pris dans les corps d'élite, la « grande hétairie » et les « basilikoi »; enfin, des fédérés : Turcs, Arméniens, Chazares. Cela fait un ensemble de 1.450 cavaliers[1]. Sans doute faut-il y joindre un certain nombre de serviteurs ou d'hommes d'armes, attachés à la personne des chefs. Nous sommes loin, en tout cas, des grandes armées du temps de Basile et de Léon VI; et celle-ci semble plutôt une escorte imposante, destinée à rehausser, par l'éclat de ses armes et la variété de ses costumes, le prestige du patrice Cosmas, qui vient trouver les Lombards en négociateur plutôt qu'en combattant. Cosmas est évidemment le même personnage que Skylitzès appelle « patrice de Thessalonique[2] ». Il était déjà connu du prince Landolf, et c'est pour cette raison que le basileus l'envoyait en Italie. En effet, dit Skylitzès, Cosmas a une entrevue avec le prince de Capoue; il l'invite à quitter les terres de l'empire et à rentrer en grâce auprès du basileus, en se faisant son ami et son allié. Il lui représente à quels dangers il s'expose, lui et son peuple, par cette révolte obstinée. Mais le chroniqueur byzantin se trompe en plaçant l'intervention de Cosmas et la soumission des Lombards tout de suite après leur première révolte, en 921. Il rapproche arbitrairement des faits très éloignés les uns des autres, et il montre une singulière ignorance, en attribuant à la seule influence de Cosmas la fin de la guerre. C'est encore le passage du livre des Cérémonies qui nous donne ici le commentaire précis des allusions de Liutprand.

Un an après le patrice Cosmas, un nouveau fonctionnaire

1. Const. Porph., *de Cerim.*, II, 44, p. 660.
2. Cedr., II, 353.

byzantin fut envoyé en Italie, avec une autre escadre de onze vaisseaux, détachés de la flotte impériale : mais la mission principale, confiée au protospathaire Epiphanios[1], c'était de remettre au roi d'Italie, Hugues, de riches présents, pour prix de son alliance contre les princes lombards : Landolf et Atenolf, de Capoue et Bénévent, Guaimar et Guaifer de Salerne. Il s'agit ici d'Hugues de Provence, petit-fils par sa mère du carolingien Lothaire II, et couronné roi à Pavie dès 926. Les présents apportés de Byzance, étoffes précieuses, manteaux de luxe, boites de parfums, sacs d'encens, étaient destinés non seulement au roi Hugues, mais à ses comtes et à ses évêques : il y a une mention spéciale pour le margrave de Spolète, qui occupe le territoire limitrophe du thème de Longobardie. Quelques années plus tôt, ce personnage est l'allié des princes lombards[2] : c'est une raison pour que la diplomatie byzantine cherche à le corrompre, d'accord avec le roi Hugues, qui tient d'autant plus à revendiquer ses droits de suzerain sur le duché de Spolète que, vers la même époque, les portes de Rome lui restent fermées. Il a donc fallu une alliance offensive entre l'empire byzantin et le roi d'Italie pour mettre fin à la révolte des Lombards[3]. Cependant la paix qui se rétablit alors est bien précaire, puisque, vers 936, le prince Atenolf de Bénévent vient attaquer Siponto, et qu'en 940 un combat s'engage à Matera, entre le stratège byzantin et les Lombards[4].

On a vu que la guerre s'était propagée jusque dans le nord de la Calabre, c'est-à-dire dans le bassin du Crati, par l'intervention du prince de Salerne. Une inscription de Tarente mentionne la soumission des rebelles de Calabre et la construction d'une nouvelle citadelle[5] : l'événement se place, sans nul doute, après l'attaque des Sarrasins en 927. Mais, dans l'inscription elle-même, il est fait allusion au secours qu'auraient prêté les Sarrasins. Comme nous savons qu'entre 930 et 935 les Byzantins sont en paix avec les Sarrasins de Sicile, et que, selon la remarque déjà faite, les entreprises des corsaires

1. *De Cerim.*, II, 44, p. 661.
2. Cf. *supra*, p. 209; — LIUDPR., *Antap.*, IV, 8.
3. LIUDPR., *Leg.* 7.
4. *Ann. Benev. ad a.* 936; — LUP. PROTOSP. *ad a.* 940.
5. REISKE, *comm. de Cerim.*, II, 783; — *Corpus inscr. gr.*, n° 8709. — Cf. DI MEO, *l. c.*, V, 318. — Il met en doute l'authenticité de l'inscription, mais la date qu'il suppose (950) est très contestable.

sur le littoral apulien n'ont pas eu de suite, on peut en conclure qu'il y a eu, contre les Lombards révoltés du bassin du Crati et de la Lucanie méridionale, un véritable accord entre le stratège byzantin et les chefs musulmans. Les Byzantins qui n'ont pu empêcher, entre 925 et 927, le pillage d'Oria et de Tarente, profitent, quelques années plus tard, des troubles de Sicile et contribuent même à entretenir chez les musulmans la guerre civile : ne les voit-on pas, entre 937 et 939, envoyer des navires chargés de blé aux Arabes rebelles [1] ?

II

LES ARMÉES BYZANTINES EN CALABRE ET EN CAMPANIE, SOUS LE GOUVERNEMENT PERSONNEL DE CONSTANTIN PORPHYROGÉNÈTE (944-959).

Lorsque l'empereur Constantin Porphyrogénète, après la chute de Romain Lécapène et de sa famille, inaugure son gouvernement personnel, l'empire est en paix avec les Sarrasins de Sicile et d'Afrique, toujours affaiblis par leurs querelles et par les luttes qu'ils soutiennent contre les corsaires indépendants de la Cyrénaïque. Plusieurs rebelles de Sicile sont venus chercher un refuge sur les terres de l'empire. Comme la guerre civile se prolonge plusieurs années, une affreuse disette frappe l'île : c'est alors qu'un stratège de Calabre réalise d'énormes bénéfices, en livrant aux Arabes du blé et des vivres, que les Calabrais lui ont fourni à très bas prix [2]. Si les campagnes de Sicile restent incultes et ne peuvent plus nourrir les habitants, il y a dans les villes d'énormes réserves d'or et d'argent : aussi les Arabes paient-ils les marchandises qui leur sont envoyées par le stratège aussi cher qu'il le veut. Mais le basileus fait faire une sévère enquête sur l'administration des stratèges [3], surtout dans les thèmes d'Occident, dont les gouverneurs, n'ayant pas de traitement fixe, abusent beaucoup plus facilement d'une autorité sans contrôle, pour écraser d'impôts leurs sujets. Le stratège de Calabre, accusé

1. Amari, II, 192.
2. Cedr., II, 357.
3. Théoph. Cont., p. 436.

d'avoir réalisé des gains illicites et scandaleux, est dépouillé non seulement de sa charge, mais de tous ses biens. Après son départ, les Arabes restent à la merci des Grecs de Calabre. L'émir d'Afrique n'ose pas réclamer des fugitifs musulmans, faits prisonniers par les Grecs et emmenés à Constantinople : quant au tribut annuel, payé par les villes de Calabre avant la mort du dernier mehdi, il n'en est plus question[1].

Mais, en 947, la paix est rétablie entre les partis musulmans en Sicile. Le nouveau mehdi africain, Al-Mansûr, nomme comme émir de l'île El-Hâsan[2], qui fait reconnaître partout l'autorité des Fatimites, et qui bientôt réclame au stratège de Calabre le paiement de l'ancien tribut : les Calabrais, menacés par une nouvelle apparition des corsaires siciliens, font appel au basileus, et celui-ci, résolu à ne pas subir les exigences des Arabes, prépare une expédition contre la Sicile[3].

Guerre contre les Sarrasins en Calabre (950-952). — Tandis que la flotte est commandée par Macrojohannès, les troupes assez nombreuses, qu'elle transporte sur les rives italiennes, sont placées sous les ordres du patrice Malakenos, qui doit joindre ses forces à celles du stratège de Calabre, Paschalios. De son côté, El-Hâsan avait réclamé des renforts à son suzerain, l'émir d'Afrique : celui-ci lui envoya une petite armée de 7.000 cavaliers et 3.500 fantassins, commandés par un chef slave, El-Faragh[4]. Avec ses troupes de Sicile et les auxiliaires d'Afrique, El Hâsan vint assiéger Reggio et entra presque aussitôt dans la ville, désertée par ses habitants; puis s'avançant au nord-est, il attaqua la ville de Gerace, qui, par sa forte position sur une colline assez éloignée de la mer, était capable d'une résistance plus sérieuse. Déjà les assiégés commençaient à souffrir de la soif, quand El-Hâsan, apprenant la prochaine arrivée de l'armée byzantine, — celle de Malakenos et de Paschalios, — s'empressa de conclure une trêve avec les chefs de la ville, moyennant la promesse d'un tribut. Remontant vers le nord, il rencontra bientôt l'avant-garde des Grecs, qui, trop peu nombreuse pour arrêter les envahisseurs,

1. Cedr., II, 358.
2. Amari, II, 207.
3. Cedr., II, 358.
4. *Chron. Cambr.* (*Bibl. a. s.*, I, 289); — Ibn-Haldun (*Id.*, II. 195).

battit en retraite. Nous ignorons où se trouvait alors le gros de l'armée byzantine : peut-être le patrice Malakenos n'avait-il pas encore débarqué à Otrante. En tout cas, les Arabes arrivèrent, presque sans combat, jusque sur les bords du Crati, franchirent le fleuve et assiègèrent Cassano; les habitants, comme ceux de Gerace, n'obtinrent la paix qu'à condition de payer tribut, après quoi les troupes d'El-Hâsan rentrèrent à Messine[1].

Au printemps de 952, sur des ordres nouveaux venus d'Afrique, l'émir sicilien repasse en Calabre. Il rencontre le patrice Malakenos et le stratège de Calabre, tout près de Gerace, et remporte sur eux une grande victoire : le patrice est tué, et le stratège Paschalios s'enfuit à grand'peine[2]. El-Hâsan recommence alors le siège de Gerace. Mais il reçoit, sur ces entrefaites, un fonctionnaire du palais impérial, Jean Pilatos, *a secretis*, envoyé par le basileus pour traiter de de la paix[3]. Un accord est conclu, qui est plutôt une trêve qu'une paix régulière. Les Byzantins sont obligés de consentir à la construction d'une mosquée dans la ville de Reggio; ils s'engagent à la respecter et lui reconnaissent le droit d'asile pour les habitants ou réfugiés musulmans de Reggio. Peu de temps après, on voit les corsaires siciliens renouveler leurs incursions sur les côtes de Calabre, et, dans plusieurs bourgades, les populations chrétiennes épouvantées prennent la fuite vers le nord[4].

Les troubles d'Apulie. — Pendant ce temps, le thème de Longobardie est envahi par les Hongrois. Déjà, vers 938, ils avaient ravagé la plaine de Liburie, obligé le monastère du Mont-Cassin à leur payer tribut, jeté l'épouvante dans toute la région qui s'étend des bords du Liris jusqu'à Salerne[5]. Moins de dix ans plus tard, leurs bandes apparaissent en Apulie et s'avancent jusqu'à Otrante[6]. Les désastres et la misère, qui sont la suite de cette nouvelle invasion, contribuent sans doute à rallumer la guerre civile, en faisant renaître les vieilles querelles entre

1. *Chron. Cambr.*, *l. c.* (I, 289); — IBN-HALDUN (II, 195 : — IBN-AL-ATIR (I, 415, 421).
2. LUP. PROTOSP. *ad a.* 951 : — IBN-AL-ATIR, *l. c.* : — CEDR., II, 358.
3. CEDR., *l. c.*
4. IBN-AL-ATIR, *l. c.* : — AMARI, II, 248. — Cf., pour les ravages des Sarrasins en Calabre, *Vie de saint Nil*, 29, 30.
5. LEO OST., I, 55.
6. *Ann Benev*, 947.

les officiers byzantins et une partie de la population lombarde. Mais les sèches mentions des chroniques locales ne peuvent suffire à nous expliquer la véritable cause de ces troubles. Pourquoi y a-t-il une émeute sanglante à Bari, en 946? Quel est le personnage, désigné sous le nom de « Platopodi », qui assiège Conversano en 947[1]? Cependant, quand on voit les Byzantins assiéger en 950 la ville d'Ascoli, située dans cette zone intermédiaire, que se disputaient sans cesse les Lombards de Bénévent et le stratège de Bari, on devine qu'ils ont à réprimer une révolte assez grave. Les défaites subies en Calabre, la retraite des troupes byzantines, après la bataille de Gerace, ne sont pas faites pour relever le prestige militaire de l'empire. Il est très probable que les princes lombards ont profité du désarroi où se trouvaient alors les Grecs, pour recommencer leurs entreprises aux confins de l'Apulie ou de la Lucanie.

Sur cette nouvelle révolte, nous ne sommes renseignés que par un passage très vague du continuateur de Théophane : « Les provinces de l'Occident voulurent secouer le joug de l'empire : les habitants de la Longobardie et de la Calabre eurent cette audace, à cause de l'éloignement où ils se trouvaient; ils en vinrent même à conclure la paix avec les Sarrasins et à s'emparer, par la force, des villes, des forteresses, des bourgades voisines. Les Napolitains, eux aussi, se révoltèrent[2]. » Il semble bien que le chroniqueur rassemble ici en une seule phrase des faits qui s'étendent sur une durée de plusieurs années. Sans doute fait-il allusion aux troubles de Bari, Ascoli, Conversano, entre 946 et 950, troubles qui ont dû se renouveler dans les années suivantes, puisque l'expédition destinée à y mettre un terme n'est pas antérieure à 955[3]. Quant aux relations pacifiques avec les Sarrasins, elles n'étaient pas, à cette date, en contradiction avec la politique de la cour byzantine, puisque c'est un ambassadeur du basileus qui, après la défaite de 952, vint négocier avec l'émir de Sicile. Mais il est possible que les Byzantins n'aient voulu conclure qu'une simple trêve, pour avoir le temps de reconstituer leurs forces. Peut-être, au contraire, les rebelles de Longobardie et de Calabre ont-ils cherché à faire durer la paix, contre la volonté

1. Lup. Protosp., *ad ann.* 946, 947, 950.
2. Théoph. Cont., p. 453.
3. Lup. Protosp., 956; — *Chron. Cambr.* (*Bibl. a.-s.*, I, 290); — Théoph. Cont., VI, 30, p. 453.

du basileus, en refusant de s'associer à une nouvelle campagne.

Expédition du patrice Marianos Argyros. — Il est facile de concilier les deux versions différentes du continuateur de Théophane et de Skylitzès. D'après le premier, l'expédition, envoyée en 955 ou 956, dans l'Italie méridionale, sous les ordres du patrice Marianos Argyros, avait pour but principal la soumission des Napolitains et des Lombards rebelles; d'après le second, elle était dirigée contre les Sarrasins de Sicile[1].

Nous savons d'autre part que, vers la même époque, les Sarrasins vinrent attaquer la ville de Naples et cherchèrent, après un combat de plusieurs heures, à en forcer les portes. Mais le bruit s'étant répandu qu'une flotte nombreuse, envoyée par le basileus, était sur le point d'arriver, et que le terrible feu grégeois menaçait leurs vaisseaux, ils traitèrent avec les Napolitains et promirent de s'éloigner, à condition que la ville leur paierait une forte contribution. Les Napolitains s'empressèrent de leur offrir tous les vases précieux d'or et d'argent, qui se trouvaient dans le palais épiscopal[2]. Leur attitude même semble indiquer qu'ils redoutaient l'arrivée des Grecs autant que l'occupation sarrasine. On sait d'ailleurs que, vers le milieu du xe siècle, le duc de Naples fait alliance avec les Lombards de Capoue et de Bénévent contre Salerne et Amalfi[3], et si le duc Jean de Naples se trouve près de Siponto, vers 949, il semble bien que ce soit pour combattre, d'accord avec les Lombards, les troupes byzantines[4]. Il s'agit donc, pour les Grecs, de rétablir la suprématie byzantine en Campanie : en rapprochant tous ces faits, nous sommes amenés à conclure que l'expédition envoyée vers Naples, qui provoque le brusque départ des Sarrasins, est bien celle du patrice Marianos Argyros. Le chef byzantin se propose de rappeler aux Napolitains comme aux Lombards leurs obligations de vassaux de l'empire et, en même temps, de tenter un grand effort du côté de la Calabre, pour venger la défaite du patrice Malakenos et forcer les Arabes de Sicile à ne plus inquiéter les côtes italiennes.

1. Amari, II, 251; — Skyl.-Cedr., II, 358. — Le nom de Romain Argyre, donné par Skyl., est évidemment une erreur.
2. *Ex miraculis S. Agrippini* (*Scr. r. l.*, p. 464).
3. *Chron. Sal.*, 161.
4. *Ann. Benev.*, ad a. 949.

L'importance de l'entreprise nous ramène aux temps de Basile Ier et de Léon VI. Le Porphyrogénète semble rompre, décidément, avec la politique de Romain Lécapène, qui n'envoyait aux officiers byzantins d'Italie que de faibles secours, et qui, d'ailleurs, avait réussi à vivre en paix avec les Sarrasins d'Occident, pendant presque tout son règne. Tandis qu'une flotte nombreuse, sous les ordres de Crambéas et de Moroléon, se dirige vers la mer Tyrrhénienne, le patrice Marianos Argyros, qui commande l'armée de terre, emmène avec lui les troupes des thèmes de Thrace et de Macédoine [1]; en outre, il est investi de l'autorité suprême sur toute l'Italie byzantine, car il porte le double titre de stratège de Calabre et de Longobardie.

C'est vers 956 que Marianos Argyros se trouve en Campanie, puisqu'à cette date l'abbé du Mont-Cassin, Aligern, obtient de lui pour son monastère un diplôme de protection [2], et que, d'autre part, le prince de Salerne, Gisulf, reprend par exception, dans cette même année, le titre byzantin de patrice, autrefois porté par son père et son aïeul. Si le stratège a soumis les Napolitains par la force, il a sans doute exigé des princes lombards le renouvellement des anciens serments de fidélité à l'empire. Mais on ne voit pas qu'il ait rien tenté contre leur indépendance. Le texte du continuateur de Théophane dit que les rebelles de Calabre et de Longobardie ont fait leur soumission et reconnu la suprématie du basileus : il est bien probable que les Longobards, dont il est question, considérés comme sujets de l'empire, sont surtout les habitants des villes apuliennes.

Cependant Marianos Argyros, après avoir rétabli l'autorité du basileus dans les thèmes italiens, devait conduire ses troupes contre les Sarrasins de Sicile. Une nouvelle armée africaine, commandée par Ammâr, frère de l'émir Hâsan, vint hiverner à Palerme, vers la fin de 956, pour reprendre, au printemps suivant, l'attaque des côtes de Calabre. Mais un chef byzantin, simple commandant de navire ou *protocarebos*, du nom de Basile, ayant débarqué à Reggio, détruit la mosquée musulmane: puis, prenant audacieusement l'offensive le long des côtes de Sicile, il s'empare de Termini. En 958, Hâsan et Ammar, ayant uni leurs forces, se dirigèrent de nou-

1. Théoph. Cont., p. 453.
2. Trinchera, *Syllabus* n° 6.

veau vers la Calabre : une tempête dispersa leurs vaisseaux. On ignore comment se termine la guerre : d'après Skylitzès, les Sarrasins, pris d'une panique soudaine, seraient retournés en Sicile ; d'après une chronique arabe, la seule qui parle de ces événements, c'est le patrice byzantin qui aurait été mis en fuite[1]. Quoi qu'il en soit, une nouvelle paix fut signée entre Arabes et Byzantins, et elle dura jusqu'à l'avènement de Nicéphore (958-963).

III

RAPPORTS DE LA COUR BYZANTINE AVEC ROME ET LES PRINCES ITALIENS

Les troubles d'Apulie, les révoltes des princes Lombards, d'abord en 921, puis entre 928 et 935, nous ont montré que le basileus Romain Lécapène, renonçant aux grandes expéditions, cherche surtout à triompher des rebelles par la diplomatie et par la corruption. Ses rapports avec le roi Hugues nous font voir comment la cour byzantine étend peu à peu dans toute la péninsule le cercle de son influence : la seule manière de tenir en respect les turbulents vassaux de Capoue ou de Salerne, c'est de faire en sorte qu'ils ne trouvent aucun appui chez leurs voisins italiens du Nord. Placés aux confins de l'empire, ils resteront nécessairement indociles, tant qu'ils auront l'espoir de trouver des complices en Italie même, parmi les seigneurs indépendants du basileus. Pour compenser leur faiblesse dans les principautés lombardes, les Byzantins cherchent à se créer des alliances durables au-delà de ces principautés. Ainsi s'explique la politique italienne, suivie au cours du xe siècle par Romain Lécapène et Constantin Porphyrogénète ; cette politique est d'ailleurs un héritage de l'empereur Léon VI, qui attachait tant d'importance aux relations avec les Francs d'Italie, c'est-à-dire surtout les seigneurs de Spolète[2].

État politique de l'Italie centrale et de l'Italie du Nord. — L'état de l'Italie centrale et de l'Italie du Nord depuis la chute

1. Cedr., II, 368 ; — *Chron. Camb. Bibl. a. s.*, I, 290).
2. Cf. *supra*, p. 180.

des Carolingiens favorise singulièrement les projets de la politique byzantine. Tandis qu'un ordre politique nouveau s'établit dans l'Italie méridionale, l'anarchie ne fait que croître dans le reste de la péninsule. Le nom d'empereur est un vain titre, et, parmi les princes qui le portent encore, aucun n'est en état de continuer la tradition carolingienne. Depuis la mort de Lambert (898) et la disparition de la maison franque de Spolète, les princes italiens qui ont le titre d'empereur n'ont plus la moindre action dans les affaires de l'Italie centrale : tel est le cas du malheureux Louis l'Aveugle, puis de Bérenger de Frioul, couronné à Rome en décembre 915 ; les ducs de Toscane et de Spolète, auxquels Bérenger laisse le soin d'assister le pape Jean X, ne reconnaissent que très vaguement sa suzeraineté[1]. Bientôt le titre impérial est abandonné, mais on se dispute âprement celui de roi d'Italie.

Les seigneurs italiens, qui veulent toujours, au dire de Liutprand, avoir deux maîtres « afin de contenir l'un par la crainte de l'autre[2] ». se partagent entre deux factions rivales. L'empereur Bérenger s'était vu disputer la couronne d'Italie par Rodolphe de Bourgogne. Après la mort de Bérenger, assassiné à Vérone en 924, Rodolphe eut pour rival Hugues de Provence, maître de la Basse-Bourgogne, qui fut couronné roi à Pavie en 926[3].

Pendant ce temps, le Saint-Siège, après une série de scandales et de tragédies atroces, était devenu la propriété des comtes de Tusculum, dont la puissance est fondée, au commencement du xe siècle, par le « sénateur et consul des Romains » Théophylacte et sa femme Théodora : l'archevêque de Ravenne, élu en 914 sous le nom de Jean X, au grand scandale d'une partie du clergé, est une créature de Théodora. Il montre cependant une remarquable énergie, soit qu'il fasse appel aux Byzantins et leur prête un concours actif pour chasser les Sarrasins du Garigliano, soit qu'il cherche, vers la fin d'un pontificat, qui a duré quatorze ans, à secouer le joug de Marozie, fille de Théodora, en faisant appel au roi Hugues. Mais Marozie, qui avait épousé en secondes noces le margrave Guy de Toscane, réussit à se débarrasser du pape, qui mourut en

1. Cf. *supra*, p. 162 ; — et DUCHESNE, *l. c.* p. 166.
2. LIUDPR., I, 37.
3. Cf. POUPARDIN, *le Royaume de Provence sous les Carolingiens*, p. 220.

prison (928), et dès lors elle exerça, comme sa mère, l'autorité suprême sur l'Etat romain[1]. Les successeurs de Jean X sont les créatures de Marozie : en 931, elle donne le Saint-Siège à son fils naturel Jean XI ; puis, après la mort de Guy de Toscane, elle offre sa main au roi Hugues, qui entre à Rome. A peine installé au château Saint-Ange, et avant d'avoir pu se faire donner la couronne impériale, vacante depuis la mort de Bérenger, Hugues est chassé par un fils de Marozie, Albéric, qui réussit à soulever la noblesse romaine contre l'étranger, et prend le titre de prince des Romains[2]. Ainsi, vers le milieu du xᵉ siècle, ce n'est plus l'Italie du Nord, c'est l'Italie centrale, qui devient le théâtre d'une lutte acharnée entre deux rivaux. Hugues et Albéric sont les seigneurs italiens les plus puissants de cette époque : Hugues gouverne, sans opposition sérieuse, toute l'Italie du Nord et le marquisat de Toscane ; c'est un de ses parents qui est maître des marches de Spolète et de Camerino. Mais l'Etat romain lui échappe, et les murs de Rome lui restent fermés. C'est en vain qu'il cherche à y entrer, soit en négociant avec Albéric, qui en 936 devient son gendre, soit en attaquant la ville (941) : toutes ses tentatives échouent, et le fils de Marozie reste dans Rome le maître absolu[3]. Les papes qui succèdent à Jean XI, demi-frère d'Albéric, ne sont qu'en théorie souverains temporels. En fait, c'est toujours la dynastie de Théophylacte qui gouverne Rome et l'Eglise romaine.

Relations de Romain Lécapène avec Rome. — Hugues et Albéric recherchent à l'envi l'amitié du basileus et semblent attacher le plus haut prix à son alliance. De son côté, Romain Lécapène fait à ces ouvertures le plus favorable accueil, soit pour obtenir du roi d'Italie et de ses vassaux de Spolète ou de Toscane un secours militaire contre les princes lombards, soit pour avoir, dans certaines circonstances, le concours du Saint-Siège par l'intermédiaire du prince des Romains. Depuis que le conflit de la « tétragamie » a provoqué à Constantinople un véritable schisme, qui se prolonge longtemps après la mort de Léon VI, il y a toujours entre Rome et la cour byzantine des relations assez actives. Après qu'en 920 l'union a été rétablie entre les

1. Duchesne, *l. c.* 170.
2. Liudpr., III, 46.
3. Liudpr., IV, 2, 3 ; V, 3.

partisans de Nicolas le Mystique et ceux de l'ancien patriarche Euthymius, Romain Lécapène et le patriarche Nicolas envoient des ambassadeurs au pape Jean X, pour faire ratifier par lui toutes les mesures prises à Constantinople[1]. Le patriarche et le basileus, sans reconnaître au Saint-Siège aucune supériorité de juridiction, prétendent fonder sur une entente étroite avec Rome la restauration durable de la paix et de l'unité dans l'Eglise d'Orient. On ignore comment Jean X répondit aux lettres de Nicolas ; mais il a probablement cherché à maintenir l'union et les bons rapports, puisqu'on le voit s'adresser au patriarche de Constantinople, pour faire parvenir ses légats auprès du roi de Bulgarie[2].

Plusieurs années après la mort de Nicolas le Mystique, Romain Lécapène voulut faire approuver par le Saint-Siège l'élévation au siège patriarcal de son fils Théophylacte, un enfant de treize ans[3] : comme autrefois le basileus Léon VI, il avait besoin de la complaisance du pape, pour combattre l'opposition, assez naturelle, d'une grande partie du clergé byzantin. A Constantinople comme à Rome, la puissance ecclésiastique est à la merci de l'autorité séculière, puisqu'elle est livrée là-bas au fils du basileus, ici au frère du prince des Romains : Albéric et Jean XI ne pouvaient rien refuser, à cet égard, aux instances de Lécapène. Quatre légats, dont deux évêques, partirent de Rome pour assister, dans Sainte-Sophie, à la consécration solennelle du jeune patriarche Théophylacte. L'évêque de Crémone, plus tard ambassadeur d'Otton à Byzance, reproche vivement à Albéric et au pape Jean XI leur excessive complaisance pour les prétentions du patriarcat byzantin[4]. D'autre part, on a conservé une très curieuse lettre, adressée par Romain Lécapène au pape Jean XI, pour le remercier de ses bons offices. A son tour, l'empereur envoie à Rome le protospathaire Anastase, et demande que la consécration du patriarche soit officiellement reconnue par un concile général de l'Eglise d'Occident[5].

En même temps, les ambassadeurs romains avaient offert à

1. Hergenröther, *Photius*, III, 684 ; — *Lettres de Nicolas le Mystique* [*Patr. gr.*, CXI, col. 248 (n° 53)].
2. *Patr. gr.*, CXI, col. 176 (n° 28).
3. Pitra, *Analecta novissima*, t. I, 122, 475 ; — Sym. Mag. (Théoph. Cont., 745).
4. Liudpr., *Leg.* 62.
5. Pitra, *Anal. noviss.*, *l. c.*

l'empereur pour son fils la main d'une fille de Marozie, sœur d'Albéric et du pape. « La famille dominante cherche à s'allier aux parvenus impériaux de Constantinople, et ce fait est plus significatif encore, si l'on tient compte de la résolution avec laquelle Albéric tranche derrière lui toutes les attaches provençales, italiennes ou germaniques[1]. » Mais sur ce point, Romain Lécapène se montre moins empressé qu'Albéric. Il juge dangereux d'envoyer son fils à Rome, selon la proposition qui lui est faite. Il demande que Marozie vienne elle-même à Constantinople avec sa fille : on lui fera le plus honorable accueil. D'après un chroniqueur contemporain, bien placé pour savoir tout ce qui se passe à Rome, le moine du Mont-Soracte, c'est Albéric qui aurait lui-même songé à épouser une princesse byzantine : il aurait envoyé, à cet effet, une ambassade spéciale à Constantinople[2]. Il s'agit probablement de deux négociations distinctes, qui toutes deux d'ailleurs ont également échoué.

En tout cas, jusqu'à sa mort, le prince des Romains se montra particulièrement jaloux d'écarter toute influence venue du Nord ou de l'Occident. Lorsque le pape Agapit voulut, une première fois, faire appel au roi de Germanie, Albéric s'y opposa : en 951, il ferme les portes de Rome aux envoyés du roi Otton, qui venait de se faire couronner à Pavie roi d'Italie[3]. Mais en dépit de sa toute-puissance et de la faiblesse du Saint-Siège, Albéric avait senti dans les tentatives de résistance du pape Agapit un danger pour l'avenir de sa maison. « Il vit bien que, surtout après sa disparition, il n'y aurait pour sa famille d'autre ressource que dans la possession du pouvoir ecclésiastique. Son fils Octavien, d'abord destiné à l'empire, fut orienté vers le pontificat[4]. » Les nobles et le clergé romain s'engagèrent par serment à le choisir comme pape après la mort d'Agapit. En 954, Octavien devint, par la mort de son père, « prince et sénateur des Romains », et un an plus tard, par la mort du pape, ce jeune homme de seize ans fut proclamé chef de l'Eglise. Il est naturel qu'au début de son pontificat Jean XII reste fidèle aux relations traditionnelles avec Byzance : ses actes officiels portent, suivant l'ancien proto-

1. Duchesne, *l'Etat pontifical*, p. 175.
2. Bened. *chron.*, 34 (*M. G., Ss.*, III, 700).
3. Dümmler, *Kaiser Otto der Grosse*, 195.
4. Duchesne, *l. c.*, 176.

cole, abandonné depuis Hadrien Ier, les années de règne du basileus [1].

Ni le chef de l'Eglise romaine, ni le « très illustre prince de Rome » ne peuvent porter ombrage à la cour byzantine, puisque l'ancienne Rome, se séparant des nations barbares d'Occident, n'oppose plus d'empereur aux souverains de la nouvelle Rome. Albéric est placé parmi les alliés officiels de l'empire : quand arrivent à Byzance les ambassadeurs de l'ancienne Rome, ils se déclarent, au nom de leur prince, des nobles et de tout le peuple romain, les très fidèles serviteurs de la majesté impériale ; le logothète leur répond, en demandant d'abord comment se portent le pape, les évêques, prêtres et diacres de l'Eglise romaine, puis le prince des Romains [2].

Relations avec le roi Hugues. — Pour la défense des intérêts de l'empire en Italie, l'alliance du roi Hugues avait une toute autre importance : c'est surtout avec le rival d'Albéric que la cour byzantine entretient des rapports suivis. Dès 926, au lendemain de son couronnement à Pavie, le nouveau roi d'Italie envoie des ambassadeurs à Byzance, pour notifier son avènement au basileus [3]. Nous avons vu comment, en 935, Romain Lécapène conclut avec Hugues une alliance offensive contre les princes de Capoue et de Salerne [4]. D'après le témoignage de Liutprand, cette alliance seule aurait permis aux Grecs de venir à bout d'une révolte qui durait depuis sept ans [5]. La soumission des princes lombards, les relations ultérieures entre Hugues et la cour byzantine, nous autorisent à croire que les troupes de Toscane et de Spolète sont bien venues combattre avec les Grecs contre les Lombards sur les confins de l'Apulie : les seigneurs italiens, vassaux de Hugues, sont de véritables condottieri soldés par la cour byzantine.

En 941, c'est le roi Hugues qui sollicite à son tour l'appui de la flotte byzantine [6] pour chasser les Sarrasins, établis sur la côte de Provence, à la Garde-Fraînet, demande d'autant plus

1. Migne, *Patr. lat.*, CXXXIII, col. 1025 : *Transmissio excommunicationis* (959. — Cf. Jaffé-Löw., 3685).
2. De Cerim., II, 47, p. 680.
3. Liudpr., *Antap.*, III, 22-24. — Cf. Rambaud, *Constantin Porphyrogénète*, 308.
4. Cf. *supra*, p. 211.
5. Liudpr., *Leg.* 7.
6. Liudpr., *Antap.*, V, 9.

naturelle que déjà les vaisseaux grecs ont fait de fréquentes apparitions dans le bassin occidental de la Méditerranée, soit qu'ils stationnent le long des côtes de Corse et de Sardaigne, soit qu'ils poursuivent les vaisseaux arabes jusque sur le littoral de Provence[1]. En 941, Hugues propose tout un plan d'action commune, comme autrefois Louis II pour Bari. Tandis qu'il attaquera le camp sarrasin du côté de la terre, les vaisseaux du basileus devront bloquer la côte et intercepter toute communication avec l'Espagne. Romain Lécapène promet d'envoyer des secours, mais il demande en même temps au roi Hugues la main de sa fille pour son petit-fils le jeune Romain, fils de Constantin Porphyrogénète. Une nouvelle ambassade, envoyée par Hugues, vient répondre au basileus que le roi n'a pas de fille; mais, « si l'on veut accepter, à Byzance, la fille d'une de ses concubines, il pourra en donner une, d'une rare beauté[2] ». Romain Lécapène accepte, pour son petit-fils, la bâtarde du roi d'Italie, et s'empresse d'envoyer à Hugues, avec de riches présents, le secours promis. Le protospathaire et stratège de Longobardie, Paschalios, vient à la cour d'Hugues chercher la jeune fille, qui est accompagnée à Constantinople par l'évêque Sigefrid de Parme. Selon l'usage, la future basilissa reçoit, à la cour byzantine, un nom nouveau, celui d'Eudokia[3]. Cependant la flotte byzantine arrive en vue des côtes de Provence et réussit à disperser les vaisseaux sarrasins. Mais la colonie musulmane n'est chassée définitivement de la Garde-Frainet que beaucoup plus tard, vers la fin du xe siècle[4].

Des nombreux projets de mariage qui avaient occupé, depuis Charlemagne, la cour byzantine et les Francs, le seul qui se réalise est celui de la fille d'Hugues avec le futur empereur Romain II. Le père de celui-ci, Constantin Porphyrogénète, essaie de justifier cette alliance, qui dut soulever à Byzance bien des critiques : dans son livre sur *l'Administration de l'empire*, on trouve un chapitre consacré à la *Généalogie de l'illustre roi Hugues*[5]. Ce texte si curieux nous montre ce qu'on savait dans l'entourage du basileus, vers 950, sur les querelles ita-

1. Flodoardi *ann.* 931 (*M. G.*, *Ss.*, III, 373).
2. Liudpr., *Antap.*, V, 14.
3. Liudpr., *l. c.*, V, 20; — Théoph. Cont., VI, 46, p. 431. — C'est probablement le même *Paschalios* que Cedrenus nomme comme stratège de Calabre, lors de l'expédition à Malakenos (Cf. *supra*, p. 213).
4. Poupardin, *le Royaume de Provence*, p. 262.
5. *De adm. imp.*, c. 26.

liennes, et comment les ambassadeurs italiens, Sigefrid de Parme et ses compagnons, dans leurs conversations avec Constantin, l'ont informé des affaires d'Occident. Hugues se rattache directement à la dynastie carolingienne, puisqu'il est le petit-fils de Lothaire, qui appartenait à la famille du « grand Charles, seul maître de tous les royaumes d'Occident. » Le Porphyrogénète connaît fort bien, de réputation, le père et la mère d'Hugues : Adalbert de Tuscie et Berthe. Mais pour démontrer que Hugues descend de Charlemagne par les hommes, il fait d'Adalbert de Tuscie le fils de Lothaire, alors qu'il n'en était que le gendre. Il sait aussi quels sont les princes qui se disputent, à cette époque et dès le commencement du xᵉ siècle, la couronne d'Italie : Louis l'Aveugle, Bérenger, Rodolphe de Bourgogne.

La « Francie » dans les textes byzantins. — Les formules des lettres adressées aux souverains étrangers[1] mentionnent, parmi les souverains d'Occident, les rois de « Saxonie, de Baiourie, de Gaule, de Germanie », auxquels les empereurs écrivent : « à notre frère spirituel, l'illustre roi un tel » ; puis, un peu plus loin, le roi de *Francie*, pour lequel la formule est plus solennelle et plus pompeuse : « Constantin et Romain Augustes, *autocratores*, empereurs des Romains, à notre frère spirituel, aimé et désiré... le très noble et illustre roi de Francie ». M. Rambaud[2], commentant ce texte, traduit Francie par *Franconie :* d'où il faudrait tirer cette conclusion étrange, que la cour byzantine est en relations spéciales avec la maison de Franconie, et qu'elle semble la tenir en particulière estime, plutôt que les maisons de Bavière, de Souabe ou de Saxe. Mais il est difficile d'admettre que le mot *Francie* ait pour les Byzantins un sens aussi précis : la Francie, d'une manière générale, c'est le pays des Francs, qu'ils soient de Gaule, de Germanie ou d'Italie : les ducs de Spolète, à la fin du ixᵉ siècle, Guy et Lambert, sont des *Francs*, comme Arnouf de Germanie ou Louis de Provence[3]. La nomenclature officielle, reproduite dans le chapitre des *Cérémonies*, n'a pas été inventée, de toutes

1. De Cerim., II, 48, p. 689 et suiv.
2. *L'Empire grec au Xᵉ siècle*, p. 309.
3. Cf. *supra*, p. 132, 133 ; — Voir aussi Liudpr., *Leg.* 33 : *Ex Francis, quo nomine tam Latinos quam Teutonicos comprehendit.* — Dümmler, *Auxilius und Vulgarius*, p. 31.

pièces, à l'époque de Constantin Porphyrogénète ; elle reproduit en réalité d'anciennes formules, usitées dès le temps de Léon VI et des derniers Carolingiens : quand l'empire carolingien se démembre, il y a, de fait, un roi de Gaule, un roi de Germanie ou de Souabe, un roi de Bavière. Quant au roi de Francie, distingué et mis à part par une mention spéciale, il faut y voir, sans doute, le roi des Francs d'Italie, suzerain de Toscane et de Spolète : et si une formule nouvelle a été ajoutée aux anciennes formules, c'est que celle-ci s'adresse, selon toute vraisemblance, au roi Hugues, qui, en sa qualité de descendant des Carolingiens, est aussi regardé comme un Franc. Il est vrai qu'ailleurs le basileus emploie le nom de « roi d'Italie »[1]. Mais il se peut très bien que les deux titres soient appliqués, indifféremment, au même personnage. Comment expliquer autrement que, dans cette liste des souverains d'Occident, avec lesquels la cour byzantine entretient des relations régulières, il ne soit pas question du roi d'Italie, alors qu'on nomme « le prince des Romains[2] »?

En résumé, c'est le roi d'Italie, regardé à Byzance comme l'héritier de la dynastie carolingienne, et le seul souverain des *Francs*, qui est en Occident le principal allié du basileus, et le plus utile. Comme il ne possède pas Rome et qu'il ne peut plus revendiquer le titre impérial, on n'a pas à redouter de sa part ces tentatives d'usurpation, ces revendications orgueilleuses, qui avaient indisposé, contre d'autres Carolingiens, les prédécesseurs du Porphyrogénète. C'est ainsi que la séparation de Rome et du royaume d'Italie, au temps d'Hugues et d'Albéric, favorise la politique italienne de Byzance et lui permet de trouver dans ces deux personnages des alliés plus sûrs et plus fidèles.

Politique italienne de Constantin Porphyrogénète. — La chute de Romain Lécapène, l'année même où se conclut le mariage entre Romain et Eudokia, la retraite du roi Hugues, qui, battu par Bérenger d'Ivrée, renonce à la couronne et abandonne l'Italie en 946, pour aller mourir, quelques mois après, en Provence, n'ont pas interrompu les relations entre la cour byzantine et la famille de l'ancien roi. Le basileus Constantin Porphyrogénète se regarde comme le protecteur naturel du

1. *De adm. imp.*, c. 26.
2. De Cerim., II, 47 et 38.

fils d'Hugues, le jeune Lothaire, frère ou demi-frère de la princesse Eudokia. Ayant appris le triomphe de Bérenger, qui, devenu roi d'Italie, ne laisse à Lothaire qu'une ombre de pouvoir, il s'adresse au nouveau roi et lui recommande d'agir, à l'égard du jeune Lothaire, comme un tuteur fidèle[1]; le Porphyrogénète se pique, sans doute, de défendre en Italie, comme à Byzance, le principe de légitimité. Mais d'autre part, il cherche à maintenir, avec Bérenger, les mêmes relations qu'avec Hugues : le dignitaire byzantin, qui apporte au roi la lettre du basileus, doit lui demander d'envoyer à Constantinople des ambassadeurs, « pour que le basileus puisse témoigner au roi toute son affection ». C'est alors que Bérenger envoie à Constantinople l'évêque de Crémone. Liutprand, qui venait précisément d'apprendre le grec, et qui avait souvent entendu parler, dans sa famille, de cette cour byzantine, où son père et son beau-père avaient représenté le roi Hugues. On sait quelle source précieuse sont les écrits de Liutprand pour l'histoire de l'Italie au xe siècle : grâce à lui, nous connaissons cette ambassade de Bérenger beaucoup mieux que les précédentes[2]. De Pavie l'évêque se rend à Venise, où il rencontre un ambassadeur byzantin, l'eunuque Salomon, qui rentrait précisément à Constantinople, après avoir été en Espagne et en Germanie; il emmenait avec lui l'évêque de Mayence, qui allait saluer le basileus de la part du nouveau roi de Germanie, Otton Ier. Le 25 août, le dignitaire byzantin et les deux évêques, l'Allemand et l'Italien, quittent Venise : ils arrivent à Constantinople moins d'un mois plus tard. L'évêque de Crémone est ébloui de la magnificence impériale, du luxe de la cour, des solennités par lesquelles on fête l'arrivée des ambassadeurs étrangers. Mais en même temps, il est humilié et blessé dans sa vanité de n'être qu'un si petit personnage, à côté de l'ambassadeur du roi de Germanie et de celui du roi d'Espagne. Tandis qu'ils apportent de magnifiques présents, son maître, fort avare, ne l'a chargé d'offrir au basileus qu'une simple lettre : si, plus tard, il se met avec tant d'empressement au service d'Otton, la confusion et le dépit qu'il a éprouvés, lors de son premier voyage à Constantinople, y sont bien pour quelque chose.

Cependant la faiblesse de Bérenger, peut-être aussi son ava-

1. Liudpr., *Antap.*, VI, 2.
2. Liudpr., *l. c.*, VI, 1-6.

rice, le font dédaigner par le basileus; le jeune Lothaire est mort en 950, et la cour byzantine n'a plus pour ainsi dire d'intérêts de famille en Italie. L'influence du roi Bérenger se limitant à l'Italie du Nord, son alliance est beaucoup moins utile à l'empire que celle du roi Hugues. Aussi les relations deviennent-elles plus rares, et il semble même qu'entre 950 et 960 elles aient subi une complète interruption. On ne sait au juste ni à quelle époque, ni pour quel motif, le fils de Bérenger, Adalbert, envoya plus tard à Romain et Constantin une lettre injurieuse. Au contraire, la cour byzantine entretient d'excellentes relations avec le rival de Bérenger et d'Adalbert, le roi Otton, qui, par le prestige de ses victoires sur les Hongrois, apparaît aux Grecs non seulement comme un allié de luxe, mais surtout comme un allié utile[1].

L'action diplomatique ne suffit plus pour maintenir, au sud de la péninsule, le prestige affaibli de l'empire. Tandis que Romain Lécapène, confiant surtout dans ses alliances, cherche à isoler les princes lombards, son successeur est amené, par la force des choses, a tenter de nouveau un grand effort militaire, pour rétablir sa suprématie en Campanie et refouler les Sarrasins dans leur île. Qu'il s'agisse de diplomatie ou d'envoi de troupes, les affaires italiennes absorbent une trop grande part des ressources de l'empire[2] pour qu'il soit facile au basileus de poursuivre en même temps les deux tâches : garder dans sa clientèle ou dans son alliance les princes italiens, qui ne sont pas ses vassaux; combattre au sud les Sarrasins et, par une vigoureuse offensive, affranchir la Calabre du tribut. La politique byzantine s'affaiblit elle-même, en cherchant à étendre trop loin le cercle de son influence. Aussi n'arrive-t-elle qu'à des demi-succès, souvent bien fragiles. La continuité même et la variété de ses efforts sont plus dignes d'attention que les résultats obtenus. A la mort du Porphyrogénète, la paix est rétablie avec les Sarrasins de Sicile : mais l'obligation du tribut s'impose toujours aux chrétiens de Calabre. Quant à la situation réelle des principautés lombardes en face de l'empire, il nous reste à voir si l'examen des chartes privées ou des rares diplômes de cette époque ne nous permettra pas d'éclaircir et d'expliquer, par des données nouvelles, les faits déjà mentionnés.

1. Liudpr., *leg.* 5; — Dummler, *l. c.*, 172; — Böhmer, *Regesta Imp.*, 174 a.
2. Cf. ce que dit Liutprand des sommes envoyées par Romain Lécapène à Hugues, roi d'Italie : *immensa data pecunia* (*Leg.* 7).

CHAPITRE IV

LES VASSAUX DE BYZANCE DANS L'ITALIE MÉRIDIONALE

VERS LE MILIEU DU Xe SIÈCLE

I

LES PRINCIPAUTÉS LOMBARDES ; COMMENT ELLES SE DÉTACHENT DE L'EMPIRE ; LA RESTAURATION DES GRANDES ABBAYES

Les deux révoltes du prince Landolf Ier de Capoue et Bénévent, sour le règne de Romain Lécapène, l'appui qu'il trouve dans les populations apuliennes, puis, à partir de 929, chez son parent, le prince de Salerne, nous ont montré combien sont factices les liens, si étroits en apparence, qui, au lendemain de la victoire du Garigliano, unissaient les principautés lombardes à l'empire. Un signe bien visible de ce changement, c'est la disparition totale, dans les chartes et dans les diplômes, des anciens titres byzantins, conférés par le basileus Léon VI et renouvelés, après lui, par le stratège Nicolas Picingli, au nom de la régente Zoé. Entre 910 et 920, le patriciat de Landolf Ier, puis, à partir de 915, la dignité nouvelle d' « anthypatos » et le patriciat de son frère Atenolf, sont mentionnés avec le plus grand soin par les notaires lombards[1] ; et l'on a vu comment le patriarche Nicolas le Mystique donne encore au prince rebelle ce nom d'« anthypatos », comme

1. *Cod. Cav.*, t. I, n° 131 ; — *Chron. Vult.*, 415, 416, 417 ; — GATTOLA, *Access.*, p. 47.

pour lui rappeler les obligations spéciales qu'il doit au basileus[1]. Mais à partir de 925, il n'est plus question d'aucun de ces titres dans les actes rédigés à Capoue, à Bénévent, ou dans les localités voisines, et pourtant ce sont les mêmes princes qui continuent de gouverner ensemble, car Landolf Ier ne meurt qu'en 943, précédé de deux ou trois ans par son frère Atenolf[2].

Indépendance du prince de Capoue-Bénévent. — Avant de mourir, il avait associé au pouvoir ses deux fils, d'abord Aténolf III, qui réside à Bénévent, puis Landolf II. Celui-ci, ayant chassé son frère, resta seul maître de Capoue et Bénévent, mais il donna le titre de prince à son fils Paldolf, qui devait lui succéder pacifiquement vers 961[3]. Aucun d'eux ne porte plus le titre de patrice. A défaut de cette indication, n'y a-t-il pas, dans l'usage de dater les chartes par les années de règne des empereurs byzantins, une preuve indirecte que la suprématie du basileus est encore reconnue? Mais ce signe lui-même disparaît dans les actes connus de 925 et de 928, et notamment dans les diplômes des princes de Capoue[4]. En revanche, on voit, vers la même époque, l'abbaye de Saint-Vincent-de-Vulturne solliciter la protection des empereurs byzantins pour ses domaines récemment acquis ou recouvrés, qu'il s'agit de défendre contre les entreprises de la noblesse lombarde ou des princes eux-mêmes[5]. La date byzantine reparait un peu plus tard dans le prononcé d'un jugement rédigé à Capoue, en 936 ou 937, au lendemain de la soumission de Landolf par l'alliance des Byzantins avec le roi Hugues[6]. Mais, vers la même époque, elle est omise à Bénévent : d'où l'on pourrait conclure que, si Landolf se retire vers sa capitale et renonce à tenir tête aux troupes

1. Cf. *supra*, p. 204; — *Patr. gr.*, t. CXI, col. 285.
2. *Ann. Benev.* (*ad ann.* 941, 943) ; — di Meo, *Annali*, V, 268 ; — Capasso, I, 110.
3. *Chron. Sal.*, 159; — *Ann. Benev.* (*ad ann.* 944) : — Di Meo, *l. c.*, V, 371 ; — Capasso, I, 118.
4. Gattola, I, 105 : *Access.*, 45, 47 ; — Ughelli, VIII, 51 (charte de 927 et non de 942) : — di Meo, V, 205.
5. *Chron. Vult.*, p. 427. La traduction du chrysobulle impérial commence par ces mots : *Romano et Constantinus, Christophorus et Stephanus et Constantinus*... La date ind. XV se rapporte à l'année 927 et non à l'année 942 (donnée à tort par di Meo, V, 276), car en 942, Christophore, fils aîné de Romain Lécapène, n'est plus vivant.
6. *Chron. Vult.*, 419; — di Meo, V, 247.

byzantines, tel n'est pas le cas de son frère Atenolf, qui, de Bénévent, vient attaquer Siponto[1].

Au reste, les notaires lombards mentionnent exclusivement les années de règne de l'empereur Constantin, comme si, à leurs yeux, Romain Lécapène n'était qu'un usurpateur. A partir de 943, avec les nouveaux princes Landolf II et Paldolf Ier, les chartes de Capoue ne sont plus datées que par les années des princes lombards[2]. Au contraire, les chartes de Bénévent, en 945, en 949, en 950, en 955, mentionnent de nouveau le basileus Constantin[3]. Mais, comme durant toute cette période Bénévent reste unie à Capoue, on voit qu'il est fort malaisé de tirer du seul examen des chartes et des usages différents des notaires une conclusion positive sur la soumission des princes à la suprématie byzantine. Tout ce qu'on peut dire, c'est qu'à Bénévent, plus rapprochée de Bari et des villes apuliennes occupées par les Grecs, le souvenir de l'ancienne vassalité se conserve mieux qu'à Capoue : ce n'est plus guère, en tout cas, qu'un souvenir.

Le prince de Salerne. — Quant au prince de Salerne, qui le premier, à la fin du IXe siècle, avait obtenu le titre de patrice et reconnu explicitement la suzeraineté byzantine, il suit bientôt l'exemple de son voisin de Capoue : dans les chartes très nombreuses, que nous a conservées le *Codex Cavensis*, Guaimar II, qui a succédé à son père en 901, ne porte plus, à partir de 926, le titre de patrice[4]. Son fils Gisulf, qui lui succède vers 946, paraît tout aussi indépendant de Byzance, au moins jusqu'à la grande expédition de Marianos Argyros en 956. Mais si, à ce moment, il reprend pour quelques mois le titre byzantin, autrefois porté par son père et son aïeul, à peine le stratège a-t-il quitté la Campanie que ce patriciat temporaire est de nouveau oublié[5]. Ainsi, à Salerne comme à

1. UGH., X, 471 ; — DI MEO, V, 254. — *Ann. Benev.* (*ad ann.* 936).

2. *Chron. Vult.*, 422, 423, 426, 429 : — GATTOLA, I, 130; *access.*, 53, 55, 56.

3. BORGIA, *Mem. stor. di Benevento*, III, 23; — *Chron. Vult.*, 425, 426, 449. Un *memoratorium* de Jean, abbé du monastère des saints Lupulus et Zozime à Bénévent est daté : *anno tricesimo sexto domini Constantini magni imperatori, et decimo anno Landolfi gloriosi principis et sexto anno principis Paldolfi, mense februarii sexta indictione* (*Archives capit. de Bénévent; Instrumenta varia*. vol. CCCLXXXIX, n° 2); — DI MEO, V, 347 (soit l'année 949).

4. *Cod. Cav.*, I, nos 144 et suiv.

5. *Cod. Cav.*, I, nos 190, 194 : — SCHIPA, *Princip. di Salerno* (*l. c.*, t. XII, p. 239).

Capoue, il n'y a plus qu'un lien nominal entre l'empire et les princes lombards, devenus en fait des souverains indépendants. Peu importe que l'empereur Constantin Porphyrogénète les enregistre encore au nombre des vassaux, qui reçoivent de la cour byzantine une κέλευσις[1] : ce n'est plus là qu'une vaine formule, une apparence vide. Peu importe que le stratège Marianos Argyros, pendant un cour séjour en Campanie, oblige les princes, par des serments plus ou moins vagues, à reconnaître cette vassalité. Le changement n'est pas durable et ne survit pas au départ des troupes byzantines. Le rétablissement de la paix, considéré à Byzance comme une marque de soumission, ne prouve qu'une chose : c'est que les princes lombards renoncent à conquérir de nouvelles villes du côté de l'Apulie et de la Calabre.

L'autorité du stratège en Longobardie. — Quant au stratège de Bari, il ne peut plus, comme les premiers fonctionnaires byzantins, envoyés dans l'Italie méridionale par Basile Ier et Léon VI, intervenir activement en dehors de l'Apulie, à moins qu'il ne reçoive des renforts extraordinaires. Réduit à la défensive, il a grand'peine à maintenir l'autorité du basileus, à une certaine distance du littoral apulien, dans cette zone intermédiaire où les populations lombardes font si facilement appel, sous le moindre prétexte, à l'intervention des *gastaldi* voisins ou des princes eux-mêmes. Lorsque la *Chronique de Salerne* affirme que, vers 930, l'Apulie et la Calabre presque tout entière obéissent aux princes lombards[2], il faut voir dans ces mots une sorte d'amplification oratoire, qui ne représente que très vaguement la réalité des choses. Mais il n'est pas douteux que les Byzantins ont grand'peine à rester les maîtres de Siponto, d'Ascoli, de Matera[3] et peut-être, plus au sud, de la vallée du Crati. Ce qui les empêche de perdre définitivement ces villes, c'est que les princes lombards dispersent leurs forces et, après une campagne entreprise en Apulie, se tournent tout d'un coup vers une autre région; c'est qu'ils ne savent pas rester unis. Landolf II, vers 950, fait alliance avec le duc de

1. De Cerim., II, 48, p. 690.

2. *Chron. Sal.*, 158, 159 : *Cum pene omnes civitates Apuliæ simulque et Calabriæ suis viris attrivisset... illo in tempore omnes Calabriæ regiones simulque et Apuliæ pene Guaimari dicioni omnimodis obtemperabant.*

3. *Ann. Benev.*, *ad ann.* 936 ; — Lup. Protosp., 940, 950.

Naples contre le prince Gisulf de Salerne, allié de son côté aux gens d'Amalfi[1]. Puis il signe la paix avec Gisulf, et les deux princes tournent leurs forces réunies contre le duc de Naples, pour lui enlever la ville de Nole, toujours disputée, depuis le IXe siècle, entre Napolitains et Lombards.

D'autre part, il semble que Landolf ait reçu du roi Hugues, vers 944, le titre de margrave de Spolète[2], au moment où l'invasion hongroise oblige les habitants de l'Italie centrale et de la Campanie à se défendre contre un nouvel adversaire. Ne voit-on pas, vers la même époque, le roi Hugues accorder un diplôme de protection aux moines du Mont-Cassin, alors établis à Capoue, non seulement pour les biens qu'ils revendiquent dans les Abruzzes ou la région de Spolète, mais pour leurs domaines de l'Italie méridionale[3]? Peut-être même y a-t-il ici l'indice d'une tentative du roi d'Italie pour revendiquer à son tour un certain droit de suzeraineté sur les principautés lombardes : en tout cas, la tentative n'aboutit point, puisque, très peu de temps après, Hugues est rappelé vers le nord.

Nous ignorons si Landolf II a réussi à conserver le margraviat de Spolète. Ce qu'il importe de retenir, c'est que le prince de Capoue et Bénévent, de plus en plus indépendant de Byzance, mais occupé à diverses entreprises, n'est pas, pour le stratège de Bari, un très redoutable ni très persévérant adversaire.

Affermissement des dynasties lombardes. — Faut-il donc croire que du IXe au Xe siècle il n'y ait rien de changé dans la Campanie lombarde, et que l'histoire monotone des princes de Capoue nous présente toujours la même succession de guerres civiles, ou de luttes sans cesse reprises contre les envahisseurs étrangers? Ce n'est là qu'une apparence. En fait, les troubles y sont moins fréquents et moins graves, l'anarchie y est moins profonde qu'au temps où les bandes sarrasines pénétraient, sans obstacle, jusqu'au cœur de l'Apennin. Les corsaires musulmans se bornent à piller les côtes et n'avancent plus dans l'intérieur des terres. Les invasions hongroises, qui seules, au Xe siècle, renouvellent en Campanie la terreur de la barbarie étrangère, passent comme des ouragans et ne durent que

1. *Chron. Sal.*, 161.
2. *Chron. Vult.*, 422 : *in ipso tempore Landulfus princeps marchio efficitur.*
3. GATTOLA, *acc.* 48; — LEO OST., I, 59.

quelques semaines ou quelques mois. Mais on doit reconnaître que l'autorité des princes lombards sur leurs sujets a gagné en force et en prestige. Ce n'est pas un fait négligeable que la longue durée des règnes de Landolf Ier et de Landolf II à Capoue, de Guaimar II et de Gisulf à Salerne. S'il y a encore des conjurations et des révoltes, on ne voit plus, comme à la fin du IXe siècle, ces révolutions de palais qui bouleversent sans cesse les capitales lombardes. Par l'usage, imité de Byzance, d'associer leur fils au pouvoir, les princes assurent la transmission régulière de l'autorité dans la même famille. Chacun de ces deux Etats forme une véritable monarchie, qui se fortifie par l'hérédité et qui réussit à rendre plus étroite la subordination des comtes et des gastaldi au prince. Le mouvement de dissolution, commencé vers le milieu du IXe siècle, et qui semblait devoir entraîner fatalement le morcellement du pays lombard en une foule de petits Etats rivaux, est arrêté provisoirement par des forces contraires. Entre 880 et 890, quand les comtes de Capoue, partagés en factions rivales, se disputent avec acharnement la possession d'un territoire très restreint, on dirait que dans toutes les villes campaniennes vont surgir de nouveaux seigneurs, capables de défendre victorieusement leur indépendance contre toute tentative des princes. Entre 950 et 960, quand le comte d'Aquino refuse d'obéir au prince Landolf, maître de Capoue, de Bénévent et d'un vaste territoire qui s'étend jusqu'aux confins de l'Apulie, il est traité en rebelle et obligé de se soumettre[1]. De même le comte de Venafro, dans la haute vallée du Vulturne, est traduit devant le tribunal du prince et tenu de rendre compte des usurpations dont se plaignent les moines de Saint-Vincent-de-Vulturne[2]. Gisulf, prince de Salerne, dispose en maître de plusieurs villes ou forteresses situées en pleine Lucanie, aux sources du Sinni et de l'Agri : il constitue des apanages, à *Lauria* et à *Marsico*, en faveur de l'un de ses oncles et de ses cousins[3].

Dans cet affermissement de l'autorité du prince, n'y a-t-il pas une conséquence indirecte de l'intervention byzantine, de la diminution des guerres et de l'établissement d'un certain ordre politique? L'exemple d'une administration moins impar-

1. *Chron. Sal.*, 162 ; — Leo Ost., II, 1.
2. *Chron. Vult.*, 423.
3. *Chron. Salern.*, 176.

faite et mieux organisée a exercé, pour ainsi dire, une influence contagieuse sur les petites cours lombardes ; n'oublions pas, du reste, que le premier Guaimar et le premier Landolf, si fiers de leur titre de patrices, ont fait le voyage de Constantinople et que, rentrés dans leurs petites capitales, entourés d'un nouveau prestige, ils gardent le souvenir vivant d'une cour fastueuse, d'une savante hiérarchie de fonctionnaires, où ils ont admiré le modèle d'un gouvernement fort. Ainsi l'influence byzantine fait revivre, au xe siècle, dans l'Italie du Sud, avec une force nouvelle, ces traditions administratives romaines, qui, depuis l'apparition des premiers Etats barbares, semblaient seules capables d'assurer l'autorité monarchique.

Restauration des abbayes : le Mont-Cassin et le Vulturne. — Un autre indice nous montre les progrès de la paix et de la sécurité dans les pays lombards, vers le milieu du xe siècle : c'est la restauration des deux grandes abbayes bénédictines, le Mont-Cassin et Saint-Vincent-de-Vulturne, détruites presqu'en même temps, vers 883 ou 884, par les pillards sarrasins. On a vu quelle est, dès cette époque, l'importance exceptionnelle de ces deux monastères, indépendants des puissances locales, princes ou évêques, et protégés contre eux par les privilèges des empereurs et des papes[1]. L'abbé Berthaire, tué au milieu de ses moines, est le dernier représentant de l'influence franque dans ce monastère du Mont-Cassin, qui était déjà, depuis plusieurs générations, un centre unique de culture intellectuelle et de savantes études[2]. La ruine de l'abbaye avait entraîné naturellement l'abandon d'une grande partie de ses domaines, la fuite des paysans, qui se dispersèrent dans les montagnes voisines. Les moines échappés au massacre s'étaient réfugiés dans la ville de Teano[3], et c'est là que, pour la première fois, leur chef entre en rapports avec le stratège byzantin de Longobardie, pour essayer de recouvrer, par sa protection, les terres de « Saint-Benoît[4] ». Mais c'est en vain que les abbés, successeurs de Berthaire, cherchent à restaurer la vie monastique, soit au Mont-Cassin, soit dans la ville nouvelle, créée au pied

1. Cf. *supra*, p. 70.
2. Leo Ost., I, 33 et suiv. *M. G.*, *Poetæ latini ævi carolini*, t. III, p. 390 ; — Tosti, *Storia di Montecassino*, t. I, p. 307 (éd. de 1888).
3. Leo Ost., I, 45.
4. Trinchera, *Syllabus*, n° 3.

de la montagne par Berthaire, qui l'avait baptisée du nom savant d' « Eulogimenopolis ». Les guerres, qui pendant tant d'années encore désolent la Campanie, font échouer toutes leurs tentatives. D'ailleurs, les moines de Teano sont à la merci du prince lombard, qui leur impose pour abbé, vers 914, l'un de ses parents, l'archidiacre de l'église de Capoue[1]; l'incendie de leur monastère les obligeant à chercher un nouveau refuge, le nouvel abbé Jean, que Landolf, un peu plus tard, devait envoyer en ambassade à Constantinople[2], persuade à ses compagnons de se transporter à Capoue, où ils sont placés sous la protection immédiate des princes. Son crédit au palais, ses amitiés nombreuses, la richesse de ses parents, lui permettent de construire dans la capitale lombarde un vaste monastère, où sont reprises et continuées les traditions du Mont-Cassin : l'abbé Jean fait copier et enluminer un grand nombre de manuscrits, dont quelques-uns, conservés jusqu'à nos jours, contiennent des catalogues et des fragments de chronique, fort importants pour l'histoire des Lombards du Sud[3]. Enfin, c'est le même personnage, qui reprenant avec plus de suite les travaux de restauration, à peine ébauchés par ses prédécesseurs, rétablit une colonie monastique au Mont-Cassin, abandonné depuis plus de trente ans; mais, si l'église du Cassin est reconstruite et embellie, c'est le monastère de Capoue qui reste la résidence de l'abbé et le centre principal des moines. Cependant, par une transformation naturelle, à mesure que la communauté, plus nombreuse et plus prospère, étend davantage son activité, reprend possession de ses anciens domaines ou en acquiert de nouveaux, la protection des princes lui devient plus onéreuse; l'écho de ses plaintes arrive au pape Agapit, très favorable d'ailleurs à l'indépendance monastique, et qui encourage, de tous ses efforts, le retour au Mont-Cassin[4]. Le Napolitain Aligern, élu abbé à Capoue en 949, se décide enfin à quitter le voisinage dangereux de la cour lombarde pour rentrer dans l'ancien monastère. Mais, loin de s'affranchir des princes de Capoue, il s'appuie d'abord sur eux, pour

1. Leo Ost., I, 53.
2. *Chartul. Cupersanense*, n° 6 (Charte de 915).
3. Leo Ost., I, 53; — Tosti, *l. c.*, t. I, 295-298. — Le plus important de ces manuscrits est le *Cod. Casin.*, 353, où se trouve la *Chronica S. Bened. Casin.* (*Script. r. l.*, p. 467). — Cf. Bertaux, l'*Art dans l'Italie méridionale*, p. 194.
4. Leo Ost., I, 59; — Jaffé-Löw., 3664.

lutter contre les comtes d'Aquino, qui détiennent une grande partie de la vallée du Liris, et pour fortifier, aux dépens de ces derniers, la nouvelle seigneurie monastique dont le Mont-Cassin est le centre. Alors se dressent, pour protéger le monastère, ses domaines, ses fermes, les églises qu'il possède dans la vallée, de nouvelles murailles, des tours et des donjons. A l'abri de ces murailles, se multiplient de nouveaux villages, où sont attirés, pour cultiver les terres de l'abbaye, les paysans dispersés, depuis le temps des incursions musulmanes, dans les montagnes voisines. Autour du monastère central se construisent de nouvelles dépendances, tandis que les peintres et les mosaïstes achèvent la décoration de l'église[1]. La longue carrière de l'abbé Aligern, qui gouverna le Mont-Cassin près de trente-six ans (949-985) lui permit de mener à bonne fin toutes ses entreprises, d'assurer l'exploitation régulière des domaines les plus éloignés, et de rétablir, d'une manière durable, la suzeraineté de l'abbaye sur un grand nombre d'églises, de chapelles rurales ou de petits monastères, dispersés un peu partout dans la marche de Spolète, la principauté de Capoue et Bénévent, l'Apulie byzantine[2]. Il se fit donner par les princes lombards comme par le stratège byzantin les pleins pouvoirs nécessaires pour revendiquer, dans toute l'Italie méridionale, les terres abandonnées ou reprises, sous ses prédécesseurs, par les propriétaires laïcs[3].

Seule l'abbaye de Saint-Vincent-de-Vulturne pouvait rivaliser avec le Mont-Cassin. C'est aussi au cours du xe siècle, sous le règne des princes Landolf Ier et Atenolf II, Landolf II et Paldolf, qu'elle reprit une vie nouvelle, d'abord aux portes de Capoue, puis au lieu de sa fondation, près des sources du Vulturne. La reconstruction de l'ancien monastère s'accomplit entre 915 et 930, au moment où les moines du Cassin s'établissaient dans la ville de Capoue[4]. Tout autour de l'abbaye, et plus loin dans les montagnes, les terres abandonnées sont

1. Leo Ost., I, 60 ; II, 1, 3. — Aligern fait construire la *Rocca Janula*. Cf. les diplômes de Paldolf et Landolf (961) mentionnant, pour la première fois, les églises de Saint-Ambroise, de Saint-André, de Saint-Georges, récemment construites sur le territoire d'Aquino (Gattola, *Access.*, p. 58).

2. Leo Ost., II, 2, 5, 6. — Sur les revendications antérieures à Aligern, cf. *Id.*, I, 56, 58, 60.

3. Gattola, *Access.*, 56-60 ; — Trinchera, *Syllabus* n° 6 (diplôme de Marianos Argyros, conservé par une traduction du *Registre* de Pierre Diacre).

4. *Chron. Vult.*, p. 415, 416 ; — Leo Ost., I, 53.

[illegible] avec les paysans, [illegible] et notamment [illegible] les Marses [illegible] Valva [illegible] par- [illegible] Vulturne. [illegible]venue à la fin du [illegible] les villages et les centres [illegible] vers la seconde moitié [illegible] les acquisitions nouvelles : [illegible] Vulturne, comme ceux du Cassin, afferment des terres et des [illegible] jusque sur les bords de l'Adriatique. [illegible][1]. Par la dispersion de leurs domaines, [illegible] ils échappent à la tutelle exclusive des princes lombards. Ils [illegible] la protection du roi d'Italie, suzerain de Spolète, comme de celle du basileus et de son représentant le stratège de Longobardie[2]. Ainsi depuis la vallée du Liris et du Vulturne jusqu'aux confins de l'Apulie, les habitants cessent de redouter les incursions sarrasines, et surtout à partir de 950, quand les dernières bandes hongroises ont disparu, la sécurité plus grande fait renaître partout le travail.

Mais plus les populations lombardes s'éloignent de ces temps de misère et d'anarchie, plus les comtes, les gastaldi et les princes supportent avec impatience le voisinage de ces officiers byzantins, dont la tutelle est désormais inutile. Alors naissent entre Lombards et Byzantins de fréquentes querelles ; et tandis que l'autorité des princes, plus stable et mieux respectée par leurs sujets, cherche à s'étendre dans les régions perdues par les Lombards au IXe siècle, le prestige de l'empire est presque anéanti.

II

LE VOISINAGE DES DÉPENDANCES BYZANTINES DU LITTORAL CAMPANIEN DEPUIS LA FIN DU IXe SIÈCLE JUSQU'AU MILIEU DU Xe

Parmi les vassaux byzantins de l'Italie méridionale, il faut mettre à part le groupe des États maritimes du littoral campanien, Naples, Amalfi, Gaëte. Comme ils avaient toujours échappé à la conquête lombarde, les Byzantins du xe siècle

1. *Chron. Vult.*, 429, 448, 449.
2. *Chron. Vult.*, 427.

étaient autorisés à dire qu'ils n'avaient jamais cessé de faire partie de l'empire. Mais nous avons vu qu'en fait ces villes du littoral, vers le milieu du IXe siècle, sont complètement détachées de Byzance et forment de petits États souverains. Quand la flotte et les troupes du basileus se montrent de nouveau sur le littoral campanien, trouvent-elles un accueil plus empressé dans les anciennes villes byzantines que chez les princes lombards? Il n'en est rien. Tout au contraire, comme les habitants du littoral ont à redouter davantage les revendications byzantines, ils semblent montrer à l'égard des nouveaux venus plus de réserve et plus de méfiance. Le duc-évêque de Naples, Athanase II, ne se décide qu'après le prince de Salerne à demander l'envoi d'auxiliaires byzantins[1]. Mais il ne cherche point à se lier à l'empire d'une manière plus étroite; on ne le voit point envoyer d'ambassade à Constantinople, ni solliciter une dignité byzantine. Surtout, il continue de suivre sa politique particulière, qui, le plus souvent, est contraire aux intérêts généraux de l'empire. C'est l'alliance sarrasine qui reste le principal obstacle à l'union des villes du littoral campanien avec l'empire byzantin. Sans doute, les Grecs de Sicile et de Calabre peuvent aussi, à l'occasion, conclure des traités avec leurs voisins musulmans : mais ce ne sont que des trêves plus ou moins longues, au milieu d'un état de guerre continuel. Pour les gens de Gaëte et de Naples, la guerre contre les Sarrasins est l'exception; les relations pacifiques sont la règle. Ce n'est pas d'une simple trêve qu'il s'agit dans leurs traités, mais d'une véritable alliance.

Voilà comment, sous le règne de Léon VI et tant que les Sarrasins occupent les bords du Garigliano, ce sont les princes lombards qui seuls sollicitent l'appui du basileus, seuls envoient des ambassades à Constantinople et obtiennent le titre de patrice. C'est avec les Napolitains et les gens de Gaëte que la colonie sarrasine fait le plus souvent cause commune contre les Lombards. Il faut que le stratège de Longobardie vienne lui-même en Campanie, joignant ses forces à celles du pape et du margrave de Spolète, il faut que les Napolitains sentent leur faiblesse et le danger de leur isolement, pour qu'ils se décident enfin, les derniers de tous, à entrer dans la ligue contre les Sarrasins. C'est alors que le duc de Naples et

1. Cf. *supra*, p. 110.

l'hypatos de Gaëte, obtenant à leur tour le titre de patrice impérial, deviennent les égaux des princes lombards. Après la victoire du Garigliano, l'alliance sarrasine ne leur offre plus le moindre avantage ; ils subissent comme les autres, pendant plusieurs années, le prestige de l'empire.

Le duché de Naples. — Le duché de Naples, formé d'une grande ville et de petites bourgades, comme Pouzzoles, Cumes, Sorrente, entourées de champs fertiles, qui sont les domaines de l'aristocratie napolitaine, reste gouverné par les descendants de Sergius Ier. Athanase II, petit-fils du fondateur de la dynastie, a pour successeur, en 898, le duc Grégoire, son frère ou son cousin, qui meurt en 915, peu après la bataille du Garigliano [1]. L'autorité ducale, désormais distincte de l'autorité épiscopale, se transmet régulièrement de père en fils, avec Jean II, fils de Grégoire (915-919), Marin Ier (919-928) et Jean III (928-963). Le fils est d'avance associé au pouvoir par son père, selon le système pratiqué dans les cours lombardes, à l'imitation de Byzance. Dans tous les Etats vassaux de l'Italie méridionale, Lombards ou non, le principal effet du protectorat byzantin, c'est de fortifier le principe de légitimité, c'est d'établir des monarchies héréditaires.

Un trait particulier de l'histoire du duché de Naples, jusqu'au commencement du xe siècle, c'est la puissance et le rôle politique des évêques, qui, à certaines époques, semblent avoir voulu faire de Naples, à l'image de Rome, une sorte d'Etat ecclésiastique [2].

L'évêque Athanase Ier (850-872), favorable à l'influence franque, et brouillé avec son neveu, le duc Sergius II, avait dû quitter Naples. Ni l'intervention de l'empereur franc, ni celle du pape n'avaient pu briser la résistance de Sergius : l'évêque mourut en exil, et, durant plusieurs années, l'église napolitaine resta séparée, par l'autorité ducale, de la communion romaine [3]. On a vu comment l'élection d'Athanase II, frère de Sergius, fut enfin reconnue par le Saint-Siège. Le nouvel évêque, en s'emparant par la violence de l'autorité

1. Capasso, I, 106 ; — Schipa, *Ducato di Napoli* (*Archivio Storico Napol.*, XVIII, 260).
2. Cf. *supra*, 18, 119, 137.
3. *L. c.* : — Capasso, I, 213 : — et *Script. r. l.* — Extraits de la *Vita Athanasii* (Capasso, I, 94).

ducale (877), avait mis fin aux conflits, sans cesse renaissants, entre les deux pouvoirs ; et, comme il resta, pendant plus de vingt ans, le maître absolu de Naples, au spirituel comme au temporel, son long gouvernement donna au duché napolitain une puissance nouvelle. Allié aux Sarrasins, indifférent aux anathèmes du Saint-Siège, qu'il trompe sans cesse par de nouveaux parjures, Athanase II ne se contente plus de tenir tête aux Lombards de Capoue, rivaux séculaires des Napolitains : il les menace par des agressions continuelles. C'est alors qu'il se rapproche de l'empire byzantin, sans se lier par des engagements trop étroits.

Après sa mort, un de ses oncles, Etienne, autrefois évêque de Sorrente, puis réfugié à Naples après toutes sortes d'aventures, est élu évêque à un âge déjà fort avancé[1]. Comme le duc Grégoire, autre neveu d'Etienne, est plein de déférence pour le vieillard[2], il semble que l'autorité épiscopale tienne toujours à Naples le premier rang : même après la mort de l'évêque Etienne, on voit, dans certains actes, le nom de l'évêque cité avant celui du duc[3]. Mais au cours du xe siècle le rôle de l'épiscopat napolitain s'efface de plus en plus, et rien ne prouve, d'ailleurs, que les évêques continuent d'appartenir à la famille ducale. L'autorité des ducs est désormais assez forte pour s'exercer sans limite et sans obstacle, comme dans les Etats voisins de Capoue et de Salerne.

Dans les villes lombardes, l'évêque est aussi, très souvent, proche parent du prince, et il lui arrive parfois de jouer un rôle politique important, comme le montre l'histoire de l'évêque Landolf de Capoue, à l'époque de l'intervention franque. Mais ce n'est là qu'une exception : nulle part, dans l'Italie méridionale jusqu'au commencement du xe siècle, la puissance de l'épiscopat n'apparait aussi forte qu'à Naples. C'est qu'il y a, dans la ville de saint Janvier, une tradition ecclésiastique très ancienne, qui n'a pas été interrompue ni brisée violemment par l'invasion lombarde, une tradition qui est, en quelque sorte, le fondement même de l'autonomie napolitaine. Tandis que Bénévent, Salerne et Capoue doivent toute leur importance aux princes lombards, les Napolitains s'enorgueillissent de l'antiquité de leur ville, dont l'histoire se confond pour eux avec

1. Capasso, I, 226 ; — Dümmler, *Auxilius und Vulgarius*, p. 31, 96 et suiv.
2. *Transl. S. Severini*, 9.
3. Diplôme de 907 dans Capasso, III, 2-4.

celle de leurs évêques. Plusieurs d'entre eux : Agri Agnellus, Severus, sont vénérés, à côté de saint J comme les patrons et les défenseurs de la ville[1]. La pu épiscopale, fondée sur de lointains souvenirs, sur des égl des monastères dont le nombre et la richesse se sont lon accrus, forte aussi des privilèges que lui avait assurés l lation impériale, tient donc à Naples une tout autre pla dans les capitales lombardes.

D'autre part, par son instruction et sa culture, le cle Naples, au commencement du xᵉ siècle, est supérieur au romain : dans toute l'Italie méridionale latine, seule l' du Mont-Cassin peut rivaliser avec l'église napolitaine centre d'études et de littérature ecclésiastique.

Comment ne pas rappeler ici le rôle joué, dans la s moitié du ixᵉ siècle, par l'évêque Athanase Iᵉʳ, qui instit écoles et fit copier des manuscrits, en même temp embellissait les églises de la ville, en les faisant déco peintures et de tapisseries[2]? Si ces faits sont antérieu restauration byzantine, si Athanase Iᵉʳ est avant tout un en relations étroites avec la cour franque, comme avec et le Mont-Cassin[3], on doit remarquer cependant com connaissance du grec est restée à Naples une tradition vi

Le frère d'Athanase Iᵉʳ, Etienne, évêque de Sorre plus tard à son tour évêque de Naples, connait aussi grec que le latin, « tant pour les lettres que pour le l communi[4] ». Si à Rome un tel fait devient de plus en plu à Naples, au contraire, les exemples en sont fréquents. le monde grec et le monde latin Naples est à la fin du ixᵉ en Italie, le principal centre d'échanges intellectuels : c surtout qu'arrivent les manuscrits grecs et qu'on trou clercs capables de les comprendre et de les traduire. I duction de légendes grecques occupe, pour une large part vité intellectuelle du clergé napolitain, comme le l'exemple de l'évêque Athanase II, qui a traduit lui-m passion de saint Aretas et de ses compagnons, martyrs taux, et qui a encouragé autour de lui des œuvres sembl

1. Voir *Chronic. episc.* (CAPASSO, I, 158 et s.).
2. CAPASSO, I, 214, 218.
3. Cf. *supra*, p. 73, 104, 107.
4. AUXILII *libellus* (DÜMMLER, *Auxilius und Vulgarius*, p. 99).
5. CAPASSO, I, 220, n. 3.

Si la langue courante, dans la population napolitaine, est le latin, le prestige du grec se conserve longtemps encore par certains usages fort répandus ; dans beaucoup de chartes, les témoins écrivent les noms latins en caractères grecs[1]. — Si l'usage du grec devient moins populaire, il faut bien cependant que les clercs continuent à le connaître, car il garde une place importante dans la liturgie napolitaine. Dans les grandes cérémonies, dans les processions solennelles, lorsqu'on transporte à Naples le corps de quelque saint, les chœurs grecs alternent avec les chœurs latins : « La foule accourt, hommes et femmes de tout âge, et chacun, selon ses moyens, entonne le chant des psaumes, dans l'une et l'autre langue[2]. Tous ensemble, laïcs et clercs, chantent en grec et en latin, dans une commune prière, les louanges de Dieu[3]. » D'après certains érudits du XVIIIe siècle, le clergé grec de Naples, formant une corporation distincte, aurait possédé six des principales églises de la ville ; les jours de grande fête, il se rendait à l'église cathédrale des Latins, appelée la *Stephania*, pour chanter en grec le *Credo* et certaines leçons des Écritures. Déjà le savant Assemani a fait justice de cette légende[4] : non seulement il n'y a pas à Naples d'évêque grec, mais les principales églises sont desservies par des clercs latins. Il n'y a qu'un petit nombre de monastères purement grecs, suivant la règle de saint Basile[5], mais ils sont encore assez importants pour que les moines grecs puissent sauvegarder, par leur présence aux grandes cérémonies, l'ancienne égalité des deux langues. — Au reste, l'usage des chants grecs et latins se conserve aussi au IXe siècle chez les moines latins du Mont-Cassin ; et les Romains du temps d'Albéric, vers le milieu du Xe siècle, font toujours entendre, à certaines fêtes populaires, un vieux chant grec[6].

Cependant, même à Naples, ces traditions anciennes s'affaiblissent peu à peu, malgré la restauration byzantine et le rétablissement des relations avec l'empire. — Il semble, au

1. *Reg. Neap.*, n°s 1, 2, 6, 9, 21, 105 (CAPASSO, t. II, et *Reg. Neap. arch. monum.*, t. I, *passim*).
2. *Translatio S. Athanasii* (CAPASSO, I, 282).
3. *Ex vita Athanasii*, 1 (CAPASSO, I, 213 et *Script. r. l.*, p. 443).
4. RODOTA, *Dell' origine ... del rito greco in Italia*, I, p. 341 ; — ASSEMANI, *Ital. hist. script.*, IV, 4, 112, 139.
5. CAPASSO, III, 170.
6. LEO OST., I, 32. *Polyptyque* du chanoine Benoit (publié par Paul FABRE, *Travaux et Mémoires des Facultés de Lille*, t. I, 1889).

contraire, que les anciens monastères basiliens de la ville aient quelque peine à se recruter, puisque, dans la première moitié du xe siècle, on voit les deux monastères grecs des Saints-Serge-et-Bacchus et de Saint-Sébastien se réunir en un seul[1]. Mais, d'autre part, la culture du grec, considéré comme langue savante, est remise en honneur dans le clergé latin de Naples, et c'est par là surtout que se manifeste l'influence de la civilisation byzantine. D'ailleurs les traductions nombreuses du grec en latin, faites à cette époque, ne sont pas les seules œuvres où s'emploie l'activité des clercs napolitains.

Il se produit dans l'église de Naples, au temps de l'évêque et duc Athanase II, une véritable renaissance littéraire, qui est avant tout une renaissance latine. Athanase II fait écrire la vie de son oncle Athanase Ier, composée avec un soin particulier et de visibles préoccupations littéraires[2]. Il encourage le principal historien de l'Eglise napolitaine, le diacre Jean, qui continue le *Liber Pontificalis*, ou la chronique des évêques de Naples, depuis l'avènement d'Etienne Ier en 763 jusqu'à la mort d'Athanase II. Assurément, il y a, dans l'œuvre du diacre Jean, plus d'érudition, plus de vues générales, une narration plus vivante et plus personnelle que dans les parties contemporaines du *Liber Pontificalis* romain.

Le même personnage a écrit différents opuscules sur le culte des saints les plus vénérés de la population de Naples; il raconte avec des détails souvent précieux pour l'historien les « translations » dont il a été le témoin oculaire. La plus importante est celle de saint Severinus, qui est une source de premier ordre pour l'histoire de la grande invasion sarrasine en Calabre, en 902. En apprenant l'arrivée d'Ibrahim et la panique des habitants de la Calabre, les Napolitains s'empressent de détruire le *Castrum Lucullanum*, où l'on vénérait les restes de saint Severinus; c'est alors que cette relique est transportée solennellement dans un monastère napolitain.

Dans le récit très vivant de la « translation » de saint Sossius[4], de Misène à Naples, l'auteur se met lui-même en

1. *Reg. Neap.*, dans CAPASSO, II, n°s 18. 24.
2. *Vita Athanasii*, *l. c.*
3. Jean Diacre s'est servi de saint Jérôme, d'Isidore de Séville, de Bède, de Grégoire de Tours, etc. Il connait aussi le *Liber Pontificalis* romain (CAPASSO, I, 148).
4. CAPASSO, I, 302-306. Pour la *transl. S. Severini*, cf. *supra*, p. 156.

scène : on le voit chercher le tombeau du saint au milieu des ruines d'une ville abandonnée, couvertes de bois et de ronces ; interroger anxieusement les débris de muraille, les lettres à demi effacées, vestige d'une ancienne inscription ; on le voit aussi s'arrêter tout d'un coup pour contempler avec admiration la forme gracieuse d'une fenêtre, en haut d'un grand mur. Tous ces détails nous montrent, dans le diacre Jean, un esprit curieux, avisé, et qui ne manque pas de finesse.

Tandis que l'Eglise romaine, dans les dernières années du IXe siècle, retombe dans la barbarie, l'Eglise napolitaine, moins troublée par les guerres civiles, reste un centre de culture. Le diacre Jean compose ses derniers écrits sous le pontificat d'Etienne [1], successeur d'Athanase II (898-907). C'est de la même époque que sont ces écrits de polémique, suscités par la querelle entre partisans et adversaires du pape Formose. Le pape Serge III, ayant prétendu déposer les prêtres ordonnés par Formose, rencontre une vive opposition : mais c'est dans le clergé napolitain que le parti des défenseurs de Formose trouve ses polémistes les mieux instruits, les plus habiles et les plus hardis : le prêtre Auxilius, d'origine étrangère, peut-être franque, mais de bonne heure fixé à Naples, le grammairien Vulgarius, qui cultive la poésie et la dialectique [2].

Il n'est pas sans intérêt de voir en quels termes s'exprime, dans certaines œuvres des clercs napolitains de cette époque, et notamment dans la *Vie d'Athanase Ier*, le patriotisme local : l'origine de Naples se perd dans la nuit des temps, « d'où il est permis de supposer qu'elle est la plus ancienne de toutes les villes d'Italie. Par sa puissance, par la beauté de ses édifices et de ses forteresses, par le charme de sa campagne, par la fervente piété de ses habitants, elle ne le cède à aucune ville d'Occident, si ce n'est Rome. Le poète de Mantoue en a chanté la gloire, et l'empereur Octavien Auguste lui a donné son nom. Bélisaire ajoute à l'enceinte de la ville sept tours magnifiques, et Narsès lui donne une étendue nouvelle, en créant un vaste port, si bien défendu par de solides constructions que les navires les plus chargés de marchandises y trouvent un sûr asile [3] ». Ainsi se confondent, dans l'imagina-

1. CAPASSO, I, 148.
2. DÜMMLER, *Auxilius und Vulgarius*, p. 27, 39 ; — DUCHESNE, *Les premiers temps de l'Etat pontifical*, p. 164, n. 1.
3. *Vita Athanasii*, 1.

tion des Napolitains du xᵉ siècle, les souvenirs antiques et ceux de l'époque de Justinien. Mais Naples se gouverne elle-même : quelles que soient ses relations avec l'Orient, on ne voit nulle part que ses habitants se considèrent comme des sujets de l'empire byzantin.

Tels sont les principaux traits qui donnent à la ville et au duché de Naples, vers la fin du règne de Léon VI, leur physionomie originale. L'histoire de Naples, dans le cours du xᵉ siècle, est beaucoup moins connue : cependant nous avons assez de documents pour observer qu'entre 915 et 960 les ducs de Naples ne semblent pas unis à l'empire par un lien plus étroit que les princes lombards de Capoue et de Salerne. Si le duc Grégoire a fini par obtenir, lors de la bataille du Garigliano, la dignité de patrice, on ne voit pas qu'aucun de ses successeurs continue de porter ce titre. Ils ne s'intitulent jamais que *consul et dux*, selon l'ancienne coutume : l'épithète d' « éminentissime » précède parfois ces mots[1]. Mais les chartes napolitaines sont toujours datées beaucoup plus soigneusement que les documents lombards par les années de règne des empereurs byzantins, et il n'y a point d'interruption dans cet usage[2]. D'autre part, les Napolitains n'ont qu'un intérêt fort médiocre à prendre part aux révoltes périodiques des princes de Capoue ou de Salerne contre l'empire; ils ne sont pas menacés, comme ceux-ci, dans leurs convoitises territoriales, par l'expansion de la puissance byzantine en Apulie ou en Lucanie. Durant tout le règne de Romain Lécapène, ils restent en relations pacifiques avec Byzance. Lorsque le duc Jean III, entre 930 et 939, renouvelle avec le prince Landolf un ancien traité d'alliance, conclu entre le prince Atenolf et le duc Grégoire, vers 907 ou 908, il fait une réserve significative sur sa « fidélité » à l'empire[3], comme pour bien marquer qu'il n'entend pas suivre le prince de Capoue dans ses entreprises contre le stratège de Longobardie. Il est vrai que la situation se modifie à l'époque de Constantin Porphyrogénète, quand le stratège Marianos Argyros veut châtier les Napolitains rebelles. Mais c'est là un fait isolé, dont il serait imprudent de tirer des conséquences générales. Si, le plus sou-

1. Capasso, III, 5, 7, 8, *préf.*, p. IX, X ; — *Reg. Neap.*, *Id.*, II, nᵒˢ 52, 64.
2. *Reg. Neap.* (Cap. t. II).
3. « *Salva fidelitate sanctorum imperatorum* ». (*Pactiones de Leburiis Edictus*, p. 185).

vent, les relations de Naples avec Byzance restent pacifiques, c'est qu'elles ne sont ni bien étroites ni bien régulières. Rien ne prouve que la vassalité des Napolitains se traduise par des obligations précises. Une seule fois, dans les textes du xe siècle, nous trouvons la mention d'une ambassade envoyée par le duc à la cour byzantine : encore est-elle signalée comme un fait exceptionnel, résultat d'une « certaine nécessité », dont nous ignorons la nature[1]. L'archiprêtre Léon, envoyé à Constantinople par le duc Jean III, profite de son voyage pour rapporter à Naples plusieurs manuscrits, et notamment une *Histoire d'Alexandre le Grand*. Nous apprenons ainsi que le duc et sa femme Theodora, une Romaine, parente probablement d'Albéric, entretiennent avec soin les traditions littéraires si vivantes à Naples. Jean fait copier un grand nombre de manuscrits, parmi lesquels il est intéressant de signaler ceux des historiens Josèphe, Tite-Live et Denys ; il fait traduire du grec en latin l'histoire d'Alexandre, rapportée par son ambassadeur. Si le duché de Naples, au milieu du xe siècle, se rattache à l'empire byzantin, c'est bien plutôt par ses relations intellectuelles avec Byzance que par une vassalité, devenue toute nominale.

L'État d'Amalfi. — Dans la campagne contre les Sarrasins du Garigliano, il est question des milices de Naples et de Gaëte, mais le nom d'Amalfi n'apparaît point, et l'on ne voit pas que les habitants de cette ville jouent dans la lutte un rôle quelconque. Si les autres villes du littoral campanien, anciennes dépendances byzantines, ont quelques vaisseaux, elles entretiennent aussi des troupes, elles prennent une part active aux guerres qui désolent la Campanie, parce que les chefs qui les gouvernent, le duc de Naples et l'hypatos de Gaëte, veulent jouer un rôle politique et agrandir leur territoire. Mais les gens d'Amalfi sont avant tout des marins et des marchands, et leur marine est devenue la plus nombreuse et la plus importante, entre toutes celles du littoral. On a vu comment Amalfi, vers le milieu du ixe siècle, avait échappé à la fois à la tutelle de Naples et aux tentatives de conquête de Salerne[2]. Tandis que, dans les villes voisines, l'autorité souveraine tend à devenir la

1. Pertz, *Archiv*, IX, 692 ; — Capasso, I, 339.
2. Cf. *supra*, p. 54.

propriété d'une seule famille, ou n'est disputée, en tout cas, qu'entre deux ou trois personnages, plus puissants que les autres, les Amalfitains semblent avoir confié le gouvernement à des magistrats annuels, d'abord un seul, puis deux en même temps[1]. C'est le comte Pierre qui ouvre la liste des magistrats de la République, vers 840. Cette liste des premiers comtes ou préfets d'Amalfi est insérée dans la *Chronique de Salerne*, écrite à la fin du xᵉ siècle : l'auteur prétend l'avoir copiée dans les archives de la ville. C'est assurément le document le plus ancien que nous ayons sur l'histoire primitive d'Amalfi. La nomenclature qui se trouve dans les premiers chapitres du *Chronicon Amalfitanum*, publié par Muratori[2], est postérieure, et semble contenir pas mal de lacunes. Elle n'est d'accord avec la liste précédente que pour un petit nombre de noms. Ces magistrats annuels appartiennent sans doute aux notables de la ville, aux principales familles, qui, en réalité, se partagent l'autorité souveraine. Le titre tout temporaire de *comte* finit par prendre, à Amalfi, un sens beaucoup plus étendu que dans les Etats lombards; il est appliqué à un bien plus grand nombre de personnes; il désigne proprement toute une classe sociale; il ne tarde point d'ailleurs à être héréditaire et à devenir le signe distinctif des familles les plus riches, qui représentent la noblesse amalfitaine. A mesure que le titre de *comes* ou *comite* devient plus commun, il cesse de désigner les magistrats annuels : ceux-ci s'appellent dès lors *prefecti* ou *prefecturii*. Comme le duc de Naples, le préfet d'Amalfi fait précéder son nom des anciennes épithètes attribuées aux magistratures romaines, *gloriosus*, *eximius*, *magnificus*[3]. Si la plupart de ces préfets appartiennent à des familles amalfitaines, il semble bien que tout lien ne soit pas rompu avec Naples : Sergius, magistrat d'Amalfi entre 860 et 870, est le fils du duc Grégoire[4] et, par conséquent, le petit-fils de Sergius Iᵉʳ, fondateur de la dynastie napolitaine.

Cette coutume singulière de magistratures annuelles n'a pas duré très longtemps; dans le dernier quart du ɪxᵉ siècle, on voit que les préfets d'Amalfi, comme leurs voisins de Naples

1. *Chron. Salern.*, 90. — Cf. Camera, *Mem. stor. dipl. della città e ducato di Amalfi*, I, 93
2. *Antiq. Ital.*, I, 208.
3. *Charles du IXᵉ siècle*, citées dans Camera, I, 95, 113.
4. *Et iterum Sergius filius Gregorii magistri militis* (*Chron. Sal.*, 90.)

ou des principautés lombardes, ont fini par établir le système monarchique et qu'ils cherchent à rendre le pouvoir héréditaire. Tel est le préfet *Marin*, qui, fait prisonnier par Sergius de Naples, réussit, quelques années plus tard, à rentrer dans la ville. C'est lui qui est en relations avec l'empereur Louis II et le pape Jean VIII; vers 872 ou 873, son fils Pulcharis est associé au pouvoir et reste seul *prefecturius* en 877[1].

Au moment où les Byzantins apparaissent pour la première fois sur le littoral campanien, les nombreux vaisseaux d'Amalfi sont surtout au service des Francs ou du Saint-Siège, — sauf à se brouiller ensuite avec eux pour négocier avec les Sarrasins. Leurs opérations commerciales sont déjà fort étendues; leurs marchands viennent à Tarente[2] et sur la côte de l'Etat pontifical : ils ont un trafic régulier avec le port d'Ostie, où ils acquittent des droits de douane au pape Jean VIII[3]. Il n'est pas douteux que leur commerce ne s'étende jusqu'en Sicile[4], ce qui explique leurs relations amicales avec les corsaires musulmans. Ils ont déjà des comptoirs en Orient, probablement à Antioche, en Syrie, puisque dans la liste des premiers comtes est nommé à deux reprises un *vicarius Antiochenus*[5]. Après la mort de Jean VIII, il n'y a plus trace d'une intervention quelconque du Saint-Siège dans les affaires d'Amalfi. Mais on ne voit pas davantage les Amalfitains obéir à Byzance. Au reste, nous sommes aussi mal renseignés que possible sur l'histoire d'Amalfi à cette époque : un très petit nombre de chartes nous donne les noms des *prefecti*, qui ne sont connus autrement que par une chronique tardive et peu sûre[6]. Il semble bien qu'après Pulcharis, le contemporain du pape Jean VIII, la préfecture soit disputée entre plusieurs personnages; puis, au commencement du xe siècle, apparaît *Manson Ier*, qui réussit à garder le pouvoir assez longtemps et qui le transmet à son fils *Mastalus Ier*. C'est alors que, pour la première fois, se manifeste la dépendance

1. Erch., 25-27; — *Vita Athan.*, 7; — *Lettres de Jean VIII* : Jaffé-Löw., 2960, 3088, 3281.
2. *Chron. Sal.*, 79.
3. Jaffé-Löw., 3308; — *Patr. lat.*, t. CXXVI, col. 901.
4. Nicet. Paphl., *Patr. gr.*, t. CV, col. 215.
5. Murat., *Antiq. Ital.*, I, 209, c. 9.
6. Le livre de Camera, *Memorie storiche dipl. della città e ducato di Amalfi*, n'est précieux que par le texte des chartes, qu'il est seul à donner. Mais son récit de l'histoire primitive d'Amalfi est fait sans aucune critique.

d'Amalfi à l'égard de l'empire byzantin : Manson Ier reçoit une dignité byzantine, mais il n'a que le titre modeste de *spatharius candidatus*, d'après un document de l'année 907[1]. Nous ignorons si son fils Mastalus reste en relations avec Byzance : bien qu'il gouverne Amalfi, au moment de la campagne de 915 et de la victoire du Garigliano, on ne voit pas qu'il joue un rôle quelconque dans la ligue formée contre les Sarrasins; seul entre tous les seigneurs campaniens, son nom n'est pas cité dans les textes assez nombreux et d'origine diverse qui nous renseignent sur ces événements : d'où on peut conclure, sans témérité, que les marins d'Amalfi, à cette époque, entretiennent toujours avec les corsaires musulmans de Sicile ou d'ailleurs des relations amicales. Dans une charte, datée probablement de 920, Mastalus et son fils Léon sont appelés simplement *gloriosissimi judices*, sans aucune dignité byzantine[2], au moment même où tous les princes de l'Italie méridionale, y compris le duc de Naples et l'hypatos de Gaëte, sont entrés dans la hiérarchie officielle de l'empire. Mais, très peu de temps après, Mastalus porte le titre nouveau de « patrice impérial » et son fils Léon celui de « protospathaire[3] ». A quel fait se rapporte ce changement, qui semble se placer vers l'année 921 ou 922? Nous l'ignorons[4]. En tout cas, les marins d'Amalfi sont, parmi les habitants du littoral campanien, les derniers qui reconnaissent explicitement la suprématie byzantine, plusieurs années après la victoire du Garigliano. Il semble cependant qu'ils la reconnaissent dès lors mieux que Naples, puisque Mastalus Ier continue de s'intituler *patrice impérial* vers 936[5], quand toute mention semblable a disparu dans les documents napolitains de la même époque. Dans la ville d'Amalfi, comme dans les autres États de l'Italie méridionale, l'autorité centrale s'affermit et devient plus stable : les derniers actes écrits au temps de Mastalus Ier, patrice impérial, mentionnent la cinquante-deuxième année de son gouvernement[6]. Associé au pou-

1. CAMERA, I, 125.
2. CAMERA, I, 128.
3. CAMERA, I, 128.
4. Cependant, une lettre du patriarche Nicolas le Mystique à « l'Archon » d'Amalfi nous apprend que plusieurs Amalfitains ont été faits prisonniers par les Sarrasins, et que « l'Archon » compte sur l'intervention byzantine pour en obtenir le rachat (*Patr. gr.*, t. CXI, col. 371, n° 145).
5. CAMERA, I, 132; — DI MEO, *Annali*, V, 264.
6. CAMERA, I, 136.

voir par son père, en 900 ou 901, il reste seul préfet ou *archôn*, selon la traduction byzantine, entre 914 et 932. Après lui, son petit-fils Mastalus II ne réussit pas à garder très longtemps la magistrature suprême : il est renversé et mis à mort par Sergius Ier, qui fonde une nouvelle dynastie et prend le titre nouveau de *duc*[1]. Comme cette révolution date probablement de 957 ou 958, elle a sans doute quelque rapport avec la révolte des Napolitains, châtiée par le stratège Marianos Argyros. Mais il est douteux que Sergius Ier et son fils Manson, « glorieux ducs »[2] d'Amalfi, aient obtenu, dès le début de leur gouvernement, la dignité de patrice. On ne la voit de nouveau mentionnée dans les chartes que beaucoup plus tard.

L'État de Gaëte. — Dans la seconde moitié du ixe siècle, à l'époque du pape Jean VIII, la ville de Gaëte nous apparaît déjà comme formant le centre d'un Etat souverain, dont le territoire s'étend jusqu'aux bords du Garigliano. Les premières chartes de Gaëte mentionnent les noms de différents magistrats : comte, *prefecturius*, consul ou, selon la traduction grecque, « hypatos », dont il est difficile de fixer avec précision le rôle et l'importance[3]. L'emploi de ces noms vient de l'époque, encore toute voisine, où Gaëte n'était qu'une dépendance du duché de Naples. Mais le terme, qui peu à peu l'emporte sur tous les autres pour désigner le premier magistrat, le chef de ce petit Etat, c'est celui d'*hypatos*. En 866, apparaissent Constantin et Marin, le père et le fils, « gloriosi hypatoi »[4]; en 867 Docibilis ne s'intitule encore que *magnificus prefecturius*. Mais Jean VIII, s'adressant à Docibilis et à son fils Jean, les appelle *gloriosi hypatoi*[5], et dès lors, il est facile de suivre la succession régulière des consuls de Gaëte : si le terme de « prefecturius » n'a pas disparu, il ne désigne plus que des magistrats ou des officiers de rang secondaire, subordonnés à « l'hypatos ».

A partir de Docibilis Ier, les consuls ou *hypatoi* de Gaëte forment une dynastie héréditaire : le fils est régulièrement investi de l'autorité souveraine du vivant de son père. On doit

1. Murat., *Antiq. Ital.*, I, 210, c. 13 ; — Camera, I, 142.
2. Charte de 964 (Camera, I, 143).
3. *Cod. dipl. Caiet.*, t. I, nos 10, 12, 13.
4. *Cod. dipl. Caiet.*, I, no 12.
5. Jaffé-Löw., 3087.

observer que ce système s'établit régulièrement à Gaëte, avant de s'établir dans les villes lombardes, et même avant que les Etats campaniens soient en relations régulières avec la cour byzantine. Docibilis Ier disparaît entre 909 et 913. Son fils Jean continue de gouverner avec Docibilis II depuis 914[1]. C'est alors seulement que la suprématie byzantine est nettement établie sur Gaëte : Jean Ier, investi de la dignité de patrice impérial, à la veille de la bataille du Garigliano[2], occupe ainsi, dans la hiérarchie de l'empire, une place égale à celle du duc de Naples et du prince de Capoue. Le titre de patrice reste mentionné dans les chartes de Gaëte jusqu'en 934 : à cette époque, Jean Ier disparaît, et ses fils Docibilis II et Jean II, qui ne sont plus patrices, font précéder le nom traditionnel « d'hypatoi » par celui de *duces*[3]. A partir de cette date, les notaires de Gaëte cessent aussi d'indiquer les années de règne des empereurs byzantins. Il est intéressant de rappeler que ce changement coïncide avec la grande révolte des princes lombards de Capoue et Salerne, entre 929 et 935, révolte qui a nécessairement pour effet d'entraver toutes relations entre Byzance et les habitants du littoral campanien. Dès lors, il suffit que disparaisse le patrice impérial Jean Ier, pour qu'il n'y ait plus de lien réel entre l'empire et les nouveaux ducs de Gaëte. Au reste, si l'Etat de Gaëte, par ses institutions et ses coutumes, et notamment par l'usage du droit romain[4], se rapproche beaucoup plus de Naples que de Capoue et Salerne, — pour avoir toujours échappé, comme Naples, à la domination directe des Lombards, — il n'en est pas moins vrai que, par sa position même, Gaëte est exposé à subir l'influence lombarde et le contre-coup des événements ou des révolutions, qui bouleversent la région de Capoue. D'autre part, le Saint-Siège a dû abandonner aux « hypatoi » de Gaëte, ou aux membres de l'aristocratie locale, l'administration de ses vastes patrimoines[5]:

1. *Cod. dipl. Caiet.*, I, n°s 21, 22 ; — FEDERICI, *Degli duchi e consoli di Gaeta* p. 141.
2. LEO OST., I, 52 ; — *Cod. dipl. Caiet.*, I, n° 25.
3. *Cod. dipl. Caiet.*, I, n°s 35, 36. — Une charte antérieure (n° 33, année 931) porte déjà la mention. *Temporibus domini Johannis imperialis patricii et Docibili gloriosi* duci *et hypati*.
4. *Cod. dipl. Caiet.*, I, n°s 151, 154, et les donations faites par des femmes, agissant d'elles-mêmes et sans l'intervention d'un « mundoald » (n°s 20, 23, 58).
5. Cf. *supra*, p. 128 et l'article déjà cité sur *l'Etat pontifical, les Byzantins et les Lombards* (*Mélanges, l. c.*, XXI, 487). Donations de Jean VIII et Jean X insérées dans le *placitum* de 1014 (*Cod. dipl. Caiet.*, I, n° 130).

les petites villes de Traecte et de Fondi sont occupées par des *comtes* ou des *prefecturii*, proches parents des « hypatoi ». La ville même de Terracine, considérée généralement comme faisant partie de l'Etat pontifical, a pour gouverneur ou *dux* en 924 un certain Anatolius, frère cadet du patrice impérial Jean Ier de Gaëte[1].

Dans la seconde moitié du xe siècle, les souvenirs de la suprématie byzantine s'effacent de plus en plus. Le titre même d'« hypatoi » est abandonné, comme s'il n'avait plus aucun sens pour les gens de Gaëte. Un nouveau titre apparaît dès lors, aux environs de 960, c'est celui de *consul et dux*[2], copié de l'usage napolitain. Ainsi les chefs héréditaires des deux Etats de Gaëte et d'Amalfi adoptent vers la même époque, pour ne plus l'abandonner, le nom qui les met sur le même rang que le duc de Naples. L'évolution qui s'est faite dans le langage a été beaucoup plus lente que dans la réalité, puisque, en fait, depuis déjà près d'un siècle, Gaëte et Amalfi sont indépendantes de Naples et forment des Etats souverains.

D'autres usages, d'autres traditions, qui rappellent les anciens liens de Gaëte avec Byzance, se continuent jusqu'au milieu du xe siècle. Dans les chartes privées, les témoins qui signent emploient quelquefois, comme à Naples, l'écriture grecque pour des noms latins[3]. Enfin une particularité spéciale aux documents de Gaëte, c'est la mention des « presbiteri grecolatini », remplissant les fonctions de notaire ou « protonotaire ». Ce sont sans doute des prêtres, également au courant des deux langues, bien que leur langue naturelle soit assurément le latin[4]. Ce terme spécial disparaît après l'année 959.

1. *Col. dipl. Caiet.*, I, n° 31.
2. *Col. dipl. Caiet.*, I, n° 55. La date de la charte citée n'est pas fixée avec certitude : on hésite entre 957 et 972. Toutefois, 957 paraît plus probable.
3. *Col. dipl. Caiet.*, I, nos 5, 12. — Federici, *l. c.*, p. 106.
4. *Col. dipl. Caiet.*, I, nos 21, 22, 25, 28, 32, 37, 39, 51, 59.

CHAPITRE V

LES MOINES GRECS EN CALABRE ET LA COLONISATION RELIGIEUSE BYZANTINE

Entre toutes les régions de l'Italie méridionale, directement soumises au basileus, c'est en Calabre, où dominent, bien avant l'époque de Basile Ier, la langue et la liturgie grecques, que la vie religieuse est la plus intense. On a vu comment la restauration byzantine y crée de nouveaux diocèses et y constitue, sous l'autorité des métropolitains de Reggio et de Santa-Severina, une forte hiérarchie. Mais en outre la Calabre devient par excellence la terre des moines et des ermites; elle est au xe siècle une nouvelle Thébaïde, dont la réputation se transmet, à travers tout le monde byzantin, jusqu'à Constantinople et à Jérusalem. Pendant que le prestige politique du basileus s'affaiblit chez les Lombards, en Campanie et même en Apulie, c'est surtout par l'activité des moines, par le progrès de leur expansion au nord de la Calabre, que la langue, le culte, la civilisation de Byzance, pénétrant plus avant sur le sol italien, font triompher l'hellénisme en des régions nouvelles, restées jusqu'alors toutes latines.

Plusieurs vies de saints, dont la valeur est d'autant plus grande qu'elles sont écrites par des contemporains, par des hommes qui ont connu les héros de ces récits et qui ont vécu auprès d'eux, nous renseignent sur les ascètes calabrais, sur les monastères fondés par eux, sur l'influence qu'ils exercent. Entre ces différents personnages, on peut distinguer deux principaux groupes : 1° ceux qui ont vécu à l'extrémité méridionale de la Calabre, aux environs de Reggio, dans les solitudes de l'Aspromonte; 2° ceux dont la vie s'est passée surtout au nord de la Calabre, soit près de Rossano, soit au-delà du Crati (sur la rive gauche) et jusqu'aux confins de la Lucanie. A cette division topographique correspond assez bien une division chronologique. Les saints de ce deuxième groupe appartiennent à la seconde moitié du xe siècle; plusieurs d'entre eux, quittant la Calabre, sont allés jusqu'en Campanie et à Rome même, au moment des luttes entre les Byzantins et les empereurs germaniques : c'est le cas de saint Nil et de saint Sabas. Les premiers, au contraire, sont de la fin du IXe siècle et du commencement du xe. Contemporains des grandes luttes entre Byzantins et Sarrasins, autour du détroit de Messine, ils nous apparaissent comme les véritables initiateurs du renouveau de la vie monastique en Calabre et nous montrent, en même temps, à quelles migrations incessantes sont condamnés les moines par l'état du pays. Enfin, qu'il s'agisse du premier ou du second groupe, il est utile de remarquer que plusieurs de ces ascètes sont des Siciliens d'origine[1].

Saint Elie de Castrogiovanni et saint Elie de Reggio. — Deux biographies surtout nous renseignent sur la première période : celle d'Elie le Sicilien, né à Castrogiovanni, mort à Thessalonique, celle d'Elie de Reggio, surnommé le Spéléote, l'homme de la grotte, ou encore le Manchot, né et mort en Calabre[2]. Au reste, les deux Elie se sont connus, et ils ont passé une grande partie de leur vie à peu près dans la même région[3]. Mais le plus célèbre et le plus curieux à connaître est assurément le plus ancien des deux, Elie le Sicilien, dont la vie agitée et les nombreux voyages sont fertiles en incidents. Il est né entre 820 et 830, avant l'occupation musulmane[4]. L'arrivée des Arabes à Castrogiovanni chasse ses parents dans une ville voisine, le bourg de

1. Amari, dans son *Histoire des Musulmans de Sicile*, cite souvent les textes hagiographiques. Quelques-unes de ces vies sont analysées par Mgr Lancia di Brolo dans sa *Storia della chiesa in Sicilia*, 2 vol. in-8°.

2. BOLL., *Acta Sanctorum*, 17 août; — et GAETANI, *Vitæ Sanctorum siculorum*, t. II, p. 65; — BOLL., *Acta Sanctorum*, 11 septembre. Les chiffres indiqués dans les notes suivantes correspondent aux paragraphes du texte des Bollandistes.

3. Cf., dans la *Vie de saint Elie le Spéléote* (11 septembre), 31, 55, 76.

4. Dans les textes du xe siècle, il est appelé couramment Elie : « ὁ Νέος ». Pour la date de sa naissance, antérieure de quelques années à la prise de Castrogiovanni, cf. AMARI, I, 512. — LANCIA DI BROLO, II, 365. — MINASI, *Lo Speleota*, annot. 8, p. 175.

Sainte-Marie, qui, quelques années plus tard, est conquis à son tour. Un grand nombre de chrétiens sont faits prisonniers et emmenés comme esclaves. Mais, parmi les conquérants africains, il y a aussi des chrétiens qui achètent pour leur compte une partie de ces esclaves : tel est le cas du jeune Elie, qui est emmené en Afrique au service d'un maître chrétien. Le vaisseau qui les porte est attaqué, non loin des côtes, par une petite escadre byzantine, qui délivre les prisonniers et rend Elie à sa famille. Bientôt une nouvelle attaque des musulmans les sépare. Elie, captif pour la seconde fois, devient encore l'esclave d'un chrétien d'Afrique; arrivé en Afrique, il change de maître, et il est vendu à un riche propriétaire, qui en fait son homme de confiance et son intendant [1]. Ces curieux détails nous montrent quelle était l'importance de la population chrétienne, au milieu du IXe siècle, dans les pays de conquête musulmane. Cependant Elie attire l'attention de tous par son zèle d'apôtre : il guérit les malades et prêche l'Evangile; et les musulmans, comme les chrétiens, viennent l'entendre en foule. Mais les nobles Arabes, inquiets de cette propagande, l'accusent auprès de l'émir : Elie est jeté en prison, menacé de subir la peine capitale, puis délivré par une faveur particulière de l'émir, qui l'oblige cependant à quitter l'Afrique. L'apôtre se fait alors pèlerin et passe plusieurs années en Orient : il se rend d'abord à Jérusalem, visite les lieux saints, les bords du Jourdain, le lac de Génésareth, le mont Thabor, et va jusqu'au Sinaï : il rêve alors de se faire moine, pour suivre l'exemple de ces ermites de Palestine rencontrés chemin faisant. Après être resté trois ans à Jérusalem, auprès du patriarche, son humeur aventureuse l'entraine plus loin. Il va visiter Alexandrie, puis veut se rendre en Perse ; mais des bruits de guerre l'empêchent de continuer sa route, et il se détourne vers Antioche. Il s'embarque enfin pour retourner en Afrique : il fait le voyage avec des Sarrasins, qui l'interrogent sur sa religion, et réussit même, au dire de son biographe, à en convertir plusieurs [2].

Nous saisissons ici sur le vif ce qu'étaient, en fait, les relations quotidiennes entre chrétiens et musulmans, en dehors des périodes de guerre, et dans les pays où les Arabes, étant

1. *Vie* 17 août, 4, 6, 7, 10.
2. *Vie*, *l. c.*, 16 à 22.

les maitres depuis plusieurs générations, témoignaient une assez large tolérance à leurs sujets chrétiens. Ayant vécu si longtemps en terre musulmane, Elie connaissait fort bien, sans doute, la langue et les mœurs arabes. Quelques années plus tard, lorsqu'il ira en Epire, il sera très mal vu de la population chrétienne et traité en suspect par le gouverneur byzantin, qui le fait arrêter comme espion [1].

Cependant Elie, à son retour d'Antioche, ne reste pas longtemps en Afrique. Il va retrouver sa mère en Sicile, dans la capitale même des Arabes, à Palerme, peu de temps après la prise de Syracuse et lors de la campagne de l'amiral byzantin Nasar, c'est-à-dire vers 880 [2]. Le pèlerin errant cherche enfin un asile où il puisse, loin des maux de la guerre, embrasser la vie monastique. Il se rend à Taormine, encore au pouvoir des Byzantins, et y trouve un compagnon de voyage, qui se fait son disciple. Tous deux, apprenant la prochaine arrivée d'une armée arabe, s'embarquent pour le Péloponnèse, et vont passer quelque temps à Sparte, puis à Buthrotum en Epire; mais l'hostilité de la population les force à chercher un refuge dans l'île de Corfou. C'est de là que, revenant vers l'Italie, ils débarquent en Calabre, près de Reggio, où Elie fonde son premier monastère, celui de Salinas [3]. Un peu plus tard, Elie et Daniel, traversant de nouveau la mer Ionienne, iront faire un court séjour à Patras [4].

A cette époque, les relations sont fréquentes entre la Sicile ou la Calabre et le Péloponnèse ou l'Epire. Nos deux moines ne sont pas les seuls, qui cherchent un refuge sur les côtes orientales de la mer Ionienne : le Calabrais Fantin se retire en Péloponnèse; Athanase de Catane s'enfuit à Patras et devient, un peu plus tard, évêque de Méthone; Luc de Taormine va mourir à Corinthe [5]; un prêtre de Reggio, Démétrius, devient évêque de Corfou [6]. Le second Elie vient aussi à Patras et habite, pendant huit ans, une grotte située à quelque distance de la

1. *L. c.*, 26.
2. *L. c.*, 23. Cf. *supra*, p. 111.
3. *L. c.*, 24, 25, 27. Sur le monastère de Salinas et la vallée des Salines, situés à 22 kilomètres au sud de Reggio, entre le cap dell'Armi et Pentidattilo, voir Minasi, *lo Speleota*, p. 183.
4. *L. c.*, 35.
5. Boll., 30 août (*Vie de Fantin*); — Gaetani : *Vitæ Sanctorum siculorum*, II, 41, 52.
6. *Vie de saint Elie de Sicile* (17 août), 35.

ville : quand il veut retourner en Calabre, l'évêque de Patras et les habitants cherchent à le retenir de force[1].

Attirés surtout vers la Grèce et l'Orient, les moines de Sicile ou de Calabre visitent aussi les sanctuaires de Rome : Elie le Sicilien et Daniel se rendent directement par mer de Reggio à Rome[2], au temps du pape Etienne V (885-891). Elie de Reggio, au début de sa vie monastique, ayant entrepris le pèlerinage de Rome, passe quelque temps dans une petite maison très modeste, où il vit solitaire, dans le plus complet dénûment. Mais, dans la capitale de la chrétienté latine, et bien qu'il puisse y trouver des moines parlant sa langue, l'ermite calabrais se sent plus étranger, plus abandonné qu'à Patras, en terre hellénique, et il se hâte de retourner en Calabre[3].

Pour en revenir à Elie le Sicilien, on voit que sa vie, pendant près de trente ans, est occupée surtout par des voyages continuels, des courses aventureuses à travers tous les pays méditerranéens. Ce moine errant ne commence à se fixer qu'à son retour de Patras, lorsqu'il revient à son monastère de Salinas, près de Reggio. Encore va-t-il chercher un peu plus tard un nouveau refuge à Amalfi[4] : il s'y trouve au moment de la chute de Taormine (902). En Calabre même, le moine Elie change fréquemment de résidence : après s'être arrêté d'abord à quelque distance au sud de Reggio, il s'enfuit plus loin dans l'intérieur, pour éviter le voisinage de la ville et les visites trop fréquentes que lui attire sa renommée. Au bout de quelques mois, passés dans la plus complète solitude, on le voit, de temps à autre, revenir dans les villes pour annoncer aux habitants les désastres dont ils sont menacés, pour les adjurer de faire pénitence et d'apaiser par un changement de vie la colère de Dieu ; puis il reprend le chemin de la montagne, cherchant une grotte reculée, pour se livrer, loin des hommes, à d'effrayantes austérités[5].

Mais il est fort difficile aux anachorètes calabrais de vivre tout à fait séparés de la société humaine. Prophètes, guérisseurs ou faiseurs de miracles, ils sont ramenés, par une

1. *Vie de saint Elie le Spéléote* (11 septembre), 21, 22, 28.
2. *L. c.*, 34.
3. *L. c.*, 8, 11, 12.
4. *L. c.*, 47.
5. *L. c.*, 28, 29, 41-44.

invincible puissance, vers ces foules sur lesquelles ils exercent, par leur sainteté, un prestige extraordinaire. Les grands, comme les humbles, subissent ce prestige; ils veulent s'entretenir avec le moine, le recevoir dans leurs demeures, avec les témoignages les plus expressifs de leur vénération[1]. La renommée d'Elie le Sicilien est telle que la cour elle-même et le basileus en sont informés : Léon le Sage, en accordant au monastère fondé par Elie certains privilèges, témoigne le désir de le connaitre; un fonctionnaire byzantin, chargé d'une lettre personnelle du basileus pour Elie, vient en Calabre et décide le vieil ermite à reprendre son bâton de voyageur. Le vaisseau, qui l'emporte vers la Grèce, passe au sud de Corfou et arrive à l'entrée du golfe de Corinthe, à Naupacte (Lépante), où Elie débarque. Il traverse l'Hellade, mais il tombe malade en route et meurt aux environs de Thessalonique. On lui fait des funérailles solennelles, auxquelles assistent le stratège et ses soldats. Le patrice Bardas vient s'incliner avec un pieux respect devant les restes du saint, qui, dit-on, opère des miracles, et il s'empresse d'aller en rendre compte à l'empereur. Léon VI aurait bien voulu, dit le biographe, faire transporter à Byzance une aussi précieuse relique : mais Elie ayant demandé, avant de mourir, que son corps fût ramené en Calabre, c'est un riche Calabrais, en résidence à Constantinople, qui se charge d'exécuter ses dernières volontés. Le cortège funèbre traverse la Macédoine et l'Epire; puis, arrivé sur le littoral, à Thesprotum, remonte vers le nord, jusqu'à Buthrotum, d'où l'on s'embarque pour la Calabre; c'est à Rossano que nos Calabrais reprennent la route de terre, jusqu'au monastère d'Aulinas, où ils déposent le corps d'Elie[2]. Son tombeau devient le centre d'un culte nouveau et donne au monastère, qu'il a fondé dans les dernières années de sa vie, une importance exceptionnelle; enrichi par la munificence du basileus Léon VI, qui lui attribue sans doute des terres du fisc, il est placé ainsi sous le patronage immédiat du pouvoir impérial[3]. Ce monastère d'Aulinas, situé près de la ville épiscopale de Tauriana, à quelque distance de Palmi, 45 kilomètres environ au nord de Reggio, ne doit pas être confondu avec l'autre monastère,

1. *Vie de saint Elie de Sicile*, 39, 44, 47; — *Vie de saint Elie le Spéléote*, 38, 59.
2. *L. c.*, 45, 61, 66.
3. *L. c.*, 68.

occupé précédemment par le même personnage, au sud de Reggio, sur la côte du détroit de Messine, dans la localité dite *Salinas*, les Salines[1].

Le second Elie, Elie de Reggio, né vingt-cinq ou trente ans après le Sicilien, a beaucoup moins couru le monde[2] : sauf un séjour de quelques mois à Rome, un séjour de huit ans en Grèce, à Patras, il n'a point quitté la Calabre méridionale : sa vie nous montre que, dans la première moitié du xe siècle, à part quelques alertes, comme la grande panique de 902-903, il y a eu pour les habitants de la Calabre, les plus rapprochés de la Sicile, d'assez longues périodes de paix et de sécurité.

Mais Elie de Reggio, comme le Sicilien, dans la région plus limitée où s'exerce son activité, passe souvent d'un point à un autre, change de retraite, et tantôt vit en anachorète solitaire, tantôt rentre dans un monastère, où de nombreux disciples se pressent autour de lui, tandis que des bourgades voisines accourent, pour le voir ou l'entendre, des hommes de tout rang et de toute classe[2]. Au reste, le moine hésite tout d'abord à retenir ses disciples enthousiastes, dont la ferveur est souvent inconstante. Parmi tous ceux qu'attire sa renommée « comme l'aimant attire le fer », plusieurs ne viennent qu'en passant ; pour nous montrer comment son héros retient une partie de ses auditeurs, en fait des disciples et fonde une nouvelle communauté monastique, le biographe inconnu se sert d'une gracieuse image. « Un jour, Elie, dans son sommeil, a une vision : autour de sa tête voltige un essaim d'abeilles, qui, sans le frapper de leur aiguillon, susurrent leur agréable musique ; s'éloignant doucement, il trouve un grand vase tout neuf, et inclinant la tête, il recueille les abeilles dans le vase, comme dans un jardin, orné d'arbres toujours verts et plein de fleurs. Mais il observe qu'un petit nombre d'entre elles restent attachées à sa barbe, puis, peu après, s'éloignent, en voltigeant çà et là. A son réveil, ayant réfléchi sur cette vision, il comprit que la volonté de Dieu était qu'il réunit les frères ensemble, afin de leur procurer le salut. Mais quelques-uns se perdent, en repoussant les conseils de perfection monastique par la sagesse de la chair[4] ». A lire le récit du biographe

1. MINASI, *lo Speleota*, p. 182.
2. LANCIA DI BROLO, II, 375 ; — MINASI, *l. c.*, p. 13 et suiv.
3. *Vie*, *l. c.*, 36, 38, 39.
4. *L. c.*, 40.

d'Elie, il est visible que ces communautés monastiques se passent aisément de monastère, au sens étroit du mot : leur demeure est presque aussi misérable que celle des anachorètes, vivant solitaires au fond d'une forêt. Si l'on trouve deux ou trois grandes cavernes, au flanc d'une montagne, on a vite fait de tailler le roc, d'abattre les arbres qui l'entourent, d'agrandir une étroite ouverture, pour laisser entrer plus de lumière ; d'autres grottes situées dans le voisinage servent de magasins à provision[1].

Ainsi, dans la première moitié du xe siècle, on voit apparaître, au sud de la Calabre, tous les types d'ermitages. Comme la nature du sol s'y prête admirablement, partout se creusent des *laures*, isolées ou en groupe, pareilles à celles dont on a retrouvé la trace dans les collines calcaires de la région de Tarente, ou dans les environs de Brindisi[2]. Ailleurs, plus près des villes, autour d'un ancien sanctuaire abandonné, se fondent des monastères d'une construction moins primitive. Pour être plus précis, les vies des deux Elie nous font connaître en particulier deux régions monastiques nettement distinctes : 1° les environs de Reggio et du bourg de Sant'Agata[3] (détruit par le tremblement de terre de 1783) ; 2° le pays des collines de Palmi et Seminara, assez loin au nord de Reggio, autour de cette dépression du littoral de la mer Tyrrhénienne, dite « la Piana », où s'élevait encore, au commencement du xe siècle, l'antique ville de Tauriana, détruite un peu plus tard par les Sarrasins : c'est ici qu'il faut chercher, selon toute vraisemblance, et la grotte de Saint-Elie-de-Reggio et le monastère « impérial » d'Aulinas, fondé par Elie le Sicilien[4].

Les moines de la Calabre septentrionale; les saints Christophore et Sabas, Luc et Vital. — « Le Mercourion ». — Parmi les moines d'une époque un peu plus récente, qui appartiennent à une autre région de la Calabre, le plus célèbre est saint Nil de Rossano, dont la vie a été souvent citée. A côté

1. *Vie, l. c.*, 43, 48, 52.
2. Diehl, *l'Art byzantin dans l'Italie méridionale*, p. 15, 41, 111.
3. *Vie de saint Elie le Spéléote*, 48 ; cf. sur les monastères basiliens de cette région, postérieurs à l'époque byzantine : De Lorenzo, *Le quattro Motte esistente presso Reggio di Calabria*, p. 132, 165, 247 ; — et l'histoire de S. Agata, dans : *Un secondo manipolo di monografie e memorie reggine e calabresi*, du même auteur.
4. Minasi, *lo Speleota*, p. 192-204.

de lui se placent d'autres moines, très vénérés aussi par les Grecs calabrais du xe siècle, mais moins connus, soit qu'ils aient eu des biographes plus médiocres, soit que leur rôle ait été beaucoup plus effacé. Il est vrai que, pour quelques-uns d'entre eux, les textes, qui nous les révèlent, étaient encore inédits il y a peu d'années ; d'autres ne sont conservés que par des traductions latines, probablement assez fautives, dont l'original grec est perdu. Mais les uns et les autres contiennent de précieux détails et nous aident surtout à établir, avec une certaine précision, la topographie de plusieurs monastères ou régions monastiques, dont il ne reste d'autre trace, le plus souvent, que certains noms de lieux.

Deux textes récemment publiés par le P. Cozza-Luzzi, d'après un manuscrit du Vatican, méritent une mention spéciale : ce sont les vies des saints Christophore et Macarios et de saint Sabas, composées par un des plus hauts dignitaires de l'Eglise d'Orient, le patriarche Oreste de Jérusalem[1]. Oreste et son frère Arsène, élevés dans la religion de l'Islam, vécurent plusieurs années à la cour du sultan fatimite Al-Aziz, qui avait épousé leur sœur. Ayant plus tard abjuré le mahométisme, ils réussirent à garder leur influence, et tandis qu'Oreste, après un assez long séjour en Italie, devenu patriarche de Jérusalem, allait servir d'intermédiaire entre la cour fatimite du Caire et celle de Byzance, son frère Arsène était élu patriarche grec d'Alexandrie. Oreste a dû séjourner en Italie et à Rome, entre 980 et 985, et c'est sans doute à cette époque qu'il a eu l'occasion de connaître les ascètes calabrais, Christophore et ses deux fils Macarios et Sabas[2].

De l'œuvre écrite par Oreste, il faut rapprocher les trois Vies de saint Luc d'Armento, de saint Vital et de saint Léon-Luc, qui ne sont connues que par des traductions latines[3]. Ces trois personnages, comme Christophore et ses deux fils, sont des Siciliens d'origine : tous ont passé plusieurs années dans le célèbre monastère de Saint-Philippe-d'Argyre ou d'Agyre, à l'ouest d'Acireale, au sud de l'Etna. C'est vers le milieu du

1. *Studi e documenti di Storia e diritto*, 1891-1892 (t. XII, 34, 135, 312, et t. XIII, 375). Cf., sur cette publication, faite avec une grande négligence, *Byzant. Zeitschrift*, I, 635, et III, 211, et les variantes indiquées dans les *Analecta Bollandiana*, XI, 184, et XII, 317.

2. PITRA, *Analecta Sacra*, I, 300 : — SCHLUMBERGER, *Épopée byzantine*, II, 202.

3. BOLL., *Acta Sanctorum*, 13 oct., 9 mars et 1er mars ; — GAETANI, *Vitæ Sanctorum siculorum*, II, 100, 86, 80 ; — LANCIA DI BROLO, *l. c.*, II, 379, 409.

xe siècle, entre 940 et 960, au moment où les Sarrasins, reprenant l'offensive, cherchent à soumettre complètement les villes chrétiennes de la Sicile orientale, que de nombreux moines siciliens s'enfuient sur le continent. Mais la Calabre méridionale étant, à cette époque, aussi peu sûre que l'île voisine, c'est au-delà de la vallée du Crati, sur les confins de la Calabre et de l'ancienne Lucanie, qu'ils cherchent une retraite et fondent de nouveaux monastères.

Christophore, riche habitant de Collesano, — dans les environs de Troina, — reçoit l'habit monastique de saint Nicéphore, higoumène du monastère de Saint-Philippe-d'Argyre. Sa femme et ses fils suivent bientôt son exemple. Quand le pays est désolé par la guerre et la famine, ils partent à travers les montagnes, avec d'autres chrétiens qui les ont rejoints : arrivés à Rametta, ils s'embarquent pour la Calabre; leur vaisseau aborde sur la côte occidentale, près d'une localité dite le bourg des « Caronites », qui ne doit pas être très éloignée de Nicotera[1]. Après avoir erré quelque temps au hasard, ils pénètrent dans l'intérieur des terres, jusqu'à une région montagneuse et boisée, où se trouvent des moines en grand nombre, les uns habitant des grottes ou des ermitages séparés, les autres vivant en commun dans de vastes monastères[2]. Quelle est au juste cette région où la vie monastique est déjà florissante, avant l'arrivée des émigrants siciliens? Il importe d'autant plus de l'identifier que le nom en revient souvent dans d'autres textes : c'est le *Mercourion*, dont il est déjà question dans la vie de saint Nil. Le célèbre moine de Rossano y a vécu plusieurs années, après s'être enfui de sa ville natale. Lorsqu'il y arrive, il y trouve, lui aussi, de nombreux moines et, parmi eux, trois personnages, qui ont déjà un renom de sainteté parmi les habitants de la Calabre : Jean, Fantin et Zacharie[3].

Remarquons tout d'abord qu'il ne s'agit point ici d'un monastère de Saint-Mercure, comme l'a dit fort inexactement Lenormant[4] ; le Mercourion est un nom de pays ou de région : « τὰ Μερκουριακὰ μέρη » dit le biographe de saint Nil; une

1. *Vie de saint Sabas*, 7. — *Caroni* et *Caroniti* sont deux bourgades de l'arrondissement de Nicotera (*Dizionario corografico dell'Italia*).
2. *Vie de saint Sabas*, 7 ; — des *saints Christophore et Macarios*, 9.
3. *Vie de saint Nil* (*Acta Sanctorum*, 26 sept. et *Patr. Gr.*, t. CXX, col. 28), 4, 29.
4. *La Grande-Grèce*, I, 349.

« éparchie », dit le biographe de saint Sabas. Les co tateurs, même les plus récents, ont cru retrouver cette au sud-ouest de la Calabre, près de Palmi, non loin de placement des anciennes villes ruinées de Metauria et de Ta c'est-à-dire dans le pays déjà rendu célèbre par la pr des deux Elie[1]. Il y a en effet, dans ces parages, une an localité du nom de San-Mercurio : mais ceci ne prouve ment que le pays se soit appelé le Mercourion. D'ailleurs assez étrange qu'aucune allusion ne soit faite aux deu dans les textes en question. En outre, il ressort clai de la vie de saint Nil que le Mercourion n'est pas très de Rossano : c'est à Rossano que les moines viennent ce qui leur est nécessaire ; des gens de la ville viennent sieurs reprises, visiter Nil dans sa grotte. Les deux villes, souvent mentionnées dans ce texte important, sont de Rossano et de Bisignano, et la suite du récit nous clairement que Nil, tant qu'il est resté en Calabre, n jamais beaucoup éloigné de la vallée du Crati[2]. D'autre biographe de saint Sabas dit formellement que « l'ép de Mercourion » est située sur les confins de la Calabre la Longobardie ; elle touche à « l'éparchie lombarde d nianon », située entre Cassano et Tarente, dans la haute du Sinni[3]. Enfin, la traduction latine de la Vie de saint Luc mentionne la *civitas Mercuria*, qui n'est pas l montagnes de Mormanno, à l'ouest de Castrovillari[4] donc au nord de la vallée du Crati, entre Cassano et Ca lari, peut-être encore plus à l'ouest, qu'il faut cherc région du Mercourion. Or on signale une localité dite *Giovanni di Mercurio*, près d'Orsomarzo, village sit un affluent du Lao, qui se jette dans la mer Tyrrhénien peu au sud de Scalea[5]. Au nord d'Orsomarzo, un autre a du même torrent s'appelle le *Mercure*. De tous ces

1. SCHLUMBERGER, *Epopée byzantine*, I, 466 ; — MINASI, *S. Nilo di C* 266.
2. *Vie de saint Nil*, 29, 32, 35.
3. Καλαβρίας μεταξὺ καὶ Λαγοβαρδίας κειμένη (*l. c.*, 7-9). — Sur Lat cf. le traité de partage entre Bénévent et Salerne (*Edictus* p. 197 RACIOPPI, II. 8. cf *supra*, p. 62, n. 3.
4. *Vie de saint Léon-Luc* (*Acta Sanctorum*, 1er mars ; — et GAETANI
5. MINASI, *S. Nilo di Calabria*, 268. — J'ai déjà indiqué cette ident dans un mémoire sur « Saint Adrien de Calabre », paru dans les *Méle littérature et d'histoire religieuses publiés à l'occasion du jubilé de M brières*, 1899 (t. I, 293).

résulte clairement : 1° qu'il faut renoncer à chercher les monastères et les grottes du Mercourion au sud de la Calabre, aux environs de Palmi; 2° qu'ils se trouvaient, très probablement, sur les pentes méridionales et occidentales du massif, dont le point culminant est au Monte-Pollino.

Les moines siciliens s'établissent au Mercourion, à peu près en même temps que Nil. Christophore et ses fils bâtissent une église nouvelle, consacrée à saint Michel, autour de laquelle se groupent plusieurs cellules de moines. Un peu plus tard, quand les Sarrasins envahissent la Calabre et que le patrice Malakenos est vaincu et tué (vers 952), tout le pays est occupé par les bandes musulmanes[1]. Les Siciliens du Mercourion se retirent plus au nord, dans les montagnes qui dominent la haute vallée du Sinni : sur les bords du fleuve, près de la petite chapelle de saint Laurent, ils construisent un monastère, où Christophore meurt quelques années plus tard. Mais de cette colonie sicilienne, le personnage le plus illustre est saint Sabas, second fils de Christophore. Après avoir vécu de longues années, soit à Saint-Michel du Mercourion, soit à Saint-Laurent du Sinni, Sabas quitte la Calabre, à la suite d'une nouvelle invasion sarrasine. Il s'embarque, avec quelques compagnons, sur la côte tyrrhénienne, non loin de l'embouchure du Lao, et se dirige vers Terracine. C'est de là qu'il vient à Rome; puis il va vivre, quelque temps, dans une grotte solitaire, près d'Amalfi; il fonde ensuite un monastère à Lagonegro, dans une partie de la Lucanie qui dépend du principat de Salerne. Les moines de Lagonegro, comme ceux de Saint-Michel-du-Mercourion et des bords du Sinni le reconnaissent pour chef; vers la fin de sa vie, Sabas retourne à Rome, où il meurt vers 990. Un autre texte nous apprend que Christophore, le père de Sabas, a séjourné quelque temps près du mont Mula, non loin de Cassano : c'est de là qu'il descend dans la région du Mercourion et fonde un monastère au village de Vena. Le Sicilien Léon, surnommé Luc, originaire de Coriglione, est le disciple de Christophore et devient, à son tour, l'higoumène du monastère de Vena, où il reste plus de vingt ans[3].

Le moine Luc, de Demenna (près de Messine), a été tout

1. *Vie de saint Sabas*, *l. c.*, 9.. — *Cf. supra*, p. 214.
2. *Vie de saint Sabas*, 18, 19, 49, 50. — *Vie des saints Christophore et Macarios*, 19. — Lancia di Brolo, II, 417.
3. *Vie de saint Léon-Luc* (*Acta Sanct.*, 1er mars).

d'abord le disciple d'Elie de Reggio, dans le monastère des environs de Seminara[1]. Mais, entre 950 et 960, lorsque les compagnons d'Elie sont chassés de la Calabre méridionale par l'invasion de l'émir Hâsan, Luc s'enfuit vers le nord, au-delà de la vallée du Crati, et s'établit à Noia (aujourd'hui Noepoli), non loin du Sermento, torrent qui se jette dans le Sinni; puis, s'enfonçant dans l'intérieur des terres, il arrive dans la haute vallée de l'Agri, au monastère abandonné de Saint-Julien; il le restaure, l'agrandit, et bientôt le monastère, relevé de ses ruines, devient le centre d'une nombreuse communauté. Luc et ses compagnons sont en conflit avec un grand propriétaire voisin, du nom de Landolf, qui veut empêcher l'extension de leurs domaines. Il faut probablement reconnaître dans ce Landolf l'un des vassaux du prince de Salerne, maître — nous le savons par ailleurs — de la haute vallée de l'Agri et de la bourgade fortifiée de Marsico[2].

Plus tard, lorsque la Lucanie et le nord de la Calabre sont envahies par les troupes d'Otton de Germanie, Luc va chercher un autre asile : dans les montagnes, au nord de l'Agri, il trouve un endroit élevé, plus facile à défendre et dont la nature elle-même a fait une sorte de forteresse; il y construit une église dédiée à la Vierge et à saint Pierre; là se forme une nouvelle bourgade, où Luc attire les moines d'autres monastères, et avec eux la foule des misérables qui cherchent un refuge contre le passage continuel des gens de guerre : c'est le bourg d'Armento, qu'un texte du XIVe siècle qualifie d'*oppidum munitissimum*, aujourd'hui pauvre village, situé à un carrefour de routes, sur une masse de rochers abrupts, à l'est de Montemurro, entre l'Agri et son affluent de rive gauche, le Sauro[3]. Luc reste jusqu'à sa mort au monastère d'Armento, et c'est surtout sous le nom de saint Luc d'Armento qu'il est connu dans la tradition des moines grecs de l'Italie méridionale. Il meurt en 984, ayant auprès de lui Sabas, qui est venu le voir de son monastère du Sinni[4].

Peut être Luc d'Armento a-t-il été le fondateur du monas-

1. *Vie de saint Luc* (d'Armento), 13 oct.

2. *Chron. Salern.*, 176. — La traduction latine de la *Vie de saint Luc* dit que Luc parcourt *totam* Marsorum *provinciam* : mais c'est évidemment une erreur du traducteur.

3. *Vie de saint Luc*, *l. c.* — *Dizionario corografico univ. dell'Italia* (*reame di Napoli*), au mot *Armento*.

tère basilien des saints Elie et Anastase de Carbone, qui a continué à vivre jusqu'au XVIIe siècle[1] : à cette époque, la bibliothèque de Carbone est l'une des plus importantes de la Calabre grecque; ses manuscrits sont transportés au Vatican, et c'est précisément dans ce fonds qu'on a récemment découvert les textes si précieux d'Oreste de Jérusalem[2].

Un autre Sicilien, Vital, venu de Castro-Novo, dans le val de Mazzara, a connu Luc d'Armento et a fondé, comme lui, plusieurs monastères dans les vallées du Sinni et de l'Agri. Caché d'abord aux environs de Cassano, dans la Calabre septentrionale, il cherche de préférence les lieux les plus déserts et les plus sauvages; il séjourne quelque temps dans un endroit appelé *Petra Roseti*, au nord de Castrovillari, qui sert de refuge aux voleurs et aux brigands : Vital les chasse et fonde un monastère. Puis, franchissant les pentes du Monte Pollino, il arrive en Lucanie, dans la haute vallée de l'Agri, près du bourg de San-Chirico-Raparo; on le trouve, bientôt après, dans une grotte solitaire, non loin de Sant'Angelo-di-Aspreno, sur les pentes du mont Raparo; de là, il passe sur la rive gauche de l'Agri, à Misanelli, qui n'est pas très éloigné d'Armento. Près de sa grotte de Sant'Angelo, il restaure l'église ruinée des Saints Adrien et Nathalie, et construit à côté un monastère[3]. Plus tard enfin, quand les bandes sarrasines apparaissent en Lucanie, Vital s'enfuit assez loin vers le nord, jusqu'au mont Vulture, où l'on trouve encore les restes de laures byzantines[4]. Il réside quelque temps près de Rapolla, y fonde un monastère et meurt dans les dernières années du Xe siècle.

Ainsi, vers 960, et dans la seconde moitié du Xe siècle, le champ d'action des moines grecs s'étend de plus en plus vers le nord; les colonies monastiques byzantines, franchissant les limites de la Calabre, gagnent de proche en proche les pays latins, qui se rattachent soit à la principauté de Salerne soit à l'Apulie byzantine.

1. Cf. L'histoire du monastère de Carbone, écrite en latin par Paul-Em. Sanctorius, en 1601.
2. BATIFFOL, *Römische Quartalschrift*, 1889, p. 31; — et *Rev. des Quest. Hist.*, 1889, p. 186; — PITRA, *Analecta Sacra*, I, 300.
3. *Vie de saint Vital* (*Acta Sanct.*, 9 mars). BERTAUX, *l. c.*, p. 122.
4. Dans la grotte de saint Michel de Monticchio, sur les flancs du Vulture, on trouve des peintures et des traces de décoration du plus pur style byzantin, qui remontent certainement au XIe siècle (BERTAUX, *l. c.*, p. 132, 145, *I Monumenti medievali della regione del Vulture*. Naples, 1897).

Autour des saints moines, dont les hagiographes nous ont conservé le nom et l'histoire, se groupent beaucoup d'émigrants siciliens. Christophore et sa famille entraînent avec eux en Calabre de nombreux compagnons, moines ou laïcs; et, dans une bourgade des environs de Nicotera, ils retrouvent des parents qui avaient émigré avant eux[1]. Les moines, originaires de la même ville, sont assez nombreux pour former une communauté distincte; Sabas, parcourant les monastères du Mercourion, visite un jour celui des Syracusains, une autre fois celui des gens de Taormine[2]. Il est très probable qu'il y a eu, depuis 920 ou 930, un courant d'émigration presque continu de Sicile en Calabre et en Lucanie, et que ce courant s'est accéléré, en quelque sorte, dans la seconde moitié du xe siècle. Beaucoup de fugitifs, qui n'embrassent pas la vie monastique, suivent les moines et contribuent comme eux à fortifier l'élément byzantin dans des régions restées latines jusqu'à l'époque de Léon VI. Les villages surgissent à côté des monastères, comme dans les forêts de la Gaule à l'époque mérovingienne. Plus la population et la langue arabes se propagent dans la Sicile orientale, plus la population et la langue grecques se propagent en Lucanie, et jusque sur les confins de la Campanie et de l'Apulie. Dans ce pays âpre et sauvage, où beaucoup de villages et d'églises ont été ruinés par la guerre, les invasions ou la famine, le renouvellement peut se faire plus vite et plus profondément qu'ailleurs. C'est ainsi qu'une grande partie de la Lucanie devient presque aussi grecque que la Calabre. Le nom nouveau de *Basilicate*, qui n'est employé couramment qu'au xiie siècle, et dont il faut évidemment chercher l'origine dans le mot de *basilikoi*, « officiers du basileus », exprime un peu plus tard cette transformation[3].

Saint Nil de Rossano. La vie monastique au milieu du Xe siècle. — Mais, parmi les moines de Calabre, la physionomie qui se détache avec le plus de relief est celle de saint Nil. Pour mieux comprendre le rôle et l'influence de ces moines, jusque dans les pays nouvellement hellénisés de la Lucanie et de l'Apulie,

1. *Vie de saint Sabas*, 6.
2. *Vie de saint Sabas*, 17, 30.
3. Racioppi, *Storia dei popoli della Lucania e della Basilicata*, ii, 17-21. Cf. du même, sous le pseudonyme : Homunculus, *Storia della denominazione di Basilicata*, 1874.

c'est toujours à ce texte, souvent cité, qu'il faut revenir[1]. La vie de saint Nil reste, par l'abondance des détails comme par le talent de l'auteur, le chef-d'œuvre de l'hagiographie calabraise, et les autres documents dont nous avons parlé, en dehors des détails topographiques, ne font guère que confirmer ce qu'on savait déjà par le biographe de saint Nil.

Il y a, dans cette vie, deux périodes distinctes : jusque vers l'âge de soixante ans, Nil est resté en Calabre, sans beaucoup s'éloigner de sa ville natale; puis il émigre en terre latine, séjourne quelque temps près du Mont-Cassin, aux environs de Gaëte, enfin aux portes de Rome, à côté de l'ancienne Tusculum. Cette seconde période sera l'objet d'une étude spéciale, où nous chercherons à montrer l'action des moines grecs en pays latin, au moment où les empereurs germaniques interviennent dans les affaires de l'Italie méridionale. Mais le séjour de Nil en Calabre appartient à une époque antérieure : en étudiant la première partie de sa vie, on comprendra mieux comment s'organise la vie monastique, et quel est le rôle des moines dans la société calabraise, vers le milieu du xe siècle, entre 950 et 960.

Nil, né vers 910[2], appartient à l'une des premières familles de la ville de Rossano : il reçoit à ce titre une éducation très soignée. Il parait qu'à cette époque les jeunes gens de son entourage s'occupaient volontiers de magie ou de sorcellerie. Nil méprise ce genre de distractions, « bien que les livres qui touchent à ces matières ne lui manquent pas; car c'est un esprit subtil et curieux[3] ». De bonne heure il est attaché, comme simple clerc, à l'église de la Vierge. Mais, en dépit de ses goûts sévères, il se laisse entraîner par les charmes du monde; séduit par la beauté d'une jeune fille, de condition très modeste, il l'aime et vit avec elle; de leur union naît un enfant. Quelque temps après, Nil, frappé par une grave maladie, se décide brusquement à changer de vie. Cachant ses projets à tout le monde, sauf à un moine, qui lui sert de guide, il s'enfuit loin de la ville, franchit un grand fleuve, sans

1. Cf. en particulier Lenormant, *Grande Grèce*, I, 346; — et Schlumberger, *Epopée byzantine*, I, 453.
2. Il meurt en 1005, âgé de quatre-vingt-quinze ans. Sur la date de sa mort, connue par une inscription de Grotta-Ferrata « ἐκοιμήθη ὁ ἅγιος Νεῖλος ἔτος ϛφιδʹ (6513); » cf. Sciommari, *Note ed osservazioni istoriche spettanti all' insigne badia di Grotta-Ferrata, ed alla vita de S. Bartolomeo*, Rome, 1728, p. 103.
3. *Vie de saint Nil*, 2.

doute le Crati, et va se retirer dans l'un des monastères du Mercourion[1].

Le haut fonctionnaire byzantin, stratège ou turmarque, qui se trouve alors à Rossano, envoie aux moines des lettres menaçantes, où il déclare que, s'ils accueillent le clerc fugitif, les biens du monastère seront confisqués. Lenormant[2] affirme, sans la moindre preuve, que l'antique organisation municipale romaine était encore celle de Rossano, et que Nil, en sa qualité de décurion, était responsable des impôts sur sa personne et sur ses biens. Mais il n'y a pas trace, dans les villes calabraises du xe siècle, de curie ni de décurion, et tout ce commentaire de Lenormant repose sur une série d'hypothèses gratuites. Nil était clerc, attaché à l'église de la Théotokos; le crédit dont jouissait sa famille, l'une des premières de la ville, l'émotion soulevée par ce brusque départ, expliquent assez l'intervention de l'autorité byzantine.

L'higoumène auquel Nil était venu demander un asile, effrayé par les lettres reçues de Rossano, envoie le jeune homme dans une région plus éloignée. Nil, se rapprochant de la côte (celle de la mer Tyrrhénienne), marche pendant plusieurs jours et arrive au monastère de Saint-Nazaire. C'est pendant ce voyage qu'il rencontre des soldats sarrasins : à sa gauche, il voit les navires qui les ont amenés; à sa droite, s'élèvent de grandes forêts; au reste, le pays est désert, et Nil aurait souffert de la faim sans la charité d'un des musulmans, qui lui donne du pain pour le reste de sa route[3].

Le monastère de Saint-Nazaire devait être situé, comme on l'a remarqué, en dehors du thème de Calabre[4]. Or nous savons que la région du Mercourion était précisément à l'extrémité septentrionale du thème, sur les confins de la « Longobardie ». La côte déserte que suit le voyageur est très probablement celle du golfe de Policastro : peut-être faut-il chercher le monastère de Saint-Nazaire jusque dans la partie méridionale du Cilento, aux environs de Monte-Bulgheria, où plusieurs noms de lieu nous révèlent les traces d'anciens monastères basiliens[5].

1. *Vie*, *l. c.*, 3-4.
2. *Grande Grèce*, I, 348.
3. *Vie*, *l. c.*, 5-8.
4. SCHLUMBERGER, *Epopée byzantine*, I, 468; — et MINASI, *S. Nilo di Calabria*, p. 282.
5. RACIOPPI, *l. c.*, II, 99-102.

Un peu plus tard, quand Nil, assuré qu'on a perdu sa trace, ne redoute plus d'être inquiété par l'autorité byzantine, il revient au Mercourion, auprès des vénérables ascètes Jean, Zacharie et Fantin. C'est là qu'il passe plusieurs années, tantôt dans un monastère, tantôt, et le plus souvent, dans une caverne solitaire, qu'on appelle la grotte de Saint-Michel. Mais les bandes sarrasines ayant envahi toute la région du Mercourion, — il s'agit sans doute de la grande expédition d'Hâsan vers 951, — les moines épouvantés, n'ayant aucune confiance dans les faibles murailles qui les abritent, se dispersent et vont chercher un asile dans les bourgades voisines, mieux fortifiées. Nil se cache dans les montagnes, tandis que les cavaliers sarrasins occupent les couvents déserts. Quand ils se sont éloignés, l'ermite revient vers sa grotte; les autres moines reprennent bientôt, dans leurs monastères, la vie habituelle. On voit même à ce moment un des riches habitants de Rossano découvrir la retraite de Nil, et embrasser, sur ses conseils, la vie monastique[1].

Mais les incursions sarrasines recommencent et se suivent à des intervalles de plus en plus rapprochés. La grotte de Saint-Michel, qui se trouve sur le passage de leurs bandes, n'est plus un asile assez sûr : Nil se décide à franchir de nouveau le Crati, pour chercher un autre abri dans les montagnes qui entourent sa ville natale. Sur une terre qui était peut-être un bien de sa famille, il fonde le petit oratoire de Saint-Adrien. L'ermite, déjà célèbre par sa ferveur et son austérité extraordinaires, attire malgré lui des disciples enthousiastes, et le voilà contraint de construire, à côté de la chapelle, un grand monastère[2].

De tous les monastères calabrais cités dans les textes du xe siècle, Saint-Adrien est le seul dont il reste, encore aujourd'hui, autre chose qu'un souvenir ou des ruines[3]. Et pourtant Nil n'y a pas fait un très long séjour : ce n'est pas là qu'il est mort, et, si l'on peut saisir de loin en loin à travers les âges la preuve que le monastère a subsisté, sans interruption probable, jusqu'au XVIIIe siècle, son histoire est fort obscure et son rôle bien modeste. Mais il s'est trouvé que, dans la seconde moitié

1. *Vie*, 30, 31, 34.
2. *L. c.*, 36.
3. Cf. mon mémoire sur *Saint Adrien de Calabre, le monastère basilien et le collège des Albanais*, dans les *Mélanges de litt. et hist. relig.*, etc., *l. c.*, p. 291.

du XVe siècle, de nombreux fugitifs albanais sont venus s'établir autour du couvent ; ils ont fondé, aux environs, plusieurs villages importants ; c'est leur présence qui a fait revivre et qui a prolongé, jusqu'à nos jours, sur ce coin de terre, la liturgie et la culture religieuse de l'Orient grec. A la fin du XVIIIe siècle, le monastère supprimé est devenu collège et séminaire pour l'ensemble des colonies albanaises de Calabre, dont il est resté, en quelque sorte, le centre religieux et intellectuel. De l'ancien monastère basilien qui devait son origine à saint Nil, il ne reste que deux ou trois fragments de sculpture, encastrés dans les murs de l'église, et qui datent probablement de l'époque normande[1].

En fixant son séjour dans cette solitude, aujourd'hui encore entourée d'immenses forêts, Nil restait assez loin de Rossano pour se croire à l'abri de la curiosité indiscrète de ses compatriotes[2]. Mais il ne fallut pas longtemps pour que les plus hauts personnages de la ville vinssent le visiter, lui demander ses conseils, ou s'entretenir avec lui sur les questions les plus subtiles de la théologie. Bientôt Nil devient si populaire parmi les habitants de Rossano qu'à la mort de l'évêque il est acclamé comme son successeur. Pour échapper à cet honneur, il disparaît pendant plusieurs semaines, en se réfugiant plus loin dans la montagne. Quelque temps après, à la veille des nouveaux désastres qui vont frapper la Calabre, « voulant céder la place à la colère divine », l'ascète, alors âgé de soixante ans, abandonne Saint-Adrien. Mais il ne veut pas aller en Orient, où il est déjà trop célèbre : il se décide à chercher une retraite chez les Latins, pour lesquels il n'est qu'un étranger, inconnu et obscur. C'est alors qu'il part pour la Campanie[3].

Ainsi le fléau périodique des incursions sarrasines donne aux établissements monastiques de la Calabre une singulière fragilité. Beaucoup de monastères de la région méridionale, fondés dans la première moitié du Xe siècle, ont été abandonnés ou ruinés par les bandes musulmanes. Cinquante ou soixante ans après, quand les moines de Sicile viennent s'établir dans les vallées lucaniennes, quand Nil passe du Mercourion au pays de

1. Mém. cité, p. 305 ; — BERTAUX, *l. c.*, p. 128.
2. A vol d'oiseau, il y a près de 25 kilomètres entre Saint-Adrien et Rossano ; mais comme il faut franchir plusieurs vallées très abruptes, aujourd'hui encore les communications sont très difficiles entre ces deux points.
3. *Vie de saint Nil*, 67, 71.

Rossano, on est surpris de voir combien ils trouvent, sur leur route, d'églises tombant en ruines et qu'ils cherchent à restaurer. Mais eux-mêmes, comme le montrent leurs voyages continuels, ne sont pas plus stables que leurs prédécesseurs. Sans doute, quand ils passent d'un lieu dans un autre, ce n'est point une preuve que le monastère dont ils s'éloignent soit tout à fait abandonné : il est toutefois probable qu'ils ne sont pas seuls à s'enfuir. La région du Mercourion, toute peuplée de moines vers le milieu du xe siècle, a dû être délaissée, lors du départ de Nil, par bon nombre de ses habitants. Ainsi les moines grecs de Calabre, au xe siècle, sont essentiellement *migrateurs*. D'une manière générale, en ce temps de continuelles invasions, les déplacements sont fréquents et faciles. Mais les moines, en particulier, détachés par leur genre de vie de toute habitude casanière, n'ayant avec le sol pour ainsi dire aucun lien, sont naturellement entraînés à changer très souvent de solitude. Dans la même région, on les voit tantôt vivre en anachorètes dans une caverne sauvage, perdue au milieu des forêts, tantôt revenir au milieu des communautés monastiques les plus voisines. Sabas, après plusieurs semaines de solitude, vient célébrer la fête de Pâques avec ses frères et reste quelques jours au monastère[1]. Chez les habitants du Mercourion, on peut observer tous les types de vie monastique : il y a des ermites, dispersés çà et là, qui vivent habituellement dans le plus complet isolement; d'autres sont réunis en petits groupes; d'autres enfin forment des communautés assez nombreuses[2].

Aux yeux de Nil, la solitude est nécessaire pour arriver à un degré supérieur de perfection. La société des autres moines lui est à charge; il y voit un obstacle à la contemplation spirituelle, au travail intérieur de l'âme. Quand, au bout de quelques semaines passées dans sa grotte, il éprouve un vif désir de revoir les monastères, c'est là, croit-il, une tentation perfide qu'il faut combattre[3]. Cependant Nil ne conseille pas aux autres de le prendre comme exemple : il s'excuse même de rester ainsi séparé des autres hommes, « comme les lépreux et les impurs », incapable de supporter le poids de la règle com-

1. *Vie de saint Sabas*, 9.
2. *Vie de saint Sabas*, 7.
3. *Vie de saint Nil*, 13, 45, 18.

mune[1]. A travers la pieuse admiration de son biographe, on sent chez Nil une nature fougueuse et inquiète, qui lui rend insupportable la monotonie de la vie quotidienne, en compagnie d'autres moines. Mais comme il ne peut empêcher les disciples de s'attacher à ses pas, le solitaire est ramené malgré lui vers ce genre de vie, qu'il redoute.

La même violence de caractère se retrouve jusque dans les excès de son ascétisme, et dans l'impitoyable rigueur avec laquelle il tourmente son propre corps, ou force ses disciples à suivre la règle. Dans sa grotte de Saint-Michel, il reste parfois deux ou trois jours sans rien manger et se nourrit habituellement de pain, de racines et de fruits. Lorsqu'il arrive, après plusieurs jours de voyage, au monastère de Saint-Nazaire, on lui offre des poissons et du vin, qu'il refuse. Dans les communautés monastiques de Calabre, l'usage du vin est courant, et l'abstinence pratiquée par Nil est citée comme une exception. Il porte pour tout vêtement une sorte de sac, en poil de chèvre, attaché au corps par une ceinture, qui, n'étant changée qu'une fois l'an, se couvre de vermine[2]. Son biographe nous fait connaître dans le plus minutieux détail l'emploi de sa journée. Depuis le lever du jour jusqu'à la troisième heure, Nil écrit, remplissant tout un cahier de son écriture fine et serrée : puis jusqu'à la sixième heure, il prie devant une croix, récitant des psaumes et faisant mille génuflexions. De la sixième heure à la neuvième, il reste assis lisant les écritures, méditant la loi du Seigneur et les œuvres des docteurs. Après la neuvième heure, élevant vers Dieu, comme l'encens, l'hymne du soir, il sort se promener, et, par les beaux spectacles qui s'offrent à lui, repose son esprit de la fatigue du jour[3].

Avec les disciples qui veulent le suivre, Nil montre une rigueur impitoyable. Le moine Etienne, plein d'une fervente admiration pour le terrible ascète, vient habiter près de sa grotte et se confie à sa direction. Nil, trouvant que les progrès de son disciple dans la vie spirituelle sont trop lents, se dit un jour : « S'il était mon frère ou mon fils, hésiterais-je à l'accabler de reproches ou même d'outrages ? Traitons-le ainsi. » A plusieurs reprises, il le maltraite et lui donne des soufflets.

1. *Vie*, *l. c.*, 33, 37.
2. *Id.*, 10, 15, 16, 17. « Beaucoup de ceux qui veulent suivre Nil, sont arrêtés par l'interdiction de boire du vin. » (42).
3. *Id.*, 15.

Comme il l'oblige à des prières et à des veilles prolongées, le pauvre moine se plaint d'avoir souvent sommeil. Nil lui fabrique un siège spécial, n'ayant qu'un pied : c'est le seul dont il pourra se servir en lisant les écritures ; plus d'une fois, le malheureux s'endort et tombe par terre[1]. Quand tous deux rentrent passer quelque temps dans un monastère, Nil affecte de traiter Etienne plus durement que tous les autres, afin d'éprouver sa vertu. Ainsi s'affirme la patience, la douceur inaltérable du bon moine, qui, malgré tout, reste, jusque dans un âge avancé, le plus fidèle disciple de Nil. Il meurt avant son maître, et celui-ci le pleure amèrement, comme le plus cher de ses amis : « O mon bon compagnon de luttes et de peines, après tant d'années, nous voilà séparés ! tu vas trouver le repos que je t'ai préparé, et moi, je reste ici-bas pour mon châtiment[2] ! »

Dans les premiers temps de son séjour à Saint-Adrien, de nombreux disciples viennent trouver notre ermite pour embrasser, sous sa direction, la vie monastique. Mais, au bout de quelques semaines, plusieurs se découragent, incapables de supporter la règle rigoureuse qui leur est imposée : le caractère de Nil n'est pas fait pour rendre faciles les débuts d'un nouveau monastère. Cependant ceux qui partent sont bientôt remplacés par de nouveaux venus, et, le nombre des moines s'accroissant peu à peu, Nil, renonçant à les diriger, leur choisit un nouvel higoumène[3].

Bien d'autres détails nous montrent tout ce qu'il y a de violent et de brutal dans son ascétisme. Cet homme, qui avant de fuir au désert a connu l'amour profane, évite avec une répulsion farouche les rencontres les plus innocentes. Au dire de son biographe, ne préfère-t-il pas « le voisinage d'un aspic à celui d'une femme » ? Il adressera les plus vifs reproches aux moines de Saint-Adrien, parce qu'ils ont laissé entrer dans l'église une jeune fille qui passait, par hasard, devant le monastère[4]. Un jour, Nil rencontre une femme sur sa route : comme elle veut se prosterner à ses pieds, il la frappe de son bâton et l'oblige à s'enfuir au plus vite[5]. Si quelqu'un de ses proches vient le trouver, toute indulgence à son égard serait une faiblesse cou-

1. *L. c.*, 26, 28.
2. *Id.*, 94.
3. *Id.*, 36, 40.
4. *Id.*, 39.
5. *Id.*, 67.

pable : il refoule en lui tous les sentiments naturels, pour se montrer aussi insensible, aussi impitoyable qu'avec des étrangers[1].

Pourtant ce dur et terrible ascète, qui veut maintenir avec une farouche énergie l'idéal de la vie monastique, sait donner aussi, quand l'observation de la règle n'est plus en cause, l'exemple de la douceur évangélique et du pardon des injures. Quand il vient s'établir près de Rossano, il est poursuivi par les calomnies de deux propriétaires, voisins de son monastère, qui le traitent de sorcier, d'hypocrite et de menteur; quelques mois plus tard, à force de patience et de charité, il réussit à les désarmer, et ses adversaires de la veille deviennent de fervents admirateurs[2]. Un jour, quand il est près du Mont-Cassin, un Longobard vient au monastère de Nil et vole un cheval : il est arrêté en route et ramené auprès du saint, qui lui dit : « Si le cheval te plaît, garde-le et va ton chemin »; et comme les moines, scandalisés, se plaignent : « J'ai fait cela, leur répond-il, pour vous apprendre à aimer activement vos ennemis[3]. »

Il ne faut pas croire que les moines calabrais ne connaissent d'autre idéal qu'une vie toute contemplative, la prière et le chant des psaumes. Comme les bénédictins de l'église latine, les basiliens grecs sont tout ensemble cultivateurs et copistes : ils défrichent le sol, arrachent les arbres, plantent la vigne; et, d'autre part, à l'exemple de Nil lui-même, ils copient de nombreux manuscrits. Bien que Nil préfère la solitude à la vie commune, il reconnait aux cénobites réunis dans les monastères une supériorité incontestable sur les anachorètes : c'est qu'ils endurent par leur travail de véritables fatigues[4]; c'est aussi qu'ils donnent l'hospitalité aux pauvres et aux étrangers. Ils ont assez de provisions, pour nourrir en temps de disette tous ceux qui viennent demander un refuge et du pain[5].

Nil combat énergiquement l'oisiveté et tout ce qui peut l'encourager, comme l'excès de richesse, ou une facilité trop grande à se procurer ce qui est nécessaire à la vie. Lorsqu'il vient s'établir, avec plusieurs compagnons, dans la fertile

1. *Vie*, *l. c.*, 82.
2. *Id.*, 36.
3. *Id.*, 83.
4. *Id.*, 17.
5. *Id.*, 14.

Campanie, si différente, par sa fécondité, des âpres solitudes du nord de la Calabre, il remarque qu'au bout de quelques années un certain relâchement commence à se faire sentir parmi les moines. Il cherche alors comme nouvelle résidence un lieu où le sol soit plus ingrat, où ses frères aient besoin d'un travail plus pénible, pour se procurer la nourriture indispensable. Plutôt que de perdre leur temps en de vains discours, — comme certains moines latins du voisinage, — ils doivent « manger leur pain à la sueur de leur front[1] ». C'est le travail qui doit les nourrir. De même, Elie de Reggio expliquait à ses disciples, en commentant une parole de saint Paul, « qu'ils devaient travailler de leurs mains, se nourrir de leurs propres fatigues, et donner le superflu à ceux qui en ont besoin[2] ». Pour les mêmes raisons, Nil refuse d'accepter les donations que veulent lui prodiguer de riches citoyens, sous prétexte de soulager ses compagnons et de rendre service aux pauvres, qui sont leurs clients : « Les frères seront heureux s'ils mangent le produit de leur travail, et ne participent pas aux péchés des autres[3]. »

Pour copier des manuscrits, Nil envoie souvent son fidèle disciple Etienne acheter du parchemin à Rossano[4]. S'il entreprend un voyage à Rome bien avant l'époque où il doit s'y fixer, ce n'est pas seulement pour faire ses dévotions au tombeau des apôtres, c'est aussi pour y trouver des livres[5]. Aux nouveaux venus qui entrent au monastère, il enseigne, avec un soin spécial, la calligraphie. D'ailleurs plusieurs des manuscrits, copiés par Nil lui-même ou par ses disciples, ont été conservés, depuis le xe siècle, dans l'abbaye basilienne de Grotta-Ferrata, aux portes de Rome, la dernière que Nil ait fondée[6].

La perfection du chant liturgique est un des principaux objets de l'activité monastique. Nil lui-même se fait remarquer par sa belle voix et ses harmonieuses psalmodies[7] ; il accueille avec empressement parmi ses disciples un riche habitant de Rossano, d'une instruction assez médiocre, mais qui,

1. *L. c.*, 86.
2. *Vie de saint Elie le Spéléote*, 41.
3. *Vie de saint Nil*, 64.
4. *Id.*, 32.
5. *Id.*, 19.
6. *Id.*, 20, 21. — Cf. Rocchi, *La Badia di Grotta-Ferrata*, 1884 ; — et *de cœnobio Cryptoferratensi ejusque bibliotheca et codicibus commentarii*, 1893.
7. *Vie*, 3.

par sa manière de chanter les hymnes, surprend et charme tous les moines[1].

La calligraphie et le chant, tels sont les éléments essentiels de la culture monastique; mais, si la foule des moines ne dépasse pas cette formation première, si même, chez quelques-uns de ces pieux ascètes, l'ignorance et la simplicité de l'esprit semblent, dans la pensée de leurs biographes, faire mieux ressortir leur sainteté, il n'en est pas ainsi pour les plus illustres d'entre eux, et notamment pour saint Nil. Il est difficile de savoir quelle était la part de la culture antique dans l'éducation que recevaient les jeunes gens de Rossano, fort occupés, comme nous l'avons vu, de sorcellerie et de magie. Quels livres connaissait ce Proclos, un des compatriotes de Nil, qui, avant de se faire moine, passait tout son temps dans la lecture et dont l'esprit était un trésor de science[2]? Quant à Nil, s'il a dû, en Byzantin lettré, n'être pas étranger à la littérature antique, il est probable qu'une fois moine il éprouve pour elle le même dédain, la même horreur que pour tout ce qui lui rappelle sa vie profane. Mais, dans le domaine assez vaste de la littérature théologique, on remarque l'étendue et la variété de ses connaissances. Les hommes les plus instruits de la ville de Rossano, prêtres et laïcs, un métropolite grec, de hauts fonctionnaires du basileus, s'entretiennent volontiers avec Nil, soit qu'ils aillent le trouver dans son monastère de Saint-Adrien, soit que Nil vienne lui-même à Rossano, où la maladie le retient quelques jours. Ses visiteurs l'interrogent sur des passages controversés des Ecritures[3]. Pour leur répondre, il se plait à citer les Pères grecs : Basile, Jean Chrysostome, Théodore Studite. S'il sait fort bien tenir tête aux questions plus ou moins captieuses de ses interlocuteurs, il déroute aussi leur subtilité par un bon sens qu'on ne trouve pas toujours chez des ascètes byzantins. Quelqu'un lui ayant demandé : « Quel est l'arbre dont Adam a mangé le fruit? » Nil se moque d'une question si bizarre : « Qui peut deviner, dit-il, ce qu'il n'a jamais vu de ses propres yeux? »

Le prestige de ces ascètes calabrais s'exerce à la fois sur la foule et sur les grands. On voit en eux des hommes d'une vertu extraordinaire et d'une austérité presque invraisem-

1. *L. c.*, 34.
2. *Id.*, 40.
3. *Id.*, 47, 49.

blable. On raconte les guérisons miraculeuses qu'ils opèrent, les prodiges qui naissent partout sur leurs pas. Thaumaturges, ils sont aussi prédicateurs populaires : quand le Sicilien Sabas s'établit au Mercourion, les habitants des villes et des bourgades voisines se pressent autour de lui pour profiter de ses enseignements[1]. Les plus enthousiastes embrassent parfois, pour s'en lasser bientôt, la vie monastique; mais bien d'autres, sans suivre jusqu'au bout les Nil et les Sabas, aiment à les entendre. Dans les périodes de troubles ou d'invasions, quand les routes sont pleines de fuyards épouvantés, ce sont souvent les moines qui entraînent avec eux les foules errantes. Quand Sabas est encore en Sicile et que les Sarrasins jettent la désolation dans le pays qu'il habite, il conduit ses compatriotes par les chemins de la montagne, et c'est lui qui leur indique une nouvelle résidence[2].

La vénération presque superstitieuse, que ces moines inspirent au peuple de Calabre, leur donne souvent, en face des hauts fonctionnaires, une rare indépendance. Déjà le biographe de saint Elie le Sicilien nous raconte comment son héros prend la défense d'un noble Calabrais, ennemi du stratège, arrêté et jeté en prison comme rebelle. Pour obtenir gain de cause, le moine veut aller jusqu'à l'empereur[3]. Elie de Reggio vient reprocher au stratège de s'être laissé corrompre par un prêtre indigne qui a usurpé le bien d'autrui. Quand le patrice Jean Muzalon s'apprête à trahir la cause du basileus, le même Elie, au risque de sa vie, lui adresse les plus sévères reproches[4]. Sans doute, tous les moines n'ont pas cette hardiesse; et, si les biographes des Elie et des Nil vantent volontiers leur courage en face des personnages les plus haut placés, c'est que l'attitude des saints fait contraste avec la faiblesse du plus grand nombre. Quand Nil est au monastère de Saint-Adrien, le basileus envoie en Calabre un juge impérial : aussitôt les autres higoumènes s'empressent autour du nouveau fonctionnaire, et c'est à qui obtiendra le premier ses faveurs[5]. Un jour, un haut dignitaire de la cour byzantine étant venu à Rossano s'étonne de ne pas voir le célèbre ascète venir lui présenter

1. *Vie de saint Sabas*, 8.
2. *Id.*, 6.
3. *Vie de saint Elie de Sicile*, 58, 59.
4. *Vie de saint Elie le Spéléote*, 14, 15, 54.
5. *Vie de saint Nil*, 53.

ses hommages. « Le patriarche lui-même, s'écrie-t-il, n'aurait pas osé se conduire de la sorte ! » Quelqu'un lui répond : « Ce caloyer n'est pas le patriarche, et ne craint pas le patriarche, ni même le basileus, redoutable à tous. Il habite dans la montagne avec quelques moines, n'ayant besoin d'aucun aide ; il n'est pas attaché à la terre par l'étendue de ses domaines ou la richesse de ses troupeaux ; c'est pourquoi il n'a de dispute avec personne et peut vivre en se suffisant à lui-même[1]. » Frappé de ces paroles, le « chitonite » (chambellan) écrit à Nil une lettre pleine de déférence et lui demande de venir le trouver. Nil, espérant obtenir son indulgence à l'égard des pauvres, se rend à Rossano : le « chitonite » se prosterne à ses pieds et lui offre tous ses biens, s'il veut l'accompagner à Constantinople. Le moine refuse, en déclarant qu'il ne peut abandonner la solitude, « ni les pauvres qui souffrent avec lui[2] ».

C'est qu'en effet le soin des pauvres et des misérables, soit qu'il les soulage et les console, soit qu'il les protège et les défende, occupe de plus en plus sa vie. Grand redresseur de torts, il use de son influence, pour rendre service non seulement aux autres moines, mais à tous ceux qui viennent à lui se plaindre d'une injustice. Bien que la société des hommes lui soit à charge et qu'il fuie le voisinage des grands, il est obligé de recourir à eux, quand il veut délivrer les victimes d'un châtiment inique. Il écrit un grand nombre de lettres : si quelqu'un les rassemblait, dit son biographe, « il composerait un livre fort utile[3] ».

La principale circonstance, où Nil ait été amené à jouer un rôle politique, est bien connue : lorsque les habitants de Rossano se révoltent contre le « magistros » Nicéphore, qui veut les contraindre à fournir des vaisseaux, c'est Nil qui les réconcilie avec le représentant du basileus[4]. Comme ce dernier avait ordonné, malgré leur résistance, d'armer les vaisseaux qui se trouvaient dans le port, les gens de Rossano y avaient mis le feu et avaient tué les « protocarèbes », ou commandants de chaque navire. Le cas des rebelles était d'autant plus grave que leur exemple entraînait les autres villes. Effrayés eux-

1. « Μονόχερως ἐστὶν οὗτος, ζῶον αὐτόνομον. » l. c. 64.
2. *Id.*, 65.
3. *Id.*, 62, 63, 89.
4. *Id.*, 60-62.

mêmes de leur audace, ne voyant aucune issue possible à leur révolte, et redoutant par-dessus tout la vengeance du « magistros », les habitants de Rossano demandent conseil à Nil. Celui-ci les décide à faire leur soumission et se charge d'apaiser lui-même le ressentiment de Nicéphore. Dans son entrevue avec lui, Nil reconnaît la faute de ses compatriotes : mais il est impossible, dit-il, de prendre parmi eux un certain nombre de coupables. Le peuple tout entier étant responsable de ce désordre, comment frapper toute la ville? Nicéphore promet de respecter la vie des rebelles, mais il entend du moins confisquer leurs biens. Nil le supplie d'être indulgent et propose d'écrire lui-même au basileus. Enfin le « magistros », par égard pour Nil, dont il sait le dévouement à l'empire, consent à remettre la plus grande partie de l'amende.

Pour achever de montrer, sous ses traits divers, la physionomie de saint Nil, il est curieux de rappeler quels sont ses rapports avec les Sarrasins et les Juifs, assez nombreux dans toute l'Italie méridionale, et spécialement en Calabre. Ces guerriers musulmans, qui envahissent périodiquement le pays et jettent la terreur dans la population chrétienne, ne sont pas tous, loin de là, des fanatiques, avides de destruction, incapables de faire quartier à leurs adversaires. Plusieurs de leurs chefs traitent les chrétiens qu'ils rencontrent avec une bienveillance et une douceur, que les écrivains ecclésiastiques les plus prévenus n'hésitent pas à reconnaitre. On a vu déjà comment Nil, au début de sa vie errante, reçoit sur sa route les secours d'un bon musulman. Entre le jeune chrétien, fort inquiet à la vue de ces hommes au noir visage, et le chef Sarrasin, qui cherche à le rassurer, s'engage un curieux dialogue. Comme Nil lui fait connaître le but de son voyage : « Tu n'es pas d'âge à subir les fatigues de la vie monastique, lui répond le musulman ; quand tu seras près de la vieillesse et que tu ne pourras plus faire aucun mal, alors, il sera temps de songer à ce genre de vie[1]. » Quelques années plus tard, quand Nil se retire dans la grotte de Saint-Michel, les chrétiens du voisinage ne sont pas seuls à subir le prestige de sa sainteté; de notables musulmans témoignent aussi toute leur vénération pour l'ascète[2].

1. *Vie*, *l. c.*, 5, 6. — Cf. Amari, *l. c.*, II, 318.
2. *Id.*, 14.

L'histoire d'Elie le Silicien nous a montré quels rapports étroits s'établissent parfois, en Sicile ou dans l'Italie méridionale, entre les fidèles des deux religions. Au milieu des populations musulmanes, continuent à vivre, dans une sécurité assez précaire, mais qui parfois est plus durable qu'on ne serait tenté de le croire, plusieurs colonies chrétiennes. A la cour et dans la famille de certains princes, on trouve des chrétiens. Oreste et Arsène, beaux-frères du sultan du Caire, ne tombent pas en disgrâce après leur conversion au christianisme[1]. Il est aussi question, dans la vie de saint Nil, d'un métropolite byzantin de Calabre, nommé Blatton, dont la sœur est devenue la femme de l'émir d'Afrique[2]. Blatton réussit à ramener d'Afrique en Calabre un certain nombre de prisonniers chrétiens ; il veut user de son influence sur le mehdi pour en racheter d'autres et aussi pour faire signer la paix. Mais Nil, malgré les rapports qu'il a pu avoir avec certains Sarrasins, reste plein de méfiance à leur égard : il engage le métropolite Blatton à « fuir cette race de vipères », et lui prédit toutes sortes de malheurs, s'il reprend la route d'Afrique.

Il lui arrive cependant, quelques années plus tard, d'entrer en relations avec l'émir de Palerme. Comme trois moines de son monastère ont été arrêtés et emmenés prisonniers en Sicile, Nil se décide à envoyer un messager à Palerme, pour demander leur mise en liberté, moyennant une forte rançon; le moine chargé de cette ambassade doit donner à l'émir une somme de 100 pièces d'or, produit de la vente du froment et du vin, plus une belle jument, offerte par le stratège de Calabre; il apporte en même temps une lettre de Nil, adressée au notaire du palais, qui se trouve être un zélé chrétien. Le notaire ayant montré cette lettre à l'émir, celui-ci refuse de recevoir l'argent qu'on lui apporte; il renvoie les moines prisonniers avec le messager de Nil; il leur donne, comme présents, des peaux de cerf et leur confie une lettre pour le saint higoumène, qu'il traite avec autant de vénération que peuvent le faire les chrétiens les plus fervents. « C'est ta faute, dit-il à Nil, si tes moines ont subi de mauvais traitements. Il fallait te faire connaître à moi : je t'aurais envoyé mon sceau; en l'affichant à la porte de ton monastère, tu l'aurais préservé

1. Cf. *supra*, p. 256, 262; — SCHLUMBERGER, *Epopée byzantine*, II, 202-210.
2. *Vie*, *l. c.*, 69.

de tout dommage. Si tu voulais venir dans ce pays, tu pourrais aller partout librement, et tu serais reçu par nous avec le plus grand respect[1]. »

Quant aux Juifs, Nil partage à leur égard toutes les préventions de ceux qui l'entourent, et semble voir en eux des êtres d'une espèce inférieure. Un jeune homme de Bisignano assassine sur la route un marchand juif, le dépouille et réussit à s'enfuir. Le beau-père du meurtrier est arrêté et livré par les magistrats aux coreligionnaires de la victime. Nil leur reproche d'avoir oublié une loi, d'après laquelle la vie d'un chrétien vaudrait celle de sept juifs, et il les oblige à faire mettre le prisonnier en liberté[2] !

Cependant Nil est en relations avec un médecin juif du nom de Domnoulos, dont il avait eu l'occasion, dès sa jeunesse, d'apprécier la science[3]. Quand l'ascète, épuisé par des jeûnes prolongés, vient à Rossano, Domnoulos lui rend visite : il s'étonne qu'avec son genre de vie Nil n'ait pas des attaques d'épilepsie et lui offre de le soigner. Mais le moine le repousse brutalement par cette réponse : « Tu ne pourras tromper les chrétiens que si tu peux te vanter d'avoir donné de tes drogues à Nil! » Un autre juif, poussé par la curiosité, accompagne Domnoulos et, dans une visite à Nil, l'interroge sur l'existence de Dieu. L'ascète propose à ses deux visiteurs de venir à son monastère passer quelques jours dans la solitude; « à cette seule condition il pourra les instruire ». — « Soit! lui répondent-ils; mais, si nous t'écoutions, nous serions chassés de la synagogue et lapidés. » Cependant, quelques semaines plus tard, quand le juge impérial Eupraxios, guéri d'une grave maladie où il avait cru mourir, se fait donner par Nil l'habit monastique, le médecin Domnoulos assiste à la cérémonie[4].

En résumé, si bien des traits révèlent chez saint Nil un excès d'ascétisme et une violence fanatique, trop contraires aux idées modernes pour ne pas soulever en nous d'assez vives répugnances, l'activité infatigable qu'il sait mettre au service d'autrui, la fierté de son désintéressement, son souci de faire

1. *Vie*, *l. c.*, 71.
2. *Id.*, 35.
3. *Id.*, 50, 51. Sciabtai Domnolo, dont il a été question précédemment (p. 207), n'avait que douze ans lorsqu'il fut fait prisonnier à Oria en 925 : c'est probablement le même personnage, qui se trouve à Rossano en 960 (cf. SCHLUMBERGER, *l. c.*, I, p. 481).
4. *Id.*, 56.

régner, dans son intégrité, l'idéal de la pauvreté monastique, méritent toute notre admiration. Il n'eût tenu qu'à lui d'enrichir ses monastères : on lui offre souvent des dons importants, qu'il refuse. De grands personnages veulent faire de lui leur légataire universel. Mais il regarde la richesse comme une tentation dangereuse, et qu'il faut repousser de toutes ses forces[1]. Il ne semble pas, du reste, que les monastères basiliens de Calabre, pris dans leur ensemble, aient eu, comme certaines abbayes latines, des domaines très nombreux ni très étendus. Sans doute, les higoumènes, ou chefs de monastères, ne montrent pas, en général, le même désintéressement que saint Nil, et l'on en voit qui se pressent, autour d'un haut fonctionnaire byzantin, pour obtenir de lui confirmation de leurs privilèges ou titres de propriété[2]. Quelques-uns reçoivent des donations importantes, entr'autres le monastère de Saint-Elie-de-Sicile, dans la Calabre méridionale, qui fut comblé de faveurs par l'empereur Léon le Sage[3]. Rien ne prouve, du reste, que les monastères basiliens de Calabre n'aient pas sur leurs terres un droit de propriété pleine et entière[4]. Mais ces domaines fonciers sont situés, selon toute apparence, dans un rayon assez limité, et surtout, en ce temps d'invasions et de guerres incessantes, l'établissement monastique est trop précaire et instable, pour qu'il soit possible aux monastères basiliens de devenir grands propriétaires. En tout cas, l'exemple de saint Nil n'est pas isolé, et les plus illustres ermites calabrais de la fin du xe siècle, ceux qui exercent autour d'eux l'action la plus profonde, sont avant tout des moines errants et pauvres.

L'insécurité des conditions extérieures, les dangers qui les tiennent constamment en éveil, favorisent ce détachement. Les hommes de cette misérable époque émigrent volontiers; mais, avec toute l'insouciance de l'enfance, ils passent par des alternatives d'effroyable panique et d'extrême confiance. Habitués aux fléaux périodiques qui désolent leur pays, ils recommencent, dans l'intervalle, une vie relativement paisible; et si la paix se prolonge quelques années, ils se remettent à

1. *L. c.*, 37, 43, 45, 64, 65.
2. *Id.*, 53.
3. *Vie de saint Elie de Sicile*, 68. — Cf. *supra*, p. 259.
4. Les conclusions de Minasi (*Il monastero basiliano di S. Pancrazio*, p. 23), semblent, sur ce point, plus justes que celles de Batiffol (*l. c.*, p. XIV, 5).

bâtir et à fonder, comme si l'avenir leur appartenait. Puis une nouvelle panique les décide brusquement à tout abandonner. Telle semble être, au xe siècle, l'histoire de beaucoup de monastères calabrais, et l'on s'explique ainsi qu'il ne soit resté, de cette époque, aucun débris notable de construction.

Mais ces moines errants sont aussi les instruments les plus actifs et les plus efficaces de la propagande byzantine. Les courants successifs d'émigration les entraînent, eux et les foules qui les suivent, dans des régions nouvelles. Les premiers arrivés en attirent d'autres après eux, et peu à peu ils se dispersent, de plus en plus nombreux, sur différents points de la Lucanie, arrivant au nord-ouest jusqu'au Cilento, au nord jusqu'au Vulture, à l'est jusqu'aux collines calcaires qui bordent la plaine apulienne : de là, comme nous le verrons, des colonies éparses se répandent encore plus loin. Etablis au milieu des populations latines, quelques-uns joueront le rôle d'aventuriers adroits et sans scrupules ; mais beaucoup d'autres donneront aux moines latins l'exemple d'une vie plus austère et plus désintéressée, d'une fidélité plus entière à l'idéal monastique, peut-être aussi d'une culture intellectuelle supérieure.

L'histoire de saint Nil, de saint Sabas, des deux Elie, nous a fait connaître, par des exemples caractéristiques, la vie des moines de Calabre au xe siècle, et même les régions principales où s'exerce leur activité. Mais nous n'avons point de documents, qui nous permettent de dresser une liste des monastères basiliens de la Calabre et de la Terre d'Otrante à l'époque byzantine. D'ailleurs, pour les raisons que nous avons indiquées, plusieurs de ces monastères disparaissaient presque aussi vite qu'ils étaient fondés : la plupart des ascètes calabrais du xe siècle sont, nous l'avons vu, des moines essentiellement migrateurs. Ce n'est guère qu'au XIIe siècle, après la chute de la domination byzantine, que commencent chez les Grecs de Calabre les « solides et massives constructions faites pour durer[1] ». S'il est vrai que, durant tout le moyen âge, les monastères basiliens se comptaient par centaines dans la Calabre et la Terre d'Otrante[2], il est probable que la plupart dataient seulement

1. Cf. l'article déjà cité sur *Saint Adrien de Calabre* (*Mélanges*, etc., p. 298).

2. Au dire de Rodotà et des érudits calabrais du XVIe siècle, il y aurait eu près de 1.500 monastères basiliens dans l'Italie méridionale. Mais ces chiffres auraient besoin d'être contrôlés. J'ai donné les noms de plusieurs monastères basiliens du XIVe siècle dans un article de la *Byzant. Zeitschrift* (t. IV, p. 59).

de l'époque normande : sans doute, beaucoup de ces monastères avaient dû se reformer autour de quelque église ou chapelle byzantine, abandonnée pendant deux ou trois générations. Mais il est resté si peu de chose des archives basiliennes d'Italie[1] que, dans l'état présent des textes, il est impossible d'arriver, pour l'époque byzantine, à des conclusions plus précises[2].

1. Batiffol, *l'Abbaye de Rossano*, p. 107 et s. ; — et du même, articles de la *Römische Quartalschrift*, 1888, p. 36, 217, et 1889, p. 31. — *Revue des questions historiques*, 1889, p. 186.

2. Le monastère Saint-Pierre-de-Tarente, connu par plusieurs chartes du recueil de Trinchera, était à l'origine et a dû rester jusqu'à la fin du xe siècle, un monastère latin (cf. plus loin : livre IV, chap. vi : *les Moines grecs en pays latin*).

LIVRE IV

L'ITALIE MÉRIDIONALE

ET L'EMPIRE BYZANTIN

DEPUIS L'AVÈNEMENT DE NICÉPHORE PHOCAS JUSQU'A LA MORT DE CONSTANTIN VIII (963-1028)

LES CONFLITS AVEC L'EMPIRE GERMANIQUE

CHAPITRE I

RIVALITÉ DE NICÉPHORE PHOCAS ET D'OTTON Ier DANS L'ITALIE MÉRIDIONALE

POLITIQUE NOUVELLE DE JEAN TZIMISCÈS

RAPPORTS DES PRINCIPAUTÉS LOMBARDES AVEC LES DEUX EMPIRES

(966-973)

I

LES AFFAIRES ITALIENNES ET LES DEUX EMPIRES AVANT LE CONFLIT

Après la mort de Constantin Porphyrogénète, toutes les forces militaires et navales de l'empire sont employées dans l'expédition de Crète, puis dans les campagnes d'Asie Mineure et de Syrie : les deux généraux Nicéphore Phocas et son frère Léon deviennent, par leurs éclatantes victoires, les personnages les plus en vue de Byzance, et quand l'incapable Romain II meurt, en 963, ne laissant que des fils en bas âge, Nicéphore Phocas n'a pas de peine à s'emparer du pouvoir suprême; couronné empereur en août 963, il épouse, peu de temps après, la veuve de Romain II. Les conquêtes nouvelles en Asie, la prise d'Alep, plus tard la prise de Tarse, reculent la frontière orientale et déplacent en quelque sorte vers l'est le centre de gravité de l'empire. Le nouveau basileus est avant tout un *asiatique*, et il semble, au premier abord, que la politique occidentale doive être sacrifiée à des intérêts plus urgents[1].

1. Schlumberger, *Nicéphore Phocas* p. 309 et s.

Mais, d'autre part, la conquête de la Crète relève la puissance maritime de Byzance sur les côtes de Grèce et dans toute la Méditerranée ; des communications plus faciles et plus sûres étant rétablies entre l'Archipel et la mer Ionienne, les Byzantins peuvent reprendre, dans des conditions plus favorables, la lutte contre les Sarrasins de Sicile, et tenter enfin d'affranchir la Calabre de l'obligation humiliante du tribut annuel.

Expédition malheureuse des Byzantins en Sicile. — A ce moment l'émir de Sicile entreprend la soumission définitive de la région montagneuse, au sud de Messine, où plusieurs villes chrétiennes gardent encore une semi-indépendance[1]. Il s'agissait, pour les Arabes, de transformer les villes tributaires en villes sujettes, et d'islamiser tout le pays en y établissant des colonies musulmanes. Taormine, qui avait réussi, au cours du xe siècle, à reprendre son autonomie, subit un nouveau siège et ne capitula qu'après avoir résisté plus de sept mois[2]. Les Arabes, pour abolir sur ce sol conquis par eux tout vestige d'indépendance, supprimèrent le nom même de la ville, qui devint la cité musulmane de *Moezzia;* tous les biens des chrétiens furent attribués au fisc. La place forte de Rametta resta le dernier refuge des Grecs de Sicile, et plusieurs habitants de Messine vinrent y chercher un abri. Ce furent les gens de Rametta, assiégés en août 963, qui firent appel au nouveau basileus[3]. Nicéphore Phocas réunit une armée de plus de 40.000 hommes, où se trouvent, à côte des vieilles troupes arméniennes, des auxiliaires russes, des Pauliciens, des Thraces. L'eunuque et patrice Nicétas a le commandement en chef de l'expédition, et, à côté de lui, Manuel, neveu de l'empereur, commande la cavalerie. Les troupes grecques, ayant débarqué près de Messine en octobre 964, s'engagent dans les montagnes, à l'ouest de la ville : mais la bataille livrée sous les murs de Rametta est un horrible désastre pour les Byzantins, qui perdent leur chef, le patrice Manuel, et laissent aux Arabes une foule de prisonniers. La flotte, réfugiée près de Reggio, est poursuivie par les Arabes, vaincue et dispersée[4];

1. Amari, II, 254.
2. Amari, II, 257.
3. Nuwayri, dans *Bibl. ar.-sic.*, II, 130.
4. Les principaux textes byzantins sont : Leo Diac., IV, 7, 8 ; — Cedr., II, 353, 360.

l'amiral Nicétas, fait prisonnier, est emmené en Afrique. Dès lors les bandes sarrasines désolent de nouveau les côtes italiennes et forcent les villes de Calabre à payer de lourdes contributions. La double défaite des Byzantins, à Rametta et dans le détroit de Messine, dut avoir un douloureux retentissement dans toute l'Italie grecque. Sur un manuscrit de cette époque, copié à Saint-Adrien, et probablement de la main de saint Nil, une note marginale mentionne la déroute du patrice Manuel et la prise de Rametta[1]. Ainsi l'empire jouait de malheur en Occident : tandis que partout ailleurs la puissance musulmane était brisée ou affaiblie, seuls les Sarrasins de Sicile, maîtres incontestés de toute l'île, étaient assez forts pour reprendre l'offensive. Le belliqueux Nicéphore, mal servi par des lieutenants incapables, devait se résigner à une paix onéreuse ; et pendant qu'il continuait la guerre d'Asie, il fallait, à l'ouest de la Crète reconquise, se borner à maintenir tant bien que mal le *statu quo*.

Restauration de l'empire d'Occident. — Conséquences à Rome et dans l'Italie méridionale. — Ainsi s'explique la faiblesse des Byzantins en face des graves changements qui, à la même époque, bouleversent l'état politique de l'Italie. Une nouvelle puissance intervient dans la péninsule, assez ambitieuse et assez forte pour mettre un terme à l'anarchie italienne, en reprenant l'autorité royale à Pavie et le pouvoir impérial à Rome : la maison de Saxe, personnifiée par l'énergique Otton Ier, roi de Germanie, restaure à son profit l'empire d'Occident. On a vu comment le prince des Romains, Albéric, en faisant donner à son fils le souverain pontificat, avait cru maintenir, d'une façon durable, la séparation de Rome et du royaume italien, et défendre contre toute ingérence étrangère la puissance de l'aristocratie romaine, dirigée par sa propre famille. Or c'est précisément ce fils d'Albéric, le pape Jean XII, qui ouvre de nouveau les portes de Rome à un roi d'outre-monts.

Rentré en Germanie, après sa première expédition d'Italie (951), le roi Otton avait laissé le gouvernement de l'Italie du Nord à Bérenger et à son fils Adalbert, qui se reconnaissaient au moins nominalement comme ses vassaux. Mais plusieurs évêques, et notamment ceux de Milan et de Côme, ne tardèrent

1. Cod. B α XX (*Codices Cryptenses*).

pas à solliciter de nouveau son intervention contre Bérenger et Adalbert. C'est alors que le pape Jean XII joignit ses instances à celles du haut clergé lombard[1]. Le Saint-Siège, ne pouvant se passer d'un protecteur, renoue la tradition carolingienne; et, le 2 février 962, les Romains assistent à la solennité du couronnement impérial, très nouvelle pour la plupart d'entre eux, puisque la dernière cérémonie de ce genre remontait à l'année 915. Le nouvel empereur, entouré de ses guerriers saxons, avait un tout autre prestige que le faible Bérenger Ier. Il s'empressa de renouveler au pape Jean XII les anciennes donations et promesses, sur lesquelles reposaient les droits temporels du Saint-Siège. Le privilège de 962 reproduit en grande partie les concessions accordées en 817 par l'empereur Louis le Pieux, — concessions qui n'avaient été, d'ailleurs, que très partiellement réalisées[2]. Or Jean XII, pape et prince des Romains, avait déjà montré qu'il entendait remettre en vigueur les anciens titres, et reculer, surtout vers le sud, les limites de l'Etat pontifical : son expédition malheureuse contre Capoue, quelques mois auparavant, son entrevue à Terracine avec Gisulf, prince de Salerne, n'avaient pas d'autre but[3]; en faisant reconnaître ses revendications territoriales par l'empereur nouvellement couronné, Jean XII poursuivait donc un projet nettement arrêté. S'il réclamait, en particulier, un droit de haute souveraineté sur Fondi et sur Gaëte[4], bien que cette dernière ville n'eût jamais fait partie de l'Etat pontifical, c'est que le Saint-Siège, depuis la fin du IXe siècle, avait abandonné à l'*hypatos* de Gaëte les vastes domaines qu'il possédait à l'est de Terracine : du moins fallait-il que les ducs de Gaëte, en échange des concessions de Jean VIII et de Jean X, fussent contraints de se reconnaître les vassaux de l'Eglise romaine[5].

En échange de ces promesses, le pape s'engageait, sans

1. Cf. Duchesne, *Les premiers temps de l'Etat pontifical*, p. 178; — Richter und Kohl, *Annalen des deutschen Reichs*, p. 86; — Dümmler, *Kaiser Otto der Grosse*, p. 317.

2. Cf. Duchesne, *l. c.;* — et Sickel, *das Privilegium Otto I für die römische Kirche*.

1. *Chron. Sal.*, 165-166. — Sur la date probable de cette expédition, cf. Schipa, *Princip. di Salerno*, XII, 239.

4. *Privilegium*. — § 10 : « *Simili modo civitatem Gaietam et Fundim cum omnibus earum pertinentis* ». Cf. le commentaire de Sickel : il signale, dans ce passage, une addition au privilège de 817, addition qui remonte probablement à l'année 915.

5. Cf. *supra*, p. 128, 162.

doute, à ne pas contester les droits impériaux sur Rome. Quelles que soient les conditions du nouveau pacte entre le Saint-Siège et la puissance impériale, leurs rapports ne sont plus précisément les mêmes qu'à l'époque carolingienne. La papauté abaissée et corrompue du xe siècle, représentée par un Jean XII, sera traitée par les rois Saxons avec moins d'égards qu'au temps de Charlemagne, de Lothaire et de Louis II. Ce qu'Otton Ier voit surtout en elle, c'est cette aristocratie romaine, maîtresse, depuis plus d'un demi-siècle, du souverain pontificat, qu'elle a déformé à son image : et pour briser la résistance de cette aristocratie, l'intervention impériale se fera nécessairement plus vigoureuse et plus violente. Jean XII, en cherchant un protecteur, s'était donné un maître, dont il devait bientôt se lasser. A peine l'empereur avait-il gagné la haute Italie que le fils d'Albéric, par une brusque volte-face, se rejetait vers les ennemis d'Otton : violant son serment, il se mettait en rapports avec Adalbert et l'appelait à Rome[1].

Otton, revenant avec son armée, met en fuite Adalbert et Jean XII, fait élire un nouveau pape (Léon VIII) et force les Romains à promettre qu'à l'avenir ils ne feront plus aucune élection sans le consentement de l'empereur. Mais, pour assurer à son protégé quelques semaines de tranquillité, Otton est obligé de livrer bataille, aux portes de Rome. Bientôt l'aristocratie romaine reprend le dessus, Léon VIII est chassé, et Jean XII reste le maître de la ville jusqu'à sa mort (mai 964). Il faut alors que l'empereur assiège Rome pendant plusieurs semaines, pour y rétablir Léon VIII. Celui-ci a pour successeur l'évêque de Narni, élu sous le nom de Jean XIII. Mais le nouveau pape, chassé comme l'autre par les Romains, reste loin de la ville pendant près d'un an et n'y rentre qu'après une nouvelle attaque des troupes impériales. Cette fois, les bandes allemandes qui envahissent Rome la traitent en pays conquis; Otton se venge de l'aristocratie locale par de terribles châtiments; il fait pendre les douze chefs de la milice et envoie en exil, hors d'Italie, les principaux nobles. Le pape Jean XIII, étroitement uni à l'empereur, et docile instrument de sa politique, gouverne pacifiquement l'Eglise de Rome jusqu'à sa mort (septembre 972)[2].

1. *Lib. Pontif.*, II, 246 ; — Bened. *Chron.*, 36 et s. (*M. G. Ss.*, III, 717) ; — Liudpr., *Historia Ottonis*, 4.
2. Jaffé-Löw., p. 477 ; — Böhmer, *Regesta Imperii*, 439 a.

Ainsi la résistance acharnée de la noblesse romaine fait échouer, pendant près de cinq ans, les desseins du nouvel empereur : ce n'est qu'à la fin de l'année 966 qu'Otton Ier s'impose de force aux Romains. On a dû connaître assez vite à Byzance les principaux épisodes de cette lutte. Car c'est vers Byzance que se tournent naturellement les adversaires de la maison de Saxe. Quand se produit la rupture entre Otton et Jean XII, l'empereur se plaint que le pape ait envoyé à Constantinople deux ambassadeurs chargés d'une mission mystérieuse : mais ils sont arrêtés à Capoue, avant d'avoir pu s'embarquer. Avec eux se trouvent le Bulgare Salecus et l'évêque Zachée, que le pape envoie en Hongrie, peut-être pour soulever les Hongrois contre l'empereur germanique : c'est du moins ce que soupçonne Otton[1].

Cependant, les envoyés d'Adalbert, le complice du pape, plus heureux que les ambassadeurs romains, arrivent à Constantinople, sans doute dans le courant de l'année 964, pour proposer à Nicéphore Phocas l'alliance offensive de leur maître contre les Germains[2]. Malgré tout, il ne semble pas que Nicéphore, occupé de soins plus graves, ait songé à intervenir dans les troubles de Rome. S'il y a des Italiens à Byzance, on ne voit pas, à la même date, d'envoyés byzantins à Rome, et Liutprand, l'évêque de Crémone, chargé, quelques années plus tard, d'une mission à Constantinople, pourra dire aux Byzantins : « Rome était asservie à des courtisanes, et vous, vous dormiez ; vous étiez réduits à l'impuissance, quand mon maître l'a délivrée d'une si honteuse servitude[3]. » D'ailleurs les Grecs savaient à quoi s'en tenir sur la triste conduite du fils d'Albéric. Pour eux comme pour les partisans d'Otton, le pape Jean XII n'est qu'un apostat et un sacrilège : plus rigoureux que le clergé romain, ils font un crime à l'un de ses successeurs d'avoir accepté la communion d'un tel monstre. Le seul passage des chroniques byzantines qui fasse mention des événements de Rome, exprime un profond dédain pour ce singulier pontife : « Livré à tous les excès, dit Skylitzès, il est chassé de Rome par le roi des Francs, Otton, qui le remplace par un autre[4]. »

D'autre part, la cour byzantine devait plutôt se méfier

1. Liudpr., *Hist. Ottonis*, 6.
2. Liudprandi *Legatio*, 4, 6.
3. Liudprandi *Legatio*, 17.
4. Liudpr. *Leg.*, 50 ; — Cedr., II, 305.

d'Adalbert, dont elle avait reçu naguère des lettres injurieuses[1], et dont l'alliance ne pouvait avoir qu'une valeur médiocre; au contraire, on avait eu, jusqu'alors, des relations très courtoises avec le roi de Germanie[2]. Tant qu'il se bornait à chasser un pape indigne, il ne pouvait porter ombrage au basileus. Mais quand Otton, ayant pris Rome pour la seconde fois, montre la ferme volonté d'en rester le maître, la situation se modifie. Les intérêts byzantins dans la péninsule, et surtout dans le thème de Longobardie, sont directement menacés, dès que le nouvel empereur, fort de son triomphe, veut reprendre dans toute leur étendue les projets du Carolingien Louis II.

II

LA POLITIQUE GERMANIQUE ET LE PRINCE DE CAPOUE. — PREMIÈRES NÉGOCIATIONS DIPLOMATIQUES ENTRE NICÉPHORE ET OTTON.

Le *regnum italicum*, selon les prétentions carolingiennes, doit comprendre, aux yeux d'Otton et de ses conseillers, toute la péninsule[3]. Les hommes de ce temps prétendent s'appuyer sur les diplômes et les privilèges de l'époque carolingienne, pour appliquer toutes les conséquences de la théorie impériale. Ainsi les princes lombards du Sud doivent reconnaître, comme les autres seigneurs italiens, la suzeraineté légitime de l'empereur. Au reste, n'ont-ils pas dû se soumettre à Charlemagne, à Lothaire, à Louis II? On ignorait, en réalité, combien cette soumission avait été vaine et superficielle: les chroniques officielles, conservées dans les monastères, ne montraient que les succès de la politique impériale et ne disaient rien de ses échecs. Dès lors, on devait croire couramment, à la cour d'Otton, que Charlemagne et ses successeurs avaient été réellement les maîtres de toute l'Italie, y compris l'Apulie et une partie de la Calabre, puisque, vers le milieu du IXe siècle, elles appartenaient encore à ces princes

1. LIUDPR. *Leg.*, 5.
2. Cf. *les ambassades byzantines à la cour d'Otton en* 945, 949, 952, *puis entre* 955 *et* 957. — *M. G. Ss.*, III, 56; — WIDUK., III, 56 (*Id.*, III, 461).
3. LIUDPR. *Leg.*, 7: *Terram quam imperii tui esse narras, gens, incola et lingua Italici regni esse declarat.* Cf. le début d'un diplôme d'Otton (2 novembre 968: *Diplomata*, n° 367).

lombards qu'on disait volontiers sujets des empereurs. On savait aussi que l'empereur Louis II, un siècle auparavant, en délivrant ce pays des incursions sarrasines, avait donné une valeur nouvelle aux anciens titres de la domination carolingienne[1]. Ne pouvait-on pas, avec le concours de ces princes lombards, de nouveau rattachés à l'empire d'Occident, reprendre les territoires usurpés depuis par les Grecs? Des événements assez récents avaient montré combien les princes de Capoue et de Salerne étaient mal disposés à subir la suprématie byzantine[2], et ce n'était pas au lendemain des graves défaites de Sicile que l'empire grec pouvait tenir en échec, au sud de la péninsule, la nouvelle puissance impériale.

Le rôle de Paldolf, prince de Capoue. — Au moment où les principaux margraves ou comtes de l'Italie du Nord et de l'Italie centrale reconnaissent, plus ou moins explicitement, la suzeraineté d'Otton Ier, roi d'Italie et empereur des Romains, Gisulf, prince de Salerne, et Paldolf Ier, prince de Capoue et Bénévent, placés entre les deux empires, affranchis, depuis plusieurs années, de toute obligation à l'égard de Byzance, semblent être les seigneurs les plus indépendants de toute la péninsule. On a vu comment, au cours du xe siècle, leur autorité s'est fortifiée[3]. La protection que Paldolf de Capoue exerce sur les grandes abbayes du Mont-Cassin et du Vulturne, les concessions et les privilèges dont il les comble, en les autorisant à construire des forteresses nouvelles sur une grande partie de leurs domaines, ne sont pour lui qu'un moyen détourné d'affaiblir et de diviser la petite aristocratie des comtes ou gastaldi, d'accroître le nombre de ses partisans et de faire mieux sentir dans toute l'étendue de la principauté l'action efficace du *palais* : les abbés et leurs prévôts appellent volontiers devant le prince tous ceux dont ils croient avoir à se plaindre[4].

Entre les princes de Capoue et leurs voisins du Nord, les margraves ou ducs de Spolète, il y avait une rivalité sécu-

1. Liudpr. *Legatio*, 7.
2. Liutprand ne manque pas de rappeler que, pendant sept ans, le prince Landolf, maître de l'Apulie, tient la puissance byzantine en échec.
3. Cf. *supra*, p. 233.
4. Gattola, I, 140, 309, et *Accessiones*, 61, 66 : « *Nos debemus uno cum magnatibus et fidelibus venerabilia loca* que ad defensionem sacri nostri Palacii pertinent *gubernare* » ; — et *Chron. Vult.*, 441, 444, 460.

laire : si autrefois, le duc de Spolète, profitant de l'anarchie campanienne, avait tenté d'établir sur Capoue sa domination ou son protectorat, maintenant le prince de Capoue, plus ambitieux à mesure qu'il devenait plus fort, cherchait à remonter le plus haut possible dans cette vallée du Liris, dont les sources seules lui échappaient. Déjà le père de Paldolf, Landolf Ier, semble avoir obtenu du roi Hugues le titre de margrave de Spolète : mais il est douteux que les princes de Capoue aient réellement pris possession de la marche spolétane ; en tout cas, vers 946, c'est Boniface et son fils Teobald, que plusieurs chartes mentionnent comme ducs de Spolète[1].

Un peu plus tard, Paldolf devenu, par la mort de son père, seul maître de la principauté de Capoue-Bénévent, est attaqué à la fois par les milices romaines du fils d'Albéric, le pape Jean XII, et par les troupes du margrave de Spolète (961)[2]. Il faut l'intervention du prince de Salerne pour le délivrer de ce double péril. Ainsi le prince de Capoue, en paix avec les Byzantins, dont la faiblesse est trop grande, pour revendiquer sur les terres lombardes l'antique suprématie du basileus, tourne toute son attention vers le Nord. Comment pourrait-il échapper, dès lors, à l'attraction du nouvel empire? Son intérêt et sa rancune le poussent également vers le vainqueur de l'aristocratie romaine, et quand son ennemi, le pape Jean XII, se brouille avec Otton, quand Bérenger et Adalbert, réfugiés dans les montagnes du duché de Spolète[3], continuent de braver l'empereur, l'occasion n'est-elle pas excellente pour Paldolf de se faire avec empressement le client du roi germain? C'est lui qui arrête les ambassadeurs envoyés secrètement à Byzance par le pape, et qui les fait livrer à Otton.

Bientôt après (en 966), quand le pape Jean XIII, tout dévoué aux intérêts germaniques, est chassé par les Romains, c'est au prince de Capoue que probablement il demande asile : telle est, du moins, l'affirmation de la chronique du Mont-Cassin, écrite, il est vrai, un siècle plus tard, mais qui s'inspire généralement de sources très sûres[4]. A ce texte, on opposera, sans doute, le témoignage contemporain du moine du mont

1. Fatteschi, *Memorie istorico-diplomatiche del ducato di Spoleto*, p. 90. *Il regesto di Farfa*, t. II, n° 382.
2. *Chron. Salern.*, 166. Schipa, *l. c.*, XII, 239. Dümmler : *Kaiser Otto*, p. 315.
3. Liudpr., *Hist. Ott.*, 17.
4. Leo Ost., II, 9. — Cf. di Meo, *Annali*, VI, 32.

Soracte, qui dit que Jean XIII s'est réfugié dans le pays des Marses[1]. Mais il est facile d'accepter, en même temps, ces deux affirmations, si l'on songe que le pays des Marses touche précisément à la principauté de Capoue. Quand le pape impérialiste rentre victorieusement à Rome, au mois de novembre 966, c'est sans doute avec l'appui de Paldolf. En tout cas, celui-ci se trouve à Rome, tout au début de l'année 967, au moment où l'empereur lui-même vient d'arriver. Le prince de Capoue, faisant partie du cortège impérial, porte le titre nouveau de « margrave de Camerino et du duché de Spolète[2] ».

Tel est le prix dont Otton a payé les serments de Paldolf et ses services. Dès l'année 964, poursuivant Adalbert, Otton s'était rendu, avec son armée, dans les montagnes du pays de Spolète; il avait mis en fuite les partisans d'Adalbert, au nombre desquels se trouvait sans doute le margrave Teobald; il avait reçu la soumission et les serments de plusieurs comtes[3]. Mais l'empereur parti, il s'agissait de confier le duché à un vassal fidèle, assez fort pour maintenir la suprématie impériale sur la turbulente aristocratie spolétane, et en même temps pour surveiller Rome : tel était précisément le rôle naguère assigné à la maison ducale de Spolète par les empereurs francs. — C'est ainsi qu'Otton Ier crée au profit de son nouveau vassal un Etat dont la puissance territoriale est considérable : pendant quelques années, l'énergique et habile Paldolf Ier Tête-de-Fer réussit à tenir unies ensemble sous sa domination Spolète, Capoue et Bénévent, les hauts massifs de l'Apennin central et la Campanie. Reste à savoir combien de temps cette union pourra durer, et si le prince de Capoue, quelle que soit sa valeur, serait capable de la maintenir, sans la protection ou l'alliance d'Otton. En tout cas, le suzerain et le vassal s'entendent pour fortifier, par tous les moyens, l'unité politique et religieuse des pays lombards, indépendants de Byzance.

L'empereur Otton chez les Lombards du Sud. — En février 967, Otton vient à Bénévent, et confirme à l'évêque les anciens privilèges, qui reconnaissent ses droits de juridiction sur le

1. Bened. *Chron.* (*Script.*, III, 719).
2. *Diplomata*, n° 336 (11 janvier 967).
3. Regino Cont., 964; — Böhmer, *Regesta Imperii*, 354 *b*; — Dümmler, *l. c.*, 357, n. 4.

sanctuaire du Gargano et l'église de Siponto[1]. Si rien ne prouve que les officiers du basileus aient dû abandonner Siponto, du moins le moment est-il favorable, pour que les princes lombards tentent de reprendre, sur la côte de l'Adriatique, les positions perdues au commencement du xe siècle.

Cependant Paldolf, protecteur du Saint-Siège, a obtenu du pape Jean XIII de nouveaux et importants privilèges pour l'église de Capoue, que gouverne l'un de ses frères, l'évêque Jean[2]. Le titre d'*archevêque* lui est solennellement conféré avec les droits de métropolitain. Capitale incontestée du nouvel Etat lombard, résidence préférée de Paldolf, Capoue doit avoir, en même temps, le rang et les avantages d'une métropole ecclésiastique. L'empereur et le pape ne font que reprendre la tradition carolingienne, en reconnaissant à la ville de Capoue cette prééminence que l'évêque Landolf, conseiller de l'empereur Louis II, avait prétendu fonder.

Les mêmes droits et le même titre sont reconnus, deux ans plus tard, à l'église de Bénévent, afin d'assurer la création d'évêchés nouveaux, étroitement soumis à l'autorité lombarde, jusqu'aux confins de l'Apulie[3].

Pendant que se resserrent ainsi les liens qui unissent à l'Empire occidental la principauté de Capoue-Bénévent, accrue du duché de Spolète, seul des princes lombards, Gisulf de Salerne se tient encore à l'écart. Quand Otton vient à Capoue, en 968, accueilli avec empressement par son fidèle vassal Paldolf, il cherche à se mettre en relations avec Gisulf : le prince de Salerne se décide à venir saluer Otton, et tous deux échangent de riches présents[4]. Mais rien ne prouve que des liens plus étroits s'établissent entre eux, ni que Gisulf se reconnaisse, à ce moment, le vassal de l'empereur. En fait, le prince de Salerne, comme ses voisins, les ducs de Naples et d'Amalfi, nominalement vassaux de Byzance, garde toute son indépendance.

1. *Diplomata*, n° 338 (13 février 967). Le pape Jean XIII vient lui-même à Bénévent quelques mois plus tard. *Ann. Benev. ad. a.* 967.

2. Leo Ost., II, 9 ; — Rom. Salern. (*Ss.*, XIX, 400). — Cf. les actes de l'église de Calvi cités par di Meo, *Annali*, VI, 32. — Le voyage du pape Jean XIII à Capoue, peut se placer en 966 (avant son retour à Rome), ou en 967 (au moment où il se rend à Bénévent). — Cf. Böhmer, *Reg. imp.*, 440 ; — et Jaffé-Löw., p. 471.

3. Jaffé-Löw., 3738 (bulle du 26 mai 969, synode de Rome). — Cf. *Diplomata*, II, 879 ; — Böhmer, *Reg. Imp.*, 495.

4. *Chron. Salern.*, 169, 170.

Dès 967, Otton Ier s'était avancé jusqu'à Bénévent : son voyage dans cette ville, où les souvenirs de la suprématie byzantine étaient encore tout récents, annonçait le conflit inévitable qui allait surgir entre les deux empires. Mais, à ce moment, le basileus Nicéphore Phocas ne s'occupait guère des Lombards. Il venait d'envoyer en Italie une ambassade, chargée d'apporter au nouvel empereur des propositions de paix et d'alliance[1]. Si le roi de Germanie était, depuis longtemps, en relations diplomatiques avec la cour de Byzance, c'était la première fois, depuis la restauration de l'empire à Rome, que le basileus songeait à reprendre ces relations.

Première ambassade byzantine à Ravenne. — Les ambassadeurs de Nicéphore rencontrent Otton Ier à Ravenne, en avril 967, au moment où il vient de quitter les Etats de son vassal Paldolf. Le souverain allemand est alors dans tout l'éclat de sa gloire : dans ce palais de Ravenne, où il légifère et rend la justice, siègent à côté de lui le pape Jean XIII, de nombreux évêques, des seigneurs de toutes les parties de l'empire, Saxe, Lorraine, Souabe, Lombardie, les *judices* des principales villes italiennes[2]. Par une ironie singulière, c'est dans l'ancienne capitale de l'Italie byzantine que les envoyés de Nicéphore Phocas viennent saluer le nouveau rival, que l'« ancienne Rome » oppose, une fois de plus, au basileus. Etonnés par le spectacle inattendu de cette cour brillante, de cette puissance toute nouvelle, ils ont mis peut-être une affectation peu sincère dans les hommages, qu'ils prodiguent à Otton Ier. Nous ne savons rien, malheureusement, des intentions de Nicéphore, ni de la mission précise dont il avait chargé ses ambassadeurs. Il n'est pas possible, en tout cas, que leur attitude pacifique, leurs efforts pour conclure une alliance fussent en contradiction avec les idées ou les projets de leur maître : comment expliquer, dès lors, que la cour byzantine ait montré, à l'égard du nouvel empereur, des dispositions aussi conciliantes ?

Ici nous ne pouvons faire que des conjectures. Au reste, sur ces premiers rapports entre l'empereur Otton et Nicéphore Phocas, nos renseignements sont fort vagues : comme les chroniques byzantines, fort mal informées des affaires d'Occident,

1. Regino Cont., 967 (*M. G. Ss.*, I, 675).
2. *Diplomata*, I, n° 340 ; — Dummler, *l. c.*, 415 ; — Böhmer, *Reg. Imp.* 445.

n'en disent pas un mot, nous devons nous contenter des sources germaniques, qui ne donnent qu'une mention rapide et sèche des faits, sans aucun détail. Nicéphore songeait-il, dès ce moment, à une alliance offensive avec Otton contre les Sarrasins[1]? Sans doute, comme à l'époque carolingienne, il y avait, entre les deux souverains, certains intérêts communs. Les Arabes de Sicile, enhardis par leurs récentes victoires, n'étaient pas seulement un grave danger pour la partie méridionale de la péninsule. Des côtes de Sardaigne et de Corse, ils menaçaient toute la mer Tyrrhénienne et le bassin occidental de la Méditerranée; ils pouvaient prêter main forte aux Arabes d'Espagne et à la colonie sarrasine de Provence, que le roi Hugues avait été impuissant à détruire, et qui, par les vallées des Alpes, menaçait l'Italie du Nord. Mais, au moment de l'ambassade de Ravenne, Nicéphore est en train de conclure avec les Arabes une paix assez longue : des relations étroites s'établissent entre la cour byzantine et les Fatimites, dont les émirs de Sicile sont les vassaux. Dans cette même année 967, l'émir d'Afrique, Moezz, fait savoir à l'émir de Sicile que la paix vient d'être signée avec le basileus; et Moezz reçoit à sa cour, en hôte et en ami, d'abord à Mehdia, plus tard au Caire, le Grec Nicolas, ambassadeur de Nicéphore[2]. Les seuls musulmans, que Nicéphore songe alors à combattre, sont ceux de Syrie et d'Asie Mineure, qui précisément ont pour rivaux et adversaires les Fatimites d'Afrique. Il est donc impossible qu'à cette date la cour byzantine se propose une action immédiate contre les Sarrasins de Sicile[3]. Tout au plus peut-on dire que Nicéphore, en vue de l'avenir, et dans le cas de guerres nouvelles, tenait à s'assurer l'appui du plus puissant souverain de l'Occident. Il avait tout avantage à garantir, aussi bien dans le voisinage de la Sicile que vers l'Adriatique, la sécurité des frontières de l'empire.

Faut-il croire, comme l'ont soutenu quelques historiens[4], que les ambassadeurs byzantins devaient obtenir d'Otton qu'il renonçât à toutes ses prétentions sur Bénévent et Capoue? Rien ne justifie cette hypothèse, et plusieurs raisons la rendent même invraisemblable. Quand les ambassadeurs quittent

1. C'est l'opinion de M. Schlumberger (*Nicéphore Phocas*, p. 592).
2. AMARI, II, 278.
3. Les projets d'alliance, auxquels Liutprand fait allusion (*Leg.* 40) n'ont dû se former qu'un peu plus tard.
4. DÜMMLER, *l. c.*, p. 420.

Constantinople, tout au début de l'année 967, le basileus ne peut connaître encore ni la dernière révolution romaine (le retour de Jean XIII et le triomphe définitif d'Otton), ni le voyage du souverain germanique à Bénévent, qui n'est pas antérieur au mois de février[1]. C'est *après* le départ de sa première ambassade que le basileus apprend, soit par les émissaires d'Adalbert, soit par des gens de Bari[2], les progrès menaçants d'Otton Ier, la défection du prince de Capoue et Bénévent, l'entrée des troupes germaniques sur ces terres lombardes, qui, aux yeux de la cour byzantine, font toujours partie du *thème* de Longobardie. Sur ces graves nouvelles, il renonce à une campagne projetée en Asie, et brusquement, sans attendre le retour de ses ambassadeurs, il rebrousse chemin vers l'ouest : c'est en Macédoine qu'il reçoit le Vénitien Dominicus, chargé de lui apporter la réponse d'Otton[3].

Il est donc impossible que les premiers ambassadeurs de Nicéphore aient traité, au nom de leur maître, la question des rapports avec les princes lombards. Quant à protester, de leur propre chef, contre les faits qui venaient à peine de s'accomplir, et qu'ils avaient appris, au cours même de leur voyage, c'eût été, de leur part, la pire des maladresses. Le spectacle qu'ils voyaient à Ravenne n'était pas fait pour les enhardir, et jamais Otton n'aurait montré tant d'empressement à poursuivre les négociations, s'ils avaient mêlé à leurs offres de paix les moindres réserves sur ce point délicat. La vérité, c'est que Nicéphore, en envoyant cette ambassade, songeait surtout, probablement, à s'informer des véritables desseins d'Otton : tout ce qu'il savait jusque-là, c'est que le nouvel empereur, reprenant la politique carolingienne, n'entendait pas se contenter d'un simple titre, qu'il luttait contre l'aristocratie Romaine pour lui imposer un pape de son choix, et que sa puissance en Italie commençait à devenir inquiétante. Le moment était venu de savoir au juste à quoi s'en tenir sur le compte de ce roi germain, avec lequel Byzance entretenait, depuis longtemps, les meilleures relations. — Pour être en mesure de contenir son ambition, il fallait se hâter de négocier avec lui et de le faire entrer, s'il était possible, dans le cercle de l'influence

1. *Diplomata*, I, 338 ; — BÖHMER, *Reg. Imp.*, 442.
2. LIUDPR. *Leg.*, 6, 37.
3. LIUDPR. *Leg.*, 31.

byzantine, comme les anciens rois d'Italie, dont il avait pris la place.

De son côté, Otton Ier, sans avoir précisément besoin de l'alliance byzantine, puisqu'il comptait sur ses seules forces pour chasser les Sarrasins de la Garde-Fraînet[1], devait attacher le plus haut prix à l'amitié du basileus, tant pour être assuré que son œuvre en Italie ne serait pas menacée que pour obtenir de Constantinople la reconnaissance et la consécration officielle du nouvel empire. Alors même qu'on tenait en médiocre estime les forces réelles de l'empire byzantin, son prestige restait très grand. Aussi le César germanique s'empresse-t-il de répondre aux avances de Nicéphore : il renvoie les ambassadeurs grecs avec de riches présents et charge le Vénitien Dominicus de proposer, en son nom, au basileus, un mariage entre la fille de Romain II et le jeune Otton, son fils[2]. Mais Dominicus, on l'a vu, rencontre le basileus en Macédoine, plus tôt qu'il ne pensait; il trouve Nicéphore très irrité des nouvelles toutes récentes venues d'Italie, et, pour accomplir avec succès la mission pacifique dont Otton l'a chargé, une condition préalable est nécessaire : il faut rassurer l'empereur grec sur les suites de la politique germanique. Le Vénitien lui ayant donné l'assurance formelle qu'Otton ne songeait nullement à usurper les domaines byzantins en Italie, Nicéphore revient à Constantinople, d'où il envoie une nouvelle ambassade, pour continuer avec Otton les négociations commencées[3].

Cependant l'empereur germanique, ayant appelé son fils auprès de lui, s'empresse de le faire couronner empereur, le jour de Noël de l'année 967, comme pour mieux engager l'avenir, à la veille du mariage projeté[4]. Quelques jours avant, Dominicus, revenu à la cour, lui a fait connaître l'heureux résultat de sa mission[5].

1. C'est, du moins, ce qu'il est permis de conclure du dédain avec lequel Liutprand parle des projets d'alliance avec Byzance contre les Sarrasins (*Legatio*, 41-43). Cf. d'ailleurs Widuk., III, 70 (*M. G. Ss.*, III, 464).
2. Regino Contin., 967.
3. Liudpr. *Leg.*, 31.
4. Thietm. *Chron.*, II, 9 (*Ss.*, III, 748); — Böhmer, *Reg. Imp.*, 463 b.
5. Regino Contin., 967.

III

RUPTURE ENTRE OTTON ET BYZANCE. — LA GUERRE EN APULIE, EN CALABRE ET EN CAMPANIE (968-970)

Ambassade byzantine à Capoue. — La nouvelle ambassade byzantine, envoyée par Nicéphore après son retour à Constantinople, vient trouver Otton Ier à Capoue, en janvier 968[1]. Si les ambassadeurs se montrent animés des dispositions les plus pacifiques, il semble bien qu'ils hésitent à s'engager d'une façon formelle sur la proposition de mariage . tout en se laissant convaincre, en apparence, par les belles paroles de Dominicus, Nicéphore gardait sans doute quelques soupçons sur leur sincérité. Cependant le souverain germanique, flatté par les avances des Grecs, mais irrité de la lenteur des négociations, persuadé que le basileus est incapable de rien tenter contre lui par les armes, s'imagine obtenir tout ce qu'il veut de la cour byzantine, en lui prouvant sa force. Il vient de recevoir de nouveau les serments des princes lombards : s'il menace, en outre, d'enlever aux Grecs l'Apulie et la Calabre, ne pourra-t-il pas les contraindre à la paix et au mariage, dans les conditions les plus favorables? Tel est le plan, qu'il expose avec une présomption naïve, dans une courte lettre adressée aux ducs et comtes de Saxe. — Il s'agit donc, pour terrifier Nicéphore, de saisir en gage, le plus rapidement possible, quelques villes d'Apulie[2].

Otton Ier en Apulie. — Comme les négociations traînent en longueur, Otton se rend à Bénévent, puis envahit brusquement l'Apulie[3] : il se dirige, à marche forcée, vers la capitale du thème de Longobardie, Bari (mars 968). Mais il s'aperçoit bientôt que, faute de navires, il lui est impossible de bloquer la ville, et que d'ailleurs ses fortes murailles, même du côté de la

1. WIDUKIND, III, 70 ; — BÖHMER, *Reg. Imp.* 467.

2. *Bello, Deo volente, nullo modo nos temptare audebunt. Apuliam et Calabriam provinciam, quas hactenus tenuere, nisi conveniamus, dabunt* (WID., *l. c.*).

3. *Chron. Salern.*, 170 ; — LIUDP. PROTOSP., 969 (il y a une erreur dans la chronologie de Lupus : mais il indique nettement qu'il y a eu deux campagnes d'Otton dans l'Italie méridionale, deux ans de suite). Cf. DÜMMLER, p. 436 ; — et BÖHMER *Reg. Imp.* 468 a.

terre, sont à peu près imprenables pour une si petite armée; il se décide alors à lever le siège. Ainsi Otton s'était lancé à l'aventure, sans avoir aucune notion exacte des forces byzantines. On voudrait savoir, — mais aucun document ne nous renseigne sur ce point, — quel fut, dans cette expédition, le rôle du prince de Capoue. Paldolf espérait-il reprendre pour son compte cette plaine d'Apulie, que ses prédécesseurs avaient plusieurs fois disputée aux stratèges? Croyait-il trouver, dans les villes apuliennes, les mêmes sympathies que son père et son aïeul, lorsque ceux-ci avaient pris les armes contre les officiers byzantins? Mais ce n'était plus les Lombards, c'était des troupes germaniques, étrangères à l'Italie, qui tout d'un coup envahissaient cette région! La brusque retraite d'Otton semble bien prouver que la conquête de l'Apulie lui parut soudain beaucoup plus difficile qu'il ne l'avait d'abord imaginée.

L'évêque de Crémone, qui se trouvait dans l'entourage impérial, se vante d'avoir décidé l'empereur à lever le siège de Bari[1]. Comme il connaissait la cour byzantine mieux que les autres conseillers d'Otton, c'est lui qui fut chargé d'aller reprendre à Constantinople les négociations interrompues à Capoue. Liutprand, fier de son expérience et de sa connaissance de la langue grecque, se faisait fort de venir à bout de la cour byzantine, en démontrant au basileus que le sort de l'Apulie et de la Calabre dépendait de son consentement aux projets d'Otton. Dans sa vanité de demi-barbare, il se figurait, comme son maître, que les Grecs devaient trembler de crainte, en apprenant la marche des troupes germaniques. Mais, dès son arrivée à Constantinople[2], l'ambassadeur s'aperçut qu'il s'était cruellement mépris : son amour-propre en fut blessé au vif, comme le montre la relation bien connue de son ambassade, véritable pamphlet contre la cour byzantine.

L'évêque de Crémone à Byzance. Causes du conflit. — Cette narration, si vivante et si pittoresque, accuse surtout l'opposition profonde, l'hostilité radicale, qui séparait, malgré toutes les tentatives de rapprochement, le monde occidental et le monde byzantin. Pour les Grecs, les compatriotes de Liutprand restent des barbares, ignorants et gloutons ; pour Liutprand, les souve-

1. Liudpr. *Leg.*, 7.57.
2. Le 4 juin 968.

rains grecs, efféminés, menteurs, cupides, sont indignes d'être comparés aux rois germaniques, pleins de vaillance, de franchise et de générosité[1]. Dans cette Byzance, dont les cérémonies imposantes et le luxe incroyable avaient autrefois si vivement frappé son imagination, tout maintenant lui répugne : le costume et les mœurs, l'horrible vin, mêlé de plâtre, qu'on le force à boire, le logis incommode et froid, où on l'enferme[2]. Mais surtout il régnait à Byzance un nouvel esprit, que Liutprand n'avait pas connu, lors de sa première ambassade, en 949. Du temps de Constantin Porphyrogénète, empereur lettré et pacifique, on témoignait aux étrangers une bienveillance empressée et courtoise, qui semblait avoir disparu avec Nicéphore Phocas. D'ailleurs l'attitude modeste des princes italiens, alliés de l'empire, n'avait rien, en ce temps-là, qui pût froisser l'orgueil byzantin. Mais Otton tenait un tout autre langage, il avait de tout autres prétentions qu'un Hugues ou un Albéric; et le nouveau basileus, soldat rude et hautain, était moins disposé que personne à tolérer une telle audace. Le roi de Germanie, en reprenant le titre d'empereur, auquel les Grecs pouvaient croire que les Occidentaux avaient renoncé, blessait profondément la cour byzantine. Dès les premiers jours, on fera sentir à Liutprand, par les affronts les plus sensibles, que le basileus refuse de traiter avec son maître d'égal à égal : dans les banquets officiels, l'évêque de Crémone doit être placé après les ambassadeurs bulgares, et, plutôt que de subir une telle humiliation, il refuse de s'asseoir à la table impériale[3]. Ainsi recommence la vieille querelle sur ce titre de βασιλεύς, que les Grecs avaient si souvent contesté aux souverains carolingiens.

Peut-être Nicéphore se serait-il montré plus conciliant, si Otton s'était borné à reprendre le nom d'empereur. Mais le principal grief du basileus, c'est que le souverain germanique prétend agir en maître dans la ville de Rome et la revendiquer comme son domaine[4]. En châtiant, avec l'énergie que l'on sait, les barons romains, il a porté la plus grave atteinte aux droits de l'empire : car le basileus se considère toujours, et

1. *Leg.*, 41.
2. *L. c.*, 1.
3. *L. c.*, 19, 20.
4. *Domini tui impietas .. qui tam inimica invasione Romam sibi vindicavit, Berengario et Adelberto contra jus fasque regnum abstulit, Romanorum alios gladio, alios suspendio interemit, oculis alios privavit, exilio alios relegavit.* (*L. c.*, 4) ; et plus loin : *Romam liberam esse dominus tuus permittat* (*L. c.*, 15).

avant tout, comme empereur des *Romains*, et, dans son entourage, nul ne tolère qu'on l'appelle autrement. En l'absence de Nicéphore, arrive une ambassade du pape Jean XIII, qui a la maladresse de donner au basileus le titre « d'empereur des Grecs »[1] : les fonctionnaires de la cour, dans leur fureur, jettent en prison les envoyés du pape, et le malheureux Liutprand, pour échapper à de nouvelles vexations, tout en cherchant à excuser Jean XIII, doit promettre qu'on emploiera désormais, à la cour pontificale, des formes plus correctes.

Si Constantin, en établissant dans la « nouvelle Rome » le siège de l'empire et le sénat, n'a laissé dans l'ancienne, au dire des Byzantins, qu'un « ramassis d'esclaves et d'aventuriers »[2], cependant il est impossible de concevoir l'ancienne Rome comme étrangère à l'empire. Comment Liutprand répond-il aux griefs de Nicéphore? Au fond, il ne conteste nullement l'usurpation commise par Otton. Il prétend la justifier par les services rendus à l'Eglise romaine, enrichie par des donations nouvelles et désormais affranchie du joug honteux des Marozie et des Théodora. Quant au basileus, que n'a-t-il donné l'exemple d'une intervention nécessaire? Est-ce la faute d'Otton si « le Grec dormait », tandis que le Germain agissait[3]? Mais Liutprand savait bien que la noblesse romaine regrettait l'indépendance dont elle jouissait au temps d'Albéric et gardait, par opposition contre Otton, des sympathies byzantines. Il ne dissimule point que les Germains sont profondément étrangers à la population romaine et n'ont pour elle que du mépris. Quand Nicéphore lui dit : « Vous n'êtes pas des Romains, mais des Lombards », cherche-t-il à se défendre de cette imputation, ou à montrer qu'un évêque de l'Italie du Nord est peut-être moins différent des Romains que les Grecs de Byzance? En aucune façon; il se vante au contraire d'en être fort éloigné. « Nous, Lombards, Saxons, Francs, Burgondes, nous avons un tel dédain pour cette population que le nom de Romain est à nos yeux une grave injure, parce qu'il représente tout ce qu'il y a de plus lâche, de plus corrompu, de plus menteur[4]. » Ainsi Liutprand, homme du Nord, n'a pas

1. *L. c.*, 47-48.
2. *L. c.*, 51.
3. *L. c.*, 17.
4. *Quicquid ignobilitatis, quicquid timiditatis, quicquid avaritiæ, quicquid luxuriæ, quicquid mendacii, immo quicquid vitiorum est* (*Leg.*, 12).

plus de sympathie pour les Romains de Rome que pour les Byzantins; et ce sont, d'ailleurs, des sentiments assez semblables qui sont exprimés, vers la même époque, par l'évêque d'Orléans, Arnulf, au concile de Reims, ou par Gerbert d'Aurillac, le futur Silvestre II[1].

Nicéphore Phocas, pour se réconcilier avec Otton, réclame donc l'abandon de Rome et la reconnaissance de l'autonomie romaine, comme au temps d'Albéric. On voit même les hauts fonctionnaires du basileus, dans une de leurs entrevues avec Liutprand, déclarer que le roi de Germanie doit aussi abandonner Ravenne[2]. Ainsi, de part et d'autre, Germains et Byzantins prétendent faire revivre, les uns la tradition carolingienne, les autres celle de l'exarchat. Mais, dans cette querelle archéologique, il est bien douteux que les Grecs se soient fait illusion sur le caractère tout platonique de leurs revendications.

Un grief plus sérieux empêchait l'accord entre les deux cours : Nicéphore se plaignait hautement de la campagne d'Otton en Apulie, de la brusque invasion d'un thème byzantin, de la trahison du prince de Capoue et Bénévent, provoquée par le souverain germanique[3]. Liutprand soutient la théorie spécieuse, qui était en honneur dans l'entourage d'Otton : l'Apulie fait partie du *Regnum italicum*, c'est un territoire lombard, usurpé par Byzance, mais sur lequel l'Empire franc avait acquis des droits légitimes, en le délivrant des Sarrasins. Si Otton y renonce, ce sera de sa part un témoignage d'amitié, donné au basileus[4]. Quant à la question de Capoue et Bénévent, l'accord est plus difficile, puisqu'Otton, en donnant à Paldolf le margraviat de Spolète, l'a rattaché plus étroitement à sa cause et à l'empire occidental.

Mais le basileus ne peut admettre, d'aucune manière, que des princes, inscrits sur la liste officielle des vassaux de l'empire, aillent porter leurs serments de fidélité à un rival. A ses yeux, Paldolf et son frère, traitres et rebelles, doivent être châtiés, et déjà il a prescrit au stratège de Bari de marcher

1. *O lugenda Roma, quæ nostris majoribus clara patrum lumina protulisti, nostris temporibus monstrosas tenebras futuro sæculo famosas offudisti.* (*M. G. Ss.*, III, 671.) *Romanorum mores mundus perhorrescit. In quo nunc statu Roma est?* (Lettres de Gerbert, n° 40).

2. LIUDPR., *Leg.*, 15.

3. *L. c.*, 4, 15, 25, 36.

4. *L. c.*, 7, 36.

contre eux. Ceux-ci, de leur côté, cherchent à rentrer en grâce auprès du basileus : si le langage que Liutprand attribue à Nicéphore est exact, les deux princes ont demandé à être de nouveau reçus dans l'empire, comme leur aïeul Landolf. Nicéphore entend leur montrer d'abord, par une sévère leçon, qu'ils ne peuvent impunément braver leur souverain légitime : voilà pourquoi il a envoyé contre eux des troupes; en outre, il demande que l'évêque de Crémone s'engage, au nom d'Otton, à les laisser rentrer dans l'obédience byzantine ; ce sera le seul moyen d'obtenir l'amitié du basileus et de faire aboutir le mariage projeté[1]. En fait, il est probable que Paldolf, ne voyant aucune contradiction entre les serments qu'il prêtait à chacun des deux empereurs, espérait se faire le vassal de l'un et de l'autre, pour mieux garantir son indépendance. Qu'il s'agît de l'empereur germanique ou du basileus, le prince de Capoue ne devait-il pas prétendre, comme ses ancêtres, être plutôt un allié qu'un sujet? Il est clair, cependant, que Paldolf, agissant à Rome et à Spolète comme un vassal d'Otton, laissant l'empereur germanique intervenir en souverain à Capoue et à Bénévent, montrait un singulier mépris pour l'empire byzantin. Les prédécesseurs de Nicéphore Phocas, endormis dans une sécurité trompeuse, avaient laissé se dénouer lentement les liens, qui unissaient à l'empire les principautés lombardes ; trop facilement ils s'étaient contentés de vagues promesses et d'une soumission toute nominale. Un vigoureux effort était nécessaire pour relever en Italie le prestige byzantin : Nicéphore Phocas, longtemps détourné de cette tâche par ses campagnes d'Orient, commençait enfin à s'en apercevoir. Très décidé à suivre, dans les affaires occidentales, une politique plus énergique et plus fière, il ne pouvait lui convenir de se laisser duper par les belles paroles d'un Otton et d'un Paldolf.

L'évêque de Crémone commençait à prendre peur. Ayant appris que les renforts byzantins, envoyés en Italie, doivent se joindre aux troupes d'Adalbert[2], convaincu que Nicéphore est prêt à faire la guerre, plutôt que de rien céder à Otton, Liutprand ne songe plus qu'à quitter Constantinople le plus rapi-

1. *L. c.*, 27, 36. Dans sa dernière entrevue avec Liutprand (le 25 juillet 968), Nicéphore, passant condamnation sur ses autres griefs, ne garde que celui-ci : *unum saltem efficito : scilicet dominum tuum principibus Capuano et Beneventano servis meis, quos oppugnare dispono, nullum auxilium collaturum* (36).
2. *L. c.*, 28, 29.

dement possible, afin de prévenir son maître. Mais on trouve toutes sortes de prétextes pour le retenir, on le surveille comme un prisonnier, on l'empêche de communiquer avec les gens qui pourraient le renseigner sur les véritables desseins du basileus. En apparence, les Grecs ne renoncent point à négocier; ils parlent de projets d'alliance entre Germains et Byzantins contre les Sarrasins; ils semblent vouloir reculer le moment inévitable d'une rupture ouverte avec le souverain saxon. On voulait sans doute, à la cour byzantine, donner aux troupes grecques le temps d'arriver en Italie et d'agir promptement contre les princes lombards[1].

Nouvelle invasion d'Otton Ier dans les thèmes byzantins. — Tandis que Liutprand attendait avec inquiétude le moment où il pourrait s'échapper, Otton Ier, ne sachant rien du résultat de son ambassade, avait regagné Ravenne, où il se trouvait le 2 octobre 968[2]. Mais bientôt l'empereur, impatient, se décide à reprendre la route du sud. Le 2 novembre, il est à Fermo, au sud d'Ancône, prêt à marcher vers l'Apulie « pour rentrer en possession de cette province, enlevée par les Grecs à notre royaume d'Italie[3] ». Sur cette nouvelle expédition, nous n'avons d'ailleurs aucun détail : Otton s'est probablement contenté de piller quelques villes secondaires, sans essayer aucune action décisive contre les principales forteresses byzantines. Une chronique germanique dit seulement qu'il célèbre la fête de Noël en Apulie[4]. Puis, accompagné de Paldolf, il traverse la Lucanie, ravageant tout le pays qui obéit aux officiers du basileus, mais ayant soin d'épargner les terres du principat de Salerne[5] : une brève allusion à cette campagne, dans la vie du moine grec Luc d'Armento, nous apprend ainsi qu'à cette époque les habitants de la vallée de l'Agri, sauf près de sa source, reconnaissaient l'autorité byzantine[6]. Au

1. *L. c.*, 47-48. — Liutprand n'a pu quitter Constantinople que le 2 octobre 968 (*L. c.*, 58). Arrivé à Corfou vers le milieu de décembre 968, il a pu rejoindre Otton, au moment où celui-ci quittait l'Apulie pour aller en Calabre.

2. *Diplomata* I, nos 361 et s. ; — Cf. Böhmer, *Reg. Imp.* 476.

3. *Dum in Apuliam expeditionem ageremus, ut ipsam sublatam a Grecis nostro Italico regno redintegrare laboraremus* (*Diplomata*, n° 367).

4. *M. G. Ss.*, XIII, 234 (*Annales lobienses*, 969).

5. *Chron. Sal.*, 170.

6. *Acta Sanct.*, 13 oct. : *Nicephori tempore, ferox quidam ex Transalpinis nationibus in Italiam venit ut diriperet atrociterque Grecorum urbes expugnaret.*

printemps de l'année 969, Otton est en Calabre, et sème partout la terreur par l'incendie et le pillage de nombreuses bourgades. Il campe quelque temps près de Cassano, sans entrer dans la ville. Dans un diplôme délivré à cette époque, il se vante d'imposer des lois « en vertu de notre droit impérial à nos fidèles, Calabrais, Italiens, Francs et Teutons [1] ». Mais on voudrait savoir de quels Calabrais il est ici question, et jusqu'où l'empereur a pu s'avancer. Il n'est pas certain qu'il ait franchi le Crati : les Calabrais de Cassano, enfermés derrière leurs murailles, montrent si peu d'empressement à se soumettre que, le 18 avril, Otton se trouve encore dans les faubourgs qui entourent la ville [2]. Au reste, il semble bien qu'il avoue lui-même l'insuccès de sa tentative, quand le 1er mai 969 il parle de la Calabre, qu'il vient à peine de quitter, après *s'être efforcé* de la soumettre à son empire [3].

Si les dates données par les diplômes sont exactes, Otton Ier, quelques jours après avoir quitté Cassano, se trouve au nord de l'Apulie, entre Ascoli et Bovino [4]. Il est utile de constater qu'à ce moment ces deux villes, si souvent convoitées par les princes lombards, sont occupées par les Byzantins. Le stratège et les officiers du basileus, maîtres de ces deux forteresses, qui défendent l'entrée de l'Apulie, peuvent interrompre toute communication entre Bénévent et le littoral, entre les capitales lombardes et le sanctuaire du Gargano, obstinément revendiqué par l'évêque de Bénévent.

Pendant que l'armée germanique commence le siège de Bovino, Paldolf est rentré à Bénévent, où son frère Landolf vient de mourir ; il fait reconnaître par les Lombards son propre fils Landolf IV. Mais l'empereur, retenu depuis près de six mois dans l'Italie du Sud, avait hâte de revenir vers le Nord. Renonçant à diriger lui-même la campagne, il laisse à Paldolf le soin de continuer le siège de Bovino; une partie des troupes germaniques reste dans le pays, sous le commandement du prince de Capoue [5]. Vers la même époque, celui-ci a

1. *Diplomata*, n° 371 : *Ibique nostro imperiali jure nostris fidelibus tam Kalabris quamque omnibus Italicis Francisque atque Teutonicis leges preceptaque ordinatim imponeremus.*
2. *L. c. : Actum in Kalabria in suburbio Cassano.*
3. *Diplomata*, n° 373. *Nobis redeuntibus de Calabria quam nostro subdere conati sumus imperio.*
4. *Diplomata*, n° 372 (28 avril).
5. *Chron. Sal.*, 171.

obtenu du pape Jean XIII, pour l'évêque de Bénévent, les prérogatives accordées deux ans plus tôt à l'évêque de Capoue. En faisant de Bénévent une métropole, le pape reconnait au nouvel archevêque le droit de consacrer des évêques dans une partie de l'Apulie byzantine, et notamment à Bovino et à Ascoli, les deux villes assiégées par les troupes lombardes et germaniques[1]. Ainsi Paldolf cherche à faire du clergé lombard l'auxiliaire de sa politique, tout en accordant à l'amour-propre des Bénéventains, jaloux de Capoue, une habile satisfaction.

Pendant que les troupes impériales, unies à celles du prince de Capoue, ravagaient le nord de la Calabre et une partie de l'Apulie, les Grecs avaient eu le temps d'organiser plus sérieusement la résistance. De nouvelles troupes étaient venues de Constantinople : ce sont celles dont l'évêque de Crémone, à la cour de Nicéphore, avait appris le départ. Quant au roi d'Italie, Adalbert, qui avait promis son alliance aux Byzantins, il n'avait pu les rejoindre. Traqué dans l'Apennin par les troupes germaniques, il avait dû quitter la péninsule et chercher ailleurs un plus sûr asile. Il devait mourir à Autun, quelques années plus tard[2].

Sur la guerre d'Apulie, qui commence, comme nous l'avons vu, par le siège de Bovino, nous avons des renseignements de valeur très inégale : d'après l'historien officiel d'Otton, le Saxon Widukind[3], l'empereur et son armée seraient tombés dans un véritable guet-apens. Otton, persuadé que les Grecs se préparaient à lui amener la fiancée promise à son fils, envoya au-devant d'eux une partie de son armée. Mais les Grecs, avec leur perfidie habituelle, se jetèrent à l'improviste sur les Germains naïfs, pillèrent leur camp et firent de nombreux prisonniers. Quelques-uns, ayant réussi à s'échapper, coururent annoncer le désastre à Otton, qui alors dirigea contre son adversaire des troupes plus nombreuses. Quelle que soit l'autorité de Widukind, ordinairement bien informé, il est impossible d'attacher à ce récit la moindre valeur. L'auteur place ces faits immédiatement après l'ambassade de Capoue ; il confond les deux campagnes d'Otton ; et, si l'on s'en tenait à ce qu'il raconte, on serait loin de se douter que l'empereur germa-

1. Jaffé Low., 3738.
2. Benzo *ad Heinricum*, III, 15 ; — Dummler, *l. c.* 459.
3. Widuk., III, 71 ; — Thietm., II, 9.

nique, par sa brusque agression en Apulie, dès l'année 968, fut le véritable auteur de la rupture. Le seul intérêt de ce texte, c'est de nous montrer comment se déformaient, dans l'imagination des moines germains, les événements qui se passaient dans ces lointaines régions de l'Italie.

Heureusement, nous avons des détails plus précis et plus sûrs par un autre contemporain, placé beaucoup plus près du théâtre de la guerre, et par son origine même, assez impartial : c'est le moine de Salerne. Peut-être est-il plus disposé à reconnaître les droits de l'empire byzantin que ceux de l'empire germanique [1] ; il fait l'éloge de Nicéphore en termes d'ailleurs assez vagues [2]. Mais c'est avant tout un Lombard, plein d'admiration pour son maître, le prince Gisulf, dont il partage sans doute les sentiments [3]. Or Gisulf sait louvoyer fort habilement entre les deux partis : il témoigne à Otton beaucoup de déférence ; quand Paldolf est menacé par les Grecs, il n'hésite pas à lui envoyer un secours ; mais, d'autre part, il montre un singulier empressement à se rapprocher de nouveau des Byzantins [4] et à faire bon accueil au patrice de Bari. Une chronique, écrite à Salerne, dans l'entourage de Gisulf, nous donne nécessairement un témoignage d'une grande valeur sur la lutte entre Otton et les Byzantins. En l'absence d'autres textes ayant la même autorité, c'est son récit que nous suivrons de préférence.

Captivité de Paldolf. Les Byzantins reprennent l'offensive. — Paldolf est resté seul sous les murs de Bovino, pendant que l'empereur a repris la route de Ravenne. La garnison grecque, ayant tenté une première sortie, se fait battre. Mais, dans un nouveau combat plus important, le prince de Capoue est renversé de son cheval, fait prisonnier, et ses troupes subissent une complète déroute. C'est à peine si quelques fuyards réussissent à s'échapper vers Bénévent ou vers la marche de Spolète. La petite armée, envoyée au secours de Paldolf par le prince de Salerne, apprend en route la défaite des Lombards et des Ger-

1. *Cf. supra*, p. 87.
2. *Vir bonus et justus atque diversarum gentium prœliator* (173).
Cum esset justus et jure legis servator (174).
3. *Chron. Sal.*, 159 et s.
4. *L. c.*, 171-172. Quelques années plus tôt (en 964), il semble que Gisulf ait pris contre Otton le parti de Jean XII : l'évêque de Salerne assiste au concile de 964, hostile à l'empereur germanique. — *Cf.* SCHIPA, *l. c.*, XII, 242.

mains, et revient sur ses pas. Le stratège byzantin Eugène envoie Paldolf et les autres prisonniers à Constantinople, puis il envahit avec ses soldats la principauté lombarde. Les Grecs arrivent jusqu'à Avellino, au sud de Bénévent, et les habitants terrifiés livrent sans résistance leur chef, le « gastald » Sikenolf. Puis l'armée victorieuse marche sur Capoue et commence le siège de la ville, tout en ravageant les environs. Le duc de Naples, Marin, profite de l'occasion pour se joindre au stratège et témoigner avec empressement sa fidélité au basileus. Napolitains et Grecs pillent à l'envi cette fertile plaine, brûlent les villages, massacrent les habitants, puis, chargés d'un énorme butin, traînant derrière eux un long convoi de prisonniers, dans la crainte d'être surpris par une nouvelle armée allemande dont on annonce l'approche, lèvent le siège de Capoue et reprennent la route de l'est[1].

Le patrice Eugène, accompagné seulement d'une petite escorte, se rend à Salerne et reste, pendant quelques jours, l'hôte du prince Gisulf, qui traite le représentant du basileus avec une magnificence royale : il comble les Grecs de présents, leur offrant, au dire du chroniqueur, les vins les plus exquis et les mets les plus variés[2]. En traversant de nouveau le territoire de Bénévent, l'armée byzantine s'empare de plusieurs forteresses, mais elle n'entre pas à Bénévent, où sans doute le fils de Paldolf et l'archevêque Landolf ont organisé la résistance, tandis que la femme du prince prisonnier reste enfermée dans Capoue.

Ainsi le patrice de Bari a jeté la terreur dans tout le pays lombard, depuis les confins de l'Apulie jusqu'à l'embouchure du Vulturne. Mais les deux capitales, Capoue et Bénévent, lui échappent, et il ne cherche point à en forcer l'entrée. Seul le prince de Salerne, à l'exemple du duc de Naples, s'est empressé de reconnaître de nouveau, au moins en paroles, la suprématie byzantine.

Cependant l'armée envoyée par Otton pour venger le désastre de Bovino arrive vers Capoue : elle est formée de contingents allemands et souabes, dont les chefs sont probablement Gunther et Sigfrid, nommés par les chroniques germaniques[3], et de soldats du duché de Spolète, placés sous les ordres

1. *Chron. Salern.*, 171-172.
2. *L. c.*, 172.
3. Widuk., III, 72; — Thietm., II, 9. — D'après la tradition germanique,

du comte Sicon. Les troupes ottoniennes, ne trouvant plus les Grecs sous les murs de Capoue, vont ravager le territoire de Naples; puis elles reprennent possession d'Avellino, entrent à Bénévent, où elles reçoivent les encouragements et la bénédiction de l'archevêque Landolf, et marchent ensuite vers l'Apulie.

Le patrice Eugène, devenu très impopulaire par ses exactions et sa cruauté, vient d'être rappelé à Constantinople et remplacé par le patrice Abdila. Celui-ci a dans son armée un réfugié lombard, depuis longtemps au service du basileus : c'est un frère de Paldolf, nommé Romuald. Une grande bataille s'engage entre Germains et Byzantins, sous les murs d'Ascoli. Mais cette fois, c'est un désastre pour les Byzantins. Ascoli est occupé par le comte Conon, avec des Souabes et des Saxons; le comte Sicon, de Spolète, attaque le corps auxiliaire, commandé par le Lombard Romuald, qui est fait prisonnier avec plusieurs de ses compagnons[1]. Le patrice byzantin s'enfuit, abandonnant la plaine d'Apulie aux ravages de ses adversaires. Les habitants de plusieurs villes apuliennes sont obligés de payer tribut aux officiers d'Otton.

L'empereur germanique arrivait à son tour en Campanie, au printemps de 970; de nouveau, il mit à feu et à sang le pays napolitain, puis alla rejoindre ses lieutenants en Apulie. Malgré la défaite des Grecs, la ville de Bovino, entourée de fortes murailles, résistait toujours : Otton en reprit le siège. Dans son camp se trouvait la femme de Paldolf, l'énergique Aloara, qui réclamait une vengeance éclatante pour la défaite et la captivité de son mari[2]. Ainsi, depuis les côtes de la mer Tyrrhénienne jusqu'à la plaine d'Apulie, une guerre impitoyable était déchaînée entre les deux empires chrétiens.

ces deux chefs auraient été envoyés en Calabre; mais nous avons déjà vu qu'il y a confusion entre les deux campagnes.

1. *Chron. Salern.*, 172-173. — Sur Romuald, cf. LIUDPR. *Legatio*, 37.

Sur *Conon*, cf. *Vita Deoderici* (*M. G. Ss.*, IV, 474); — DÜMMLER, p. 468, n. 1 et 2. Le comte Sicon de Spolète est nommé dans une charte de Saint-Vincent-de-Vulturne : *marchio sacri palatii* (*l. c.*, 443).

2. *Chron. Salern.*, 174; — *Diplomata*. I, n° 397; — BÖHMER, *Reg. imp.*, 522 d.

IV

RENVERSEMENT DE LA POLITIQUE BYZANTINE. — MARIAGE DE THÉOPHANO ET D'OTTON II. — SITUATION RESPECTIVE DES DEUX EMPIRES AU SUD DE ROME.

Sur ces entrefaites, Nicéphore Phocas était mort assassiné (décembre 969), et Jean Tzimiscès, l'amant de l'impératrice Théophano avait pris sa place. La nouvelle de cette révolution de palais était peut-être déjà connue à Naples, au moment où Otton arrivait en Campanie pour achever la victoire de ses lieutenants. Si Nicéphore avait vécu, la guerre aurait probablement continué avec un nouvel acharnement de la part des Grecs. Mais Jean Tzimiscès changea brusquement de politique.

Causes du revirement : les débuts de Jean Tzimiscès. — Plus pacifique peut-être par nature que Nicéphore, il craignait, au début de son règne, avec un pouvoir encore mal affermi, de disperser ses forces. La défense des autres frontières de l'empire lui paraissant plus urgente, il résolut d'en finir avec la guerre d'Italie. Le prince de Capoue, toujours prisonnier à Constantinople, et traité assez durement par Nicéphore Phocas, s'offrit lui-même à servir d'intermédiaire entre Byzance et la cour germanique[1]. Il représenta sans doute que lui seul avait assez de crédit auprès d'Otton pour le décider à faire la paix. Jean Tzimiscès, s'exagérant peut-être les forces et les ressources de l'empereur germanique, crut que le seul moyen de reprendre les négociations et de trouver un terrain d'entente, c'était de mettre en liberté son prisonnier. Sans doute Paldolf s'engageait-il à obtenir la retraite des troupes germaniques, tout en jurant fidélité au basileus. Mais quelle garantie celui-ci avait-il contre la violation possible d'un tel serment? comment pouvait-il empêcher Paldolf, une fois rentré en Italie, d'aller se mettre de nouveau au service d'Otton? Il fallait une confiance bien robuste dans la durée de la paix promise, pour céder aussi facilement aux avis intéressés du prince lombard. Jean Tzimis-

1. *Chron. Salern.*, 174.

cès était probablement assez mal informé des affaires d'Italie, et l'habile Paldolf réussit à lui faire croire tout ce qu'il voulut.

On a été si surpris, dans les milieux germaniques, de cette volte-face de la politique byzantine, qu'on a attribué le meurtre de Nicéphore à une émeute populaire, provoquée par la nouvelle du désastre d'Apulie[1]. L'élévation de Tzimiscès serait due au triomphe du parti de la paix. Mais il n'est pas probable que la défaite d'Ascoli, où les troupes byzantines étaient peu nombreuses, ait provoqué à Constantinople une telle émotion. D'ailleurs, il est très douteux que la nouvelle de la bataille ait pu arriver dans la capitale en décembre 969[2]. Comment les chroniques byzantines, si mal informées qu'elles soient, garderaient-elles sur les événements d'Italie le silence le plus complet, s'il y avait, dans cette légende répandue en Occident, la moindre part de vérité? Ajoutons enfin que le moine de Salerne, mieux informé sans doute de l'histoire byzantine contemporaine qu'on ne pouvait l'être dans les monastères saxons, raconte le meurtre de Nicéphore, les intrigues de Théophano et de Tzimiscès, sans la moindre allusion à cette prétendue émeute populaire[3]. Tout ce qu'on peut dire, c'est que Jean Tzimiscès, rival de Nicéphore, blâmait sans doute sa politique agressive, son attitude si hautaine à l'égard du souverain germanique. Paldolf n'a pas eu de peine à exploiter en sa faveur ces dispositions nouvelles, en persuadant aux adversaires de Nicéphore qu'il s'était engagé, de la façon la plus maladroite, dans une guerre sans issue. Ainsi s'explique la politique si conciliante, brusquement adoptée par le nouveau basileus.

Retour de Paldolf en Italie. — Cependant, si le prince de Capoue est renvoyé en Italie, il semble bien qu'on prenne contre lui certaines précautions : ceux qui l'accompagnent le traitent encore en prisonnier ; ils l'amènent, sous bonne garde, au patrice de Bari, auprès duquel il reste quelque temps comme otage. Lorsqu'Otton apprend le retour à Bari du prince de Capoue prisonnier, il s'empresse d'écrire au patrice Abdila, se déclarant prêt à négocier, si son ancien vassal est remis en

1. Widuk., III, 74.
2. Il est difficile de fixer, avec quelque précision, la date de la victoire des troupes germaniques et lombardes à Ascoli. Mais elle a dû précéder de peu l'arrivée d'Otton sous les murs de Bovino.
3. *Chron. Salern.*, 174.

liberté. Abdila fait accompagner Paldolf au camp d'Otton, sous les murs de Bovino, où les troupes germaniques n'ont pu réussir à entrer[1]. L'empereur se décide alors à quitter l'Apulie et à battre en retraite vers le nord[2]. Il est bien probable qu'Otton, fatigué d'une guerre aussi longue, dont les résultats, en dépit d'une première victoire, restaient fort incertains, saisit avec empressement l'occasion d'en finir. De part et d'autre, on ne demandait qu'à reprendre les négociations interrompues à Capoue depuis 967; en réalité, ce nouveau changement était surtout un triomphe pour Paldolf Tête-de-Fer.

Le prince de Capoue rentre en possession de toutes ses dignités : fidèle vassal de l'empereur germanique, il siège à côté de lui, partout où Otton rend la justice, partout où il fait sentir la présence et l'action efficace du pouvoir impérial. En septembre 970, il est au centre du duché de Spolète, dans le pays des Marses, prêt à faire exécuter un jugement de l'empereur en faveur du monastère de Casaurie, situé dans une île de la Pescara; six mois plus tard, il est à Ravenne, et présente à Otton l'abbé lombard de Saint-Vincent-de-Vulturne (avril 971)[3].

Ambassade germanique à Byzance; mariage de Théophano. — Otton, revenant alors au projet de mariage qu'il n'avait jamais abandonné, sachant, par Paldolf, que le nouveau basileus y est très favorable, envoie à Constantinople une nouvelle ambassade, beaucoup plus solennelle que les précédentes : l'archevêque Gero de Cologne, accompagné de deux évêques et de plusieurs seigneurs du plus haut rang, doit conclure, avec Jean Tzimiscès, une entente définitive. Dans cette cour, où l'évêque de Crémone n'avait trouvé, trois ans plus tôt, qu'avanies et outrages, on reçoit l'archevêque de Cologne avec les plus grands honneurs. Il obtient des Grecs, pour son église, une précieuse relique[4]. Enfin les dernières difficultés étant aplanies, la fille de Romain II, Théophano[5], fiancée au jeune empereur Otton II, quitte Constantinople avec les ambassadeurs. Elle débarque bientôt en Italie, entourée d'une bril-

1. *Chron. Salern.*, *l. c.*
2. Fin août ou septembre 970 (*Diplomata*, n°s 397-398).
3. *Diplomata*, n°s 398. 402.
4. THIETM., II, 9; — HUG. FLAV., VIII, 374. — Cf. BOHMER, *Reg. Imp.* 533 a.
5. Pour les discussions sur l'identité de Théophano, V. SCHLUMBERGER : *Epopée byzantine* I. 193 ; et UHLIRZ : *Otto II*, p. 24.

lante escorte : les Byzantins apportent à Otton des présents magnifiques, dont le détail ne nous est point connu, mais qui ont laissé aux contemporains une impression très vive de richesse et de faste[1]. Au-devant de Théophano, se rend un des principaux conseillers de l'empereur, l'évêque Thierry de Metz, qui vient la recevoir à Bénévent[2], comme pour affirmer que la vieille cité lombarde est de nouveau rattachée à l'empire occidental par des liens, que le basileus ne songe plus à contester. Le mariage est célébré solennellement à Rome, le 14 avril 972[3]. Otton assure comme dot à la jeune impératrice la propriété de plusieurs domaines en Allemagne et en Flandre ; il lui donne, en Italie, l'Istrie et le comté de Pescara[4]. L'union de la maison de Saxe avec les Porphyrogénètes devait garantir la paix et l'amitié entre les deux empires. Sans doute, le basileus ne songeait plus à contester la restauration du nouvel empire romain; mais reconnaissait-il explicitement le titre et la dignité d'*empereur?* L'absence de textes, le silence des chroniques byzantines nous interdisent toute affirmation. Y eut-il, en outre, un traité formel conclu entre les deux souverains? Nous ne le savons pas davantage. On constate seulement que, la paix rétablie, la principauté de Capoue et Bénévent reste unie, par la volonté de Paldolf, à l'empire occidental, tandis qu'Otton ne songe plus à réclamer l'Apulie ni la Calabre[5].

L'empereur germanique revient enfin au nord des Alpes, après un séjour en Italie de plus de cinq ans. A Quedlinbourg, où il célèbre la fête de Pâques, il reçoit, à côté d'envoyés bulgares, hongrois et danois, une nouvelle ambassade byzantine[6]. Toute cause de conflit entre les deux empires semble pour longtemps écartée; la paix règne dans l'Italie du Sud. Le péril sarrasin reste limité aux côtes de Calabre les plus voisines de la Sicile. Vers la même époque, la colonie musulmane de Provence est chassée; Otton est en relations pacifiques avec l'émir africain, dont il reçoit une ambassade en Allemagne[7]. Le restaurateur de l'empire d'Occident meurt peu de temps

1. *Vita Mahthildis*, (*M. G. Ss.*), X, 581; — Thietm., *l. c.*
2. *Vita Deoderici* (*M. G. Ss.*, IV, 475).
3. *Ann. Hildesheim.*, 672 (*M. G. Ss.*, III, 62).
4. *Diplomata Ottonis* II, n° 21.
5. Il s'est formé plus tard une légende, suivant laquelle la Calabre aurait constitué la dot de Théophano (*Cf. Archiv*, XII, 156; — Dümmler, p. 482, n. 2).
6. *Ann. Hildesheim.*, 973; — et Thietm., II, 9.
7. Widuk., III, 75

après (mai 973), laissant à son fils le prestige d'une puissance unique, le nom glorieux de la maison de Saxe, partout respecté ou redouté, depuis la Méditerranée jusqu'à l'Elbe, depuis la Baltique jusqu'au Danube[1], tandis que les maîtres de Byzance, héritiers des anciens empereurs, unis par des liens de famille à la jeune dynastie saxonne, s'inclinent eux-mêmes devant la force du nouvel empire, qui représente avec eux le plus haut pouvoir de la chrétienté.

Résultats de la politique d'Otton Ier. — Puissance du prince de Capoue. Mais si l'on cherche, derrière cette apparence fastueuse, à quels résultats avaient abouti les campagnes de l'empereur dans l'Italie du Sud, on reconnaitra que la réalité démentait singulièrement ses hautaines prétentions. Il pouvait se vanter d'avoir vaincu les Grecs, d'avoir terrifié, pendant quelques mois, les habitants de l'Apulie et de la Calabre, — ou tout au moins d'une partie de ces deux régions, — de les avoir obligés à payer tribut[2], comme si souvent ils avaient dû le faire aux Sarrasins. De cette folle aventure, il ne restait dans le pays que les traces funestes et le souvenir d'une nouvelle invasion, semblable à tant d'autres, apportant, comme elles, la misère et la ruine. Quant à prétendre enlever des terres au basileus et reculer, jusqu'à l'extrémité de la péninsule, les limites du *regnum italicum*, il avait fallu bien vite y renoncer. En fait l'intervention germanique, au-delà de Rome, se borne à la concession de quelques diplômes aux grandes abbayes lombardes, le Mont-Cassin et Saint-Vincent-de-Vulturne, ainsi qu'aux évêchés de Capoue et de Bénévent, érigés en métropoles[3]. De cette intervention le résultat le plus durable, c'est de fortifier l'influence de la maison princière de Capoue, toute-puissante à Spolète comme à Bénévent. C'est surtout pour garder Spolète que Paldolf se montre le vassal empressé d'Otton, et c'est lui surtout qui tire profit du prestige impérial.

Mais les autres États campaniens échappent à la suzeraineté

1. RICHTER ET KOHL, *l. c.* 118

2. WIDUCK., III, 63. — THIETM., II, 7 ; — *Ann. Corbeienses*, 964. — Il est assez curieux de voir qu'au Mont-Cassin, un siècle plus tard, on avait accepté la légende germanique sur le conflit entre Otton et Nicéphore : Léon d'Ostie (II, 39) parle de « l'insolence des Grecs, *qui depuis l'époque d'Otton Ier* avaient revendiqué la possession de l'Apulie et de la Calabre ».

3. *Diplomata*, n°s 262, 344, 359, 360, 372, 373, 396, 398.

germanique. Gisulf, prince de Salerne, reprend entre les deux empires son entière indépendance. Au contraire, les ducs de Naples et d'Amalfi semblent de nouveau rattachés à Byzance par des liens plus étroits. Si l'on se souvient qu'à l'avènement de Nicéphore Phocas leur ancienne vassalité était devenue toute nominale[1], les titres nouveaux qu'ils portent, quelques années plus tard, sont le signe d'un changement manifeste dans leurs rapports avec Byzance. Dans une charte de 972[2], le duc Manson reprend, pour la première fois, le titre de *patrice impérial*, tombé en désuétude à Amalfi depuis l'époque de Mastalus Ier (914-952) ; et Marin, duc de Naples depuis 968, s'intitule dans un diplôme de 975 : *eminentissimus consul et dux, atque imperialis anthipatus patricius*[3]. Il est très probable que la concession de ce double titre a été faite vers 970, lors de la captivité de Paldolf à Constantinople, quand le patrice de Bari avec l'armée byzantine parcourt la Campanie et que le duc de Naples se joint à lui pour assiéger Capoue.

Cependant la puissance de Paldolf, les ressources qu'il pouvait tirer du margraviat de Spolète, lui assuraient une prépondérance dangereuse pour ses voisins. Naples et Salerne avaient tout à redouter de son ambition, et nous savons en effet qu'à peine rentré de Constantinople il ravage le territoire de ces deux villes[4]. Au reste, les querelles si fréquentes entre les princes campaniens lui donnent bientôt l'occasion d'intervenir.

Gisulf avait eu la faiblesse de constituer des apanages au profit d'un cousin des princes de Capoue, nommé Landolf, chassé. plusieurs années auparavant, de Capoue, d'où il était venu chercher un refuge à Naples, puis à Salerne. Landolf et ses fils, comblés de faveurs par le prince de Salerne, qui leur accorde d'importants bénéfices et la possession de plusieurs forteresses, en Lucanie ou en Campanie (Conza, Marsico, Sarno), forment bientôt un parti hostile à Gisulf[5]. Ils excitent les mécontents, qui se groupent autour d'eux ; ils se mettent en relations avec les ducs de Naples et d'Amalfi, rivaux de Salerne. Une conjuration se forme : Gisulf est arrêté et conduit pri-

1. Cf. *supra*, p. 246, 251.
2. *Cod. Cav.*, t. II, nº 270.
3. CAPASSO, III, 15.
4. *Chron. Salern.*, 173-177.
5. *L. c.*, 175-176.

sonnier à Amalfi, pendant que Landolf prend sa place (973)[1]. Mais les conjurés n'arrivent pas à s'entendre : c'est alors qu'intervient Paldolf Tête-de-Fer. Il oblige les Amalfitains à relâcher Gisulf et le ramène à Salerne : mais le prince de Salerne, rétabli sur son trône, subit la protection du prince de Capoue. Il est contraint d'adopter comme héritier et successeur le fils de son protecteur, et le jeune prince Paldolf est associé au pouvoir. Lorsque Gisulf meurt à la fin de 977, ce sont les deux Paldolf, le père et le fils, qui gouvernent Salerne[2].

Ainsi se reconstitue, sous l'autorité de Paldolf, l'unité des pays lombards du Sud, unité toute factice, puisqu'elle ne survivra pas à la mort du prince de Capoue (mars 981). Cette révolution locale était un échec pour Amalfi et Naples, plus que jamais menacées par la prépondérance de Paldolf. Mais de ce que les ducs d'Amalfi et de Naples sont vassaux de Byzance, tandis que Paldolf est vassal d'Otton, il ne faudrait pas conclure qu'il y ait à Salerne un « parti germanique » et un « parti byzantin »[3]. Ni les intérêts germaniques, ni les intérêts byzantins n'étaient engagés, d'une manière quelconque, dans ces querelles toutes locales. Paldolf, qui avait servi d'intermédiaire pacifique entre les deux empires, n'entendait pas plus obéir à l'un qu'à l'autre. En maintenant une sorte d'équilibre entre ces deux pouvoirs lointains, il gardait, dans l'Italie du Sud, une puissance sans rivale. On ne voit point d'ailleurs qu'il ait tenté de nouvelles entreprises contre l'Apulie byzantine : évitant de ce côté toute rupture avec les stratèges de Bari, il se borne à étendre son influence sur le littoral campanien.

Quant au basileus Jean Tzimiscès, après la conclusion de la paix avec Otton et le départ de la jeune Théophano, il ne paraît pas s'être soucié autrement de ses possessions italiennes. Toutes ses forces sont occupées par d'autres luttes, où les intérêts essentiels de l'empire semblent beaucoup plus gravement engagés. A peine la guerre contre les Russes est-elle terminée, vers la fin de 972, que l'attention du basileus se porte de

1. *Chron. Sal.*, 180. — Cf. Schipa, XII. 248.

2. *Cod. Cav.* t. II, n° 300 et s.

3. M. Schlumberger (*Epopée byzantine*, I. 216, 196) raconte que l'adversaire de Gisulf, Landolf, se réfugie à Constantinople : le fait est possible, mais c'est une simple hypothèse. Le seul texte où il en soit question est la fausse chronique de la Cava (Cf. Schipa, *l. c.*, XII 246. — Sur la fausse chronique, voir Köpke, *Archiv*, IX, 113).

nouveau sur les affaires d'Asie. Dès la fin de 973, commencent les préparatifs pour une grande expédition en Mésopotamie, qui se renouvelle en 975, marquée par les plus brillantes victoires. Mais, frappé à son retour d'Asie par un mal mystérieux, le basileus meurt, à peine arrivé à Constantinople, le 10 janvier 976[1]. Au moment où disparaît ainsi brusquement le successeur de Nicéphore Phocas, les pays lombards de l'Italie méridionale et les petits États autonomes du littoral campanien sont abandonnés aux entreprises du tout-puissant prince de Capoue. Enfin, si la paix semble rétablie dans l'Apulie byzantine, l'extrémité de la Calabre est de nouveau menacée par les Sarrasins de Sicile.

1. Schlumberger, *Epopée byzantine*, I, 314.

CHAPITRE II

L'ITALIE MÉRIDIONALE AU COMMENCEMENT DU RÈGNE DE BASILE II

LA POLITIQUE D'OTTON II ET L'INVASION GERMANIQUE EN CALABRE (976-983)

Nouvelles incursions sarrasines en Calabre et en Apulie. — Depuis le désastre des Byzantins en Sicile, au commencement du règne de Nicéphore (964-965), toute guerre avait cessé entre Arabes et Grecs. La Sicile musulmane obéissait aux Fatimites, qui, occupés surtout de la conquête de l'Egypte, entretenaient avec la cour de Constantinople des relations pacifiques et même amicales. Comme les Fatimites et les Byzantins se heurtaient en Syrie aux mêmes adversaires, ce péril commun devait maintenir leur union pendant plusieurs années. Mais les victoires de Tzimiscès, en faisant disparaître ce commun obstacle, eurent pour résultat de mettre aux prises les alliés de la veille : quand les Fatimites, maîtres incontestés de l'Egypte, voulurent envahir la Syrie, il se trouva que la puissance byzantine était leur plus redoutable rivale. Dès 970, des troupes égyptiennes avaient menacé Antioche, sans réussir à l'enlever aux Grecs; mais en 974-975 elles chassèrent les garnisons byzantines de Beyrouth et de Tripoli[1].

Cependant les Arabes de Sicile n'avaient point caché leur mécontentement contre la politique de paix avec Byzance. Du

1. AMARI, II, 312; — SCHLUMBERGER. l. c. 279.

moment que leur suzerain, le khalife du Caire, renonçait à cette politique, rien ne pouvait plus arrêter l'émir Aboul Kâsem dans ses projets d'attaque contre ses voisins, les infidèles de Calabre. Une tentative heureuse des Byzantins sur Messine, probablement avec le concours des vaisseaux de Pise, tout au début du règne de Basile II, fournit au chef sicilien l'occasion cherchée[1]. Il reprend Messine : puis, franchissant le détroit, il s'avance au nord de la Calabre, pénètre dans la vallée du Crati jusqu'à Cosenza, et ne revient en arrière qu'après avoir imposé un tribut aux habitants (976).

L'Apulie n'est pas plus épargnée que la Calabre : mais c'est, à notre connaissance, le premier retour offensif des Sarrasins dans cette région depuis l'attaque de Tarente et d'Otrante, en 927 et 929. Le chef de bande, nommé Ismaël, qui est tué vers 975, près de Bitonto, c'est-à-dire à peu de distance de Bari, est sans doute un condottiere musulman[2]. Vers la même époque (976), le littoral est ravagé par une flotte, que commande le frère de l'émir de Sicile. En même temps, d'autres bandes sarrasines, poussant une pointe hardie dans l'intérieur des terres, remontent la vallée du Bradano et viennent attaquer Gravina, place forte située au milieu de la région des Murgie, au sud-ouest de Bari. Bientôt Tarente et Oria sont attaquées : les habitants d'Oria, pris de panique, quittent la ville en masse, et l'ennemi y met le feu[3]. Aboul-Kâsem, qui commande en personne cette expédition, s'avance jusqu'à Otrante (977). Quelques mois auparavant, il avait occupé sur le littoral du détroit de Messine, à côté de Reggio, la petite ville fortifiée de Sant' Agata[4]. Entre 978 et 981, la Calabre et l'Apulie subissent de nouveau de continuelles incursions.

En présence de ce grave danger, comment le pays est-il défendu ? il semble que les Byzantins, indifférents et inertes, ne tentent rien pour organiser la résistance. A vrai dire, le gouvernement de Basile II, gravement menacé par la révolte de Bardas Skleros en Asie Mineure, contraint, pendant plusieurs années, de lutter pour l'existence, puis, une fois la

1. Ibn Al Atir (*Bibl. ar.-sic.*, I, 431) ; — Amari, *l. c.*

2. Lupus *ad a.* 975.

3. Lupus 976-977 ; — Ibn-al-Atir (*l. c.*, I, 431). D'après le texte arabe, c'est Tarente qui est démantelée, puis détruite par l'incendie.

4. *Cronaca Siculo-Saracena di Cambridge*, ed Cozza-Luzzi, p. 48 80 ; — Amari, *l. c.*, II, 315, 316. — L'attaque de Bovino, au nord de l'Apulie, n'est mentionnée que par Romuald de Salerne (*Ss*, XIX. 400).

révolte soumise, entraîné dans la guerre de Syrie, est hors d'état d'envoyer une armée en Italie. Les thèmes italiens sont donc abandonnés à eux-mêmes : or ils n'ont pas d'autre armée que les milices locales et les faibles garnisons établies dans les principales villes. Encore fallait-il, pour tenter contre les Arabes une action décisive, que les officiers byzantins pussent compter sur le bon vouloir des habitants des villes. L'histoire de la révolte de Rossano contre le magistros Nicéphore, vers 965, telle qu'elle est racontée dans la vie de saint Nil[1], nous montre à quelles difficultés se heurtaient les plus hauts fonctionnaires byzantins, dès qu'ils voulaient obliger les villes à contribuer, de leurs deniers, à une campagne d'ensemble contre l'ennemi musulman. En Apulie, comme en Calabre, il semble bien que chaque ville préfère se défendre pour son propre compte, écarter au besoin l'ennemi par le paiement d'un tribut, plutôt que d'être entraînée dans une lutte générale. Comment s'étonner, dès lors, que la résistance soit si faible ?

Mais le danger ne menace plus seulement l'Apulie et la Calabre. Les Sarrasins se sont trop avancés dans l'intérieur des terres, ils se sont trop rapprochés des territoires lombards, placés sous l'autorité des princes de Salerne ou de Capoue, pour que le bruit de leurs victoires et la terreur de leurs ravages ne se répandent pas, de proche en proche, dans toute l'Italie du Sud. Il est possible que des comtes lombards aient eu à guerroyer contre eux : mais nous n'avons de ce fait aucune preuve directe. Si la chronique de Lupus mentionne, en 972, une campagne d'Atton, fils du margrave de Spolète, contre les Sarrasins, c'est le résultat évident d'une confusion[2]. Quant aux expéditions entreprises par Paldolf Tête-de-Fer, il n'en est question que dans des textes apocryphes[3].

Les projets d'Otton II. — Préliminaires et causes de son expédition dans l'Italie méridionale. — On peut admettre, en tout cas,

1. *Vie de saint Nil*, 60. — Cf. *supra*, p. 280.

2. Le même fait est répété par les *Annales de Bari* à l'année 991, date beaucoup plus vraisemblable, si l'on songe qu'en 973 c'est Paldolf qui est margrave de Spolète, et non Trasmundus. Au reste, Atton, fils de Trasmundus, est cité dans un document de l'année 1017 (Murat., II, 2, 986 ; — Schlumberger, *l. c.*, I, 208).

3. La chronique publiée dans la 1re édition de Pertz (in-fol., III, 209) et citée par Amari (II, 312) doit être rangée au nombre des apocryphes fabriqués par Pratilli.

que par l'intermédiaire du prince de Capoue les nouvelles, de jour en jour plus menaçantes, de l'invasion sarrasine étaient arrivées jusqu'au jeune empereur Otton II, au moment où celui-ci vint à Rome, en janvier 981. L'état de l'Apulie, le retour des guerres et des séditions locales, contre lesquelles les officiers byzantins restaient impuissants, ne pouvaient laisser indifférent le prince lombard, qui, de Bénévent et d'Ascoli jusqu'à Salerne, était le plus puissant personnage de l'Italie méridionale. Les relations entre Paldolf et le fils du souverain, dont il s'était montré le fidèle vassal, ne pouvaient manquer d'être fort amicales. Rien ne prouve cependant qu'il y ait eu, à cette époque, entrevue ou entente directe entre l'empereur et le prince, car Paldolf meurt à Capoue, en mars 981, au moment où Otton est encore à Rome[1].

Il suffisait d'ailleurs que l'empereur fût informé de la situation de l'Italie méridionale, pour y voir une occasion de reprendre la politique paternelle et d'affirmer avec éclat la suprématie impériale sur ces terres italiennes, que le basileus était incapable de défendre. Le fils d'Otton Ier, alors âgé de vingt-six ans, avait déjà montré son humeur aventureuse et sa vaillance dans de nombreuses campagnes, en Lorraine et en France, en Bavière, sur les confins de la Pologne et de la Hongrie. S'il pouvait se vanter, à bon droit, des succès de sa politique, peut-être avait-il en ses forces une excessive confiance; presque toujours heureux jusque-là, c'est sur les rives de Calabre qu'allait sombrer sa fortune.

L'histoire de cette fameuse expédition d'Otton II a été longuement et souvent racontée. Mais l'insuffisance des sources est telle que, sur bien des points, il règne une profonde obscurité. — Les préliminaires et les causes de l'expédition sont fort mal connus, et il n'est pas inutile de soumettre à une critique nouvelle les renseignements fort incomplets et très contestables, que nous donnent à ce sujet les chroniques germaniques. En dehors des sources narratives, — germaniques et arabes, — que les anciens historiens, comme Giesebrecht et Amari, ont seules connues, certains textes de provenance locale, récemment publiés, le diplôme d'un « catépan » ou gouverneur de Bari, la *Vie de saint Sabas*, nous fournissent d'utiles détails; il faut y joindre aussi une étude plus attentive des

1. *Ann. Benev. ad a.* 981; — Schipa., *l. c.*, XII, 252.

diplômes d'Otton II, délivrés au cours même de son expédition[1].

C'est à Rome même que la campagne a été décidée et préparée. L'empereur, occupé en Allemagne et sur les diverses frontières de son empire, n'avait pu franchir les Alpes depuis son avènement. Arrivé en Italie en décembre 980, il célèbre à Ravenne les fêtes de Noël et se trouve à Rome quelques jours plus tard[2]. Le pape Benoît VII, imposé aux Romains en 974, était tout à la dévotion d'Otton II : mais il ne pouvait se maintenir que par l'appui de l'empereur, et une trop longue absence de son protecteur risquait de réveiller dans l'aristocratie romaine le vieil esprit de révolte. Affermir l'autorité impériale à Rome même, et autour de Rome, dans les deux marches de Tuscie et de Spolète, « comprimer les troubles et punir ceux qui cherchent à en fomenter, rappeler à la soumission les seigneurs, disposés à se détacher de l'Empire[3] », telles étaient les raisons qui justifiaient le voyage d'Otton II. Rome était la porte ouverte sur l'Italie méridionale : si grande que fût la confiance d'Otton II dans la fidélité des princes de Capoue et Bénévent, peut-être n'était-il pas inutile de relever, chez les Lombards, le prestige impérial.

Mais comment l'empereur a-t-il formé le projet d'entreprendre une campagne contre les Arabes de Sicile et d'envahir, par la même occasion, les thèmes byzantins? Quels sont ses rapports avec le souverain de ces thèmes, avec ce basileus, qui lui est uni par des liens de famille si étroits? Il est curieux de voir en quels termes le chroniqueur saxon Thietmar prétend expliquer l'entreprise impériale[4] : « Otton voulait, dit-il, garder l'empire romain tel que son père le lui avait laissé, résister aux Sarrasins qui l'attaquaient, les chasser du territoire qu'ils avaient envahi. » Thietmar, comme beaucoup d'autres chroniqueurs germaniques, confond les prétentions impériales avec la réalité des faits. A ses yeux, la Calabre se rattache, comme le reste de l'Italie, à l'empire restauré par Otton Ier, et les Byzantins, s'ils l'occupent, ne sont que des usurpateurs. Cependant, comme il a

1. Dans les récits de Giesebrecht (*Jahrbücher des deutschen Reichs : Otto II*) et d'Amari, on trouve encore des details dont la source unique est la fausse chronique de la Cava.

2. *Cron. Ven.*, 145 : — Cf. Richter et Kohl, *l. c.*, 133.

3. Richer, III, 81 (*Ss.*, III, 624).

4. Thietm., III, 12 (*Ss.*, III, 755).

entendu dire que le basileus Nicéphore levait des impôts sur les villes de Calabre, voici comment il explique le fait : les habitants de ce pays, bien qu'ils doivent spécialement obéissance à l'Empire romain (d'Occident), font chaque année aux souverains de Constantinople un don volontaire en or, pour échapper aux vexations des Grecs[1] ! Ainsi s'établit une confusion entre les Byzantins et les Arabes : comme on connait aussi peu les uns que les autres, volontiers on les enveloppe dans le même mépris; puisque les uns et les autres ravagent et pillent le domaine impérial, c'est contre un double adversaire que l'empereur doit se défendre. Mais les erreurs naïves d'un Thietmar dissimulent mal ce fait brutal : la croisade contre les Sarrasins n'est pour Otton II qu'un prétexte; le but véritable de l'expédition, c'est de profiter de la faiblesse des Byzantins pour leur enlever ces thèmes italiens, déjà revendiqués par Otton Ier. En tout cas, le témoignage du moine saxon, si bien informé d'autre part sur certains détails de l'expédition, nous montre quelles opinions se formaient à la cour d'Otton II, et par quelles légendes l'orgueil germanique aimait à se duper. Au reste, nous avons vu, dans les théories de Liutprand sur le *regnum italicum*, la source première de ces légendes, destinées surtout à encourager et à flatter l'ambition impériale.

Pourtant un autre chroniqueur, le moine de Saint-Gall, connaît beaucoup mieux l'état réel de l'Italie du Sud[2]. Loin de prétendre que la guerre entreprise est purement défensive, il affirme qu'Otton II ne veut pas se contenter des limites actuelles de l'empire ; son ambition, c'est de les reculer plus au sud, en occupant « la Lucanie, la Calabre, l'Apulie, c'est-à-dire toute l'Italie, jusqu'à la Sicile ». Dans le monastère de Saint-Gall, on savait fort bien que les régions situées à l'extrémité de la péninsule étaient encore placées sous la domination de Byzance. Mais Otton II était en paix avec les empereurs de Constantinople, Basile II et Constantin VIII, dont il avait épousé la sœur. Quel prétexte pouvait-il invoquer pour conduire son armée jusqu'en Calabre? Les incursions sarrasines, qui n'avaient point, semble-t-il, dépassé l'Apulie, menaçaient-elles les Lombards de Bénévent au point de justifier son intervention? et s'il voulait aller chercher l'ennemi musulman jusque dans le voisi-

1. THIETM., III, 13.
2. *Ann. Sangall.*, *Ss.*, I, 80.

nage de la Sicile, ne devait-il pas, tout d'abord, s'entendre avec les Byzantins ? Or ceux-ci ne pouvaient se dissimuler le but véritable que poursuivait le souverain germanique : ce qui était bien en cause, c'était la possession des thèmes italiens. Tout l'effort de la diplomatie byzantine devait tendre, au contraire, à détourner de l'Italie méridionale l'attention d'Otton II. Au dire du moine de Saint-Gall, dès que le basileus apprend les préparatifs militaires de son beau-frère, il lui envoie une ambassade pour le dissuader de son entreprise[1].

Aucun autre texte ne faisant allusion à cette prétendue ambassade, le fait reste suspect : si quelqu'un tente d'arrêter alors Otton II en négociant avec lui, ce n'est pas le basileus, qui ne pouvait prévoir une si brusque attaque, c'est plutôt le stratège ou catépan de Bari qui représente, au sud de la péninsule, la plus haute autorité byzantine. L'hypothèse est confirmée par un passage de la *Vie de saint Sabas*, qui nous montre le patrice Romanos cherchant à s'entendre avec « le roi des Francs », pour l'empêcher de porter secours aux rebelles d'Apulie[2]. Si c'est bien d'Otton II qu'il est ici question, la campagne préparée à Rome en 981 s'explique par une nouvelle raison : les incursions sarrasines, la misère et la désolation qui frappent une partie de l'Apulie, l'impuissance des officiers byzantins à débarrasser le pays de ce mal périodique, provoquent, dans plusieurs villes, des émeutes et des révoltes. C'est alors que les rebelles appellent à leur aide, peut-être à l'instigation du prince de Capoue, le souverain germanique. Le patrice Romanos, épouvanté, se hâte d'envoyer à Rome le moine Sabas, pour qu'il use de son influence auprès de l'empereur et le décide à conclure avec lui un accord direct. Ainsi l'assertion du moine de Saint-Gall est en partie exacte, et l'ambassadeur dont il parle n'est autre, sans doute, que le moine Sabas.

La suite du récit, où le biographe de saint Sabas fait allusion à la guerre contre les Sarrasins, montre que, dans sa pensée, c'est bien d'Otton II qu'il s'agit, et non pas, comme l'ont cru certains commentateurs, d'Otton Ier. Une difficulté pourtant se présente : les *Annales* de Bari nomment aussi le patrice Romanos, mais ne placent son arrivée en Italie qu'en 985[3] :

1. *Per nuntios nequiquam eum tentat revocare ab incepto* (*Ann. Sangall.*, I, 80.)
2. *Vie de saint Sabas*, 21, 22.
3. LUPUS PROTOSP., *ad. a.* 985.

nous savons d'ailleurs qu'à cette époque il y a aussi, dans les villes apuliennes, plusieurs révoltes. L'objection est légère; car, si l'auteur a pris un nom pour un autre, ce qui n'est pas démontré, cela n'altère en rien la valeur de son témoignage, confirmé par un autre texte : un diplôme du catépan Calocyr Delphinas, délivré quelques mois après son arrivée à Bari, en 982, nous apprend que, l'année précédente, la ville de Trani, comme celles de Bari et d'Ascoli, est en pleine révolte[1]. Ainsi les faits rapportés dans la *Vie de saint Sabas* se rapportent très probablement à l'intervention d'Otton II dans l'Italie méridionale et nous aident à la mieux comprendre. Quand il vient à Lucera, tout au nord de l'Apulie, au mois de septembre 981[2], c'est évidemment pour se mettre en relations avec les villes rebelles.

Révolutions locales à Salerne et à Bénévent. — Dans cette campagne aventureuse, les projets de l'empereur se modifient selon les circonstances. Quelques jours après son passage à Lucera, il reprend la route de l'ouest et rentre brusquement à Bénévent[3]. Comme autrefois le carolingien Louis II, le souci d'assurer sa suprématie sur les Lombards campaniens l'arrête et le retarde. Son puissant vassal, Paldolf Tête-de-Fer, est mort à Capoue, quelques mois auparavant; l'énergie d'Aloara, veuve de Paldolf, réussit tout d'abord à maintenir l'union des Etats lombards : tandis que Landolf IV, fils aîné du défunt, reste maître de Bénévent, et peut-être aussi de Spolète, Paldolf II continue d'occuper Salerne. Comme le montre la suite des faits, c'est surtout la crainte des troupes germaniques et la protection impériale qui empêchent les troubles d'éclater[4].

Mais à peine l'armée d'Otton II s'est-elle éloignée vers l'Apulie qu'une révolution éclate à Salerne; le parti des mécontents, résolu à ne pas subir plus longtemps l'autorité des princes de Capoue, fait appel à Manson, duc et patrice d'Amalfi, qui chasse le jeune Paldolf et s'empare du pouvoir[5]. L'annexion de

1. Beltrani, *Documenti longobardi e greci per la storia dell' It. mer.*, n° 8; — Lup. Protosp., *ad a.* 982 *et* 983.
2. Diplôme du 23 septembre (*Diplomata*, n° 259).
3. 10 au 18 octobre (*Diplomata*, n°s 261-264).
4. Schipa, *l. c.*, XII, 249. — En juin et juillet, l'empereur est dans le duché de Spolète, et accorde plusieurs privilèges aux grandes abbayes lombardes (*Diplomata*, 249, 251, 254).
5. *Cod. Cav.*, II, préf., p. XII, n°s 339 et s.; — Schipa, *l. c.*

Salerne au duché d'Amalfi, en brisant l'œuvre de Paldolf Tête-de-Fer, est un grave échec pour la politique impériale : car le patrice Manson, chef d'un État maritime, que l'importance de son commerce et de sa flotte rattache à Byzance par des liens étroits, a gardé, en face du nouvel empire d'Occident, son entière indépendance. Ainsi s'explique, à la nouvelle de cette révolution, le brusque retour d'Otton II vers la Campanie : le 4 novembre 981, il est à Naples[1], accueilli sans doute avec déférence par le duc Marin, à cause de la jalousie qui sépare Naples d'Amalfi. Puis il arrive, dans les premiers jours de décembre, sous les murs de Salerne, résolu à entrer de vive force dans la ville, qui lui ferme ses portes[2]. Mais il semble qu'il renonce bientôt à une entreprise, où il risquerait d'user toutes ses forces : s'il conclut la paix avec Manson, c'est en se résignant à lui laisser Salerne. Quelques mois plus tard, on voit l'évêque de Salerne solliciter la protection impériale pour obtenir du Saint-Siège un privilège d'immunité[3]. Mais l'accord du clergé latin de Salerne avec l'empereur ne prouve nullement que Manson, duc d'Amalfi et patrice byzantin, soit devenu le vassal d'Otton II.

Cependant l'exemple donné par les rebelles de Salerne trouve promptement des imitateurs : les Lombards de Bénévent chassent aussi le fils aîné de Paldolf, et proclament un de ses cousins, Paldolf II[4]. Le but véritable des Bénéventains, c'est évidemment de rendre à leur ville son rang de capitale, en s'affranchissant de la tutelle de Capoue. Ainsi apparaît la fragilité de cet État lombard, restauré par l'énergie de Paldolf Ier, avec l'appui de la force impériale, mais trop vaste pour conserver son unité. Comme à la fin du IXe siècle, à l'encontre des prétentions impériales, les Lombards de Bénévent et de Salerne affirment leur indépendance. Seule, Capoue reconnaît encore la suprématie d'Otton II, au moment où il se prépare de nouveau à envahir l'Apulie byzantine. L'empereur, sans plus se soucier des Lombards de Campanie, reprend, avec des forces nouvelles, la campagne interrompue.

1. *Diplomata*, n° 265. — Il faut remarquer, dans ce diplôme, l'intervention de Théophano, qui accompagne Otton.

2. *Diplomata*, n° 266. — Cf. la fin du diplôme : *Super Salernitanam civitatem qua residebat imperatorem cum suis honoratibus ostiliter.*

3. *Diplomata*, n° 273 (18 avril 982) : « *Jubemus ut nullus princeps dux marchio comes straticho episcopus vel quelibet nostro sub imperio persona ... audeat prefatæ res ecclesiæ vel episcopum molestare.* »

4. *Ann. Benev.*, 982 (*Script.*, III, 173).

Autour de lui se rassemble une armée nombreuse et brillante : les archevêques de Cologne et de Mayence, les évêques de Cambrai et de Verdun lui ont envoyé chacun leur contingent; il est venu des milices de Bavière et de Souabe, commandées par le duc Otton, neveu de l'empereur, l'évêque d'Augsbourg et l'abbé de Fulda ; des seigneurs de toutes les parties de l'Allemagne sont accourus au service de leur souverain[1]; à bien des égards, cette curieuse expédition nous annonce ce que seront un jour les croisades.

Invasion de l'Apulie. — En s'éloignant de Salerne, à travers les âpres défilés de la Lucanie, Otton II cherche probablement à faire reconnaître sa suprématie par les habitants des villes lombardes, qui dépendent du principat de Salerne. Puis il entre en territoire byzantin et va camper près de Matera[2]. Dans cette campagne de sept mois, brusquement terminée par le désastre du 13 juillet 982, il faut distinguer deux périodes : Otton II séjourne d'abord en Apulie, dans l'espoir que la révolte des habitants contre les officiers byzantins lui ouvrira les portes de plusieurs villes ; puis il s'avance vers la Calabre, pour arrêter une nouvelle invasion sarrasine. Mais plus de cinq mois s'écoulent entre l'arrivée d'Otton sous les murs de Matera et son entrée en Calabre. Or Matera est située tout près du golfe de Tarente, et en quelques jours, s'il ne rencontrait aucun obstacle, l'empereur pouvait être à Rossano. Il faut donc que l'armée germanique ait trouvé en Apulie une résistance inattendue et qu'elle ait perdu un temps précieux à faire le siège de plusieurs villes. Comment s'expliquer autrement qu'Otton II ait commis cette lourde faute de conduire ses troupes si loin vers le sud, au plus fort de l'été ? Malheureusement, sur cette première partie de la campagne, nous n'avons que les indications les plus vagues. Du moins, nous est-il possible, par l'examen attentif des diplômes, de reconstituer l'itinéraire de l'empereur. A y regarder de près, rien ne nous autorise à dire, comme l'ont fait jusqu'ici tous les historiens[3],

1. Cf. *Indiculus loricatorum Ottoni II in Italia mittendorum* (*Mon. Germ. leg.*, s. 4, t. I, p. 632); — *Forschungen*, IX, 443; — Thietmar, III, 12. — *Ann. Lamb.* (*Script.*, III, 65).

2. *Diplomata*, n° 267 et 268. — Le 6 janvier 982, Otton II est à Salerne; le 25 janvier *circa Materiensem civitatem*.

3. Amari, M. Schlumberger, et le dernier historien d'Otton II : Uhlirz (*Jahrbücher des deutschen Reichs. unter Otto II und Otto III*, t. Ier, Leipzig, 1902).

qu'Otton II ait résidé à Matera, à Tarente, et qu'il ait réussi à faire reconnaître sa suprématie par les habitants de ces villes. Si le rédacteur des diplômes impériaux emploie les mots *juxta* ou *circa*, et non *in*, c'est qu'il s'agit évidemment d'un camp situé en dehors de la ville[1]. Si, le 25 janvier, l'empereur se trouve près de Matera, rien ne prouve qu'il ait pu y entrer, ou, s'il y a réussi, ce n'est qu'après un siège de plusieurs semaines, dont il n'est question, d'ailleurs, dans aucun texte. Le 16 mars, il est sous les murs de Tarente, mais non dans la ville, et deux mois plus tard, c'est toujours dans le même camp qu'il réside. Le chroniqueur Thietmar mentionne la résistance de la garnison byzantine de Tarente, solidement défendue par de fortes murailles; il affirme qu'Otton réussit en peu de temps à la soumettre[2]. Mais l'examen des diplômes nous montre que la résistance a été en réalité assez longue, et nous ignorons, d'ailleurs, en quoi consiste la « soumission », plus ou moins vague, dont parle complaisamment le moine saxon.

Otton II a-t-il réussi à entrer dans Bari? Il n'y a, pour justifier cette affirmation, qu'un seul texte très suspect : c'est un passage de la *chronique de Casaurie*, écrite au XIIe siècle[3]. Mais Di Meo a montré que l'auteur de la *chronique* a confondu probablement Otton II avec son père : ayant sous les yeux une charte écrite, non à Bari même, mais sous les murs de la ville, « la sixième année d'Otton et la première de son fils », il a cru qu'il s'agissait d'Otton II et d'Otton III, alors qu'il est beaucoup plus naturel de rapporter cette charte à Otton Ier, qui se trouve près de Bari en 968, au moment où il vient de faire couronner son fils empereur[4].

On sait, il est vrai, que les deux plus grandes villes du littoral apulien, Bari et Trani, se sont révoltées contre l'autorité byzantine, vers 980 ou 981, puisque, un an plus tard, le nouveau catépan, Calocyr Delphinas, en reprend possession[5]. Dès lors, il est naturel de supposer qu'Otton II a aidé les rebelles et leur a envoyé des renforts; mais que l'armée ger-

1. *Diplomata*, n°s 268, 272, 273, 274 (*Actum* prope *Tarentum*, *actum* foras muros *Tarenti civitatis*).
2. THIETM., *l. c.*, III, 12.
3. *Chron. Casaur.* (MURAT., *R. I. S*, II., 2 col. 835-982).
4. DI MEO, *Annali*, VI, 186 (*ad ann.* 983).
5. LUP. PROTOSP., *ad a.* 982.

manique ait occupé réellement chacune de ces deux villes, aucun texte ne nous autorise à le dire.

Invasion de la Calabre. — Après avoir passé en Apulie près de cinq mois, l'empereur s'éloigne vers la Calabre[1] et franchissant le Crati, s'avance le long de la côte au-devant des Sarrasins. En apprenant que le puissant « roi des Francs » vient à son tour, avec une brillante armée, combattre les Arabes, l'émir Aboul-Kâsem a proclamé le guerre sainte[2]. Ce ne sont plus seulement quelques bandes de pillards qui vont, comme tous les ans, ravager les côtes du golfe de Tarente : des troupes nombreuses, décidées à une lutte à outrance contre les chrétiens, s'unissent, à l'appel de l'émir, sous la bannière du Prophète. Quelle est, dans ces circonstances, l'attitude des Byzantins ? Est-il vrai, comme l'affirment plusieurs chroniqueurs, qu'il y a eu alliance entre les Grecs et les Arabes contre Otton II[3] ? Le moine de Saint-Gall dit que les Byzantins, n'ayant pu réussir à empêcher par leurs négociations le départ de l'empereur, provoquent eux-mêmes l'attaque des Sarrasins de Sicile, d'Afrique et d'Egypte, en leur fournissant des subsides. Mais c'est là une interprétation arbitraire, qui s'explique aisément par l'ignorance des chroniqueurs germaniques sur les affaires de l'Italie méridionale et par leur hostilité contre les Byzantins. Le moine de Saint-Gall ne semble point se douter que les incursions des Arabes en Calabre avaient recommencé depuis près de cinq ans, et que les Fatimites, en paix avec Nicéphore Phocas, étaient de nouveau, depuis la fin du règne de Tzimiscès, les ennemis de l'empire byzantin. Si les Grecs de Calabre paient aux musulmans de Sicile, non un subside, mais un tribut, c'est dans l'espoir de les éloigner ou d'atténuer, tout au moins, la violence de l'invasion : car ils sont les premiers à souffrir de leurs ravages

1. *Diplomata*, n°s 274-276. — En parlant du passage de l'armée allemande près de Métaponte, M. Schlumberger ajoute : « Ici on traversait l'extrême pointe de la principauté de Salerne, qui, par une disposition étrange, s'étendait jusque-là, détachant comme un coin jusqu'à la mer cette langue de terre qui séparait l'Apulie grecque du second thème impérial italien, la Calabre. » (*Ep. byz.*, I, 508.) Mais, depuis la fin du IXe siècle, l'autorité du prince de Salerne sur cette région était toute fictive.

2. IBN-AL-ATIR (*Bibl. ar.-sic.*, I, 433).

3. *Ann. Sangall.*, I, 80 — HERIM. AUG. (Ss., V, 117); — SIGEB. *chron.*, *id.*, VI, 352.

périodiques. D'ailleurs, comme l'a reconnu Amari, il n'y a pas trace d'un combat où les Sarrasins et les Grecs aient combattu ensemble[1]. Tout ce qu'on a dit à ce sujet vient d'une source apocryphe, la fausse chronique de la Cava. Amari suppose que le stratège de Calabre a pris à sa solde l'une des bandes musulmanes: mais ce n'est là qu'une hypothèse. On comprend fort bien, en tout cas, que la légende d'une alliance offensive entre les Grecs et les Musulmans ait trouvé du crédit en Allemagne, après la défaite de l'empereur: comment expliquer un tel désastre, sans imaginer la complicité des Grecs, dont l'hostilité contre Otton II ne pouvait faire doute?

Assurément les officiers byzantins de Calabre et la population grecque n'ont dû voir qu'avec une extrême méfiance l'arrivée des troupes germaniques. Ils ont dû se tenir volontairement à l'écart de la lutte, s'enfermant derrière les murailles de leurs villes, et résolus à laisser les deux adversaires user réciproquement leurs forces dans une guerre sans merci. Mais tandis qu'en Apulie l'empereur germanique, par l'appui qu'il donne aux rebelles, lutte ouvertement contre les Byzantins, il est probable qu'une fois arrivé en Calabre, au milieu d'une population purement grecque, il cherche à s'entendre à l'amiable avec les fonctionnaires ou officiers byzantins[2]. La résistance inattendue, qu'il avait rencontrée sous les murs de Matera et de Tarente, devait le rendre plus conciliant dans ses rapports avec les villes calabraises. Notons, d'ailleurs, qu'il emmène avec lui dans cette campagne sa femme, la Grecque Théophano, sœur des souverains de Constantinople, médiatrice naturelle entre l'empereur germanique et les représentants du basileus. Pendant qu'Otton II s'éloigne vers le sud, Théophano reste à Rossano, avec l'évêque de Metz, une suite nombreuse et le trésor impérial : cela suppose un accord avec les notables de la ville et les officiers byzantins, qui ont dû faire à la sœur de Basile II l'accueil le plus empressé[3].

1. Amari, II, 322. — Cf. Schlumberger, *l. c.*, I, 506.

2. S'il avait une armée assez nombreuse pour combattre les Sarrasins sur terre, il manquait de navires, et le concours des Byzantins pouvait lui être fort utile pour éloigner de la côte les vaisseaux arabes. Tout au début de l'expedition, soit à Tarente, soit dans le port de Rossano, il traite avec deux chefs de vaisseaux byzantins, porteurs du feu grégeois (Thietm., III, 13). Une chronique de Liège (*M. G. Ss.*, VIII, 266) signale la présence, dans cette ville, d'un évêque grec, chassé de Calabre, pour avoir favorise l'invasion d'Otton II.

3. Le moine lorrain Alpertus (*De episcopis Mettensibus*, *Ss.*, IV, 697), qui

On a dit qu'Otton II était entré à Rossano après en avoir chassé les Sarrasins[1]. Mais c'est là encore une hypothèse toute gratuite. Le moine Thietmar fait allusion[2], sans la nommer, à une ville où les Sarrasins s'étaient enfermés, jusqu'au moment où l'empereur vint à son tour l'occuper : il n'y a aucune preuve que cette ville fût Rossano. Située sur une hauteur abrupte, à plusieurs kilomètres de la plage, Rossano était une des places les mieux fortifiées de la Calabre, les plus faciles à défendre, les plus capables de résister victorieusement à une longue attaque. Le biographe de saint Nil nous dit pourquoi les habitants de Rossano étaient fiers de leur ville : seule en Calabre, elle avait toujours résisté aux assauts des Sarrasins[3]. Si une ville de cette importance était tombée entre les mains de l'émir Aboul-Kâsem, comment son nom ne serait-il pas cité par les chroniqueurs arabes? On croit généralement que la bataille décisive a eu lieu au sud de Cotrone, peut-être à Stilò[4], et l'on oublie que Rossano est située beaucoup plus loin vers le nord. Il me semble probable que la ville, où les Sarrasins s'étaient enfermés, et d'où ils furent si promptement chassés, n'était autre que Cotrone : cette place, située au bord de la mer, était en effet bien plus exposée que Rossano aux attaques des envahisseurs et bien plus facile à prendre.

Battus une première fois et mis en fuite, les Sarrasins se replient vers le sud. Une assez grande distance séparant les deux armées, Otton connaît fort imparfaitement les positions de son adversaire, bien qu'il envoie en avant des éclaireurs. Comme une nouvelle rencontre se produit (13 juillet), l'empereur croyant n'avoir en face de lui qu'une faible partie de l'armée sarrasine, se lance en avant, et commence l'attaque avec une folle audace. Il est d'abord vainqueur, et l'émir Aboul-Kâsem tombe au milieu de ses fidèles; mais tout d'un coup les Sarra-

confond les Sarrasins avec les Byzantins, raconte que Théophano, apprenant à Rossano la défaite des Allemands, se laissa entraîner à des propos si blessants pour l'amour-propre germanique que l'évêque Thierry en éprouva une vive irritation.

1. AMARI, II, 308.

2. THIETM., III, 12.

3. *Vie de saint Nil*, 2.

4. On hésite, en réalité, entre les environs du cap « Colonne » situé tout près de Cotrone, au nord du golfe de Squillace, et la rive de Stilò, située beaucoup plus loin, au sud du même golfe. Les deux seuls textes où il soit fait mention du lieu de la bataille sont : LUP. PROTOSP. : *in civitate Columnæ* (*ad ann.* 981); — et ROM. SALERN., *Ss.*, XIX, 400.

sins, cachés dans les montagnes, se rassemblent, attaquent à l'improviste l'armée chrétienne, déjà épuisée par une longue marche sous un ciel torride, l'enveloppent de toutes parts et lui infligent une sanglante défaite[1]. La plaine se couvre de morts et de blessés; les chefs les plus illustres de l'armée allemande, l'évêque d'Augsbourg, l'abbé de Fulda, tombent frappés mortellement, ou deviennent prisonnier des Arabes. « La fleur de la patrie a été brisée par le fer, l'honneur de la blonde Germanie a succombé[2] », s'écrie avec douleur le biographe de saint Adalbert. Au nombre des morts, on compte aussi quelques chefs lombards, les jeunes fils d'Aloara, princesse de Capoue[3]. Les trésors de l'armée allemande, entr'autres de précieux reliquaires, deviennent la proie des infidèles. Parmi les soldats survivants de cette armée en déroute, beaucoup périssent de soif ou de maladie. Quant à l'empereur Otton, c'est un prodige qu'il échappe à la fureur de l'ennemi : il s'enfuit le long du rivage et voyant, à peu de distance, deux vaisseaux grecs (ceux-là même qu'il avait engagés à Tarente), il s'élance à cheval au milieu des flots, implorant de loin la pitié des capitaines byzantins. Tandis que le premier vaisseau s'éloigne, sur le second seulement on consent à recevoir le fugitif. D'après les récits très détaillés de ce dramatique épisode[4], il semble que l'empereur ait réussi d'abord à se faire passer pour un autre : dans ce cas, il faut admettre que le chef byzantin n'était pas celui avec lequel il avait traité à Tarente, ou qu'Otton II ne s'était pas mêlé directement à l'affaire. Seul un condottiere slave, autrefois au service de l'empereur, et qui se trouvait par hasard sur le navire, l'aurait reconnu, mais aurait consenti à garder le secret. Cependant les marins grecs, soit qu'ils aient fini par reconnaître le fugitif, soit qu'ils aient soupçonné en lui quelque grand personnage dont la rançon leur serait payée fort cher, prétendent l'emmener à Constantinople. Otton, cachant ses véritables intentions, demande qu'on le laisse débarquer au port de Rossano, où il a laissé ses trésors. Zolunta, le condottiere

1. Les deux récits les plus détaillés, et qui paraissent le mieux informés, sont dans Thietmar (III, 12) et dans la *Chronique de Venise* (p. 145).

2. *M. G. Ss.*, IV, 598; — cf. *Ann. Lamb.*, *id.*, III, 65; — *Ann. Altah.*, *id.*, XX, 789.

3. Leo Ost., II, 9.

4. *Cron. Venez.* et Thietm., *l. c.* — Cf. *Gesta episc. Camerac.*, I, 104 (dans *Ss.*, VII, 444). Sur les détails de la fuite, voir le récit de M. Schlumberger, *Ep. byz*, 515, et Uhlirz, *l. c.*, *Excurs X*, p. 262.

slave, qui lui a promis secrètement de favoriser son évasion, débarque le premier et s'empresse de monter à Rossano : il ramène avec lui Théophano et l'évêque de Metz, accompagnés d'une petite escorte qui cache avec soin ses armes. Les marins grecs, voyant arriver sur le rivage le cortège de Théophano, suivi des bêtes de somme qui portent les trésors de leur prisonnier, s'empressent de jeter l'ancre et laissent approcher sur des barques l'évêque de Metz avec un certain nombre de ses compagnons. Mais alors Otton II se jette brusquement à la nage et gagne la rive en toute hâte, protégé par les barques de ses soldats. L'un des marins, qui cherche à le poursuivre, est tué, et les guerriers allemands, ayant assuré la fuite de l'empereur, ne tardent pas à le rejoindre.

Otton II franchit le Crati et arrive tout près de Cassano, moins de deux semaines après la bataille de Stilò[1] : de là il se dirige, par les montagnes du Mercourion, vers la principauté de Salerne. Le 2 août, il est sur les bords du Laino, qui forme probablement la frontière entre le thème de Calabre et le territoire lombard, puisque la bourgade de Lauria dépend du prince de Salerne[2]. Le 18 août (982), il est à Salerne même[3], ayant consenti à reconnaître comme prince légitime le patrice Manson, duc d'Amalfi. Au reste, avant d'entrer à Salerne, il a une entrevue avec le nouvel évêque Amatus, et lui cède tous les biens de Landolf, fils de Landolf, l'un des seigneurs lombards qui occupaient la haute vallée du Sinni, et la ville de Marsico, dans la partie orientale de la principauté de Salerne[4]. Landolf est déclaré coupable de lèse-majesté, en rébellion ouverte contre l'empereur, soit qu'il ait pris les armes contre l'armée germanique au début de la campagne de Calabre, soit qu'Otton II ait voulu le châtier de la part qu'il avait prise, sans doute, à la chute du jeune Paldolf. Trop faible pour

1. *Diplomata*, n° 276 (27 juillet). Le diplôme suivant (n° 277, 31 juillet) porte la mention *Actum in Calabria juxta civitatem que dicitur Rossianum*. Mais il est probable que la date du 31 juillet ne concorde pas, en réalité, avec le nom de la localité; le diplôme a pu être *accordé* à Rossano et *rédigé* seulement le 31 juillet, dans une localité inconnue [Cf. Sickel, *Sur l'itinéraire d'Otton II* (*Archivio della R. Soc. Rom. di storia patria*, t. IX, p. 313)].

2. *Chron. Salern.*, 176 ; — *Diplom.*, n° 278.

3. *Diplom.*, n° 279.

4. *Diplom.*, n° 285. La date (2 novembre) est celle de la *rédaction* de l'acte, pendant le séjour de l'empereur à Capoue; mais le privilège a été délivré en août, quand l'empereur est à Capaccio, avant d'arriver à Salerne (cf. Sickel, art. cité, IX, 315). Sur ce Landolf, *Chron. Salern*, 176. — Cf. *supra*, p. 234.

chasser de Salerne le puissant duc d'Amalfi, il est très possible que l'empereur se soit vengé de ses défaites sur un des complices de Manson.

Otton II se rend ensuite à Capoue, la seule des grandes villes lombardes où il trouve des vassaux fidèles : car le duc d'Amalfi devenu, malgré l'empereur germanique, prince de Salerne, a beau montrer à son égard les dispositions les plus conciliantes, l'attitude la plus pacifique, il n'est pas vraiment son vassal. C'est le plus jeune fils d'Aloara, Landenolf, qui prend le titre de prince de Capoue, avec l'investiture impériale[1] : mais Bénévent, gouvernée par le neveu de Paldolf Ier, reste séparée de Capoue. Au reste, le malheureux empereur, après avoir reçu l'hommage du jeune Landenolf, ne songe qu'à regagner Rome et à refaire son armée.

La bataille de Stilò était un désastre pour les deux adversaires, puisque les Sarrasins, ayant perdu leur chef, avaient dû reprendre le chemin de la Sicile. Mais en Italie et dans tout l'empire, on n'apprit guère que la fuite de l'empereur et la destruction presque complète de son armée[2]. On imagine aisément quelle émotion dut produire cette lugubre nouvelle. L'élite de la noblesse allemande, partie pleine d'enthousiasme pour cette lointaine croisade, venait de périr presque tout entière à l'extrémité de l'Europe ! Depuis la restauration du Saint-Empire, c'était la plus grave et la plus humiliante défaite subie par les troupes impériales : quel coup porté à leur réputation militaire et au prestige de la maison de Saxe ! Aussi des troubles éclatent aux confins de l'empire, là où l'autorité d'Otton II est encore mal affermie ; sur la frontière de l'Elbe, Danois et Slaves s'agitent pour reprendre leur indépendance[3]. En Allemagne même, parmi les plus fidèles sujets de l'empereur, on blâme sa légèreté, l'imprudence inouie avec laquelle il s'est jeté dans cette aventure[4]; on voit dans sa défaite un

1. *Diplom.*, n° 280-288 (du 26 septembre au 12 novembre). — Cf. LEO OST., II, 9.

2. Cf. les *Chroniques germaniques* déjà citées (*Ann. Sangall.*, THIETMAR) ; — *Ann. Hildesh.* (*M. G. Ss.*, III, 64) ; — la *vita sancti Adelberti* (*Ss*, IV, 598) ; — et RICHER, III, 95. (*Ss.*, III, 627). — Il est curieux d'observer au contraire que les chroniques grecques, écrites en Calabre, parlent seulement de la mort de l'émir et du massacre d'un grand nombre de Sarrasins (*Chron. siculo-sarracena*, ed. Cozza-Luzzi, p. 109, 123).

3. RICHTER et KOHL., *l. c.*, p. 139.

4. ALPERTUS (*de Episcopis Mettensibus*) et BRUNON (*Vita sancti Adelberti*) ; — *Ss.*, IV, 697, 598.

juste châtiment du ciel. Dans le nord de l'Italie, la population se soulève contre les évêques, partisans trop zélés du souverain germanique; les décrets de l'empereur sont méprisés, ses légats menacés de mort; lui-même est tourné en dérision, on le traite d'âne, comme le raconte Gerbert[1].

Cependant Otton II, pour relever le courage de ses fidèles, réunit à Vérone une grande assemblée, où les grands d'Allemagne et d'Italie le proclament de nouveau solennellement « roi de Germanie et d'Italie », ainsi que son fils, le jeune Otton, alors âgé de trois ans. C'est à Vérone que l'empereur, voulant effacer le souvenir de sa défaite et rétablir son prestige, résolut d'organiser une nouvelle expédition dans l'Italie méridionale. Mais il ne pouvait plus compter sur les troupes allemandes, si gravement affaiblies par cette première campagne et occupées à défendre l'Allemagne elle-même, sur les frontières menacées du nord-est. L'armée nouvelle, rassemblée par Otton, se recruta surtout dans l'Italie du Nord et dans l'Italie centrale, en Tuscie et dans la marche de Spolète[2].

Vers la fin de l'été (août 983), Otton II est sur les bords du Trigno, petit fleuve qui descend des Abruzzes. Quelques jours plus tard, il arrive à Larino, dans la région constamment disputée entre Byzantins et Lombards de Bénévent[3]. Mais à ce moment la nouvelle de la mort du pape, la crainte de troubles possibles à Rome, ou peut-être dans d'autres parties de l'Italie, ramènent de nouveau l'empereur en arrière. Il rentre à Rome afin d'assurer le pontificat à son chancelier, l'évêque Pierre de Pavie, proclamé pape sous le nom de Jean XV. Quelques semaines plus tard, Otton II, affaibli par les fatigues de ses multiples campagnes, consumé par l'inquiétude, tombe malade et meurt, à peine âgé de vingt-huit ans. Il est enterré à Saint-Pierre, près du tombeau des Apôtres (décembre 983).

Sa mort marque pour une très longue période la fin des entreprises germaniques dans les thèmes byzantins de l'Italie du Sud : il faudra le soulèvement de Mélo, et les premières attaques des Normands, pour provoquer de nouveau l'intervention armée d'un empereur germanique en Apulie.

Cependant les Arabes, rentrés à Palerme, après la mort de leur émir sur les rives de Calabre, se révoltent contre leur

1. GERBERTI *Epist.*, 11 et 12 (fin 983).
2. THIETM., III, 14.
3. *Diplom.*, n°s 316, 317.

nouveau chef, le fils d'Aboul-Kâsem et proclament sa déchéance. Le khalife du Caire envoie en Sicile, avec le titre d'émir, son favori Giafar[1]. Les incursions musulmanes en Calabre ne recommencent qu'un peu plus tard, vers 986. En résumé, les Byzantins, spectateurs inactifs de la guerre entre les Allemands et les Arabes, tirent profit de la retraite des uns et des autres. En Apulie, tous les rebelles se soumettent de gré ou de force : avant même la mort d'Otton II, le nouveau gouverneur ou catépan de Bari, Calocyr Delphinas, a repris Bari et Trani et, dans l'intérieur des terres, la ville d'Ascoli, si longtemps gardée par les Lombards[2]. Les évêques latins eux-mêmes ont défendu la cause de l'empire byzantin, et le catépan les récompense de leurs services par d'importants privilèges[3].

1. Amari, II, 330, 339.
2. Lup. Protosp., *ad a* 983.
3. Beltrani, *Docum. long. e greci*, n° 8 : privilège accordé à l'évêque de Trani, Rhodostamos.

CHAPITRE III

UNE RÉFORME ADMINISTRATIVE : L'INSTITUTION DU CATÉPAN D'ITALIE

Le premier texte qui, à notre connaissance, fasse mention d'un catépan d'Italie, est un diplôme accordé en 975 au monastère impérial de Saint-Pierre-de-Tarente, par Michel, « anthypatos et patrice[1] ». A partir de cette date, et durant toute la première moitié du XIe siècle, c'est le catépan, résidant à Bari, qui remplace l'ancien « stratège de Longobardie ». Ainsi, au moment où l'ambition germanique menace, dans l'Italie du Sud, la suprématie byzantine, il se fait un double changement dans la manière de désigner le plus haut représentant du basileus : en même temps que son titre diffère, on donne un autre nom à la région qui lui est assignée. Il est difficile d'admettre que cette transformation verbale ne soit pas l'indice d'une réforme ou d'un essai de réforme, ayant pour objet d'assurer, d'une manière plus efficace, la défense de la suprématie byzantine.

Origines de la réforme. — A l'avènement de Nicéphore Phocas, le domaine du basileus dans la péninsule est divisé, on l'a vu, en deux provinces ou thèmes distincts, Longobardie et Calabre : les deux stratèges qui les gouvernent semblent égaux en dignité et, par suite, indépendants l'un de l'autre. Fidèles à l'antique conception qui fait un seul tout de la Calabre et de la Sicile, les Byzantins n'ont pas réalisé l'unité administrative de toutes les régions qui, sur le continent italien, sont sou-

1. TRINCHERA, *Syllabus*, n° 7. L'auteur de l'introduction du *Codice Barese* (t. I, p. XXXI) conteste, sans raison sérieuse, la date de 975.

mises à leur autorité. Ce dualisme s'explique par le rôle spécial, attribué à chacun des deux stratèges, vers la fin du règne de Léon VI, lorsque le temps est passé des grandes expéditions militaires, et qu'un régime semi-pacifique s'établit dans l'Italie méridionale[1]. Pour ces deux fonctionnaires, l'action diplomatique est aussi importante que l'action militaire, et souvent davantage : l'un est chargé surtout des relations avec les Arabes de Sicile, dont il s'agit de modérer les convoitises par des contributions régulières; l'autre a pour mission de rester en rapports avec les princes lombards, d'être leur intermédiaire auprès du basileus, de leur rappeler au besoin les serments qu'ils ont prêtés, les promesses de fidélité par lesquelles ils ont reconnu la suzeraineté byzantine. Au reste, entre la population des deux thèmes il y a de profondes différences : ici, ce sont des Grecs, unis aux plus anciens sujets de l'empire par le lien d'une même langue, d'une même culture et d'un même droit, faisant partie, comme eux, de cette église byzantine orthodoxe, dont le chef, le très vénérable patriarche de Constantinople, nomme leurs évêques; là ce sont, en majorité, des Latins ou des Lombards, parlant une autre langue, ayant d'autres coutumes, obéissant à des évêques latins, qui, tout en reconnaissant l'autorité légitime du basileus, sont nommés et consacrés par le pape de l' « ancienne Rome », patriarche d'Occident. Au reste, tant que l'unité chrétienne n'est pas rompue entre les deux patriarches, tant que la couronne impériale, en Occident, reste vacante et que les souverains de Byzance continuent d'entretenir, soit avec les rois d'Italie, soit avec les chefs de l'aristocratie romaine, soit avec les papes de l'ancienne Rome, les plus amicales relations[2], ces différences, entre Latins et Grecs, si profondes qu'elles soient, n'aboutissent point encore à un véritable antagonisme. Cependant l'histoire des règnes de Romain Lécapène et de Constantin Porphyrogénète a montré qu'entre les révoltes des Lombards de Capoue et de Salerne et les incursions sarrasines il y a une relation étroite : sans qu'on puisse dire que les unes soient directement la cause des autres, il est certain qu'elles se produisent, d'ordinaire, à peu près en même temps et que cette coïncidence n'est pas for-

1. Cf. *supra*, p. 180.
2. Cf. *supra*, p. 218.

tuite. S'ils peuvent repousser les Sarrasins et leur imposer la paix, les Byzantins sont plus forts contre les rebelles lombards; et, d'autre part, la soumission des Lombards leur permet de lutter plus efficacement contre le péril sarrasin.

Mais les troupes qui combattent, soit en Apulie, soit en Calabre, se dispersent, un peu au hasard, selon l'occasion et sans qu'il y ait entre elles unité d'action. Ainsi leurs efforts mal combinés n'arrivent qu'à des résultats incertains et éphémères. Les défaites successives éprouvées par les stratèges ou leurs officiers, leur impuissance à établir une paix durable, soit sur les côtes voisines de la Sicile, soit aux confins de l'Apulie, rendent plus sensibles les inconvénients qui résultent de cette dispersion des forces et de ce dualisme dans le haut commandement. Quand le basileus envoie en Italie, pour une expédition extraordinaire, de nombreux renforts, c'est le chef de cette armée de secours qui, prenant la direction de la campagne, est investi de l'autorité suprême : il semble alors que le stratège local, chargé de joindre ses forces aux siennes, lui soit subordonné : c'est ce qui arrive en Calabre, vers 950, quand le patrice Malakenos vient combattre les Sarrasins[1]. Il faut donc une circonstance exceptionnelle pour établir l'unité de commandement, pour organiser les forces éparses dans l'Italie du Sud et les faire concourir au même but. Quelques années plus tard, Constantin Porphyrogénète nomme un seul et même stratège pour la Calabre et la Longobardie[2] : c'est Marianos Argyros, chargé en même temps de faire triompher l'autorité du basileus en Campanie et d'obliger les Arabes de Sicile à cesser leurs incursions. Ce n'est là peut-être qu'une ébauche de réforme, et rien ne prouve qu'après le rétablissement de la paix les deux thèmes soient restés sous l'autorité d'un seul gouverneur.

La mission du magistros Nicéphore. — Le juge impérial d'Italie et Calabre. — Pour la campagne de Sicile, entreprise au début du règne de Nicéphore Phocas, il est probable que les troupes italiennes, et notamment celles du thème de Calabre, doivent prêter leurs concours; cependant on ne les voit point mentionnées dans les batailles livrées autour de Messine. Mais

1. Cedr., II, 358.
2. Théoph. Cont., p. 453; — Trinchera, *Syllabus*, n° 6.

les désastres même de cette expédition ont dû montrer à Nicéphore la nécessité de mieux fortifier l'Italie, de tirer un meilleur parti des ressources qu'elle peut offrir, d'organiser sur place, et le plus près possible de la Sicile, la préparation de la guerre contre les Sarrasins, au lieu de recommencer sans cesse, avec des troupes envoyées du centre de l'empire, de grandes expéditions, toujours fort coûteuses et dont les résultats sont toujours fragiles. Vers 965, le basileus envoie à Bari, pour gouverner à la fois la Longobardie et la Calabre, le *magistros* Nicéphore[1], — grande nouveauté pour les sujets italiens de l'empire, qui n'avaient jamais vu encore, au dire du biographe de saint Nil, un magistrat investi d'une si haute dignité. En effet, les fonctionnaires ou dignitaires, en très petit nombre, qui sont décorés du titre de *magistros* se trouvent placés, dans la hiérarchie du palais de Byzance, immédiatement après la famille impériale; ils passent avant les patrices et les gouverneurs des principaux thèmes[2]. Nicéphore veut obliger les villes de Calabre à fournir elles-mêmes des vaisseaux, en vue d'une expédition contre la Sicile : mais les Calabrais, peu habitués à cette charge nouvelle pour eux, refusent de la subir, et l'exemple de la révolte leur est donné par les gens de Rossano. C'est qu'en effet, avant l'arrivée de Nicéphore, la défense navale de la Calabre était réduite au minimum. Le thème de Calabre n'est pas considéré à Byzance comme une province spécialement maritime, semblable aux thèmes de Samos ou des Cibyrrhéotes, qui sont tenus de fournir une flotte régionale[3]. Pour la Calabre, c'est à peine si quelques vaisseaux font croisière le long des côtes[4] : en cas de guerre, on a recours à la flotte impériale ou aux flottes des thèmes orientaux. Tel est l'état de choses que le nouveau « magistros », investi de la pleine confiance du basileus, a voulu modifier. On sait, d'ailleurs, que les habitants de Rossano refusent de lui obéir, et que lui-même éprouve sur mer un nouveau désastre, peu de temps après la prise de Rametta par les Arabes[5].

Si la mission confiée au magistros Nicéphore a un caractère

1. LUP. PROTOSP., *ad ann.* 966 : — *Vie de saint Nil*, 60.
2. CONST. PORPH., *de Cerim.*, I, 9. 38, 46 ; — COMM. REISKE, p. 67.
3. NEUMANN, *Historische Zeitschrift*, 1898, t. II, p. 1-20.
4. *De Cerim.*, II, 45 : « Ἐν Καλαβρίᾳ οὐσίαι γ'. »
5. *Cron. Siculo-Saracena*, éd. Cozza-Luzzi, p. 46, 78, 108.

exceptionnel, du moins nous indique-t-elle dans quel sens Nicéphore Phocas entend réformer l'administration des thèmes italiens. Quand ils sont menacés par les entreprises d'Otton, l'urgence de la réforme apparaît avec plus d'évidence : entre la Longobardie et la Calabre, il est nécessaire d'établir un lien permanent. N'est-ce pas vers la même époque qu'apparaît à Rossano un haut fonctionnaire civil[1], dont l'autorité s'étend aux deux thèmes : Eupraxios, « juge impérial d'Italie et de Calabre »? Enfin, dans l'organisation ecclésiastique, il n'est pas douteux que Nicéphore Phocas n'ait cherché à unifier davantage le clergé de Calabre et celui d'Apulie, en rompant le premier avec cette politique de large tolérance suivie par ses prédécesseurs, et en voulant assurer, jusque dans l'Apulie lombarde, la prédominance du rite grec[2]. Qu'on rapproche tous ces faits, et l'on comprendra mieux quel est le rôle du « catépan d'Italie ». Ce titre nouveau est donné au représentant du basileus à Bari, quelques années avant 975, date du premier diplôme où il apparaisse, puisqu'en accordant un privilège au monastère de Saint-Pierre-de-Tarente, l'anthypatos et patrice Michel « catépan d'Italie » rappelle la donation antérieure d'un autre catépan. Ainsi l'institution nouvelle doit être attribuée probablement à Nicéphore Phocas, mais elle est maintenue par son successeur.

Le thème d'Italie. — Cependant le titre de « catépan d'Italie » n'implique pas nécessairement que l'autorité du personnage ainsi désigné s'étende également aux deux anciens thèmes de Longobardie et de Calabre. En fait, les deux thèmes ne sont pas confondus, et le mot d'Italie ne s'applique qu'à l'ancienne Longobardie. On trouve fréquemment l'expression « Italie et Calabre », comme pour bien marquer que la Calabre reste distincte de l'Italie[3]. Si certains catépans, au XIe siècle, s'intitulent « catépans d'Italie et de Calabre[4] », les premiers dont nous ayons des diplômes, l'anthypatos Michel, Calocyr Delphinas, Grégoire Trachaniote, se disent seulement « catépans d'Ita-

1. *Vie de saint Nil*, 45.
2. LIUDPR. *Legatio*, 62.
3. *Vie de saint Nil*, 45, 60. — Cf. l'article de KAP-HERR (*Deutsche Zeitschrift f. Geschichtswissenschaft*. 1891, 1, p. 67).
4. DEL GIUDICE, *Cod. dipl. ang.*, t. I, App., p. XIV, n°s 3-4 [diplôme des catépans Christophore et Biccianus (?) voir aussi (*id.*, p. XVI ; — et TRINCHERA, n° 42) les actes d'Argyros, duc d'Italie, Calabre, Sicile, etc.

lie »[1]. Mais, s'il y a encore un stratège en Calabre[2], il est probable qu'il est subordonné au catépan. Sans modifier l'organisation des thèmes italiens, telle qu'elle est établie dès le début du xe siècle, on change leurs rapports : comme on oublie de plus en plus l'ancien thème de Sicile, la Calabre tend à devenir une dépendance ou une annexe de l' « Italie ». Le patrice Romanos, qui essaie d'entrer en rapports avec Otton II par l'intermédiaire de saint Sabas, gouverne à la fois « l'Italie et la Calabre[3] ». Dans un diplôme de Jean Curcuas, « anthypatos, patrice et catépan d'Italie », les immunités financières accordées aux colons d'un monastère apulien sont étendues à tous les hommes de « Calabre ou d'Italie » qui viendront s'établir sur ses terres[4].

Sens du mot catépan. — Sur l'origine du nom de catépan, les opinions sont partagées : dès le XIe siècle, les Latins, ayant traduit catépan par « catapan », ont voulu y voir les deux mots grecs κατὰ et πᾶν, celui qui est chargé de *tout*. C'est l'étymologie très contestable proposée par Guillaume de Pouille[5]. Mais si l'on observe que la forme véritable est le mot κατεπάνω, il est plus naturel de le faire dériver de κατὰ et ἐπάνω, *supra* : au-dessus, le chef qui est au-dessus des autres.

Au xe siècle, dans la nomenclature byzantine, on appelle catépans les chefs des colonies étrangères, des troupes auxiliaires cantonnées dans les thèmes : c'est ainsi que Constantin Porphyrogénète cite le catépan des Mardaïtes et celui des Slaves de l'Opsikion[6]. Les gouverneurs de certaines places fortes, de certains thèmes, situés aux confins de l'empire, et plus exposés aux attaques incessantes de ses voisins, portent aussi le nom de « catépans » : nous connaissons les catépans de Basse-Médie, ou d'Ibérie, ceux de Salonique, d'Antioche, d'Edesse, de Nicopolis, de Dyrrachion[7]. De même, le thème d'Italie est proprement une province frontière ; le personnage

1. TRINCHERA, n°s 7, 10, 18 ; — BELTRANI, *Docum.*, n°s 8 et 9.
2. Une charte du XIe siècle, nomme le vicaire ou représentant du stratège de Calabre, Antiochus (TRINCHERA, n° 14).
3. *Vie de saint Sabas*, 20, 21.
4. DEL GIUDICE, *l. c.*, p. XIII, n° 2 ; — le diplôme de Grégoire Trachaniote en 999 (BELTRANI, n° 9) semble indiquer que l'autorité du catépan s'étend sur les deux thèmes.
5. *Guil. Apul.*, I, 80. — Cf. DI MEO, VI, 302 ; — DU CANGE, *Gloss. gr.*
6. *De Cerim.*, II, 44 ; — *de Adm. imp.*, 50.
7. RAMBAUD, p. 196, 248 ; — SCHLUMBERGER, *Sigillographie de l'Emp. byz.*, p. 104, 327 ; — *Rev. ét. grecques*, 1900, p. 467 : *Sceaux byz. inéd.*, n° 183.

qui le gouverne, chargé d'une responsabilité plus grave, investi d'une puissance sans contrôle, est quelque chose de plus qu'un simple stratège; c'est une sorte de vice-roi. Enfin, si la cour byzantine emploie de préférence le mot « Italie », ce sont sans doute les prétentions du nouvel empire occidental, qui l'ont amenée à proclamer plus nettement ses revendications italiennes. Avant Otton Ier, les rois d'Italie, comme Hugues, orientés vers l'empire de Byzance, alors sans rival, sont les modestes alliés du basileus; mais depuis que le souverain franc, usurpant le titre impérial, prétend être le seul maître du « royaume italique », il est nécessaire de rappeler plus expressément les anciens droits de l'empire byzantin : aussi bien, l'ambition précise des catépans installés à Bari sera-t-elle de rétablir, en fait, la suprématie du basileus sur toute la partie méridionale de la péninsule, jusqu'aux portes de Rome. Au royaume latin d'Italie, qui ne représente, en réalité, que l'Italie du Nord et l'Italie centrale (Tuscie et Spolète), s'oppose le thème byzantin d'Italie, qui, comprenant l'Apulie, les principautés lombardes et les duchés campaniens, représente, avec la Calabre, toute l'Italie du Sud.

CHAPITRE IV

LES ÉGLISES GRECQUES ET LATINES DANS L'ITALIE MÉRIDIONALE

A L'ÉPOQUE DU CONFLIT ENTRE LES DEUX EMPIRES

I

LA POLITIQUE RELIGIEUSE DE NICÉPHORE PHOCAS : INSTITUTION D'UNE NOUVELLE MÉTROPOLE GRECQUE A OTRANTE (968)

Depuis l'époque de Léon VI jusqu'au règne de Nicéphore Phocas, l'organisation ecclésiastique des provinces byzantines d'Italie n'a pas subi de changement appréciable : Reggio et Santa-Severina, en Calabre, sont les seules métropoles qui dépendent du patriarcat de Constantinople. Cependant l'hellénisme se propage peu à peu au-delà de la vallée du Crati, dans cette région de la Lucanie qui appartient au versant de la mer Ionienne : on a vu combien sont nombreux les monastères grecs. fondés dans les vallées du Sinni et de l'Agri par les cénobites siciliens. Sans doute l'action des moines grecs est favorisée par les officiers byzantins. Mais, dans la plus grande partie de l'Apulie, depuis Tarente et Brindisi jusqu'à Lucera et Siponto, la population indigène lombarde garde son clergé latin, comme elle garde sa langue et ses coutumes. Si une transformation est possible, elle ne peut se faire que lentement et par étapes successives. Il est probable que les stratèges de Longobardie, par la force des choses, suivent la politique de tolérance inaugurée par Léon VI dans les dernières années de son règne.

Peut-être se contentent-ils d'exercer un contrôle sur l'élection des évêques, sans prétendre les détacher du patriarcat occidental, avec lequel nous savons que la cour byzantine entretient, sous le règne de Romain Lécapène et de Constantin Porphyrogénète, les relations officielles les plus amicales. En tout cas, s'il y a eu, durant cette période, quelques tentatives pour installer des évêques grecs dans les villes apuliennes, ou pour obliger des évêques latins à se faire consacrer par le patriarche de Constantinople, elles n'ont laissé dans les textes aucune trace.

Nicéphore Phocas est le premier qui entreprenne de fortifier et d'étendre l'organisation ecclésiastique byzantine dans l'Italie du Sud. A ses yeux, la seule manière efficace de soumettre les Lombards d'Apulie, d'étouffer les germes de révolte entretenus par les princes de Capoue et Bénévent, avec l'appui de l'empire germanique, c'est de hâter une œuvre d'assimilation, trop lentement poursuivie, en assurant par des mesures énergiques la prépondérance de l'hellénisme, aussi bien en Apulie qu'en Calabre. Puisque les envoyés d'Otton osent soutenir que les habitants de l'Apulie sont des Latins et qu'ils se rattachent naturellement, comme tels, au royaume italien et à l'empire occidental[1], il faut leur répondre, en rompant avec une politique de tolérance, qui n'est qu'un aveu de faiblesse, en faisant triompher l'hellénisme, au besoin par la force. La propagande des moines basiliens, l'accroissement des immigrés grecs ne suffisent plus; il faut que dans toutes les villes la liturgie soit célébrée selon le rite grec et que l'évêque soit un grec. Dans l'organisation ecclésiastique, comme dans l'administration militaire et civile, il est urgent de faire disparaître un dualisme funeste aux vrais intérêts de l'empire. Ainsi s'expliquent les décrets promulgués par Nicéphore, peu après sa rupture avec Otton Ier : par malheur, le texte en a disparu, aucune chronique byzantine n'y fait la moindre allusion ; nous ne les connaissons que par le témoignage d'un ennemi du basileus, l'ambassadeur d'Otton, Liutprand[2]. Ces décrets, dont l'évêque de Crémone parle, tout à la fin de son récit, sont probablement des derniers mois de l'année 968. Mais on peut se demander si l'auteur les a cités bien exactement. Est-il vrai que le basileus ait

1. *Terram quam imperii tui esse narras, gens, incola et* lingua *Italici regni esse declarat* (LIUDPR. *Leg.*, 6).
2. *Leg.*, 62.

donné l'ordre au patriarche Polyeucte d'interdire désormais, dans toute l'Apulie, comme en Calabre, la célébration des divins mystères selon le rite latin? Une mesure aussi générale devait, en tout cas, rester lettre morte; il n'est pas douteux qu'après Nicéphore Phocas la liturgie latine ne continue à être en usage dans toute l'Apulie : la grande majorité de la population étant restée latine, il était impossible qu'il en fût autrement[1].

L'évêque de Crémone nous donne un détail plus précis et plus digne de foi, quand il raconte que Nicéphore ordonne au patriarche d'élever l'église d'Otrante « à l'honneur d'un archevêché ». Il y a ici, dans les termes, une erreur facile à relever. Liutprand ignore que l'évêque d'Otrante portait, depuis l'époque de Léon VI, le titre d' « ἀρχιεπίσκοπος », d'archevêque autocéphale, sans suffragants[2]. Mais ce n'était là qu'un titre honorifique. Par le décret de Nicéphore, le siège d'Otrante devient une métropole, de laquelle dépendent plusieurs diocèses nouveaux : l'archevêque reçoit du patriarche de Constantinople le privilège de consacrer des évêques dans cinq villes, situées sur les confins de la Lucanie et de l'Apulie : Acerenza, Tursi, Gravina, Matera, Tricarico. — Nous n'avons aucune raison de mettre en doute le fait énoncé par Liutprand; d'ailleurs, une trace est restée de cette province ecclésiastique dans les listes épiscopales byzantines, rédigées au XIIe siècle : si elles ne mentionnent plus, parmi les cinq suffragants d'Otrante, que l'évêché de Tursi[3], ce n'est pas une preuve qu'à la fin du Xe siècle des évêques grecs n'aient pas réellement occupé les quatre autres sièges.

En instituant ces cinq diocèses nouveaux, il semble bien que le patriarcat de Constantinople empiétait sur le domaine du patriarcat romain : mais trois au moins des villes mentionnées[4] n'avaient jamais eu d'évêque, et savait-on au juste à quels diocèses latins elles se rattachaient? Les seuls évêques qui pouvaient les revendiquer, ceux de Tarente, d'Oria ou de Bari, sujets du basileus, n'avaient guère les moyens de faire valoir leurs droits, si loin de leur ville épiscopale, contre les ordres du patriarche, exécutés par l'archevêque d'Otrante avec l'appui

1. Cf. les chartes du *Cartulaire* de Conversano, du *Codice Barese*, de Trani.
2. Cf. Νέα τακτικά; — et *supra*, p. 186.
3. Parthey, *Notitiae episc.*, X, 223.
4. Celles de Tursi, de Tricarico et de Gravina.

du catépan. La nouvelle province ecclésiastique se trouvait précisément dans cette région mixte, si souvent contestée entre les Lombards de Bénévent ou de Salerne et les officiers byzantins; mais on doit remarquer aussi que la même région est déjà, bien avant les décrets de Nicéphore, un foyer d'hellénisme. Dans les vallées de l'Agri, du Basento et du Bradano, les nouveaux évêques grecs ont été précédés par des moines basiliens qui ont préparé, surtout entre Tursi et Tricarico, le triomphe de la liturgie byzantine et l'ont rendu singulièrement plus facile. S'il y a eu vraiment un décret de Nicéphore interdisant en Apulie la liturgie latine, peut-être ne s'applique-t-il qu'à cette partie de l'Apulie qui constitue la nouvelle province d'Otrante; peut-être aussi le basileus espérait-il, en créant peu à peu d'autres métropoles, uniquement placées sous la juridiction de Constantinople, obliger toutes les églises apuliennes à suivre uniquement le rite grec. Il est probable que Jean Tzimiscès, si prompt à relâcher le prince de Capoue et à conclure la paix avec Otton, n'a point cherché à imposer de force à tous les Apuliens latins un rite qui leur était étranger. Les guerres et les troubles intérieurs, qui affaiblissent si gravement l'administration byzantine dans le thème d'Italie, ne sont guère favorables à un progrès rapide de la propagande hellénique. En tout cas, dans la période qui suit l'intervention germanique et les décrets de Nicéphore Phocas, il y a visiblement une rivalité plus ardente, une véritable lutte d'influence entre le clergé lombard-latin et le clergé byzantin. Mais, avant de rechercher comment cette lutte se manifeste dans les grandes villes du littoral, à Tarente, à Trani, à Bari, il faut montrer quel est le rôle des nouvelles métropoles lombardes, créées à Bénévent et à Salerne par des papes tout dévoués à l'empire germanique.

II

LES NOUVELLES MÉTROPOLES LOMBARDES

C'est sur l'initiative du prince de Capoue, Paldolf Tête-de-Fer, que le pape Jean XIII se décide à créer des provinces ecclésiastiques dans l'Italie méridionale, considérée jusqu'alors comme un prolongement du « diocèse suburbicaire ». On devine à quelles raisons politiques est due cette réforme : c'est la capitale de Paldolf, la ville de Capoue, qui devient la première le siège d'un archevêque[1]. Donner à ce nouvel archevêque, qui est le frère de Paldolf, le droit de consacrer des évêques dans plusieurs villes de Campanie, c'est fortifier l'unité du clergé lombard et rendre plus étroits les liens qui l'attachent au prince. Après Capoue, Bénévent, Salerne, Naples, Amalfi obtiennent les mêmes titres et les mêmes privilèges[2]. En fait, il devenait impossible de maintenir sous la juridiction directe de l'Eglise romaine tous les diocèses latins de l'Italie méridionale ; ayant perdu, depuis plus de deux siècles, les patrimoines et les domaines qui lui assuraient autrefois, dans cette région, une influence considérable, comment le pape pouvait-il exercer ses droits de métropolitain jusqu'aux confins de la Calabre ? Les évêques jouissaient donc de la plus large autonomie, et leurs rapports avec Rome étaient nécessairement de plus en plus rares. Cependant ils devaient venir à Rome au moins une fois pour se faire consacrer. Ces évêques étaient, il est vrai, en assez petit nombre, et bien des églises, détruites ou abandonnées au début de l'invasion lombarde, puis à l'époque des incursions sarrasines, n'avaient pas été restaurées[3]. Pour comprendre comment une telle situation a pu se prolonger jusqu'à la fin du xe siècle, il faut se rappeler quelle est, à cette époque, la profonde corruption du Saint-Siège et d'un grand nombre d'églises italiennes. Pour ranimer la vie ecclésiastique au sud de la péninsule, il était nécessaire de morceler les anciens diocèses trop vastes et de créer des évêques nouveaux. Mais cette réforme n'était possible qu'en établissant des métropoles dans les villes les plus importantes, directement soumises à l'autorité du prince.

De ces nouvelles métropoles, celles qui comptent le plus grand nombre de diocèses suffragants sont Bénévent et Salerne : l'histoire de ces deux provinces ecclésiastiques est d'autant plus curieuse qu'elles s'étendent, à la fois, en domaine lombard et en domaine byzantin.

1. Leo Ost., II, 9 ; — Cf. *Liber Censuum*, fasc. 1, p. 40 et *supra*, p. 299.

2. *Bénévent en* 969 (Jaffé-Löw., 3738) ; — *Salerne avant* 989 (Jaffé-Löw., 3833). — A Naples, le premier « archiepiscopus » connu est Sergius, en 990 ; mais c'est peut-être Jean XIII, qui, dès 969, accorde ce titre nouveau (Capasso, I, 229). Le premier « archiepiscopus » d'Amalfi, Léon, est nommé dans un document de 993 (Camera, I, 144).

3. Cf. *supra*, p. 193.

La métropole et la province de Bénévent. — On a vu quelle est, au commencement du xe siècle, l'extension du diocèse de Bénévent, qui enferme dans ses limites la ville de Siponto et le sanctuaire du Mont Gargano[1]. Quand les princes lombards se révoltent et que l'Apulie septentrionale est sans cesse parcourue par les bandes ennemies des Bénéventains et des Byzantins, plusieurs tentatives sont faites pour créer dans cette région des églises autonomes, complètement affranchies de l'évêque de Bénévent. En novembre 943, quelques mois après la mort de Landolf Ier, prince de Capoue et Bénévent, l'évêque Jean de Bénévent demande au pape Marin de confirmer ses droits sur les églises de Siponto, de Bovino, d'Ascoli et de Larino[2]. Il veut être protégé contre les Grecs, qui lui en contestent la possession. En 947, il se plaint au successeur de Marin que deux prêtres se soient fait élire évêques, à Trivento et à Termoli, villes qui dépendent de son diocèse, et le pape Agapit somme les coupables de venir à Rome[3]. Ce qui s'est passé à Trivento et à Termoli nous montre comment les Grecs, dans les villes dont ils sont les maitres, travaillent à détacher le clergé local du siège de Bénévent. Sans prétendre installer dans les villes apuliennes des évêques étrangers, sans poursuivre l'entreprise chimérique de leur imposer des Grecs, il suffit d'exciter leur jalousie naturelle contre les prétentions de Bénévent. Un prêtre et moine de Larino, qui a fait construire dans cette ville une église de Saint-Benoit, plus tard soumise au Mont-Cassin, est qualifié, dans un diplôme lombard, de *pseudo-episcopus*[4]. En dépit des privilèges pontificaux, l'autorité de l'évêque de Bénévent sur les différentes villes qui forment son diocèse, et dont les unes obéissent à des officiers byzantins, les autres à des gastaldi lombards, devient de plus en plus précaire. En 956, l'évêque Landolf se fait confirmer par le pape Jean XII les droits de ses prédécesseurs[5] : mais la fréquence de ces revendications prouve combien il est difficile aux évêques de Bénévent de les faire valoir. Les diplômes du même genre, accordés à l'église de Bénévent par l'empereur Otton Ier, en 967 et 968, sont une affirmation de la supré-

1. Cf. *supra*, p. 197.
2. Jaffé-Löw., 3623 ; — Ughelli, *Italia Sacra*, VIII, 50.
3. Jaffé-Löw., 3636 ; Ughelli, VIII, 52.
4. Gattola, *Access.*, 55.
5. Jaffé-Löw., 3680 ; — Ughelli, VIII, 57.

matie impériale plus encore qu'une garantie efficace de protection[1].

En se faisant donner le titre d'archevêque, le droit de porter le pallium et les prérogatives de métropolitain, l'évêque Landolf obtenait de plus réels avantages. Ce n'est pas seulement l'exemple de Capoue qui décide la création de la nouvelle métropole : on est au plus fort de la lutte entre Otton et Nicéphore; l'empereur germanique et le prince de Capoue ont déjà tenté d'arracher l'Apulie aux Byzantins. Ils viennent d'apprendre les décrets du basileus, qui instituent dans plusieurs villes apuliennes des évêques grecs, rattachés au siège métropolitain d'Otrante. Il semble bien que le décret du concile de Rome[2] et du pape Jean XIII (mai 969) en faveur de Bénévent soit une réponse directe à ceux de Nicéphore et du patriarche Polyeucte. La nouvelle métropole doit compter dix suffragants, parmi lesquels se trouvent les évêques d'Ascoli, de Bovino, de Vulturara et de Larino : or ces quatre villes représentent, en quelque sorte, l'enjeu principal de la lutte entre Paldolf Tête-de-Fer et les troupes byzantines. On ne leur accorde le siège épiscopal, qu'elles réclamaient depuis longtemps, que pour les rattacher plus étroitement à la cause lombarde et aux intérêts de la maison de Capoue. Quant à la ville de Siponto, qui est au moins aussi importante, mais dont l'évêque ne serait qu'un instrument entre les mains des Grecs, le pape se garde bien de reconnaître son autonomie. Il importe au contraire que le sanctuaire national du Gargano et toute la région voisine restent rattachés directement au siège de Bénévent.

L'autorité des princes lombards est effectivement reconnue à Larino, à Vulturara, probablement aussi à Ascoli, après la défaite des Byzantins, en 970[3]; mais Bovino continue d'être occupée par les Byzantins. A Siponto, réside le turmarque Procopios ; et quand la paix est rétablie par le mariage de Théophano et d'Otton II, les officiers du basileus, revenant à la politique de conciliation et de ménagements dans leurs rapports avec les princes lombards, reconnaissent sans difficulté les prétentions de l'archevêque de Bénévent sur l'église de Siponto :

1. *Diplomata Ottonis I*, n°s 338, 356.
2. *Diplomata*, t. II, p. 879.
3. Pour Larino, cf. GATTOLA, I, 133 ; — Pour Vulturara : *Cart. S. Sofie* (UGHELLI, X, 513). Ascoli est de nouveau occupé par les Byzantins avant 999 (TRINCHERA, [illegible]

vers l'année 973, en présence du turmarque Procopios, les représentants du clergé et du peuple de Siponto prennent l'engagement de ne faire tort, d'aucune manière, aux droits et aux prérogatives de l'archevêque Landolf[1]. En 978, c'est en présence de fonctionnaires byzantins et d'accord avec eux, que le prince Paldolf et son fils Landolf, en confirmant de nouveau les droits de l'église de Bénévent sur le sanctuaire du Gargano, lui soumettent, en outre, un château fort, récemment construit près du sanctuaire par un riche habitant du pays[2].

La révolution qui renverse à Bénévent le fils de Paldolf Ier provoque un schisme : l'archevêque Alo, successeur de Landolf, imposé aux Bénéventains par Otton II, est chassé; son successeur Alfanus n'est reconnu par le Saint-Siège que deux ou trois ans plus tard[3]. Alo avait obtenu du pape Jean XIV une bulle, qui ajoutait à la liste des évêchés suffragants de Bénévent ceux de Termoli, Trivento et Sessula[4]. De ces trois villes, les deux premières, situées au nord de l'Apulie, avaient déjà fait une tentative, vers le milieu du xe siècle, pour se donner des évêques. Faut-il conclure de la bulle de Jean XIV que les princes lombards en avaient repris possession? Nous savons que Trivento, bientôt après, est occupée par un comte lombard, vassal de Bénévent[5]; mais Termoli semble reconnaître, vers la même époque, la domination byzantine[6]. Enfin, dans une bulle du pape Grégoire V accordée à l'archevêque Alfanus, en avril 998, avec l'appui de l'empereur Otton III, qui cherchait alors à exercer ses droits de suzeraineté sur Bénévent, les privilèges antérieurs sont confirmés, et l'autorité de l'archevêque s'étend sur le diocèse de Lucera, qui avait réussi, jusqu'alors, à garder son autonomie[7] : l'évêché de Lucera, un des plus anciens de cette région, formait depuis longtemps une enclave isolée, au milieu des vastes domaines que s'attribuait le diocèse de Bénévent. Il est probable que cette concession est restée

1. Ughelli, VIII, 64; — di Meo, *Annali*, VI, 95. Le texte donné par Ughelli est fort incomplet; il omet après *Procopii* le mot *trumarce*, que donne di Meo, et qui se trouve effectivement dans la copie manuscrite conservée aux Archives de Bénévent.
2. Ughelli, VIII, 66.
3. *Ann. Benev.*, *ad a.* 982, 985; — Desid., *Dial.*, II, col. 983.
4. Jaffé-Löw., 3822.
5. Document de 992 (*Cart. S. Sof.* Ughelli, X, 471).
6. *Archives du Mont-Cassin*, *ex regesto Petri diaconi*, n° 318.
7. Jaffé-Löw., 3884.

lettre morte : au commencement du XIe siècle, l'évêque de Lucera, qui reconnaît la domination byzantine, prend à son tour, sans doute sur l'initiative et avec l'appui des Byzantins, le titre d'*archiepiscopus*, pour mieux affirmer son entière indépendance en face des prétentions de Bénévent[1].

La métropole et la province de Salerne. — On comprend que les princes de Salerne, rivaux de la maison de Capoue, aient cherché à faire donner à leur capitale la même dignité et les mêmes prérogatives qu'à Bénévent et à Capoue. Le premier archevêque de Salerne est Amatus, qui obtient en 989 une bulle du pape Jean XV[2]; mais celui-ci ne fait que renouveler une concession antérieure, déjà accordée par ses prédécesseurs Jean XIV et Benoît VII. Si c'est le pape Benoît VII qui institue la métropole de Salerne, il n'a pris cette mesure que dans les derniers temps de son pontificat, quand Otton II, après la désastreuse campagne de Calabre, est rentré de Campanie à Rome (mars-avril 983). Comme l'évêque Amatus est un partisan d'Otton II, dont il a déjà reçu d'importantes faveurs[3], la concession du Saint-Siège est due, sans doute, à l'influence directe de l'empereur, qui peut-être espère, par ce moyen, gagner plus sûrement la fidélité du nouveau prince de Salerne Jean II, installé en août 983. Quelle que soit l'attitude de ce dernier à l'égard des souverains germaniques, les archevêques, très dévoués au Saint-Siège, contribueront à maintenir certaines relations entre la cour impériale et la principauté de Salerne. Après la mort d'Amatus, le pape Jean XV s'empresse de renouveler les mêmes privilèges à son successeur Grimoald[4].

Il importe de remarquer que, par l'extension donnée à la nouvelle province ecclésiastique, les papes flattaient à la fois l'ambition des princes et les revendications communes de l'Empire et du Saint-Siège sur une partie de la Calabre byzantine; ils reculaient les limites du patriarcat romain aux dépens du patriarcat de Constantinople; ils rattachaient à une métropole latine les deux évêchés de Cosenza et de Bisignano, que l'empereur Léon VI avait attribués, dès le début de la con-

1. *Cartulaire de Tremiti*, fol. 43.
2. JAFFÉ LÖW., 3833 : — PFLUGK-HARTTUNG, *Acta Pontif.*, II, 52.
3. *Diplomata*, n° 273.
4. JAFFÉ LÖW, 3852 ; — UGHELLI, VII, 376. Cf. plus loin, p. 370.

quête byzantine, à la métropole grecque de Reggio. Ils créaient dans la même région un nouveau siège épiscopal, celui de Malvito, situé à l'ouest de Bisignano, et plus tard remplacé par San-Marco[1].

Ainsi, parmi les six suffragants reconnus à la métropole de Salerne, trois se trouvent au nord du thème de Calabre, dans la vallée du Crati : pour se faire attribuer cette région, l'archevêque de Salerne n'avait eu qu'à invoquer les anciens titres de souveraineté des princes lombards, antérieurs à la conquête byzantine et consignés dans un acte écrit, le traité conclu en 849 entre Bénévent et Salerne[2]. On doit remarquer cependant qu'il ne réclame ni Cassano, ni Tarente, trop solidement occupés par les Byzantins pour qu'il soit possible de soumettre leurs évêques à celui d'une capitale lombarde. Faut-il donc admettre que, dans la vallée du Crati, les revendications de Salerne eussent plus de chances de se réaliser? Il est bien probable que le prince lombard, lors des révoltes contre Byzance, vers le milieu du xe siècle, avait réussi à y faire reconnaître son autorité durant une très courte période; il est possible aussi que cette région n'ait pas été aussi complètement hellénisée qu'on pourrait le croire, en lisant la vie de saint Nil, et qu'une partie de l'ancienne population fût restée latine. En tout cas, la bulle du pape Jean XV créait, entre les prétentions rivales de Reggio et de Salerne, un conflit dont nous ignorons l'issue. Le même conflit se produit aux confins de l'Apulie, où la ville d'Acerenza est également revendiquée par Salerne et par Otrante. Il y a donc, dans ces deux régions, une lutte d'influence entre le clergé grec et le clergé latin. Parmi les six suffragants attribués à la métropole de Salerne, deux seulement, ceux de Nole et de Pœstum, se trouvent dans le voisinage de la capitale lombarde, et dans un pays purement latin. En instituant la province ecclésiastique de Salerne, il semble que les papes cherchent, pour la première fois, à barrer la route au clergé grec; c'est le premier retour offensif du patriarcat romain et latin dans une région qui semblait abandonnée sans défense à l'influence chaque jour grandissante de l'église byzantine.

1. *Liber Censuum.*, ed. P. Fabre, fasc. I, p. 36.
2. Cf. *supra*, p. 62.

III

LES DIOCÈSES APULIENS A LA FIN DU Xe SIÈCLE

Plusieurs évêques de l'Apulie byzantine commencent à prendre, dans la seconde moitié du xe siècle, le titre d'archevêque. Comme il s'agit de diocèses latins, rattachés au moins théoriquement au patriarcat de Rome, il est probable que l'autorité byzantine encourage cette transformation, pour attirer vers le patriarcat de Constantinople les évêques des villes principales, Bari, Tarente, etc. Ce titre nouveau leur donne une situation spéciale, semblable à celle de l'archevêque d'Otrante, avant qu'il devienne une métropole; la cour byzantine cherche à faire de ces évêchés latins des sièges autocéphales. Si tel est le but qu'elle poursuit, rien ne prouve cependant qu'elle ait pu réussir à soustraire les nouveaux archevêques à la juridiction du Saint-Siège.

Les archevêques de Bari et de Trani. — Nous connaissons, à partir de la seconde moitié du xe siècle, la liste complète des évêques de Bari ou, plus exactement, du « saint siège de Canosa et Bari ». C'est l'évêque Jean, qui, en 951 ou 959, prend le premier le titre d'archevêque[1]; cependant la chronique de Bari ne l'appelle encore qu'*episcopus*[2] et réserve le nom nouveau à son successeur Pavo, qui devient archevêque peu de temps avant l'expédition d'Otton II dans l'Italie méridionale, probablement au début de l'année 981[3]. C'est à ce moment que le diocèse de Canosa-Bari semble atteindre sa plus grande extension : car l'évêque Jean revendique, à plusieurs reprises, l'eglise de Brindisi, comme placée sous sa juridiction[4]; et vers le nord son autorité s'étend jusqu'à la limite de la province ecclésiastique de Bénévent, marquée probablement par le cours de l'Ofanto : c'est ainsi que la ville de

1. UGHELLI, VII, 721; — *Codice Barese*, t. I, n° 3; — *Chart. Cupers.*, n° 18.
2. LUP. PROTOSP., *ad a.* 978.
3. La chronique de Lup. Protosp. place l'avènement de Pavo en 978. Mais cette date est contredite par une charte du *Codice Barese*, t. I, n° 7. — Cf. BELTRANI, *Docum. long. e greci*, n° 6.
4. *Chart. Cupers.*, n° 18; — *Codice Barese*, I, n° 7; — BELTRANI, *l. c.*, n° 6.

Trani, autrefois siège d'un évêché distinct, est unie vers 980 au diocèse de Canosa.

Mais il n'en est plus de même, un ou deux ans plus tard, quand plusieurs villes apuliennes se soulèvent et que les troupes germaniques envahissent la région. Le pape Benoît VII institue un évêque à Trani et lui donne juridiction sur les territoires de Giovenazzo, de Ruvo, Minervino et Montemilone[1]. Comme on sait, d'ailleurs, que le pape Benoît VII, créature d'Otton II, est tout dévoué aux intérêts de l'empire germanique, il est probable que cette mesure est dirigée spécialement contre l'archevêque de Bari, trop favorable sans doute aux intérêts byzantins. Tandis que le catépan veut soumettre au siège de Bari tout le clergé d'Apulie, le Saint-Siège cherche à le diviser, pour fortifier le parti favorable à Otton. Mais le nouvel évêque de Trani trompe les espérances de la politique impériale : il soutient avec énergie le parti du basileus, et son influence contribue à préparer le triomphe des Byzantins dans la guerre civile qui déchire les villes apuliennes. Quand la ville de Trani, renonçant à prolonger sa révolte, ouvre ses portes au nouveau catépan Calocyr Delphinas, celui-ci confirme, au nom du basileus, les droits reconnus à l'évêque de Trani par le « bienheureux Benoît, pape de Rome ». Nous pouvons saisir ici, par un exemple précis, quelle est la situation de plusieurs évêques apuliens : élus dans le clergé local, lombard et latin, unis au siège de Rome, ils n'en sont pas moins les fidèles sujets du basileus, qui, soucieux de ménager les Lombards, leur laisse volontiers la plus large autonomie, pourvu qu'ils défendent les intérêts de l'empire. Le plus récent éditeur du diplôme de Calocyr Delphinas en tire cette conclusion que Trani est à ce moment le siège d'un évêché grec, qui dépend du patriarcat de Constantinople[2]. Mais il n'y a pas un mot de cela dans le texte que nous venons d'analyser, puisque le catépan se borne à donner, en quelque sorte, l'investiture officielle byzantine à un évêque consacré par le Saint-Siège. Il est vrai que c'est là une faveur toute personnelle, accordée à l'évêque Rhodostanos en récompense de ses services. Après sa mort, le diocèse de Trani, perdant son indépendance, est rattaché de nouveau par l'autorité byzantine au siège de Bari;

1. Beltrani, *l. c.*, n° 8. — Cf. Assemani, *l. c.*, III, 538.
2. Beltrani, *l. c.*, p. xxiv.

et l'un des successeurs de Calocyr Delphinas, le catépan Grégoire Trachaniote confirme solennellement, par un diplôme délivré en 999, les droits et les privilèges de Chrysostome, « archevêque de Bari et Trani », ainsi que les immunités spéciales reconnues aux prêtres des deux églises cathédrales[1].

En accordant certaines faveurs à l'archevêque de Bari, les catépans prétendaient sans doute l'amener à ne plus reconnaître d'autre juridiction que celle du patriarche de Constantinople ; il est très possible que l'archevêque Chrysostome soit un Grec, mais ses successeurs, Jean II et Bizantius, toujours élus dans le clergé local, sont et restent des Latins[2]. C'est du pape Jean XIX que l'archevêque Bizantius obtient, en 1025, la confirmation de son titre et les droits de métropolitain, au moment où l'autorité du basileus, représentée par le catépan Basile Bojoannès, semble toute-puissante en Apulie. La bulle de Jean XIX accorde à l'archevêque de Bari le droit de consacrer douze évêques dans tout le territoire apulien, depuis les bords de l'Ofanto jusqu'aux limites des diocèses de Tarente et de Brindisi[3]. Mais elle fait allusion à des concessions antérieures du Saint-Siège, restées probablement sans effet. Ce qu'il en faut retenir, c'est que toutes les tentatives faites pour faire entrer l'archevêque de Bari dans les cadres de la hiérarchie byzantine, et pour le soumettre directement au patriarcat de Constantinople, sont demeurées inutiles. La chronique de Bari loue l'archevêque Bizantius d'avoir su résister aux Grecs, sans aucune crainte[4]. C'est la prépondérance de la langue et de la liturgie latines dans la plus grande partie des églises apuliennes qui assure, malgré tous les efforts contraires, leur union avec le patriarcat romain.

Y a-t-il des évêques grecs en Apulie? — Cependant, en dehors du diocèse de Bari et des évêchés apuliens, rattachés par Nicéphore Phocas à la métropole d'Otrante, n'y a-t-il pas eu, au sud-est de la péninsule, d'autres églises épiscopales soumises au patriarche de Byzance? Un écrivain byzantin du XIIe siècle, l'archimandrite Nil Doxopater, qui a vécu à la

1. Beltrani, *l. c.*, n° 9.
2. Lup. Protosp. et *Ann. Bar.*, *ad a.* 993, 1028, 1035.
3. Jaffé-Löw., 4068 ; — *Codice Barese*. I, n° 13.
4. *Fundator sanctæ ecclesiæ Barensis terribilis et sine metu contra omnes Grecos* (*ad a.* 1035).

cour du roi Roger de Sicile, prétend qu'en Apulie et en Longobardie c'est le patriarche de Constantinople qui possédait les métropoles maritimes, tandis que les autres appartenaient au siège de Rome. Il ajoute, un peu plus loin, que « Brindisi et Tarente recevaient des prêtres de Constantinople, et c'est un fait que personne n'ignore[1] ». En somme, il a gardé le souvenir d'une époque où les églises du sud-est de la péninsule se répartissent à peu près également entre les deux patriarcats.

Mais Nil Doxopater ignore évidemment que des évèques latins, toujours unis au Saint-Siège, ont été officiellement reconnus par le basileus : pour lui, l'autorité du patriarche en Italie doit s'étendre aussi loin que l'autorité impériale elle-même. Aussi ne peut-on accorder qu'une confiance médiocre à la tradition confuse, dont il se fait l'interprète. On ne saurait négliger cependant le détail précis qu'il nous transmet sur les églises de Brindisi et de Tarente. D'autre part, si les Byzantins cherchent à établir des évêchés grecs, c'est assurément dans les villes du littoral, où la population de langue grecque est plus nombreuse. Tarente et Brindisi, en particulier, souvent détruites ou incendiées par les bandes sarrasines, ont dû être repeuplées, en grande partie, avec des immigrés venus de Sicile, de Calabre ou de Grèce[2]. S'il n'y a pas séparation complète, comme l'imagine Nil Doxopater, entre les métropoles du littoral et les autres, du moins y a-t-il, dans cette tradition, le souvenir d'un fait réel : les diocèses latins d'Apulie, au moment où les Byzantins prennent possession du pays, ont leur centre principal dans l'intérieur des terres; Bari n'est qu'une dépendance du siège de Canosa, comme Brindisi du siège d'Oria.

L'existence d'évêques grecs sur le littoral apulien n'est-elle prouvée que par le témoignage très tardif de Nil Doxopater? Certaines chartes de la fin du xe siècle nous donnent d'autres indices. Le premier archevêque de Bari prétend exercer sa juridiction sur l'église de Brindisi; il s'intitule en 962 « évêque de Canosa et Brindisi ». D'autre part, l'évêché d'Oria, dont Brindisi, à la fin du IXe siècle, n'est qu'une dépendance, n'a pas disparu; un texte contemporain mentionne l'évêque André,

1. *Patr. Gr.*, t. CXXXII, col. 1087.
2. Tarente est incendiée par les Arabes en 976, cf. *supra*, p. 325. Mais la ville est occupée de nouveau par une garnison byzantine, lors de l'expédition d'Otton II.

assassiné en 979 par un haut fonctionnaire byzantin[1]. Il est probable que l'autorité byzantine a voulu enlever à l'évêque latin d'Oria toute juridiction sur le littoral, et notamment sur la ville de Brindisi. Mais on trouve dans un recueil manuscrit, conservé aux archives municipales de Brindisi, une charte de l'année 980, écrite sur l'ordre de « Grégoire, évêque de Brindisi, de Monopoli et d'Ostuni », la neuvième année de son épiscopat[2]. Si cette charte est authentique, c'est en 971 ou 972 que Grégoire devient évêque de Brindisi et des deux villes les plus voisines sur le littoral apulien. Peut-être faut-il voir dans ce diocèse nouveau, formé uniquement de villes maritimes, une création du patriarcat de Constantinople, destinée à combattre l'influence des évêques latins de l'intérieur. Il est manifeste en tout cas que, vers la fin du xe siècle, la limite méridionale du diocèse de Bari est assez indécise et qu'il y a rivalité d'influence dans la région de Brindisi entre plusieurs évêques, parmi lesquels doit se trouver au moins un évêque grec. Mais dans le courant du XIe siècle, ce sont les prétentions d'Oria qui l'emportent, et l'évêque latin d'Oria, promu à son tour à la dignité d'archevêque, consacre un évêque à Monopoli[3].

A Tarente apparaît, vers 978, l'archevêque Jean, qui se présente à la cour du prince Paldolf, à Bénévent, avec un haut fonctionnaire byzantin[4] : si le titre nouveau qu'il porte est une concession de l'autorité byzantine, il n'est nullement prouvé que lui-même soit un Grec. Nous connaissons fort mal, pour cette période, la série des évêques de Tarente : on ne trouve, dans les chartes du XIe siècle, que le nom de l'évêque Kinnamos, probablement un Grec[5].

Enfin il existe, dès le début du XIe siècle, un autre « archiepiscopus » dans l'Apulie septentrionale, c'est celui de Lucera, qui n'a jamais cessé d'être Latin[6].

Ainsi la politique religieuse des Byzantins, sachant s'adapter avec une remarquable souplesse à la diversité des circons-

1. Lupus Protosp., *ad a.* 979.
2. *Cod. diplom. brundusinus*, t. I, extrait des archives de Saint-Pierre-de-Monopoli.
3. Bulle de l'archevêque Eustasius, 1039 même recueil : extrait des archives d'Oria.
4. Ughelli, VIII, 66.
5. Trinchera, n°s 32, 33, 34.
6. *Cartulaire de Tremiti*, fol. 43.

tances locales, use de procédés différents pour étendre son action sur les églises apuliennes. Là où le changement est possible, on institue des évêques grecs, étroitement rattachés au patriarcat de Constantinople; ailleurs, on se contente de diviser le haut clergé latin par une distribution inégale de faveurs et de titres; sans provoquer de brusque rupture avec le patriarcat romain, on s'efforce d'attirer les nouveaux « archevêques » dans les cadres de la hiérarchie ecclésiastique byzantine, de même que, dès l'origine de la conquête, on a fait entrer les nobles lombards dans les rangs des dignitaires du Palais.

CHAPITRE V

L'ITALIE MÉRIDIONALE DEPUIS LA RETRAITE D'OTTON II JUSQU'A LA RÉVOLTE DE MÉLO

(983-1009)

Dans les chroniques byzantines, il n'y a pas la moindre allusion aux guerres des deux Ottons dans l'Italie méridionale ; les affaires italiennes, à cette époque, sont de plus en plus oubliées à la cour du basileus. A vrai dire, elles sont, dans la vie générale de l'empire, d'une importance tout à fait secondaire, si l'on songe aux très graves soucis que provoquent, après la mort de Jean Tzimiscès, les révoltes des grands généraux et les périls de toute sorte dont l'empire est menacé, soit en Asie, soit dans les Balkans. Depuis le mariage de Théophano et l'alliance de 973, on a pu croire, à la cour byzantine, qu'il n'y avait plus, du côté de l'Italie, aucun danger sérieux, et les résultats misérables de l'aventure d'Otton II en Calabre prouvaient trop la faiblesse de l'empire germanique pour ne pas mieux encore rassurer les Grecs.

La défense de la Calabre et de l'Apulie contre les Sarrasins. — Quant aux Arabes de Sicile, ils étaient moins redoutables que ceux de Syrie : leurs incursions périodiques, si cruelles aux populations indigènes, ne semblaient pas, vues de loin, capables de ruiner la domination byzantine. C'était aux catépans à enrayer le mal, soit par les armes, soit par la diplomatie et la corruption, sans qu'il fût nécessaire d'envoyer en Italie des renforts extraordinaires. En réalité, tout le poids des affaires italiennes repose uniquement sur le catépan de Bari. L'action du pouvoir central ne se manifeste qu'en déplaçant ce haut fonctionnaire, et les catépans se succèdent à des intervalles assez rapprochés; Calocyr Delphinas, qui entre à Bari en 982, est remplacé trois ans plus tard par le patrice Romanos, et celui-ci à son tour, en 989, par le patrice Jean « Ammiropolus ». On connait ensuite les noms des catépans Grégoire Trachaniote (999), Alexis Xiphias (1006), Jean Curcuas (1008)[1].

Mais durant cette période, les forces byzantines en Calabre ou en Apulie semblent réduites à leur plus simple expression, c'est-à-dire aux garnisons des principales villes, composées surtout, probablement, des milices locales. On voudrait savoir comment sont escortés les catépans nouveaux qui arrivent à Bari, quelles troupes ils amènent avec eux : aucun texte ne nous renseigne sur ce point. Assurément, la situation générale de l'empire ne permettait pas d'envoyer en Italie des renforts extraordinaires; entre 976 et 980, c'est l'autorité impériale elle-même qui est mise en question par la révolte de Bardas Skléros et des troupes d'Asie Mineure. Puis c'est la puissance bulgare qui se reconstitue, et la Thessalie comme la Macédoine sont envahies. En 986, Basile II entreprend contre les Bulgares une première campagne, mais il est vaincu, obligé de battre en retraite, et à peine revient-il vers Constantinople qu'éclate en Asie Mineure une nouvelle révolte des grands généraux. La guerre civile ainsi rallumée avec une extrême violence ne se termine qu'en 989. A peine est-elle apaisée que toutes les forces disponibles sont dirigées contre les Bulgares : alors commence la grande guerre des Balkans, qui est l'occupation principale du basileus, entre 990 et 995[2].

Quand ce n'est pas dans les Balkans, c'est sur les confins de l'Asie Mineure et de la Syrie que les troupes byzantines sont contraintes à une lutte acharnée. Qu'importe au basileus, si des bandes de pillards, plus avides d'argent que de conquêtes, ravagent périodiquement les rives lointaines de l'Adriatique ou de la mer Ionienne?

Mais ces bandes de pillards, n'étant point sérieusement arrêtées, s'enhardissent, multiplient leurs ravages et ne se

1. LUP. PROTOSP., *ad a.* 999, 1006, 1008. — Cf. DEL GIUDICE, *Codice diplom.*, *App.*, p. XVII : les diplômes des catépans Alexis Xiphias et Jean Curcuas.
2. SCHLUMBERGER, *Epopée byzantine*, t. II, *passim*.

contentent plus de rançonner les habitants. Les Arabes occupent de grandes villes, et peu à peu, par la faiblesse de la résistance, deviennent de plus en plus redoutables. En 986, ils occupent, au sud de la Calabre, la ville de Gerace ou Sainte-Cyriaque, puis remontent, un peu plus tard, jusqu'à Cosenza, dont les murs sont détruits. Bientôt c'est la capitale même de l'Italie byzantine qui est directement menacée : les Sarrasins pillent, en 988, les faubourgs de Bari et emmènent captifs en Sicile une foule de paysans[1]. S'ils n'osent pas encore assiéger Bari, ils attaquent Tarente. Une armée venue du duché de Spolète ou du comté de Chieti, sous les ordres du comte Atton, vient se joindre aux milices apuliennes pour batailler contre les infidèles, mais elle n'arrive qu'à se faire battre[2]. Certaines chartes de cette époque nous montrent la profonde misère des habitants de l'Apulie : en 992, un propriétaire de Conversano, petite ville située non loin de Bari, rappelle avec mélancolie que plusieurs années auparavant, lorsqu'il a marié ses fils, la paix régnait dans le pays, ses domaines étaient restés intacts. Maintenant il a vu, avec la vieillesse, venir le temps des barbares, et il ne possède plus rien, pas même de quoi faire vivre le plus jeune de ses fils[3].

En 994, les Sarrasins s'emparent de Matera, qui ne succombe qu'après une assez longue résistance. Les chefs des bandes musulmanes trouvent parfois des complices dans l'aristocratie locale : le caïd Busito (Abu-Saïd) s'est mis secrètement d'accord avec un Lombard du nom de Smaragdus, qui tue à Oria un haut fonctionnaire byzantin. Smaragdus a promis au chef sarrasin de le faire entrer dans Bari ; mais il trahit son complice, qui est obligé de battre en retraite[4]. En 999, le catépan de Bari, Grégoire Trachaniote, récompense un officier byzantin de Tarente pour les services qu'il a rendus dans la guerre contre les Sarrasins ; il le loue d'être resté fidèle au basileus, pendant que d'autres faisaient cause commune avec l'ennemi[5].

Enfin vers 1003, une armée plus nombreuse, sous les ordres

1. Lup. Protosp., *ad ann.* 986, 988 : — *Cronaca Siculo-Saracena*, éd. Cozza-Luzzi, p. 78-81.
2. Lup. Protosp., *ad ann.*, 991.
3. *Chartul. Cupersan.*, n° 27.
4. Lup. Protosp., *ad an.* 994, 998. — Cf. Amari, II, 340.
5. Trinchera, *l. c.*, n° 10.

du caïd Safi, vient assiéger Bari, pendant que les vaisseaux arabes attaquent la ville par mer. Le siège dure depuis les premiers jours de mai jusqu'au 20 septembre[1]. Les habitants complètement bloqués commençaient à souffrir de la disette, lorsqu'ils virent arriver, dans les premiers jours de septembre, la flotte de Venise et le doge Pierre Orseolo[2]. Ce n'était plus la marine byzantine qui faisait la police de l'Adriatique soit contre les Sarrasins, soit contre les Slaves, c'était Venise. Au reste, les Vénitiens avaient déjà des intérêts commerciaux en Apulie, où ils trouvaient pour rivaux ces Slaves et Narentans de l'archipel illyrien, contre lesquels, vers la même époque, ils protégeaient les habitants de la Dalmatie septentrionale[3]. Cependant les vaisseaux vénitiens, entrés dans le port de Bari, ravitaillent la place : le doge, reçu dans le palais du catépan, est accueilli avec enthousiasme par les habitants, relève leur courage et leur propose de nouvelles mesures pour assurer une prompte délivrance de la ville. Plusieurs corps détachés sont envoyés dans les faubourgs, pendant que la flotte de secours engage vigoureusement la lutte sur mer. Après une bataille acharnée de trois jours, les Sarrasins découragés battent en retraite pendant la nuit. Il reste encore dans la campagne quelques bandes isolées, qui ne tardent pas à disparaître. Bari est délivrée, et cette grande victoire des Vénitiens rend aux malheureux habitants de l'Apulie quelques années de sécurité.

Mais les villes de Calabre subissent toujours, à intervalles plus ou moins éloignés, les attaques de leurs dangereux voisins. En 1006 s'engage, près de Reggio, une grande bataille navale entre Arabes et Grecs : de nouveau c'est une marine étrangère, celle de Pise, qui assure la victoire aux Byzantins de Calabre. Mais en 1009 les bandes sarrasines reviennent dans la vallée du Crati et, une fois de plus, occupent Cosenza[4].

Pendant ce temps, les légions byzantines, commandées par le basileus en personne, continuent la guerre contre les Bulgares, enlèvent une à une les places que ceux-ci occupent autour de Salonique et, par un effort obstiné, reprennent tout

1. Lup. Protosp., *ad ann.* 1002 : — *Ann. Bar.*, 1003.
2. *Cron. Venez.*, p. 165.
3. *Cron. Venez.*, p. 155.
4. Murat, *Rer. Ital. Script.*, VI, 167 (*Chronica varia Pisana*) ; — Amari, II, 341 ; — Lup. Protosp., *ad ann.* 1009.

le terrain perdu depuis tant d'années dans la péninsule des Balkans.

Révolutions locales en Campanie. — Intervention d'Otton III. — Si les catépans de Bari se défendent, tant bien que mal, contre les incursions sarrasines, c'est le seul ennemi extérieur dont ils aient à s'inquiéter. Du côté de l'Italie centrale, aucun danger n'est plus à craindre : l'impuissance de l'empire occidental à maintenir sa suprématie sur les États lombards, les révolutions nouvelles, qui bouleversent ces Etats, sont une garantie de sécurité pour les gouverneurs byzantins du thème d'Italie.

L'union de Salerne et d'Amalfi, sous l'autorité du duc Manson, patrice byzantin, n'a duré que quelques mois : en août 983, quand Otton II s'apprête à revenir en Apulie par les Abruzzes, les Salernitains chassent Manson et proclament comme prince l'ancien tuteur du fils de Paldolf Ier, un Lombard de Spolète, nommé Jean, avec son fils Guy[1]. C'est une nouvelle dynastie qui se fonde à Salerne, et qui, jusqu'à la fin du XIe siècle, reste en possession du pouvoir. Amalfi et Salerne continuent de former deux Etats distincts et rivaux. On serait tenté de voir dans cette révolution un grave échec pour l'influence byzantine, un succès pour le parti favorable à l'empire germanique. Interpréter ainsi les événements, ce serait exagérer singulièrement la portée d'une émeute locale : les Lombards de Salerne étaient trop jaloux de leur autonomie pour supporter bien longtemps la domination d'Amalfi. Mais la principauté de Salerne, sous sa nouvelle dynastie, n'est pas plus attachée à l'empire germanique qu'au temps de Gisulf, et son indépendance est complète. L'influence germanique étant réduite à néant, depuis la mort d'Otton II, le nouveau prince de Salerne, comme naguère Gisulf, ne relève plus ni de l'empire byzantin, ni de l'empire occidental : toute son histoire se réduit à des luttes obscures et sans intérêt contre les Etats voisins ; à Jean II, qui disparait vers 999, succède son second fils Guaimar, qui gouverne pacifiquement la principauté jusqu'en 1027[2]. S'il est vrai que Salerne ait subi, dans les premières années du XIe siècle, une attaque des Sarrasins, ce n'est qu'une alerte sans lendemain.

1. *Cod. diplom. Cav.*, t. II, n°s 371 et s. ; — SCHIPA, XII, 252.
2. *Cod. diplom. Cav.*, t. III, n° 524, 525 et s. ; — SCHIPA, *l. c.* 255.

Dans la principauté de Capoue, séparée de Bénévent, se produisent des troubles graves qui, pendant plusieurs années, empêchent la transmission régulière du pouvoir et le rétablissement de la stabilité politique. Le jeune Landenolf, maître de Capoue, sous la tutelle de sa mère, l'énergique Aloara, se débarrasse de rivaux gênants, en faisant mettre à mort plusieurs de ses parents[1]. Mais il ne réussit qu'à soulever contre lui des haines implacables : à peine Aloara a-t-elle disparu, que Landenolf périt assassiné, après dix ans et huit mois de règne (993). L'archevêque Aion, également poursuivi par les meurtriers de Landenolf, s'enfuit au monastère de Saint-Benoît, mais il meurt empoisonné quelque temps après. Le margrave de Tuscie et de Spolète, Hugues, parent du prince, veut venger sa mort : accompagné du comte de Chieti et de ses principaux vassaux, il vient mettre le siège devant Capoue, ravage les campagnes voisines, puis se retire à Rocca-Monfina. Les officiers ou *missi*, une fois entrés dans Capoue, forcent les habitants à leur livrer les meurtriers, qui sont conduits en « Romanie » et condamnés à différents supplices[2]. Puis le margrave de Spolète fait reconnaître comme prince de Capoue un frère de Landenolf, Laidulf, comte de Teano. Hugues est à ce moment le véritable souverain de toute l'Italie centrale[3] : s'il est le vassal fidèle du roi Otton III, il ne faut pas oublier que le fils d'Otton II n'a que treize ans, que la couronne impériale est vacante, que les seigneurs d'Italie agissent et gouvernent en réalité pour leur propre compte. Le chroniqueur du Mont-Cassin, racontant ces événements, près de trois quarts de siècle plus tard, commet une erreur en représentant le margrave comme agissant au nom de l'empereur, dont il ne serait que le vicaire[4]. Otton III n'est couronné empereur qu'en 996, et ce n'est pas lui qui peut donner des ordres au margrave Hugues[5]. Mais pour les Lombards de Capoue et du Mont-Cassin, les seigneurs de Spolète sont des « Francs », comme tous les Italiens du Nord.

1. *Vie de saint Nil*, 81.
2. *Catal. Comit. Cap.* (*Script. rer. langob.*, p. 500). Selon la chronique du Mont-Cassin, c'est Trasmundus, comte de Chieti et margrave, qui vient le premier à Capoue, avec les comtes des Marses, pour venger la mort de son père : le margrave Hugues ne vient qu'après lui (Leo Ost., II, 10).
3. Sur ce personnage, Wilmans, *Otto III*, p. 219.
4. Leo Ost., II, 10.
5. Richter et Kohl, *l. c.*, p. 157.

C'est en 999 qu'Otton III, couronné empereur depuis trois ans, fait son premier voyage à travers l'Italie méridionale, — voyage d'un pèlerin qui se rend au mont Gargano pour y expier ses crimes et accomplir la pénitence prescrite par l'ascète Romuald. En traversant Capoue[1], le dévot empereur a-t-il été mal accueilli par les Lombards? A-t-il cherché à leur faire reconnaître, malgré eux, la suprématie impériale? En tout cas, il les traite bientôt comme des sujets peu dociles et dont la fidélité lui est suspecte. A peine rentré à Rome, au retour de son pèlerinage, il envoie une armée à Capoue, sous les ordres du lombard Adémar, élevé depuis son enfance à la cour germanique, et fidèle ami de l'empereur, qui lui confère le margraviat de Spolète[2]. Celui-ci a mission de se rendre à Capoue et même à Naples, pour recevoir les serments des principaux habitants qui devront livrer des otages. Comme les Napolitains sont les plus suspects, il entre dans la ville avec une petite armée de Souabes et de Francs, arrête le duc et l'emmène chargé de fers à Capoue. Puis c'est le prince de Capoue lui-même, Laidulf, qui est jeté en prison[3] et bientôt emmené à la cour germanique; les officiers d'Otton III font arrêter également Landon, comte de Cajazzo, et d'autres seigneurs lombards : la plupart sont envoyés en exil, soit dans le nord de l'Italie, soit en Allemagne. Adémar, au nom de l'empereur, se proclame prince de Capoue.

C'est par la terreur qu'Otton III prétend rétablir, chez les Lombards du Sud, la suprématie de l'empire germanique. Ses agents traitent la noblesse lombarde avec la violence et la cruauté dont il use lui-même contre la noblesse romaine. Otton III a eu ainsi, à plusieurs reprises, pendant son règne si court, des colères brutales d'enfant capricieux et fantasque. De tels faits nous montrent du moins à quels obstacles se heurtait la politique impériale jusque dans cette ville de Capoue, la plus accoutumée, par sa situation même, à subir fréquemment une intervention étrangère, qu'il s'agît du pape, de l'empereur ou du margrave de Spolète.

1. Il est à Capoue le 20 février 999 (*Diplom.*, n° 309).

2. *Catal. com. Cap.* (*Script. r. l.*, 500) ; — Leo Ost., II. 15); — Fatteschi, *serie dei duchi di Spoleto*, 103; — di Meo, VI, 315.

3. On l'accusait d'avoir participé au meurtre de son frère (Leo Ost., II, 15). Le biographe de saint Nil (c. 81) prétend que le fils aîné d'Aloara a été tué par son frère. Mais le crime avait été commis sept ans auparavant : au reste, le récit contemporain du *Catal. com. Cap.* ne concorde guère avec celui de Leo Ost.

Pendant qu'Adémar reste à Capoue, impuissant à se faire obéir dans toute l'étendue de la principauté, il cherche à s'entendre avec le duc Jean de Gaëte, en lui cédant la forteresse de Pontecorvo. Sur la demande d'Adémar, l'empereur reconnait au duc Jean, moyennant la promesse de sa fidélité, la possession de Pontecorvo[1]. Mais c'est en vain que le prince de Capoue cherche à recruter, pour l'empereur, de nouveaux fidèles et de nouveaux partisans. A peine Otton III et son armée se sont-ils éloignés que les gens de Capoue se soulèvent et forcent Adémar à s'enfuir. On proclame à sa place Landolf, comte de Sainte-Agathe (juillet 1000), parent du prince de Bénévent, issu, comme lui, de la vieille dynastie nationale. Quand Otton III revient quelques mois plus tard à Rome et dans l'Italie du Sud, il ne peut plus rien contre les faits accomplis[2].

La révolte de Capoue entraine naturellement la délivrance du duc Jean de Naples, prisonnier d'Adémar : il rentre à Naples, reprend possession de son autorité, et n'est plus inquiété par aucune intervention étrangère : en 1002, il associe au pouvoir son fils Sergius, qui lui succède peu de temps après [3]. Quant au duc de Gaëte, la donation faite en sa faveur reste sans effet ; et Pontecorvo est occupée, de nouveau, par un comte lombard au service du prince de Capoue[4].

Le prince de Bénévent, Paldolf II, proclamé en 982 malgré l'empereur Otton II, consent à reconnaitre la suprématie impériale, lorsqu'Otton III traverse la ville, dans son voyage au Gargano. Mais l'accord ne dure pas longtemps : faut-il chercher la cause de la rupture dans la fraude commise par les Bénéventains, lorsque l'empereur veut se faire céder par eux, pour les emporter à Rome, les reliques de saint Barthélemy ? Quelle que soit la valeur de l'anecdote, elle jette un jour curieux sur les dispositions réciproques des Lombards et de l'empereur. C'est à son retour du Gargano que le pieux Otton III réclame les reliques de saint Barthélemy. Les gens de Bénévent sont partagés entre la crainte de refuser quelque chose à l'empereur, et celle de priver leur ville d'un trésor si précieux pour elle : d'accord avec l'archevêque, ils usent d'un

1. *Diplomata*, n° 333.
2. Leo Ost., II, 15
3. Capasso, I, 130 ; — Schipa, *Ducato di Napoli* (*Arch. Stor. Napol.*, XVIII, 477).
4. Le comte d'Aquino (Leo Ost., II, 24).

subterfuge et font passer une relique, d'importance secondaire, pour celle de l'apôtre. Otton III rentre à Rome, persuadé qu'il possède le corps de saint Barthélemy : mais peu de temps après, la fraude est découverte, et l'empereur furieux jure de tirer vengeance des Bénéventains. C'est alors qu'il vient assiéger la ville, qui lui ferme ses portes[1].

D'après un autre texte, l'expédition d'Otton III contre Bénévent n'a d'autre cause qu'une révolte des Lombards : pendant qu'il se trouve dans le nord de l'Italie, à Ravenne ou à Venise, il apprend que les Bénéventains refusent de reconnaître son autorité. Le même chroniqueur ajoute qu'il réussit à les soumettre[2]. Mais la *Chronique du Mont-Cassin*, probablement mieux informée, quoique très postérieure à celle de Venise, prétend qu'Otton III, après avoir assiégé Bénévent pendant plusieurs semaines, rentre à Rome, sans avoir pu forcer les portes de la ville. Il semble bien qu'à Bénévent comme à Capoue, dans les derniers mois du règne d'Otton III, la suprématie impériale ne soit plus qu'un vain mot. Les Lombards ne respectent pas mieux l'empereur que les Romains eux-mêmes. Ils n'ont vu en lui que le dévot pèlerin qui se rendait nu-pieds à leur sanctuaire de saint Michel au mont Gargano, et qui, au retour, allait saluer, dans son monastère de Serperi, près de Gaëte, le vénérable ascète byzantin, célèbre dans toute la Campanie, Nil de Rossano[3]. Mais ce pèlerin prétend-il agir en maître? Il ne trouve plus devant lui que des rebelles.

Capoue, Bénévent, Salerne forment trois capitales distinctes, les centres de trois principautés rivales. Les princes lombards, affaiblis de nouveau par leurs divisions et leurs querelles, ne sont plus capables de profiter des troubles de l'Apulie byzantine pour y étendre leur domination. Voilà pourquoi les catépans d'Italie, même abandonnés par la cour byzantine, obligés de tenir tête à une aristocratie turbulente, sans avoir assez de troupes pour arrêter les incursions sarrasines, réussissent, tant bien que mal, à maintenir toutes leurs positions.

Toute cause de conflit entre les deux empires a disparu dans l'Italie du Sud, où la réalité des faits est plus forte que

1. Leo Ost., II, 24.
2. *Cron. Venez.*, p. 165. — Le siège de Bénévent est de 1001.
3. *Vie de saint Nil*, 92, 93.

les vaines théories : la prétendue suzeraineté des empereurs germaniques sur Capoue et Bénévent est aussi fictive que celle des empereurs byzantins sur Naples et Gaëte. Principautés lombardes et anciens duchés byzantins du littoral forment, à vrai dire, une *zone neutre* de petits États souverains, dont les chefs jouissent de la plus complète indépendance. Si les catépans de Bari avaient réussi à pacifier l'Apulie et à la débarrasser des bandes sarrasines, l'occasion eût été favorable pour entrer en rapports directs avec les princes lombards, et peut être restaurer l'ancienne suprématie du basileus. Mais on ne voit pas qu'ils l'aient tenté, et il semble bien d'ailleurs que l'état misérable de l'Apulie les empêchait de porter plus loin leurs regards.

CHAPITRE VI

LES MOINES GRECS EN PAYS LATIN
SAINT NIL ET LE MONT-CASSIN

Les Basiliens en Apulie. — S'il est difficile aux fonctionnaires du basileus de supplanter le haut clergé latin dans une grande partie de l'Apulie, l'hellénisme continue à s'étendre lentement par une autre propagande plus active, et peut-être plus efficace, celle des moines siciliens et calabrais. Durant ces dernières années du xe siècle, où les armées germaniques, accrues de troupes lombardes, tentent, à deux reprises différentes, d'envahir les thèmes byzantins d'Italie, de nombreux moines, dispersés dans le nord de la Calabre et dans les vallées lucaniennes, continuent à émigrer plus loin, jusqu'en Apulie ou en Campanie. Ainsi apparaissent au milieu des populations latines des colonies grecques, monastiques ou non, qui, trop faibles et trop disséminées pour helléniser le pays, contribuent cependant à y développer l'influence byzantine. Les officiers du basileus, établis dans les principales villes d'Apulie, cherchent eux-mêmes à les attirer. Le catépan de Bari entend parler des deux ermites Hilarion et Leontios qui habitent une des régions les plus sauvages de la Lucanie, près de la bourgade de Turri; il les envoie chercher, et tous deux partent pour Bari, entraînant avec eux le pieux Vital, un autre moine sicilien, qui vit solitaire dans une grotte voisine[1]. Si Vital rentre bientôt au milieu de ses rochers, il n'en est pas moins

1. *Vie de saint Vital : Acta Sanct.*, t. II, mars, p. 31. — Turri, qu'il ne faut pas confondre avec Tursi, était située entre Armento et Guardia Perticara, non loin de la rivière *Sauro*, affluent de l'Agri (Racioppi, *Storia dei popoli della Basilicata*, II, 138).

vrai que des relations durables s'établissent entre les moines de la région de Turri et la capitale du thème d'Italie. Car, dans le courant du XIe siècle, ce sont des moines de Turri qu'un autre catépan installe, aux portes de Bari, dans l'église de Sainte-Marie et de Saint-Jean, près de l'endroit appelé *puteum greci*[1]. Il est probable que, dès cette époque, les moines grecs sont assez nombreux dans les « gravines » de la région de Tarente, où l'on peut voir encore plusieurs grottes décorées de peintures byzantines[2]. Mais les textes des Xe et XIe siècles ne nous donnent, à ce sujet, aucun détail. On ne doit point oublier d'ailleurs que le pays de Tarente, vers le milieu du Xe siècle, commençait à peine à s'helléniser. Le célèbre monastère de Saint-Pierre, qui possédait autour de la ville et sur les bords du golfe d'importants domaines, existait dès la fin du IXe siècle, puisqu'il pouvait invoquer en sa faveur un diplôme d'un des premiers stratèges byzantins[3]; rien ne prouve cependant qu'il soit alors occupé par des Grecs. Il existe même, dans le recueil manuscrit des chartes du Mont-Cassin, la copie d'un acte fort curieux, d'où il semble résulter que, vers 970, les moines de Saint-Pierre sont encore des Latins : l'abbé Hilarius a un procès avec des habitants de Massafrà, et l'affaire se juge devant un fonctionnaire byzantin[4], selon la procédure *lombarde*. Quelques années plus tard, le monastère est placé sous la protection spéciale du basileus, et le catépan en dispose comme il le ferait d'un domaine de l'Etat ; il le donne à un officier byzantin, qu'il veut récompenser de ses services : le bénéficiaire pourra le garder toute sa vie et le transmettre, dans les mêmes conditions, à son fils, qui est d'ailleurs moine. La donation, ainsi faite, doit être confirmée par un chrysobulle spécial du basileus[5]. Dès lors, il est très probable que les abbés ou higoumènes du nouveau monastère impérial sont des Grecs : les noms d'abbés qu'on trouve dans les chartes, à partir de 984, Syméon, Barthélemy, Théodose, confirment cette hypothèse[6].

1. *Codice Barese*, t. I, n° 18 (charte de 1032).
2. DIEHL, *l'Art byzantin dans l'Italie méridionale*, p. 111 et s.
3. TRINCHERA, n° 7. Le catépan Michel fait allusion à un acte antérieur du stratège Constantin, « ἐπὶ τοῦ χρυσοτρικλίνου », qui vient en Longobardie vers 887 (Cf. *supra*, p. 347, 143).
4. *Cod. diplom. Casin.*, t. I, fol. 639.
5. TRINCHERA, n° 10, charte de 999.
6. TRINCHERA, n°s 9, 21, 27, 30, 39.

Au nord-ouest de l'Apulie, les moines basiliens, dès la fin du xe siècle, pénètrent jusqu'à la région du Vulture : l'ermite Vital, chassé par les incursions sarrasines du pays de Turri, s'enfuit vers le nord, entre 985 et 990 ; ayant traversé toute la Lucanie et franchi, dans leur cours supérieur, le Basento et le Bradano, il arrive aux environs de Rapolla : il choisit sa retraite au fond d'un ravin boisé, où plusieurs disciples viennent le rejoindre[1].

Les Basiliens en Campanie. — Vers la même époque, les habitants d'Amalfi et de Salerne ont vu s'établir dans leur pays de nombreux moines grecs, dont le plus illustre est le Sicilien Sabas. Après être resté quelque temps dans une grotte voisine d'Amalfi, Sabas est allé dans les montagnes de Lagonegro, à l'est du principat de Salerne, puis il est venu à Salerne même[2]. Une charte de 986 mentionne le « prêtre et abbé » Sabas et son compagnon le prêtre Cosmas, tous deux Grecs d'origine, auxquels trois habitants de Salerne donnent l'église Saint-Jean, à Vietri[3]. Ils ne sont pas les seuls, puisqu'un autre document de 979, qui porte la signature d'un moine grec nous fait connaître à Salerne le monastère grec de Saint-Laurent et son higoumène Nicodemos[4]. A Vietri, aux portes de Salerne, outre l'église Saint-Jean, donnée à Sabas et Cosmas, on trouve, quelques années plus tard, l'église Saint-Nicolas, qui a pour recteur le Grec Eupraxios[5]. En l'an 1000, deux Grecs, fils du prêtre Calocyr, reçoivent en location des terres de l'abbaye latine de Saint-Maxime[6] ; d'autres Grecs sont établis à Nuceria, ou du côté de Pæstum[7]. Si quelques-uns sont peut-être des Grecs d'Orient, attirés sur le littoral campanien par les marchands d'Amalfi, la plupart, surtout parmi les moines, sont des Siciliens et des Calabrais. Il se fonde ainsi, dans la Campanie lombarde, plusieurs monastères basiliens, non seulement aux environs des grandes villes de la côte, mais assez loin dans l'intérieur des terres.

1. Il s'agit probablement du ravin de la *Melfa*, à quelque distance de la ville (Guarini, *Curiosita d'arte medievale nel Melfese*, Trani, 1900).
2. *Vie de saint Sabas*, *l. c.*, 22, 24.
3. *Cod. Cav.*, t., II, n° 382.
4. *Cod. Cav.*, t. II, n° 309.
5. *Cod. Cav.*, t. IV, n°s 656-692.
6. *Cod. Cav.*, t. III, n° 529.
7. *Cod. Cav.*, t. IV, n°s 607, 622.

Au moment même où Sabas s'établit près de Salerne, le plus illustre des moines calabrais, Nil de Rossano, est retiré dans les montagnes qui se trouvent à l'ouest du Mont-Cassin : il passe près de quinze ans dans le monastère de Saint-Michel-in-Valleluce, fondé par lui vers 980 ; puis il va chercher un nouveau refuge près de Gaëte, où il fonde le monastère de Serperi[1]. Les chartes du Mont-Cassin nous font connaître un troisième monastère basilien, élevé sur le territoire de Pontecorvo, dans un lieu désert qu'on appelle « ab ipsa Foresta » : en 998, le comte lombard Guy reconnaît à un prêtre grec la possession de ce domaine et l'autorise à y établir des moines de sa nation ; plusieurs documents du XIe siècle prouvent que le monastère n'a point été abandonné[2].

Entre les nouveaux venus, Siciliens ou Calabrais, et les anciens monastères basiliens de Naples des rapports ont dû s'établir. Il semble que ces monastères napolitains, dont le plus important est celui des Saints Serge et Bacchus, reprennent une vie nouvelle : le monastère des Saints Théodore et Sébastien, qui avait dû, entre 930 et 940, faute de moines, se réunir à celui des Saints Serge et Bacchus, forme de nouveau, vers la fin du Xe siècle, un centre distinct[3]. On peut citer encore à Naples les monastères de Saint-Anastase et de Saint-Démétrios[4].

Rapports des Basiliens avec les princes lombards et les empereurs germaniques. — Quelques-uns de ces moines basiliens, arrivés de Calabre, attirent singulièrement, par leur austérité extraordinaire, la curiosité des Latins de Campanie et leur inspirent une pieuse vénération. Saint Sabas et saint Nil sont accueillis par les princes lombards avec une faveur particulière ; on les écoute avec respect, on les consulte. On a vu comment Sabas, avant son arrivée en Campanie, avait servi de médiateur entre le patrice byzantin, gouverneur d'Italie et de Calabre, et l'empereur Otton II[5]. Quand il est à Salerne, c'est à lui que s'adressent le prince Jean et son voisin le duc Manson d'Amalfi, pour négocier auprès de la cour germanique une

1. *Vie de saint Nil*, 72, 86.
2. Gattola, I, 293. — Cf. di Meo, VI, 300. — Il subsiste encore en 1050 (Gatt., I, 270).
3. *Regesta Neap.* (Capasso, II, n°ˢ 123, 413).
4. *Reg. Neap.*, II, n°ˢ 5, 29.
5. Cf. *supra*, p. 330 ; — *Vie de saint Sabas*, 20, 22.

affaire assez délicate : lors des révolutions de palais qui avaient, entre 981 et 983, bouleversé la Campanie, l'empereur Otton II, n'ayant pu réussir à les empêcher, avait du moins pris comme otages le fils de Manson d'Amalfi, un instant maître de Salerne, et le fils du comte lombard Jean, qui devait, quelques mois plus tard, se faire proclamer prince de Salerne; depuis cette époque, les deux jeunes princes étaient restés à la cour de Théophano et d'Otton III[1]. Pour présenter une requête à la Grecque Théophano, Sabas est un ambassadeur tout désigné; la veuve d'Otton II vient d'arriver à Rome, avec son jeune fils à peine âgé de dix ans, pour rétablir l'autorité impériale, compromise par une trop longue absence. Sur les instances du vieil ermite, elle consent à rendre aux deux jeunes gens leur liberté, et à les renvoyer chacun à son père. L'une des pages les plus belles de la vie de saint Sabas est celle où le biographe nous raconte, avec cet épisode, les derniers jours de son héros[2]. Accueilli par les moines grecs de Saint-Césaire, le vieillard, épuisé de fatigue, tombe bientôt malade : il est couché depuis plusieurs jours, incapable de prononcer une parole, quand les messagers de la cour germanique lui amènent l'enfant dont il vient d'obtenir la délivrance (le fils du duc d'Amalfi). « O père bienheureux, lui dit son serviteur en larmes, voilà « l'enfant pour lequel tu as enduré tant de fatigues. » A cette voix, le saint se ranime, reprend ses sens, et tournant ses yeux et ses mains vers le ciel, il adresse au Seigneur des paroles de reconnaissance : « Je te rends grâces, ô Christ, « parce que tu as écouté ton humble serviteur et que je puis « me présenter devant toi, ayant accompli mon ministère. » Ensuite, prenant l'enfant par la main, il le remet à celui qui devait le conduire à son père. »

Nil de Rossano était arrivé à Capoue, quelque temps avant la mort de Paldolf Ier Tête-de-Fer, c'est-à-dire entre 975 et 980. Le prince lombard lui témoigne les plus grands égards, et le biographe de Nil prétend même qu'on voulait lui donner l'épiscopat, « ce qui serait arrivé, dit-il, sans la mort de Paldolf[3] ». C'est sur les instances de Paldolf que l'abbé du Mont-Cassin, Aligern, donne à Nil et à ses compagnons, pour y construire un monastère, un domaine situé à quelque dis-

1. *Vie de saint Sabas*, 46, 49.
2. *Id.*, 49.
3. *Vie de saint Nil*, 72.

tance du Mont-Cassin, au lieu dit Valleluce. Nil est établi depuis plusieurs années dans sa nouvelle retraite, quand il reçoit un jour un messager de la princesse Aloara, veuve de Paldolf. Pleine de remords, pour avoir poussé ses fils au meurtre d'un de leurs cousins, dont la popularité lui portait ombrage, elle veut faire pénitence et demande à Nil quelle peine elle doit subir[1]. Le vieux moine vient à Capoue, et dans cette ville où le relâchement des mœurs est extrême, plus d'un scandale provoque son indignation. Quand il entre au palais, la princesse se prosterne à ses pieds. Nil ne trouve qu'une compensation suffisante à son crime : c'est qu'elle livre un de ses fils aux parents de sa victime; et comme naturellement elle hésite, le terrible ascète, interprète de la vengeance divine, lui prédit qu'elle sera chassée de cette ville, elle et ses enfants.

Quand Nil, déjà plus qu'octogénaire, se retire près de Gaëte, il reçoit la visite de l'empereur Otton III, revenant d'un pèlerinage au mont Gargano : c'est en vain que l'empereur veut l'entraîner à Rome où Nil était venu, quelques mois auparavant, pour essayer de sauver son compatriote, l'antipape Philagathos[2] ; mais on sait qu'après la mort d'Otton III, changeant de résolution, il fuit le duché de Gaëte, où déjà il était trop célèbre, pour aller finir sa vie à Tusculum, aux portes de Rome.

Basiliens et Bénédictins. — On peut se demander quels sont les rapports des moines grecs, nouveaux venus en Campanie, avec les moines latins, disciples de saint Benoit, au milieu desquels ils s'établissent. La *Vie de saint Nil* nous donne encore, à cet égard, de précieuses indications. La première fois que Nil arrive au Mont-Cassin, avec ses soixante compagnons, le pieux abbé Aligern l'accueille avec des égards extraordinaires. Les moines descendent le chercher jusqu'en bas de la montagne et le ramènent, en procession, portant devant lui des cierges et des encensoirs, comme ils eussent fait pour « le grand Benoît lui-même, leur législateur et leur maitre, ressuscité d'entre les morts[3] ». Ils lui demandent de chanter l'office dans sa langue natale, et, sur leurs instances, il se décide à leur faire entendre l'hymne qu'il a composé en l'hon-

1. *Id.*, 79.
2. *Id.*, 90, 92, 93.
3. « Οὐδὲν ἄλλο δοκοῦντες ἀκούειν καὶ βλέπειν ἢ ὅτι ὁ μέγας Ἀντώνιος ἀπὸ

neur de saint Benoît[1]. Il faut se souvenir que les moines latins du Xe siècle, surtout à Rome et dans l'Italie méridionale, regardent toujours la liturgie grecque comme une des formes les plus vénérables du culte chrétien, et que, dans leurs propres cérémonies, ils en ont conservé précieusement certains usages[2]. Les différences profondes qui séparent, dès cette époque, les deux Églises, surtout dans la discipline et dans les rites, ne suffisent point à briser les liens si étroits qui les unissent encore : quand Nil, dans ses entretiens avec les moines du Mont-Cassin, cherche à expliquer les usages particuliers des Grecs, il reste loin, semble-t-il, de ce sentiment d'orgueilleux dédain qu'affectaient à l'égard des Occidentaux les théologiens de Byzance. A vrai dire, les moines errants de Calabre et de Sicile, si répandus en Campanie et à Rome même, sont les intermédiaires naturels entre le monde latin et le monde byzantin : c'est par eux surtout que l'influence byzantine, si puissante à la cour germanique depuis le mariage de Théophano, se répand au-delà de Rome, au-delà des Alpes, et pénètre dans les pays du Rhin, où déjà, depuis plusieurs générations, les Grecs étaient loin d'être des inconnus[3].

C'est par un moine latin, peut-être d'origine germanique, que nous connaissons la vie de l'abbé Grégoire, né en Calabre près de Cassano, et longtemps higoumène du monastère de Cerchiara. Grégoire, qu'un catépan de Bari avait voulu emmener à Constantinople, arrive à Rome au temps de Théophano et d'Otton III ; il accompagne l'empereur à Aix-la-Chapelle et fonde aux environs de cette ville, un monastère grec. Plus tard, la légende se répandit en Allemagne qu'il était le frère de Théophano[4].

Pendant que Nil est dans son monastère de Saint-Michel-in-Valleluce, il reçoit la visite du Slave Adalbert, évêque de Prague et apôtre des Tchèques, qui vient d'abandonner son évêché pour venir en pèlerin à Rome, et de là prendre le chemin de Jérusalem. Adalbert s'est arrêté quelque temps au Mont-Cassin et,

Ἀλεξανδρείας ἡ ἐκ νεκρῶν ἠγέρθη ὁ μέγας Βενέδικτος, ὁ θεῖος νομοθέτης αὐτῶν καὶ διδάσκαλος. » (*Vie de saint Nil*, 73.)

1. *Vie de saint Nil*, 75, 76 : — Le Père Cozza-Luzzi a publié, d'après les manuscrits de Grottaferrata, les hymnes de saint Nil à saint Benoît.

2. Leo Ost., I, 32 : — Gattola, I, 15.

3. Pertz, *Ss.*, IV, 254 (*Vita Ruotgerii*), 246 (*Ex mirac. S. Gorgonii*), 501 (*Ex vita S. Gerardi Tull.*)

4. Pertz, *Ss.*, XV, 1185 et s.

sur les instances de ses hôtes, renonce à son lointain voyage[1]. Mais, à la suite d'un différend avec eux, il s'enfuit secrètement et après avoir erré deux jours dans la montagne, vient demander asile à saint Nil. Le moine calabrais, redoutant la colère de l'abbé Manson, successeur d'Aligern au Mont-Cassin, s'excuse de ne pouvoir garder Adalbert sur un domaine qui ne lui appartient pas, et d'où les moines du Cassin pourraient le chasser ; en revanche, il lui donne une lettre pour un moine romain, son ami, l'abbé du célèbre monastère de Saint-Alexis, sur l'Aventin[2] : cet ami de saint Nil, l'abbé Léon, est un de ces pieux personnages qui, dans la Rome si corrompue du xe siècle, cherchent à restaurer la vie monastique. Son monastère sert de rendez-vous aux moines les plus vénérés des deux rites, Latins et Grecs, et cet exemple nous montre, une fois de plus, quelles relations étroites s'établissent à Rome comme en Campanie, entre les réformateurs, qui représentent en quelque sorte l'élite monastique des deux églises.

La communauté basilienne, dirigée par saint Nil, offre un modèle de vie laborieuse et sévère, dont les Latins sont vivement frappés : le moine romain, qui a écrit la vie de saint Adalbert de Prague, parle avec admiration de ces vrais serviteurs de Dieu, qui « tous travaillent de leurs propres mains, s'efforçant de suivre les voies célestes, selon la règle de notre Père Basile[3] ».

On devine qu'au Mont-Cassin, alors en pleine prospérité matérielle, l'austérité doit être moins rigoureuse que parmi les disciples de Nil. Cependant le moine calabrais, quand il y arrive, au temps de l'abbé Aligern, est frappé du bon ordre qui règne dans le monastère : il remarque la régularité de tous dans l'observation de la règle[4] ; il juge même, semble-t-il, qu'en fait d'obéissance les Latins l'emportent sur les Grecs, moins disposés à suivre, jusque dans le moindre détail, la volonté de leur supérieur. Si le sage gouvernement du pieux Aligern mérite tous les éloges, il n'en est plus ainsi, à vrai dire, pour son successeur, l'abbé Manson[5]. Celui-ci traite sans doute avec quelque dédain les moines calabrais : mais le portrait que fait de ce

1. *Vita S. Adalberti* (*M. G.*, *Ss.*, IV, 580). — Cf. Leo Ost., II, 17.
2. *L. c.*, 587, 601. — Cf. Gregorovius, III, 429.
3. *Vita S. Adalb.* (*Ss.*, IV, 586).
4. *Vie de saint Nil*, 75.
5. *Vie de saint Nil*, 84, 85.

personnage la chronique officielle du Mont-Cassin n'est pas en désaccord avec le jugement si sévère porté sur son compte par le biographe de saint Nil. Sous son vêtement monastique, Manson n'est qu'un seigneur féodal, ambitieux et rapace. Imposé aux moines du Mont-Cassin par ses parents, les princes de Capoue (vers 985), il est si mal vu dans la communauté que plusieurs des moines les plus anciens et les plus vénérés quittent l'abbaye, les uns pour aller faire un pèlerinage à Jérusalem, les autres pour fonder ailleurs des monastères plus humbles, où l'idéal de la vie religieuse soit mieux respecté[1]. Avec Manson, la puissance temporelle du Mont-Cassin arrive à son apogée : la princesse de Capoue et ses fils étendent ses domaines par des donations nouvelles; le pape Jean XV confirme tous les biens de l'abbaye « aussi bien sur le territoire bénéventain qu'en Apulie, dans le pays des Marses et dans la Marche (de Spolète) »; il reconnaît à l'abbé le droit de juridiction sur tous les monastères placés dans sa dépendance, sans qu'aucun évêque ou prince laïc puisse s'y opposer[2]. Manson construit une forteresse nouvelle à Roccasecca, sur les bords de la Melfa, affluent du Liris. Il revendique la souveraineté pleine et entière sur le comté d'Aquino; il veut être le seul maître de toute la vallée moyenne du Liris. Affectant un luxe princier, il se promène à cheval, entouré d'une escorte de serviteurs, qui portent de riches vêtements de soie[3]. Il se rend en Allemagne, à la cour germanique, autant pour étaler son faste que pour rappeler au jeune roi les promesses de protection de son père et de son aïeul[4].

On comprend que les allures d'un tel personnage fussent pour saint Nil un objet de scandale. Un jour il veut avoir avec Manson une entrevue, à San-Germano, dans le monastère situé au pied de la montagne. Tandis que l'abbé et les moines achèvent un long repas, Nil est entré dans l'église ; il entend un musicien qui entre dans le réfectoire pour jouer de la cithare. L'ermite indigné se tourne vers ses compagnons, puis s'éloigne, en leur prédisant le châtiment terrible qui doit frapper l'impie[5].

1. Leo Ost., II, 12.
2. Leo Ost., II, 14. — Tosti, *Storia di Montecassino*, I, 347, 354 ; — Gattola, *Access.*, 90.
3. Leo Ost., II, 16.
4. Il assiste à la consécration de l'église d'Halberstadt, le 16 octobre 992.
5. *Vie de saint Nil*, 85.

Quelle que soit la ferveur des moines basiliens, les fâcheux exemples donnés par Manson favorisent, jusque dans le monastère de Valleluce, le relâchement de la discipline. Pour ranimer le zèle de ses disciples, Nil, résolu à fuir ce dangereux voisinage, cherche un lieu désert et aride où les moines, contraints de gagner leur pain de chaque jour par de plus rudes efforts, soient ainsi ramenés à une vie plus sévère [1].

L'Italie méridionale et les moines réformateurs d'Occident. — Tandis que les moines calabrais, vénérés comme des saints par la Grecque Théophano et l'empereur Otton III, trouvent à la cour germanique une faveur toute particulière, les moines d'au-delà des Alpes, bourguignons et lorrains, étendent leur action jusqu'aux extrêmes limites du monde latin, en Campanie et en Apulie. Dès le milieu du xᵉ siècle, parmi les pèlerins qui viennent à Rome, les plus fervents entreprennent volontiers le voyage du Mont-Gargano, et s'arrêtent d'abord au Mont-Cassin. Aussi, depuis que l'abbé Aligern a restauré le monastère de Saint-Benoît et lui a rendu une prospérité nouvelle, les pieux visiteurs se multiplient.

Déjà l'abbé Odon de Cluny, qui vers 940 se rendait en pèlerinage au Mont-Gargano, avait trouvé, parmi les moines latins de Salerne, quelques-uns de ses meilleurs disciples [2] : mais à ce moment, il n'y avait encore, au Mont-Cassin, qu'une communauté insignifiante. Un peu plus tard, le lorrain Jean, du monastère de Gorze, aux portes de Metz, fait un séjour au Mont-Cassin avant de continuer sa route vers le Gargano [3]. Il visite les monastères de la région, ceux qui sont établis dans les montagnes du littoral, près de Naples, sur les flancs du Vésuve. — Comme ses compagnons et lui cherchent un pays nouveau, où ils puissent professer en commun la vie monastique, en fuyant le voisinage pernicieux des villes et des anciens monastères, plus ou moins corrompus par l'esprit du siècle, Jean de Gorze leur propose de s'établir dans le pays de Bénévent : ils y trouveront sans peine des lieux sauvages, où ils pourront, à l'exemple des saints antiques, se nourrir du travail de leurs mains [4].

1. *Vie de saint Nil*, 86, 87.
2. *Vita Odonis* (*M. G. Ss.*, XV, 588). — Cf. Sackur, *die Cluniacenser*, I, 107.
3. *Vita Joh. Gorz.* (*M. G. Ss.*, IV, 344).
4. *Vita Joh. Gorz*, c. xxxiv (*l. c.*, IV, 346).

Les moines réformateurs les plus célèbres de l'Italie du Nord, Romuald de Ravenne, Guillaume de Volpiano[1], viennent au Mont-Cassin, dans les dernières années du xe siècle, vers l'époque où Nil de Rossano et Adalbert de Prague se rencontrent au monastère campanien de Valleluce. L'influence de Romuald s'étend jusqu'en Apulie : c'est d'un monastère apulien, malheureusement inconnu, que sort un de ses plus ardents disciples, qui va visiter ensuite les monastères clunisiens de Bourgogne et fait connaître leurs coutumes aux moines de Farfa, en Sabine[2]. Un autre disciple de Romuald, originaire de Bénévent, accompagne l'ascète à Ravenne, et de là il est envoyé en mission par Otton III chez les Slaves de Pologne[3].

Ainsi les courants de réforme religieuse, partis de la Calabre byzantine et des pays latins des bords de la Saône et de la Moselle[4], viennent se réunir et se croiser, en quelque sorte, non seulement à Rome, mais dans l'Italie méridionale : c'est surtout en Campanie et en Apulie que se multiplient, à la fin du xe siècle, les points de contact entre les deux églises, grecque et latine, entre les deux civilisations. Nulle époque n'a été plus favorable à ces rapports fréquents, à cette pénétration mutuelle, que celle de Nicéphore Phocas, de Théophano et des Ottons.

1. Leo Ost., II, 18 : — *Vita Rom.* (*Œuvres* de Pierre Damien : *Patr. lat.*, t. CXLIV, col. 965) ; — Sackur, *die Cluniacenser*, I, 263.
2. *Ordo Farfensis* (*M. G. Ss.*, XI, 545).
3. *Vita quinque fratrum* (*M. G. Ss.*, XV, 717-719).
4. Raoul Glaber (l. III, c. v, 18) montre l'extension de la réforme clunisienne jusqu'à la région de Bénévent.

CHAPITRE VII

LA POLITIQUE
ET L'INFLUENCE BYZANTINES A ROME

LES RAPPORTS DU BASILEUS AVEC OTTON III

Les élections pontificales et la cour byzantine. — Si les thèmes italiens sont abandonnés à eux-mêmes par la cour byzantine, il n'est pas probable qu'elle cherche à intervenir activement dans les affaires romaines. La protestation de Nicéphore Phocas contre l'« usurpation » des Ottons, qui font et défont les papes à leur gré, reste fatalement sans effet. Il n'est pas douteux cependant que l'aristocratie indigène, mal soumise par les empereurs allemands, n'ait songé, à plusieurs reprises, à se tourner vers l'ancien empire. Les révolutions qui agitent Rome à cette époque sont d'autant moins ignorées à Byzance que les vaincus y cherchent un refuge. En juin 974, peu après l'avènement d'Otton II, tandis que celui-ci est occupé au nord de l'Allemagne, une émeute éclate à Rome, à l'instigation de Crescentius, qui donne le Saint-Siège au diacre Francon : le pape usurpateur, Boniface VII, fait étrangler Benoît VI, le successeur de Jean XIII. Mais aussitôt arrive un comte impérial, qui s'empare du château Saint-Ange, soumet les rebelles et fait procéder à l'élection d'un nouveau pape [1]. L'usurpateur, emportant avec lui une partie du trésor de Saint-Pierre, va chercher un asile à Constantinople. S'il demande à ce moment l'appui du basileus, rien ne prouve que des agents de

1. *Liber Pontificalis*, II, p. 255. Cf. DUCHESNE, *Les premiers temps de l'Etat pontifical*, p. 188.

la cour byzantine aient joué un rôle quelconque dans son élection, ni que le parti des Crescentius à Rome soit en relations avec les officiers byzantins de l'Italie méridionale[1]. Il est peu probable que le basileus Jean Tzimiscès, qui vient de rétablir la paix avec l'empire occidental, cherche l'occasion de provoquer à Rome une révolution nouvelle. Boniface VII reste en exil à Constantinople pendant près de dix ans.

Ce n'est qu'en apprenant la mort de son rival, bientôt suivie de la mort d'Otton II, qu'il se décide à regagner Rome; on est tenté de croire que cette nouvelle tentative fut encouragée par la cour byzantine, qui dut faire, en partie, les frais de l'entreprise[2]. La nouvelle de l'expédition d'Otton II en Apulie et en Calabre avait dû provoquer à Constantinople une vive colère. Soutenir à Rome le pape des Crescentius, n'était-ce pas le plus sûr moyen d'affaiblir l'empire germanique ou de lui causer, du moins, de sérieux embarras? Jamais l'occasion ne fut plus favorable : la couronne impériale était vacante; la veuve d'Otton II, Théophano, était fort occupée en Allemagne à rétablir l'ordre et à faire reconnaître comme roi son jeune fils, à peine âgé de trois ans. Mais quand Francon arrive à Rome, il trouve déjà installé le pape qu'Otton II avait imposé aux Romains, quelques semaines avant sa mort : son propre chancelier, l'évêque de Pavie, qui avait pris le nom de Jean XIV. Cependant Francon réussit à rallier ses partisans, jette le pape en prison, et le malheureux Jean XIV, réduit à la famine, ne tarde pas à mourir. Boniface VII, après ce nouveau meurtre, gouverne l'Eglise romaine pendant près d'un an; puis il est renversé brusquement par une émeute, où l'on ne voit pas que les agents du parti germanique aient joué un rôle : ce sont les Romains eux-mêmes qui se chargent de l'exécution de Boniface; ce sont ses anciens partisans qui s'acharnent contre son cadavre, traîné nu à travers la ville; enfin, c'est un Romain qui le remplace, et la toute-puissante famille de Crescentius reste maîtresse de la ville[3]. Crescentius II prend le titre de patrice des Romains, soumet le pape Jean XV à une étroite tutelle, interdisant l'entrée du palais pontifical aux étrangers, qui ne le

1. L'hypothèse, faite à ce sujet par Gregorovius, n'est justifiée par aucun indice (*Geschichte der Stadt Rom*, III, 410).
2. SCHLUMBERGER, *Épopée byzantine*, II, 255.
3. *Lib. Pontif.*, II, p. 259.

paient pas assez cher[1]. Ainsi, jusqu'à l'arrivée de Théophano, en 989, Rome est placée sous le même régime qu'au temps d'Albéric.

Nous ignorons si les Crescentius sont en relations avec Byzance : depuis l'aventure de Francon, la cour byzantine reste complètement étrangère aux affaires romaines. D'ailleurs, l'échec et la mort d'Otton II ont fait disparaître tout motif de discorde entre les deux empires; et l'accord est d'autant plus facile que Théophano, qui gouverne l'empire germanique depuis 983 jusqu'à sa mort, en 991, sait mieux que personne éviter toute occasion de conflit avec ses parents de Byzance. Si elle exerce avec une énergie toute virile l'autorité impériale en Allemagne et en Italie, son fils, le jeune Otton III, ne porte que le titre de *roi :* quand elle vient à Rome, dans l'hiver 989-990, elle s'abstient de le faire couronner empereur, de sorte que *théoriquement* l'unité de l'empire n'est pas brisée et que les prétentions naguère émises par la cour byzantine au temps de Nicéphore Phocas se trouvent satisfaites. Quand Gerbert d'Aurillac (le futur Silvestre II) écrit au nom de Hugues Capet un projet de lettre aux empereurs de Byzance, où il demande pour le nouveau roi de France la main d'une princesse byzantine, il peut reconnaître dans l'empire byzantin le seul « *imperium romanum*[2]. »

Premiers rapports d'Otton III avec Byzance. — Le fils de Théophano est élevé, dès sa plus tendre enfance, dans une vénération presque superstitieuse pour l'empire byzantin. Ce descendant des rois saxons n'est plus un souverain à demi barbare, entourés de guerriers francs et germains, hostiles aux Grecs, qu'ils méprisent et dont ils se méfient; c'est un parent rapproché de Basile II et Constantin VIII, probablement leur neveu. Il a subi profondément l'influence maternelle; son parrain et précepteur est un prêtre grec de Rossano, dont il a reçu la culture la plus étendue et la plus raffinée[3]. Otton III se fait gloire d'avoir l'esprit subtil et ingénieux des Grecs; il ne cache pas son dédain pour la rusticité saxonne[4]. Cependant,

1. Voir les attaques d'Arnulf au concile de Reims et les plaintes des évêques gaulois (*M. G. Ss.*, III, 671, 691).
2. *Lettres* de GERBERT, n° 111.
3. *Vie de saint Nil*, 90.
4. *Lettres* de GERBERT, n° 186.

c'est en Allemagne qu'il passe ses premières années : à la mort de Théophano (991), il n'est encore qu'un enfant de onze ans. Rentré en Allemagne, le jeune roi ne revient en Italie que cinq ans après, pour aller à Rome recevoir la couronne impériale. Mais il a commencé par envoyer deux ambassadeurs à Byzance : l'évêque de Wurzbourg et son précepteur le Grec Jean Philagathos, évêque de Plaisance, qui doivent lui trouver une fiancée dans la famille impériale[1]. S'il se fait couronner empereur avant le retour de l'ambassade, son attitude nous montre assez avec quelle déférence il traite la cour de Byzance, comment il cherche et attend d'elle la reconnaissance officielle de son titre, la consécration de la légitimité impériale. Il faut que les empereurs romains d'Occident soient dignes, par leur naissance et leur rang, d'être regardés, eux aussi, comme des « porphyrogénètes ».

Cette première ambassade n'amène pas de résultat immédiat : l'un des envoyés, l'évêque de Wurzbourg, meurt en route[2], et l'autre, Jean Philagathos, à peine de retour à Rome, se laisse entraîner par Crescentius dans une aventure qui le brouille avec Otton III, et qui se termine, comme nous allons le voir, de la manière la plus tragique. Au reste, si les négociations matrimoniales entre Otton et la cour byzantine sont reprises, quelques années plus tard, il ne semble pas qu'en 996 l'empereur Basile II ait répondu par un consentement formel aux propositions de son jeune parent : on ne connaît, à cette date, aucune ambassade byzantine à la cour germanique.

Otton III, s'il cherche à resserrer les liens qui l'unissent aux souverains de Byzance, entend bien à Rome revendiquer avec la même énergie que son aïeul tous les droits qui résultent de la suprématie impériale. La noblesse romaine, incapable de défendre plus longtemps son autonomie, subit passivement le protectorat germanique et n'ose plus disposer du Saint-Siège. A la mort du pape Jean XV (avril 996), une députation du sénat et des principaux habitants vient trouver Otton à Ravenne, et le roi de Germanie leur désigne lui-même, comme nouveau pontife, son cousin, le clerc Brunon, fils du duc Otton de Carinthie : Brunon, attaché à la chapelle royale, passait pour fort instruit « dans les lettres séculières », au dire d'un

1. *Ann. Quedl.*, 997 (Ss., III, 74) ; — *Ann. Hildesh.* (Ss., III, 91).
2. *Ann. Hildesh.*, 995 ; — THIETM., IV, 19 (Ss., III, 775).

moine contemporain[1]. Escorté à Rome par deux évêques allemands, il est proclamé pape sous le nom de Grégoire V et consacré le 3 mai 996. Quelques jours après, il donne la couronne impériale à son cousin Otton (21 mai), avec le titre de *patrice :* c'est la première fois que la cour germanique impose à Rome un pape « transalpin ». Cette élection était un grave échec pour Crescentius, qui, depuis la mort d'Otton II, était resté, même sous la suzeraineté passagère de Théophano, le véritable maître de Rome. On lui reprochait sa conduite à l'égard du pape défunt, qu'il avait souvent outragé et maltraité : que ce fût là, pour Otton, un prétexte ou une cause sérieuse, le nouvel empereur inaugura son règne en condamnant Crescentius à l'exil : mais, sur les instances même du pape, il ajourna aussitôt l'exécution de la sentence.

L'aventure du Calabrais Philagathos. — L'accord ne dure pas longtemps entre Grégoire V et le chef toujours présent de l'aristocratie romaine. A peine Otton s'est-il éloigné, en septembre 996, que Crescentius chasse le pape de Rome, et pour lui donner immédiatement un successeur, propose le pontificat à l'évêque de Plaisance, Jean Philagathos, revenu, depuis peu de temps, de son ambassade à Byzance[2]. L'ambitieux Calabrais se laisse séduire, et prend possession du Siège apostolique, sous le nom de Jean XVI. De nouveau s'engage une lutte violente entre le parti impérial germanique et le parti indigène. On s'est demandé naturellement si la cour byzantine n'avait pas joué un rôle dans cette brusque révolution, faite au profit d'un Grec d'origine, qui, récemment encore, se trouvait à Constantinople, comme ambassadeur du fils de Théophano[3].

Philagathos n'est pas un de ces aventuriers ecclésiastiques, comme on en trouve tant dans la Rome du XIe siècle, comme l'était sans doute ce diacre Francon, qui vécut près de dix ans à Constantinople, entre deux tentatives violentes pour s'emparer du Saint-Siège par le meurtre du pape légitime. L'évêque Jean Philagathos, ancien précepteur du jeune empereur, est un des conseillers les plus écoutés de la cour germanique. Ce Grec de Rossano, d'origine très humble, avait gagné de bonne

1. *Ex vita Adalberti* (*Ss.*, IV, 586).
2. *Liber pontif.*, II, p. 262; — THIETM., IV, 21; — *Ann. Quedl.*, 997.
3. GREGOROVIUS, *l. c.*, III, 450; — SCHLUMBERGER, *l. c.*, II, 272.

heure la confiance de Théophano et de l'empereur Otton II[1]. Il ne faut pas le juger seulement sur les témoignages très hostiles des chroniqueurs germaniques, qui n'ont vu en lui que l'usurpateur du Siège apostolique, un monstre d'ambition, d'ingratitude et de fourberie. On doit écarter aussi, comme très suspect, le témoignage postérieur du moine Pierre Damien, qui s'est fait l'écho d'un bruit, probablement calomniateur, sur les rapports de Philagathos avec Théophano[2]. — Un important diplôme d'Otton II, en faveur de l'abbaye de Nonantula, dans les environs de Modène, nous montre quelle était sur Philagathos l'opinion de l'empereur, vers l'année 980[3]. Au moment où il vient en Italie, Otton se préoccupe de restaurer cette abbaye, qui devait être, par la suite, un centre florissant d'études. Mais, parmi les moines qui l'habitent, on n'en trouve pas un seul qui soit digne d'être abbé, ni capable d'entreprendre la réforme projetée. L'empereur se tourne alors vers les clercs du palais, parmi lesquels il remarque un de ses familiers et conseillers intimes, « l'archimandrite Jean, sobre, réservé, de mœurs honnêtes, instruit dans les lettres grecques, ayant une réputation éclatante de prudence et de sainteté »; sur l'avis de « personnes sages et craignant Dieu », il consent à se priver des conseils si utiles de ce vénéré personnage et lui donne le gouvernement de l'abbaye[4]. Après la mort d'Otton II, l'influence de Jean Philagathos devient prépondérante à la cour de Théophano : il abandonne son abbaye de Nonantula pour devenir le précepteur du jeune Otton III; très hostile à la veuve d'Otton Ier, l'impératrice Adélaïde, on l'accuse d'exciter perfidement contre celle-ci la jalousie et la colère de sa belle-fille[5]. Il se fait donner bientôt l'évêché de Plaisance.

D'autre part, ce Calabrais habile et ambitieux s'est fait de violents ennemis non seulement parmi les Allemands, hostiles à Théophano, mais parmi les Grecs eux-mêmes. On a publié une lettre fort curieuse, adressée par un Grec, nommé Léon, à son frère, après la disgrâce de Jean XVI : l'usurpateur du Saint-Siège y est tourné en dérision de la manière la plus cruelle;

1. *Ann. Quedl.*, 997. — Cf. *Epitaphium Adalheidæ* (*Ss.*, IV, 640).

2. Lettre à Cadalous (*Patr. lat.*, t. CXLIV, col. 253).

3. *Diplomata*, n°s 282-283.

4. Le tresor de l'abbaye de Nonantula contient deux reliquaires byzantins, du Xe ou du XIe siècle, qui ont ete signales par M. Schlumberger (*l'Œuvre d'art*, numero du 15 août 1897).

« sa bouche était pleine de méchancetés, de blasphèmes et de calomnies »; tous ses malheurs ne sont qu'un juste châtiment de son arrogance[1].

Quoi qu'il en soit, pour supplanter Grégoire V, Crescentius ne pouvait faire, semble-t-il, un choix plus heureux : il est probable qu'en se mettant d'accord avec l'évêque de Plaisance, le chef des Romains comptait sur l'appui éventuel du basileus; peut-être aussi, par le choix du nouveau pape, espérait-il forcer la main à Otton lui-même, l'obliger plus facilement à reconnaître les faits accomplis. Puisque le jeune souverain recherchait l'amitié de Byzance, on pouvait lui faire croire que l'élection d'un pape allemand risquait de le brouiller avec la cour byzantine. L'opinion s'est répandue dans le clergé du nord de l'Italie que Jean Philagathos voulait de nouveau rattacher Rome à l'empire byzantin, « transférer aux Grecs l'honneur de l'empire romain[2] ».

Cependant il n'y a pas la moindre preuve que l'intrigue de Crescentius ait été préparée et machinée à Constantinople[3]. Car il reste à savoir si l'on connaissait déjà, à la cour du basileus, avant le départ de Philagathos, l'élection de Grégoire V et le couronnement d'Otton par le nouveau pape. Le silence des textes, l'absence complète de documents autorisent toutes les hypothèses, mais aussi tous les doutes. On ne doit pas s'exagérer d'ailleurs l'effet que pouvait produire à Constantinople la nouvelle de l'élection d'un pape allemand. La cour byzantine n'avait qu'une médiocre estime pour les papes issus de l'aristocratie indigène, comme naguère un Jean XII[4]; si l'on contestait le droit que s'arrogeait le « roi des Francs » d'intervenir en maître dans les affaires romaines, et notamment dans l'élection du pape, peu importait aux Byzantins que le nouvel élu fût un Italien du Nord ou un « Franc » : Jean XV, le pape défunt, ancien évêque de Pavie, n'était pas plus un Romain d'origine que Grégoire V. D'ailleurs, on était loin, en 996, des protestations de Nicéphore Phocas, restées toutes platoniques. Si Basile II, occupé par une double guerre, en Bulgarie et en Syrie, néglige la défense de l'Italie méridionale, à plus forte

1. SCHLUMBERGER, *Epopée byzantine*, t. II, 282. n. 1.
2. ARNULFI, *Gesta arch. Mediol.* (*M. G. Ss.*, VIII, 9. c. 11).
3. Jean de Venise dit seulement que Philagathos revient à Rome avec un ambassadeur byzantin (*Cron. Venez.*, 154). Les conclusions tirées par Gregorovius de ce passage sont très contestables.
4. Cf. *supra*, p. 294; — LIUDPR., *Leg.*, 50.

raison doit-il fort peu s'inquiéter des troubles qui éclatent périodiquement dans l'ancienne Rome. Depuis le règne de Jean Tzimiscès, la cour byzantine a reconnu en fait l'existence du nouvel empire : si le pape, selon la théorie des Grecs, n'est que le patriarche d'Occident, pourquoi ne pas abandonner les affaires romaines au souverain de l'Occident? Il suffit à l'orgueil du basileus que le petit-fils d'Otton Ier se montre plein de déférence pour l'ancien empire romain, ou qu'il affirme sa volonté de maintenir entre les deux parties du même empire la concorde et l'harmonie nécessaires.

L'aventure de Crescentius et de Philagathos n'était qu'un nouvel épisode de la lutte entre l'aristocratie indigène et les souverains germaniques ou francs. Cependant Grégoire V, quoique chassé de Rome, avait cet avantage d'avoir gouverné l'Eglise romaine pendant plusieurs mois sans protestation, et d'être reconnu comme pape légitime par l'épiscopat d'Occident. Les évêques de différentes régions de l'empire, réunis à Pavie autour d'Otton III et de Grégoire V, excommunient solennellement l'usurpateur[1], et l'armée impériale se prépare à marcher sur Rome. Pendant que Crescentius s'enferme dans la forteresse du château Saint-Ange, Philagathos cherche à s'enfuir : mais il est arrêté par les partisans de Grégoire V, qui se gardent bien de l'envoyer à Otton III, dans la crainte que celui-ci ne pardonne à son ancien précepteur. On ramène le malheureux à Rome, on lui coupe la langue, le nez et les oreilles ; on lui crève les yeux et on le jette en prison, au moment où l'empereur arrive dans la ville[2].

La nouvelle de cette horrible tragédie arrive jusqu'à l'ermitage de Serperi, près de Gaëte, où habite Nil de Rossano. Le vénérable ascète, compatriote de Philagathos, avait cherché, prétend son biographe, à le détourner de son ambitieuse entreprise[3]. Il reprend le chemin de Rome pour intercéder en sa faveur et supplier Otton III de lui remettre le malheureux prisonnier. L'empereur et le pape Grégoire V vont à sa rencontre et l'emmènent au palais du Latran. Dans une grande salle, le vieil ermite est assis : à côté de lui se placent ses deux hôtes, qui lui baisent les mains et lui prodiguent les marques de leur pieux respect. Nil leur rappelle que cet homme, qui vient de subir un châtiment s

1. *Ann. Hildesh.*, 997 (*Ss.*, III, 91).
2. *Cron. Venez.*, 154 ; — Thietm., IV, 21.
3. *Vie de saint Nil*, c. 90.

cruel, les a tenus tous les deux sur les fonts du baptême, et qu'il leur a rendu les plus grands services. L'empereur est disposé à reconnaître que Philagathos n'est pas le principal coupable ; mais le pape est implacable et, d'après le biographe de Nil, c'est lui qui fait subir au malheureux mutilé une humiliation nouvelle : la promenade sur un âne, dont il doit tenir la queue, ses vêtements de prêtre étant retournés à l'envers. Nil, informé de ce raffinement de vengeance, s'en plaint très vivement à l'envoyé d'Otton, mais il quitte Rome, plein de tristesse, sans avoir revu l'empereur. A quelque temps de là, Otton III, pour faire pénitence de son crime, sur l'ordre d'un autre ascète, Romuald, se rend en pèlerinage au mont Gargano[1]. Quant au malheureux Philagathos, il devait survivre à Grégoire V comme à Otton III, car il ne mourut probablement qu'en 1013[2].

Ambassade germanique à Byzance. — L'un des résultats de cette tragique aventure, ce fut d'interrompre ou de retarder les négociations de l'empereur avec Byzance. Cependant Otton III n'avait point renoncé à son projet de mariage. Trois ans plus tard, en 1001, c'est l'archevêque de Milan, Arnulf, qui apporte à Constantinople, de la part du souverain germanique, fils de Théophano, les présents les plus magnifiques : il est reçu à la cour avec des honneurs exceptionnels; on le laisse s'asseoir seul devant le basileus, en présence d'une foule d'évêques et de hauts dignitaires, obligés de rester debout. Il est admis au conseil secret et traite avec le basileus les plus graves affaires[3]. Qu'on se rappelle comment était reçu, trente ans auparavant, un autre évêque lombard, de rang plus modeste, il est vrai, et l'on pourra juger par le contraste combien les relations de l'empire germanique avec Byzance se sont modifiées, depuis l'ambassade de Liutprand. Les négociations aboutissent aussitôt, et l'archevêque de Milan est chargé lui-même de conduire en Italie la fiancée promise à Otton III : c'est en débarquant à Bari qu'il apprend la mort prématurée du jeune empereur (janvier 1002)[4].

1. *Vie de saint Nil*, 91 ; — Leo Ost., II, 24.
2. *Liber pontificalis*, éd. Duchesne, II, 262.
3. Voir les *Chroniques milanaises* d'Arnulf et Landulf. (Ss., VIII, 10 et 55).
4. Mystakidis : *Byzantinisch-deutschen Beziehungen zur Zeit der Ottonen*, p. 67, 71.

Les rêves d'Otton III et l'influence byzantine. — Tels sont les rapports des deux empires, au moment même où l'Apulie byzantine, si gravement menacée par les Arabes, ne peut être sauvée que par le secours de la flotte vénitienne. Ni dans l'affaire de Philagathos, ni dans aucune autre circonstance, on ne peut dire que la politique byzantine intervienne directement à Rome. Qu'il s'agisse des affaires romaines, des principautés lombardes, ou de la défense de la Calabre et de l'Apulie, jamais peut-être l'impuissance et l'inertie du gouvernement byzantin n'ont apparu plus clairement que dans ces dernières années du xe siècle : mais, d'autre part, jamais le prestige du vieil empire et de la civilisation byzantine n'a été plus grand que dans la Rome d'Otton III. Les deux puissances rivales, l'aristocratie indigène et l'empereur germanique, sont aussi empressées l'une que l'autre à se tourner vers Byzance.

Ce n'est pas seulement la culture byzantine que le fils de Théophano se vante de représenter. Son rêve, enfantin et chimérique, c'est de reconstituer l'empire romain dans sa réalité, en faisant de Rome sa véritable capitale. « Personne autre n'oublia à ce point le présent pour vivre à la lumière des anciens jours ; aucune âme ne fut plus entièrement possédée de cette ferveur mystique et de cette vénération pour les gloires du passé, sur laquelle reposait l'idée que le moyen âge s'était faite de l'empire[1] ». Mais, quel que soit le prestige de la Rome ancienne, c'est surtout la Rome d'Orient qui fascine cette imagination de visionnaire : si l'antique tradition romaine vit encore quelque part, c'est dans cette cour de Byzance, d'où est venue sa mère Théophano. C'est en imitant les souverains de Byzance qu'Otton III espère relever à Rome le trône impérial. Ainsi le nouvel empire, restauré par la maison de Saxe, réalisera vraiment l'idée de l'empire universel, l'*Orbis romanus* ; Otton III lui-même se fait gloire de n'appartenir à aucune nation particulière : « Moi Otton, Romain, Saxon et Italien, serviteur des Apôtres, par la grâce de Dieu empereur auguste du monde romain[2] ». Pour

1. J. Bryce, *le Saint Empire romain germanique* (trad. Domergue), p. 192.
2. *Diplomata*, n° 390. — Cf. les idées de Gerbert, le futur pape Silvestre II, sur l'Empire (préface du *Libellus de rationali et ratione uti*) : *Nostrum, nostrum est Romanum Imperium. Dant vires feraces frugum Italia, ferax militum Gallia et Germania, nec Scithæ desunt nobis fortissima regna. Noster es, Romanorum imperator et Auguste, qui summo Græcorum sanguine ortus, Grecos imperio*

rendre à ce nouvel empire tout l'éclat extérieur de l'ancien, il faut le recouvrir d'un vêtement byzantin ; il faut ramener de Byzance à Rome le cérémonial et le pompeux appareil sans lesquels la dignité impériale ne se peut concevoir ; il faut ramener de Byzance à Rome cette imposante hiérarchie de fonctionnaires, qui donne à César le seul cortège digne de sa grandeur[1].

Le malheureux Otton n'est pas capable de se faire obéir par la population romaine : mais on voit à sa cour et dans son palais une foule de dignitaires, décorés de noms nouveaux, des protospathaires, des logothètes, un archilogothète. Entre tous ces rêves, confus et puérils, la seule tentative qui ait un résultat durable, c'est la restauration du droit romain et des lois justiniennes[2].

On sait d'ailleurs que, malgré sa très courte vie, l'empereur eut le temps de voir ses espérances démenties par l'expérience la plus brutale. Ses sujets eux-mêmes le traitèrent toujours comme un enfant : il avait prétendu régénérer les habitants de Rome, qu'il destinait à un rôle magnifique, et les Allemands l'accusaient de montrer pour ces Romains indignes une indulgence et une faveur extraordinaires[3]. Mais les Romains eux-mêmes étaient les premiers à repousser ses avances, à ne tenir aucun compte de toutes ces belles paroles qu'ils ne comprenaient guère[4]. Le souvenir du châtiment exemplaire infligé à Crescentius ne calme point leur turbulence. Enfermé et bloqué dans son palais de l'Aventin par les milices romaines, Otton III est obligé de s'enfuir secrètement la nuit. Quand il

superas, Romanis hereditario jure imperas, utrosque ingenio et eloquentia prevenis (Lettres de Gerbert, *App.*, II, éd. J. Havet).

1. Gregorovius, III, 498.

2. Giesebrecht, *Geschichte der deutschen Kaiserzeit*, t. I, 726, 892 ; — Gregorovius, *l. c.*, III, 476.

3. *Gesta episcop. Camerac.*, I, 114.

Thietm., IV, 29 : *Antiquam Romanorum consuetudinem jam ex parte magna deletam suis cupiens renovare temporibus.*

Vita quinque fratrum (Ss., XV, 722) : *Cum sola Roma ei placeret, et ante omnes Romanum populum pecunia et honore dilexisset, ibi semper stare, hunc renovare ad decorem secundum pristinam dignitatem foco puerili incassum cogitavit.*

4. *Ex vita Heriberti*, Ss., IV, 740.

Thangm., *Vita Bernw.* (Ss., IV, 767). — Discours de l'empereur : *Vosne estis mei Romani? Propter vos quidem meam patriam, propinquos quoque reliqui, amore vestro meos Saxones et cunctos Theotiscos, sanguinem meum projeci... vos filios adoptavi, vos cunctis prætuli.*

cherche à rentrer dans la ville, Rome lui ferme ses portes, et il meurt désespéré, quelques mois plus tard, à peine âgé de vingt deux ans[1]. C'est la noblesse indigène qui reprend la toute-puissance et qui, de nouveau, dispose à son gré du Siège pontifical. De 1002 à 1014, la couronne impériale est vacante, et l'œuvre de la maison de Saxe, à Rome comme dans l'Italie méridionale, semble complètement anéantie.

1. Richter et Kohl, p. 168.

CHAPITRE VIII

LA RÉVOLTE DE MÉLO

ET LES PREMIÈRES GUERRES CONTRE LES NORMANDS EN APULIE (1009-1018)

Dans les premières années du XIe siècle, les habitants de l'Apulie, délivrés des Sarrasins par l'intervention de Venise, ont retrouvé quelque sécurité, tandis que, sur la rive opposée de l'Adriatique, la grande forteresse de Durazzo est occupée, de nouveau, par les troupes du basileus[1]. Malgré tout, les catépans de Bari ont fort à faire pour maintenir leur autorité : on a vu combien les agitations locales, les rivalités et les haines de ville à ville, la turbulence de l'aristocratie indigène rendaient difficile la pacification du pays. Sous l'administration du catépan Curcuas, qui vient en 1008 remplacer le catépan Xiphias, mort à Bari, éclate une nouvelle révolte, plus grave et plus profonde en apparence que les séditions si fréquentes dans la seconde moitié du Xe siècle[2]. Comme le chef de cette révolte, Mélès ou Mélo, riche habitant de Bari, a provoqué la première intervention des Normands dans les affaires de l'Italie méridionale, les historiens lui ont attribué un rôle considérable ; on a voulu voir dans ce personnage fort obscur et très mal connu le type du patriote qui, le premier, cherche à affranchir son pays d'une odieuse tyrannie, puis, se voyant trop faible pour assurer aux Italiens d'Apulie leur indépendance, fait appel à la valeur normande[3]. On a représenté son

1. *Ann. Bar.*, 1005.
2. Lup. Protosp., 1007, 1008, 1009 ; — *Ann. Bar.*, 1011.
3. Cf. de Blasiis, *la Insurrezione pugliese*, t. I. p. 47 ; — Hirsch-Bresslau, *Jahrbücher des deutschen Reichs unter Heinrich II*, t. III, 147, 152 ; — Delarc, *les Normands en Italie*, p. 47 ; — von Heinemann, *Geschichte der Normannen in Unteritalien*, p. 30.

insurrection comme un mouvement national, provoqué par l'impopularité du gouvernement byzantin, et destiné à détacher l'Apulie de l'empire grec, pour en faire un Etat indépendant.

Telles sont les idées courantes, aussi bien dans les livres consacrés à l'histoire des Normands que dans ceux qui exposent les annales du Saint Empire : les historiens allemands ont été d'autant plus attirés par ce mystérieux rebelle qu'il est venu mourir à Bamberg, auprès du pieux empereur Henri II le Saint, qui devait garder à sa mémoire un véritable culte.

Dans cette carrière aventureuse d'un riche habitant de Bari, exilé de son pays pour avoir voulu le délivrer d'un joug étranger, et allant finir ses jours au fond d'une ville d'Allemagne, il y avait de quoi frapper l'imagination. C'est une raison pour nous demander si une part de légende ne s'est pas mêlée à l'histoire, et pour soumettre à un nouvel examen les textes qui nous renseignent sur la révolte d'Apulie, l'apparition des Normands et le rôle de l'empereur germanique Henri II.

Les sources de l'histoire de Mélo. — Quoi qu'il paraisse, ces événements ne sont connus que d'une manière assez vague : les textes qui nous donnent le plus de détails sont déjà trop éloignés de cette époque pour ne pas contenir bien des lacunes, sinon des erreurs. Le poème de Guillaume de Pouille, composé d'après des sources locales, dont beaucoup sont perdues, date des dernières années du XIe siècle[1]. Le récit du moine Amatus, du Mont-Cassin, est un peu plus ancien, mais à certains égards, il est moins digne de foi, parce qu'il s'éloigne davantage des traditions apuliennes[2]. La même observation s'applique à la chronique de Léon d'Ostie, qui dépend en partie d'Amatus, mais qui, sur certains points, en est indépendante[3]. La source la plus sûre est évidemment la chronique dite de Lupus protospathaire, qui représente la rédaction la plus ancienne et la plus digne de foi des annales de Bari[4]. Mais on n'y trouve qu'une sèche mention des faits de guerre ou des changements de magistrats. A ces quatre textes principaux, de provenance locale, il faut joindre quelques chroniques étrangères à l'Italie.

1. *Gesta* Rob. Wiscardi, cf. l'*Introd.* de Wilmans *Ss.*, IX, 239.
2. Hirsch, *Forschungen*, VIII, 203 ; — *Ystoire de li Normant*, par Aimé, éd. Delarc, Introd., p. LIV et s.
3. Ss., VII, 560. — Cf. Hirsch, *Forsch.*, VIII, 225.
4. Ss., V, 51 ; — Cf. Hirsch, *de Italiæ inferioris annalibus*, p. 2.

qui donnent, au milieu de beaucoup d'erreurs, d'utiles détails sur les premiers Normands. Ainsi le moine bourguignon Raoul Glaber, qui ne connaît même pas le nom de Mélo, et qui montre, sur certains points, une extrême ignorance, a certainement recueilli des informations assez précises, durant son séjour à Rome, au temps du pape Benoit VIII[1]. Quant aux historiens byzantins, ils semblent ignorer presque entièrement ce qui se passe dans le thème d'Italie : c'est à peine si la chronique de Skylitzès mentionne, en passant, la révolte de Mélo[2].

Première révolte et victoire des Byzantins. — Les Normands au service de Mélo n'envahissent l'Apulie qu'au printemps de 1017. Mais une première révolte éclate à Bari en 1009, peu de temps après l'arrivée du catépan Curcuas[3]. Le riche Mélo, chef des insurgés, entraîne facilement les Apuliens, incapables de supporter plus longtemps, s'il faut en croire Léon d'Ostie, « l'orgueil et l'insolence des Grecs[4] ». En fait, il est malaisé de savoir quelle confiance mérite ce jugement très vague. L'erreur commise par le chroniqueur sur les débuts de l'occupation byzantine en Apulie et en Calabre rend son témoignage très suspect[5] : il est manifeste qu'au Mont-Cassin, vers la fin du XIe siècle, on est plus favorable aux prétentions germaniques sur l'Italie méridionale qu'à celles de l'empire grec. Il importe de remarquer tout d'abord que la révolte de Mélo n'était pas un fait très nouveau, et qu'elle avait eu de nombreux précédents, surtout dans les vingt dernières années du Xe siècle[6]. Au reste, ces émeutes si fréquentes ne prouvaient pas que les habitants de l'Apulie fussent résolus à se détacher de l'empire byzantin. On se soulevait, non contre l'empire, mais contre tel ou tel haut fonctionnaire ; le plus souvent, les discordes locales, les haines violentes contre certains grands personnages, également décorés de titres byzantins, suffisent à expliquer les troubles qui éclatent périodiquement dans les principales villes d'Apulie.

1. Raoul Glab., éd. Prou, l. III, I, 3.
2. Cedr., II, 456.
3. Lup. Protosp., *ad a.* 1009. — Pour la date, cf. Bresslau, *Jahrb. des d. R. unter Heinrich II*, t. III, p. 320 (excurs IV).
4. Leo Ost., II, 37. Certains textes le nomment *Ismael* (de Blasiis, *l. c.*, I, 48).
5. D'après Léon d'Ostie, les Grecs n'ont revendiqué l'Apulie et la Calabre que depuis l'époque d'Otton Ier (*l. c.*).
6. Cf. *supra*, p. 331, 367 ; — et Lup. Protosp., *ad a.* 975, 979, 987, 990, 997.

D'autre part, les catépans jouissant d'une autorité sans contrôle et sans limite, ne recevant aucun traitement fixe sur le trésor impérial[1], ont dû, à plusieurs reprises, frapper d'impôts très lourds la population indigène. Depuis que les gens de Bari étaient délivrés des Sarrasins et des Slaves, il est probable que la prospérité commerciale de la ville avait pris un nouvel essor. Dès lors, l'aristocratie locale supporte avec plus d'impatience les charges financières que lui impose un nouveau catépan. Mélo n'est-il pas le plus riche des habitants de Bari, le premier des Apuliens par son opulence[2]? Tandis que Bari se soulève, il y a aussi des troubles à Trani, comme à l'époque d'Otton II. Cependant une bataille acharnée s'engage au sud-ouest de Bari, près de Bitetto, entre les insurgés et les troupes du catépan; et bien que le combat soit fatal aux milices de Bari, la ville reste entre les mains des rebelles[3]. Peut-être y eut-il, vers la même époque, une autre bataille entre Mélo et les Grecs, près de Montepeloso. En tout cas, le catépan Curcuas étant mort sur ces entrefaites, son successeur, Basile Mésardonite, fut obligé de mettre le siège devant Bari : après avoir résisté pendant deux mois, la population, se décidant à capituler, laissa le catépan occuper la citadelle[4]. On allait livrer Mélo à la vengeance des Grecs, quand le malheureux, abandonné de tous ses partisans, s'enfuit avec son beau-frère Datto. Sa femme et son fils furent envoyés comme otages à Constantinople. Mélo se rendit d'abord dans la ville d'Ascoli, qui s'était montrée favorable à la révolte. Mais le triomphe rapide du nouveau catépan avait transformé partout les rebelles en serviteurs fidèles de l'empire, et leur chef n'eut qu'un moyen d'assurer sa sécurité personnelle, ce fut de chercher un asile chez les princes lombards, à Bénévent d'abord, puis à Salerne, et enfin à Capoue, dont il fit sa résidence[5].

Attitude des princes lombards. — Depuis que les empereurs germaniques avaient cessé d'intervenir en Campanie, la puissance des dynasties locales s'était de nouveau fortifiée en deve-

1. C'est la principale différence entre les stratèges d'Orient et ceux d'Occident (CONST. PORPH., *De Cerim.*, II, 50).
2. LEO OST., II, 37 (*SS.*, VII, 652). — CEDR., II, 456.
3. *Ann. Bar.*, 1011 (il faut avancer de deux ans la date donnée par les *Ann. Bar.*).
4. *Ann. Bar.*, 1013.
5. LEO OST., II, 37 (p. 652).

nant plus stable. Si les Lombards de Bénévent se soulèvent en 1003 contre leur prince, Paldolf II l'Ancien, celui-ci, deux ans plus tard, rentre dans la ville et la gouverne pacifiquement jusqu'à sa mort, en 1014[1]. Depuis 1008, il a pris en outre le titre de prince de Capoue, comme tuteur de son neveu, Paldolf II le Jeune, fils de Landolf de Sainte-Agathe[2]. Sous l'autorité de Paldolf II l'Ancien, « prince des Bénéventains et des Capouans[3] », les deux Etats, unis durant presque tout le xe siècle et séparés depuis la mort de Paldolf Ier Tête-de-Fer, n'en forment de nouveau qu'un seul. Mais l'union cesse en 1014, à la mort de Paldolf II l'Ancien : à Bénévent, son fils aîné Landolf reste maître du pouvoir. A Capoue, Paldolf II le Jeune ne tarde pas à disparaître, et depuis 1016, c'est son cousin, le fils cadet de Paldolf II l'Ancien, Paldolf III, — nommé par quelques historiens Paldolf IV — qui devient prince de Capoue[4]. Paldolf II l'Ancien est donc l'ancêtre commun des princes qui gouvernent Bénévent et Capoue jusqu'à la fin des dynasties lombardes[5]. A Salerne règne, depuis 999, Guaimar IV, qui en 1015 associe au pouvoir son fils Jean III[6].

Il est difficile de savoir à quel moment Mélo put trouver un refuge dans l'une ou l'autre des capitales lombardes. Le catépan Basile Mésardonite, peu après la soumission de Bari, entreprend un voyage en Campanie. Il est à Salerne en octobre 1011 ; plusieurs moines du Mont-Cassin viennent l'y trouver, et se font donner un diplôme de protection pour les domaines que leur abbaye possède en Apulie[7]. Obliger les princes lombards à rester, au moins en apparence, les alliés de l'empire byzantin, relever en Campanie le prestige oublié du basileus, c'était le seul moyen de décourager les rebelles apuliens. Tandis que le catépan se trouvait près de Salerne, Mélo restait caché, sans doute, dans la région de Bénévent ou d'Ascoli ; peut-être aussi le catépan n'était-il venu en Campanie que pour le poursuivre et chercher à le prendre. C'est à Capoue seulement que Mélo put échapper aux Grecs : il est donc probable que Guaimar IV,

1. *Ann. Benev.*, III, 173, *ad a.* 1003, 1005, 1014.
2. Gattola, I, 310. *Access.*, 122 ; — Di Meo, *Annali*, t. VII, *ad a*, 1008.
3. *Ann. Casin.* (*Ss.*, III, 171.
4. *Ann. Benev.*, 1016 ; — Gattola, *Access.*, 106, 107.
5. Sur la généalogie des princes de Capoue et Bénévent, cf. Pflugk-Harttung, *Iter Italicum*, 713.
6. Schipa, *Principato di Salerno*, XII, 255.
7. Trinchera, *Syllabus*, n° 14.

prince de Salerne, avait consenti à reconnaître la suprématie byzantine, tandis qu'à Capoue Paldolf II l'Ancien, sans rompre ouvertement avec les Grecs, réussit à garder, en face du catépan, son entière indépendance. Cependant le beau-frère de Mélo, Datto, après un court séjour au Mont-Cassin, va se mettre au service du pape Benoît VIII, qui lui confie la garde d'une tour fortifiée, autrefois construite sur les bords du Garigliano par le duc Jean de Gaëte[1]. Ainsi s'affirme la volonté du nouveau pape de reprendre les revendications de ses prédécesseurs et d'établir plus fortement l'autorité du Saint-Siège dans la région des anciens patrimoines, entre Gaëte et le cours du Garigliano.

Mélo et les premiers chefs Normands. — A Capoue, Mélo s'entend avec un certain nombre de chevaliers normands pour envahir, bientôt après, l'Apulie et tenter contre les Grecs un nouveau soulèvement. Telle est du moins la tradition conservée au Mont-Cassin : mais, d'après le poème de Guillaume de Pouille, qui représente la tradition apulienne, c'est au mont Gargano que Mélo rencontre pour la première fois les Normands[2]. Ces Normands sont des pèlerins qui, au retour de Jérusalem, s'arrêtent au sanctuaire de Saint-Michel ; ils voient avec surprise l'exilé lombard, habillé à la mode byzantine ; Mélo leur raconte son histoire et ses malheurs. Comme il devine dans ces pèlerins d'aventure des hommes de guerre, prêts à tout risquer, il cherche à les convaincre que les Grecs sont faciles à chasser : s'ils veulent combattre avec lui, il y aura, dans ce pays fertile, beaucoup de butin à recueillir. Les Normands promettent à Mélo de revenir avec de nombreux compagnons pour tenter la conquête de l'Apulie. Rentrés dans leur pays, ils entraînent plusieurs de leurs compatriotes et ne tardent pas à rejoindre le chef des rebelles apuliens.

D'après la tradition campanienne, confirmée par les chroniques normandes[3], les premiers Normands, qui viennent à Capoue se mettre au service de Mélo, ont dû quitter leur pays pour échapper à la colère du duc Richard : l'un d'entre

1. Leo Ost., II, 37, p. 652. Il ne faut pas confondre cette tour avec celle que fit construire, plus tard, Paldolf Tête-de-Fer (cf. Fedele, *Archivio della R. Soc. Rom. di Storia Patria*, 1899, p. 198).
2. Guill. Apul., I, 11-47.
3. Voir première éd. de Leo Ost., II, 37. — Orderic Vital, *Hist. eccles.*, III, 53 ; — Guill. de Jumièges, *Hist. Norm.*, VII, 30 (*M. G. Ss.*, XXVI, 7).

eux, en effet, est accusé du meurtre de Guillaume Repostel, fidèle vassal de Richard. Il entraîne avec lui ses quatre frères, avec leurs hommes d'armes et leurs serviteurs, et tous s'entendent pour aller chercher fortune au-delà des Alpes. Mais comment viennent-ils jusque dans l'Italie méridionale? C'est ici qu'intervient une nouvelle tradition, acceptée par le moine Amatus et reproduite, d'après lui, dans la seconde édition de Léon d'Ostie[1]. Plusieurs années avant la révolte de Mélo, vers l'an 1000, quarante pèlerins normands, revenant de Jérusalem, s'arrêtent à Salerne, assiégée alors par les Sarrasins. Le prince Guaimar, obligé de payer tribut aux infidèles, implore le secours des voyageurs; ceux ci prêtent main-forte aux Lombards et, par leur vaillance extraordinaire, réussissent à délivrer la ville. Guaimar les comble de présents et envoie une ambassade en Normandie pour attirer en Campanie de nouveaux auxiliaires. Par l'ambassade de Salerne et les récits des pèlerins les Normands apprennent à connaître l'Italie méridionale : on leur vante la richesse et la beauté du pays; nulle part ils ne trouveront une meilleure occasion d'exercer leur vaillance et de batailler contre les Sarrasins. Ce sont les meurtriers de Guillaume Repostel, poursuivis par le duc Richard, qui répondent les premiers à cet appel.

Comment faire un choix entre ces récits différents, qui ont évidemment plusieurs points de ressemblance? Sur la rencontre entre Mélo et les Normands, il est facile de concilier les deux traditions, apulienne et campanienne. La première entrevue, au mont Gargano, telle que la raconte Guillaume de Pouille, avec des détails empruntés à des souvenirs locaux, est tout à fait vraisemblable : on se représente aisément Mélo, quand il cherche un refuge après sa défaite du côté d'Ascoli, allant visiter le sanctuaire national des Lombards, au mont Gargano; et d'autre part, les pèlerins qui reviennent de Jérusalem en Italie débarquent le plus souvent sur le littoral apulien, car il est douteux que leurs vaisseaux puissent avec la même sécurité faire le tour de la Calabre, pour arriver près de Salerne et de Naples. On peut donc placer cette première rencontre entre Mélo et les Normands très peu de temps après la victoire du catépan Basile Mésardonite, c'est-à-dire vers la fin de l'année 1011. Le retour des pèlerins dans leur pays, l'émigration de Gislobert

1. AIMÉ (éd. Delarc), I, 17; — LEO OST., II, 37; — *Ann. Casin.* (*Ss.*, XIX, 305).

et de ses compagnons, poursuivis par la vengeance du duc Richard, leur passage à Rome, au temps du pape Benoît VIII, puis leur voyage à Capoue, où ils trouvent Mélo, tous ces faits s'encadrent fort bien entre l'entrevue du mont Gargano et l'invasion de l'Apulie en 1017.

Mais que faut-il penser du secours prêté par les Normands au prince de Salerne, vers l'an 1000, et de l'ambassade envoyée par Guaimar en Normandie? Que la ville de Salerne, tout au début du XIe siècle, ait été assiégée par les Sarrasins, le fait est très vraisemblable, mais le texte d'Amatus est le seul qui l'atteste[1]. Peut-être y a-t-il confusion avec un autre siège de Salerne par les Sarrasins, qu'une chronique locale mentionne en l'année 1016[2]; on sait d'ailleurs qu'à cette époque les corsaires musulmans ont repris l'offensive sur toutes les côtes qui entourent la mer Tyrrhénienne et jusque dans les parages de la Corse et de la Toscane[3]. Si des chevaliers normands ont prêté main-forte au prince Guaimar contre les Sarrasins, c'est évidemment en l'année 1016, lorsqu'ils viennent d'arriver en Campanie. Mais ces auxiliaires normands ne sont pas des pèlerins revenant de Jérusalem : ils font partie de cette bande d'émigrants qui a quitté la Normandie après le meurtre de Guillaume Repostel. S'il y a eu vraiment une ambassade du prince de Salerne en Normandie, peu après le départ des Sarrasins, Amatus se trompe lorsqu'il établit un lien entre cette ambassade, l'émigration de Gislebert et de ses compagnons, et leur arrivée à Capoue où ils s'entendent avec Mélo[4]. Il n'est pas possible de placer dans la même année 1016 le siège et la délivrance de Salerne, le retour en Normandie des prétendus pèlerins, accompagnés par les ambassadeurs de Guaimar, l'émigration des meurtriers de Guillaume Repostel, leur séjour à Rome, puis leur entente avec Mélo et les préparatifs de la guerre d'Apulie[5]! Si l'on admet que les ambassadeurs de Guaimar aient entraîné à leur suite, lors-

1. Le texte des *Ann. Casin.* (XIX, 305) n'a aucune autorité pour le début du XIe siècle; il dépend probablement d'Amatus. La présence des Sarrasins à Bénévent et à Capoue vers 1002 n'est affirmée que par une chronique apocryphe (*Ann. Benev.*, III, 173. — Cf. Köpke, *Archiv.* IX, 132).

2. Lup. Prot., 1016; — Cf. la discussion de Delarc, *Normands en Italie*, p. 42.

3. Thietm., VI, 31; — Amari, t. II, 340 et s.; — Bresslau, *Jahrbücher des D. R. u. Heinrich II*, t. III, p. 130.

4. Cf. de Blasiis, *l. c.*, I, 74; — et Schipa, XII, 256.

5. C'est pourtant ce que font Delarc et Heinemann.

qu'ils reprennent le chemin de l'Italie méridionale, un certain nombre de chevaliers, c'est une seconde émigration, postérieure à celle des premiers Normands qui se mettent au service de Mélo. On sait par d'autres témoignages qu'au cours même de la guerre d'Apulie plusieurs bandes nouvelles ont quitté la Normandie pour venir rejoindre les premiers émigrants[1].

Intervention du pape Benoît VIII. — C'est en 1015 ou 1016 que Gislebert et ses compagnons arrivent à Capoue. Au dire de Raoul Glaber, le pape Benoît VIII est le véritable instigateur de la campagne contre les Byzantins[2] : lorsque les chevaliers normands arrivent à Rome, le pape leur propose de s'entendre avec les princes lombards, et c'est lui qui les dirige vers Capoue. Il est vrai que Raoul Glaber ne cite même pas le nom de Mélo, qu'il confond avec l'un des chefs normands, Rodulf. Mais il faut retenir le renseignement qu'il nous donne sur le rôle du pape : si l'on se souvient que Benoît VIII cherche à défendre l'Etat pontifical contre les Sarrasins et à relever le prestige du Saint-Siège en Campanie, on comprend quels conseils il a pu donner à ces barbares du Nord, hôtes fort incommodes tant qu'ils restaient à Rome, et serviteurs fort utiles de la politique pontificale, s'ils voulaient bien aller batailler en Campanie. Dans ce cas, ce serait contre les Sarrasins, non contre les Byzantins, que le pape aurait dirigé l'activité turbulente des Normands; et l'appui qu'ils donnent à Guaimar de Salerne, attaqué en 1016 par les musulmans, s'accorde fort bien avec les desseins du Saint-Siège. Mais Salerne étant bientôt délivrée, la force normande se trouve sans emploi. D'accord avec Mélo et les deux Paldolf, princes de Capoue, ils se tournent alors vers l'Apulie. L'intervention de la politique pontificale est-elle, pour cette nouvelle campagne, aussi certaine que l'affirme le chroniqueur bourguignon?

Il importe de rappeler tout d'abord comment Benoît VIII est amené à servir la cause de l'empire germanique, si compromise à Rome et dans l'Italie méridionale depuis les échecs d'Otton III. L'avènement du nouveau pape, en 1012, avait marqué la défaite de la faction des Crescentius, toute-puissante à Rome depuis la mort du dernier empereur. La famille

1. Raoul Glaber, III, 1, 3; — Aimé, I, 22.
2. Raoul Glaber, III, *l. c.*

rivale des comtes de Tusculum, dont fait partie Benoît VIII, favorise, en haine des Crescentius, les intérêts germaniques[1]; à peine élu, le fils du comte Grégoire s'efforce d'attirer à Rome le roi de Germanie, Henri II; il le couronne empereur, en février 1014, et obtient de lui confirmation des anciennes promesses impériales[2]. Comme il s'appuie sur la puissance matérielle d'une grande famille et d'une faction locale, il sort du rang effacé où la protection impériale avait mis certains de ses prédécesseurs, les Jean XV et les Grégoire V; et d'autre part, par son union étroite avec l'empereur, il est assez fort pour n'être plus le prisonnier de la noblesse indigène. Ainsi la politique personnelle du Saint-Siège reprend, avec Benoît VIII, une importance toute nouvelle. Il n'attend pas l'arrivée d'Henri II à Rome pour entreprendre, au centre de la péninsule, la restauration de la puissance pontificale. L'un des premiers actes de son pontificat, c'est de conférer à un comte de Sabine le titre de duc de Spolète et margrave de Camerino[3]. En invoquant la protection impériale, il cherche une garantie nouvelle pour le succès d'entreprises déjà commencées. D'ailleurs, il semble bien que les projets et les rêves de Benoît VIII dépassent les intérêts purement temporels du Saint-Siège: sincèrement dévoué à la réforme de l'Eglise, ayant le vif sentiment de sa misère présente, il voit dans une union étroite avec le pieux empereur, qui a mérité le nom de saint, le seul moyen de lutter efficacement contre les abus de toute sorte qui corrompent la chrétienté: le souverain auquel il donne, avec la couronne impériale, la boule d'or et la croix d'or, symbole de sa puissance universelle et de sa mission spirituelle, doit être à ses yeux, dans toute la force du terme, le patron et le défenseur de l'Eglise du Christ[4].

Assurément l'union étroite entre le pape et l'empereur se manifeste en toute occasion; elle dure jusqu'à la mort de Benoît VIII, qui précède de quelques semaines celle d'Henri II (juin-juillet 1024)[5]. L'intervention du pape dans les affaires de l'Italie méridionale s'explique par les intérêts unis du Saint-

1. *Liber Pontificalis*, II, 268; — Duchesne, *l. c.*
2. Richter et Kohl, 212.
3. Fatteschi, *Serie dei duchi di Spoleto*, p. 315; — Hirsch, *Jahrbücher des D. R. u. Heinrich II*, t. II, p. 385.
4. Raoul Glaber, I, v, 23.
5. Cf. le concile de Pavie en 1022. — Hirsch. Bresslau, *l. c.*, t. III, p. 220.

Siège et de l'empire. Parmi les princes et seigneurs qui assistent aux fêtes du couronnement impérial, en février 1014, se trouve probablement le « prince des Bénéventains et des Capouans », Paldolf II ou son fils Landolf V ; un autre de ses fils, Atenolf, abbé du Mont-Cassin, obtient du pape et de l'empereur confirmation des anciens privilèges de l'abbaye[1]. C'est sans doute vers la même époque que Datto vient à Rome et se fait donner la tour fortifiée du Garigliano, comme vassal du Saint-Siège et de l'empire. Il est très possible que Mélo lui-même soit venu de Capoue pour intéresser à sa cause le pape et l'empereur.

Mais Henri II est rappelé vers l'Italie du Nord par des intérêts plus urgents. En son absence, c'est Benoît VIII qui, reprenant la politique ottonienne au profit de l'Eglise romaine, cherche à resserrer les liens qui unissaient à l'empire les princes lombards, surtout ceux de Capoue et de Bénévent ; et comme la défaite de Mélo a été suivie d'un retour offensif de l'influence byzantine jusque dans la Campanie lombarde, il faut, pour relever les affaires de l'empire occidental au sud de Rome, arrêter les progrès menaçants des Grecs.

La première rencontre de Mélo et des pèlerins du Gargano a pu déterminer les aventuriers normands à chercher fortune du côté de l'Apulie : mais c'est par l'intervention active du pape qu'ils sont mis en rapports avec les princes lombards et que leur entreprise reçoit un caractère politique. Mélo leur servira de guide pour les conduire dans cette région septentrionale de l'Apulie, constamment disputée entre les seigneurs lombards, vassaux de Bénévent, et les officiers du basileus, dans ces plaines fertiles qui s'étendent au nord de Lucera, sur les bords du Fortore et du Biferno, jusqu'au littoral de l'Adriatique. Pour se venger des Grecs, avec les encouragements de Benoît VIII, Mélo cherche à joindre à la petite bande des Normands des contingents lombards recrutés un peu partout[2] : il rassemble autour de lui tous les mécontents, tous les seigneurs en quête d'aventures, et forme ainsi une armée assez nombreuse pour tenir tête aux troupes du catépan.

Invasion des Normands en Apulie : premières victoires et défaite finale. — La brusque invasion de Mélo et de ses compagnons,

1. JAFFÉ-LÖW., 4003 ; — LEO OST., II, 31.
2. LEO OST., II, 37.

au printemps de 1017, l'arrivée de ces barbares du Nord, leurs ravages épouvantent les paisibles habitants de l'Apulie[1]. Cette horde étrangère, si peu nombreuse encore, produit le même effet sur eux que les Hongrois ou les Sarrasins. D'ailleurs les Normands ont le plus profond dédain pour une population dont la mollesse et la lâcheté les surprennent. Ceci semble prouver que, dans cette seconde guerre, Mélo n'a trouvé qu'un concours très médiocre parmi les gens du pays. Si la révolte se réveille en certains points, comme à Trani[2], si quelques villes se soumettent aux envahisseurs, contraintes et forcées, pour éviter de plus grands ravages[3], il n'y a aucune trace d'un soulèvement national contre les Byzantins; il est visible que la masse de la population assiste, épouvantée mais inerte, à cette nouvelle guerre.

Cependant, le catépan Basile Mésardonite, — qu'une chronique byzantine appelle Basile Argyre[4], — devait mourir loin de Bari, sur le littoral de l'Epire, à Buthrotum, vers la fin de l'année 1016. Quelques mois plus tard, il était remplacé par le catépan Turnichi ou Turnikios Contoléon, stratège de Céphallénie[5] (mai 1017). Celui-ci envoie en toute hâte au-devant des envahisseurs l'un de ses lieutenants, Léon Pacianos: une première bataille, dont le résultat est indécis, s'engage à *Arenula*, probablement sur les bords du Fortore. Quelques semaines plus tard, c'est le catépan lui-même qui, à la tête de nouvelles troupes, vient se joindre à son lieutenant; mais Léon Pacianos est tué, tandis que le catépan reste maître du champ de bataille, qu'il faut placer, selon le témoignage de Léon d'Ostie, près de la ville de *Civitate*. Un troisième combat, où le catépan semble avoir été battu, a lieu à *Vaccarizza*, près de Troia[6]. Turnikios Contoléon est rappelé à Byzance; il est remplacé par Basile Bugianos ou Bojoannès, qui arrive en 1018 avec le patrice Abalanti et de nombreux renforts, parmi lesquels se trouvent des auxiliaires russes[7]. Pendant ce temps, les Normands et

1. Guil. Apul., I, 55 : *Gallos tremit Appulus omnis;* — Aimé, I, 21.
2. Lup. Protosp., 1018.
3. Leo Ost., II, 37.
4. Cedr., II, 456; — Lup. Protosp., 1017.
5. Le texte de Lupus qui fait de Turniki et Contoléon deux personnages distincts est évidemment altéré. Cf. Trinchera, *Syllabus* n° 18 : « Ἐπὶ Τορνικίου πρωτοσπαθαρίου καὶ κατεπάνω Ἰταλίας τοῦ Κοντολέοντος. » (Cedr., II, 457).
6. Leo Ost., II, 37
7. Lup. Protosp., 1018; — Ademar, III, 55 (Ss., IV, 140).

Mélo s'étaient avancés jusqu'à Trani, occupant sur leur passage plusieurs villes ou bourgades. A Trani même, il y avait un fort parti de rebelles, ayant pour chefs le protospathaire Joannacius et le noble lombard Romuald. Ils furent combattus par le lieutenant ou topotérète byzantin; l'un d'entre eux périt, et l'autre, fait prisonnier, fut envoyé à Constantinople. Une charte de l'année 1021 mentionne un autre rebelle, notable habitant de Trani, Maraldus, dont les biens furent confisqués[1].

Si les troupes byzantines, placées sous les ordres du catépan Basile Bojoannès, sont beaucoup plus nombreuses qu'au début de la guerre, les Normands, eux aussi, ont reçu de nouveaux renforts. Mais l'avantage du nombre reste aux Byzantins; « sont vues les lances étroites comme des canes », dit le vieux traducteur du moine Amatus, et il ajoute: « La multitude des gens impériaux allait par le camp comme les abeilles au sortir de la ruche[2]. » Le catépan avait apporté de Constantinople assez d'or pour soudoyer des troupes auxiliaires : il est probable qu'une bonne partie des milices locales se laissa entraîner ou corrompre par les officiers du basileus. Basile Bojoannès, par d'habiles manœuvres, attira les Normands en rase campagne, et les amena à livrer bataille, sur les bords de l'Ofanto, près de la bourgade de Cannes, illustrée par le souvenir d'une autre guerre. Dans ce combat sanglant (octobre 1018), les Byzantins perdent beaucoup de monde, mais les Normands sont décimés, et Mélo, avec les débris de son armée, s'enfuit en toute hâte vers la région de Bénévent[3]. Les guerriers normands échappés au désastre vont se mettre au service des princes lombards, Paldolf de Capoue et Guaimar de Salerne; d'autres vont trouver l'abbé du Mont-Cassin, d'autres enfin rejoignent le beau-frère de Mélo, Datto, sur les bords du Garigliano. Quant à Mélo lui-même, il quitte bientôt l'Italie pour aller trouver en Allemagne l'empereur Henri II et le décider à entreprendre une expédition contre les Grecs. Il arrive à Bamberg, au début de l'année 1020, au milieu d'une grande affluence de princes, de seigneurs et d'évêques. Le pape Benoit VIII se trouve éga-

1. Lup. Protosp., 1018; — Trinchera, n° 19.
2. Aimé, I, 22.
3. Lupus protosp., 1019; — *Ann. Bar.*, 1021; — Guil. Apul., IV, 80 et s.; — Leo Ost., II, 37; — Le récit d'Amatus (I, 22) est très confus et doit être corrigé d'après les sources précédentes.

lement à la cour de l'empereur, dont il obtient un nouveau privilège pour l'Eglise romaine. C'est dans ces circonstances que l'empereur accueille Mélo et lui reconnaît le titre nouveau de *duc d'Apulie*, affirmant ainsi, avant toute conquête, les prétentions de l'empire occidental sur cette région [1]. Mélo meurt peu après son arrivée à Bamberg (23 avril 1020). Il est enterré dans la cathédrale de la ville, et les empereurs germaniques, successeurs de Henri II, veillent à ce que la tombe de cet étranger, fidèle vassal de l'empire, reste particulièrement honorée [2].

Ainsi la première mention qui se trouve dans l'histoire du titre de *duc d'Apulie*, conféré par un empereur germanique, nous rappelle en réalité qu'un nouvel effort des Lombards pour chasser d'Apulie les officiers du basileus vient d'échouer. On voit à quoi se réduisent les deux révoltes tentées par l'Apulien Mélo. Elles ne sont qu'un nouvel épisode d'une lutte fort ancienne entre les officiers byzantins, envoyés temporairement dans le thème d'Italie, et une partie de l'aristocratie indigène. On ne voit nullement que la rébellion s'étende à l'Apulie tout entière, encore moins qu'elle présente les caractères d'un soulèvement national et populaire. Il y a en fait, dans les grandes villes du littoral, des factions rivales, très acharnées les unes contre les autres, mais aussi promptes à rentrer en grâce auprès du catépan qu'à se soulever contre lui. Par la corruption, plus efficace que la terreur, les officiers byzantins entretiennent aisément les divisions et les querelles qui affaiblissent l'aristocratie indigène. Enfin, quand Mélo et ses auxiliaires des principautés lombardes entraînent avec eux les premières bandes de Normands, ils compromettent leur cause auprès des habitants de l'Apulie, plus encore qu'ils ne la servent. Loin d'apparaître comme des libérateurs, les nouveaux venus sont des envahisseurs et des brigands d'une autre sorte, souvent pires que les anciens. Le silence de leurs panégyristes ne doit pas nous faire oublier le témoignage significatif d'autres écrivains contemporains, moins suspects, comme Arnulf de Milan : « leur

1. *Vita Meinwerci* (Pertz, *Ss.*, XI, 104). — Lupus Protosp., 1020. — Raoul Glaber (III, 1) parle aussi du voyage d'Allemagne, mais il confond Mélo avec l'un des chefs normands, Rodulf.

2. Diplôme de 1054 (Stumpf-Brentano, *Die Kaiserurkunden* 2457); — Jaffé, *bibliotheca rerum germanicarum*, V, 37, 558; — Bresslau, *Jahrb. H. II*, t. III, 147, 160, 170.

nombre s'accroissant peu à peu, ils finirent par remplir l'Apulie tout entière, plus cruels que les Grecs, plus impitoyables que les Sarrasins[1] ». Mais après cette première incursion, arrêtée par la victoire du catépan, les nouveaux barbares restèrent éloignés de l'Apulie byzantine, pendant plus de vingt ans.

1. Arnulf, I, 17.

CHAPITRE IX

L'ŒUVRE DU CATÉPAN BASILE BOJOANNÈS

LUTTE CONTRE L'EMPIRE GERMANIQUE ET TRIOMPHE DE LA POLITIQUE BYZANTINE (1018-1028)

La victoire du catépan à Cannes, la fuite de Mélo, la dispersion des Normands donnent un renouveau de force et de prestige aux fonctionnaires byzantins. En quelques mois, l'autorité du basileus est partout restaurée, l'Apulie pacifiée ; dans les grandes villes, les biens des rebelles, attribués au fisc, sont distribués à de grands propriétaires ou à des abbayes latines, qu'il importe de gagner à la cause byzantine. C'est ainsi qu'un turmarque lombard, chargé par le catépan de rétablir l'ordre à Trani, ayant prononcé la confiscation de plusieurs domaines situés sur le territoire de la ville, en fait don au Mont-Cassin, déjà protégé par un diplôme spécial de Basile Bojoannès[1] : excellent moyen pour le catépan d'attacher à Byzance l'abbé Atenolf et son frère le prince de Capoue.

Les villes nouvelles : fondation de Troia. — Mais surtout le gouverneur du thème d'Italie se préoccupe d'assurer par des moyens plus efficaces la défense militaire de l'Apulie byzantine : dans cette plaine du Nord, comprise entre le Fortore et l'Ofanto, si souvent attaquée ou ravagée, se dressent de nouvelles forteresses; c'est le seul moyen de barrer la route aux invasions germaniques et lombardes qui ont toujours pu s'avancer, par cette large brèche, dans l'intérieur du thème, et jusqu'aux environs des grandes cités maritimes ; en constituant,

1. TRINCHERA, *Syllabus*, n°s 17 et 19.

au-delà de l'Ofanto, cette marche militaire, le catépan tient en respect les Lombards de Bénévent, protège Siponto et bloque en quelque sorte le massif du Gargano, si souvent visité par les pèlerins lombards ou étrangers. Au reste, durant les premières années qui suivent la victoire des Byzantins sur Mélo, les garnisons byzantines établies le long de la frontière interdisent l'entrée du territoire apulien à tous les étrangers, ou font prisonniers les pèlerins : il n'est plus possible aux gens venus de Gaule ou du nord de l'Italie de venir s'embarquer dans les ports de l'Adriatique pour aller à Jérusalem [1].

Parmi les villes fortifiées, construites ou restaurées par le catépan, plusieurs sont des cités très anciennes, longtemps abandonnées et désertes : la plus célèbre est celle de *Troia*, bâtie sur les ruines de l'antique Ecana, et qui devient le principal boulevard de la domination byzantine, sur la route de Bénévent à Siponto [2]. La position de Troia, sur une colline élevée, d'où l'on domine aisément toute la plaine, est si importante que, trois ou quatre ans plus tard, c'est contre elle que s'acharne tout l'effort de l'empereur germanique, venu en Italie pour reprendre la tâche de Mélo. L'histoire de la nouvelle ville est bien connue par deux documents publiés dans le recueil de Trinchera : l'un est un diplôme du catépan, qui fixe les limites du territoire de Troia; l'autre, dont l'authenticité n'est pas très sûre, est la traduction d'un second diplôme qui confirme le premier, en y ajoutant la concession de certains privilèges [3].

Comment sont recrutés les habitants de cette ville nouvelle? C'est une population belliqueuse et rude, redoutée de ses voisins, mal vue de plusieurs officiers byzantins, mais que le catépan sait fort habilement s'attacher. Comme il est question dans le diplôme de 1019 de Φράγγοι, on en a conclu généralement que les premiers habitants de Troia sont des Normands, entrés au service du basileus, pendant que la plupart de leurs compatriotes suivaient Mélo et les rebelles lombards [4]. Mais il est déjà fort étrange que cette traduction ne soit confirmée par aucun texte contemporain : il semble bien qu'après la défaite de Cannes tous ceux des Normands qui ont pu s'échapper se soient enfuis, désespérés, vers Bénévent et la

1. Ademar., *Hist.*, III, 55 (*M. G. Ss.*, IV, 140).
2. Leo Ost., II, 51.
3. Trinchera, *Syllabus*, n°s 18 et 20.
4. Delarc, *les Normands en Italie*, p. 57; — von Heinemann, *l. c.*, p. 38.

Campanie[1]. Au reste, le court passage, sur lequel on s'appuie[2], n'est pas très clair et peut recevoir deux interprétations différentes, entre lesquelles il est difficile de choisir : 1° « les Φράγγοι s'étant détachés volontairement de la domination des comtes d'Ariano pour embrasser le parti du basileus » ; ou 2° « les sujets des comtes d'Ariano s'étant séparés volontairement du parti des Φράγγοι pour embrasser celui du basileus ». Dans le premier cas, il est très douteux que le mot Φράγγοι, si vague dans la nomenclature byzantine, désigne les Normands : il peut s'appliquer aussi bien à une bande de condottieri de la marche de Spolète ou des régions voisines . Si l'on adopte le second sens[3], le parti des Φράγγοι désigne à la fois Mélo et ses alliés, Lombards ou Normands, mais il est clair alors que les habitants de Troia, anciens sujets du comte d'Ariano, sont des Lombards qui, après la victoire de Basile Bojoannès, offrent leurs services au catépan et préfèrent la protection du basileus à la suzeraineté du prince de Bénévent.

Après Troia, d'autres villes sont restaurées ou construites dans la même région, célèbre, dès le XIe siècle, par sa fertilité et son abondante production de céréales[4] : Dragonara, Fiorentino, Civitate sont les principales[5]. Ces villes fortifiées sont assez éloignées les unes des autres. Le territoire de Troia confine vers le nord-est à celui de la vieille cité d'*Arpi*[6] (actuellement Foggia); mais, à l'est, il s'étend jusqu'au territoire de Siponto, ville entourée de prairies et de lacs peu profonds, d'où l'on extrait le sel. Une charte du cartulaire inédit de Tremiti nous apprend que, vers 1023, on remet en culture, au pied du Gargano, des terres longtemps restées en friche[7]. A Siponto, on voit apparaitre, pour la première fois, un *archiepiscopus*, indépendant de Bénévent : la création de ce nouveau diocèse, et la concession du titre archiépiscopal

1. GUILL. APUL., I, 105; — LEO OST., II, 37.

2. « Τῶν ἀπὸ τῆς δεσποτείας τῶν Ἀρειανιτῶν κομητῶν προαιρετῶς ἀποσπασθέντων Φράγγων, καὶ τῷ μέρει τοῦ βασιλέως προσρυέντων. » (TRINCHERA, n° 18.)

3. Comme l'a fait le traducteur anonyme, dans le texte publié par TRINCHERA, n° 20, et UGHELLI, I, 1334.

4. Sur Troia, cf. *Vita Secundini*, dans UGHELLI *Italia Sacra*, I, 1336.

5. LEO OST., II, 51. Fiorentino, appelé aussi Ferenzuola, est situé un peu au nord de Lucera (*Dizion. corogr*).

6. TRINCHERA, n° 20.

7. *Cart. Trem.*, fol. 5. J'ai publié le préambule de cette charte dans les *Mélanges de l'Ecole française de Rome* (le Mon. de Tremiti au XIe siècle, t. XVII, p. 407). Sur les salines de Siponto, *Cart. Trem.*, fol. 46, 57.

sont évidemment l'œuvre du catépan Basile Bojoannès[1]. Voilà comment la région septentrionale de l'Apulie ou ancienne Daunie a pris, vers le milieu du XIe siècle, le nom de pays du Catépan, d'où est venu « Capitanate ».

Le péril sarrasin diminue. — Vers le sud, l'Apulie est toujours menacée par les incursions sarrasines, mais elles deviennent de moins en moins fréquentes, et le péril s'atténue lentement. Entre 1010 et 1015, quelques bandes parcourent encore les environs de Bari : un haut fonctionnaire byzantin quitte sa résidence de Polignano pour venir s'installer dans une ville mieux fortifiée, à Conversano[2]. Mais, contrairement à ce que dit Amari, il n'y a pas le moindre indice d'un accord quelconque entre Mélo et les chefs de bandes sarrasines[3]. Comme la puissance des émirs de Sicile se trouve gravement affaiblie vers 1015 par une sédition militaire, il est probable que les Sarrasins, qui attaquent, à peu près vers la même époque, le littoral campanien, sont venus d'Afrique. Quant à l'Apulie, c'est en 1023 seulement que les annales de Bari mentionnent un retour offensif des musulmans. Un chef arabe sicilien, qui, trois ans auparavant, avait débarqué sur la côte de Calabre pour venir s'emparer de Bisignano, dans la vallée du Crati, s'avance, en juin 1023, sous les murs de Bari[4]. Mais il disparaît dès le lendemain pour aller prendre, au nord-ouest de Tarente, la ville fortifiée de Palagiano : le catépan construit alors, sur une colline plus élevée, à quelque distance, la forteresse de Mottola. Nous ignorons s'il arrive à chasser des environs de Tarente les deux chefs arabes Rayca et Giaffar : on ne voit pas du moins que les incursions sarrasines se soient renouvelées ou aggravées dans les années suivantes. Ce n'est qu'après la mort du catépan Basile Bojoannès qu'un de ses successeurs livre de nouvelles batailles à Rayca, qui s'est avancé près de Bari (1029).

Rapports du catépan avec les Lombards de Campanie. — Basile Bojoannès ne se borne pas à constituer, au nord de

1. Vers la même époque, il y a un évêque dans la petite ville de *Viesti*, au pied du Gargano (*Mélanges*, art. cité, t. XVII, p. 387).
2. *Chart. Cupers.*, n° 37 (Charte de 1019).
3. Amari (II, 342) prétend que les chroniqueurs apuliens notent avec soin les changements de règne des princes musulmans entre 1015 et 1020. Mais il a confondu les princes bulgares (Samuel et son fils) avec les émirs arabes.
4. LUPUS PROTOSP., 1020, 1023.

l'Apulie, une province frontière, solidement fortifiée. Sa politique s'étend à toute l'Italie méridionale : le premier, il cherche à reprendre tout le terrain perdu depuis le milieu du xe siècle, en rattachant de nouveau à l'empire toutes les principautés lombardes, Bénévent et Capoue, aussi bien que Salerne. Entre les princes, celui qu'il importe le plus de gagner, c'est Paldolf de Capoue, dont le frère Atenolf est abbé du Mont-Cassin : car, si les intrigues germaniques et pontificales peuvent trouver, dans l'Italie méridionale, un terrain favorable, ce n'est que par l'appui du prince de Capoue. Paldolf et Atenolf, persuadés bientôt que leur principal intérêt est de favoriser la restauration byzantine, cherchent à se faire pardonner, par l'empressement de leur zèle, leurs anciennes relations avec Mélo et les rebelles lombards. Le prince de Capoue envoie au basileus des clefs d'or, comme symbole de sa soumission ; la ville et la principauté de Capoue, comme l'abbaye du Mont-Cassin et ses nombreux domaines, sont placées sous la sauvegarde et la protection de l'empire grec[1]. Le catépan, intermédiaire obligé de ces négociations, met Paldolf en demeure de prouver par un acte décisif la sincérité de ses dispositions nouvelles : qu'il laisse passer sur ses terres l'armée byzantine, envoyée contre Datto, le beau-frère de Mélo. Paldolf cède, et Basile Bojoannès conduit ses soldats sur les bords du Garigliano, s'empare, après un siège de deux jours, de la tour fortifiée, cédée au rebelle lombard par le pape, et emmène Datto prisonnier à Bari. La petite garnison normande, qui occupait la tour, passe au service du prince de Capoue, avec l'assentiment du catépan, tandis que Datto, promené sur un âne, dans les rues de Bari, est bientôt précipité dans la mer (juin 1021)[2].

Par son énergie impitoyable, le catépan fait reconnaître l'autorité de Basile II depuis Troia et la Capitanate jusqu'aux limites de l'Etat pontifical : la prise de la tour fortifiée du Garigliano, laissée à Paldolf, vassal de Byzance, est une menace directe pour le Saint-Siège, et voilà comment un chroniqueur byzantin a pu écrire, avec une certaine exagération, que Basile Bojoannès « a soumis toute l'Italie jusqu'à Rome[3] ». La même opinion est partagée par les écrivains d'Occident, qui voient dans cette restauration imprévue de la puissance

1. Leo Ost., II, 38.
2. Leo Ost., II, 38 ; — Aimé, I, 25 ; — Lup. Photosp., 1021.
3. Cedr., II, 546.

byzantine un grave danger pour l'empire germanique ; jamais, en effet, depuis l'époque déjà lointaine de la victoire du Garigliano (915), le prestige du basileus n'avait paru si grand dans la péninsule. Par la soumission du prince de Capoue, le gouverneur du thème d'Italie effaçait toute trace des humiliations subies à l'époque des deux premiers Ottons ; il prenait une revanche éclatante contre le nouvel empire, qui, depuis le temps de Paldolf Tête-de-Fer, regardait Capoue comme définitivement séparée de Byzance. Ainsi les partisans de l'empereur germanique pouvaient craindre, comme l'écrit, à la fin du XIe siècle, le chroniqueur du Mont-Cassin, que la perte de « l'Apulie et du Principat » n'entraînât bientôt la perte de Rome et, par elle, de toute l'Italie[1]. Il est impossible, dans le silence des textes, d'indiquer avec précision les projets de Basile II, qui venait d'achever, quelques années plus tôt, la soumission des Bulgares et la conquête de la péninsule des Balkans. Mais n'est-il pas vraisemblable qu'en apprenant, à la cour de Byzance, les succès du catépan d'Italie, on ait entrevu, comme une réalité prochaine, la restauration de l'influence byzantine au cœur même de l'ancien empire, et le rattachement de l'ancienne Rome à la nouvelle ?

Expédition de l'empereur germanique Henri II : siège de Troia. — Ni le pape Benoît VIII, ni l'empereur Henri II ne devaient subir, sans résistance, une si grave atteinte à leurs intérêts. A peine Henri II, qui se trouvait alors dans les pays rhénans, apprend-il les événements de Campanie qu'il se décide à entreprendre une grande expédition dans l'Italie méridionale. Il faut que l'armée germanique reprenne le chemin de cette lointaine Apulie, abandonnée par les empereurs allemands depuis le triste retour d'Otton II[2]. Vers le milieu de novembre 1021, l'empereur est à Augsbourg : il rassemble autour de lui les contingents souabes, bavarois et lorrains. Puis il franchit le Brenner et vient s'arrêter à Ravenne, à la fin de décembre[3]. C'est là sans doute que cette armée de 60.000 hommes se divise en trois corps : le plus nombreux, placé sous les ordres de l'empereur, longe le littoral de l'Adriatique et traverse les Marches, où Henri II reçoit les serments de fidélité de nom-

1. Leo Ost., II, 39.
2. *Gesta episc. Camerac.*, III, 17.
3. Stumpf-Brentano, 1779 ; — Richter et Kohl, p. 242.

breux seigneurs de la région des Abruzzes, ceux des comtes de Penne et de Chieti. Cependant l'archevêque d'Aquilée, à la tête de 11.000 hommes, se dirigeait vers le pays des Marses, près du lac Fucin, d'où il devait rejoindre ensuite l'armée impériale. Enfin l'archevêque de Cologne, Piligrim, avec 20.000 hommes, partait directement pour Rome et la Campanie : il devait arrêter l'abbé du Mont-Cassin et le prince de Capoue, et les faire juger comme traîtres et rebelles[1].

Henri II pensait-il, dès le début, envahir la Capitanate et attaquer la ville de Troia? Sa marche, le long de la côte orientale, semble l'indiquer. Mais au lieu de continuer sa route vers le sud, il se détourne vers Bénévent, espérant peut-être, en obtenant d'abord la soumission des Lombards, effrayer les habitants de Troia ou bloquer plus facilement la ville. D'après ses diplômes, on voit même l'empereur, avant d'arriver à Bénévent, descendre la vallée du Vulturne et s'avancer jusqu'à Teano, au nord de Capoue[2]. Ayant rallié les troupes du patriarche d'Aquilée et reçu le serment de plusieurs comtes lombards, il franchit le Vulturne et remonte le Calore jusqu'à Bénévent. Il entre dans la capitale lombarde avec son fidèle allié, le pape Benoît VIII, affirme sa souveraineté, en faisant juger en sa présence divers procès, et accorde des diplômes de protection aux deux abbayes, rivales du Mont-Cassin : Saint-Vincent-de-Vulturne et Sainte-Sophie-de-Bénévent[3]. Pendant ce temps, l'archevêque de Cologne était arrivé au Mont-Cassin, trop tard pour surprendre l'abbé Atenolf. Celui-ci, n'ayant aucune illusion sur le sort qui l'attendait, voyant les comtes voisins prêts à livrer passage aux troupes impériales, s'enfuit vers l'Apulie et arriva jusqu'à Otrante, voulant s'embarquer pour Constantinople. Il emportait avec lui plusieurs manuscrits, une partie du trésor du Mont-Cassin, un certain nombre de chartes et de diplômes, titres de propriété du monastère, dont il craignait d'être dépouillé par la vengeance de l'empereur germanique. Mais à peine embarqué, il périt dans une tempête, quelques jours plus tard[4]. L'archevêque de Cologne, ayant appris la fuite d'Atenolf, s'empresse de venir

1. Leo Ost., II, 39.
2. Stumpf-Brentano, 1780, 1781.
3. Stumpf-Brentano, 1781, 1783 : — *M. G. Diplom.* t. III, nos 467, 468; — Cf. *Ann. Benev.*, 1022 : — Bresslau, *l. c.*, t.. III, p. 200.
4. Leo Ost., II, 39; — Aimé, I, 26 : — Cf. Delarc, *l. c.*, p. 60.

sous les murs de Capoue et commence le siège de la ville.

De son côté, Henri II s'est avancé de Bénévent sur Troia. Les troupes germaniques restent près de trois mois autour de la ville, ravageant et pillant les campagnes voisines, interrompant toute communication entre Troia et la plaine d'Apulie. En dépit de la famine menaçante, les habitants résistent avec une incroyable énergie, protégés par l'escarpement de la position et la hauteur des murs[1]. Ils sont soutenus par l'espoir de voir bientôt arriver l'armée de secours, promise par le catépan[2]. En vain l'empereur, dressant devant une partie de l'enceinte ses machines de siège, tente de faire une brèche; les assiégés, dans une sortie nocturne, mettent le feu aux machines. Le siège se prolonge sans résultat. Mais l'armée attendue, peut-être occupée au sud contre les Sarrasins, n'arrive pas, et les ressources des habitants s'épuisent. D'autre part, les troupes assiégeantes, affaiblies par de nombreux combats, mal préparées aux chaleurs de l'été, sont bientôt frappées par le mal qui tant de fois avait décimé d'autres armées du Nord, sous ce climat torride, la dyssenterie[3]. Henri II s'éloigne et reprend la route de l'ouest, vers Bénévent et la Campanie, sans qu'il ait réussi, semble-t-il, à entrer dans la ville.

Les chroniques germaniques disent, il est vrai, que Troia a été prise par l'empereur[4]. Mais cette brève indication, d'origine fort suspecte, ne mériterait créance que si elle était confirmée par les chroniques locales. Or, si Léon d'Ostie déclare que les habitants de Troia se soumettent volontairement et viennent implorer la clémence d'Henri II, le moine Amatus affirme que la forte position de la ville l'a empêchée d'être prise[5]. Les deux textes, où l'on trouve sur le siège de Troia les détails les plus précis, sont d'abord un chapitre de Raoul Glaber, qui a dû recueillir ses renseignements à Rome, dans l'entourage du pape; puis la traduction, déjà mentionnée, d'un diplôme de Basile Bojoannès, accordé aux habitants de Troia, un ou deux ans après le départ des troupes germaniques[6]. Si ce diplôme est authentique, il faut y voir évidemment le document essentiel. Or le catépan loue les gens de Troia d'être

1. Aimé, I, 27.
2. Raoul Glaber, III, I, 4.
3. Leo Ost., II, 41; — *Ann. Quedl.*, 1022.
4. *Ann. Sangall.*, I, 82; — *Casuum S. Galli. Cont.*, II, 155.
5. Leo Ost., II. 41; — Aimé, I, 27, et IV, 3
6. Raoul Glaber, III, I, 4; — Trinchera, n° 20.

restés fidèles au basileus et d'avoir opposé au « roi des Francs » une énergique résistance : bien qu'ils aient vu leurs champs ravagés tous les jours par l'ennemi, ils n'ont pas fait défection. Comme nous l'avons déjà vu, il est certain que la garnison de Troia, réduite à ses seules forces, s'est défendue avec vigueur. Si on rapproche le diplôme de Basile Bojoannès des textes d'Amatus et de Raoul Glaber, on en conclura que l'empereur, comme l'indique Léon d'Ostie, s'est contenté d'une promesse de soumission plus ou moins vague, mais qu'il a quitté le pays, sans avoir pris réellement possession de la ville. Raoul Glaber raconte comment les habitants cherchent à calmer le courroux d'Henri II, irrité de leur longue résistance. Ils font sortir de la ville un pauvre moine, portant une croix, suivi d'une procession d'enfants, qui chantent *Kyrie eleison* et implorent la pitié de l'empereur. Le pieux souverain, touché jusqu'aux larmes, les accueille avec bonté, puis les fait rentrer dans la ville. Le lendemain, la manifestation se répète ; Henri II fait appeler les principaux chefs et leur promet son pardon, s'ils consentent à détruire une partie des murs. Ils obéissent et, s'il faut en croire le chroniqueur, l'empereur, satisfait de cette marque de soumission, les autorise un peu plus tard à reconstruire le mur. Il reçoit des otages en garantie de la paix, et ne tarde pas à se retirer.

Ce récit du chroniqueur bourguignon, quelle qu'en soit la valeur, n'indique-t-il pas que la soumission de Troia est restée toute platonique ? Forcé de revenir en toute hâte vers la Campanie, l'empereur tenait surtout, comme on dit, à « sauver la face ». Il y a eu sans doute un accord conclu avec les habitants de Troia, une sorte d'armistice, et peut-être quelques vagues promesses, dont l'empereur et sa suite ont pu se servir pour prétendre que Troia avait reconnu la suprématie impériale. Mais, à peine les troupes germaniques se sont-elles éloignées, que les habitants de la ville ouvrent leurs portes au catépan, tout en réclamant, en récompense de la lutte courageuse qu'ils ont soutenue pendant plusieurs mois, certains privilèges. Basile Bojoannès leur accorde l'exemption de tous les impôts habituels et les autorise à trafiquer, dans toute l'étendue du thème, sans être grevés d'aucune taxe ; ils se borneront à payer au trésor impérial un droit annuel de 100 « skyphati »[1].

1. Les « skyphati » sont une variété de sous d'or, à forme concave.

Intervention d'Henri II à Capoue et au Mont-Cassin. — Tel est le résultat de l'expédition d'Henri II au nord de l'Apulie : on a cru, dans les couvents d'Allemagne, et même plus tard au Mont-Cassin, qu'il en était revenu victorieux : mais la réalité, vue de plus près, nous montre à quoi se réduit, en fait, cette prétendue victoire. En Campanie du moins, c'est la politique germanique qui l'emporte. Le prince de Capoue, Paldolf, assiégé dans sa capitale par les troupes de l'archevêque de Cologne, et redoutant la trahison des Lombards, habitués à passer d'un parti à l'autre avec une extrême aisance, cherche à négocier avec le prélat allemand. Il va trouver Piligrim, se remet à sa bonne foi, proteste contre les calomnies dont il se dit la victime, et déclare qu'en fidèle vassal de l'empereur Henri II il est prêt à se justifier devant lui[1]. L'archevêque de Cologne le garde prisonnier dans son camp, puis va mettre le siège devant Salerne, qui oppose aux troupes germaniques une plus longue résistance : au bout de quarante jours, le prince Guaimar cède enfin, livrant son fils comme otage au représentant de l'empereur. Henri II est encore sous les murs de Troia, quand l'archevêque de Cologne vient le rejoindre, amenant avec lui le prince de Capoue. Paldolf comparait en accusé devant l'assemblée des principaux chefs de l'armée et des vassaux, Allemands ou Italiens, réunis au camp. Il est condamné à mort ; mais l'archevêque de Cologne et d'autres personnages, qui ne sont point nommés, intercèdent en sa faveur. On trouve ici la preuve que le prince de Capoue, s'il avait dans la noblesse locale et dans l'entourage de l'empereur des ennemis acharnés, y comptait aussi quelques partisans ; peut-être aussi les conseillers d'Henri II craignaient-ils un soulèvement des Lombards. L'empereur consentit à faire grâce, et le prince de Capoue, chargé de chaînes, fut conduit prisonnier en Allemagne[2].

Au retour de Troia (juin 1022), Henri II passe à Capoue et fait reconnaître comme prince un autre Paldolf, comte de Teano, et cousin du premier[3]. Puis il fait un séjour au Mont-Cassin, avec le pape Benoit VIII. Il ne s'agit plus seulement, pour le dévot souverain, de prier devant la tombe de Saint-Benoit ; il faut s'assurer que le successeur de l'abbé Atenolf

1. Leo Ost., II, 40.
2. Leo Ost., II, 40.
3. *Diplom.*, n° 472 ; — Gattola, *access.* 122.

sera tout dévoué à la cause impériale et rétablira les liens traditionnels de l'abbaye avec l'empire germanique. C'est ainsi qu'Henri II préside à l'élection du nouvel abbé et intervient dans le gouvernement de l'abbaye, plus qu'aucun empereur ne l'avait fait avant lui. Le Mont-Cassin était devenu un centre politique trop important pour qu'il fût possible aux moines de garder leur indépendance. Vers la fin du XIe siècle, lors du mouvement réformateur, qui tend à émanciper du pouvoir impérial l'Eglise romaine et les autres grandes églises ou abbayes, on a cherché au Mont-Cassin à effacer le plus possible le souvenir de cette intervention. Léon d'Ostie, dans la première édition de sa chronique, n'avait point dissimulé l'action personnelle de l'empereur sur le choix du nouvel abbé [1]. Plus tard, sans doute sur les instances ou les ordres de l'abbé Didier, l'ami de Grégoire VII, l'auteur a abrégé notablement son récit, de manière à laisser entendre que, si l'élection se fit en présence de l'empereur et du pape, il y eut cependant délibération préalable, et entente unanime des moines [2]. Il est évident que la première rédaction est la plus sincère. L'empereur recommande lui-même à l'assemblée des électeurs le moine Théobald, ancien procureur des domaines du Mont-Cassin dans les Marches. Malgré l'opposition de plusieurs moines, le nouvel abbé est installé et consacré par le pape Benoît VIII. L'empereur comble l'abbaye de présents, renouvelle ses anciens privilèges, lui concède une forteresse nouvelle (Rocca d'Evandro), mais en même temps il institue, pour l'avenir, le protectorat impérial sur le Mont-Cassin : désormais, l'élection de l'abbé devra toujours être notifiée à l'empereur, et recevoir son approbation avant que le nouvel élu se présente au pape pour être consacré. Au reste, le monastère est « commendé » au Saint-Siège, qui lui doit sa protection, « sauf en ce qui regarde notre empire [3] ».

De nouveau, le pontife s'efface derrière l'empereur, et la politique

1. LEO OST., II, 42 : « L'empereur invite tous ceux qui sont de son avis à se lever ; les plus jeunes restent assis ; l'empereur déclare qu'il est convenable que les plus jeunes cèdent. » Ce détail sur l'opposition d'une partie des moines a été supprimé dans la seconde édition.

2. La première édition dit simplement : *imperator monuit ut de eligendo abbate tractarent;* la deuxième : *Ceperunt ad invicem juxta tenorem regule de eligendo sibi abbate tractare ipso apostolico et imperatore presentibus.*

3. LEO OST., II, 43 ; — *M. G.*, *Dipl.*, t. III, n° 474 ; — TOSTI, *Storia di Montecassino*, t. I, p. 367.

de Benoît VIII n'a servi qu'à préparer les voies au successeur des Ottons. Dans l'entourage d'Henri II, se trouvent trois neveux de Mélo, peut-être les fils de Datto, la victime du catépan. L'empereur leur donne le comté de Comino, situé aux confins de la Campanie et des Abruzzes, près de la haute vallée du Liris, et il place sous leurs ordres un certain nombre de guerriers normands autrefois au service de Mélo, maintenant réfugiés en Campanie[1]. Ainsi se forment des seigneuries nouvelles, directement rattachées à l'empire occidental; les comtes de Comino, indépendants des princes lombards, pourront aider l'empereur à maintenir un plus juste équilibre entre les seigneurs campaniens; tout leur intérêt sera de favoriser contre leurs puissants voisins la suprématie impériale.

Retour à Capoue de Paldolf III, protégé des Byzantins. — Si l'Apulie byzantine, mieux défendue qu'au temps de Nicéphore et de Jean Tzimiscès, reste impénétrable aux efforts de l'empereur Henri II, il réussit, en quelques mois, à enlever la Campanie au catépan. Mais, tandis que le souverain germanique s'éloigne vers Rome, puis vers l'Italie du Nord, ne laissant derrière lui ni *missi*, ni armée pour défendre son œuvre, le catépan byzantin, toujours présent, est prêt à profiter de la moindre occasion pour renouer le fil de ses intrigues et pour intervenir dans les querelles locales. Il reste probablement en relations avec le prince de Salerne, Guaimar, dont la femme est une sœur de Paldolf. Guaimar cherche d'ailleurs à fortifier son crédit auprès de la cour germanique par l'envoi de fréquentes ambassades, chargées de riches présents[2]. Il intercède en faveur de son beau-frère, toujours prisonnier en Allemagne; et les grands personnages de la cour impériale ne restent pas insensibles à ses tentatives de corruption. Soit que Guaimar ait eu gain de cause auprès du nouveau roi Conrad, successeur de Henri II, soit que Paldolf, avec la complicité de ses gardiens, peut-être achetés par l'or du prince de Salerne, ait profité, pour s'échapper, des troubles qui suivent la mort de l'empereur, dès la fin de l'année 1024, le prince déchu est rentré en Italie: il cherche aussitôt à rassembler une armée pour enlever Capoue à son rival, Paldolf de Teano, le vassal de

1. Leo Ost., II, 41; Aimé, I, 30. — Le comté de Comino comprend la haute vallée de la Melfa, affluent du Liris, au nord du Mont-Cassin (Gattola, I, 205).
2. Aimé, I, 33.

l'empire germanique[1]. Or ce sont les troupes rassemblées en Apulie par le catépan Basile Bojoannès qui forment le premier noyau de cette armée; autour de Paldolf se groupent aussi plusieurs seigneurs ou chefs de bandes, les uns venus de la haute vallée du Liris, les autres de la vallée du Sangro.

Enfin Guaimar envoie au secours de son beau-frère un certain nombre de chevaliers normands. Mais Capoue est bien fortifiée, et, malgré l'importance de l'armée assiégeante, Paldolf de Teano réussit à se défendre pendant plus d'une année. Mais, dans le courant de l'année 1026, Paldolf III entre à Capoue, fait prisonnier son rival, et le livre au catépan, qui l'envoie à Naples. Paldolf de Teano se trouve ainsi confié à la garde du duc Sergius, qui, depuis la restauration de l'influence byzantine au sud de la péninsule, a dû reconnaître explicitement la suprématie du basileus[2]. En tout cas, la reprise de Capoue par Paldolf III, allié du catépan, est un triomphe de la politique byzantine. Les résultats du dernier voyage d'Henri II en Campanie se trouvent en partie anéantis.

La politique byzantine à Rome. — Le retour de Paldolf avait suivi immédiatement la mort de l'empereur Henri II; à Rome même, la mort du pape Benoît VIII donne libre jeu aux intrigues byzantines. Le frère du pape, le sénateur Romain, se fait élire sous le nom de Jean XIX : peu de temps après son élection, il reçoit des ambassadeurs du basileus et du patriarche de Constantinople, Eustathios, qui lui apportent de magnifiques présents; et le bruit se répand bientôt dans toute l'Italie que les Grecs travaillent à faire reconnaître officiellement par le Saint-Siège le titre de patriarche œcuménique, revendiqué par Eustathios[3]. Le nouveau pape, déjà très suspect, en raison même de son origine et de la manière dont il s'est fait élire, est accusé de complaisance coupable pour les prétentions byzantines. Plusieurs personnages du clergé de Gaule, évêques ou abbés, s'inquiètent de sa faiblesse; l'abbé de Saint-Bénigne de Dijon, Guillaume de Volpiano, l'exhorte à ne pas oublier les prérogatives qui appartiennent « au magistère de Pierre ». Sur les négociations qui s'engagèrent alors entre le nouveau pape et les représentants de Byzance, on peut supposer que les

1. Leo Ost., II, 56.
2. Capasso, *Monum.*, I, 136; — Di Meo, *Annali*, t. VII, *ad a.* 1026.
3. Raoul Glaber, IV, 1, 2-4; — Hug. Flavin. (Ss., VIII, 280).

chroniques occidentales ne nous renseignent que fort imparfaitement : peut-être s'agissait-il de tout autre chose que de faire reconnaître simplement le titre de « patriarche œcuménique » ; peut-être les Grecs voulaient-ils obtenir du Saint-Siège des concessions plus graves, comme le rattachement des diocèses apuliens au patriarcat de Constantinople. Il est important de remarquer combien on redoutait, dans les monastères latins de Bourgogne ou de Lorraine, l'action de l'or byzantin sur la population romaine, toujours prête à se laisser corrompre.

Le pape Jean XIX sut calmer les alarmes des moines réformateurs, et renvoya les ambassadeurs byzantins sans leur avoir donné gain de cause. Il semble bien cependant qu'il ait fait au catépan Basile Bojoannès une concession d'une certaine importance, en reconnaissant au nouvel archevêque de Bari, Bizantius, les droits de métropolitain. Si la bulle, accordée à Bizantius, et conservée dans les archives de la cathédrale de Bari, est bien authentique[1], c'est Jean XIX qui constitue l'ancien diocèse de Canosa-Bari en province ecclésiastique. La bulle énumère toutes les localités, villes ou bourgades, placées sous la dépendance du nouveau métropolitain ; mais c'est l'archevêque, ou plutôt le catépan, qui choisiront entre elles les douze sièges épiscopaux, suffragants de Bari. Au nord, la province de Bari s'étend jusqu'aux diocèses autonomes de Siponto et de Lucera ; au sud, jusqu'au diocèse de Monopoli, peut-être occupé par un évêque grec[2] ; à l'ouest, elle pénètre jusque dans la haute vallée de l'Ofanto, et touche aux provinces de Bénévent et de Salerne[3]. Ainsi le catépan complète son œuvre de restauration, en donnant aux églises apuliennes une organisation plus régulière. Il espère sans doute faire de l'archevêque de Bari un instrument assez docile pour fortifier son influence sur le clergé apulien : mais, comme il juge impossible d'helléniser de force des églises latines, il préfère s'entendre avec

1. Jaffé-Löw, 4068 ; — *Codice Barese*, t. I, n° 13. — L'éditeur du *codice Barese*, M. Nitti, fait observer que la bulle de Jean XIX, dans sa forme actuelle, est une copie faite, semble-t-il, sur le modèle de la bulle postérieure d'Alexandre II (*Id.*, n° 25). Ce n'est pas une raison suffisante pour rejeter complètement le fond de l'acte. Les *Annales de Bari* nomment Bizantius comme *fundator ecclesiæ Barensis*. C'est avec lui, certainement, que l'église de Bari devient, pour la première fois, une *métropole*.

2. *Cf. supra*, p. 364.

3. Voici les localités énumérées par la bulle : Canosa, Bari, Modugno, Giovenazzo, Melfi, Ruvo, Trani, Cannes, Minervino, Aquatetta (?), Montemilone, Lavello, Cisterna, Vitalba, Salpi, Conversano, Polignano, Ecatera.

le Saint-Siège pour établir en Apulie une hiérarchie plus solide.

Les Byzantins dans l'Adriatique et en Sicile. — Les victoires de Basile II dans la péninsule des Balkans contribuent, sans doute, dans une large mesure, à rendre plus durable les succès du catépan d'Italie et à favoriser l'action byzantine, au sud-est de la péninsule. On ne doit pas oublier qu'au temps même de Basile Bojoannès, l'Adriatique est devenue, dans toute la force du terme, un lac byzantin. Durazzo, située en face de Siponto, et si longtemps disputée aux Bulgares, est la grande forteresse du basileus sur la rive illyrienne; les princes Croates se soumettent, Venise a mis ses vaisseaux au service de Byzance[1]. Au reste le catépan d'Italie prend une part active à cette défense des intérêts byzantins dans la mer Adriatique: vers 1024, il débarque avec une troupe de soldats recrutés à Bari sur le littoral illyrien, au nord de Durazzo : il ramène prisonniers à Bari la femme et le fils d'un chef croate et les envoie comme otages à Constantinople[2]. Un autre indice des relations fréquentes qui existent entre les deux rives de l'Adriatique, c'est la mention faite par les annalistes de Bari de la mort du roi des Bulgares, Samuel, à la fin de 1014[3]. On sait d'ailleurs, par plusieurs chartes du cartulaire de Tremiti, que plusieurs « jouppans », ou chefs de colonies slaves illyriennes, sont établis sur le littoral italien, au pied du mont Gargano[4].

Cependant Basile II, ayant exterminé les Bulgares et fait reconnaître la suprématie byzantine dans toute la région comprise à l'ouest de la Macédoine jusqu'aux rivages d'Illyrie, se décide à reprendre contre les Sarrasins de Sicile la lutte depuis longtemps interrompue. Un de ses chambellans, l'eunuque Oreste, protospathaire, part pour la Sicile, avec une armée considérable, formée surtout d'auxiliaires Russes, Vandales, Turcs, Bulgares et Valaques ; il débarque en Italie pour joindre ses forces aux milices locales, commandées par le catépan[5]. Basile Bojoannès restaure la ville de Reggio, en lui

1. Cedr., II, 466, 474, 476.
2. *Anon. Bar.*, 1024 (Murat., *R. I. S.*, t. V, 149).
3. Lup. Protosp., 1015.
4. *Cart. Trem.*, fol. 5 ; — *Ms Chigi E*, VI, 182, fol. 4 ; — Cf. *Mélanges d'arch. et d'hist.*, *l. c.*, t. XVII, p. 399.
5. Cedr., II, 479 : — Basile II, qui envoie cette expédition peu de temps avant sa mort, se proposait d'aller lui-même en Sicile après Oreste (*id.*. —

donnant, comme aux villes apuliennes, de plus fortes murailles; puis il débarque à Messine avec les milices de Bari. Mais Oreste, arrivé en Sicile, se fait battre; ses troupes sont décimées, et les nouveaux renforts qui lui sont envoyés de Grèce et de Macédoine n'arrivent pas à des résultats plus heureux : l'incapacité de leur chef les réduit à l'inaction.

Sur ces entrefaites, Basile II le « tueur de Bulgares » meurt laissant l'empire à son frère, Constantin VIII, prince de volonté faible et d'esprit médiocre, hors d'état de continuer son œuvre. Il semble que, pendant quelques années, il n'y ait plus, du côté de la Sicile, aucun effort sérieux : l'incapable Oreste est rappelé à Constantinople, et le catépan d'Italie, vers la même époque, reçoit un successeur. Basile Bojoannès quitte l'Italie quelques semaines avant la mort de Constantin VIII, et l'avènement de Romain Argyre (1028)[1]. Il avait gouverné les thèmes d'Italie et de Calabre pendant près de dix ans. Si la fin de son administration semble avoir été moins heureuse que le début, il mérite cependant d'être cité comme l'un des hommes qui ont le plus contribué, par leur activité infatigable et leur habile fermeté, à faire du règne de Basile II l'une des époques les plus brillantes de l'histoire byzantine. Son exemple nous montre de quelles ressources et de quels moyens disposent en Italie les représentants du basileus, abandonnés à eux-mêmes. Mais s'il arrive à fortifier singulièrement la suprématie byzantine en Apulie, l'œuvre qu'il poursuit à l'ouest, en Campanie, est beaucoup plus fragile, parce qu'elle repose uniquement sur les volontés changeantes des princes lombards de Capoue et de Salerne.

Cf. *Ann. Bar.*, 1027; — Lup., 1028. L'*Anon. Bar.* (dans Murat., *l. c.*), donne seul la date exacte (1025). Les faits mentionnés sont antérieurs à la mort de Basile II.

1. Lupus, *Ann. Bar.* et *Anon. Bar.*, 1025-1028.

LIVRE V

LE DÉCLIN DE LA DOMINATION BYZANTINE

(1028-1071)

CHAPITRE I

L'ITALIE MÉRIDIONALE ET LES DEUX EMPIRES

DEPUIS LE DÉPART DU CATÉPAN BASILE BOJOANNÈS JUSQU'A LA SECONDE INVASION NORMANDE (1028-1040)

I

LA LUTTE CONTRE LES SARRASINS

La défaite de l'eunuque Oreste près de Reggio et la disgrâce du catépan Basile Bojoannès eurent d'abord pour conséquence de renouveler, au début du règne de Romain Argyre (1028-1034), les incursions des bandes sarrasines sur les côtes d'Italie. Mais sur ces luttes obscures, et probablement peu importantes, entre Byzantins et Arabes de Sicile, nous sommes fort mal renseignés. Il n'est pas certain que les chefs musulmans qui apparaissent de nouveau, entre 1029 et 1031, en Apulie et au nord de la Calabre, soient venus directement de Sicile. En 1029, la forteresse d'Obbiano (peut-être Uggiano, à l'est de Tarente) est assiégée par deux chefs arabes, Rayca et Giaffar, que nous avons vus, dès 1023, ravagerles environs de Tarente[1]. Les habitants d'Obbiano sont obligés de capituler. Il semble qu'à ce moment l'Apulie soit fort mal défendue : un des lieutenants de Basile Bojoannès ou d'Oreste, nommé Christophore, a reçu, en 1028, les insignes et l'autorité de *catépan;* mais il disparaît peu de temps après, ayant subi peut-

1. Lup. Protosp., *ad a.* 1023, 1029.

être une nouvelle défaite en Calabre[1]. Quand son successeur, Pothos Argyre, venu d'Antioche[2], arrive à Bari (juillet 1029), il est attaqué par la petite armée de Rayca sous les murs de la ville. Deux ans plus tard, les bandes musulmanes occupent l'importante ville de Cassano, au nord de la Calabre ; le catépan leur livre bataille, mais il est vaincu et peut-être tué[3]. En tout cas, quelques mois plus tard (1032), arrivent de nouvelles forces byzantines, commandées par un des plus hauts fonctionnaires de la cour, le protospathaire Michel, chambellan, juge du « velon et de l'hippodrome[4] ». Ce ne sont plus seulement des troupes auxiliaires, ou des contingents recrutés dans les thèmes d'Occident : les soldats de Michel appartiennent à ces légions d'Orient, troupes d'élite, qui ne sont employées le plus souvent qu'en Asie Mineure ou en Syrie. C'est que les Byzantins viennent de remporter sur la frontière orientale de l'empire de grandes victoires : Georges Maniakès, que nous retrouverons un peu plus tard en Sicile, occupe Edesse, les émirs de Tripoli et d'Alep viennent de signer la paix et de reconnaître officiellement la suprématie byzantine[5]. Ainsi Romain Argyre, prêt à reprendre contre les Arabes de Sicile les grands desseins de Basile II, peut tourner la meilleure partie de ses forces vers l'Occident. Que deviennent ces troupes d'Orient, commandées par le chambellan Michel, qui a en même temps le titre de catépan d'Italie ? nous n'en savons rien. Un an plus tard, Michel est remplacé comme catépan par Constantin Opos[6]. La seule chronique byzantine qui nous donne quelques vagues détails sur les affaires d'Occident mentionne, vers la même époque, l'envoi en Italie du stratège Léon Opos[7].

1. Lup., *id.*, 1029. — *Anon. Bar.*, *id.* — Ce sont des fonctionnaires venus de Byzance qui apportent à Christophore les insignes de catépan, avant le départ d'Oreste et de Basile Bojoannès. Dans une note marginale de la chronique, publiée par Cozza-Luzzi (*Cron. Sic.-Sarac.*, p. 86), on trouve ces mots « καὶ ἐτράπη χριστοφορος βούργαρις εἰς τὸ Ῥήγιον. » en 1028-1029).

2. Cedr., II, 490.

3. Lup. Protosp., 1029, 1031 : — *Anon. Bar.*, *id.*

4. Lup. Protosp. et *Anon. Bar.*, 1032. — Il faut restituer ainsi les titres de Michel : « ἐπὶ τῶν οἰκειακῶν, κατεπάνω Ἰταλίας, κριτὴς τοῦ βήλου καὶ τοῦ ἱπποδρόμου » (Cf. *Codice Barese*, I, *introd.*, p. XXII. Les juges « τοῦ βήλου καὶ τοῦ ἱπποδρόμου », mentionnés dans plusieurs textes du XIe siècle sont des magistrats *impériaux*, chargés probablement d'examiner les requêtes présentées à l'empereur (Zachariæ v. Lingenthal. *Gesch. d. G. R. Rechts*, p. 360).

5. Cedr., II, 500 et s.

6. Lup. Protosp., et *Anon. Bar.*, 1033.

7. Cedr., II, 503.

Peut-être le catépan Constantin Opos, qui, en novembre 1034, accorde un diplôme à un monastère apulien des environs de Troia[1], et le stratège Léon Opos ne sont-ils qu'un seul et même personnage.

En tout cas, le texte de Skylitzès ne nous renseigne que sur la guerre navale qui se livre entre Byzantins et Arabes, sur les côtes d'Illyrie, près des îles Ioniennes, puis dans les parages de la Sicile. Une petite flotte arabe, ayant attaqué Corfou (vers 1032), le stratège de Nauplie, Nicéphore Karantenos, aidé par les marins de Raguse, en détruit une partie; les vaisseaux qui restent s'échappent vers la Sicile et sont pris par les Byzantins. Une nouvelle flotte venue d'Afrique sur les côtes de Grèce subit le même sort que les précédentes[2]. En même temps que le basileus envoyait en Italie Léon Opos, il chargeait un des anciens chambellans de Basile II, nommé Jean, du commandement de la flotte byzantine de Sicile : c'est sans doute cette flotte qui achève la déroute des vaisseaux arabes, dispersés par le stratège de Nauplie. Mais du moins, après 1033, il n'est plus question, en Apulie ni en Calabre, de ravages des bandes sarrasines. Il est manifeste que l'émir de Sicile est réduit à la défensive; quant aux corsaires d'Afrique, c'est en vain qu'ils essaient de tourner les côtes de Grèce pour pénétrer jusque dans l'Archipel[3]. Les vaisseaux de Byzance ont repris possession de la mer Ionienne, et le basileus peut négocier la paix avec les Arabes de Sicile dans les conditions les plus favorables.

Romain Argyre étant mort sur ces entrefaites (avril 1034), le nouveau basileus, Michel IV le Paphlagonien, sur les conseils de son frère Jean l'Orphanotrophe, ministre tout-puissant, envoie une ambassade à l'émir de Sicile, Akhal. La paix est conclue en août 1035 : l'officier byzantin qui a terminé les négociations, Georges Probata, revient à Constantinople, accompagné du fils de l'émir. C'est Akhal qui s'humilie devant le basileus; il obtient en échange le titre et les honneurs de *magistros*. La guerre civile qui éclate alors parmi les Arabes explique la faiblesse de l'émir et son empressement à solliciter les faveurs de la cour byzantine[4].

1. TRINCHERA, *Syllabus*, n° 28.
2. CEDR., II, 499, 500, 502.
3. CEDR., II, 513, 514; — AMARI, *l. c.*, II, 367.
4. CEDR., II, 513, 514; — cf. *Vie de saint Philarète* (GAETANI, *Vitæ Sanct. Sicul.*, II, 113); AMARI, *l. c.*, II, 376.

Ainsi les Arabes siciliens, brouillés avec l'émir d'Afrique, cessent d'être un danger pour les habitants du thème d'Italie; bien plus, ils sont prêts à demander l'appui de Byzance et à se reconnaître ses vassaux. Si l'empire avait eu à sa tête un prince comme Basile II, l'occasion eût été belle d'intervenir dès ce moment en Sicile. Mais Michel IV n'avait ni l'énergie, ni la décision nécessaires pour savoir immédiatement tirer parti de circonstances aussi favorables. Bientôt les attaques des Arabes de Syrie et des Petchénègues qui, franchissant le Danube, s'avancent jusqu'à Constantinople, détournent l'attention du basileus des affaires d'Occident[1]. La politique sicilienne est abandonnée à l'initiative du catépan d'Italie. Lorsque l'émir d'Afrique envoie aux rebelles de Sicile son fils Abd-Allah, qui bat les troupes d'Akhal, l'émir vaincu se réfugie auprès du catépan d'Italie, Constantin Opos[2]. Celui-ci rassemble les troupes peu nombreuses dont il dispose et se décide à passer le détroit pour aller combattre l'armée africaine (1037).

Cependant une grande expédition s'organise à Constantinople pour tenter en Sicile un effort décisif : le général byzantin Georges Maniakès, déjà célèbre par ses campagnes d'Asie, est envoyé au secours des rebelles, qui ont demandé contre l'émir d'Afrique l'appui du basileus[3]. Mais les Arabes, inquiets de l'ambition byzantine, s'empressent de se réconcilier, avant l'arrivée de Maniakès, et se préparent secrètement à chasser les chrétiens. Le catépan d'Italie, n'ayant pas de forces suffisantes pour tenir tête à ce nouveau danger, repasse le détroit de Messine, emmenant avec lui près de 15.000 chrétiens de Sicile[4]. L'émir Akhal, victime de sa faiblesse pour les infidèles, périt bientôt assassiné dans la citadelle de Palerme; et le fils de l'émir d'Afrique, ralliant autour de lui toutes les forces musulmanes, établit son autorité sur toute l'île. C'est la grande expédition de Maniakès, en 1038, qui va provoquer le retour des Normands dans les domaines byzantins de l'Italie méridionale. Pour comprendre comment l'échec de Maniakès et la seconde invasion des Normands en Apulie ont été si fatales à la domination byzantine, il faut rappeler quel est, entre 1028 et 1038, le rôle politique des princes

1. Cedr., II, 512.
2. Cedr., II, 516.
3. Cedr., II, 514.
4. Cedr., II, 516, 517.

lombards, et quels sont les résultats de la lutte engagée en Campanie entre l'influence germanique et l'influence byzantine.

II

PRÉPONDÉRANCE DE PALDOLF, PRINCE DE CAPOUE ALLIÉ DES BYZANTINS (1028-1037)

Paldolf III, à peine rétabli dans la principauté de Capoue, avec le concours du catépan byzantin, cherche à profiter de cette alliance et de l'appui que lui donnent plusieurs chefs normands pour effacer en Campanie toute trace de l'influence germanique, et forcer les seigneurs ou princes voisins à reconnaître sa suprématie. Il veut poursuivre son rival Paldolf de Teano jusque dans Naples et vient assiéger cette ville. Mais Paldolf de Teano réussit à s'échapper et va trouver un asile à Rome, où le roi de Germanie, Conrad II, vient de recevoir du pape Jean XIX la couronne impériale[1]. Quant à Sergius, duc de Naples, il s'enfuit à Gaëte[2], et Paldolf occupe Naples entre 1027 et 1029. De ce que Sergius était, en théorie, vassal de Byzance, il ne faudrait pas conclure[3] que Paldolf, en l'attaquant, ait voulu rompre avec l'empire byzantin. Cette querelle locale n'était qu'un nouvel épisode d'une lutte deux fois séculaire entre Napolitains et Lombards, mais elle n'avait aucune importance pour les intérêts byzantins en Campanie. Au reste, Sergius rentre bientôt dans sa capitale[4] et reconnaît à la noblesse napolitaine des privilèges qui lui assurent une plus grande part dans le gouvernement du duché[5].

Le premier comte normand d'Aversa. — Entre le duc de Naples et le prince de Capoue se poursuit une lutte acharnée.

1. Leo Ost., II, 56; — *Ann. Benev.*, 1028.
2. Cf. le diplôme qu'il accorde, à cette occasion, aux gens de Gaëte (*Cod. dipl. Caiet.*, t. I, n° 156) en février 1029.
3. Comme l'a fait Bresslau (*Jahrb. des D. R. u. Konrad II*, p. 179). Sous la domination de Paldolf, les documents napolitains continuent à porter la date des empereurs byzantins (Capasso, I, 130).
4. En 1029 ou 1030. L'occupation de Naples par Paldolf a duré un an et demi, au dire des *Ann. Casin.* (Cf. Capasso, I, 130). — Leo Ost. (*l. c.*) dit : trois ans.
5. Sur le *pactum Sergii*, cf. Schipa, *l. c.*, XVIII, 492 et plus loin p. 561.

Sergius cherche partout contre Paldolf des alliés capables de faire obstacle à l'ambition conquérante de son rival : le premier des princes campaniens, il fait entrer dans sa famille un chef normand, Rainulf, en lui faisant épouser sa sœur, veuve du duc de Gaëte. Rainulf était, semble-t-il, le plus jeune de ces anciens compagnons de Mélo, d'abord établis dans les montagnes du comté de Comino, et qui s'étaient mis, pour la plupart, au service de Paldolf[1]. Au moment où il devient le beau-frère de Sergius, il occupait avec ses compagnons une partie de ces terres basses, situées sur la rive gauche du Vulturne, où l'on trouvait, à côté de marécages, des prairies, des champs fertiles, des jardins verdoyants[2] : c'était cette Liburie, si souvent et si âprement disputée entre Lombards et Napolitains. Rainulf, avec la protection et l'appui de Sergius, construit une enceinte fortifiée dans une localité déjà connue sous le nom d'Aversa : il fonde ainsi une ville nouvelle, où il attire une part importante de la colonie normande de Campanie ; et passant du parti de Paldolf à celui de Sergius, il reçoit de son beau-frère et nouveau suzerain le titre de *comte d'Aversa*. Nous avons vu de même, à la fin du IXe siècle, l'évêque-duc Athanase essayer d'établir, aux portes de Capoue, une seigneurie rivale[3]. Mais Aversa, centre d'une colonie étrangère, supérieure aux Lombards par ses qualités guerrières, et qui d'ailleurs ne cesse de s'accroître, ne tardera pas à jouer un rôle politique, que ses humbles commencements ne font guère prévoir.

Le prince de Capoue maître de Gaëte ; soumission du Mont-Cassin. — Cependant Paldolf se venge de Sergius en occupant Gaëte (1032), d'où il chasse le jeune duc Jean, et sa grand'mère la duchesse Hemilia[4]. Il semble bien que Gaëte reste unie à la principauté de Capoue jusqu'à la chute de Paldolf : cette conquête, en donnant au prince tout le littoral qui s'étend depuis l'Etat pontifical jusqu'à l'embouchure du Vulturne, l'aide à établir plus solidement sa domination sur la basse vallée du Liris et à menacer les domaines du Mont-Cassin.

Bientôt, en effet, le but principal que poursuit l'ambition de Paldolf, c'est de détruire, peu à peu, l'indépendance du Mont-

1. Leo Ost., II, 56 ; — Aimé, I, 40.
2. Voir la description de Guil. Apul., I, 123.
3. Cf. *supra*, p. 137.
4. *Cod. dipl. Caiet.*, I, n°s 162, 166.

Cassin, garantie par les privilèges impériaux. On a vu quels liens, plus étroits que jamais, unissent l'abbaye au Saint-Empire, depuis le voyage de l'empereur Henri II et l'élection de l'abbé Théobald. Le nouvel abbé, chef d'une puissante seigneurie ecclésiastique, placée sous la dépendance immédiate du Saint-Siège et de l'Empire, pouvait attirer les plus graves dangers sur le prince de Capoue, s'il entrait en lutte avec lui. Il s'agissait donc, pour Paldolf, de profiter des débuts difficiles du successeur d'Henri II, l'empereur Conrad, pour substituer lentement sa protection personnelle à celle de l'empereur, et pour asservir l'abbaye par la ruse plutôt que par la violence.

C'est ici surtout qu'on voit le prince de Capoue s'acharner à détruire toute trace de l'influence germanique en Campanie. A Capoue même, il chasse l'archevêque Adenolf, élu en 1022, probablement une créature de l'empereur Henri, et il le remplace par un de ses bâtards, nommé Hildebrand[1]. Quand à l'abbé Théobald, il s'efforce tout d'abord de le rassurer à force de flatteries : dès son retour d'Allemagne, avant d'avoir pu rentrer à Capoue, il s'était rendu au Mont-Cassin, protestant de sa fidélité et de son dévouement aux intérêts de l'abbaye[2]. Un peu plus tard, ayant repris possession de sa capitale, il y attire l'abbé Théobald, confirme les donations antérieures faites à l'abbaye, y ajoute même des libéralités nouvelles, mais retient son protégé, en l'empêchant de quitter Capoue (1032). D'autre part, il a forcé Théobald à nommer prieur du monastère de Capoue un Grec de Calabre, nommé Basile, qui est, depuis longtemps, l'un de ses serviteurs les plus zélés et les plus habiles[3]. Le moine et diacre Basile est peut-être le même personnage à qui, dès 1011, l'abbé Atenolf, frère aîné du prince Paldolf, affermait un domaine du Mont-Cassin[4]. Bien que son dévouement à Paldolf l'eût rendu fort suspect à l'empereur Henri II, il avait pu cependant, après la disgrâce de son maître, trouver un refuge au Mont-Cassin.

Tandis que l'abbé Théobald reste prisonnier à Capoue, hôte

1. Aimé, I, 37; — Leo Ost., II, 63.
2. Leo Ost., II, 56.
3. Leo Ost., *l. c.*; — Aimé, I, 34. — Cf. Gattola, I, 205 (donation de Saint-Nazaire d'Atina, faite en 1032).
4. Gattola, *access.* 122 : *Venit ad nos vir Basilius monachus natione Grecorum.*

involontaire du Calabrais Basile, Paldolf se fait prêter serment de fidélité par les sujets du Mont-Cassin, c'est-à-dire par les habitants de toutes les bourgades, construites dans la plaine du Liris pour protéger les domaines de l'abbaye. Il installe dans ces bourgades plusieurs chevaliers normands, restés à son service; ailleurs, les serfs ou les colons du monastère deviennent les intendants du prince. Dans la petite ville de San-Germano, située au pied de la montagne du Cassin, c'est un ancien serf de l'abbaye, affranchi sans doute par Paldolf, qui prend possession de la résidence abbatiale, comme représentant du prince de Capoue; et, s'il faut en croire la chronique du Mont-Cassin, Paldolf aurait livré, en outre, à ce personnage la forteresse de Rocca d'Evandro, récemment donnée aux moines par l'empereur Henri II[1].

Nous ne connaissons malheureusement les faits et gestes de Paldolf que par les moines du Cassin, qui ont vu en lui l'un de leurs plus terribles et de leurs plus malfaisants adversaires[2]. S'il fallait les en croire, Paldolf n'aurait épargné à l'abbaye aucune humiliation ni aucun outrage. On l'accuse d'avoir introduit de force dans le monastère de nombreux laïcs, d'avoir réduit les moines à la portion congrue, les condamnant presque à mourir de faim, et s'emparant, pour les intérêts de sa politique, des trésors accumulés dans l'abbaye depuis plusieurs générations. Un témoignage aussi partial que celui du chroniqueur officiel du Mont-Cassin ne peut être accepté sans contrôle : mais, tout en se gardant de porter un jugement sur les actes de Paldolf, on peut tenir pour très vraisemblables la plupart des détails que raconte minutieusement Léon d'Ostie et en tirer cette conclusion qu'il y a eu, de la part du prince de Capoue, un effort acharné et tenace pour ruiner l'œuvre de l'empereur Henri II, et soumettre complètement à son autorité cette abbaye, dont les princes de Capoue avaient si largement contribué à fonder la puissance temporelle.

L'abbé Théobald réussit enfin à s'échapper de Capoue, avec l'appui secret du duc de Naples, qui lui offre un asile. Mais réduit à l'impuissance, devenu, par la volonté de Paldolf, abbé honoraire, il va se retirer dans le couvent des Marches, d'où l'avait fait sortir la faveur impériale, et c'est là qu'il meurt

1. LEO OST., II, 57.
2. LEO OST., II, 56-60; — AIMÉ, I, 34-39; — DESID., *dial.*, I (*Patr. lat.*, t. CXLIX, col. 975).

en 1036[1]. Paldolf est assez fort pour imposer aux moines son candidat comme nouvel abbé. Mais, de l'aveu même de ses ennemis, il respecte tout au moins les formes ou les apparences de la liberté monastique. Si les moines n'osent procéder, sans son consentement, à aucune élection, il semble qu'il veuille éviter de peser trop violemment sur eux : pendant près d'un an, le siège abbatial reste vacant, parce qu'il y a deux candidats, et que Paldolf ne s'est pas prononcé. Enfin il invite les moines du Cassin à envoyer une délégation à Capoue pour procéder, en sa présence, à l'élection; c'est son ami le Calabrais Basile, prieur du monastère de Capoue, qui reçoit la succession de Théobald. Le nouvel abbé prête serment de fidélité au prince et laisse à sa disposition une grande partie des revenus de l'abbaye[2].

Rapports de Paldolf avec Bénévent et Salerne. — Paldolf III nous apparaît à ce moment comme le souverain le plus redouté de toute l'Italie du Sud. Vers la même époque (probablement août 1036), il cherche à s'emparer de Bénévent[3] : depuis le passage de l'empereur germanique en 1022, cette ville, restée sous le gouvernement pacifique de Landolf, frère de Paldolf, avait réussi à échapper à toutes les révolutions qui bouleversaient Capoue. C'est la mort de Landolf et la jeunesse de son fils qui provoquent l'intervention du turbulent prince de Capoue[4]. Mais la tentative de Paldolf pour unir de nouveau les deux principautés échoue par la résistance des Bénéventains. Au contraire, dans la plaine de Campanie et sur le littoral, la puissance de Paldolf, maître de Gaëte et du Mont-Cassin, n'a d'autres rivaux que le duc de Naples et le comte d'Aversa. A Salerne, règne depuis 1027 le jeune Guaimar V, neveu de Paldolf par sa mère, et, pendant les premières années de son gouvernement, étroitement uni à son oncle[5]. Une autre sœur de Paldolf a épousé le patrice d'Amalfi : c'est peut-être la

1. Leo Ost., II, 58; — Aimé, I, 35.
2. Leo Ost., II, 60. — L'abbé Basile s'engage à ne pas garder pour lui plus de 20 « solidi » par an sur les revenus de l'abbaye.
3. *Ann. Benev.*, 1036.
4. Landolf V meurt en septembre 1033 ou 1034 (Cf. les *Ann. Benev.*, qui commencent l'année au 1er septembre 1034, 1035). — Bresslau, *l. c.*, II, 295. — La dernière charte connue de Landolf V est de 1030 (di Meo, *Ann.*, VII, 159).
5. *Cod. dipl. Cav.*, t. V., n° 792. — Schipa, *l.* c., XII, 513. — Sur l'entente entre Guaimar V et son oncle, cf. Aimé, II, 1, 2.

duchesse Marie, *gloriosa ducissa et patricissa*, qui est mentionnée dans plusieurs chartes d'Amalfi entre 1035 et 1039[1]. Enfin le comte d'Aversa lui-même, après la mort de sa femme, sœur de Sergius, se brouille avec le duc de Naples et trouve son intérêt à se rapprocher du tout-puissant prince de Capoue, en épousant une fille du patrice d'Amalfi, nièce de Paldolf[2].

Mais entre ces princes, toujours jaloux de s'étendre aux dépens de leurs voisins, aucune alliance vraiment stable n'est possible, et les liens fragiles qui les unissent se rompent à la première occasion. D'après le récit d'Amatus, Paldolf ayant voulu séduire une parente de Guaimar, prince de Salerne, celui-ci entre dans une violente colère contre son oncle, et les deux princes deviennent ennemis acharnés[3]. Guaimar devait être, pour le prince de Capoue, un adversaire autrement redoutable que le duc de Naples : plusieurs chevaliers normands sont restés à son service, et parmi les vassaux même de Paldolf, supportant avec impatience sa domination, le prince de Salerne trouve aisément des complices. D'autre part, plusieurs moines du Mont-Cassin se sont enfuis, pour aller implorer contre le tyran de leur abbaye l'empereur germanique[4]. C'est l'intervention de Conrad II, en 1038, qui détermine la chute de Paldolf, pour le plus grand profit de son nouveau rival, le prince de Salerne.

III

NOUVELLE INTERVENTION GERMANIQUE : PRÉPONDÉRANCE DE GUAIMAR V, PRINCE DE SALERNE (1037-1039)

L'empereur Conrad est-il venu dans l'Italie du Sud avant 1038? — Avant de recevoir les plaintes des moines bénédictins, l'empereur, couronné à Rome en avril 1027, en présence des rois de Bourgogne et de Danemark et des plus hauts personnages du clergé allemand et italien[5], n'avait-il pas songé, comme ses prédécesseurs, à venir en personne dans l'Italie du Sud? Il

1. Aimé, I, 41 ; — Camera, *Mem. Stor. dipl.*, I, 244.
2. Aimé, I, 43 (éd. Delarc. p. 49).
3. Aimé, II, 3 (éd. Delarc, p. 55).
4. Leo Ost., II, 57, 63. — Desid., *Dial.*, *l. c.*, I, 975.
5. Richter et Kohl, 280 ; — Bresslau, *l. c.*, I, 143.

ne pouvait ignorer que le prince de Capoue, destitué par Henri II, rentrait en triomphateur chez ses anciens sujets, et que la suprématie impériale risquait de nouveau d'être fort mal respectée par ces princes lombards, toujours prêts à se tourner vers Byzance. En 1026, on voit l'armée germanique s'avancer le long de la côte orientale de l'Italie, mais sans dépasser probablement le cours de la Pescara [1]. S'il faut en croire l'auteur de la vie de Conrad, le moine Wipo, dont l'œuvre est une des sources principales pour l'histoire de ce règne, l'empereur, aussitôt après son couronnement (1027), serait allé en Apulie, aurait soumis plusieurs villes et reçu les serments de plusieurs chefs normands, qui se seraient engagés à combattre contre les Grecs, avec les princes du pays [2]. Mais il faut remarquer d'abord que ce texte est absolument isolé, et qu'il n'y a pas, dans les chroniques locales la moindre allusion à ce premier voyage de l'empereur Conrad. D'autre part, il est évident que Wipo, par une erreur fréquente chez les chroniqueurs germaniques, confond l'Apulie et la Campanie : le mot « Apulia » n'a pour lui qu'un sens très vague et désigne ces régions lointaines de l'Italie du Sud, sans cesse revendiquées par les empereurs francs ou germaniques. Dans cette Apulie, visitée par Conrad, il place Bénévent et Capoue : or, si l'empereur y était venu au moment même où Paldolf III rentrait dans sa capitale, comment la chronique officielle du Mont-Cassin, si pleine de détails pour cette période, n'en dirait-elle pas un mot? L'examen des diplômes impériaux achève de nous montrer l'invraisemblance de ce voyage : Conrad n'a pas quitté Rome avant le 9 avril 1027 et, dès le 1er mai, il est à Ravenne [3]. Quelques jours auparavant, il poursuit à travers les montagnes des Marches un brigand féodal du nom de Tasselgard [4] : ainsi Conrad s'est dirigé de Rome vers le littoral de l'Adriatique, en traversant les monts de la Sabine et le plateau des Abruzzes. Peut-être s'est-il approché des confins de la Campanie, pour recevoir les serments des chefs normands ou des comtes lombards, établis dans les hautes vallées du Liris et du Vulturne : c'est toute la valeur qu'on peut attribuer au texte de Wipo.

1. Stumpf-Brentano, 1910, 1911 ; — Bresslau, *l. c.*, I, 132.
2. Wipo, 17.
3. Stumpf., 1942, 1944.
4. Wipo, 18.

L'empereur Conrad et la cour byzantine. — Tandis qu'il reprend la route du nord, abandonnant l'Italie Méridionale à Paldolf de Capoue et au catépan de Bari, l'empereur germanique renonce à la politique d'Henri II, pour renouer avec la cour byzantine les mêmes relations qu'au temps d'Otton III. L'évêque de Strasbourg, Werner, accompagné par un comte souabe, Manegold, est envoyé à Constantinople, et doit demander au basileus Constantin VIII, pour le jeune roi Henri, fils de Conrad, la main d'une porphyrogénète[1]. Ayant voulu d'abord passer par la Hongrie, les ambassadeurs sont arrêtés par la malveillance et les tracasseries du roi, inquiet de ce rapprochement entre les deux empires. Ils reviennent à Vérone et ne s'embarquent à Venise qu'au début de l'année 1028. A Constantinople, ils n'ont qu'à se louer de l'hospitalité fastueuse des Grecs et des égards qu'on leur témoigne. Mais Werner meurt peu de temps après, et l'avènement d'un nouveau basileus, Romain Argyre, interrompt les négociations. Cependant le comte Manegold revient en Occident, ayant reçu en cadeau du basileus plusieurs reliques. On ignore ce que deviennent, par la suite, les relations entre les deux cours[2].

Expédition germanique en Campanie : Capoue livrée au prince de Salerne ; triomphe de l'influence impériale au Mont-Cassin. — Conrad II, ayant repassé les Alpes en 1028, ne rentre en Italie que neuf ans plus tard. Il faut d'abord qu'il rétablisse son autorité en Lombardie avant d'arriver en Toscane et en Ombrie, où il reste plusieurs semaines (février-mars 1038)[3] : c'est sans doute à ce moment qu'arrivent auprès de lui plusieurs moines fugitifs, avec des émissaires du prince de Salerne, qui sollicitent son intervention contre Paldolf.

L'empereur, toujours prudent et méfiant, commence par envoyer une ambassade à Paldolf, pour le mettre en demeure de restituer au Mont-Cassin son indépendance[4]. Puis il se décide à conduire son armée en Campanie. Mais, sur cette expédition de Conrad II, il y a contradiction entre les textes germaniques

1. Wipo, 22 ; — Richter et Kohl, p. 288.
2. Cf. le récit du moine Berthold : *Forschungen*, X, 606-610 ; — Bresslau, *l. c.*, I, 234, 271 ; — Gfrörer, *Byzant. Geschichten*, III, p. 121.
3. Stumpf-Brentano, 2102, 2107 ; — Richter et Kohl, p. 321.
4. Leo Ost., II, 63 ; — Desid., *Dial.* (*P. L.*, t. CXLIX, col. 976).

et la chronique du Mont-Cassin. D'après les premiers[1], Conrad se dirige tout d'abord vers la ville de Troia, pour obtenir des habitants, comme son prédécesseur Henri II, un serment de soumission : c'est là que viennent le trouver, pour apaiser sa colère, la femme et le fils de Paldolf, avec de riches présents. La princesse de Capoue réussit à obtenir la grâce de son mari; puis l'empereur, mécontent de l'attitude de Paldolf, revient sur sa promesse, proclame la déchéance du prince et livre ses Etats à son rival, Guaimar de Salerne. Il se dirige ensuite vers le Mont-Cassin, met en fuite les agents de Paldolf, l'abbé grec Basile et l'intendant de San-Germano, Todinus. Ayant prononcé la déposition de Basile et présidé à une élection nouvelle, Conrad reprend la route du nord.

Les sources du Mont-Cassin (les dialogues de Didier, la chronique de Léon d'Ostie) ne placent la soumission de Paldolf qu'après le passage de l'empereur au Mont-Cassin et ne font aucune allusion au séjour de Conrad près de Troia[2]. L'empereur arrive directement en Campanie, se rend au Mont-Cassin puis à Capoue : Paldolf, qui s'est réfugié dans la forteresse de Sainte-Agathe, s'engage à lui payer, en signe de sa soumission, une somme de 3.000 livres d'or; des envoyés du prince apportent à l'empereur la moitié de la somme promise et lui annoncent en même temps qu'il est prêt à livrer comme otages sa fille et son petit-fils.

Pour donner la préférence au récit des annales germaniques, on a invoqué cette raison que l'auteur de ces annales avait dû recevoir des informations très précises de l'abbé Richer, successeur de Basile au Mont-Cassin[3]. Mais le témoignage de Didier, qui était alors à Bénévent, qui a connu, très peu d'années après, des témoins oculaires de ces événements, mérite plus de créance. Nous savons, d'autre part, que Conrad, à son retour de l'Italie méridionale, suit le littoral de l'Adriatique : s'il passe à Troia, c'est quand il est sur le point de reprendre la route du Nord, revenant de Bénévent et de Capoue. Les dates que nous fournissent les diplômes impériaux confirment tout à fait le récit de Didier et de Léon d'Ostie : le 30 mai 1038, l'empereur est encore à Sainte-Marie-

1. *Ann. Altah.*, 1038; — Wipo, 37. — Bresslau (II, 307, n. 1) adopte le témoignage des *Ann. Altah.*
2. Leo Ost. et Desid., *Dial.*, *l. c.*
3. Bresslau, *l. c.*

de-Capoue, où il est arrivé quinze jours auparavant ; le 5 juin, il est à Bénévent, et le 14, à Perano dans les Abruzzes ; s'il a passé près de Troia, ce n'est qu'une promenade militaire très rapide[1].

Ainsi l'empereur vient d'abord en Campanie et séjourne assez longtemps à Capoue. Le prince Guaimar de Salerne témoigne avec empressement de sa fidélité ; il cherche aussi à gagner, contre son rival Paldolf, l'entourage de Conrad, et à s'assurer, par une habile distribution de présents, l'appui de plusieurs conseillers de l'empereur[2]. Conrad, d'abord hésitant, se décide alors à livrer Capoue au prince de Salerne. La présence de l'armée germanique, le concours des Normands qui, presque tous, ont abandonné Paldolf pour passer au service de Guaimar, achèvent de jeter le désarroi parmi les partisans du prince de Capoue. Guaimar se reconnait vassal de l'empire germanique, pour les principautés de Salerne et de Capoue : il prête hommage à Conrad et reçoit de sa main le « gonfanon ». Quant au comte Rainulf d'Aversa, il s'est empressé, à l'approche de l'armée impériale, de quitter l'alliance de Paldolf pour se ranger de nouveau parmi ses adversaires : Guaimar recommande Rainulf à l'empereur, qui confirme ses droits sur Aversa. Mais le comte normand n'est pas un vassal direct de l'empire ; il reconnait le prince de Salerne comme son suzerain immédiat[3].

Pour ruiner complètement le crédit de Paldolf et rétablir, dans toute sa force, la suprématie impériale, il reste à fixer le sort du Mont-Cassin. Il est utile de remarquer ici l'attitude humble et soumise des moines à l'égard de l'empereur. Ce n'est pas l'indépendance qu'ils revendiquent mais la protection impériale, moins onéreuse et plus honorable à leurs yeux que celle du prince de Capoue. L'affaire se décide, non au Mont-Cassin, mais à Capoue, dans la cour de Conrad, comme au moment de l'élection de Basile, dans la cour du prince. Les moines se refusent, malgré les instances de l'empereur, à élire l'abbé parmi eux : « Nous n'avons personne, leur fait dire le chroniqueur Léon d'Ostie, qui soit capable de remplir ces fonctions. Il ne conviendrait pas qu'au milieu de si grands troubles on mit à la tête d'un monastère de cette importance un chef qui serait

1. STUMPF-BRENTANO, 2111. Le diplôme cité ailleurs par Stumpf (*Acta Imperii adhuc inedita*, p. 721) se trouve dans le cartulaire de Tremiti ; mais il est daté du 14 juin, et non du 19 (*Cart. Trem.*, f. 3).
2. AIMÉ, II, 5, 6.
3. AIMÉ, II, 7 ; — DI MEO, *Annali*, VII, 245, 252. — SCHIPA, *l. c.*, XII, 513.

sans force et sans puissance réelle. Il faut donc que l'empereur désigne quelqu'un des siens[1] ! » Ils demandent à Conrad de leur donner pour abbé le moine bavarois Richer, prieur de l'abbaye de Leno, près de Brescia, qu'on trouve à ce moment dans l'entourage impérial[2]. Pour la première fois, c'est un moine étranger à l'Italie qui devient abbé du Mont-Cassin ; ce sont les moines eux-mêmes qui, pour échapper à la tyrannie du prince de Capoue, cherchent à s'assurer pour l'avenir non seulement la protection plus ou moins vague de l'empereur, mais un appui efficace.

Ainsi, en Campanie, le triomphe de la politique impériale est complet : mais Conrad II n'a pu l'emporter si facilement, même sans combat, que par le concours du prince de Salerne et des Normands. L'autorité de l'empereur, sauf au Mont-Cassin, reste purement théorique et ne sera plus rien, dès que l'armée germanique se sera éloignée : le vrai souverain de la Campanie, c'est le prince de Salerne, maître de Capoue. D'après les apparences, et selon le langage ordinaire des historiens de l'empire germanique, Conrad II a réussi à faire entrer dans son jeu le prince de Salerne; il serait plus exact de dire que le prince de Salerne réussit à mettre l'empereur dans son jeu et se sert du prestige impérial pour le plus grand profit de sa politique personnelle.

Dans les pays lombards, qui échappent à l'action immédiate de Guaimar, les tentatives de l'empereur pour faire reconnaître sa suprématie n'aboutissent qu'à des échecs. A Bénévent, il est fort mal reçu : « on le traite, lui et son armée, d'une manière indigne et honteuse », dit le chroniqueur du Mont-Cassin dans un passage qui a disparu de la seconde édition[3]. Il y reste d'ailleurs fort peu de temps : après avoir passé près de Troia, il s'éloigne rapidement vers le nord, en traversant les Marches, non loin de la côte Adriatique ; son armée est d'ailleurs épuisée par un trop long séjour dans l'Italie méridionale, et les chaleurs de juillet, toujours funestes aux troupes allemandes, commencent à les décimer[4].

1. Leo Ost., II, 63.
2. Leo Ost., *id.;* — *Ann. Altah.*, 1038. — Sur Richer, cf. Stumpf-Brentano, 1952, 2074 ; et *Ss.*, XVII, 371 ; — Bresslau, *l. c.*, II, 186, n. 5. — Richer garde l'abbaye de Leno jusqu'en 1055.
3. Leo Ost., *l. c.*
4. Wipo, 37 ; — Herm. Aug., 1038.

Nouvelles conquêtes du prince de Salerne; ses rapports avec Byzance. — Paldolf, abandonné de ses partisans et n'ayant d'autre refuge que la forteresse de Sainte-Agathe, à l'est de Caserte, Guaimar ne trouve plus aucune résistance; sous prétexte de venger ses injures personnelles et de régler de vieilles querelles de famille, il étend la principauté de Salerne aux dépens des petits États autonomes du littoral campanien. Aidé des troupes normandes du comté d'Aversa, il oblige les gens d'Amalfi à reconnaître son autorité (avril 1039); le patrice Jean venait de se réfugier à Constantinople[1]. Puis il occupe Sorrente, qui avait longtemps obéi au duc de Naples, mais qui formait peut-être, à cette époque, un État indépendant[2]. C'est à son frère Guy que Guaimar confie le gouvernement de la ville.

Enfin le prince de Salerne aide le nouvel abbé du Mont-Cassin à reprendre tous les domaines de l'abbaye, occupés par des serviteurs ou des hommes d'armes de Paldolf, toutes les forteresses qui protègent ses domaines, et notamment celle de Rocca d'Evandro[3]. De l'attitude de Guaimar à l'égard de l'empire germanique, il ne faudrait point conclure qu'il ait voulu rompre les liens anciens qui unissaient Salerne à l'empire byzantin. Sans doute, ces liens s'étaient affaiblis avec le temps, et les princes de Salerne ne portaient plus, depuis bien des années, les titres byzantins dont ils étaient autrefois si avides de se parer : seuls, à cette époque, les ducs d'Amalfi ont gardé le titre de patrice. Mais Guaimar, comme ses prédécesseurs, entend rester, sinon précisément le vassal, au moins l'allié fidèle du basileus : ainsi dure toujours, à la cour byzantine, l'illusion flatteuse que le prince de Salerne continue à faire partie de l'empire. Lorsque le général en chef des forces byzantines, chargé en 1038 de l'expédition de Sicile, demande le concours de Guaimar, celui-ci s'empresse de répondre en lui envoyant un corps auxiliaire normand[4]. Mais ce qui montre plus nettement encore l'habileté du prince campanien, et les liens qui l'unissent toujours à l'empire byzantin, c'est l'attitude de la cour byzantine à l'égard de son rival Paldolf.

L'ancien prince de Capoue, réduit à la misère, laisse son

1. *Cod. Cav.*, t. VI, n°s 935, 937; — *Chron. Amalf.*, c. XVIII, XIX (MURAT., *A. I.*, t. I, 210).
2. AIMÉ, II, 7; — *Cod. Cav.*, t. VI, n°s 945, 946.
3. LEO OST., II, 63.
4. AIMÉ, II, 8 : — LEO OST., II, 66.

fils à Sainte-Agathe et s'enfuit à Constantinople avec l'ex-abbé Basile, pour tenter d'intéresser le basileus à sa cause. Ne semble-t-il pas, au premier abord, qu'on devait accueillir à Constantinople avec une faveur particulière le fugitif, qui avait été l'allié du catépan d'Italie et qui avait contribué, dans une large mesure, à fortifier l'influence byzantine dans l'Italie du Sud? N'avait-il pas mis un moine grec à la tête de cette abbaye du Mont-Cassin, dont on ignorait d'autant moins, à la cour byzantine, l'importance politique, qu'elle avait souvent sollicité les privilèges impériaux? Le Calabrais Basile devait être, semble-t-il, entre le prince Lombard déchu et l'entourage du basileus, un fort précieux médiateur. Malgré les apparences, Paldolf n'est pas écouté, on ne tient aucun compte de ses plaintes, et c'est son rival tout-puissant, le vassal de Conrad II, qui l'emporte, même à Byzance! Guaimar avait eu soin d'envoyer une ambassade au basileus pour ruiner par avance tout le crédit de Paldolf[1]. Il était le plus fort, c'était lui qu'il fallait ménager, surtout si l'on voulait obtenir son appui dans la campagne de Sicile. L'ambassadeur de Guaimar arrive si bien à discréditer Paldolf que celui-ci est mis en prison, sur l'ordre du basileus, puis relégué à une certaine distance de Constantinople. Mais un peu plus tard, quelque temps avant la mort de l'empereur Michel IV, il réussit à s'échapper et revient en Italie.

1. Leo Ost., II, 63.

CHAPITRE II

LA SECONDE INVASION NORMANDE EN APULIE

RÉVOLTE DE MANIAKÈS ET ROLE D'ARGIROS (1040-1043)

Le prince de Salerne, maître de Capoue, duc d'Amalfi et de Sorrente, venait d'acquérir en quelques mois, par d'habiles intrigues et par la force militaire que lui donnaient les auxiliaires normands, tous rassemblés sur ses domaines, un prestige exceptionnel. De lui surtout, de sa politique et de son attitude dépendait l'avenir de la domination byzantine dans l'Italie du Sud. L'effort que tentent, à ce moment, les Grecs pour reprendre la Sicile provoque une crise redoutable jusque dans les thèmes italiens et fait apparaître, pour la première fois, le grave danger que fait courir à l'autorité du basileus la puissance nouvelle de ces chevaliers normands, vassaux ou simples mercenaires du prince de Salerne.

Campagne de Maniakès en Sicile ; sa disgrâce. — On a vu dans quelles circonstances le gouvernement de Michel IV le Paphlagonien envoie en Sicile une grande expédition, commandée par Georges Maniakès[1]. D'autre part, une flotte, placée sous les ordres du patrice Etienne, beau-frère du basileus, devait croiser le long de la côte orientale de l'île et donner, au besoin, son concours à l'armée de terre. Georges Maniakès est un des plus grands généraux byzantins du XIe siècle. Psellos nous a laissé de lui un portrait saisissant[2]. D'origine asiatique, et sans doute de sang mongol[3], Maniakès

1. CEDR., II, 514. — Cf. AMARI, II, 377. — Cf. *supra*, p. 436.
2. PSELLOS, p. 137 (dans SATHAS, *Bibl. gr. medii ævi*, t. V).
3. NEUMANN, *Die Weltstellung des Byzantinischen Reiches vor den Kreuzzügen*, p. 43.

avait une taille de géant ; nulle noblesse ni charme dans les traits, mais le visage d'un bandit ; des mains capables d'ébranler des portes d'airain, l'élan d'un lion ; son aspect terrible intimidait les barbares. Tous les écrivains byzantins de cette époque s'accordent à vanter sa haute valeur ; Psellos, Zonaras, Michel Attaliate, tous insistent sur les services éminents qu'il rendit à l'empire, et sur la faute irréparable que commit la cour byzantine par sa méfiance injuste contre le seul chef qui fût en état de relever le prestige de Byzance [1]. La conduite de Maniakès en Italie nous montrera ce qu'il y a de fondé dans ces jugements. A la date où nous sommes (1038), Maniakès est connu surtout par le rôle qu'il a joué dans les campagnes d'Asie. Sous le règne de Romain Argyre, il combat sur le haut Euphrate et défend contre les Arabes de Mésopotamie la marche de Telek ; pour prix de ses services, il est nommé protospathaire et catépan de la Médie inférieure ; en 1032, ayant pris Edesse, il reçoit le commandement de la haute Médie et de l'Aspracanie [2] ; c'est lui qui envoie à Constantinople la fameuse lettre du Christ à Abgar, dont la fausseté ne fut reconnue qu'à l'époque de la Renaissance. La citadelle d'Edesse portait encore au XIIe siècle le nom de « forteresse de Maniakès ».

Maniakès avait débarqué en Italie pour rallier les contingents, fournis par les thèmes d'Italie et de Calabre. Le patrice et duc Michel Spondylé, ancien gouverneur d'Antioche, venait d'arriver à Bari pour se joindre à l'expédition de Sicile [3]. Peut-être devait-il remplacer le catépan Constantin ou Léon Opos, dont le nom disparait à cette époque. Cependant, dès l'année suivante, on voit apparaître à Bari un nouveau fonctionnaire byzantin, Nicéphore Doukianos [4], qui a certainemement le titre de catépan (1039).

Maniakès, stratège indépendant, chef d'une armée imposante, qui comprend plusieurs corps auxiliaires, Warangues et Russes, ne dépend en aucune façon du catépan d'Italie [5]. Une légende scandinave a gardé le nom du roi Harold, qui

1. Michel Attal., 8, 11, 18 ; — Zon., XVII, 22 (éd. Dindorf, t. IV. 160.)
2. Skyl.-Cedr., II, 512.
3. Lup. Protosp. et *Anon. Bar.*, 1038 ; — Cedr., II, 488.
4. Lup. Protosp., 1039.
5. Cedr., II, 514 : « στρατηγὸς αὐτοκράτωρ ». Sur les auxiliaires russes, cf. *Ann. Bar.*, 1041 ; — Amari, *l. c.*, II, 380.

vient combattre en Sicile avec les Grecs ; aux soldats scandinaves, venus de Constantinople, se joignent les Normands et Lombards envoyés à Messine par le prince de Salerne[1]. Malgré l'importance des forces byzantines, malgré le talent de leur chef, la campagne est longue et pénible. Si Messine est occupée par les chrétiens, dès le début de la guerre, il faut près de deux ans à Maniakès pour prendre solidement position dans l'intérieur de l'île. Vainqueur à Rametta, il finit par occuper une douzaine de villes, mais il ne semble pas qu'il ait pu dépasser la région orientale de l'île. C'est au début de l'année 1040 que s'engage, près de Traina, une bataille décisive : Maniakès est vainqueur, après une lutte acharnée ; les Byzantins occupent toutes les villes situées autour de l'Etna[2]. Ayant ainsi, sur la côte orientale, entièrement reconquise, et dans la région montagneuse du nord-est, une base solide d'opérations, ne sont-ils pas à la veille de reprendre toute l'île et de planter la bannière du basileus jusque sur les murs de Palerme ?

C'est alors qu'une malheureuse discorde entre les chefs, aggravée par les soupçons déplorables et la folle imprévoyance de la cour byzantine, vient tout compromettre. Georges Maniakès, aussi brutal et aussi peu endurant qu'il était brave, entre dans une violente colère contre l'amiral Etienne, qu'il accuse d'avoir laissé échapper les fuyards arabes. Celui-ci se plaint à l'eunuque Jean, frère du basileus, et sans autre examen, sur la simple dénonciation du patrice Etienne, on décide, à Byzance, le rappel du général victorieux. Maniakès, rentré à Constantinople, est jeté en prison, tandis que son rival est chargé de continuer la campagne avec le concours de l'eunuque Basile le Pédiadite[3].

Mais les deux chefs, fort inférieurs à Maniakès, sont incapables de conserver les villes qu'il a conquises. Peu à peu, les Arabes reprennent tout le terrain perdu et chassent de partout les garnisons byzantines. Seule Messine, énergiquement défendue par le protospathaire Katakalon, chef des Arméniens, échappe aux musulmans[4]. La plus grande partie des troupes,

1. Aimé, II, 8.
2. Cedr., II, 520.
3. Cedr., II, 523.
4. Cedr., II, 524, 538. Katakalon « ὁ Κεκαυμένος » est resté à Messine jusqu'au début de l'année 1042.

passant le détroit, est emmenée en Calabre et en Apulie. C'est qu'au même moment l'autorité byzantine dans les thèmes italiens est menacée par des troubles très graves. Les Normands de Campanie et, parmi eux, ceux-là mêmes qui se sont joints à Maniakès pour combattre les musulmans, viennent d'envahir l'Apulie avec l'intention d'occuper plusieurs villes.

Les Normands en Apulie ; rôle du Milanais Ardouin, prise de Melfi. — Comment éclate cette nouvelle guerre entre les Normands et les Byzantins? Entre les textes assez nombreux qui nous renseignent sur ces événements[1], il y a plusieurs divergences de détail ; mais on peut déterminer assez facilement les faits essentiels. C'est en Sicile même que les mercenaires normands, envoyés par Guaimar de Salerne, commencent à se brouiller avec les généraux grecs. Les plus valeureux d'entre eux, Guillaume Bras-de-Fer, Drogon, Umfroi, fils de Tancrède de Hauteville, ont pris une part brillante à l'attaque de Messine et de Syracuse : s'il fallait en croire les chroniqueurs normands[2], ce sont eux qui auraient contribué surtout à la défaite des Sarrasins. Mais il y a dans leur récit une partialité trop naïve et trop évidente pour qu'on puisse y ajouter foi. Les Normands ne formaient en somme qu'une très faible partie des forces de Maniakès. Quoi qu'il en soit, vers la fin de la campagne, ils se plaignirent de n'avoir pas une part suffisante dans le butin.

C'est ici qu'apparaît un nouveau personnage, un Lombard du Nord, nommé Ardouin, ancien homme d'armes de l'église Saint-Ambroise à Milan, qui était venu, lui aussi, avec un certain nombre de compagnons, chercher fortune en Sicile. Sa connaissance du grec[3], son esprit d'intrigue lui donnent un grand prestige auprès de tous les auxiliaires latins ou francs de Maniakès. Soit qu'il ait réclamé pour lui-même une part du butin, soit que les Normands l'aient chargé de parler en leur nom, il est fort mal reçu par le général byzantin, qui le traite en soldat rebelle et le fait battre de verges, tout nu, au milieu du camp. D'après Skylitzès et Guillaume de Pouille, c'est le successeur de Maniakès qui serait responsable de ce châtiment brutal. Mais Skylitzès, très partial en faveur de Maniakès

1. Cedr., II, 546 ; — Aimé, II, 14-16. — Leo Ost., II, 66 ; — Guil. Apul., I, v. 206 et s. ; — Gauf. Mal., I, 7, 8.
2. Aimé, II, 8 ; — Gauf. Mal., I, 7.
3. Gauf. Mal., I, 8.

et n'ayant sur l'Italie méridionale que des informations indirectes, ne mérite qu'une confiance médiocre. Au témoignage isolé de Guillaume de Pouille on doit préférer, semble-t-il, ceux d'Amatus et de Geoffroy Malaterra, indépendants l'un de l'autre, et d'ailleurs fort bien renseignés, tous les deux, sur l'histoire des fils de Tancrède.

Ardouin, malgré l'offense mortelle qui lui est faite, dissimule son ressentiment. Il passe en Calabre et se fait donner par le catépan d'Italie le commandement de plusieurs villes, situées en Apulie, sur les confins des principautés lombardes[1]. Il obtient même le titre de *candidatus*. Quant aux Normands, mécontents d'être mal payés, ils quittent la Sicile pour retourner en Campanie[2]. C'est Ardouin qui, quelques mois plus tard, vient les retrouver à Aversa et décide leurs chefs à entreprendre en Apulie une nouvelle campagne ; et l'occasion est, en effet, singulièrement favorable : la plus grande partie des troupes byzantines est encore occupée en Sicile, plusieurs villes d'Apulie sont en pleine révolte. Ces troubles, qui commencent dès l'année 1038, au moment où Maniakès débarque en Sicile, avec des contingents du thème d'Italie[3], s'expliquent, sans doute, par les levées de troupes faites à l'occasion de la guerre, ou par les contributions plus lourdes imposées à la population lombarde. Ne voit-on pas, en février 1039, le catépan Nicéphore Doukianos, à peine arrivé en Apulie, parcourir la région septentrionale du thème pour lever des troupes auxiliaires[4] ? Tel est probablement le sens du mot *conterati*, soldats armés à la légère, destinés à fournir des renforts à l'armée de Sicile[5]. Mais les *conterati* refusent de partir et se révoltent contre les officiers byzantins : le catépan est tué à Ascoli (janvier 1040) ; deux autres fonctionnaires du basileus, le « critès »

1. Aimé, II, 16 ; — Leo Ost., II, 66 : — *Anon. Bar.*, 1041.

2. C'est ce qui résulte du double témoignage d'Amatus et de Guillaume de Pouille. Gaufr. Mal. (I, 9) prétend que les Normands passent de Sicile en Calabre et de là viennent à Melfi.

3. *Anon. Bar.*, 1038.

4. Lup. Protosp., 1039, 1040.

5. Certains commentateurs ont voulu lire : *conterranei*, *contracti* (cf. *Anon. Bar.*; Murat., *R. I. S.*, t. V, 149 ; — et Lup. Protosp, *l. c.*). — Mais le mot grec κονταράτοι, employé à cette époque, a le sens précis de soldats armés à la légère (du Cange, *Gloss. gr.* ; — *Tactica*, de Léon le Sage, XXII, 41 et 117 ; XIV, 28 ; XVIII, 37 (*P. G.*, t. CVII, col. 818, 839, 857, 953), comme l'a très bien montré de Blasiis, *la Insurr. pugliese*, t. I, p. 283, n. 5 ; — Cf. Chalandon, l'*État politique de l'Italie méridionale à l'arrivée des Normands* (*Mélanges d'arch. et d'hist.*, t. XXI, p. 448).

impérial Chirosfactès et Romanos, périssent également de mort violente, l'un près de Mottola, l'autre à Matera[1]. Les rebelles profitent de la faiblesse des garnisons byzantines pour tenter de prendre aussi les grandes villes du littoral; ils marchent sur Bari, et l'un des chefs de l'aristocratie locale, le fils du traître Mélo, Argiros, se joint à eux pour entrer de vive force dans la capitale du thème[2]. Mais il se brouille avec leur chef Musandus, le frappe et le fait enchaîner; les « conterati » se dispersent, et il est probable qu'Argiros, maître de Bari, reconnaît de nouveau l'autorité du basileus.

On comprend ainsi pourquoi une part importante de l'armée byzantine est ramenée de Sicile sur le continent après la disgrâce de Maniakès: il est urgent de rétablir l'ordre en Apulie, et surtout d'y reconstituer le haut commandement byzantin. Le nouveau catépan Michel Doukianos, qu'il ne faut pas confondre avec Nicéphore Doukianos[3], tué à Ascoli, quitte la Sicile pour rentrer à Bari, vers la fin de l'année 1040. Non loin de là, à Bitonto, il frappe de terreur la noblesse locale par les châtiments infligés à ses chefs; il punit avec la même rigueur les gens d'Ascoli, coupables d'avoir assassiné le catépan Nicéphore. Michel Doukianos doit se tourner alors contre les Normands, qui avec l'aide d'Ardouin viennent d'occuper Melfi, située non loin du Mont Vulture, sur une colline qui domine la haute vallée de l'Ofanto. Le rusé Lombard, auquel le catépan trop confiant avait accordé le titre de « topotérète », profitait de la révolte des « conterati » et du mécontentement de la population lombarde, dans une grande partie de l'Apulie, pour souffler sur le feu[4]: Melfi, résidence d'Ardouin, est tout près de la ville d'Ascoli, d'où part le signal de l'insurrection. Une chronique normande nous montre Ardouin cherchant à flatter les Apuliens, à gagner par ses largesses les grands et le peuple; il les encourage à lutter contre l'oppression militaire et fiscale des fonctionnaires byzantins; il leur promet son

1. Lup.; *Ann. Bar.* et *Anon. Bar.*, 1040. — Un Cheirosfactès, prisonnier des Arabes de Syrie et racheté par le basileus Romain Argyre, vers 1030, est mentionné dans Cedr., II, 496.

2. Lup. Protosp. et *Ann. Bar.*, 1040.

3. *Ann. Bar.*, 1041; — *Anon. Bar.*, *id.*

4. Aimé, II, 16; — Guil. Apul., I, 241 : de ce dernier texte, il résulte qu'Ardouin et les Normands ont occupé Melfi dès l'année 1040, quand l'Apulie est presque dégarnie de troupes et que l'armée byzantine se trouve encore en Sicile.

appui. Puis, sous prétexte de se rendre à Rome en pèlerinage, il va trouver le comte d'Aversa et les fils de Tancrède de Hauteville, ses anciens compagnons de Sicile, qui sont à ce moment les hôtes de Rainulf. Il leur tient le même langage que Mélo, vingt-cinq ans auparavant, avait tenu aux premiers chefs normands, leur montrant d'une part la richesse du pays à conquérir et d'autre part la lâcheté des habitants, incapables de le défendre[1]. Les Normands étaient d'autant plus disposés à tenter de nouvelles incursions vers l'Apulie que, leur nombre s'accroissant tous les jours, ils commençaient, semble-t-il, à être en mauvais termes avec leur suzerain, le prince de Salerne. Leur voisinage devenait redoutable à Guaimar, qui ne demandait qu'à les voir s'éloigner. Un peu plus tard, on les voit entrer en rapports avec le prince de Bénévent, rival du prince de Salerne, et reconnaître comme duc son fils Atenolf[2]. Ainsi les guerriers normands ne se sentent point encore assez forts pour agir en pleine indépendance ; il leur faut le concours des seigneurs locaux, afin d'entraîner avec eux, dans la campagne d'Apulie, des hommes d'armes lombards.

Cependant, soit qu'ils choisissent eux-mêmes leurs chefs, soit que Rainulf se charge de les désigner, ces chefs, d'accord avec Ardouin, prennent le titre de *comtes*. Ils se partagent d'avance les terres à conquérir, s'engageant à donner à Ardouin lui-même la moitié de tout ce qu'ils prendront[3]. Le Milanais fait entrer les trois cents chevaliers normands, de nuit, dans la ville de Melfi. Mais quand les habitants voient ces barbares étrangers, reçus par surprise, ils manifestent bruyamment leur colère et veulent prendre les armes pour les chasser. Ardouin ne les calme qu'à grand'peine. S'ils finissent par subir la présence des Normands, les habitants des villes voisines, Venosa, Lavello, même ceux d'Ascoli, redoutant le même sort, s'empressent d'envoyer des ambassadeurs au catépan pour réclamer contre les pillards l'appui des troupes byzantines[4] : ces faits nous montrent quel mauvais souvenir on avait gardé de la première invasion normande, et quelle terreur inspirait aux gens du pays le retour de ces bandes.

1. Aimé, II, 17.
2. Aimé, II, 22 ; — Leo Ost., II, 66 ; — Guil. Apul., I, 326.
3. Aimé, II, 18 ; — Guil. Apul., I, 231.
4. Aimé, II, 21.

Défaites successives des catépans. — Le catépan, sans attendre d'avoir rassemblé toutes ses troupes, dont une partie se trouvait encore en Sicile, s'avance immédiatement dans la direction de Melfi, ayant avec lui des auxiliaires Russes, les troupes du thème de l'Opsikion, peut-être aussi une partie des Thraces. L'armée de Michel Doukianos se trouvait, malgré tout, très supérieure en nombre à celle de ses adversaires. Du côté des Normands, auxquels s'étaient joints probablement des Lombards bénéventains et d'autres condottieri, venus de l'Italie du Nord avec Ardouin, il n'y avait pas plus de 2 ou 3.000 guerriers. Une bataille furieuse s'engage, le 17 mars, près de Venosa, sur les bords du fleuve Olivento : le catépan est battu et se retire dans les montagnes situées au sud-est, du côté de Montepeloso, où il trouve des obstacles naturels, bois et marais, pour protéger son camp[1].

Pendant ce temps, les Normands pillent les environs de Venosa, d'Ascoli, de Lavello, tout le pays qui s'étend sur les deux rives de l'Ofanto, et, au retour de chaque entreprise, ils rapportent leur butin à Melfi. De nouveau les Apuliens implorent le secours du catépan. Celui-ci, ayant réuni de nouvelles troupes, soldats des thèmes d'Asie Mineure, auxiliaires de Pisidie et de Lycaonie, Russes, milices locales de Calabre et de Capitanate, vient attaquer les Normands près de Montemaggiore, sur les bords de l'Ofanto (4 mai). Mais cette foule confuse et combattant sans ordre se fait battre ; Michel Doukianos, jeté à bas de son cheval, réussit pourtant à s'enfuir. Beaucoup de soldats sont noyés dans les eaux de l'Ofanto, grossi par une crue subite. Au nombre des morts, on compte, du côté des Byzantins, le deux évêques de Troia et d'Acerenza[2].

Ce désastre affaiblit gravement les troupes byzantines, et le catépan rentré à Bari est obligé, pour reconstituer une armée, de réclamer de nouveaux renforts : les derniers soldats du basileus, restés en Sicile, doivent repasser le détroit. Cependant la nouvelle de ces deux défaites étant arrivée à Constantinople, le basileus ordonne la destitution du catépan : on lui donne pour successeur le second Bojoannès, fils du vainqueur de Mélo. Bojoannès, « l'ex-auguste », emmène probablement avec lui des auxiliaires Warangues[3]. Son armée com-

1. *Ann. Bar.*, 1041 ; — Guil. Apul., I, 296 ; — Aimé, II, 21.
2. *Ann. Bar.*, *id.*; — Guil. Apul., *id.*; — Cedr., II, 546; — Cf. V. Heinemann, *l. c.*, p. 86.
3. Aimé, II, 23 ; — et Leo Ost., II, 66. D'après Skylitzès (Cedr. II, 546), le nou-

prend, en outre, une bonne partie des troupes naguère réunies en Sicile sous les ordres de Maniakès, soldats du thème de Macédoine, Pauliciens[1], probablement aussi de nouvelles milices fournies par les villes apuliennes. De leur côté, les Normands avaient reçu de nouveaux renforts ; le prestige dû à leurs premières victoires attirait naturellement autour d'eux beaucoup d'hommes d'armes, en quête d'aventures, venus de Campanie, des principautés lombardes ou de l'Italie du Nord[2]. Ils avaient avec eux le fils du prince de Bénévent, Atenolf, qu'ils reconnaissaient pour leur chef. La troisième bataille s'engage près de Montepoloso (septembre 1041), le catépan Bojoannès ayant cherché vainement à surprendre Melfi. Le combat se prolonge avec un égal acharnement de part et d'autre ; les Byzantins sont sur le point de l'emporter, quand l'intervention tardive du comte normand Gautier vient encore décider la victoire des Normands. Le catépan, fait prisonnier, est emmené à Bénévent par Atenolf, qui le relâche peu de temps après, moyennant une forte rançon[3].

Ainsi les Normands, à trois reprises différentes, l'emportent sur des forces beaucoup plus nombreuses. Sans doute, les chiffres donnés soit par Amatus, soit par les *Annales* de Bari, — 2 ou 3.000 contre 18.000 dans la seconde bataille, 700 contre 10.000 dans la troisième — ne peuvent être acceptés qu'avec une extrême réserve : mais on doit en retenir cette indication générale, qu'il y a, entre les deux armées, une disproportion assez forte. Sans doute les Normands ont pu trouver quelques auxiliaires parmi les rebelles apuliens. Pourtant, la lecture attentive des textes nous montre que les milices locales apuliennes font partie des troupes byzantines et sont battues avec elles. Peut-être la présence des milices, mal préparées aux batailles rangées, en rase campagne, est-elle un embarras plutôt qu'un supplément de force pour les généraux grecs[4].

veau catépan n'a, pour combattre, que l'armée de son prédécesseur. Mais le témoignage d'une chronique locale doit être ici préféré. Sur les noms des batailles, le texte de Skyl. contient évidemment des erreurs et des confusions (il place la troisième bataille à Monopoli).

1. Les Pauliciens sont mentionnés par les *Ann. Bar.*, 1041. Guillaume de Pouille (I, 339) fait allusion à la secte orientale des « Theopaschites ».

2. D'après Skyl. (II, 546), il s'est joint aux Normands « Ἄλλο πλῆθος οὐκ ὀλίγον ἀπὸ τῶν Ἰταλῶν τῶν περὶ τὸν Πάδον καὶ τὰς ὑπωρείας οἰκούντων τῶν Ἄλπεων. »

3. *Ann. Bar.*, 1042 ; — Guil. Apul., I, 394 ; — Aimé, II, 25 ; — Leo Ost., II, 66.

4. Cf. Leo Ost., *l. c.* : *ruentibus Guaranis, cadentibus Calabris.*

Certes, les armées du basileus étaient le plus souvent formées des éléments les plus divers. Mais ici quelle étrange bigarrure dans cette foule disparate, où l'on trouve, à côté des vieilles troupes byzantines des thèmes orientaux, les auxiliaires Russes et Warangues, les Grecs de Calabre, les Lombards d'Apulie ! Ajoutez qu'une bonne partie de ces soldats est déjà épuisée par une longue campagne en Sicile. Au contraire, les Normands, supérieurs peut-être par la vigueur physique, l'audace et l'élan ont surtout le grand avantage de former un tout plus homogène et plus solide; étroitement liés entre eux par le même intérêt, ils sont prêts à tout risquer pour garder la riche proie qu'ils viennent de saisir. Au reste, ils ne prétendent point enlever l'Apulie à l'empire : ils sont prêts à se reconnaître les vassaux du basileus, si le catépan leur abandonne la libre possession des terres qu'ils occupent[1].

Mais après leur troisième victoire, et quand le catépan est leur prisonnier, qui pourrait arrêter leurs conquêtes ? Ils restent maitres de Melfi et de toute la région de collines ou de steppes qui s'étend à l'ouest de l'Apulie, depuis la haute vallée de l'Ofanto jusqu'aux environs de Matera. Sauf en Capitanate et dans la Terre d'Otrante, les Byzantins n'ont plus que la partie maritime de l'Apulie; et même les grandes villes du littoral, agissant comme si elles étaient indépendantes, concluent chacune avec les Normands des traités particuliers, dans l'espoir de faire respecter leur territoire. Les habitants de Bari, de Giovenazzo, de Monopoli s'engagent à payer tribut, comme les villes de Calabre l'ont fait si souvent avec les Arabes de Sicile[2]. Il ne s'agit point pour elles de chasser les fonctionnaires byzantins, encore moins de rejeter l'autorité du basileus, mais seulement de prendre leurs garanties contre des bandes de pillards, établies à demeure dans le pays. Quand un nouveau fonctionnaire byzantin, du nom de Sinodianos, arrive à Otrante, il entre en pourparlers avec les villes qui ont conclu des traités avec les Normands, et celles-ci sont toutes prêtes à le recevoir. Mais, comme il ne dispose que d'une très petite armée et qu'il craint de risquer une nouvelle bataille, il préfère s'enfermer dans les murs d'Otrante plutôt que de rien

1. Aimé, II, 21. Avant la première bataille, quand le catépan les somme de quitter le pays, ils répondent : « Nous volons paiz se vous nos laissiez la terre que nous tenons et en ferons service à lo empeor. »
2. *Ann. Bar.*, 1042; — Guil. Apul., I, 400.

tenter contre les Normands[1]. Les officiers du basileus, qui restent çà et là dans les différentes villes de l'Apulie maritime, sont condamnés, comme Sinodianos, à ne pas quitter l'abri de leurs murailles.

Maniakès renvoyé en Italie. Accord des Normands avec Argiros, fils de Mélo. — La cour byzantine, à ce moment même, est incapable de rien entreprendre pour la défense des thèmes italiens. Michel IV est mort en décembre 1041, et l'avènement de son neveu Michel V, appelé au pouvoir par la basilissa Zoé, provoque une série de troubles et de luttes violentes qui aboutissent, quatre mois plus tard, à une révolution nouvelle : les deux sœurs, Zoé et Théodora, prennent ensemble le pouvoir. Zoé, pour ruiner l'influence de Théodora et pour assurer l'avenir de l'empire, de plus en plus menacé en Orient comme en Italie, choisit pour époux Constantin Monomaque, qui est couronné basileus en juin 1042. Malgré ces bouleversements, qui interrompent l'action continue et efficace de la politique byzantine, les affaires italiennes ne sont pas oubliées : Zoé et Michel V ordonnent le rappel de Sinodianos et se décident à renvoyer en Italie, avec le titre et les pouvoirs de catépan, l'ancien général en chef de l'armée sicilienne, exilé deux ans auparavant, Georges Maniakès[2].

Il débarque à Tarente, en avril 1042, avec une armée nouvelle, où des contingents albanais se joignent aux troupes des thèmes[3]. Mais depuis cinq mois que l'autorité byzantine reste désorganisée, les Normands ont eu le temps de fortifier leur position. Par une diplomatie habile, ils cherchent à s'attacher plus étroitement les villes apuliennes. S'étant brouillés avec le prince de Bénévent, ils négocient avec les principaux habitants de Bari et proposent au fils de Mélo, Argiros, de le reconnaître comme leur seigneur. Argiros introduit de nuit les principaux chefs normands dans la ville, non pour leur livrer Bari, mais pour conclure avec eux un accord définitif. Il est proclamé *duc et prince d'Italie* (février 1042), et les comtes normands se déclarent ses vassaux[4]. C'est donc en ménageant l'aristocratie

1. Guil. Apul., I, 410.
2. Muralt, *Chron. byz.*, 1042; — Gfrörer, *l. c.*, III, 23; — Cedr., II, 547.
3. *Ann. Bar.*, 1042; — Michel Attaliate, 18.
4. *Ann. Bar.*, 1042; — Guil. Apul., I, 430. — Ce sont les Normands restés en Apulie qui reconnaissent Argiros comme leur seigneur. D'autres sont

locale, en la flattant, en s'inclinant même devant elle que les Normands réussissent à se faire accepter. Ils agissent avec les Apuliens comme ils avaient agi avec les princes lombards de Capoue et de Salerne. Ils imposent leur concours, ils se font redouter, ils se rendent nécessaires, mais ils sont tout prêts à reconnaître, au moins en théorie, la souveraineté des anciens maîtres du pays. Quant à Argiros, il est probable qu'il n'acceptait ce titre et l'appui des Normands que dans l'espoir de se réconcilier plus tard avec le basileus, qui ne pourrait rien contre les faits accomplis. La dignité de catépan étant vacante, il en usurpait les pouvoirs, tout prêt à faire légitimer sa situation, en reconnaissant l'autorité suprême de Byzance.

Mais l'arrivée de Maniakès contrariait ses plans : dès lors, Argiros n'était plus, comme son père, qu'un rebelle, obligé de lier plus étroitement sa cause à celle des Normands. Contre Maniakès, Argiros fait appel non seulement aux Normands de Melfi, mais à ceux d'Aversa, réconciliés avec le prince de Salerne. Plusieurs milliers de guerriers arrivent entre Matera et Tarente, à Mottola, prêts à attaquer l'armée byzantine, campée sous les murs de Tarente. Mais les Grecs se retirent dans l'intérieur de la ville, attendant une occasion plus favorable pour engager le combat. Les Normands cherchent vainement à provoquer une sortie et, de guerre lasse, vont ravager le territoire d'Oria. Trop faibles, d'ailleurs, pour assiéger une ville aussi bien fortifiée que Tarente, ils se replient bientôt vers le nord[1].

Sur le littoral de l'Adriatique, la ville de Trani, la plus importante après Bari, reste fidèle au catépan et refuse de pactiser avec Argiros : il est probable que plusieurs hauts fonctionnaires byzantins s'y trouvent réfugiés. Les habitants de Giovenazzo, ayant conclu un accord avec Trani, pour résister aux gens de Bari, Argiros vient assiéger la ville avec le secours de ses alliés normands, et y entre trois jours après (juillet 1042). Giovenazzo est livrée au pillage, les fonctionnaires byzantins sont tués, mais Argiros réussit à empêcher le massacre de la population. Puis il va mettre le siège devant Trani, beaucoup plus difficile à prendre, et reste plus d'un mois sous les murs de la ville[2].

retournés à Aversa et se mettent de nouveau au service du prince de Salerne.

1. *Ann. Bar.*, 1042.

2. *Ann. Bar.*, *id.*; — et *Anon. Bar.*, *id.*

Pendant ce temps, Maniakès, sorti de Tarente, a refoulé les bandes normandes qui cherchent à l'arrêter. Il châtie cruellement les habitants de Matera, coupables d'avoir traité avec l'ennemi. Aussi violent et aussi brutal dans la répression que les Normands dans la conquête, il ravage les champs, brûle les maisons, porte partout la terreur : des centaines de paysans occupés à labourer leurs champs sont enlevés et mis à mort. De Matera, le féroce catépan s'éloigne vers l'est ; la ville de Monopoli, sur le littoral de l'Adriatique, entre Brindisi et Bari, subit le même châtiment : plusieurs habitants sont pendus, des enfants enterrés vivants, et Maniakès se fait dans toute la région la réputation du plus abominable tyran[1].

Révolte de Maniakès et soumission d'Argiros. — C'est alors que les graves nouvelles venues de Constantinople le décident à se révolter, en se faisant proclamer *basileus* par ses troupes. Il apprend coup sur coup la brusque élévation de Constantin Monomaque, le nouveau mari de la basilissa Zoé, et la faveur accordée à son pire ennemi, Romain Skléros, dont la sœur était la maîtresse de Monomaque. Romain Skléros, grand propriétaire en Asie Mineure, où ses domaines touchaient à ceux de Maniakès, avait eu déjà de terribles querelles avec son voisin : peu s'en était fallu que l'irascible stratège ne le tuât de sa propre main. Devenu tout-puissant par l'avènement de Monomaque, le rival de Maniakès profitait avec empressement de la faveur impériale pour occuper les domaines asiatiques du catépan d'Italie et se venger de son adversaire absent par toutes sortes d'outrages[2]. Maniakès, mis au courant de tous ces détails, entre en fureur et, se sentant menacé d'une nouvelle disgrâce, excite secrètement ses soldats contre le basileus Constantin Monomaque. Puis, se faisant acclamer par eux, il prend les insignes du pouvoir suprême et cherche à entraîner dans sa révolte les populations italiennes.

D'après le témoignage de Skylitzès, très partial pour Maniakès, c'est après avoir appris sa destitution et son rappel que le catépan se décide à s'insurger contre le basileus. Psellos est moins affirmatif[3] : très favorable lui aussi à Maniakès, il

1. *Ann. Bar.*, *l. c.*; — et Guil. Apul., I, 446-482.
2. Cedr., II, 547, 548.
3. Psellos, p. 137, 143. Dès l'avènement de Constantin Monomaque, le bruit se répand que Maniakès est « τυραννικὰ φρονῶν. »

reproche au gouvernement impérial d'avoir montré la plus grande maladresse en traitant le catépan d'Italie comme déjà rebelle, alors qu'il était seulement soupçonné d'aspirer à la tyrannie : on lui envoie, dit-il, des messagers pour lui adresser de sanglants reproches et des menaces ; on le blesse et on le provoque de toutes les manières. C'est alors que ses soldats l'acclament comme basileus. Enfin Michel Attaliate, qui accuse aussi l'impéritie du gouvernement byzantin, déclare que dès l'avènement du nouveau basileus on apprit à Constantinople la révolte de Maniakès, — ce qui semble indiquer qu'elle est antérieure à sa destitution[1].

D'après les *Annales* de Bari, plusieurs représentants du basileus débarquaient à Otrante en septembre 1042 : le protospathaire Tubachi, le patrice Pardos et l'archevêque Nicolas étaient chargés pour Maniakès d'une lettre impériale ou « chrysobulle ». C'est évidemment l'ambassade dont parle Psellos. Maniakès se rend au-devant d'eux, en feignant d'abord les dispositions les plus pacifiques. Puis il fait arrêter le patrice, qui, après avoir subi toutes sortes d'outrages, est assassiné dans une écurie ; le protospathaire est également mis en prison et périt de mort violente, quelques semaines plus tard[2]. Les deux fonctionnaires byzantins, victimes de Maniakès, apportaient aussi de Constantinople des sommes considérables, dans l'espoir de recruter des mercenaires et de corrompre, sans doute, une partie des Normands. Vers la même époque, d'autres envoyés du basileus étaient venus trouver Argiros, alors occupé au siège de Trani, et lui avaient apporté, de la part de Constantin Monomaque, un diplôme lui accordant le pardon de l'empereur et lui conférant les titres de patrice et de « vestis », s'il se montrait le vassal fidèle de l'empire, et s'il engageait les Normands au service du basileus[3]. Ainsi la cour byzantine cherchait d'une part à se débarrasser de Maniakès et, d'autre part, inaugurait avec les Normands une politique nouvelle, en se décidant à accepter les conditions qu'eux-mêmes avaient proposées au

1. Mich. Attal., 18.
2. *Ann. Bar.* et *Anon. Bar.*, 1043 ; — Guil. Apul., I, 492.
3. *Ann. Bar.* et *Anon. Bar.*, 1042. — Il résulte de ces textes, que la soumission d'Argiros est un peu antérieure à l'arrivée des fonctionnaires byzantins, jetés en prison par Maniakès. Il faut remarquer qu'Argiros, quoiqu'en disent les annales de Bari : « susceptis patriciatus an *cathepanatus* vel vestati honoribus », n'a pas dû recevoir le titre de catépan, donné quelques mois plus tard à Theodorocanos, qui arrive à Bari en février 1043 (Lup. Protosp., 1043).

catépan d'Italie après leur première victoire. Puisqu'on ne pouvait les chasser, il fallait les transformer en mercenaires et alliés de l'empire. Il est très possible qu'Argiros eût déjà fait des ouvertures au gouvernement byzantin : ayant séjourné longtemps à Constantinople, il connaissait sans doute plusieurs hauts fonctionnaires ou personnages de la cour. Comment s'expliquer autrement l'empressement de Constantin Monomaque et de ses conseillers à se tourner vers Argiros et les Normands? Il est certain que le succès sembla justifier d'abord la politique du basileus : Argiros, pour prouver la sincérité de sa soumission, oblige les Normands à lever le siège de Trani, fait mettre le feu aux machines de siège qu'il avait préparées et s'empresse de rentrer à Bari : la capitale de l'Apulie revient avec Argiros au souverain légitime, récemment couronné[1].

Par un singulier renversement des rôles, c'est le fils de Mélo, la veille encore chef des Normands, qui défend contre un général rebelle l'autorité du nouveau basileus. Maniakès, ayant dépouillé ses victimes de tout l'or qu'elles apportaient de Byzance, cherche à augmenter, par la corruption, le nombre de ses partisans. Il se dirige à marche forcée sur Bari, avec une partie de ses troupes, dans l'espoir de se faire reconnaître par la turbulente noblesse apulienne. Mais sa brutalité l'avait rendu dans tout le pays si impopulaire et si odieux que les Apuliens, insensibles à ses avances, restèrent, avec Argiros, fidèles à la cause du basileus. D'ailleurs, ce n'était pas en Apulie que la question pouvait se décider : Maniakès tenterait certainement d'entraîner dans sa révolte les thèmes illyriens, situés en face de l'Italie, pour marcher ensuite sur la capitale de l'empire. Quel intérêt les gens de Bari pouvaient-ils avoir à cette aventure? Maniakès, repoussé de Bari, se replie sur Tarente, qui est le principal point d'appui de son armée.

Les Normands d'Apulie et le prince de Salerne. — Cependant plusieurs chefs normands, après la volte-face d'Argiros, s'étaient retirés à Melfi : là ils résolurent de choisir parmi eux un nouveau chef, en proclamant comte Guillaume Bras-de-Fer, le fils aîné de Tancrède de Hauteville et le héros du siège de Messine[2]. Mais, pour que Guillaume puisse être reconnu par ses compa-

1. Lup. Protosp., 1043 ; — Guil. Apul., I, 485.
2. Aimé, II, 27, 28 ; — Leo Ost., II, 66.

gnons comme seigneur légitime, il faut qu'il soit investi régulièrement de sa terre par un suzerain, auquel il prête hommage : dès lors, les Normands d'Apulie, brouillés avec le prince de Bénévent, se rapprochent du prince de Salerne, Guaimar, qui pour mieux les retenir dans sa clientèle leur prodigue de nouveau ses largesses. Non seulement il reçoit l'hommage du comte Guillaume, mais il lui donne sa nièce en mariage. Malgré la faveur de Guaimar, il semble bien que Guillaume ait eu quelque peine à faire accepter son autorité par les autres chefs normands [1]. Le comte d'Aversa, Rainulf, garde parmi eux une sorte de prééminence ou de primauté honorifique; s'il n'est pas certain qu'il soit venu lui-même batailler en Apulie [2], on reconnait cependant qu'il doit avoir une part de la conquête, entreprise avec son assentiment. Quoi qu'il en soit, la jalousie réciproque des chefs normands, leur souci ombrageux de s'assurer des part égales et des droits égaux, rendent plus nécessaire encore l'arbitrage de leur commun suzerain, le prince de Salerne.

Guaimar et Rainulf, entourés d'une brillante escorte d'hommes d'armes, se rendent tous deux à Melfi pour procéder au partage des pays conquis, ou pour confirmer, d'une manière plus solennelle, un partage déjà fait. Par déférence pour Rainulf d'Aversa, on lui reconnait la souveraineté de Siponto et du sanctuaire de Saint-Michel-au-Gargano, objet d'une vénération toute spéciale de la part des Normands. En fait, rien ne prouve qu'à ce moment une garnison normande ait pu s'établir à demeure dans la ville de Siponto, que nous verrons, quelques années plus tard, entre les mains des Byzantins. Mais il est probable qu'après leur première victoire ils avaient pu, sans rencontrer d'obstacle, étendre leurs ravages dans la plaine, au nord de l'Ofanto, jusqu'au pied de la sainte montagne. Quant aux douze villes énumérées par Amatus, dont chacune forme la part de l'un des douze comtes [3], il n'est pas certain non plus qu'au moment où

1. On dit généralement que Guillaume Bras-de-Fer est le premier comte d'*Apulie;* mais rien ne prouve qu'il ait porté ce titre dès le début. Au contraire, il faut remarquer qu'au partage de Melfi il est mis sur le même rang que les autres comtes : c'est *plus tard*, à une époque d'ailleurs difficile à déterminer, que le titre comtal est attribué à toute une région, et non plus seulement à une ville. Rainulf d'Aversa est le seul auquel les chefs normands reconnaissent une certaine suprématie sur eux tous (Aimé, II, 28).

2. On ne peut se fier au seul témoignage, assez vague, d'Amatus (II, 29, p. 83) : « si regardèrent de lo glorifier de celle cose qu'il avoient conquesté ».

3. Aimé, II, 30.

Guaimar vient à Melfi elles soient réellement occupées par les Normands. Mais il faut remarquer qu'elles sont loin de comprendre toute l'Apulie et qu'elles désignent assez exactement la région livrée sans défense aux ravages des envahisseurs après leurs trois victoires. Ascoli, Venosa, Lavello sont les premières villes qu'ils ont occupées ou soumises au début de l'invasion; S. Arcangelo, Montepeloso, Acerenza ont dû faire leur soumission après la défaite du catépan Bojoannès, dans la dernière bataille livrée aux troupes byzantines (septembre 1041). Si l'un des comtes s'attribue la souveraineté de Monopoli, c'est que les habitants de cette ville ont conclu un traité avec les envahisseurs[1]. Quant à la ville de Trani, bien qu'elle soit restée aux Byzantins, elle est reconnue comme la part du comte Pierre, fils d'Amicus, qui, furieux de la trahison d'Argiros[2], n'attend qu'une occasion nouvelle pour s'en emparer ou forcer les habitants à lui payer tribut.

Les forteresses, occupées ou revendiquées par les Normands, se trouvaient à une assez grande distance les unes des autres : mais la plupart, bâties sur des collines élevées, étaient pour les envahisseurs d'une importance de premier ordre; ils pouvaient, de ces différents points, surveiller et menacer les principales routes qui conduisent vers le littoral de l'Adriatique. Guillaume Bras-de-Fer, en se faisant reconnaître comme comte par les habitants de Matera[3], menaçait directement Tarente. Désormais le prince de Salerne avait tout intérêt à favoriser la conquête normande : déjà l'occupation de Melfi et de la haute Apulie lui avait rendu un grand service, en éloignant de la Campanie ces turbulents et indociles auxiliaires; ne pouvait-il pas se servir d'eux maintenant pour restituer à la principauté de Salerne ses anciennes limites, telles qu'elles étaient indiquées dans le célèbre traité, conclu vers le milieu du IXe siècle et précieusement conservé aux archives de la ville?

Déjà maître de tout le littoral campanien, — où seul le duc de Naples échappait à sa suprématie, — n'allait-il pas, avec le concours de ses vassaux, d'autant plus fidèles qu'ils étaient

1. Cf. *suprà*, p. 459.

2. Aimé, II, 27.

3. Lup. Protosp., 1042. — Hirsch, dominé par cette idée fausse que Guillaume porte, dès le début, le titre de comte d'Apulie, a vu, sans raison plausible, dans les mots *a Matera*, une interpolation postérieure (*Forschungen*, VIII, 268).

plus éloignés de sa capitale, établir sa souveraineté sur toute l'Italie du Sud? Aussi le voit-on prendre, dès le début de l'année 1043, le titre de « duc d'Apulie et de Calabre[1] ». A ce moment même, avec ses auxiliaires normands, il arrive sous les murs de Bari et somme Argiros de lui abandonner la place[2]. Mais sa prompte retraite prouve son insuccès : c'est décidément le parti d'Argiros, fidèle au basileus, qui domine à Bari.

Fuite de Maniakès; jugements sur son caractère. — Une partie des Normands étaient restés au service d'Argiros; mais la plupart ne reconnaissaient d'autre suzerain que le prince de Salerne. Les uns et les autres, également hostiles à Maniakès, ravagent les environs de Tarente. Le stratège rebelle, sur le point d'être bloqué, ne trouvant aucune sympathie dans la population indigène, si durement traitée par lui, se décide à marcher sur Otrante pour quitter le sol italien. A ce moment, vient d'arriver à Bari un de ses anciens compagnons d'armes[3], le patrice Théodorocanos, qui prend le titre de catépan d'Italie. Argiros, les milices de Bari et une partie des troupes normandes occupent les environs d'Otrante et cherchent à envelopper la ville, pendant que la flotte, placée sous les ordres du catépan, doit compléter le blocus. Mais Maniakès réussit à s'échapper, se fait livrer de force quelques vaisseaux, gagne le large et va débarquer à Durazzo[4]. Son armée, qui s'est accrue probablement de bandes bulgares et albanaises, s'avance à travers les montagnes, jusqu'aux confins de la Macédoine; et le terrible géant exerce sur ceux qui l'approchent un tel prestige que nul n'ose l'arrêter. Le basileus lui-même essaie de négocier avec lui. Sur le refus hautain de Maniakès, Monomaque envoie à sa rencontre une armée commandée par le sébastophore Etienne. La bataille s'engage tout près de Salonique; le général rebelle, d'abord vainqueur, est frappé à mort par une flèche perdue, et le sébastophore fait trancher la tête du cadavre pour l'apporter triomphalement au basileus[5].

1. *Cod. dipl. Cav.*, t. VI, p. 225.
2. *Anon. Bar.*, 1043; — Guil. Apul. place le siège de Bari par Guaimar après le départ de Maniakès (II, 1). Mais le témoignage de l'*Anon. Bar.*, d'accord avec les chartes du *Cod. Cav.*, est plus digne de foi (Cf. di Meo, a. 1043).
3. Cedr., II, 531, 532; — Michel Attaliate, c. 21.
4. Guil. Apul., I, 540 et s.; — *Anon. Bar.*, *l. c.*
5. Cedr., II, 548, 549; — Psellos, *l. c.*, 140-142; — Mich. Attal., 18.

La révolte de Georges Maniakès et sa fin tragique ont vivement frappé les contemporains. Comme elle a eu pour conséquence de fortifier à la cour byzantine le parti antimilitaire, de créer un courant d'idées hostiles à l'aristocratie guerrière d'Asie Mineure et d'affaiblir, pour quelques années, l'action offensive de l'empire, en faisant prévaloir une politique pacifique, mal justifiée par la gravité des circonstances, les historiens byzantins, sans prétendre excuser sa révolte, ne cachent pas la sympathie et l'admiration qu'il leur inspire et l'indignation qu'ils éprouvent, au contraire, contre ses adversaires. Maniakès seul semblait capable de sauver l'empire, en Europe contre les Normands, en Asie contre les Turcs.

Mais les chroniques apuliennes nous laissent une impression toute différente : elles montrent dans Maniakès un soldat brutal et sanguinaire, qui n'a réussi qu'à s'aliéner les populations italiennes ; les habitants de l'Apulie, loin d'encourager sa révolte, ont fait cause commune avec les officiers byzantins, représentants de l'autorité légitime. Il n'a pas plus de succès auprès des Normands, ses anciens mercenaires de Sicile. D'autre part, on ne voit pas qu'avant sa révolte il ait rendu de bien grands services à la cause du basileus dans le thème d'Italie. S'il se signale surtout par une répression terrible à Monopoli et à Matera, il ne paraît point avoir dépassé cette dernière ville ; et lorsqu'une chronique byzantine raconte qu'il réussit en quelques mois à soumettre toute l'Italie du Sud[1], jusqu'à Capoue et à Bénévent, c'est manifestement une erreur. L'opinion publique à Byzance lui a donc attribué des succès légendaires ; et ce seul fait nous montre avec quelle réserve il faut accueillir, sur les affaires d'Italie, le témoignage des sources byzantines. Pour relever, dans l'Italie méridionale, le prestige du basileus, pour reprendre aux Normands les positions perdues, il fallait à la fois les talents de l'homme de guerre et les qualités du politique : ces dernières manquaient absolument à Maniakès.

1. Cedr., II, 547.

CHAPITRE III

PROGRÈS DE L'OCCUPATION NORMANDE

LE PAPE LÉON IX, ALLIÉ D'ARGIROS ET DES BYZANTINS
BATAILLE DE CIVITATE
LES ÉVÊQUES APULIENS ET LE SCHISME ORIENTAL
(1043-1054)

Le thème d'Italie après 1043. Séjour d'Argiros à Constantinople. — Les officiers byzantins du thème d'Italie, délivrés de la présence de Maniakès, devaient être accueillis avec plus de faveur par les populations indigènes. Malgré tout, les moyens leur manquaient de reprendre l'offensive contre les Normands, et de rentrer en possession du terrain perdu depuis la prise de Melfi. L'autorité du basileus, en 1043, est encore reconnue en Calabre, à Tarente et dans la Terre d'Otrante; mais en Apulie, seules les grandes villes du littoral échappent aux envahisseurs; la côte reste byzantine, tandis que l'intérieur des terres et le haut pays, sauf certaines villes isolées, comme Troia et Lucera[1], sont soumis aux maitres normands. D'autre part, il est difficile de déterminer quelle est la situation d'Argiros en face du catépan Théodorocanos. En donnant au fils de Mélo les titres de patrice et de « vestis », la cour byzantine lui a-t-elle reconnu une autorité quelconque sur une partie du pays? Le rang si élevé qu'il occupe dans la hiérarchie des dignitaires ne le rend-il pas indépendant du catépan, qui doit être le véritable gouverneur du thème? A ces questions

1. Troia n'est occupé qu'en 1048. A Lucera, il n'y a pas trace de l'occupation normande en 1043, 1044, 1053, 1060 (*Cod. dipl. Càv.*, t. VI, p. 238, 290; t. VII, p. 202; t. VIII, p. 131). En 1044 il y a encore, à Fiorentino, un turmarque impérial (t. VI, p. 267). Cf. *Id* , t. I, n° 127; en rapprochant cette charte de précédente, on voit que la date 911 est fausse.

fort obscures, il est impossible de trouver une réponse satisfaisante. En tout cas, le basileus, comme s'il jugeait dangereux l'indépendance et le prestige d'Argiros, l'appelle bientôt à Constantinople, pendant qu'il envoie à Bari, à la place de Theodorocanos, un nouveau catépan, Eustathios Palatinos[1]. Mais celui-ci éprouve une grave défaite près de Tarente (1046), et les Normands pénètrent alors jusqu'au centre de la Terre d'Otrante, puisqu'on voit, un peu plus tard, les auxiliaires Warangues, au service de Byzance, reprendre la ville de Lecce[2]. Il semble qu'à ce moment les gens de Bari, avec ou sans l'assentiment des officiers byzantins, aient conclu un traité avec le comte Umfroi, frère de Guillaume Bras-de-Fer et de Drogon[3]. Les Normands d'Apulie reconnaissent pour chefs les uns Umfroi et Drogon, les autres Pierre, fils d'Amicus, qui n'a pu réussir encore à soumettre la ville de Trani : mais pour s'en rapprocher de plus en plus et la bloquer, il crée tout autour un vrai cercle de forteresses, à Andria, Corato, Bisceglie et Barletta[4]. Quant au catépan Eustathios Palatinos, il est remplacé dès 1047 par Jean Raphaël, qui amène avec lui, à Bari, des auxiliaires Warangues. Ces contingents étrangers ont reçu probablement de la population un médiocre accueil, car ils doivent, très peu de temps après, quitter Bari pour Otrante[5].

Argiros séjourne plusieurs années à Constantinople : l'accueil qu'il reçoit à la cour de Constantin Monomaque, l'influence même qu'il acquiert bientôt, prouvent assez que, s'il est appelé dans la capitale, ce n'est pas l'effet d'une disgrâce. En 1047, lors de la révolte de Tornikios, il se distingue par son sang-froid et son énergie ; avec une petite troupe de Latins, il défend contre les rebelles l'autorité légitime, et contribue, par sa vaillance, à relever le courage du basileus. En récompense de ses services, il est appelé à faire partie du conseil[6]. Mais ce n'est qu'en 1051 qu'il revient en Italie, investi d'une autorité nouvelle, et chargé du gouvernement de l'Italie byzantine. Il semble donc qu'on ait hésité assez longtemps, avant

1. *Anon. Bar.*; — et Lup. Protosp., 1046; — *Codice Barese.*, t. IV (*Cartul. de saint Nicolas*, n° 32).
2. Lup. Protosp., 1047.
3. *Anon. Bar.*, 1046 : *et fecit Bari cum Umfreida comite.*
4. Guil. Apul., II, 20-22. — Cf. di Meo, *Annali*, VII, 267.
5. *Anon. Bar.*, 1047.
6. *Anon. Bar.*, 1048; — Cedr., II, 563. — Cf. Bréhier, *Le schisme oriental*, p. 92.

de lui confier une si importante mission. Bien qu'il eût prouvé, de plusieurs manières, son loyalisme et son dévouement à l'empire, il est probable que son nom et son passé suscitaient encore, autour du basileus, et peut-être dans l'esprit du basileus lui-même, une invincible méfiance. Jusque-là, tous les gouverneurs de l'Italie byzantine avaient été de purs Byzantins, des Orientaux, des généraux ayant fait leur carrière dans les guerres d'Asie Mineure ou de Bulgarie. Jamais aucun Grec d'Italie n'était arrivé à ces hautes fonctions. Argiros n'était même pas un de ces Grecs de Calabre, unis aux autres Grecs de l'empire par la communauté de langue et de liturgie. C'était un Lombard d'origine, un Latin, un fils de rebelle, lui-même allié des Normands, avant de se rallier à l'empire. Rentré en Italie, après avoir passé une partie de sa jeunesse à Constantinople, n'avait-il pas fait cause commune avec les nouveaux barbares contre des Apuliens fidèles au basileus, comme les habitants de Troia? Il lui fallut donc une singulière habileté pour gagner tout à fait la confiance de Constantin Monomaque. Remarquons d'ailleurs qu'à ce moment les Latins jouissent à Byzance de la plus entière liberté. Argiros, fidèle aux coutumes de l'Eglise latine, se fait leur défenseur en face du clergé byzantin et du patriarche : il a des discussions fréquentes avec Michel Cérulaire, qui le regarde comme un étranger et un hérétique, justement suspect à tous les vrais orthodoxes[1]. C'est donc malgré le patriarche et malgré le parti qu'on peut appeler « vieux-byzantin » que le basileus se décide à cette grave innovation, de confier le gouvernement du thème d'Italie à un Italien d'origine, à un Latin. Les mauvaises nouvelles venues d'Apulie, les défaites successives des catépans contribuent sans doute à le convaincre que seul Argiros connaît assez bien les affaires si embrouillées de l'Italie méridionale, pour entrer en rapports avec les Normands ou les princes lombards, et relever le prestige de l'empire, moins par la force des armes que par la diplomatie et la corruption.

Au reste, il devenait tous les jours plus difficile de tenter un grand effort militaire en Italie. En face même de l'Apulie, sur la côte orientale de l'Adriatique, la puissance byzantine

1. Will, *Acta et Scripta, quæ de controv. eccl. gr. et lat. sæc. XI extant*, p. 177. Cf. *Id.*, p. 174 : « οὐδέποτε τῆς οἰκείας ἐπιλελησμένος θρησκείας καὶ διπλόης, ἀλλ'ἀεὶ τἀναντία κατὰ τῆς βασιλίδος καὶ τῆς 'Ρωμανίας φρονῶν. »

était gravement menacée. On perdait peu à peu tout le bénéfice des conquêtes de Basile II; la révolte bulgare isolait complètement du centre de l'empire les villes du littoral illyrien, qui reconnaissaient encore l'autorité byzantine; au sud de Durazzo, le thème de Nicopolis ou d'Epire était occupé, en grande partie, par les Bulgares rebelles[1]. Les communications, par voie de terre, entre la Macédoine ou la Thessalie et les thèmes riverains de l'Adriatique et de la mer Ionienne étant de nouveau interrompues, les renforts destinés aux villes italiennes ne pouvaient arriver qu'avec une extrême lenteur.

Politique du prince de Salerne. — Depuis que Guaimar, prince de Salerne, suzerain des Normands d'Apulie, avait joint à ses nombreux titres celui de « duc d'Apulie et de Calabre », il encourageait de toutes ses forces les entreprises des Normands sur les terres du basileus; les liens si fragiles et si légers qui semblaient unir, quelques années plus tôt, la principauté de Salerne à l'empire byzantin étaient complètement oubliés : comment la cour byzantine aurait-elle songé à tirer vengeance du prince lombard, quand elle défend à grand'peine ses possessions directes? Ayant échoué dans sa marche audacieuse vers Bari, Guaimar, accompagné du comte Guillaume Bras-de-Fer, se tourne du côté de la Calabre, indiquant par avance aux Normands la nouvelle route d'invasion qu'ils pourront suivre, quand ils seront restés en Apulie assez longtemps pour être sûrs de n'en être plus chassés. Mais s'il occupe, sans doute dans la vallée du Crati, un poste fortifié[2], il ne semble pas qu'il ait pu s'avancer très loin vers le sud. D'autres soucis le ramènent bientôt à Salerne. Si Guaimar s'entend fort bien avec les Normands d'Apulie, il n'en est plus de même avec ceux d'Aversa : plus leur domination s'affermit en Campanie, plus ils deviennent pour le prince de Salerne des vassaux incommodes et turbulents. Le premier comte d'Aversa, Rainulf, a pour successeur l'un de ses neveux. Quand celui-ci disparait, le prince de Salerne, pour maintenir effectivement ses droits de suzerain, prétend disposer d'Aversa[3] en faveur de qui bon lui semble, et imposer aux Normands un comte d'une

1. Cedr., II, 529-530.
2. Lup. Protosp., 1044.
3. Aimé, I, 31, 32 ; — Leo Ost., II, 66.

autre famille. Alors commence une guerre acharnée entre le protégé de Guaimar et son rival, soutenu par une grande partie des chevaliers normands. Ceux-ci retrouvent, en outre, un ancien allié : c'est l'ex-prince de Capoue, Paldolf III, qui, depuis 1041, est rentré de Constantinople, et, maître de quelques places fortifiées autour de Caserte, cherche vainement à reprendre possession de son ancienne principauté[1]. Forts de cet appui, les Normands chassent d'Aversa le protégé de Guaimar et y installent de force leur élu, Rainulf Trincanocte.

La prépondérance de Guaimar en Campanie ne peut être maintenue que par des luttes continuelles : les comtes d'Aquino et de Sesto font alliance avec Paldolf pour reprendre au Mont-Cassin une partie de ses domaines. Ils cherchent à se joindre sur les bords du Liris et réussissent à faire prisonnier l'abbé Richer[2]. A peine délivré, celui-ci implore contre ses adversaires la protection du prince de Salerne. Mais Guaimar, impuissant à soumettre par ses seules forces les seigneurs campaniens, qui font cause commune avec Paldolf, invite l'abbé à se rendre auprès du roi Henri, fils de Conrad. Richer se dirige vers l'Italie du Nord pour aller rejoindre au-delà des monts le roi de Germanie. Brusquement rappelé par un message des moines, avant d'être arrivé au terme de son voyage, il ramène avec lui plusieurs centaines d'hommes d'armes, recrutés en Lombardie. Puis, sur les nouvelles instances du prince de Salerne, il reprend la route du Nord et revient bientôt avec une armée plus nombreuse[3]. Aidé de ces nouveaux auxiliaires (Italiens ou Allemands), Guaimar oblige les Normands, établis dans la vallée du Liris, à prêter serment de fidélité à l'abbé Richer. Mais à peine la paix est-elle rétablie que les Normands se brouillent avec l'abbé du Mont-Cassin : leur chef, le comte d'Aversa, accompagné des plus hardis, cherche à enlever Richer : mais il est lui-même retenu prisonnier ; les serviteurs et les colons de l'abbaye s'arment tous contre les

1. Aimé, II, 33, 35. — Quant au Grec Basile, ancien abbé du Mont-Cassin, revenu de Constantinople avec Paldolf, il fait une nouvelle tentative pour s'emparer de l'abbaye avec l'appui des comtes d'Aquino. Obligé ensuite de se réfugier à Aquino, il se réconcilie, un peu plus tard, avec le prince de Salerne, qui le nomme abbé au monastère de Saint-Benoît à Salerne (Leo Ost., II, 69).

2. Leo Ost., II, 68 ; — Aimé, II, 40.

3. Leo Ost., II, 69.

intrus, en tuent un certain nombre, et la guerre s'étend, de proche en proche, dans toute la vallée[1]. Menacé de nouveau par le soulèvement général des Normands de Campanie, Guaimar est obligé d'avoir recours au comte Drogon, chef des Normands d'Apulie, dont il a fait son gendre. Drogon vient en Campanie et sert de médiateur entre le prince de Salerne et les Normands d'Aversa dont le comte est remis en liberté[2]. Ainsi la présence des Normands dans les vallées du Liris et du Vulturne n'a fait qu'apporter un nouvel élément de trouble et de confusion dans l'état politique du pays. Un prince habile, comme Guaimar, ayant d'ailleurs, par les richesses accumulées depuis longtemps dans sa capitale, par les profits du commerce amalfitain, par l'étendue de ses domaines, des ressources financières supérieures à celles de ses voisins et de ses vassaux, peut tirer parti de ces divisions, pour garder assez longtemps, à défaut d'une puissance réelle, un certain prestige. Par le faste de sa cour, il en impose aisément aux petits seigneurs de la région des Abruzzes et des hautes vallées du Vulturne et du Sangro : ces comtes lombards, pillards et brigands, après avoir attaqué, à l'instigation de Paldolf, le monastère de Saint-Vincent-de-Vulturne[3], viennent à Salerne, pour rendre hommage au prince. Guaimar est en relations d'ambassades avec les plus puissants seigneurs de l'Italie centrale, comme le margrave Boniface de Tuscie[4]. Mais, s'il apparait au dehors comme le vrai souverain de la Campanie et des régions voisines, jusqu'à une très grande distance de sa capitale, le contraste s'accuse de plus en plus entre cette fastueuse apparence et sa très réelle faiblesse : ses adversaires deviennent plus nombreux et plus forts, il ne peut maintenir les Amalfitains dans la soumission qu'en gardant en prison les plus riches d'entre eux. Les habitants de Gaëte, pour s'affranchir de la domination de Guaimar, qui les avait livrés au comte d'Aversa, font appel au comte d'Aquino et le proclament leur duc[5]. Au reste, Guaimar, comme s'il redoutait que ses adversaires ne fassent appel, à leur tour, à l'intervention de l'empire germanique, envoie régulièrement des ambassades au roi Henri pour

1. Leo Ost., II, 71 ; — Desid., *Dial. Patr. lat.*, CXLIX, col. 999).
2. Leo Ost., II, 72 ; — Aimé, II, 36, 38.
3. Aimé, II, 34 ; — *Chron. Vult.*, *l. c.*, 512.
4. Aimé, II, 34.
5. Aimé, II, 33 ; — Leo Ost., II, 74 ; — *Cod. dipl. Caïet*, t. I, n° 188.

l'assurer de sa fidélité[1]. Le prince de Salerne et l'abbé du Mont-Cassin doivent être les seuls intermédiaires entre la cour germanique et l'Italie méridionale. Tout l'effort du prince de Salerne est de garder le premier rang dans cette hiérarchie féodale, qui tend à se constituer dans la région comprise entre l'Etat pontifical et les domaines byzantins de Calabre et d'Apulie ; mais peu à peu ses rapports avec les deux empires ont subi une transformation profonde. Tandis que ses intérêts l'obligent surtout à ménager l'empire germanique, il n'a plus rien à redouter de l'empire byzantin, dont les domaines italiens sont occupés, en partie, par ses vassaux normands. Moins de vingt ans après le départ du catépan Basile Bojoannès, le prestige byzantin en Campanie est réduit à néant, au moment où la puissance impériale germanique, représentée par Henri III, s'affirme, à Rome même, plus vigoureusement que jamais.

Intervention de l'empereur Henri III en Campanie. — Le fils de Conrad II, qui se fait couronner empereur en 1046, reprend avec une force nouvelle le rôle d'Otton Ier ; il rétablit la paix dans l'Eglise romaine, en faisant prononcer la déposition de trois papes, et en installant à leur place l'évêque de Bamberg, qui prend le nom de Clément II[2]. Selon la tradition, le voyage de Rome est suivi d'une marche vers le sud : quand l'empereur, avec son armée, part pour la Campanie, il apparaît vraiment, plus qu'aucun de ses prédécesseurs, comme le chef et l'arbitre suprême de la chrétienté. Nul encore, depuis Charlemagne, n'a été si près de réaliser complètement l'idéal impérial, puissance suprême de justice, chargée de maintenir l'ordre dans la société ecclésiastique comme dans la société laïque.

Sa brusque intervention détermine en Campanie de nouveaux bouleversements. Pour rétablir, dans toute sa force, la suprématie impériale, il prétend ramener la principauté de Salerne au rang modeste d'où Guaimar V l'avait fait sortir. C'est son père Conrad II qui avait donné à Guaimar la ville et la principauté de Capoue : Henri III reprend l'une et l'autre pour les restituer au rival de Guaimar, à Paldolf, naguère encore l'adversaire acharné du Mont-Cassin et des intérêts germa-

1. Aimé, II, 34. — Cf. Alfani *carmina ad Guidonem* (*Patr. lat.*, CXLVII, col. 1237).
2. Richter et Kohl, *l. c*, p. 370 ; — Steindorf, *Jahrb. d. R. u. Heinrich III*, I, 316.

nique ! Il faut que les princes lombards soient tous également faibles pour qu'ils aient tous besoin, les uns contre les autres, de la protection impériale. Il importe à l'empereur de maintenir entre eux un certain équilibre. Le vieux Paldolf, rétabli à Capoue par la faveur de Henri III, entouré de seigneurs rivaux, sera beaucoup moins redoutable qu'il ne l'était dix ans auparavant. C'est par le concours des Normands que les princes lombards, tantôt Paldolf, tantôt Guaimar, ont pu acquérir une puissance exceptionnelle : Henri III décide que les Normands, comme l'avait voulu naguère l'empereur Henri II, seront directement subordonnés à l'Empire. A Capoue, où il vient d'installer Paldolf, il reçoit les serments des comtes d'Apulie et d'Aversa, qui lui offrent, en signe de leur soumission, de l'argent et des chevaux de prix[1]. Il leur donne l'investiture impériale pour toutes les terres qu'ils occupent. Ainsi les comtes normands, Drogon et Rainulf II, sont mis sur le même rang que les princes lombards, anciens seigneurs du pays; la hiérarchie instituée par Guaimar est détruite au profit des nouveaux venus, qui, forts de la protection impériale, pourront continuer leurs conquêtes avec une audace croissante.

Henri III, après avoir visité le Mont-Cassin et Capoue, poursuivant les étapes habituelles du voyage impérial, se dirige vers Bénévent[2], toujours très jalouse de son indépendance, sous l'autorité de ses princes nationaux Paldolf III et son fils Landolf VI[2]. A l'approche de l'empereur, on ferme les portes de la ville : n'ayant pas assez de troupes pour entamer un siège qu'il ne prévoyait pas, le souverain germanique met le feu aux faubourgs et revient sur ses pas, tandis que le pape Clément II fulmine une sentence d'excommunication contre les princes lombards et leurs sujets. Quelques jours avant, la belle-mère d'Henri III, Agnès d'Anjou, revenant d'un pèlerinage au Mont-Gargano et traversant la ville de Bénévent, avait été fort mal reçue[3]. Ainsi les princes de Bénévent, voulant éviter à leur capitale le sort de Capoue, se confinent dans une sorte d'isolement farouche, hostiles à l'empire germanique, aussi bien qu'aux Byzantins et aux Normands, qui s'étaient brouillés avec eux après leurs premières victoires. — Mais ils sont trop

1. AIMÉ, III, 3, 4 ; — LEO OST., II, 78.
2. Cf. diplômes dans STUMPF-BR., 2323 et s.; — *Ann. Benev.*, 1047; — LUPUS PROTOSP., *id.*
3. HERM. AUG., *Chron.*, 1047.

faibles pour qu'une telle situation puisse durer : si la souveraineté de Bénévent est reconnue jusqu'à l'embouchure du Biferno, dans le comté de Larino[1], elle est gravement menacée à l'est par les Normands d'Apulie, qui bientôt enlèvent Bovino[2]. Lorsqu'Henri III, brusquement arrêté par la résistance de Bénévent, et rappelé d'ailleurs dans l'Italie du Nord par d'autres intérêts, quitte la Campanie, c'est à ses vassaux normands qu'il laisse le soin de sa vengeance, leur livrant d'avance, pour en faire ce qu'ils en voudront, le domaine des Lombards rebelles[3]. Le résultat le plus certain de la politique impériale, c'est de rendre les Normands plus arrogants et plus impitoyables pour les populations indigènes, qu'ils pillent et rançonnent avec une violence nouvelle. Les Lombards bénéventains sont dès lors aussi maltraités que les Apuliens. — Quant au prince de Salerne, à peine l'empereur s'est-il éloigné qu'il cherche à prendre sa revanche contre Paldolf : il lui enlève de nouveau Capoue pendant quelques mois; puis, de guerre lasse, les deux princes se partagent le pays. La ville de Capoue reprend son ancienne dynastie, mais Guaimar garde sa prépondérance en Campanie ; en dépit des volontés impériales, il oblige les Normands d'Aversa à le reconnaître comme suzerain[4].

Cependant les chefs normands d'Apulie continuent leur marche offensive, soit en Capitanate, soit en Lucanie. Ils occupent Troia en 1048 ; ils battent les Byzantins à Tricarico, près de Potenza, sur les bords du Basento, et se rapprochent ainsi de la Calabre[5]. Le plus jeune des fils de Tancrède, Robert Guiscard, après avoir guerroyé d'abord pour le compte de Paldolf de Capoue, est dirigé par son frère Drogon vers la Calabre et occupe, avant 1050, au nord de la vallée du Crati, une première position fortifiée, déjà signalée aux Normands par Guaimar, tout au début de leurs expéditions dans le thème d'Italie[6].

Rôle du pape Léon IX dans l'Italie méridionale. — Pendant que la conquête normande s'étend ainsi, aux dépens des Lom-

1. Murat., *Antiq. Ital.*, II, 15. — La donation du comte de Larino, publiée par Muratori, se trouve dans le *Cartulaire de Tremiti*, fol. 33.
2. Rom. Sal. *ad a.* 1045 (*Ss.*, XIX, 402).
3. Leo Ost., II, 78.
4. Aimé, III, 4, 12.
5. *Chron. breve Northm.*, 1048.
6. Aimé, III, 6-9. (C'est probablement San-Marco.)

bards de Bénévent et des Byzantins, pendant que le prince de Salerne use de tous les artifices pour rester d'accord avec ces redoutables auxiliaires et que la cour byzantine hésite à renvoyer Argyros en Apulie, un nouveau personnage intervient à son tour dans l'Italie méridionale, avec l'ambition d'y jouer un rôle décisif: c'est le pape Léon IX. Nous avons vu, à la fin du IXe siècle, le pape Jean VIII prendre une part active à la guerre contre les Sarrasins, se mêler aux querelles des seigneurs campaniens et venir lui-même dans le pays pour négocier avec les Napolitains et les Lombards. Mais il ne va pas au-delà des environs de Salerne. Après lui, Jean X vient sur les bords du Liris avec les troupes romaines; Benoît VIII accompagne à Bénévent l'empereur Henri II. Mais aucun pape n'a parcouru l'Italie méridionale aussi souvent que Léon IX.

Nul pontife, à vrai dire, n'a été plus voyageur que cet évêque de Lorraine, enlevé à son diocèse de Toul par l'empereur Henri III pour remplacer Clément II sur le siège de Pierre. Durant ses cinq années de pontificat, Léon IX passe trois fois les Alpes, soit qu'il aille tenir des conciles sur les bords du Rhin et en France, soit qu'il visite la Suisse, la Franche-Comté, la Lorraine, soit qu'il se rende auprès de l'empereur en Bavière[1]. Pèlerin et réformateur infatigable, il va deux fois visiter le sanctuaire du Gargano[2], il tient des conciles à Salerne et à Siponto. Fort de l'appui impérial, il entreprend partout, avec une égale énergie, la lutte contre les abus qui ont amené dans l'Église latine une si profonde corruption. La simonie et le mariage des prêtres sont aussi répandus dans l'Italie méridionale que partout ailleurs. Depuis longtemps les évêchés et les biens d'église sont à la discrétion des seigneurs locaux, princes ou comtes lombards. Mais les rivalités entre Lombards et Normands, la guerre qui ravage l'Apulie et les contrées voisines n'ont fait qu'accroître le désordre: les Normands, grands pillards, confisquent églises et monastères et s'y installent en maîtres[3].

Il est difficile de savoir quel est, à cet époque, l'état du clergé grec, assez nombreux sur le littoral apulien et dans la

1. JAFFÉ-LÖW., p. 531, 533, 535; — *Ann. Benev.*, 1050; Cf JAFFÉ-LÖW., *l. c.* (mars 1049 et avril 1050).
2. LEO OST., II, 79.
3. WIBERTI, *Vita Leonis* (*Patr. lat.*, CXLIII, col. 490, 494); — BORGIA, *Mem. Stor. di Benevento*, II, 315.

région de Tarente. S'il ne s'agit que [illegible]ie et du trafic des biens ecclésiastiques, il est prol[illegible] dans les diocèses grecs les règles canoniques sont souvent mieux observées qu'en pays latin. L'un des familiers du pape Léon IX, et des plus fougueux partisans de la réforme, le cardinal Humbert, peu suspect de sympathie pour les Grecs, compare, dans son traité contre la simonie, la discipline des deux églises, et il affirme qu'en Orient on ne voit pas les laïcs trafiquer des biens ecclésiastiques [1]. S'il parle surtout de Constantinople, il semble bien que cette remarque générale s'applique à tous les diocèses qui dépendent du patriarcat byzantin. On ne doit pas oublier qu'Humbert, qui a séjourné à Trani, a dû connaître, au moins par ouï-dire, le clergé grec du thème d'Italie.

D'autre part, l'exemple des prêtres grecs, qui pouvaient être légitimement mariés, n'était pas fait pour amener le clergé latin d'Apulie à l'observation du célibat : sur ce point d'ailleurs, les antiques préceptes, remis en vigueur par Léon IX, n'étaient pas mieux observés dans les diocèses de l'Italie centrale ou de l'Italie du Nord, qui échappaient à l'influence des Grecs.

Mais la présence dans la même région des Grecs et des Latins, l'instabilité des diocèses, la rivalité entre les métropoles lombardes et les archevêchés byzantins, favorisent le relâchement de la discipline et rendent plus difficile la répression des désordres. Voilà pourquoi Léon IX, dans un de ses premiers voyages, choisit la ville de Siponto, au pied du Gargano, pour y tenir un synode réformateur. D'après son biographe, Wibert de Toul, il prononce la déposition de deux archevêques, qui avaient acheté leur dignité à prix d'argent et qui cherchaient à l'emporter l'un sur l'autre [2]. Nous ignorons malheureusement de quels personnages il est ici question : mais l'un d'eux est sans doute l'archevêque de Siponto, reconnu par l'autorité byzantine depuis le temps de Basile Bojoannès [3]. Au reste, Léon IX refuse plus tard de reconnaître la séparation de Siponto et de Bénévent, bien qu'un de ses prédécesseurs, le pape Benoît IX, semble y avoir consenti [4]. Mais les décrets de Benoît IX, fils du comte de Tusculum, imposé à l'Eglise

1. Humberti, *adv. simoniacos* (*Patr. lat.*, CXLIII, col. 1154).
2. Wiberti, *vita Leonis* (*Patr. lat.*, CXLIII, col. 494).
3. Cf. *supra*, p. 416.
4. Jaffé-Löw., 4122, 4299 (c'est en 1053 que Léon IX confirme l'union de Bénévent et de Siponto).

romaine dans les conditions les plus scandaleuses, ne pouvaient inspirer qu'un respect fort médiocre au pieux Léon IX.

Le synode de Siponto est probablement d'avril 1050[1]. Quelques semaines plus tôt, le pape avait tenu un synode à Salerne, pour soumettre à un scrupuleux examen l'élection de plusieurs évêques, et notamment celle de l'archevêque de Capoue, Hildebrand, fils de Paldolf III et frère de Paldolf IV, qui venait de succéder à son père[2]. Mais la réforme des abus n'est pas le seul but que poursuive le pape. Pour rendre l'action du Saint-Siège plus efficace, il faut reconstituer ses ressources financières, sa puissance matérielle, revendiquer les domaines abandonnés, les anciens droits, que la négligence et la corruption des papes précédents ont fait oublier. Dans son premier synode tenu à Rome (Pâques 1049), Léon rétablit les dîmes dues à l'Eglise romaine, dans les différents diocèses d'Italie : or il y avait fort longtemps qu'il n'était plus question de ces dîmes en Apulie[3].

D'autre part, une partie des patrimoines de Saint-Pierre sont occupés par les Normands, établis sur les confins de l'Etat pontifical. Léon IX, à plusieurs reprises, cherche à négocier avec eux pour obtenir la restitution des terres usurpées. Au Mont-Cassin, dès l'année 1049, il a dû recevoir les plaintes des moines et de l'abbé Richer sur l'avidité de ces voisins incommodes. Mais le pape défend aussi la suprématie et les droits de l'empire. Quand il vient s'entretenir à Salerne avec Guaimar, à Melfi avec le comte Drogon[4], ce n'est pas seulement comme chef de l'Eglise, c'est aussi comme ami et allié de leur suzerain, l'empereur Henri III. Faire respecter les biens ecclésiastiques et les domaines de l'Apôtre, rétablir, au nom de l'empereur, l'ordre et la paix, ce sont deux tâches semblables, et voilà comment le rôle réformateur et le rôle politique du pape Léon IX sont inséparables. Lors de ses premiers voyages en Campanie, le pape, conformant son attitude à celle de l'empereur, ménage les Normands, sur la docilité desquels il semble se faire étrangement illusion. Comme ils prodiguent volontiers toutes les promesses de fidélité qu'on leur demande, Léon IX espère sans doute que ses revendications

1. *Anon. Bar.*, 1050 ; — *Ann. Bener.*, *id.*
2. Leo Ost., II, 79.
3. Wiberti, *l. c.* *Patr. lat.*, CXLIII, col. 491.
4. *Anon.*, *Vita Leonis*, dans Borgia, II, 315 ; — Aimé, III, 15, 16.

persévérantes finiront par l'emporter[1]. Au contraire, les Lombards de Bénévent, adversaires et victimes des Normands, restent rebelles à l'empereur et au pape ; et quand Léon IX se rend au mont Gargano, au printemps de 1050, les princes de Bénévent refusant de le recevoir, il renouvelle contre eux la sentence d'excommunication dont les a frappés son prédécesseur Clément II[2]. Malgré tout, une contradiction s'accuse de plus en plus entre l'attitude politique, imposée au Saint-Siège par son alliance étroite avec l'empereur, et sa volonté réformatrice : les Normands, auxquels il n'en coûte rien de prodiguer serments et bonnes paroles, se croient plus que jamais sûrs de l'impunité.

A peine Léon IX est-il rentré à Rome que des plaintes violentes lui arrivent de toutes parts contre les déprédations des Normands. S'il est un fait qui ressort clairement de tous les textes, c'est la haine croissante que soulèvent contre eux, du littoral campanien jusqu'à la plaine d'Apulie, les pillards étrangers. Le moine Amatus, si favorable aux Normands, avoue lui-même qu'ils ne cessent de maltraiter leurs nouveaux sujets, et c'est pour leur faire sentir l'indignité de leur conduite que le pape vient à Melfi[3]. Mais voici le témoignage d'un Bénéventain, biographe de Léon IX : à son retour du synode de Siponto, le pape reçoit à Rome des députés de toutes les régions occupées par les envahisseurs ; ils se plaignent amèrement qu'on les abandonne à la fureur de leurs ennemis ; leur situation est pire qu'avant le voyage du pape. Les bourgades les mieux fortifiées ne sont plus en sûreté ; l'audace et l'impudence de ces barbares s'accroissent avec les nouveaux renforts, qu'ils reçoivent sans cesse d'outre-monts ; ils pillent les biens d'église, ils s'emparent violemment des maisons et des champs, ils enlèvent les femmes, ils renouvellent toutes les horreurs des invasions les plus funestes[4]. Un autre biographe raconte que de malheureux fugitifs arrivent d'Apulie à Rome, les yeux crevés, le nez coupé, plusieurs estropiés ou mutilés, dénonçant avec de lamentables gémissements la cruauté des Normands[5].

1. *Anon., Vita Leonis, l. c.*, II, 316 : *Cui in obsequium tota gens Normannorum quasi satisfaciens aliud in corde gerens obviam perrexit.*
2. Herm. Aug., 1050 (Ss., V, 130).
3. Aimé, III, 16.
4. *Anon., Vita Leonis* (Borgia, II, 317).
5. Bruno de Segni (Watterich, I, 98). — Cf. Herm. Aug., 1053.

Enfin, dans les chartes privées, actes de vente ou de donation, au milieu des sèches formules des notaires, se trouve, à plusieurs reprises, une allusion à ces « maudits » Normands, à cette race odieuse qui n'a pas encore quitté le pays, où elle est venue tout bouleverser[1] ! Aussi comprend-on qu'à ces soi-disant chrétiens les clercs romains appliquent souvent le nom « d'Agarènes impies », de Sarrasins. Au reste, si les réfugiés de Campanie ou d'Apulie font partager aux Romains la terreur et la haine qu'inspirent partout les nouveaux barbares, leurs plaintes trouvent un écho dans toute l'Italie. Rien n'est plus curieux, à cet égard, que la lettre adressée vers la même époque par un abbé normand, Jean de Fécamp, au pape Léon IX. Il raconte qu'il a été attaqué en Toscane, et il ajoute : « La haine des Italiens contre les Normands est arrivée à une telle exaspération qu'il n'y a pas, pour ainsi dire, une seule bourgade d'Italie qu'un Normand puisse traverser avec sécurité. Même s'il vient comme pèlerin, il risque d'être attaqué, dépouillé, jeté en prison[2]. »

Occupation de Bénévent par le Saint-Siège. Préparatifs de guerre contre les Normands. — Il faut se représenter cette situation pour comprendre le changement qui s'est fait, peu à peu, dans les dispositions du pape Léon IX : en constatant l'insuccès de son intervention personnelle à Salerne, à Melfi, à Siponto, attristé et indigné de la mauvaise foi normande, il regardera bientot ces vassaux de l'empereur comme les pires enneennemis de l'Eglise. Mais quel moyen d'agir contre eux? Jusqu'en 1052, Léon IX ne semble pas encore décidé à une rupture ouverte. — Cependant il a reçu à Rome, au début de l'année 1051, des députés lombards de Bénévent, qui viennent lui apporter la soumission de leurs concitoyens[3]; il s'est formé dans la ville excommuniée un parti favorable au Saint-Siege, et les gens de Bénévent, pour rentrer en grâce auprès de Léon IX, ont chassé leurs princes, Paldolf et Landolf, quitte à les rappeler un peu plus tard. Le pape s'empresse d'envoyer à Bénévent deux légats, choisis parmi les hommes les plus éminents de son entourage, le car-

1. *Regesta Neapol.*, II, 478, 483 ; — *Cod. Cav.*, t. VI, n° 985.
2. *Patr. lat.*, t. CXLIII, col. 798.
3. *Ann. Bener.*, 1051 ; — Wibert, *Vita Leonis*, II, 3 (*Patr. lat.*, t. CXLIII, col. 490).

dinal-évêque Humbert et le patriarche Dominique de Grado : ceux-ci, après avoir reçu les serments des Bénéventains, reviennent à Rome (avril 1051), accompagnés d'une vingtaine de nobles lombards, qui restent à la cour pontificale comme otages de leurs concitoyens. La soumission de la vieille capitale lombarde implique évidemment, dans la pensée du pape, l'établissement définitif de la suprématie pontificale sur la principauté elle-même. C'est ainsi que Léon IX réalise le premier les ambitieux desseins que les papes avaient affirmé dès le commencement de l'Etat pontifical. Au contraire, les empereurs germaniques, succédant aux empereurs francs, ont prétendu rattacher la principauté de Bénévent à l'empire : au fond, Léon IX continue à son profit leur politique; mais comme c'est au pape seul que s'adressent les Bénéventains, soucieux surtout de se réconcilier avec l'Eglise, leur démarche personnelle lui permet de substituer la suzeraineté pontificale à la suzeraineté impériale. Remarquons d'ailleurs que Léon IX a soin de faire ratifier par Henri III la soumission de Bénévent au Saint-Siège[1] : il lui abandonne en échange certains privilèges de l'Eglise romaine en Allemagne. Entre les deux pouvoirs suprèmes de la chrétienté occidentale règne toujours une entière confiance, et l'empereur, sentant son impuissance dans l'Italie du Sud, persuadé que le pape est son meilleur auxiliaire pour maintenir dans la péninsule le prestige impérial, lui laisse Bénévent sans regrets.

Léon IX, après être venu lui-même visiter ses nouveaux sujets (juillet 1051), charge le prince de Salerne et le comte Drogon de protéger la ville, les croyant tous deux assez forts et assez dociles au Saint-Siège pour empêcher désormais les petits seigneurs normands de maltraiter les Lombards[2]. Mais, à peine le pape s'est-il éloigné avec Guaimar, que les pillards recommencent leurs incursions. Le prince de Salerne réussit cependant à apaiser la colère du pape, lorsqu'une nouvelle plus grave arrive à Salerne : le comte d'Apulie, Drogon, de retour dans ses domaines après son entrevue avec Léon IX, vient d'être assassiné par un de ses hommes d'armes. Sa mort est le signal d'un soulèvement général de la population apulienne

1. Leo Ost., II, 81, add. 2 : *commutatio inter apostolicum et imperatorem de Benevento et episcopo Bambergensi.* Herm. Aug., 1053 (*Ss.*, V, 132).
2. Aimé, III, 17, 18.

contre les Normands : plusieurs de leurs chefs périssent massacrés[1].

Léon IX retourne à Bénévent ; décidé désormais à organiser lui-même la défense de la ville et du pays voisin, il cherche à recruter partout des soldats ou des alliés. Son chancelier, Frédéric de Lorraine, se charge de négocier avec les comtes lombards de la haute vallée du Liris, du pays des Marses et de la région des Abruzzes, voisins de l'Adriatique. Dès ce moment, sans doute, Léon IX songe à former une ligue offensive contre les Normands, pour les chasser au moins du territoire de la principauté de Bénévent[2].

Révolution à Salerne et retour d'Argiros. — Alliance du pape et des Byzantins. — Le grand obstacle aux projets belliqueux du pape, c'est le prince de Salerne, qui ne peut garder son prestige qu'en restant l'allié des Normands : Guaimar arrête des bandes armées qui se rassemblent en Campanie pour aller rejoindre le pape, et combattre sous ses ordres[3]. Mais autour de lui se trouvent trop d'adversaires, trop de mécontents, intéressés à sa chute, pour qu'il puisse impunément soutenir les étrangers contre lesquels s'accumulent tant de haines. Un complot se forme à Salerne, dans la famille même du prince ; les conjurés se mettent secrètement d'accord avec les habitants d'Amalfi, qui supportent avec impatience la suprématie lombarde, bien que Guaimar leur ait rendu un de leurs anciens ducs : il est vrai que Manson l'Aveugle n'exerce, sous sa tutelle, qu'une ombre de pouvoir[4]. Les riches marchands d'Amalfi refusent de se laisser plus longtemps taxer et rançonner par le prince de Salerne : si Guaimar avait pu, depuis plusieurs années, et malgré l'hostilité momentanée de l'empereur Henri III, garder quelques Normands à son service, entretenir leur fidélité, se payer d'utiles alliances, c'était surtout avec l'argent des Amalfitains. Du jour où ceux-ci rompent avec le prince de Salerne, c'est en vain qu'il réclame l'appui des Normands. Tandis que la côte est bloquée

1. Aimé, III, 19 ; — Guil. Apul., II ; — Gauf. Malat., I, 13 ; — *Ann. Benev.*, 1051 ; — Lup. Protosp. La localité de Montolio, ou Monte-Ilaro, où Drogon est assassiné, est située près de Bovino (Delarc, *les Normands en Italie*, p. 198).
2. Aimé, III, 23, 24.
3. Aimé, III, 25.
4. Aimé, III, 28 ; — *Chron. Amalf.* (Murat., *Antiq. Ital.*, I, 210).

par les marins d'Amalfi, Guaimar n'a plus pour le défendre qu'un petit nombre de partisans. Une bataille s'engage aux portes de la ville : Guaimar est brusquement attaqué par ses beaux-frères et tombe percé de coups. Les conjurés s'installent dans la citadelle; mais le frère de Guaimar, Guy, profite de leur indécision pour s'entendre promptement avec les Normands d'Aversa, rentrer dans Salerne avec eux et proclamer comme prince son neveu Gisulf (août 1052). Malgré tout, la puissance de Salerne était gravement atteinte par le meurtre de Guaimar V. Les villes maritimes, Amalfi et Sorrente, reprirent leur autonomie; et les Amalfitains rappelèrent à leur tête, en 1053, le duc Jean, qui arrivait de Constantinople[2]. La grande cité marchande du littoral campanien, affranchie de la protection onéreuse des princes lombards alliés aux Normands, s'empressait de renouer avec Byzance des liens plus étroits.

A ce moment, nous l'avons vu, Argiros venait de débarquer en Apulie avec le titre de magistros et *duc d'Italie*[3] : si le terme de catépan disparait, on ne voit pas clairement qu'il y ait une différence de fonctions ou de pouvoir entre les anciens catépans, Byzantins d'origine, et le nouveau duc, fils de Lombard. Argiros a reçu du basileus Constantin Monomaque une mission précise : avec l'or et les riches vêtements qu'il apporte de Byzance, il doit chercher à corrompre les Normands et les inviter à passer la mer, pour aller combattre, comme auxiliaires de l'empire, contre les Sarrasins d'Orient[4]. Pour leur faire quitter l'Italie, on ne compte plus que sur la puissance de l'or byzantin; il ne semble pas que Constantin Monomaque ait envoyé en Apulie de nouvelles troupes, et l'on peut se demander d'ailleurs s'il en avait les moyens. Argiros, dans le cas où ses propositions n'auraient aucun succès, devait tenter au moins de semer la division parmi les chefs normands, ou d'armer contre eux, toujours par la corruption, d'autres condottieri italiens.

Le nouveau gouverneur byzantin, arrivé à Otrante en mars 1051, se dirige sur Bari. Mais le parti qui domine dans

1. Aimé, III, 29, 32; — Leo Ost., II, 82; — *Ann. Benev.*, 1052; — Rom. Sal., 1052.
2. *Chron. Amalf.*, 1053 (*Ant. It.*, I, 211).
3. *Anon. Bar.*; — et Lup. Protosp., 1051. — Cf. *supra*, p. 470.
4. Guil. Apul., II, 38-54.

la ville avec Adralistus et les deux frères Romuald et Pierre, favorables aux Normands, refuse de recevoir Argiros. Quelques jours plus tard, ce parti est renversé par une émeute locale, et les habitants de Bari ouvrent leurs portes au duc d'Italie, pendant qu'Adralistus s'enfuit pour aller rejoindre le comte Umfroi, successeur de Drogon. Argiros fait charger de chaînes Romuald et Pierre, et les envoie à Constantinople[1]. Ayant ainsi montré qu'il entend, par les moyens les plus énergiques, faire respecter l'autorité du basileus, il entame avec les Normands les négociations dont il est chargé. Mais ceux-ci, bien qu'affaiblis par leurs divisions, bien qu'exposés, au milieu d'une population qui les déteste, à de continuelles révoltes, se sentent trop solidement établis dans le pays pour ne pas dédaigner les menaces de leurs adversaires, ou les offres perfides de l'envoyé du basileus. Ils aiment mieux garder cette terre fertile et riche que d'aller courir, au-delà des mers, à d'autres aventures. Le meurtre de Drogon (1051) n'a fait qu'accroître l'anarchie. C'est alors qu'Argiros envoie une ambassade au pape Léon IX, pour lui proposer une action commune contre les Normands[2]. Nous ne savons pas au juste ni où, ni à quel moment, les députés du duc d'Italie ont trouvé le pape. Mais il est clair que toutes les circonstances se réunissent pour favoriser une alliance étroite et immédiate entre le Saint-Siège et les Grecs. La patience de Léon IX est à bout, et les Apuliens eux-mêmes viennent sans cesse réclamer son intervention. Cependant pour avoir une armée nombreuse, des troupes solides et bien disciplinées, il faut provoquer le concours de l'empereur Henri III : c'est à une nouvelle alliance entre les deux empires contre les « Sarrasins » chrétiens que tendent, d'un commun effort, le pape et le duc byzantin d'Italie.

Le meurtre du prince de Salerne privait les Normands d'un allié précieux, qui avait réussi, jusqu'alors, à empêcher, contre eux, toute action offensive du pape. Aussi les préparatifs de la lutte furent-ils repris, dès la mort de Guaimar, avec une activité nouvelle. Mais, quelle que fût l'importance des troupes engagées au service du Saint-Siège, hommes d'armes des comtes lombards, soldats d'aventure, il semble que Léon IX

1. *Anon. Bar.*; — et Lup. Protosp., 1051.
2. Guil. Apul., II, 60-80.

n'ait eu dans ces bandes, rassemblées en toute hâte, qu'une confiance médiocre. Dès la fin de l'été, il arrive dans la Haute-Italie et passe en Bavière, pour solliciter le concours actif de l'empereur[1]. Or il y avait à la cour impériale un parti important, très hostile à ces expéditions lointaines, qui avaient coûté si cher aux prédécesseurs d'Henri III, et dont le résultat final se trouvait, en fin de compte, fort médiocre. A grand'peine Léon IX, avec le consentement plus ou moins empressé de l'empereur, arrive à entraîner vers le sud une armée de Lorrains, de Souabes et de Franconiens. Il se dirige avec ses soldats vers les cols des Alpes, quand l'évêque d'Eichstädt, Gebhardt, très écouté de l'empereur, vient trouver celui-ci et lui adresse les plus vifs reproches. Il lui montre combien il importe à la sécurité de l'empire de garder en Bavière cette armée, au lieu de l'envoyer se fondre sous le soleil brûlant des plaines méridionales; il le décide enfin, par son insistance, à rappeler auprès de lui la plus grande partie des troupes confiées à Léon IX. Ainsi le pape n'entraîne en Italie qu'un petit nombre d'Allemands, les hommes d'armes que lui ont amenés ses parents ou ses amis des pays lorrains et souabes, sans doute aussi une foule d'aventuriers, attirés par l'appât du gain, et même, au dire d'un chroniqueur, des criminels avérés, fuyant leur patrie pour échapper à la justice impériale[2].

Bataille de Civitate. — C'est en février 1053 que l'armée pontificale arrive avec son chef dans la plaine lombarde : le 21, le pape est à Mantoue. Après s'être arrêté à Rome plusieurs semaines, pour régler, dans le synode annuel de Pâques, les affaires générales de l'Eglise, il se dirige vers le Mont-Cassin, et de là vers Bénévent[3]. Il ne semble pas que le pape ait voulu, de prime abord, attaquer les Normands. Son but, c'était de rejoindre Argiros, qui se trouvait alors dans les environs de Siponto[4]. Pour éviter de rencontrer trop tôt l'ennemi, Léon IX fait un détour vers le nord et arrive sur les bords du Biferno, dans le dessein de suivre le littoral et de traverser la plaine qui s'étend à l'ouest du Gargano. En route, viennent

1. Jaffé-Löw., août 1052.
2. Leo Ost., II, 81 ; — Guil. Apul., II, v. 80, 142; — Herm. Aug., 1053.
3. Jaffé-Löw., 4295, 4298; — Leo Ost., II, 84.
4. *Anon. Bar.*, 1052; — *Ann. Benev.*, 1053 : *cupiens cum Argiro loqui. Cf.* lettre à Constantin Monomaque : *P. L.*, CXLIII, col. 779.

le rejoindre de nombreux contingents italiens. Lorsqu'après avoir franchi le Fortore il campe sur la rive droite du fleuve, non loin de Civitate, autour de lui s'agite une masse confuse de plusieurs milliers de soldats, venus de toutes les régions de l'Italie centrale, depuis Rome jusqu'au littoral de l'Adriatique : gens de la Sabine et du pays des Marses, habitants des hautes vallées du Liris et du Vulturne, guerriers du comté de Chieti, des marches de Fermo et d'Ancône[1].

C'est à ce moment que l'armée pontificale rencontre les Normands, vainqueurs d'Argiros. Le duc d'Italie, battu par l'ennemi avant d'avoir pu rejoindre le pape, s'est enfui par mer jusqu'au port de Viesti, à l'extrême pointe du Gargano[2].

L'armée normande occupe ainsi, sans résistance, toute la partie septentrionale de la plaine d'Apulie, ou Capitanate, entre l'Ofanto et le Fortore. Il est très difficile d'en évaluer l'importance : d'après Amatus et Guillaume de Pouille, les Normands sont effrayés en voyant la foule immense de soldats, réunis autour de la bannière pontificale ; inquiets de leur petit nombre, ils cherchent les premiers à négocier avec le pape[3]. Mais un autre texte, très précieux par la précision des détails, et dont l'auteur se trouvait certainement dans l'entourage du pape[4], présente les faits d'une manière un peu différente. C'est Léon IX qui envoie des messagers aux Normands pour savoir quelles sont leurs intentions et les engager à se soumettre. Les Normands répondent qu'ils sont prêts à faire hommage au Saint-Siège pour toutes les terres qu'ils occupent, mais qu'ils ne peuvent souffrir que le pape aille prêter main-forte à leur ennemi Argiros. Quoi qu'il en soit, il y a des pourparlers avant la bataille. Peut-être, au début, les Normands sont-ils sensiblement moins nombreux que leurs adversaires ; mais après un premier engagement, qui leur est défavorable, ils reçoivent de nouveaux renforts[5]. Au moment où s'engage l'action décisive, ils forment assurément une armée imposante : outre les Normands d'Apulie, à l'appel du comte Umfroi sont accourus ceux qui occupent

1. GUIL. APUL., II, 133, 157 et s. L'ancienne ville de Civitate se trouvait près du confluent du Fortore et de la Staina (DE BLASIIS, I, 242). Le nom en est resté dans la commune voisine de San Paolo di Civitate, située un peu plus loin, à l'est.

2. *Anon. Bar.*, 1052.

3. AIMÉ, III, 40 ; — GUIL. APUL., II, 112.

4. *Anon. Benev. Vita Leonis* (BORGIA, II, 317-318).

5. HERM. AUG., 1053.

les pays lombards à l'est et au sud de Bénévent, les chefs récemment établis dans les gastaldats de Telese et de Bojano; il est venu des Campaniens avec le comte Richard d'Aversa, des Normands de Calabre avec Robert Guiscard[1]. Dans la plaine de Capitanate, pour lutter d'une part contre Argiros, d'autre part contre le pape, se fait une concentration générale des forces normandes. La bataille décisive et finale ne s'est livrée que plusieurs jours après l'arrivée des troupes pontificales sur les bords du Fortore.

Les Normands étaient trop nombreux pour pouvoir se ravitailler : les villes avaient fermé leurs portes; et comme on était au commencement de l'été, avant la moisson, les soldats, souffrant de la faim, prenaient les épis à peine mûrs pour faire cuire le grain. Pressés par la disette. les Normands se jettent au combat avec une rage nouvelle. D'autre part, les chefs allemands supplient le pape d'en finir et d'accepter la bataille. Mais, devant l'attaque furieuse de l'ennemi, les troupes italiennes au service de Léon IX sont prises d'une soudaine panique; les comtes lombards et leurs hommes s'enfuient en toute hâte vers le nord[2]; il ne reste, pour tenir tête aux Normands, que les troupes allemandes : les soldats souabes et lorrains se défendent avec vaillance, formant, pendant plusieurs heures. une muraille de fer que rien ne peut briser. Cependant ils succombent sous la force du nombre, et la plupart sont massacrés : c'est pour l'armée pontificale un lamentable désastre. Le pape est enfermé à Civitate, où il s'est réfugié, soit au début de la bataille, soit après la panique d'une partie de ses troupes. Les Normands viennent assiéger la ville, dont les hautes murailles résistent à tous leurs efforts; ils brûlent les faubourgs; ils se préparent à faire une brèche dans le mur, quand Léon IX, épouvanté de tout ce sang répandu, inquiet aussi des dispositions peu favorables que témoignent à son égard les habitants de Civitate, envoie des députés aux vainqueurs pour leur demander la paix[3]. Il est prêt, s'ils veulent mettre fin au combat, à se livrer entre leurs mains et en même temps à se réconcilier avec eux; il leur offre le pardon du chef de l'Eglise et le retour dans la communion des fidèles. Car le pape, dans sa défaite, garde cette

1. Aimé, III, 40; — Guil. Apul., II, 133.
2. *Annales Rom.* (*Lib. Pontif.*, II, 333); — Aimé, *l. c.*; — *Anon. Benev.* : *Vita Leonis*, *l. c.*
3. *Anon. Benev.* : *Vita Leonis*, *l. c.*; — Guil. Apul., II, 250.

force, que ses vainqueurs sont des excommuniés, des « Sarrasins » impies : pour les clercs qui l'entourent, pour tous les fidèles de ce temps, pour ceux-là même qui ont blâmé son imprudence, et qui le croient justement châtié par Dieu, les soldats morts à Civitate sont des martyrs[1]. Il est prisonnier de ces païens, de ces impies : mais de sa parole dépend leur destinée. Ces barbares, rebelles au pape, dans lequel ils reconnaissent cependant le vicaire du Christ, sont comme effrayés de leur victoire, et l'on n'est plus étonné de cette scène étrange : le pape, sortant de la ville, revêtu de ses ornements pontificaux, entouré d'un nombreux cortège de clercs, et les vainqueurs, encore enivrés du combat, se jetant dans la poussière, se prosternant aux pieds du pontife, lui jurant obéissance et fidélité, tandis qu'il prononce les paroles solennelles de la réconciliation[2].

Nous ignorons quelles furent, d'une façon précise, les promesses échangées. Mais le chef des Normands, le comte Umfroi, avec une partie de son armée, accompagne Léon IX jusqu'à Bénévent, où il arrive le 23 juin 1053[3]. Pendant plus de six mois, le pape reste enfermé dans la ville, toujours sous la garde des Normands. Il est évident que, livré à lui-même, il aurait repris beaucoup plus tôt le chemin de Rome. C'est à dessein que les Normands s'opposent à son départ, et, bien qu'il soit dans une ville dont il est, depuis peu de temps, le souverain, on peut dire que ses vainqueurs le tiennent toujours prisonnier[4]. En réalité, les Normands continuent à se méfier du pape ; ils veulent empêcher toute communication entre lui et leurs autres adversaires, Byzantins ou Lombards. La seule manière d'assurer leur victoire, de condamner tous leurs ennemis à l'inaction, c'est de garder le plus longtemps possible un si précieux otage. Ils observent la paix officiellement, ils continuent de prodiguer au pape toutes les marques de leur vénération, mais il est impossible à Léon IX de faire aucune démarche sans la permission des Normands.

1. Herm. Aug., 1053 ; — *Anon. Benev. Vita Leonis* (Borgia, II, 323).
2. Guil. Apul., II, 260.
3. *Ann. Benev., ad a.* 1053.
4. Quand Léon IX retourne à Capoue et à Rome, c'est avec la permission des Normands (Leo Ost., II, 84 ; — Aimé, III, 41). Delarc *l. c.*, p. 240 cherche, au contraire, à démontrer que le pape n'est nullement le prisonnier des Normands. Mais il n'en donne aucune raison sérieuse. Les écrivains de la fin du XIe siècle ne se sont fait, sur ce point, aucune illusion (Bonizo, *ad amicum*, dans Watterich, I, 104).

Correspondance du pape avec le basil[illegible] [illegible] origines du schisme et le clergé apulien. — C'est pendant ce long séjour à Bénévent (juin 1053-mars 1054) que le pape reçoit les lettres du basileus Constantin Monomaque et du patriarche Michel Cérulaire. Nous ne connaissons ces deux lettres que par les réponses de Léon IX, apportées à Constantinople quelques mois plus tard par ses trois légats, le cardinal Humbert, le chancelier Frédéric de Lorraine et l'archevêque d'Amalfi, Laurent [1]. Mais ces réponses nous indiquent assez clairement qu'il est toujours question de l'alliance entre le Saint-Siège et l'empire byzantin contre les Normands. A cette question politique se joint, il est vrai, une question religieuse, qui paraît être, à ce moment, la grande préoccupation du pape : le patriarche Michel Cérulaire ayant renouvelé contre l'Eglise romaine les griefs de Photius, Léon IX veut avant tout obliger le patriarche à se rétracter et l'Eglise de Byzance à reconnaître la suprématie romaine : de là, l'envoi de ses légats à Constantinople, et bientôt la rupture éclatante, définitive, entre les deux églises.

C'est donc au moment où le Saint-Siège et l'empire byzantin, menacés par un danger commun, tendent le plus à s'unir et paraissent le plus près de conclure une alliance politique étroite que se produit le schisme. Tandis que le basileus cherche visiblement à écarter tout motif de brouille, à préparer une entente sincère avec Rome, le patriarche, tout en étant d'accord avec Constantin Monomaque sur l'utilité de l'alliance politique, tout en travaillant, pour sa part, à la réaliser, s'enferme dans une opposition intransigeante aux revendications religieuses du Saint-Siège et refuse tout accord avec les légats. Ceux-ci, de leur côté, bien que favorables au basileus par hostilité contre les Normands, contribuent, par leur attitude hautaine et provocante, à hâter la rupture.

Nous n'avons point ici à raconter, après tant d'autres, l'histoire du schisme et des événements de Constantinople. Mais, puisque les circonstances qui ont provoqué un échange de lettres entre le pape et le patriarche se rattachent étroitement aux affaires de l'Italie méridionale, puisque le duc d'Italie, Argiros, est mêlé directement à ces négociations, il est néces-

1. Jaffé-Löw., 4301-3302; *P. L.*, CXLIII, col. 737, 777; — Cf. Bréhier, *le Schisme oriental du XIe siècle*, p. 91 et s.

saire de déterminer certains détails avec plus de précision qu'on ne l'a fait jusqu'ici.

D'après l'historien le plus récent du schisme de 1054[1], il y aurait eu dans l'attitude de Michel Cérulaire un revirement, qui s'explique par l'intervention du basileus. La première attaque du patriarche s'étant produite peu après la défaite du pape à Civitate, Léon IX lui aurait adressé une première réponse en septembre 1053. C'est alors seulement que Michel Cérulaire, sur les instances du basileus, et pour ne pas compromettre les projets d'alliance contre les Normands, aurait écrit au pape une seconde lettre, plus conciliante dans la forme, tout en maintenant ses protestations contre les doctrines de l'Eglise romaine. C'est à cette seconde lettre que le pape répond, en janvier 1054, lorsqu'il envoie ses légats à Constantinople.

Pour présenter ainsi les faits, on part d'une hypothèse gratuite : on suppose que les deux lettres de Léon IX ont été écrites assez longtemps l'une après l'autre, et que la lettre du patriarche s'intercale, chronologiquement, entre les deux écrits pontificaux. Mais il est certain qu'au moment où le patriarche et le basileus écrivent à Léon IX, ils n'ont encore reçu de lui aucune lettre. Cela résulte clairement de la double réponse du pape : il félicite Michel Cérulaire d'avoir pris l'initiative du rapprochement, d'avoir *prévenu* son propre désir ; il le loue de faire appel à l'unité, à la concorde, après que les deux églises sont restées depuis si longtemps séparées l'une de l'autre par un dissentiment funeste[2]. Les termes employés ici par Léon IX nous prouvent qu'à son avènement les relations étaient rompues, en fait, depuis plusieurs années, entre les deux églises. Le patriarche d'Antioche, dans la lettre qu'il avait adressée à Léon IX et à laquelle le pape répondit près de deux ans après, parlait aussi de cette séparation pour la déplorer[3]. La rupture la plus récente remontait à l'époque où le pape Jean XIX, sur les adjurations pressantes de plusieurs moines ou évêques d'outre-monts, avait renvoyé sans leur donner satisfaction les légats du patriarche Eustathios (1025)[4]. Il avait fallu les

1. Bréhier, *l. c.*, p. 97.
2. *Patr. lat.*, CXLIII, col. 773 et 777. Voir, en particulier, le début de la lettre à Constantin Monomaque : *Tu enim post nimium longas et perniciosas discordias, primus pacis et concordiæ monitor*... A Michel Cérulaire : *Desiderium nostrum tua industria anticipasti.*
3. *Patr. lat.*, CXLIII, col. 769.
4. Cf. *supra*, p. 427.

graves nouvelles venues de l'Italie méridionale pour décider le basileus à tenter un rapprochement et pour amener le patriarche à écrire *le premier* à Léon IX, dans le courant de l'année 1053, probablement après la défaite d'Argiros près de Siponto. Quand le patriarche Michel Cérulaire raconte à Pierre d'Antioche comment il est entré en rapports avec le pape, il indique aussi très clairement qu'avant sa lettre et celle du basileus on n'avait rien reçu de Rome. « Il y a quelque temps, dit-il, ayant entendu parler des vertus et des talents du pape, nous lui avons écrit longuement pour lui témoigner nos sentiments de concorde et d'union, espérant le gagner à notre cause et l'amener à nous donner son appui contre les Normands [1] ».

Ce n'est donc qu'après avoir reçu la lettre du patriarche et ses propositions d'alliance que le pape Léon IX se décide à son tour à lui écrire. Quant à la première lettre de Léon IX, adressée à « Michel de Constantinople et Léon d'Achrida » pour défendre contre eux l'autorité de l'Eglise romaine, et répondre aux attaques des Grecs, rien ne prouve qu'elle ait été écrite, en septembre 1053, plusieurs mois avant la réponse du pape au projet d'alliance. Il est plus probable que les deux lettres ont été composées à peu près vers la même époque [2], et qu'elles devaient être, en tout cas, portées ensemble à Constantinople par les légats, qui quittèrent Bénévent au mois de janvier 1054. Dans la lettre datée de janvier, le pape fait nettement allusion à d'autres écrits, qu'il remet en même temps à ses messagers [3]. Si les deux lettres que nous avons conservées ont un objet différent, les mêmes faits antérieurs y sont rappelés, et pas un détail ne donne l'impression qu'elles aient été composées à une époque différente. En résumé, il semble que les légats étaient chargés de porter à Constantinople : 1° la réponse au basileus ; 2° la réponse au patriarche ; 3° une lettre ou mémoire, en quarante et un articles, qui revendiquait contre les prétentions du clergé byzantin la suprématie de l'Eglise

1. WILL, *Acta et Scripta*, p. 174.

2. Dans la première lettre « à Michel de Constantinople et Léon d'Achrida », on lit : *Ecce jam post mille ac ferme viginti a passione Salvatoris nostri annos incipit*... (*l. c.*, col. 747). Dans la deuxième, la même phrase est reproduite, sauf l'adverbe *ferme*, qui a disparu. C'est une raison insuffisante pour mettre un intervalle de plusieurs mois entre la composition de ces deux documents.

3. *L. c.*, CXLIII, col. 776 : *Quia tam de his quam de aliis, quibus nos calumniaris, latius a nostris nuntiis per alia scripta nostra, quæ deferunt, instrueris.*

romaine[1]; 4° un exposé de la doctrine romaine sur la question des azymes. Ce dernier document ne nous est pas parvenu, mais il est facile d'en inférer l'existence d'après un passage des lettres précédentes[2].

Il n'y a eu, dans l'attitude de Michel Cérulaire, aucun revirement. Le patriarche veut bien tenter un rapprochement politique avec le Saint-Siège, mais il entend ne rien sacrifier de ses prétentions doctrinales. A ses yeux, les doctrines et les pratiques romaines, quelles que soient les vertus personnelles du pape Léon IX, quel que soit l'intérêt pour l'empire d'un accord avec le Saint-Siège, restent entachées d'hérésie. De son côté, le pape ne considère la paix avec les Normands que comme une trêve provisoire : il est prêt à recommencer contre eux la lutte, quand les circonstances seront plus favorables ; et pour réparer une défaite humiliante, funeste à l'Eglise et à la cause de la réforme, il est tout disposé à s'entendre avec le basileus, à fortifier l'union avec l'Eglise d'Orient. Mais il ne peut admettre qu'on ose accuser la foi de l'Eglise romaine, qu'on discute la légitimité de ses usages, qu'on mette en question sa suprématie. Les longs loisirs que lui donne sa captivité lui permettent de consacrer à cette affaire toutes les forces de son intelligence, d'étudier avec attention, pour leur répondre, tous les griefs des Grecs; autour de lui, ses conseillers les plus intimes connaissent la langue grecque, mais lui-même, jusqu'à ce moment, l'ignorait. Il profite de son séjour à Bénévent pour apprendre le grec, et pouvoir juger en connaissance de cause les doctrines suspectes qui se répandent, par cette langue, dans l'Italie méridionale[3].

Mais il reste à expliquer comment cette polémique doctrinale, ecclésiastique, s'est brusquement réveillée, quand, de part et d'autre, on avait un intérêt manifeste à la laisser dormir. Le point de départ de la querelle, c'est la lettre adressée par l'archevêque de Bulgarie, Léon d'Achrida, à l'évêque de Trani, lettre dans laquelle le prélat byzantin dénonce comme contraires à l'orthodoxie plusieurs usages ou doctrines de l'Eglise romaine, et notamment l'usage des azymes dans le saint Sacrifice. Ce document, dans la pensée de son auteur,

1. *L. c.*, col. 744.
2. *L. c.*, col. 765 : *Alio exordio congruum censuimus respondere.*
3. Wiberti *Vita Leonis*, II, 9, 12 (t. CXLIII, col. 498, 501). Sur Humbert, cf. *Patr. lat.*, CXLIII, col. 915. — Sur Laurent d'Amalfi, *l. c.*, CXLIV, col. 943.

devait être transmis non seulement aux évêques apuliens, sujets politiques de Byzance, mais à d'autres évêques italiens et au pape lui-même[1]. Le cardinal Humbert, se trouvant à Trani probablement après la bataille de Civitate, en eut connaissance, le traduisit et l'apporta à Bénévent[2]. Le texte latin porte en tête : « Michel, patriarche universel de la nouvelle Rome, et Léon, archevêque d'Achrida, à leur frère Jean de Trani ». Mais les premiers mots ont été ajoutés par le traducteur, car le texte grec prouve que Léon d'Achrida en est le seul auteur[3]. Cette altération volontaire était faite, sans doute, pour augmenter l'importance du document : il est probable, d'ailleurs, que l'archevêque de Bulgarie agissait d'accord avec le patriarche et sur son initiative.

Ainsi le foyer de propagande byzantine, créé à Achrida par les patriarches de Constantinople, étend son action jusque sur les côtes d'Apulie : il n'y a rien là de surprenant, si l'on songe aux rapports de navigation et de commerce qui unissaient nécessairement les deux côtes byzantines de l'Adriatique. Mais pourquoi l'archevêque grec de Bulgarie s'adresse-t-il spécialement à l'évêque de Trani, et quelle est la raison qui explique, en 1053, cet effort de propagande ? L'évêque ou archevêque de Trani est le principal rival, en Apulie, de l'archevêque de Bari, reconnu explicitement par le Saint-Siège. Tandis que le métropolitain de Bari cherche de plus en plus à défendre son autonomie contre le clergé grec et les prétentions de Constantinople[4], l'évêque de Trani devient l'homme de confiance du basileus, le défenseur le plus fidèle des intérêts byzantins dans le clergé apulien-latin. Au moment où le thème d'Italie est si gravement menacé par les Normands, Jean de Trani joue le même rôle que son prédécesseur l'évêque Rhodostanos, soixante-dix ans plus tôt, lors de la guerre contre Otton II. On a vu comment cet évêque, consacré par le Saint-Siège, mais sujet fidèle du basileus, reçoit du catépan certains privilèges[5]. De même, le patriarche et le basileus confèrent à Jean de Trani le titre de *syncelle*, qui lui donne un rang à part dans le clergé d'Orient,

1. *In suggillationem omnium Latinorum directa* (WIBERTI, *l. c.* II, 9). Cf. le début de la lettre : « Διὰ σοῦ πρὸς πάντας τοὺς ἀρχιερεῖς των Φράγγων καὶ πρὸς αὐτὸν τὸν αἰδεσιμώτατον Πάπαν » (WILL, *l. c.*, p 56).
2. WIBERTI, *l. c.*, II. 9.
3. WILL, *l. c.*, p. 56.
4. *Ann. Bar.*, 1035.
5. Cf. *supra*, p. 361.

qui en fait, en quelque sorte, un chanoine honoraire de l'église de Constantinople[1]. Par sa situation mixte, l'évêque de Trani est tout désigné pour servir d'intermédiaire entre Michel Cérulaire, Constantin Monomaque et Léon IX. C'est lui qu'Argiros envoie à Constantinople, au lendemain de la victoire des Normands à Civitate, pour montrer au basileus la gravité du péril et l'urgence d'une prompte intervention[2].

D'autre part, son attitude à Constantinople et l'estime particulière dont il jouit auprès du patriarche nous montrent qu'il est très disposé à entrer dans les vues du clergé byzantin[3] : assez habile pour n'inspirer aucun soupçon aux Latins, il laisse croire aux Grecs qu'il sera volontiers l'instrument de leur propagande ou qu'il n'y apportera aucun obstacle. Or, si Michel Cérulaire croit le moment venu de reprendre, surtout en Italie, ce travail de propagande byzantine, c'est qu'il redoute la prépondérance du clergé latin d'Apulie, soutenu par Argiros. Si la plupart des sièges épiscopaux sont latins, il y a probablement dans quelques villes du littoral un certain nombre d'évêques grecs; il y a en tout cas, même dans les diocèses latins, un clergé grec assez nombreux, plusieurs monastères basiliens. Au moment où les intérêts de l'empire byzantin sont si gravement menacés, c'est cet élément religieux grec qu'il s'agit de fortifier. Il faut se servir des rivalités entre les principaux évêques d'Apulie pour les rattacher plus étroitement au patriarcat orthodoxe ; il faut reprendre l'œuvre d'assimilation, autrefois tentée par Nicéphore Phocas et le patriarche Polyeucte, et abandonnée, ou tout au moins négligée après eux. Mais le successeur de Nicéphore Phocas est Constantin Monomaque, tout disposé au contraire à la conciliation, puisqu'il a consenti, le premier, à remplacer les catépans orthodoxes par un duc d'origine lombarde, défenseur des traditions latines. D'ailleurs il y a dans le clergé latin comme un renouveau d'activité, depuis que le pape est venu lui-même en Apulie, depuis qu'il a réuni un synode à Siponto et entrepris avec vigueur la réforme du clergé local. N'est-il pas vraisemblable que cette action si nouvelle du Saint-Siège et des moines latins réformateurs ait réveillé la méfiance des Grecs ? C'est en partie parce que Léon IX travaille à rétablir, en Apulie, la discipline de l'Eglise

1. Ughelli, *Italia sacra*, VII, 823.
2. *Anon. Bar.*, *ad a.* 1053.
3. Lettre de Michel Cérulaire. Will, *l. c.*, p. 178.

latine que l'attention du clergé grec est attirée, de nouveau, sur les différences de doctrines et d'usages, qui le séparent des Latins.

Michel Cérulaire avait de bonnes raisons pour craindre que l'influence du clergé de rite grec ne fût combattue par le duc d'Italie, récemment arrivé à Bari. Pendant le séjour d'Argiros à Constantinople, le patriarche avait eu, nous l'avons dit, avec le fils de Mélo de fréquentes querelles. Plus d'une fois, traitant Argiros en hérétique, il lui avait interdit la communion de l'Eglise grecque[1]; et il est probable qu'il s'était opposé de toutes ses forces à ce que le basileus osât confier à un Latin le gouvernement de l'Italie byzantine. C'est pour combattre la politique religieuse d'Argiros, autant que les progrès du clergé latin, que Michel Cérulaire charge l'archevêque de Bulgarie d'écrire à l'évêque de Trani.

Mais on n'a aucune raison de supposer que le patriarche ait attendu la nouvelle de la défaite du pape pour ouvrir l'attaque contre l'Eglise romaine. La lettre de Léon d'Achrida a dû arriver en Apulie, au moment même où les Normands se disposaient à combattre, d'un côté contre Argiros, de l'autre contre Léon IX — ou, en tout cas, peu de temps après la défaite de Civitate. Lorsque le patriarche prend cette initiative, il ignore certainement la bataille de juin 1053. Poussé par son zèle orthodoxe, il ne s'est point occupé de savoir si sa démarche était plus ou moins opportune. Argiros, au contraire, a dû la juger fort malencontreuse, et c'est sans doute pour expliquer la situation véritable qu'il s'empresse d'envoyer à Byzance l'évêque de Trani.

Telles sont les circonstances qui nous permettent de mieux comprendre et de juger plus impartialement la conduite de Michel Cérulaire. De son côté, le pape Léon IX est tenu au courant de ce qui se passe à Constantinople, non seulement par les lettres officielles, qui lui sont apportées, mais par les récits de différents voyageurs, émissaires d'Argiros, marchands apuliens, peut-être aussi des gens d'Amalfi ou de Venise. Notons en passant que le patriarche vénitien Dominique de Grado se trouve dans l'entourage du pape en 1049 et 1050; et c'est lui, on l'a vu, qui vient à Bénévent en 1051, pour recevoir la soumission des Lombards[2]. Or le même per-

1. Lettre de Michel Cérulaire au patriarche d'Antioche. Will, *l. c.*, p. 177.
2. *Ann. Benev.*, 1051.

sonnage intervient dans la querelle entre Grecs et Latins sur l'usage des azymes : par les marchands qui voyagent entre Venise et la Syrie, il fait porter une lettre au patriarche d'Antioche et lui dénonce les attaques de l'Eglise byzantine contre l'Eglise romaine[1].

Léon IX apprend ainsi, par les uns ou les autres, que Michel Cérulaire a fait fermer à Constantinople les églises des Latins, les monastères, qui observent une autre règle que celle de saint Basile, et que, d'autre part, il cherche à faire reconnaître explicitement par les sièges patriarcaux d'Alexandrie et d'Antioche la prépondérance de Constantinople[2]. Ce sont sans doute des adversaires du patriarche qui font parvenir ces nouvelles au pape, pèlerins ou marchands italiens de Byzance et des grands ports de l'Orient. Quant au rôle d'Argiros, il est difficile de le déterminer avec précision : on ne peut accepter entièrement l'unique témoignage de Michel Cérulaire, très hostile au duc d'Italie. Mais il est clair qu'Argiros, chargé de faire parvenir à Léon IX, d'une manière ou de l'autre, les lettres de Constantinople, et sachant fort bien de quoi il s'agissait dans ces lettres, a cherché à faire connaître au pape son avis personnel, fondé sur son expérience de la cour byzantine. S'il n'a pu s'entendre directement avec le pape, enfermé à Bénévent, il a vu, du moins, quelques-uns de ses principaux conseillers.

Michel Cérulaire prétend qu'Argiros a retenu les lettres apportées de Constantinople, et qu'il s'est chargé lui-même de fabriquer la réponse[3]. Les trois légats venus d'Italie ont été envoyés, non par le pape, mais par Argiros. Jusqu'à quel point le patriarche était-il sincère, en cherchant à répandre ce bruit en Orient? Nous n'en pouvons rien savoir. Mais on doit, dans son récit, noter certains détails qui semblent tout à fait authentiques. Le « vestiarite » byzantin, auquel sont confiées les lettres du basileus et du patriarche, devait les apporter lui-même au pape Léon IX. Comme les Normands, maîtres du pays, tiennent les communications entre la côte apulienne et Bénévent, le voyage devient fort difficile et dangereux pour un ambassadeur officiel du basileus. Argiros garde les lettres et se charge de les faire arriver au pape par d'autres moyens. Le

1. Will, *l. c.*, p. 205.
2. *P. L.*, t. CXLIII, col. 764, 780.
3. Will, *l. c.*, p. 176 et s.

« vestiarite » ayant apporté de la capitale une somme d'argent considérable, Argiros s'en empare et l'emploie à faire, contre les Normands, de nouveaux préparatifs[1]. Quand les trois légats, partis de Bénévent, en janvier 1054, avec le consentement des Normands qui respectent en eux les représentants du Saint-Siège, gagnent la côte apulienne, Argiros s'entretient avec eux et joint ses instructions personnelles à celles qu'ils ont reçues du pape. Comme il connaissait fort bien, par sa propre expérience, l'état des partis dans la capitale de l'empire, il a dû faire savoir au cardinal Humbert et à ses compagnons que le patriarche avait de nombreux adversaires, sur lesquels il leur serait facile de s'appuyer pour mettre le basileus de leur côté. Ainsi s'explique l'attitude des légats qui, dès le début, ont pu s'entendre avec le basileus, avec une décision singulière, comme des hommes déjà bien informés et sachant qu'ils peuvent braver en face les prétentions de Michel Cérulaire. Dès lors, il est naturel que le patriache ait vu surtout en eux les amis et les émissaires de son rival, de son adversaire, aussi habile qu'obstiné, le duc byzantin d'Italie.

Quand Michel Cérulaire prétend que la lettre apportée par les légats n'offre aucun signe d'authenticité, on peut admettre qu'il est de bonne foi, si l'on se souvient qu'il y a eu, en effet, des changements importants dans la confection des bulles pontificales à partir de Léon IX. On sait la suite : les légats excommunient solennellement le patriarche, puis quittent la ville. Rappelés quelques jours après pour une tentative inutile de conciliation, ils repartent bientôt, ayant rompu toutes relations avec Michel Cérulaire, mais persuadés de leur triomphe. Cependant la nouvelle de la mort de Léon IX, arrivée sur ces entrefaites, donne au patriarche un nouveau prétexte pour refuser de reconnaitre dans les trois légats venus d'Italie les représentants légitimes du Saint-Siège[2].

Quant aux Normands, indifférents d'abord à ces querelles, ils ne tardèrent pas, sans doute, à se rendre compte des difficultés qui surgissaient entre Rome et Byzance, et qui devaient ajourner encore l'entente directe, que leur victoire de Civitate avait empêché de conclure. Ces difficultés favorisaient leurs

1. Will, *l. c.*, p. 174. En faisant ce récit à Pierre d'Antioche, Michel Cérulaire ajoute expressément : « ὡς ἀκριβῶς μεμαθήκαμεν ».

2. Cf. le décret de Michel Cérulaire. Will, *l. c.*, p. 155. et la *brevis commemoratio* des légats romains : *Id.*, 150.

intérêts et leur indiquaient même une politique à suivre. En se montrant les serviteurs empressés du Saint-Siège, en s'appuyant sur le clergé latin contre les revendications byzantines, ils pouvaient atténuer les haines qu'ils avaient soulevées. Travailler à désunir leurs adversaires, multiplier les obstacles, qui pouvaient retarder l'accord entre l'empire byzantin et le Saint-Siège ou l'empire germanique, c'était là surtout ce qu'ils devaient souhaiter.

CHAPITRE IV

DE LA BATAILLE DE CIVITATE AU CONCILE DE MELFI

L'INACTION BYZANTINE. — LE REVIREMENT DE LA POLITIQUE PONTIFICALE (1054-1059)

La victoire de Civitate semble avoir été une surprise pour les Normands eux-mêmes. Elle a pour conséquence immédiate de les sauver d'une situation pleine de périls, en empêchant la jonction de leurs adversaires. Mais, entourés d'une population méfiante et hostile, obéissant à différents chefs, jaloux les uns des autres, et peu disposés à reconnaitre la suprématie durable de l'un d'entre eux, ils ont assez à faire de maintenir leurs premières conquêtes et ne peuvent profiter du désarroi de leurs adversaires pour se lancer en de nouvelles aventures. En fait, après Civitate, les Normands ne livrent presque plus de grandes batailles, au moins pendant plusieurs années. De la part du Saint-Siège et des Byzantins, il n'y a plus aucune tentative de résistance efficace et sérieuse, aucun effort qui compte : tout se borne à des projets, à peine ébauchés ; et pourtant les Normands ne peuvent s'avancer dans la conquête qu'avec une extrême prudence : mieux vaut fortifier les positions acquises, habituer les populations indigènes à subir, comme un mal inévitable, la présence des nouveaux venus, s'imposer ainsi peu à peu aux habitants du pays, traiter avec eux à l'amiable, et se contenter, le plus souvent, d'une soumission apparente, plutôt que provoquer des représailles et des soulèvements.

Lente extension de la conquête normande. — Les barons normands s'installent sur les bords du Fortore, et près du littoral de l'Adriatique, au nord-ouest du Gargano, dans les petites bourgades, qui sont obligées, en raison même de leur faiblesse, d'ouvrir leurs portes, à Lesina, à Ripalta et jusque près de Viesti[1]. Mais si le comte Umfroi reconnait à l'un de ses frères le titre de comte de la *Capitanate*[2], c'est pour lui livrer d'avance un pays dont la plus grande partie reste encore insoumise. Cependant Umfroi lui-même rentre à Melfi, s'empresse de poursuivre les meurtriers de son frère Drogon et, par la rigueur de sa vengeance, se fait redouter dans toute la région : il affermit ainsi son autorité dans le massif du Vulture, autour de Melfi et de Venosa, et plus loin encore. Les habitants de Troia qui, après une première soumission (vers 1048), ont repris leur indépendance, sont obligés de lui payer tribut, mais ils ne reçoivent pas encore de garnison normande. Les grandes villes du littoral apulien, Bari, Trani, peut-être même Otrante, un peu plus tard, doivent reconnaître la suprématie du comte Umfroi, sous peine de se voir inquiétées ou affamées par de continuelles razzias[3]. Mais il est probable que cette soumission, tout extérieure, ne les engage pas à grand'chose : sûrement elles gardent leur autonomie ; elles restent administrées par leurs magistrats indigènes, décorés de dignités byzantines.

Si le comte Umfroi ne trouve, semble-t-il, aucune résistance du côté de l'Apulie byzantine, c'est en vain qu'il cherche à s'étendre, à l'ouest et au nord-ouest de Melfi, aux dépens des Lombards de Bénévent. Ceux-ci, après le départ du pape Léon IX, se sont empressés de rappeler leurs princes, Paldolf III et son fils Landolf. Quand les bandes normandes reviennent devant la ville de Bénévent, elles trouvent une population en armes, prête à se défendre derrière les hautes murailles qui l'abritent : le comte Umfroi renonce bientôt à continuer le siège[4]. Tandis que le long interrègne qui suit la mort de Léon IX fait disparaître la souveraineté pontificale, l'ancienne dynastie lombarde reprend paisiblement possession de la ville et, sans doute aussi, d'une partie de la principauté.

1. *Cartulaire de Tremiti*, fol. 30 v° (*Osmundus dominus civitatis Ripalte*, la troisième année d'Isaac Comnène); fol. 44 : *Petrone comes*, à Lesina, la quatorzième année de Constantin Monomaque ; Robert, seigneur de la cité « De via », près de Viesti (fol. 46), la douzième année de Constantin Monomaque.
2. Gauf. Mal., I, 15.
3. Guil. Apul., II, v. 285-296.
4. *Ann. Benev.*, 1054 et 1055.

Dès lors, c'est vers le sud-est que se tourne l'activité des Normands d'Apulie. Ils réussissent à enlever de force quelques places secondaires, comme la ville de Conversano, non loin de Bari (1054) : mais à mesure qu'ils se rapprochent du golfe de Tarente, la résistance devient plus acharnée. Le protospathaire Sicon est tué, vers la même époque, sous les murs de Matera ; une bataille s'engage entre Umfroi et les Grecs, dans les environs d'Oria (1055)[1], et les bandes normandes s'avancent victorieuses dans la Terre d'Otrante : Nardo et Lecce sont occupées par le comte Gaufredus. Otrante se soumet, Gallipoli est attaqué. En 1056, les troupes byzantines sont de nouveau battues, près de Tarente, et dès lors la région de Tarente à Otrante, ravagée en tous sens, subit toutes les horreurs de l'invasion ; deux ans plus tard, une épouvantable famine désole le pays[2].

Les débuts de Robert Guiscard. — Pendant ce temps, l'un des principaux vainqueurs de Civitate, le plus jeune des fils de Tancrède de Hauteville, Robert Guiscard, a pris possession d'une partie importante de la Calabre septentrionale. De tous les chefs normands, c'est lui qui va porter à la domination byzantine les coups les plus rudes : et comment ne pas rappeler ici le saisissant portrait qu'a tracé de ce grand adversaire de l'empire la plume d'un historien byzantin ? Anne Comnène parle avec une admiration mêlée de colère de ce géant barbare, aux cheveux blonds et au teint coloré, dont les yeux lancent des éclairs[3]. Elle marque fort bien les traits principaux de son caractère, son ambition inquiète et insatiable, son invincible ténacité, son audace, la finesse de son esprit, toujours en quête de ruses nouvelles. Mais l'homme qui devait quelques années plus tard, avec l'assentiment du Saint-Siège, revendiquer le titre de duc d'Apulie, de Calabre et de Sicile, n'était, en 1054, qu'un turbulent chef de bandits. D'abord au service du prince de Capoue, il avait passé en Apulie, demandant à son frère, le comte Drogon, des terres et de l'argent : et Drogon l'avait envoyé dans la vallée du Crati, lui confiant le château fort de Scribla, puis celui de San-Marco[4],

1. *Anon. Bar.*, 1054 ; — Lup. Protosp., 1054 ; — *Chron. breve Northm.*, 1055.
2. *Chron. breve North.*, 1055, 1056, 1058. — Cf. Gauf. Mal., I, 27.
3. Anne Comn., I, 10, 11 ; — Delarc, *l. c.*, p. 170.
4. Gauf. Mal., I, 12 ; — Leo Ost., III, 15.

construits peu de temps auparavant. Les premières bandes normandes, introduites en Calabre par le prince de Salerne, dès l'année 1048[1], avaient poussé leurs incursions assez loin vers le sud : la brève mention d'un chroniqueur, qui signale, en 1052, une bataille entre Grecs et Normands près de Cotrone, est confirmée par le témoignage d'une charte, datée de 1053, faisant allusion aux ravages des « Francs » qui pillent et brûlent un monastère, dans les environs de Sainte-Cyriaque (Gerace)[2]. Mais ces premiers envahisseurs ne font que passer, et c'est plus au nord, dans la riche et fertile vallée du Crati, que s'établissent à demeure les premiers conquérants normands. De retour en Calabre, après la victoire de Civitate, Robert Guiscard fait de la forteresse de San-Marco le centre principal de ses expéditions : il menace, par d'incessantes attaques, les villes de Cosenza et de Bisignano et, plus loin vers le sud, celle de Martirano[3]. Pour se procurer des armes et des chevaux, il pille les voyageurs; avec un petit nombre de compagnons, prêts à tout risquer, il se fait partout redouter[4], véritable ancêtre de ces chefs de brigands qui erraient autrefois librement dans les forêts calabraises. Quand ce n'est point par la violence, c'est par la ruse qu'il arrive à dépouiller les plus riches habitants du pays. On trouve, dans plusieurs textes contemporains, l'histoire d'un noble personnage de Bisignano, qui se laisse tromper par les belles paroles et les protestations amicales du chef normand : comme il vient le trouver seul et sans escorte, afin de lui prouver sa confiance, Robert se jette sur lui, le fait trainer en prison par ses hommes d'armes, cachés à quelque distance, et ne le relâche qu'en se faisant payer une forte rançon[5]. Un autre jour, ses compagnons, d'un air dévot, viennent frapper à la porte d'un monastère et demandent humblement la permission d'y faire enterrer l'un de leurs compagnons; quand le cercueil est introduit dans la ville, tout d'un coup le drap mortuaire se soulève, et le prétendu mort apparaît en poussant de grands cris ; il distribue des armes à ceux qui

1. *Chron. breve North.*, 1048.
2. *Chron. breve North.*, 1052 ; — TRINCHERA, *Syllabus*, n° 40.
3. GAUF. MAL., I, 16, 18.
4. GUIL. APUL., v. II, 305-330.
5. GAUF. MAL., I, 17 ; — AIMÉ, III, 6-9 ; — LEO OST., III, 15 ; — CECAUMENI *strategicon*, éd. Wassiliewsky et Jernstedt, p. 35. D'après ce dernier texte, le Calabrais Tira (ὁ Τήρας) était gardien (φύλαξ) de la ville, en même temps que fort riche.

l'entourent, et les bandits se jettent sur les habitants de la ville, épouvantés, qui bientôt se rendent à discrétion[1].

C'est par ces procédés que Robert Guiscard force plusieurs villes de Calabre à lui payer tribut, ou à lui fournir des otages. Entre-temps, il va prêter main-forte aux Normands, qui combattent dans la Terre d'Otrante, et c'est ainsi qu'en 1056 il assiége Gallipoli. Cependant son frère, le comte Umfroi, se sentant sur le point de mourir, appelle Robert à Melfi pour lui confier la tutelle de son jeune fils, Abagelard. A la mort d'Umfroi, en 1056 ou 1057, c'est Robert Guiscard qui prend, avec le titre de comte, le commandement des principales bandes normandes en Apulie[2].

Les Normands et le prince de Salerne. — Tandis que le nouveau comte cherche à faire reconnaître sa suprématie militaire depuis la vallée du Crati jusqu'au massif du Vulture, les condottieri normands, établis depuis plus de vingt ans sur les terres du principat de Salerne, accrus de nouveaux renforts, sont devenus pour le prince Gisulf des voisins de plus en plus dangereux. Menacé à l'ouest par le comte Richard d'Aversa, à l'est par un des frères de Tancrède, Guillaume, qui a pris, au lendemain de Civitate, le titre de comte du « Principat », le prince de Salerne voit son domaine se resserrer de jour en jour, en même temps que s'efface le prestige de sa dynastie[3]. Brouillé avec les riches marchands d'Amalfi, que l'habile comte d'Aversa a su mettre dans ses intérêts, Gisulf n'a plus les ressources suffisantes pour soudoyer et garder à son service les mercenaires normands, dont l'appui avait été si utile à son père Guaimar. Ces anciens clients sont devenus des rivaux assez forts pour tenir le prince lombard à leur merci; ce qui pour le père était le paiement d'une solde devient pour le fils un tribut onéreux, dont il cherche vainement à s'affranchir. Quand il refuse de payer ce tribut, les chefs normands s'emparent de ses domaines et de ses forteresses : le comte Umfroi et son frère Guillaume ont occupé trois forteresses, situées dans les environs d'Eboli; ils dominent ainsi la vallée du Sele,

1. Guil. Apul., II, 345.
2. Guil. Apul., II, 365; — Gauf. Mal., I, 18; — Aimé, IV, 2; — Lup. Protosp., 1056; — *Anon. Bar.*, 1057. — La date probable est 1057 (cf. von Heinemann, *l. c.*, p. 371).
3. Aimé, III, 45; — Gauf. Mal., I, 15.

tout près de Salerne, et la conquête normande gagne peu à peu les vallées principales de la Lucanie[1].

L'inaction militaire de Byzance; politique d'Argiros et nouvelles tentatives d'alliance entre les deux empires. — En Apulie, en Lucanie, en Calabre, seules les résistances locales, les efforts dispersés et impuissants des populations indigènes peuvent retarder les progrès des envahisseurs. Au reste, l'inertie et l'abstention du gouvernement impérial et de ses alliés possibles en Italie s'expliquent aisément par les circonstances extérieures. C'est en vain que le duc d'Italie, Argiros, sollicite l'intervention de la cour byzantine. Après avoir envoyé à Constantinople, au lendemain de la défaite de Civitate, l'archevêque Jean de Trani, il part lui-même, accompagné de l'archevêque de Bari, Nicolas, peu après l'avènement de Théodora[2] : peut-être est-il rappelé par la nouvelle basilissa, peu favorable à la politique de son prédécesseur. En tout cas, il ne tarde pas à revenir en Apulie, puisque de nouveau il quitte Bari pour Byzance, en 1058[3]. Quels que soient les motifs de son voyage, le pouvoir impérial, affaibli par des révolutions de palais trop fréquentes, est moins que jamais en état d'envoyer en Italie une armée de secours. A chaque avènement nouveau, c'est un bouleversement général dans la haute administration et les commandements militaires. Théodora, qui succède à Constantin Monomaque (janvier 1056), cherche à se venger de tous ceux qui ont voulu lui susciter un rival, en faisant proclamer un nouveau basileus. Mais elle meurt en août 1056, et son successeur, Michel VI Stratiotikos, bien que désigné par elle, revient sur plusieurs des actes du règne précédent. Il soulève à son tour un tel mécontentement qu'une révolution militaire porte au pouvoir le général des troupes d'Asie Mineure, Isaac Comnène (juin 1057)[4].

Pendant ce temps, les Turcs Seldjoukides s'avancent en Asie Mineure, et ce sont eux, beaucoup plus que les Normands, qui sont, aux yeux de l'aristocratie byzantine, les plus dangereux adversaires de l'empire. Déjà Constantin Monomaque a

1. Aimé, III, 45 ; IV, 9, 10.
2. *Anon. Bar.*, 1053, 1055.
3. *Anon. Bar.*, 1058.
4. Cedr., II, 610-616; — Gfrörer, *Byz. Gesch.*, III, 590 et s. Cf. Bury : *Roman Emperors from Basil II to Isaac Komnenos* (*the english histor. review*, IV, 258).

fait passer en Orient toutes les légions de Macédoine[1], et comme si ce n'était pas assez de ce redoutable danger pour occuper toutes les forces disponibles de l'empire, les incursions des Petchénègues recommencent en Thrace. S'il y a encore, à la cour byzantine, une politique occidentale et italienne, elle ne connait plus que deux moyens d'action : l'alliance avec l'empire germanique et le Saint-Siège, la corruption des chefs normands. L'empire n'a-t-il pas à son service, en Asie Mineure, quelques-uns de ces hardis aventuriers « francs », dont il connait la bravoure et la cupidité[2]? Trop faibles pour envoyer des renforts aux garnisons byzantines d'Italie, les successeurs de Constantin Monomaque en sont réduits comme lui-même, malgré l'échec des premières tentatives, à ne compter que sur la diplomatie, pour arrêter les Normands. La querelle religieuse entre le pape et le patriarche n'est qu'un épisode secondaire, qui n'interrompt en aucune façon les relations politiques entre les deux empires.

Quand le chancelier de l'Eglise romaine, Frédéric de Lorraine, revient de Byzance en Italie (vers la fin de l'année 1054), il apporte avec lui les riches présents du basileus, destinés aux sanctuaires de Rome et du Mont-Cassin[3] : mais une bonne part de l'or qu'il apporte lui a été donnée, sans doute, pour des fins politiques. Il est vrai que l'empereur Henri III, en apprenant son retour, manifeste à son égard les dispositions les plus hostiles : c'est qu'il est alors en fort mauvais termes avec le frère du chancelier, le tout-puissant Gottfried, duc de Toscane et de Lorraine ; il craint probablement que Frédéric ne se fasse l'intermédiaire d'un rapprochement entre l'empire byzantin et son vassal rebelle. Mais Henri III n'a lui-même aucune répugnance contre l'entente avec Byzance : en mai 1054, il accueille fort bien les envoyés d'Argiros. Sans doute, il traite Argiros comme un de ses propres fidèles, se plaisant à rappeler le souvenir de son père Mélo, uni à l'empire germanique par des liens étroits[4]. Toutefois il est peu vraisemblable qu'Henri III ait vu dans Argiros un transfuge prêt à trahir la cause byzantine. Le duc d'Italie continue de préparer, avec le même empressement, l'alliance offensive des deux empires. Tandis

1. Cedr., II, 611.
2. Mich. Attal., p. 35, 46 ; — Cedr., II, 602, 606, 617, 630.
3. Leo Ost., II, 85, 86.
4. Cf. *supra*, p. 412 ; — Jaffé, *Bibliotheca r. g.*, V, 37 ; — Stumpf-Br., 2457.

qu'il va s'embarquer à Bari, le souverain germanique, de son côté, envoie à Byzance l'évêque Otton de Novare : celui-ci, reçu par Théodora avec les plus grands honneurs, revient l'année suivante (1056), accompagné d'une ambassade byzantine[1].

En fait, l'empire germanique et le Saint-Siège sont réduits à la même inaction, dans l'Italie méridionale, que la cour byzantine. L'évêque d'Eichstädt, proclamé pape, sous le nom de Victor II, près d'un an après la mort de son prédécesseur, ne se soucie guère de poursuivre, avec ses seules forces, une lutte qu'il avait jugée, du vivant de Léon IX, téméraire et dangereuse[2]. Après de longues hésitations, il n'a consenti à être pape que si l'empereur lui donne son appui pour recouvrer « les droits de saint Pierre », c'est-à-dire la ville de Bénévent et les patrimoines pontificaux de la vallée du Liris, occupés par les Normands[3]. A l'assemblée de Florence, en mai 1055, Victor II reçoit d'Henri III la concession des deux marches de Spolète et de Fermo[4] : c'est un moyen de faire équilibre à la puissance dangereuse du duc de Toscane et, en même temps, de préparer le rétablissement de la suprématie pontificale à Bénévent. Quant à l'empereur, pendant qu'il est encore en Italie et que son ambassadeur prend la route de Byzance, il se contente d'envoyer un message aux princes lombards de Capoue et de Bénévent, sans préparer, d'ailleurs, aucune expédition[5]. Quand il rentre en Allemagne, le pape, son fidèle allié, ne tarde pas à l'y rejoindre et passe plusieurs mois auprès de lui. S'il faut en croire les clercs romains, auteurs des *Annales*, Victor II aurait demandé à l'empereur de venir chasser les Normands, ces « nouveaux Sarrasins » contre lesquels continuait de s'élever, avec la même violence, la plainte des populations indigènes[6]. Mais la maladie et la mort d'Henri III (août 1056) coupent court à tous ces projets, et l'ambassade byzantine qui, vers la même époque, arrive en Allemagne n'aboutit à aucun résultat. Quand Victor II, ayant assisté l'empereur à ses derniers moments, revient en Italie.

1. Bernoldi *ann.*, 1055 (*Ss.*, V, 269); — *Ann. Aug.*, 1056 (*Ss.*, III, 127).
2. Leo Ost., II, 81.
3. Leo Ost., II, 86; — *Anon. Haser.* (*Ss.*, VII, 265), cf. Aimé, III, 48.
4. Ficker, *Forschungen*, II, 322 ; — Ughelli, I, 352.
5. Leo Ost., II, 86. — L'abbé Richer arrive au Mont-Cassin *cum nuntiis imperatoris qui ad principes mittebantur.*
6. *Ann. Rom.*, dans *Lib. Pontif.*, II, 334.

en février 1057[1], rien n'est changé dans les rapports du Saint-Siège avec l'Italie méridionale : son impuissance politique, au-delà de Rome et de la marche de Spolète, est toujours la même, et les Normands peuvent menacer impunément les frontières de l'Etat pontifical. C'est sans doute à ce moment que Victor II, renonçant à toute politique hostile, cherche à traiter avec les chefs normands, peut-être aux dépens des princes de Bénévent[2].

Le Mont-Cassin et le Saint-Siège. — Pourtant le Saint-Siège et l'empire gardent encore un point d'appui dans l'Italie méridionale : c'est l'abbaye du Mont-Cassin, gouvernée par le Bavarois Richer, qui cherche vainement, lui aussi, à provoquer l'intervention d'Henri III. Mais Richer meurt, au cours d'un voyage dans les Marches (décembre 1055) ; et les moines de l'abbaye, d'accord avec le prince de Capoue, s'empressent d'élire pour abbé l'un des plus anciens d'entre eux, sans consulter ni l'empereur ni le pape[3]. A cette nouvelle, le pape Victor II leur écrit une lettre de reproches ; d'ailleurs, il se trouve dans le monastère une minorité hostile au nouvel élu, l'abbé Pierre, et favorable sans doute à l'intervention impériale : les opposants se mettent en rapports avec le pape et l'entretiennent dans sa méfiance. De leur côté, les autres moines envoient une députation au pape et à l'empereur, pour se justifier. Le voyage de Victor II en Allemagne et la mort d'Henri III laissent l'affaire en suspens : mais, dès son retour, le pape fait venir l'abbé à Rome, puis consent à le renvoyer à condition que l'élection soit examinée sur les lieux par un légat pontifical, envoyé tout exprès au Mont-Cassin[4].

C'est l'ancien conseiller de Léon IX, l'un des plus illustres personnages de la cour romaine, le cardinal Humbert, qui est chargé de cette mission. Il convoque le chapitre : contre les revendications pontificales, les moines défendent énergiquement leurs droits anciens, garantis par les prédécesseurs de Victor II, et surtout le droit d'élire librement leur abbé. D'ailleurs, ils cherchent à montrer que dans l'élection nouvelle tout s'est passé le plus régulièrement possible. Mais, tandis qu'ils dis-

1. Jaffé-Löw., p. 552.
2. Aimé, III, 47.
3. Leo Ost., II, 88-89 ; — Aimé, III, 49.
4. Leo Ost., II, 90.

cutent ainsi avec l'envoyé du pape, quelques-uns, furieux de cette intrusion du Saint-Siège, et convaincus que le légat n'est venu que pour déposer leur abbé, provoquent parmi les gens du monastère une véritable émeute. La salle du chapitre est envahie tumultueusement, sous prétexte de défendre la cause de l'abbé; celui-ci, désolé, s'écrie : « Jusqu'à présent, personne n'avait pu me priver de la dignité abbatiale; c'est vous aujourd'hui qui me l'enlevez par votre sottise. » En effet cette émeute fournit au légat pontifical l'occasion de faire un acte d'autorité. Il exige le châtiment des coupables; l'abbé Pierre dépose sur l'autel de Saint-Benoît le bâton pastoral, insigne de sa dignité; un nouveau chapitre se tient en présence du cardinal pour procéder à une nouvelle élection[1].

Le choix des moines ne se porte plus cette fois sur l'un des anciens du monastère : car le nouvel abbé vient à peine d'entrer au Mont-Cassin. Mais c'est un membre du clergé romain, l'un de ceux qui avec le cardinal Humbert ont pris la part la plus active au gouvernement de l'Eglise : on donne comme successeur à l'abbé Pierre et à Richer l'ancien légat du pape Léon IX, Frédéric de Lorraine, qui, peu après son retour de Constantinople, était venu se réfugier à l'abbaye, pour échapper à l'empereur germanique. Par l'élection de Frédéric, les liens entre Rome et le Mont-Cassin deviennent plus étroits que jamais; c'est la tutelle du Saint-Siège qui remplace la protection impériale. Le nouvel élu va trouver le pape en Toscane, pour recevoir de lui la consécration abbatiale (juin 1057) et Victor II, non content de confirmer les privilèges de l'abbaye, lui confère une dignité nouvelle : dans toute assemblée ecclésiastique, l'abbé du Mont-Cassin, cardinal de l'Eglise romaine, aura le pas sur tous les autres abbés et devra exprimer le premier son avis[2]. Ainsi l'Eglise romaine, au début de cette ère nouvelle, où elle va définitivement s'affranchir de l'empire germanique, associe à ses propres destinées l'abbaye la plus puissante et la plus riche de l'Italie méridionale. Quelques semaines plus tard, un nouveau coup de fortune fait de l'abbé du Mont-Cassin le chef suprême de l'Eglise. Frédéric de Lorraine, après son entrevue avec le pape, est rentré à Rome et s'y arrête quelques jours, avant de continuer sa route sur le Mont-

1. Leo Ost., II, 91-92; — Aimé, III, 49.
2. Leo Ost., II, 93. — Bulle de Victor II à Frédéric, dans *Patr. lat.*, CXLIII, col. 831.

Cassin. Il est encore au monastère de Saint-Sébastien-de-Pallara, sur les pentes du Palatin, quand la nouvelle de la mort de Victor II se répand dans la ville. Aussitôt les clercs romains, avec une partie du peuple, vont chercher Frédéric et l'acclament comme pape. L'élection et la consécration se font avec une rapidité extraordinaire ; cette fois, le clergé romain se sent assez fort pour agir en pleine indépendance. Au reste, la vacance de l'empire et la minorité du jeune roi Henri IV rendent impossible une intervention active de la cour germanique. On s'arrange pour lui faire ratifier, après coup, les faits accomplis[1]. Le nouveau pape, Etienne IX, trouve un appui naturel dans son frère, le puissant duc de Toscane, qui profite de la mort de Victor II pour occuper Spolète et Fermo. Faut-il croire, comme les contemporains en ont répandu le bruit, qu'Etienne IX songeait à donner la couronne impériale à son frère[2]? A vrai dire, si d'accord avec Hildebrand il préparait l'émancipation complète du Saint-Siège, rien n'indique, dans son attitude, qu'il ait voulu rompre avec la cour germanique.

Projets du pape Etienne IX contre les Normands. — Mais il est certain qu'Etienne IX a voulu reprendre, d'accord avec le duc de Toscane et d'accord avec les grecs, la lutte contre les Normands[3]. L'ancien conseiller du pape Léon IX n'a pas oublié l'humiliation de Civitate, et continue de regarder les Normands comme les pires ennemis de l'Eglise : par leurs violences et leurs déprédations, ce sont eux qui apportent les plus graves obstacles à l'œuvre de la réforme ecclésiastique. Pour rétablir un peu d'ordre dans les églises de l'Italie méridionale, Etienne IX cherche d'abord à fortifier contre les usurpations normandes les anciennes métropoles lombardes, gouvernées par de pieux personnages, qui lui inspirent toute confiance. A Bénévent, se trouve l'archevêque Udalric, d'origine bavaroise, installé naguère par Léon IX[4]. Le pape non seulement confirme les privilèges traditionnels du siège de Bénévent, mais

1. Leo Ost., II, 94. — Cf. Duchesne, *l. c.*, p. 208. — *Rev. Quest. hist.*, t. XX, p. 49.
2. Leo Ost., II, 97 : *eique ut ferebatur imperialem coronam largiri.*
3. Leo Ost., *l. c.;* — Aimé, III, 50.
4. Cf. *supra*, p. 479. — Jaffé-Löw., 4299. Voir l'épitaphe de Udalric ou Guodelric, composée p Alfanus (Giesebrecht, *de litt. studiis*, p. 51).

encore il soumet à sa juridiction certains diocèses nouveaux, — comme celui de Troia, — dont le territoire est en grande partie occupé par les Normands[1]. A Salerne, il consacre comme archevêque le savant moine Alfanus, qu'il a connu au Mont-Cassin et qui est devenu, depuis, prieur du monastère de Saint-Benoît de Salerne : Alfanus est d'ailleurs un parent du prince Gisulf[2]. En confirmant les privilèges de la métropole de Salerne, Etienne IX étend aussi sa juridiction à de nouveaux diocèses, situés au cœur des montagnes lucaniennes[3].

Cependant le pape prétendait garder lui-même le gouvernement du Mont-Cassin : tout au plus, durant son séjour à l'abbaye, permit-il aux moines de procéder, selon les formes habituelles, à l'élection du futur abbé, qui ne prendrait possession de sa charge qu'à la mort d'Etienne IX (février 1058). Le nouvel élu, à peine âgé d'une trentaine d'années, est le moine Didier, parent des princes de Bénévent, qui est entré au Mont-Cassin en même temps que son ami Alfanus. Il est à ce moment prieur du monastère de Capoue. Etienne IX veut l'envoyer aussitôt à Constantinople, comme apocrisiaire du Saint-Siège : il lui donne pour compagnon le cardinal Etienne et Mainardus, futur évêque de Silva-Candida[4]. Les trois ambassadeurs doivent rejoindre en Apulie le duc Argiros et s'embarquer avec lui pour la capitale de l'empire. Une nouvelle révolution vient de porter au pouvoir le général des troupes asiatiques, Isaac Comnène, proclamé basileus le 8 juin 1057, dans la plaine de Nicomédie, mais couronné seulement trois mois plus tard, le 2 septembre. Il n'est pas douteux qu'en un pareil moment la grande affaire qui préoccupe Argiros, c'est la gravité du péril normand. Les dispositions bien connues du nouveau pape lui donnent une occasion toute naturelle de reprendre son projet d'entente entre Byzance et le Saint-Siège. De son côté, Etienne IX, en quittant le Mont-Cassin, va s'entendre avec son frère le duc de Toscane et prétend même, pour les nécessités de sa politique, puiser librement dans le trésor de l'abbaye[5].

1. Jaffé-Löw., 4383. — Cf. Fabre, *Liber censuum*, fasc. 1, p. 33.
2. Leo Ost., II, 96 ; III, 7.
3. Jaffé-Löw., 4386.
4. Leo Ost., II, 96 ; III, 8.
5. Leo Ost., II, 97.

Puissance des Normands en Campanie ; rôle du moine Didier ; l'alliance byzantine est abandonnée. — Mais la puissance normande est singulièrement fortifiée par l'inaction de ses adversaires depuis la bataille de Civitate. A l'ouest, les princes de Capoue et de Salerne, réduits à la défensive, peuvent à peine s'éloigner de leur capitale. La ville de Capoue, plus exposée que Salerne, plus malaisée à défendre, au milieu d'une vaste plaine, traversée en tous sens par les pillards normands, subit, depuis plusieurs années, les attaques répétées du comte Richard d'Aversa. Autour d'elle, le cercle ennemi se resserre bientôt : Richard renonce aux entreprises aventureuses pour affermir sa domination sur les bords du Vulturne. Négligeant le duché de Naples, dont le rôle politique est insignifiant, il tourne tous ses efforts contre les Lombards de Capoue : bientôt ceux-ci sont contraints de payer un lourd tribut de sept mille sous d'or. Quand Paldolf IV meurt (en 1057) et qu'il est remplacé par son fils Landolf, Richard reprend l'attaque de la ville. Les habitants ne peuvent plus sortir pour moissonner leurs champs ou vendanger leurs vignes. Ils cherchent, en vain, à éloigner les Normands en leur offrant une nouvelle contribution. Richard exige une promesse de soumission qu'on lui refuse. Il faut un nouveau combat pour mettre fin à la résistance : un traité est signé, et depuis 1058 le comte d'Aversa prend le titre de prince de Capoue[1]. Mais, s'il est assez fort pour proclamer la déchéance de la vieille dynastie, il n'a point encore pris possession de la ville. Il faudra de nouvelles batailles et un siège en règle pour qu'une garnison normande soit installée dans les murs de Capoue[2].

Vers la même époque, Robert Guiscard, ayant recueilli la succession de son frère Umfroi, imposait sa suprématie, non sans peine, aux autres chefs normands d'Apulie. L'un d'entre eux, Pierre, fils d'Amicus, qui avait réussi pendant quelques semaines à occuper Melfi, en fut bientôt chassé. De tous les chefs normands de l'Italie méridionale, le comte d'Aversa, prince de Capoue, était le seul qui ne reconnût pas la prépondérance de Robert Guiscard[3].

Cependant les trois ambassadeurs du Saint-Siège, ayant quitté le Mont-Cassin en février 1058, ont grand soin, pour

1. Aimé, IV, 8 ; — Leo Ost., III, 15. — Cf. di Meo, *ad a.* 1058.
2. Aimé, IV, 28. — Ce n'est qu'en 1062 que la soumission de Capoue est définitive (cf. note de Delarc dans son édition d'Aimé, p. 163).
3. Aimé, IV, 5-7.

arriver en Apulie, d'éviter le domaine occupé par les Normands. Par les montagnes, qui limitent au nord-est le bassin du Liris, ils s'engagent dans la vallée du Sangro et se dirigent vers l'abbaye de San Giovanni-in-Venere, près de Lanciano, dans le comté de Chieti; puis ils vont par mer à Siponto, et de là s'embarquent pour Bari. Comme ils attendent quelques jours dans la capitale de l'Apulie les vents favorables, un courrier du Mont-Cassin vient les rejoindre et leur apprend la mort du pape Etienne IX : les moines réclament avec insistance le retour de Didier. Mais comment revenir au Mont-Cassin par la voie la plus courte, avant que les Normands ne connaissent cette grave nouvelle ? S'ils apprennent la mort du pape, les trois ambassadeurs, en traversant l'Apulie, courront les plus graves dangers. Didier délibère avec Argiros, puis se décide brusquement à une nouvelle démarche : il va trouver Robert Guiscard et lui demande un sauf-conduit pour lui et ses compagnons. Argiros s'embarque seul pour Byzance deux mois plus tard [1]. En fait, la politique d'Etienne IX est abandonnée, et le chef de l'ambassade romaine, renonçant au voyage de Byzance, qu'il n'avait entrepris, semble-t-il, qu'à son corps défendant, détermine dans l'attitude du Saint-Siège une véritable volte-face. La papauté, abandonnant du même coup l'empire germanique et l'empire byzantin, va s'entendre avec les nouveaux barbares, leur donner une absolution solennelle et les transformer en défenseurs de l'Eglise romaine.

Sans doute, au moment où nous sommes, il n'est point encore question d'une telle alliance : Didier cherche surtout à reprendre au plus tôt la route du Mont-Cassin pour que l'abbaye, dont l'intérêt domine à ses yeux tous les autres, ne reste pas sans chef, dans des circonstances aussi graves. Mais déjà, avant la mort du pape, il est visible que les moines du Cassin sont peu disposés à suivre, pour leur compte personnel, la politique antinormande d'Etienne IX. Quand celui-ci leur demande d'envoyer à Rome le trésor du Mont-Cassin, ils n'osent pas refuser ; mais ils se montrent si émus de ce qui est pour eux un véritable sacrilège que le pape lui-même, s'il faut en croire la chronique officielle du monastère, se repent de sa décision et renvoie le trésor demandé [2]. Si le moine Didier

1. Leo Ost., III, 9, 10 ; — *Anon. Bar.*, 1058.
2. Leo Ost., II, 97 ; — Aimé, III, 51.

est étroitement uni au pape Etienne IX, dans une commune volonté de réformer et d'affranchir l'Eglise, il n'est pas douteux qu'il ne songe avant tout à maintenir, par n'importe quelle alliance, l'indépendance du Mont-Cassin et à trouver, pour ses nombreux domaines, un puissant protecteur. Deux ans avant sa première entrevue avec Robert Guiscard, lorsque les Normands d'Aversa étaient sous les murs de Capoue, Didier, alors prieur du monastère bénédictin de la ville, n'avait pas craint de trahir le prince Paldolf pour entrer en relations avec le chef ennemi. Sous prétexte que le prince de Capoue, à l'exemple de son père, menaçait l'indépendance des moines, Didier était allé trouver dans son camp le comte d'Aversa, qui s'engageait à respecter les biens du monastère tout autour de la ville de Capoue[1]. Dès lors les moines du Cassin restent les protégés de Richard : quand il prend le titre de prince de Capoue, comme il s'en faut de beaucoup que toute la Campanie lui soit soumise, l'alliance du Mont-Cassin lui rendra les plus grands services. Cependant la démarche de Didier auprès de Robert Guiscard réussit pleinement : le comte d'Apulie accorde le sauf-conduit demandé et y ajoute même un don de trois chevaux. Didier, de retour au Mont-Cassin quelques jours après, est installé solennellement comme abbé, en présence de trois cardinaux (19 avril 1058)[2].

Accord entre les Normands et le parti réformateur romain. — Bientôt Richard d'Aversa, prince de Capoue, fidèle ami du nouvel abbé, est appelé à jouer un rôle nouveau dans la politique du Saint-Siège. Le parti réformateur, dirigé par Hildebrand, ayant choisi pour pape l'évêque de Florence, qui prend le nom de Nicolas II, les barons de la campagne romaine lui opposent l'évêque de Velletri, élu sous le nom de Benoît X. Contre le candidat de la féodalité indigène, Hildebrand cherche un allié : il s'adresse au comte Richard, qu'il reconnait expressément comme prince de Capoue ; les bandes normandes viennent sous les murs de Rome défendre la cause de Nicolas II

1. Leo Ost., III, 8. — Hirsch (étude sur Didier *Forschungen*, t. VII, p. 1 et s.), fait remarquer que Didier, appartenant à la famille princière de Bénévent, était parent du prince de Capoue, qu'il trahissait. Mais les princes de Bénévent et de Capoue étant rivaux, il est très douteux que les deux branches de la famille fussent bien d'accord.

2. Leo Ost., III, 10.

et assiéger la ville de Galeria, où s'est réfugié Benoît X[1]. Entre la politique du Saint-Siège et celle du Mont-Cassin il n'y a plus d'opposition, mais au contraire l'accord le plus étroit. Au reste, le pape Nicolas II, à peine entré dans Rome, s'empresse d'appeler auprès de lui l'abbé Didier, qui est nommé cardinal prêtre de l'Eglise romaine. En même temps que le Mont-Cassin est placé de nouveau sous la sauvegarde immédiate du Saint-Siège, Didier, par une faveur toute personnelle, devient vicaire du pape, pour la réforme de tous les monastères de l'Italie méridionale, depuis les bords de la Pescara jusqu'à l'extrémité de la péninsule, en Campanie, dans le Principat, en Apulie et en Calabre[2]. Puisque la force normande est impossible à briser, Nicolas II et ses conseillers ne songent plus qu'à s'en servir pour reprendre, dans des conditions plus efficaces, l'œuvre réformatrice commencée par Léon IX. Que les Normands, délivrés des anathèmes du Saint-Siège, soient reconnus comme les maîtres légitimes du pays, où leur puissance militaire est prépondérante, ils auront tout intérêt à favoriser l'action de l'Église romaine. Dès lors pourquoi ne pas traiter avec Robert Guiscard et les chefs apuliens, comme Hildebrand vient de le faire avec Richard d'Aversa? Les Normands d'Apulie sont des politiques trop avisés pour ne pas s'apercevoir que les réformateurs romains, emportés dans une lutte sans merci contre l'aristocratie indigène et le clergé simoniaque, ne se soucient plus de rendre l'Italie du Sud aux Byzantins : ils envoient une ambassade à Nicolas II pour obtenir de lui une absolution solennelle et définitive[3].

Le concile de Melfi. — C'est alors que Nicolas II et Hildebrand, après s'être arrêtés au Mont-Cassin (24 juin), puis à Bénévent[4], se rendent à Melfi, où ils ont convoqué tous les évêques latins de l'Italie du Sud : un très grand nombre d'évêques, peut-être une centaine, assistent au synode, qui cherche à rétablir la stricte observation du célibat ecclésiastique[5] ; plusieurs évêques simoniaques sont déposés : parmi eux se trouve l'archevêque de Trani, dont le luxe insolent révolte l'austérité

1. Leo Ost., III, 12; — *Lib. Pontif.*, II, 334.
2. Leo Ost., III, 12; — *Patr. lat.*, CXLIII, col. 1305; — Tosti, *Storia di Monte-Cassino*, I, 418.
3. Watterich, *Vitæ pontif.*, I, 209.
4. Leo Ost., III, 13; — *Chron. Vult.*, I, 2, 515.
5. Guil. Apul., II, v. 390; — Jaffé-Löw., 23 août 1059 (p. 560).

de Pierre Damien; il s'agit sans doute de l'archevêque Jean, « syncelle impérial », qui prétendait, malgré le Saint-Siège et l'archevêque de Bénévent, étendre sa juridiction sur l'église de Siponto[1]. Par son intervention personnelle et active dans les affaires ecclésiastiques de l'Italie méridionale, le pape tend à rétablir l'antique prestige du patriarcat occidental, tel qu'il existait dans cette région avant l'époque des empereurs iconoclastes. A vrai dire, c'est un moyen pour Rome de reprendre la lutte contre le patriarcat oriental et de faire revivre ses revendications, tant sur les anciens patrimoines que sur les diocèses méridionaux. Mais pour que les décrets du Saint-Siège aient une sanction efficace, il importe qu'il puisse compter sur le concours des Normands. Mieux que les princes lombards ou les magistrats byzantins, ils aideront les représentants de l'Eglise romaine à vaincre les résistances locales, à chasser les évêques simoniaques ou indignes, qui se rattachent, en général, aux familles de l'aristocratie lombarde, à ces notables ou *boni homines*, décorés de titres byzantins[2]. D'ailleurs, les Normands d'Apulie sont maintenant assez forts pour faire oublier par d'habiles donations tous les vols qu'ils ont commis, Enrichis par le pillage et la confiscation de nombreux domaines. le temps est venu pour eux de se montrer les pénitents les plus dévots : grands fondateurs de monastères et d'églises, ils y appelleront des hommes nouveaux, également dévoués au Saint-Siège et à la domination normande[3].

Robert Guiscard s'est empressé d'abandonner le siège de Cariati, en Calabre, pour venir au-devant du pape[4]. Il fait consacrer par Nicolas II, le 17 août, le monastère de la Sainte-Trinité-de-Venosa, où sont enterrés ses frères Drogon et Umfroi[5]. Il assiste au synode de Melfi, en même temps que Richard d'Aversa, et tous deux prêtent serment à l'Eglise romaine. On a gardé le texte du serment prononcé par Robert Guiscard, et cet important document nous montre, de la manière la plus claire, quel est, dans la pensée du Saint-Siège, le rôle destiné

1. Pierre Damien, *P. L.*, CXLV, col. 538; — Ughelli, VII, 823.

2. Le pape, vers la même époque, dépose l'évêque d'Aquino et le remplace par un moine originaire de Florence; l'évêque d'Isernia, installé par lui, est né à Ravenne (Leo Ost., III, 14). Ainsi le Saint-Siège place de préférence sur les sièges de l'Italie méridionale des hommes qui ne sont pas du pays.

3. Sur la « conversion » de Robert Guiscard, cf. Aimé, IV, 17.

4. Guil. Apul., II, 395.

5. Jaffé-Löw., 4408; — Pflugk-Harttung : *Iter Italicum*, 190.

aux chefs normands : il est probable que le serment de Richard d'Aversa était conçu à peu près dans les mêmes termes[1].

Robert s'intitule : « par la grâce de Dieu et de saint Pierre, duc d'Apulie et de Calabre, et avec leur secours, duc futur de Sicile ». Il promet d'être fidèle à l'Eglise romaine et au pape Nicolas ; il s'engage à leur prêter main-forte pour garder ou pour conquérir les droits régaliens de saint Pierre : *regalia sancti Petri*, et ses domaines. Il paiera une pension annuelle à l'Eglise romaine pour les terres de saint Pierre occupées par lui ; il placera sous l'autorité du Saint-Siège toutes les églises qui se trouveront sous sa domination. Il promet enfin d'assurer au besoin la liberté et la dignité des élections pontificales, s'il en est requis par l'élite des cardinaux et du clergé romain.

Ainsi toute l'Italie méridionale, à part les petits Etats du littoral campanien, est abandonnée par le Saint-Siège à la conquête normande. Le pape ne tient plus aucun compte ni des prétentions toutes théoriques de l'empire germanique, ni des droits plus réels de l'empire byzantin. La principauté de Capoue, autrefois vassale de l'empire germanique, est solennellement reconnue à Richard d'Aversa, qui va être, dans Rome même, au début du pontificat d'Alexandre II, l'adversaire de la cour germanique. La souveraineté des thèmes byzantins est reconnue, pour la première fois, à Robert Guiscard. Avant lui, il est vrai, le prince Guaimar de Salerne, premier allié des Normands dans l'Italie méridionale, a revendiqué pendant quelques années le duché d'Apulie et Calabre[2] ; mais c'est plutôt de sa part un témoignage de vanité puérile qu'une prétention sérieuse : il y renonce bientôt, et seul le Lombard Argiros, réconcilié avec Byzance, garde le titre officiel de « duc d'Italie, Calabre et Sicile », qui lui est reconnu par le basileus. En 1059, Argiros a quitté l'Italie ; peut-être est-il déjà en disgrâce ; en tout cas, la cour byzantine, occupée par d'autres soucis, montre pour les affaires italiennes la plus profonde indifférence. Le moment est bien choisi pour l'usurpation de Robert Guiscard, encouragée par la cour romaine. En prenant ce titre, il affirme clairement sa suprématie sur les autres chefs normands : ainsi le Saint-Siège favorise, de toute son influence, l'effort de Robert

1. WATTERICH, *l. c.*, I, 234 ; cf. VON HEINEMANN, *l. c.*

2. Cf. *supra*, p. 467 ; — *Cod. Cav.*, VI, p. 225 ; — Sur la cession faite par le Saint-Siège, cf. BONIZO (*M. G. Libelli de litibus imp. et pontif*, p. 593) ; — *Vita Nicolai*, dans WATTERICH, I, 210.

Guiscard pour réunir sous sa domination toutes les conquêtes des Normands en terre byzantine.

Il faut remarquer que deux historiens officiels des Normands d'Italie, le moine Amatus et Geoffroi Malaterra, passent sous silence les serments prêtés à Melfi et la concession de Nicolas II, tout en rappelant que Robert Guiscard prend, vers 1059, le titre de *duc*[1]. C'est qu'en réalité le duc d'Apulie, en se déclarant le « fidèle » de l'Eglise romaine, n'entend point être son vassal; et la vague formule, « par la grâce de Dieu et de saint Pierre », n'implique en aucune façon la reconnaissance d'un droit éminent de l'Eglise à la souveraineté de l'Italie méridionale. Seule la ville de Bénévent est réservée au Saint-Siège: Nicolas II, qui réside quelques jours à Bénévent avant de se rendre à Melfi (août 1059), a dû conclure un accord avec le prince lombard Landolf; c'est à la mort de Landolf, près de vingt ans plus tard, que le Saint-Siège reprendra directement possession de la conquête de Léon IX (1077)[2].

Il semble que l'alliance si étroite, conclue entre les Normands et le Saint-Siège, doive hâter singulièrement les progrès de la conquête. Au contraire, cette alliance aura bientôt pour effet de provoquer, de la part des Byzantins, une résistance inattendue; dans la période qui s'étend du synode de Melfi à la prise de Bari bien des faits vont nous montrer combien est fragile l'édifice laborieusement construit par le plus habile et le plus audacieux des chefs normands, et par quelles profondes racines, en dépit des apparences, l'empire byzantin tient encore au sol italien.

1. Gauf. Mal., I, 36. D'après lui, c'est après la prise de Reggio que Robert *dux efficitur*. — Cf. Aimé, IV, 3.

2. *Ann. Benev.*, 1059, 1077. Cf. Dina, *L'ultimo periodo del principato longobardo e l'origine del dominio pontificio in Benevento*, p. 73.

CHAPITRE V

DU CONCILE DE MELFI
A LA PRISE DE BARI

LE DERNIER EFFORT DES BYZANTINS CONTRE LES NORMANDS D'APULIE (1058-1071)

Progrès de Robert Guiscard en Apulie; soumission de la Calabre. — En même temps que Robert Guiscard fait reconnaître ses titres et ses conquêtes par le Saint-Siège, il trouve un autre moyen d'accroître son prestige aux yeux des populations indigènes : répudiant sa première femme, la Normande Alverada, il épouse la sœur du prince de Salerne[1]. Il se réconcilie avec Gisulf et le protège même contre son propre frère, Guillaume de Hauteville, dont il avait d'abord encouragé les attaques. Cette fois, Guillaume est contraint de restituer plusieurs places fortes, enlevées par lui au prince de Salerne. Les noces de Robert et de Sikelgaita, célébrées solennellement à Melfi, peu de temps sans doute après le départ du pape, sont une occasion pour le duc d'Apulie d'étaler sa puissance et de traiter en modestes vassaux ses anciens compagnons d'armes[2]. Bientôt Robert Guiscard retourne en Calabre pour occuper différentes terres ou châteaux qui doivent constituer la dot de sa femme. Mais il a dû d'abord aller porter secours au comte de Capitanate contre certains barons rebelles, établis sur le littoral de l'Adriatique. C'est

1. Aimé, IV, 18; — Gauf. Mal., I, 30; — Guil. Apul., II, 417.
2. Aimé, IV, 20, 23, 25.

probablement au cours de cette campagne qu'il entre dans la ville de Troia et l'oblige à reconnaître sa suprématie [1]. Au printemps de 1060, il apparaît dans le sud de l'Apulie et reçoit la soumission de Brindisi et de Tarente, tandis qu'un de ses parents chasse la garnison byzantine d'Oria [2].

Cependant, la grande affaire, à ce moment, pour Robert Guiscard, c'est d'achever la soumission de la Calabre. Depuis 1056 ou 1057, sortant de la vallée du Crati, centre de ses premières conquêtes, il avait fait plusieurs excursions vers le sud, en compagnie de son plus jeune frère, Roger. Il s'était même avancé jusqu'aux environs de Reggio, mais ce n'était là qu'une campagne de reconnaissance. En reprenant la route du nord, il avait forcé les habitants de plusieurs villes à lui livrer des otages ou de l'argent : Quelques bourgades d'importance secondaire, comme Maida et Nicastro, s'étaient soumises et cette dernière ville avait reçu une petite garnison normande [3]. Mais les villes principales, Reggio, Cotrone, Geraco, Santa-Severina, Rossano, gardaient encore leur pleine indépendance. Pendant que Robert retourne en Apulie, il laisse à son frère Roger le soin de poursuivre la conquête. Roger s'installe près de Vibona, sur un sommet élevé d'où il domine au loin les environs, et surveille les routes qui de l'isthme de Squillace conduisent vers la Calabre méridionale : c'est près de là que va s'élever bientôt la grande forteresse normande de Mileto. Par ses déprédations et ses attaques incessantes, il répand la terreur dans toutes les bourgades voisines, et jusqu'aux vallées qui rayonnent autour de l'Aspromonte, tout près de Reggio [4]. D'autre part, des discussions éclatent entre les autorités byzantines. Le stratège et patrice de Calabre fait tuer, pour une cause que nous ignorons, certains magistrats civils de la ville de Cotrone [5] : la population indignée se soulève et force le patrice à s'enfuir. C'est pour la Calabre une époque de misère et d'anarchie, qui rappelle le temps des invasions sarrasines. En 1058, une horrible disette, causée par une sécheresse exceptionnelle, par les ravages des Nor-

1. Gauf. Mal., I, 33. — Il y a eu, en réalité, deux sièges de Troia par Robert Guiscard (Aimé, IV, 3 ; V, 6. — Cf. édit Delarc, p. 201). Le second se place, semble-t-il, en 1060. Cf. Rom. Sal. (Ss., t. XIX, 406).
2. *Chron. breve Northm.*, 1060.
3. Gauf. Mal., I, 18.
4. Gauf. Mal., I, 19.
5. Lup. Protosp., 1058 ; — Skyl-Cedr., II, 721.

mands, par l'abandon des campagnes, désole le pays. On est obligé de faire du pain avec les glands qui servent à la nourriture des porcs ; on mange des racines crues. Beaucoup de parents, ne pouvant plus nourrir leurs enfants, les vendent comme esclaves[1]. Cependant les chefs étrangers sont loin d'être d'accord : Robert et Roger se brouillent à plusieurs reprises, ne pouvant s'entendre sur le partage du butin. Roger va même, pendant quelques jours, guerroyer aux confins de l'Apulie contre son frère. Les Calabrais profitent de ces querelles avec empressement pour reprendre leur indépendance; ils entrent par surprise à Nicastro et massacrent la garnison normande. Les deux frères, sur le point de perdre une bonne part de leurs conquêtes, finissent par se réconcilier en signant un traité de partage. Roger s'installe à Mileto, puis court assiéger plus au sud la ville d'Oppido, au pied de l'Aspromonte. De nouveau Robert et Roger imposent à plusieurs villes des traités de soumission : on paie tribut, on livre quelques otages, et les conquérants s'éloignent pour aller porter ailleurs leurs ravages. Seule, la ville de Reggio, où sont réfugiés les hauts fonctionnaires byzantins, se montre pleine de mépris pour les Normands et refuse tout accord[2].

En 1060, après la soumission de Brindisi et de Tarente, Robert Guiscard se décide à entreprendre, avec l'aide de son frère, le siège de Reggio. On apporte tout le matériel nécessaire pour attaquer une grande ville, protégée par de hautes murailles et capable de se défendre pendant plusieurs mois[3]. Après une résistance acharnée, les habitants capitulent : mais une condition du traité, c'est que les deux personnages qui tiennent le plus haut rang dans la ville, — le chroniqueur normand ne les désigne pas d'une manière plus précise, — en sortiront librement. Les deux fonctionnaires byzantins, probablement le stratège de Calabre et le juge impérial ou « critès », vont s'enfermer à Scilla avec une partie de la garnison byzantine. Robert Guiscard prend possession de Reggio et reste quelque temps dans la ville, pendant que son frère va soumettre plusieurs cités ou forteresses de moindre importance. C'est à ce moment que Robert se fait reconnaître

1. Gauf. Mal., I. 27.
2. Gauf. Mal., I, 26, 28, 29, 32 ; — Aimé, IV, 3.
3. Gauf. Mal., I, 35, 36.

expressément par les Calabrais eux-mêmes « duc de Calabre » : Roger n'a que le titre de comte [1].

Enfermés sur le rocher de Scilla, les chefs byzantins sont bientôt menacés d'une nouvelle attaque ; Roger construit une forteresse aux portes de la ville, mais, avant qu'il n'ait pu en forcer l'entrée, les deux fonctionnaires s'embarquent pour Constantinople, laissant les habitants conclure un traité avec le comte normand [2].

Ainsi par une série de traités, imposés successivement aux principales villes, les deux frères sont les maitres de la Calabre. Les hauts fonctionnaires byzantins ont quitté le pays : il ne reste que des fonctionnaires de rang secondaire, c'est-à-dire, en réalité, les chefs de l'aristocratie locale, qui cherchent à s'entendre avec les Normands aux conditions les plus avantageuses. Au début de la conquête, l'invasion normande pèse lourdement sur les habitants du pays. Mais une fois qu'ils ont pris possession de certaines villes, une fois qu'ils ont occupé certaines positions dominantes, d'où ils peuvent aisément surveiller les principales routes, leur suprématie militaire étant bien établie et reconnue, ils se montrent manifestement beaucoup plus modérés dans leurs exigences. Ils ne changent rien à l'administration locale et se contentent de lever un tribut, qui n'est sans doute pas plus lourd que les impôts autrefois payés aux fonctionnaires byzantins. La plupart des villes gardent leur autonomie; quelques-unes, comme Gerace, jurent fidélité au duc normand, mais sans lui permettre de pénétrer dans leurs murs [3]. La grande faiblesse des Calabrais, c'est que précisément il n'y a entre ces villes aucun lien solide : chacune agit pour son propre compte et ne songe qu'à se défendre elle-même. Les Normands ne trouvent devant eux que des milices locales, dont la résistance se concentre sur un point déterminé et, le plus souvent, derrière les murailles d'une ville. Aucune armée byzantine n'apparait en Calabre, assez nombreuse et assez forte pour tenir la campagne, poursuivre ou arrêter les bandes normandes.

Si la prise de Reggio, vers la fin de l'année 1060, semble

1. Gauf. Mal., I, 36; II, 1; — *Anon. Vatic.*, in Murat., *R. I. S.*, t. VIII, col. 755; — Aimé, IV, 3.

2. Gauf. Mal., I, 37.

3. Gauf. Mal., II, 24 : *Geracenses sibi jamdudum fidelitatem juraverant; non tamen urbem ut pro libito suo uteretur reddiderunt.*

assurer d'une manière définitive la prépondérance des Normands dans une grande partie de la Calabre, la soumission des habitants n'est encore que très superficielle, et sous le moindre prétexte des révoltes éclatent. La rivalité des deux frères, leurs querelles toujours renaissantes, permettent aux Calabrais de vendre au plus haut prix leur « fidélité ». Jusque dans la vallée du Crati, où l'occupation normande est plus ancienne, les habitants de certaines bourgades profitent de l'éloignement momentané des chefs normands pour leur déclarer la guerre. Robert et Roger passent plusieurs mois à faire le siège d'une petite ville, Agello, aux environs de Cosenza : les habitants font une sortie et tuent plusieurs des lieutenants de Robert Guiscard; puis ils font la paix, avant que le duc n'ait réussi à pénétrer de force dans la ville[1]. Vers la même époque, les députés de plusieurs cités calabraises sont venus à Amalfi et à Rome, pour chercher des alliés contre les Normands[2].

Pour affermir sa domination, le duc de Calabre constitue çà et là des colonies militaires; usant des mêmes procédés que les généraux byzantins dans leurs campagnes d'Asie, il transplante d'un point à un autre des centaines de captifs, et parfois la population entière d'une ville, réduite en cendres. La ville de Policastro — sur la côte de Lucanie — est détruite, et les habitants sont transportés à Nicotera. Des prisonniers siciliens viennent former la garnison de la forteresse de Scribla, l'une des premières que les Normands aient fondées dans la vallée du Crati[3].

D'autre part, on ne doit pas oublier que dès 1061 les Normands occupent Messine et toute la partie du littoral sicilien qui fait face à l'extrémité méridionale de la Calabre. Ils ont profité de la faiblesse des musulmans et de leurs divisions pour faire alliance avec l'émir de Catane, rival de celui de Palerme[4]. Dans cette région de la Sicile orientale, où la population chrétienne est restée fort nombreuse, ils trouvent tout d'abord un accueil facile. S'il semble bien que déjà, plusieurs années avant l'arrivée des Normands, les incursions des Sarrasins de Sicile fussent devenues beaucoup plus rares sur les côtes de Calabre, il n'en est pas moins vrai que l'occupa-

1. Gauf. Mal., II, 37.
2. Benzo, III, 11.
3. Gauf. Mal., II, 36, 37.
4. Gauf. Mal., II, 1-10; — Amari, *l. c.*, t. III, p. 60.

tion normande à Messine et dans la région voisine rendait impossible le retour, toujours redouté, des corsaires. Les Africains eux-mêmes, en venant dans ces parages, se heurtaient à une force nouvelle. Ainsi, de toutes manières, les premières victoires des Normands en Sicile contribuent à rendre plus rapide la soumission de la Calabre méridionale.

La politique d'Isaac Comnène et de Constantin Doukas. — Nous ignorons si le stratège byzantin qui s'est embarqué de Scilla pour Constantinople, après la prise de Reggio, est le dernier qui apparaisse en Calabre. S'il a eu un successeur, aucun texte n'en fait mention, et il semble bien qu'à partir de 1060 aucune armée ne soit plus envoyée du centre de l'empire sur les côtes de Calabre. Pourtant ce serait une erreur de croire que la cour byzantine, après 1060, ait renoncé à reprendre, par la force, les thèmes italiens. C'est dans les plaines de l'Apulie et de la Terre d'Otrante que des troupes nouvelles, assez nombreuses, viennent tenter un suprême effort contre les envahisseurs normands.

Jusqu'à l'avènement d'Isaac Comnène (septembre 1057), on a vu quelles circonstances expliquent l'impuissance et l'inaction du pouvoir central dans les thèmes italiens. Le nouveau basileus, occupé tout d'abord à fortifier son autorité, à s'affranchir de la tutelle gênante du patriarche, à entreprendre les réformes indispensables au relèvement de l'empire, n'a pu, dès le début de son règne, jouer le rôle militaire actif qu'on attendait de lui, et qui était conforme à son passé[1]. Puis, lorsque se mettant à la tête des légions byzantines, il entreprend de défendre et de reculer, s'il est possible, les frontières de l'empire partout menacées, c'est contre les bandes petchénègues et magyares qu'il doit tout d'abord faire une expédition. Brisé bientôt, à ce qu'il semble, par l'opposition tenace de l'aristocratie civile et des bureaux, il est contraint d'abdiquer, en décembre 1059, et d'abandonner le pouvoir au ministre Constantin Doukas, instrument de ses adversaires[2].

Le temps a manqué à Isaac Comnène pour tenter une action sérieuse du côté de l'Italie; et c'est au moment où vient d'arriver en Italie la nouvelle de son abdication que les Nor-

1. Mich. Attal., 61, 62.
2. Gelzer, dans Krumbacher, *Gesch. der byz. Lit.* (2e éd.), p. 1003 et s.

mands soumettent Brindisi, Tarente, Oria et, quelques semaines plus tard, Reggio. Mais le nouveau basileus, Constantin Doukas, envoie en Italie une armée considérable, commandée par un *myriarque*, et, dès la fin de 1060, les Byzantins ont repris Tarente, Brindisi, Oria, Otrante[1] : par une série de victoires inattendues, les premières qu'une armée byzantine remporte en Apulie depuis le début de l'occupation normande, la Terre d'Otrante et l'Apulie méridionale sont reconquises ; et les Grecs, pénétrant plus au nord, s'avancent jusque sous les murs de Melfi. C'est alors seulement qu'ils reculent : en l'absence de Robert Guiscard, ils n'ont trouvé devant eux que de médiocres adversaires, facilement déconcertés par la brusquerie de l'attaque. Mais le duc de Calabre revient en toute hâte, ayant vaincu les musulmans de Sicile, et reprend, avec une nouvelle audace, la lutte contre les Grecs. Il soumet la ville d'Acerenza et force l'armée byzantine à lever le siège de Melfi. En 1062, il reprend Brindisi et Oria et fait prisonnier le myriarque byzantin[2]. Les troupes du basileus sont désorganisées ; et les deux catépans qui se succèdent à Bari, en 1061 et 1062, Maruli et Siriano, sont réduits à la défensive[3]. En tout cas, l'intervention active de Constantin Doukas dans la lutte contre les Normands d'Italie fait contraste avec l'inertie de ses prédécesseurs : le catépan Maruli, qui arrive à Bari en 1061, est le premier personnage de ce titre dont il soit fait mention dans les textes, depuis la disparition du duc Argiros[4]. Renonçant au compromis, accepté par Constantin Monomaque, le nouveau basileus rend l'autorité suprême dans le thème d'Italie à un officier byzantin, d'origine orientale.

Cependant Constantin Doukas est jugé très sévèrement par les historiens byzantins, qui l'accusent d'avoir contribué, par sa négligence systématique des intérêts militaires, aux désastres de l'empire. Il est certain que l'aristocratie militaire d'Asie Mineure n'a pas rencontré d'adversaire plus tenace, plus acharné à diminuer son influence que le successeur d'Isaac Comnène. Comme les jugements des historiens contemporains

1. *Chron. breve Northm.*, 1060.
2. *Chron. breve Northm.*, 1061, 1062 ; — LUP. PROT., 1061, 1062.
3. *Anon. Bar.*, 1060, 1062.
4. On ignore ce que devient Argiros, après 1058. Fort mal accueilli par Constantin Doukas, il est probable qu'il est mort en Orient, plusieurs années après, victime de la disgrâce du basileus et de l'échec de sa politique (GUIL. APUL., II, v. 269).

procèdent visiblement de la même source, ou de sources très semblables, et sont inspirés par le même parti, il nous est difficile d'apprécier, en connaissance de cause, la politique de Constantin Doukas. Au dire de ses adversaires, il se préoccupe surtout de remplir le trésor, d'augmenter les impôts; il intervient personnellement dans les procès, prononce des sentences défavorables aux grands, écoute volontiers les délateurs et se montre plein de mépris pour les chefs de l'armée. Sous son règne, on voit les stratèges eux-mêmes venir dans les tribunaux, prendre les allures des hommes de loi et des avocats.

Cependant le basileus néglige la défense des frontières et refuse de faire supporter par l'Etat les dépenses nécessaires pour de nouvelles guerres. Il évite, de parti pris, les expéditions militaires et cherche plutôt à maintenir son influence dans les pays voisins de l'empire par des présents ou des traités[1]. Il est possible que ce jugement soit exact, pour les relations de l'empire avec les Turcs d'Asie-Mineure ou les Petchénègues de l'Europe occidentale : nous savons que, vers cette époque, les Ouzes, peuplade habitant sur les bords de la mer Noire, franchissent, sans être arrêtés, les bords du Danube[2]. Mais, en ce qui concerne la défense de l'Italie, le jugement des adversaires de Doukas est, au contraire, fort injuste : et l'on entrevoit ici quelles devaient être les tendances opposées des différents partis byzantins, dans la direction de la politique extérieure. Comme il était impossible à l'empire de faire face en même temps à tous ses adversaires, il fallait choisir : ou bien sacrifier l'Italie, pour concentrer tout l'effort de l'armée contre les Turcs d'Asie-Mineure; ou bien négocier en Orient, pour tenter de relever, dans les thèmes italiens, le prestige du basileus. Tandis que l'aristocratie militaire était évidemment favorable à la première politique, il semble que Constantin Doukas ait choisi la seconde, au moins dans les premières années de son règne.

Négociations entre Byzance et la cour germanique : rôle d'Amalfi. — D'ailleurs le basileus ne renonce point à l'espoir de trouver des alliés en Italie même, qui soient prêts à faire la guerre aux Normands; et il poursuit des négociations très

1. Skyl., II, 652 et s.; — Mich. Attal., 76-77.
2. Skyl., II, 654; — Mich. Attal., 84.

actives pour les entraîner dans une action commune contre les conquérants de l'Apulie et de la Calabre. Lorsque, tout au début de son règne, il envoie de riches présents et de précieuses reliques au roi de Germanie[1], c'est pour solliciter son concours. En 1062, une occasion s'offre au basileus d'entrer en relations plus intimes avec la cour germanique et de la pousser à intervenir dans les affaires italiennes. Le pape Nicolas II vient de mourir (27 juillet 1061), et une lutte acharnée s'engage entre les deux rivaux qui se disputent la tiare : d'un côté, l'évêque de Lucques, candidat d'Hildebrand et du parti réformateur, soutenu par le prince normand de Capoue : c'est le pape Alexandre II; de l'autre l'évêque de Parme, Cadalus, candidat de la cour germanique et d'une grande partie de la noblesse romaine, élu quelques jours après Alexandre sous le nom d'Honorius II. L'agent le plus actif du parti de Cadalus, un évêque piémontais du nom de Benzo, vient à Rome pour s'entendre avec les adversaires du parti réformateur et d'Alexandre II. A ce moment il entre en relations avec un riche marchand d'Amalfi, Pantaléon, qui a le titre de patrice byzantin, et semble disposer d'une certaine influence à la cour du basileus[2].

C'est l'agent de Cadalus et le riche Amalfitain qui songent les premiers à reprendre contre les Normands, défenseurs d'Alexandre II, l'ancienne tradition de l'alliance des deux empires. Alors s'engagent des négociations qui nous sont racontées par Benzo lui-même. Bien que le narrateur soit à la fois un polémiste très partial et un lettré prétentieux, très capable d'embellir ses récits, il est difficile de récuser son témoignage dans une affaire où il a joué, évidemment, un des principaux rôles. Il cite des documents et des lettres dont la forme est peut-être un peu arrangée, mais qui, certainement, n'ont pas été fabriqués de toutes pièces[3].

La lettre du patrice Pantaléon qui arrive à Rome, au commencement de l'année 1062, est adressée à la noblesse romaine autant qu'à l'évêque d'Albe : il rappelle d'abord que les Latins et les Grecs ne peuvent ignorer l'accord conclu

1. Benzo, I, 17 ; — Zonaras, XVIII, 8.
2. Les œuvres de Benzo sont dans *M. G. Ss.*, XI, 591. — Pour les rapports avec le patrice d'Amalfi et le basileus, cf. surtout 615-629.
3. Cf. Dümmler, *Forschungen*, t. III, p. 225. — Meyer von Knonau, *Jahrb. d. R. Heinrich IV*, I, 250.

naguère entre les souverains de Rome et de Constantinople, sous la médiation du pape, — allusion évidente au temps de Léon IX et d'Argiros. Maintenant, ajoute-t-il, parce que les Normands sont venus bouleverser « cette alliance fraternelle de l'empire indivisible », les Romains, habitués à commander, subissent l'humiliation d'obéir à ceux qui devaient être leurs esclaves. Que le légat du roi des Romains (Henri IV) emploie tout son zèle à persuader les conseillers du jeune roi qu'il faut chasser ces misérables. De son côté, le patrice ne cessera d'importuner le puissant basileus, jusqu'à ce qu'il se décide à porter secours au roi Henri[1].

Tandis que l'évêque d'Albe se heurte à l'indifférence et à l'indécision de la cour germanique, partagée entre des influences contraires, les propositions du marchand d'Amalfi sont accueillies avec empressement par le basileus. Car, trois ou quatre mois plus tard, quand les partisans de Cadalus se trouvent à Tusculum pour s'entendre avec les barons de la campagne romaine, arrivent trois ambassadeurs byzantins, habillés de manteaux de pourpre et de riches tuniques, resplendissantes de pierres précieuses. Ils apportent une lettre du basileus à l'évêque de Parme, que Constantin Doukas regarde comme le pape légitime, « le patriarche de Rome, placé par la constitution royale au-dessus de l'Eglise universelle ». Voici, au dire de Benzo, les passages essentiels de cette lettre. « La sagesse romaine, dérivée de notre source grecque, qui a brillé d'un si vif éclat chez le premier, le second et le troisième Otton, a dégénéré avec le temps au point de souffrir que les Normands participent à l'empire. Déjà ils usurpent les devoirs réservés à l'empereur, comme le montre l'entreprise du pseudo-pape de Lucques. Pour corriger ces maux, je veux, par le moyen de ta foi, signer un pacte d'amitié éternelle avec le jeune Henri, roi des Romains. Car moi aussi je suis Romain; et nous deux, Romains l'un et l'autre, unis sous tes auspices, toi notre commun Père, nous serons liés ensemble par le lien d'une indivisible charité[2]... » Le basileus s'engage à livrer ses trésors pour que le roi puisse lever autant de troupes qu'il voudra, « afin que nous puissions aller ensemble jusqu'au sépulcre du Seigneur, et que, délivrés de la pourriture des Normands et des païens,

1. Benzo, *l. c.*, 615.
2. *L. c.*, 617.

nous fassions refleurir la liberté chrétienne. » A vrai dire, il est douteux que ce document soit une traduction fidèle de la lettre originale, et l'on peut admettre que cette prétendue copie est, en partie, l'œuvre personnelle du narrateur qui la cite. Ce n'est pas une raison pour la croire entièrement apocryphe. Quoi qu'on en ait dit[1], la démarche du basileus auprès du « patriarche de Rome », ses offres d'alliance, sont tout à fait vraisemblables et s'expliquent d'autant mieux qu'on devait être fort irrité, à la cour byzantine, contre Nicolas II et Hildebrand : on connaissait certainement, par les gens d'Amalfi ou de Salerne, ennemis des Normands, le rôle joué dans l'Italie méridionale par les réformateurs romains, l'alliance solennellement affirmée à Melfi, le titre nouveau conféré à Robert Guiscard par une véritable usurpation.

Un autre texte nous apprend comment le prince de Salerne, Gisulf, réconcilié avec Amalfi, mais brouillé avec Robert Guiscard, entreprend le voyage de Constantinople pour solliciter l'intervention du basileus : Gisulf, durant son séjour dans la capitale de l'empire, se trouve être précisément l'hôte du patrice amalfitain, Pantaléon[2]. — Il n'est pas certain, il est vrai, qu'on doive placer en 1062 ce voyage de Gisulf, et peut-être est-il postérieur aux négociations engagées avec Cadalus[3]. Du moins est-ce un indice des relations plus étroites qui s'établissent, dans cette période de lutte, entre la cour byzantine et les petits États du littoral campanien.

En tout cas, au moment même où Cadalus reçoit, à Rome ou à Tusculum, les ambassadeurs byzantins, la lutte est plus ardente que jamais entre les Normands de Campanie et leurs adversaires. Les habitants de Capoue se refusent à subir une soumission plus étroite que celle de 1058 ; ils veulent rester les maîtres dans leur ville, sous la tutelle plus ou moins vague du prince Richard. Mais celui-ci veut réduire ces insolents sujets et recommence le siège de la ville. Les Lombards envoient leur archevêque à la cour germanique, qui se montre aussi indifférente à leurs supplications qu'à celles de l'évêque d'Albe[4]. Vers la même époque, les comtes des petites villes du

1. Delarc, *les Normands*, p. 495.
2. Aimé, IV, 37-39.
3. Sur la date, cf. Schipa, *l. c.*, XII, 557 ; — et von Hein., *l. c.*, p. 385. Le voyage de Gisulf peut se placer entre la fin de 1062 et 1065.
4. Aimé, IV, 28 ; — *Ann. Casin.*, 1062.

littoral campanien, entre Gaëte et l'embouchure du Vulturne, concluent avec le duc et les habitants de Gaëte une alliance offensive et s'engagent par serment à ne conclure aucun traité séparé avec les Normands (1er juin 1062). Malgré tout, les habitants de Capoue sont forcés de capituler, et Richard entre en vainqueur dans la capitale lombarde (21 mai 1062)[1].

Au dire de Benzo, de nouvelles offres, plus précises encore, sont faites par le basileus et transmises directement par Pantaléon d'Amalfi. Le patrice vient lui-même à Rome, lorsque déjà le pape Alexandre II a pris possession de la ville; accompagné de plusieurs députés des villes d'Apulie et de Calabre, déguisés en marchands, il a une entrevue secrète avec Cadalus, qui est alors enfermé au château Saint-Ange (fin 1063). Si le roi Henri veut envoyer une armée contre les Normands d'Apulie, le basileus lui promet tous les subsides nécessaires; en même temps une flotte de près de cent navires viendra de Constantinople jusque sur les côtes de Campanie. Les députés de Calabre et d'Apulie, et notamment ceux de Bari, promettent au roi de Germanie, s'il vient les délivrer, de lui ouvrir les portes de leurs villes[2]. Ici encore, il n'est pas certain que Benzo n'ait pas arrangé à sa façon les propositions de ses alliés[3] : quoi qu'il en soit, il envoie un nouveau courrier à la cour germanique, il s'adresse à l'archevêque de Brême, Adelbert, l'un des conseillers les plus écoutés du jeune roi. Mais tous ses efforts restent inutiles : c'est le parti d'Hildebrand et d'Alexandre II qui finit par l'emporter à la cour germanique elle-même; l'évêque d'Halberstadt est envoyé en Italie pour reconnaître, au nom du roi Henri IV, le pape Alexandre. Cadalus, après avoir cherché à tenir tête à ses adversaires, s'enfuit du château Saint-Ange et se retire à Mantoue (1064) : à partir de ce moment, sa cause peut être considérée comme perdue[4]. Ainsi l'échec des négociations byzantines à Rome est un résultat de la révolution qui arrache le Saint-Siège au protectorat germanique.

Une commune illusion rapproche les fidèles latins du basi-

1. *Ann. Casin.*, 1062. — Cf. von Heinemann, *l. c.*, p. 229; — *Cod. dipl. Caiet.*, t. II, n° 215 (1er juin 1062).
2. Benzo, *l. c.*, XI, 623 (III, 2).
3. Les habitants de Bari reçoivent à la même époque un légat du pape, Alexandre II (*Anon. Bar.*, 1063).
4. Meyer von Knonau, *l. c.*, p. 380.

leus, comme le patrice d'Amalfi et les évêques du parti impérial-germanique. Ils n'admettent point que la tradition des Otton et d'Henri III soit brisée, ni que le clergé romain ose s'appuyer, pour choisir un pape, sur les ennemis du Saint Empire germanique, qui sont en même temps ceux de l'Empire byzantin. C'est la déchéance du Saint Empire à Rome, c'est la banqueroute de la politique, énergiquement poursuivie par Otton le Grand et ses successeurs, qui provoque les plaintes et l'indignation de l'évêque piémontais.

Ce chef des gibelins, s'il est permis d'employer déjà ce terme, cet adversaire acharné d'Hildebrand, du parti des moines et de l'indépendance du Saint-Siège, est le dernier représentant des idées qui dominent à la cour des Ottons : pour lui, la tâche essentielle du Saint Empire, c'est de garder la souveraineté de Rome, c'est de revendiquer les droits anciens sur toute la péninsule, et notamment sur ces provinces méridionales, Apulie et Calabre, source incomparable de richesse[1]. On pourra s'entendre avec l'empire oriental, allié naturel de l'empire occidental, pour chasser les Normands : mais l'Italie méridionale, une fois délivrée, revient de droit à l'empire germanique, selon les prétentions traditionnelles de ses flatteurs. Benzo reprend le rêve de Gerbert et d'Otton III, l'unité de l'empire, avec Rome pour centre, les souverains de la nouvelle Rome étant unis à ceux de l'ancienne par le lien d'une étroite amitié.

Mais la distance qui sépare ce rêve de la réalité est plus grande encore qu'à l'époque des Ottons. L'impuissance de la cour germanique dans les affaires italiennes devient de jour en jour plus notoire; trois puissances nouvelles, assez fortes pour agir en toute indépendance, peuvent la tenir en échec : le Saint-Siège, les Normands, la maison de Toscane; et le souverain, qui représente les intérêts du Saint-Empire, n'est ni un Otton ni un Henri III, ce n'est qu'un enfant, encore placé sous la tutelle de sa mère et du haut clergé allemand, un prince trop faible pour oser même franchir les Alpes. Mais on est trop près de la glorieuse époque d'Henri III pour que la cour byzantine puisse se rendre un compte exact des graves changements qui ont bouleversé l'Italie. L'attitude de la noblesse romaine, des comtes de Tusculum et de leurs voisins, favorables à Cadalus,

1. Cf. 603 (I, 13), où Benzo attire l'attention de son maître *de administrationibus scilicet Apuliæ seu Calabriæ*, et résume, à sa façon, les exploits des empereurs germaniques dans l'Italie méridionale. Cf. aussi 622 (III, 1).

contribue à entretenir les illusions du basileus et celles des Amalfitains sur la possibilité d'une intervention germanique.

Ainsi, vers 1064, toutes les tentatives diplomatiques de Constantin Doukas ont échoué : il est trop tard pour former, en Italie même, une coalition antinormande, et la seule manière d'arrêter les progrès du duc d'Apulie et Calabre, c'est de soutenir la résistance des villes qui peuvent encore se défendre, c'est d'entretenir la division parmi les chefs normands, jaloux de la prépondérance de Robert Guiscard et impatients de son autorité.

Dernières luttes en Apulie ; relations des rebelles Normands avec Byzance. — Pendant que Robert Guiscard est occupé en Calabre et se prépare à tenter, d'accord avec Roger, une attaque contre les Sarrasins de Palerme, les barons normands, fixés en Apulie, soumettent, une à une, les villes où l'autorité byzantine avait été rétablie par l'intervention du myriarque : un certain Goffridus a repris, dès 1063, Tarente et la forteresse voisine de Mottola. Matera est soumise par le comte Robert, qu'il ne faut pas confondre avec le duc d'Apulie; un autre chef s'empare d'Otrante[1]. Cependant le catépan Aboulcharé, que les textes latins nomment « Apochara », débarque à Bari (1064) et envoie quelques renforts aux villes qui continuent la lutte[2]. Les Byzantins restent les maîtres d'une grande partie du littoral, depuis le Gargano jusqu'aux environs de Brindisi. Mais le catépan, soit qu'il reste à Bari même, soit qu'il se rende dans une autre ville, à Trani ou à Siponto, ne peut empêcher les gens de Bari de conclure une trêve ou un traité avec Robert Guiscard. « Le duc Robert vint à Bari, et nous échangeâmes des serments », dit la chronique locale[3].

Outre le catépan Aboulcharé, le duc de Durazzo, Perenos, est chargé de la défense des thèmes italiens ; il semble même que le catépan soit le subordonné du duc Perenos. Skylitzès affirme qu'Aboulcharé est à la fois duc de Durazzo et duc d'Italie, et que Perenos lui succède en cette double qualité[4];

1. *Chron. breve North.*, 1063-1064; — *Anon. Bar.*, *id.*; — Lup. Protosp., *id.*
2. *Anon. Bar.*, 1064; — Skyl., II, 721.
3. *Anon. Bar.*, 1064.
4. Skyl., II, 721. L'auteur byzantin affirme que « Bari, Otrante, Gallipoli, Tarente, Brindisi et Oria » sont encore aux Byzantins. Ceci n'est vrai qu'en partie.

mais il y a là une erreur évidente, puisque nous voyons Aboulcharé rester en Italie jusque vers 1068 et que, bien avant cette date, le duc Perenos, toujours à Durazzo, négocie avec certains barons normands. Il est remarquable, en tout cas, que les chefs normands, révoltés contre Robert Guiscard, entrent en relations, non avec le catépan Aboulcharé, mais avec le duc de Durazzo. Plusieurs d'entre eux, Gocelin, Roger Tuttabovi, Abagelard, fils d'Umfroi, qui se plaint d'avoir été dépouillé par son oncle de ses droits légitimes, Amicus, fils de Gautier, se rendent eux-mêmes à Durazzo, pour s'entendre avec le représentant du basileus[1]. Perenos leur donne de l'or et des vêtements précieux, insignes de quelque dignité byzantine : les voilà transformés, par la puissance de l'or byzantin, en fonctionnaires ou vassaux du basileus. Pour mieux affirmer leur soumission, ils laissent comme otages l'un son fils, un autre sa fille, un troisième son frère. Peut-être les seigneurs normands, qui, en 1063 et 1064, occupent plusieurs villes d'Apulie (Matera, Mottola, Tarente, Otrante), sont-ils parmi les rebelles et n'ont-ils pris possession de ces villes qu'en reconnaissant la suprématie du basileus[2]. Nous savons, en tout cas, que la place d'Otrante est retombée, avant 1068, entre les mains des Byzantins.

Robert Guiscard n'avait conclu la paix avec les gens de Bari que pour se rendre en Sicile. C'est durant son absence que les chefs normands le trahissent pour se mettre en rapports avec le duc de Durazzo. Mais en apprenant les graves nouvelles qui lui arrivent d'Apulie, il renonce à poursuivre le siège de Palerme et revient en toute hâte pour châtier les rebelles[3]. Il confisque leurs domaines : quelques-uns s'enfuient à Constantinople et vont se mettre au service du basileus ; c'est le cas de Gocelin, qui reviendra, quelques années plus tard, comme amiral byzantin, pour combattre ses anciens compagnons d'armes[4]. D'autres, et parmi eux le fils d'Umfroi, Abagelard, se réconcilient avec Robert Guiscard, qui leur fait grâce, et

1. Cf. Aimé, V, 3 ; — *Anon. Bar.*, 1064.
2. Cf. von Hein., p. 379. — L'auteur place vers 1060 le soulèvement des barons normands dont parle Aimé. Mais il me semble préférable d'adopter la date indiquée par la chronique de Bari. Il est imprudent d'établir entre les divers chapitres d'Aimé une suite chronologique aussi certaine (Cf. Hirsch, *Forschungen*, t. VIII, p. 236).
3. Amari, *l. c.*, t. III, 106 ; — Gauf. Mal., II, 36-37.
4. Guil. Apul., II, v. 450.

reconnaissent sa suprématie. Le duc de Durazzo a pu facilement corrompre plusieurs chefs normands : mais il n'a pas les troupes suffisantes pour les soutenir, et la plupart des bandes normandes se rangent autour de Robert Guiscard, qui l'emporte certainement sur les autres par son énergie, son audace et ses remarquables talents militaires.

Cependant la guerre continue : en 1066, l'archevêque de Bari va demander des renforts à Constantinople, et, quelques mois plus tard, un corps nombreux, formé surtout d'auxiliaires Warangues, vient débarquer à Bari[1]. Le chef de cette armée, Mabrica, remporte en 1067 plusieurs victoires : il reprend Brindisi et Tarente. Une forte garnison s'installe à Brindisi, sous les ordres d'un officier byzantin, qui a longtemps combattu en Bulgarie, Nicéphore Karantenos, et tente des sorties fréquentes contre les bandes normandes qui ravagent la campagne[2].

Résistance de Bari aux Normands ; siège et prise de la ville. — Ainsi, en mai 1067, au moment où meurt Constantin Doukas, les Normands ne sont guère plus avancés qu'en 1060. Ils ont perdu, à deux reprises différentes, Brindisi et Tarente. Si en Calabre ils occupent de très fortes positions, la soumission de la plupart des villes n'est qu'apparente et superficielle : le nombre est restreint de celles où ils ont pu installer des garnisons normandes. Mais c'est en Apulie, dans la région la plus peuplée, entre Bari, Otrante et Tarente, que se concentre toute la résistance. La capitale du thème d'Italie, la riche et populeuse Bari, qui a plusieurs fois traité avec les Normands, se déclare maintenant leur adversaire irréductible ; devant ce péril extrême, elle montre une fidélité à l'empire dont elle avait rarement témoigné avec une telle énergie. Car il ne semble pas qu'il y ait dans les murs de Bari une garnison byzantine très nombreuse : c'est bien la population elle-même qui est décidée à une longue résistance. Dès lors, c'est contre Brindisi et Bari que Robert Guiscard va diriger toutes ses forces. Renonçant à la conquête de la Sicile, où les musulmans reprennent une partie du terrain perdu[3], il appelle autour de lui tous ses vassaux, établis en Calabre ou dans l'intérieur de

1. *Anon. Bar.*, 1066.
2. *Chron. breve North.*, 1067 ; — SKYL., II, 723, 715.
3. AMARI, *l. c.*, t. III, p. 106.

l'Apulie pour tenter contre les grandes villes du littoral un suprême effort. Quelques-uns d'entre eux agissent encore en comtes indépendants et refusent obéissance au duc; Robert Guiscard les oblige à se soumettre. La ville de Montepeloso obéit à deux seigneurs normands : l'un d'entre eux se révolte contre le duc d'Apulie, mais il est trahi par l'autre, qui livre la place à Robert Guiscard[1]. Maître de Montepeloso, le duc prend la place forte d'Obbiano, puis il va soumettre, au-delà de Brindisi, la ville d'Otrante[2]. Ayant fait venir des vaisseaux de Calabre, il commence l'investissement de Bari, au mois d'août 1068. La situation générale de l'empire rend plus difficile que jamais l'envoi d'une expédition en Italie. Après la mort de Constantin Doukas, les Turcs ont profité du désarroi où se trouvent les Byzantins pour occuper la plus grande partie de l'Asie Mineure. Cependant la veuve du basileus, soucieuse de donner à l'empire un chef capable de le sauver, se décide à épouser, en 1067, le stratège Romain Diogène, déjà fameux par sa grande bravoure et ses talents militaires. C'est au moment où Romain Diogène va combattre les Arabes de Syrie que commence le siège de Bari. Les habitants de la ville envoient une ambassade à Byzance, pour demander une armée de secours. Robert Guiscard cherche vainement à négocier avec eux : de nombreux combats s'engagent sous les murs de la ville[3].

Les Normands, pour compléter le blocus du côté de la mer, obstruent l'entrée du port avec des pierres et des quartiers de roc : ils construisent un pont et, au bout, une tour fortifiée. Mais ces deux ouvrages sont détruits par les assiégeants. Bientôt une flotte de secours arrive, avec un chef byzantin, qui a probablement le titre de catépan, Etienne Pateranos; les habitants, ayant reçu des vivres et des renforts, sont prêts à prolonger la résistance. Cependant la guerre continue jusque sous les murs de Brindisi. Les défenseurs byzantins de Brindisi font prison-

1. GUIL. APUL., II, 470 ; — GAUF. MAL., II, 39.

2. AIMÉ, V, 26. C'est sans doute à cette prise d'Otrante que se rapporte l'anecdote, rapportée par l'auteur du *Strategicon* : la ville, défendue par une garnison de Russes et de Warangues, aurait été livrée au chef des Normands par la nièce du commandant « Μαλαπετζης » (CECAUMENI *strategicon*, p. 30).

3. GFRÖRER, *Byz. Gesch.*, III, p. 694 et s. — Sur le siège de Bari, les textes principaux sont AIMÉ, V, 27 ; — et GUIL. APUL., II, 480 et s.; III, 110. — LUP. PROTOSP. et *Anon. Bar.*, 1069-1071) ; — puis GAUF. MAL., II, 41. Pour la chronol., cf. HIRSCH, *Forsch.*, VIII, 360.

niers, dans une sortie, une centaine de Normands, coupent la tête aux prisonniers et envoient ce sanglant trophée à Durazzo[1]. Robert Guiscard abandonne pendant quelques mois le siège de Bari pour attaquer Brindisi, qui retient sous ses murs une partie des forces normandes ; il réussit enfin à s'emparer de la ville.

Sur ces entrefaites les habitants de Bari ont pu recevoir encore des vivres par une flotte marchande, arrivée de Constantinople. Mais quelques-uns se lassent de cette lutte interminable. Il y a deux partis dans la ville : les uns dirigés par Argyrizzos, l'un des plus riches citoyens, proposent de négocier avec le duc normand. Peut-être même plusieurs d'entre eux sont-ils secrètement d'accord avec Guiscard pour trahir leurs compagnons. Les autres sont partisans d'une résistance à outrance ; l'un d'eux cherche à s'introduire dans le camp des Normands pour assassiner le duc. Il arrive jusqu'à la cabane de branchages, où Robert se repose, lance un javelot et s'enfuit; mais le coup n'a point porté, et le bruit qui se répand dans Bari de la mort de Robert Guiscard n'est qu'une fausse nouvelle. Cependant le chef du parti de la résistance, Bizantios, qui revient de Constantinople, est assassiné par les clients d'Argyrizzos.

Une nouvelle flotte byzantine arrive en vue de Bari : elle est dirigée par le Normand Gocelin, un des barons rebelles qui, réfugiés à Durazzo, sont entrés au service du basileus. Gocelin envoie un émissaire aux gens de Bari; il compte profiter de la nuit pour entrer dans le port; les assiégés, en guise de signal, doivent allumer des feux sur les murailles. Mais les Normands sont sur leurs gardes; peut-être ont-ils intercepté le message. Le comte Roger vient d'arriver de Calabre, avec plusieurs vaisseaux, pour prendre part au siège. Par de faux signaux il trompe les Grecs, qui se jettent imprudemment au milieu de l'escadre ennemie. Plusieurs de leurs vaisseaux sont pris ; Gocelin est fait prisonnier. Le lendemain les gens de Bari s'aperçoivent qu'ils ont été joués et que la flotte byzantine est mise en déroute. Quelques semaines plus tard, vaincus surtout par la disette, ils se décident à céder. Argyrizzos, en leur nom, demande une entrevue à Robert Guiscard. Mais, si les habitants de Bari reconnaissent leur vainqueur comme duc

1. Skyl., II, 723. — Cf. Lup. Prot., 1071.

d'Apulie et lui prêtent serment de fidélité, ils obtiennent des conditions singulièrement favorables[1]. La modération même que témoigne le chef normand prouve son souci de ménager les Apuliens et même les Byzantins. L'amiral grec, Etienne Pateranos, est épargné; plusieurs des officiers byzantins ne sont gardés en prison que pour être relâchés quelques mois plus tard. Robert Guiscard s'engage à restituer aux chefs de l'aristocratie locale les terres et les domaines dont il s'est emparé; il protège Bari contre les exactions des autres barons normands, établis dans les villes voisines. En réalité, tout ce qu'il cherche, c'est d'obtenir la collaboration active des gens de Bari pour la grande entreprise qu'il va tenter en Sicile. Au lieu de leur imposer de lourdes contributions de guerre, il leur demande des troupes et des vaisseaux pour prendre part à la lutte contre les Sarrasins. La soumission de Bari donne à Robert Guiscard des forces nouvelles pour l'expédition de Sicile et prépare la prise de Palerme, qui succombe en janvier 1072, après cinq mois de siège. Mais l'entrée des Normands dans la capitale du thème d'Italie a un autre résultat : l'autorité du duc d'Apulie repose désormais sur un fondement plus solide, et, bien que sa suprématie soit encore contestée par plusieurs chefs normands, le prestige de ses victoires et l'importance des villes dont il s'est emparé lui assurent contre tous ses rivaux une puissance assez forte pour faire de lui, quelques années plus tard, le souverain le plus redoutable de l'Italie méridionale et, dans les limites des anciens thèmes byzantins, le seul et véritable successeur du basileus.

1. Guil. Apul., III, 145-165.

CHAPITRE VI

ÉTAT POLITIQUE DE L'ITALIE MÉRIDIONALE EN 1071

LE ROLE DU SAINT-SIÈGE ET L'ÉTAT DES ÉGLISES

I

Par la prise de Bari, les Normands affirment non seulement leur puissance militaire, mais aussi, comme on l'a justement remarqué, les progrès de leur marine. C'est du jour où Robert Guiscard, ayant forcé les habitants de l'Apulie et de la Calabre à lui fournir des vaisseaux, a su organiser une forte marine[1], qu'il s'est montré capable de recueillir l'héritage du basileus. Jusque-là ce sont surtout les côtes qui échappent aux Normands ; ce sont les villes maritimes qui, comme au temps de la conquête lombarde, ont réussi à garder le plus longtemps leur indépendance. La prise de Palerme, suivant celle de Bari à quelques mois de distance, est le point de départ d'entreprises nouvelles, dirigées surtout contre les grandes cités du littoral campanien, Amalfi et Salerne. Tandis que ces deux villes ont pu résister victorieusement à leurs voisins immédiats, les Normands d'Aversa, maîtres de Capoue, de Teano, de Gaëte, c'est au duc d'Apulie, maître de la mer Tyrrhénienne par la conquête de la Calabre et de la Sicile, qu'elles finiront par céder.

Les Normands et l'administration byzantine. — Bien que la soumission de Bari en 1071 et la disparition du dernier catépan marquent « l'irrémédiable défaite des Byzantins », on ne

1. Delarc, *les Normands*, p. 455.

peut pas dire, à proprement parler, que ceux-ci soient définitivement chassés d'Italie. S'il n'y a plus à Bari un gouverneur de l'Italie byzantine, administrant les deux thèmes d'Italie et Calabre au nom du basileus, il reste encore dans beaucoup de villes des officiers ou des magistrats byzantins, dont la plupart, il est vrai, appartiennent à la noblesse indigène, mais qui continuent, pendant plusieurs années, à revendiquer leur titre de magistrats « impériaux ». Le duc normand a pris la place du catépan, mais, au-dessous de lui, rien ou presque rien n'est changé. Au reste, toute son ambition est de se faire passer pour le successeur et l'héritier légitime du catépan, gouvernant l'Italie au nom du basileus, en attendant qu'il aspire à prendre pour lui-même la couronne impériale d'Orient[1]. On sait comment, vers 1075, il s'unit à la dynastie régnante par le mariage de sa fille avec un fils de Michel VII. Quand, après la chute de Michel VII, un aventurier grec se présente à Salerne et cherche à se faire passer pour le basileus déchu, échappé de sa prison, Robert Guiscard s'empresse de l'accueillir avec des honneurs extraordinaires; et bien qu'il ne soit pas dupe de la supercherie, il a soin de faire répandre la nouvelle dans toutes les villes d'Apulie et de Calabre : partout on s'apprête à célèbrer, par des fêtes magnifiques, la venue du faux basileus[2]. Sur le point de préparer son expédition contre Byzance, Robert Guiscard tient à se montrer, aux habitants des anciens thèmes, comme le vengeur du basileus légitime, renversé par un usurpateur. S'il en est ainsi, près de dix ans après la prise de Bari, on comprendra mieux combien les Normands, en 1071, doivent compter avec l'attachement traditionnel des populations à l'empire et leurs coutumes séculaires.

L'Apulie et la Calabre. — Cependant on est tenté d'établir une différence entre l'Apulie latine et la Calabre grecque[3] : si la Calabre, profondément hellénisée, marque par de nombreux témoignages son irréductible fidélité à l'empire, il semble, au premier abord, que les habitants de l'Apulie, impatients de s'affranchir d'un joug détesté, dussent accueillir avec plus de

1. Cf. les sceaux grecs de Robert Guiscard dans Engel : *Recherches sur la numismatique et la sigillographie des Normands de Sicile*, p. 82. — Chalandon, *Alexis Comnène*, p. 60.
2. Gaufr. Mal., III, 13; — Guil. Apul., IV, v. 161.
3. C'est l'idée exprimée à plusieurs reprises par Lenormant.

faveur un changement de domination. Mais en fait, l'histoire des conquêtes normandes depuis 1040 et l'étude attentive des textes nous montrent que la résistance a été partout la même, que, soit en Apulie, soit en Calabre, la conquête s'est faite dans les mêmes conditions et par les mêmes procédés, que partout les populations indigènes redoutent également la tyrannie des envahisseurs et, tout en subissant la loi du plus fort, cherchent, par des efforts désespérés, à maintenir le plus longtemps possible leur autonomie. D'ailleurs la Calabre, plus mal défendue que l'Apulie par le pouvoir central, a été plus tôt soumise : il n'y a plus de stratège byzantin à Reggio, onze ans avant l'expulsion du catépan de Bari. Mais dans les deux régions, il ne s'agit que d'une soumission tout extérieure et superficielle. Les révoltes éclatent à la première occasion ; et les habitants des principales villes travaillent sans cesse à entretenir la discorde parmi les chefs normands.

Le comte Roger, installé à Mileto, a grand'peine à se faire obéir dans la Calabre méridionale : les habitants de Gerace soutiennent la révolte d'un chevalier normand, qui s'enferme dans leurs murs; ils refusent de le livrer au comte, « non par fidélité envers lui, mais parce que toute notre nation leur était odieuse et qu'ils souhaitaient nous voir divisés plutôt qu'unis[1] ». Plus au nord, Robert Guiscard a confié le gouvernement de Stilo à un riche personnage de la ville, nommé Costa Peloga. Au moment du siège de Bari, le gouverneur est chassé, les habitants se proclament en révolte ouverte contre le duc; pendant près de six ans ils refusent de se soumettre et, par leurs incursions fréquentes, essaient de soulever contre les Normands les habitants des bourgades voisines[2]. La ville de Cosenza, une des premières que Robert ait soumises en Calabre, se brouille avec lui à plusieurs reprises : lors de la révolte des barons normands d'Apulie, qui éclate vers 1078, nous voyons le duc rétablir la paix avec les gens de Cosenza et traiter avec eux[3]. Les grandes insurrections, qui menacent si souvent la suprématie de Robert Guiscard, trouvent en Calabre un terrain particulièrement favorable : son neveu Abagelard, déjà rebelle vers 1064 puis réconcilié avec le duc, lui refuse de nouveau obéissance après 1071 ; et pendant plusieurs années

1. Gaufr. Mal., III, 30.
2. Gaufr. Mal., II, 44.
3. Guil. Apul., III, 576 : et *Cusentinos sibi pacificavit*.

il réussit à lui échapper, soit qu'il trouve un refuge dans la ville calabraise de Santa-Severina, soit qu'il aille au nord de l'Apulie occuper Ascoli[1].

Si Robert Guiscard, en 1071, est maître, au sud-est de la péninsule, d'Otrante, de Brindisi et de Bari, les villes du littoral, entre Bari et le Gargano, lui échappent encore. La ville de Trani, jusqu'en janvier 1073, ne reconnaît d'autre souverain que le basileus[2] : c'est seulement à cette date que le comte Pierre ou Petrone réussit à entrer dans la ville, qu'il revendique vainement comme sienne depuis plusieurs années. Quelques semaines plus tard, il la cède à Robert Guiscard, qui soumet ensuite les petites villes de Corato, Andria, Bisceglie[3]. Mais plus près de Bari, Giovenazzo, Bitonto, Conversano, dont le territoire est sans cesse parcouru par les bandes normandes, défendent encore leur indépendance. Puis elles jurent fidélité à des comtes normands, qui refusent de reconnaître la suzeraineté de Robert Guiscard et, pour mieux lui tenir tête, montrent à l'égard des autorités locales les dispositions les plus conciliantes[4]. En mai 1078, on voit encore à Bitonto deux turmarques et un *crites imperialis*, et les chartes portent toujours exactement les années de règne du basileus, sans qu'il y ait le moindre signe de la domination normande[5]. De même, il n'est pas certain que le comte Goffredus, qui possède des terres à Conversano en 1072, soit le maître de la ville elle-même[6]. Tarente est occupée par le comte Pierre, et il ne semble pas qu'elle soit soumise à Robert Guiscard avant le siège de 1080[7]. Au-delà de l'Ofanto, les grandes villes de Siponto et de Lucera, entre 1060 et 1071, semblent avoir gardé leur complète indépendance : les chartes rédigées dans ces deux villes ne portent aucune trace de la domination nouvelle, et l'archevêque de Siponto conclut un accord avec « le peuple de la cité » ou ses principaux représentants, sans faire la moindre allusion aux Normands[8]. Enfin, au nord du Gargano,

1. Guil. Apul., III, 510 ; — Aimé, VII, 18, 21 ; — Lup. Protosp., 1079.
2. Lup. Protosp., 1073 : *intraverunt primo Normanni in Tranum*. — Cf. Beltrani, *Documenti longobardi e greci*, nos 18 et 19.
3. Lup., *l. c.* ; — Guil. Apul., III, 380 et s.
4. *Codice barese*, t. III, nos 14, 15, 16.
5. *Cod. bar.*, *l. c.*, n° 19.
6. *Chartul. Cupers.*, n° 43.
7. Guil. Apul., III, v. 360, 673 ; — Lup. Protosp., 1080.
8. *Cod. Cav.*, t. VII, p. 131-222 ; — *Cart. de Tremiti*, fol. 57 (la 5e année de Constantin Doukas).

le comte normand Petrone de Lesina affecte de reconnaître la suzeraineté lointaine de Byzance et se regarde comme tout à fait indépendant de Robert Guiscard[1].

Ainsi le duc d'Apulie n'est maître que d'un petit nombre de villes; quelques-unes des cités les plus importantes ne reconnaissent d'autre souverain que le basileus; beaucoup d'autres obéissent à des comtes normands, qui se sont mis d'accord avec l'aristocratie indigène et s'appuient sur les résistances locales pour refuser obéissance à Robert Guiscard. Mais celui-ci a l'armée la plus nombreuse; il possède une flotte et, par son prestige militaire, il l'emporte sur tous ses rivaux. Encore faudra-t-il qu'il ait découragé par de nouvelles victoires et par d'impitoyables répressions les tentatives de révolte, sans cesse renaissantes, pour que sa domination s'impose réellement dans toute l'étendue des anciens thèmes byzantins.

La Campanie. — Des principautés lombardes autrefois vassales de Byzance, la seule qui garde, avec son indépendance, son antique dynastie, est celle de Salerne. Il semble même que le prince Gisulf, dans les dernières années qui précèdent le siège de Salerne (entre 1070 et 1076), ait réussi à reprendre l'offensive contre ses voisins et, sans atteindre la puissance de son père Guaimar, ait rétabli son autorité non seulement sur une grande partie de l'ancienne principauté, mais plus loin encore, sur les côtes septentrionales de la Calabre[2]. Ses frères occupent les positions dominantes dans le massif montagneux qui s'étend entre la vallée du Sele et le golfe de Policastro[3]; si les incursions de Gisulf s'étendent, au dire d'Aimé, jusqu'à Sant'Eufemia, il est probable qu'il a repris le château de Scalea, formant promontoire au sud du golfe de Policastro, et précédemment conquis par le comte Guillaume de Hauteville[4]. En tout cas, Gisulf cherche à développer la puissance maritime de Salerne, en soudoyant des corsaires qui se livrent pour le compte de leur maître, s'il faut en croire un témoin très hostile, à de nombreux actes de brigandage. Ils pillent des vaisseaux de Pise et de Gênes, qui s'aventurent tout près de Salerne; ils menacent à plusieurs reprises Naples et Sor-

1. *Cart. Tremiti*, fol. 40 v°.
2. Aimé, VIII, 3.
3. Aimé, VIII, 29.
4. Gauf. Mal., I, 24.

rente[1]. L'inconvénient de cette politique est de faire renaître la discorde entre Amalfi et Salerne, pour le plus grand profit de Robert Guiscard. C'est en vain qu'en octobre 1071, au Mont-Cassin, le pape Alexandre II oblige Gisulf à se réconcilier avec l'un des plus riches marchands d'Amalfi, Maurus, père de Pantaléon. A peine les Normands ont-ils occupé Palerme, que Gisulf, pour faire contrepoids à la puissance maritime du duc d'Apulie et de Sicile, fait une nouvelle tentative pour imposer sa suprématie aux gens d'Amalfi. Ceux-ci se tournent vers Robert Guiscard pour être délivrés de leur dangereux voisin, et, dès 1073, le duc normand revendique la souveraineté sur le duché d'Amalfi[2]. Le duché de Naples est alors le seul Etat du littoral qui garde son indépendance.

Cependant Richard d'Aversa a réussi à supplanter peu à peu l'ancienne dynastie des princes lombards non seulement à Capoue, mais à Teano et dans une grande partie de la principauté. Depuis 1064, il a imposé sa souveraineté aux habitants de Gaëte : mais les chartes de Gaëte mentionnent encore, pendant quelques années, les noms de la duchesse Marie et de son fils Adenulf, représentants de la dynastie indigène, après ceux des princes normands. A partir de 1068, la souveraineté normande est seule reconnue à Gaëte[3]. Ailleurs les dynasties locales subsistent encore; les comtes d'Aquino, forcés de subir la souveraineté normande, cherchent à entretenir les querelles entre Richard d'Aversa et ses frères. Cependant l'abbé du Mont-Cassin, Didier, profite de ces rivalités pour accroître, en se faisant donner de nouveaux domaines et de nouvelles forteresses, sa puissance politique. Assez habile et assez prudent pour garder avec tous ses voisins d'amicales relations, il fait de son abbaye, centre d'une seigneurie nouvelle, un terrain neutre, où se rencontrent, en un jour solennel, les principaux seigneurs du pays, Normands ou Lombards. Le 1er octobre 1071, le pape vient consacrer l'église de Saint-Benoît; bien qu'il n'y ait plus, pour monter au Cassin, ni empereur ni cortège impérial, jamais l'illustre monastère n'a été visité par une foule aussi brillante. Autour du chef de l'Eglise romaine, entouré de plus de cinquante évêques, apparaissent le prince Richard de Capoue, son fils et son frère, et leurs rivaux de la veille ou

1. AIMÉ, VIII, 3-6.
2. VON HEINEMANN, *l. c.*, p. 268.
3. *Cod. dipl. Caiet.*, t. II, nos 221-235.

du lendemain, les princes lombards de Salerne et de Bénévent, le duc de Naples, le duc de Sorrente, les comtes de la marche de Spolète, les seigneurs de la vallée du Sangro[1]. Seul, Robert Guiscard, occupé au siège de Palerme, manque à cette imposante assemblée. Mais, dans cet ensemble de seigneuries rivales, qui se disputent la prépondérance en Campanie, il n'y a plus place pour l'intervention byzantine. Depuis les dernières tentatives de Gisulf et du patrice amalfitain Pantaléon, toutes relations politiques ont cessé entre Byzance et les petits Etats du littoral campanien.

II

L'ACTION DU SAINT-SIÈGE. — DIOCÈSES LATINS ET GRECS

On a vu comment le Saint-Siège, lors de l'assemblée de Melfi, cherche à profiter de l'alliance normande pour reprendre, dans des conditions plus efficaces que Léon IX et Etienne IX, l'œuvre de la réforme ecclésiastique. Les abus contre lesquels luttaient les réformateurs n'étaient ni plus ni moins graves dans l'Italie méridionale que dans les autres parties de la péninsule. La simonie y sévissait comme partout et, si la plupart des clercs étaient mariés, cette coutume semblait, dans le pays, d'autant plus légitime qu'elle était justifiée par l'exemple du clergé grec. Ainsi le voisinage de ce clergé rendait plus difficile encore le succès des réformes essentielles poursuivies par l'Eglise romaine. Mais il y avait une autre cause de troubles : les limites entre le patriarcat d'Occident et le patriarcat byzantin étaient, en réalité, assez indécises, puisque plusieurs évêques et archevêques latins dépendaient directement du basileus et se trouvaient ainsi attirés plus ou moins dans la sphère d'action du patriarcat oriental. Cette situation favorisait singulièrement l'indépendance de certains évêques, les querelles de juridiction, les usurpations de titres. La cour byzantine accordait volontiers aux évêques des principales villes latines le titre d'*archevêque*, dans l'espoir de se les rattacher plus étroitement : tant que les papes furent des personnages faciles à corrompre, comme Jean XIX, contemporain du catépan Basile

1. Leo Ost., III, 29.

Bojoannès, ils ne firent aucune résistance à ces innovations. Mais il n'en fut plus de même quand apparurent les pontifes réformateurs, soucieux de rétablir en ces lointains parages l'autorité directe du Saint-Siège : c'est ainsi que Léon IX prétend ne connaître, à Trani et à Bari, que de simples évêques; il n'admet pas d'autre part les prétentions de l'église de Siponto à avoir son évêque propre, indépendant de Bénévent [1].

Ailleurs, la présence dans une même région de clercs grecs et de clercs latins rend la situation des diocèses assez incertaine et assez confuse. Dans les anciens pays lombards conquis par Byzance à la fin du IXe siècle, et lentement hellénisés depuis cette époque, la vallée du Crati, la Lucanie méridionale, le pays de Tarente et de Brindisi, il semble que le clergé latin soit resté assez nombreux pour ne pas se laisser absorber complètement par l'élément byzantin. Entre Cosenza et Brindisi, il est impossible de fixer avec précision, vers le milieu du XIe siècle, la liste des diocèses grecs et des diocèses latins. Le siège épiscopal de Cosenza, disputé entre la métropole latine de Salerne et la métropole grecque de Reggio, finit par acquérir un rang spécial : à l'époque où les Normands menacent les environs de Cosenza, entre 1050 et 1055, l'évêque Pierre a pris le titre d'archevêque, sans doute avec le consentement de l'autorité byzantine [2]. Le siège latin d'Oria, entre Tarente et Brindisi, est occupé par l'archevêque Eustasius, qui évidemment ne tient son titre que de Byzance [3]. Quant aux diocèses grecs, institués en Lucanie à la fin du Xe siècle et rattachés à la métropole d'Otrante, nous ignorons s'ils sont, à la fin du XIe siècle, autre chose que des cadres fictifs : il est très probable que l'évêque d'Acerenza, mentionné en 1024 et en 1040 par une chronique de Bari, est un Latin. Mais il y a probablement des évêques grecs plus au sud, à Tursi et à Tricarico [4].

1. Bulle de Léon IX pour le monastère de la Trinité de Bari (*P. L.*, CXLIII, col. 734). — Cf. *supra*, p. 479. Le cardinal Humbert, conseiller de Léon IX, nomme Jean *évêque* de Trani.

2. Lup. Protosp., 1056; — Cf. Duchesne, *l. c.* (*Mélanges Fabre*, p. 12). Il n'est pas possible que ce titre nouveau soit « une création de Robert Guiscard », comme je l'ai dit à tort dans mon article sur les *diocèses de Calabre* (*Rev. d'hist. et lit. relig*, 1900, p. 233).

3. *Cod. dipl. brund.*, Ier vol. ; — Di Meo, *Ann.* 1060 (t. VIII, p. 19).

4. Tursi est cité comme seul suffragant d'Otrante, dans les listes épiscopales byzantines du XIIe siècle (Cf. Parthey, *Notitiæ episcopatuum*). Une charte de 1050 (Trinchera, n° 37), cite l'évêque grec Michel, dans le diocèse duquel se trouve le monastère basilien de S. Zozime (Kyr-Zozimo, diocèse de Tursi).

Lorsque le pape vient tenir des synodes dans l'Italie méridionale, il poursuit une double tâche : il ne s'agit pas seulement de réaliser la réforme, il faut rétablir une hiérarchie régulière, plus étroitement rattachée au Saint-Siège, obliger les évêques du pays à reconnaître pratiquement la juridiction romaine, resserrer enfin dans des limites plus étroites le domaine italien du patriarcat byzantin, en attendant que toutes les églises placées sous la domination des Normands soient soumises à l'autorité de Rome, conformément à la promesse que Nicolas II obtient de Robert Guiscard à Melfi. Comment Nicolas II et son successeur ont-ils poursuivi cette œuvre, c'est ce qu'il nous reste à voir, pour comprendre quelles sont, au moment de la prise de Bari et à la veille de l'avènement de Grégoire VII, les positions de l'Eglise latine et de l'Eglise grecque dans les anciens thèmes byzantins.

L'œuvre de Nicolas II. — Malheureusement, nous n'avons sur le synode de Melfi en 1059 que des indications très vagues ou des textes mal établis. La déposition de l'archevêque de Trani, connue par une allusion de Pierre Damien, est le seul fait certain qu'il soit possible de citer [1]. Il existe, il est vrai, un autre document, volontiers invoqué dans les querelles locales par certains érudits du XVIIIe siècle : c'est un acte par lequel Godanus, archevêque d'Acerenza, fixe les limites du diocèse de Tricarico [2]. S'il faut en croire ce document, Nicolas II, au synode de Melfi, dépose les deux évêques de Montepeloso et de Tricarico : l'un convaincu de simonie et d'adultère, l'autre « néophyte »; puis il prononce l'union de ces deux diocèses, en chargeant l'archevêque d'Acerenza, aidé de l'archevêque Arnulf de Cosenza, vicaire de l'Eglise romaine, de faire procéder, selon les formes régulières, à une élection nouvelle; après le départ du pape, les deux archevêques tiennent un autre synode à Tursi pour assurer l'exécution des décrets de Nicolas II et fixer les limites du nouveau diocèse de Tricarico, « transféré du rite grec au rite latin. » Mais l'authenticité de ce document a été justement contestée par Di Meo. Il est très douteux que le Saint-Siège ait reconnu, dès cette époque, l'*archevêque*

1. *P. L.*, t. CXLV, col. 538.
2. Di Meo, VIII, 18, *ad a.* 1060. — Jaffé-Löw. en a reproduit des extraits d'après d'Avino : *Chiese delle due Sicilie.*

d'Acerenza, dont les prétentions contredisaient les privilèges accordés, durant tout le XIe siècle, aux archevêques de Salerne[1]. On peut faire, il est vrai, la même critique pour l'archevêque de Cosenza. Cependant l'archevêque Arnulf est connu par d'autres textes; et dès le début du pontificat d'Alexandre II, il apparaît comme investi de la confiance spéciale du Saint-Siège : il vient à Bari, en 1063, pour y tenir un synode de réforme au nom du pape[2]. Dès lors il est très vraisemblable que Nicolas II a reconnu, dès 1059, le titre archiépiscopal de Cosenza, pour rompre les derniers liens de cette ville avec la province byzantine de Calabre ; c'est alors sans doute qu'il a mis à la tête du diocèse un prélat étranger au pays, Italien du Nord ou Allemand d'origine, comme semble l'indiquer son nom. Reste à savoir si les habitants de Cosenza ont accepté de recevoir cet étranger : si Arnulf est à Melfi en 1059, s'il se rend à Bari en 1063, on peut se demander quand il a pris possession de son diocèse. Il n'est sûrement à Cosenza qu'en 1065, quand Alexandre II l'invite à consacrer un nouveau monastère, fondé dans la ville par Robert Guiscard en expiation de ses crimes[3].

L'œuvre d'Alexandre II. — Alexandre II n'est venu lui-même dans l'Italie méridionale qu'en 1067. Le prince Richard de Capoue, s'étant brouillé avec le pape, l'année précédente, a envahi l'État pontifical et fermé pendant quelques mois la route du sud. Mais aussitôt réconcilié avec Richard, Alexandre II, traversant la Campanie, se rend auprès des Normands d'Apulie. Le 1er août 1067, il est à Melfi et prononce l'excommunication du comte Guillaume de Hauteville, coupable d'avoir usurpé les domaines de l'église de Salerne[4]. Il est probable qu'à ce moment le pape resserre son alliance avec Robert Guiscard, qui renouvelle les serments prêtés à Nicolas II. Comme son prédécesseur, il prononce la déposition de plusieurs évêques; il rend à l'évêque de Troia l'église voisine de Biccari, que le pape Etienne IX avait soumis à l'archevêque de Bénévent ; il casse des ordinations irrégulières faites par l'évêque

1. Bulles de Sergius IV, Benoit VIII, Clement II, Léon IX, Etienne IX (JAFFÉ-LÖW., 3988, 4011, 4143, 4259, 4386).
2. *Anon. Bar.*, 1063.
3. JAFFÉ-LÖW., 4576.
4. JAFFÉ-LÖW., 4634, 4635 (*P. L.*, CXLVI, col. 1335).

d'Oria, Eustasius, auquel il refuse le titre d'*archevêque*[1].

Au contraire, Alexandre II a confirmé, dès le début de son pontificat, les privilèges de la métropole de Canosa-Bari, contestés, nous l'avons vu, par le pape Léon IX. La bulle, accordée en 1063 à l'archevêque André[2], a pu être apportée à Bari par le vicaire du pape, Arnulf de Cosenza. Parmi les villes où l'archevêque de Canosa-Bari se fait reconnaître le droit de consacrer des évêques, on remarque celle de Trani, qui depuis longtemps prétendait être indépendante de sa rivale. Dès lors, si la bulle délivrée en faveur de Bari est authentique, il faut rejeter comme apocryphe une autre bulle, datée de la même année, d'après laquelle l'archevêque Bizantius de Trani aurait obtenu les droits de métropolitain et le privilège de porter le pallium à certaines fêtes[3]. Le document de Bari, conservé aux archives de la cathédrale, semble présenter des signes d'authenticité plus sûrs que celui de Trani[4]. Il faut remarquer qu'en octobre 1071 l'*archevêque* Bizantius de Trani se trouve au Mont-Cassin, auprès du pape, tandis que l'archevêque André, de Canosa-Bari, est absent[5]. Peut-être la bulle de Trani date-t-elle en réalité de cette époque.

Une autre bulle d'Alexandre II, accordée en 1068 à l'*archevêque* Arnaldus d'Acerenza[6], semble être l'acte constitutif d'une nouvelle province ecclésiastique : toutefois, si le pape énumère les villes soumises à la juridiction du nouvel archevêque, il ne lui reconnaît pas expressément le droit d'y consacrer des évêques. En tout cas, il est intéressant de constater quelles sont ces villes, car le territoire ainsi abandonné à l'archevêque d'Acerenza s'étend depuis les environs de Melfi jusqu'aux confins de la Calabre : il comprend, entr'autres, Venosa, Potenza, Tricarico, Montepeloso, Gravina, Matera, Tursi, Latiniano. On retrouve précisément dans cette liste toutes les cités où les Byzantins, vers la fin du xe siècle, avaient cherché à établir des évêques grecs, suffragants d'Otrante. Malheureusement la bulle en question est aussi

1. JAFFÉ-LÖW., 4640, 4615.
2. JAFFÉ-LÖW., 4515; — PFLUGK-HART., *Acta Pontif. Rom. inedita*, t. II, p. 97.
3. JAFFÉ-LÖW., 4514; — PROLOGO, *le carte di Trani*, p. 55.
4. *Cod. bar.*, t. I, n° 25. — C'est d'après cette bulle que semble avoir été faite la copie de la bulle de Jean XIX (*l. c.*, n° 13).
5. MURAT., *R. I. S.*, t. V, p. 77.
6. JAFFÉ-LÖW., 4697 (*Patr. lat.*, CXLVI, col. 1343).

suspecte que celle de l'archevêque Godanus, précédemment citée[1]. Arnaldus d'Acerenza est présent au Mont-Cassin, en octobre 1071, mais il ne porte que le titre d'*évêque*. Vraie ou fausse, la bulle d'Alexandre II nous indique du moins avec précision dans quelles limites l'évêque d'Acerenza prétendait exercer son autorité : c'est lui qui revendique la succession des évêques grecs, dans une région où ceux-ci ont dû, probablement, disparaître assez vite.

Les nouveaux archevêques et évêques latins. — Pour nous rendre compte de l'état des diocèses et de leurs rapports avec le Saint-Siège, vers la fin du pontificat d'Alexandre II, nous avons un document plus digne de foi que toutes les bulles précédentes : c'est la liste des évêques qui assistent à la consécration solennelle de l'église du Mont-Cassin, le 1er octobre 1071. Le pape, qui voulait donner à cette fête un éclat extraordinaire, y avait convoqué tous les évêques « de la Campanie, du Principat, de l'Apulie et de la Calabre ». En réalité, il ne vint personne de la Calabre; et la liste de ceux qui répondirent à l'appel du Saint-Siège est loin de représenter la totalité des diocèses latins de l'Italie méridionale. Dans un chapitre de la chronique du Mont-Cassin, Léon d'Ostie énumère, en donnant seulement le nom de leur siège épiscopal, les dix archevêques et les quarante quatre évêques présents au Mont-Cassin, lors de la consécration[2]. Mais un autre texte, peut-être du même auteur, en tout cas plus ancien que la chronique, nous fait connaître les noms des titulaires[3]. A côté des archevêques de Salerne, de Capoue, de Naples et de Sorrente, nous voyons apparaître ceux de Siponto, de Trani et de Tarente : Gérard, Bizantius et Drogon. Voilà donc trois archevêques latins, tenant leur titre de Byzance, qui pour la première fois sont officiellement reconnus par le Saint-Siège. Il semble bien que Drogon de Tarente soit un prélat normand, récemment consacré par

1. Di Meo, *ad a.* 1068, t. VIII, p. 83. — Kehr (*Nachrichten der Gesellschaft d. Wiss. zu Gottingen*, 1900, p. 220), cite la copie d'une bulle adressée, en 1063, aux archevêques Arnaldus d'Acerenza et Urso de Bari : mais l'archevêque (Urso n'est pas antérieur à 1078) la bulle doit être apocryphe. Engelbertus, *Tursanus episcopus*, est cité dans une autre bulle d'Alexandre II (J.-L., 4651).
2. Leo Ost., III, 29.
3. Muratori, *R. I. S.*, V, 76. — Cf. les notes de Wattenbach à l'éd. de Léon d'Ostie (*M. G. Ss.*, VII, p. 717). La chronique nomme comme *archevêques* les évêques d'Acerenza et d'Otrante, et comme *évêque* l'archevêque de Tarente.

le pape, pour prendre possession d'un diocèse qui venait à peine d'être enlevé aux Byzantins. L'archevêque Gérard est un ancien moine du Cassin, d'origine allemande, qui occupe le siège de Siponto dès le début du pontificat d'Alexandre II[1]. Le pape, renonçant à une résistance inutile, consent enfin à séparer l'église de Siponto de celle de Bénévent, mais en revanche il y installe un moine bénédictin, tout dévoué au Saint-Siège et partisan zélé de la réforme. Gérard a dû reconnaître d'ailleurs la suprématie byzantine : car la ville de Siponto ne paraît point s'être soumise aux Normands, même après 1071. — De ces trois archevêques apuliens, Bizantius de Trani est le seul qui, par son origine, appartienne au clergé local. Il faut remarquer d'ailleurs que ni l'archevêque de Bénévent, ni celui de Bari ne sont venus au Mont-Cassin.

Les évêques apuliens cités dans notre liste sont ceux de Giovenazzo, de Ruvo, de Minervino, de Bisceglie, de Cannes. Enfin, on voit apparaître un évêque, Hugues d'Otrante, qui dans d'autres documents s'intitule archevêque[2]. Le prélat byzantin, reconnu par le patriarche comme métropolitain d'Otrante, assiste, en 1066, à un synode de Constantinople[3]. Les Normands et le Saint-Siège ont dû profiter de son absence pour installer dans la ville nouvellement conquise un évêque latin : en dépit de leurs efforts, le rite grec, dans la Terre d'Otrante, garde sa prépondérance[4]. Nous voyons ainsi jusqu'où pénètre la propagande latine au moment où Robert Guiscard entre à Bari. Il est impossible de savoir s'il y a encore des évêques grecs sur le littoral apulien, entre Brindisi et Bari. Seule la Calabre, sauf dans la vallée du Crati, échappe aux Latins. L'Eglise romaine, renouvelant avec plus de succès les revendications qu'elle semblait avoir abandonnées depuis le temps de Nicolas Ier, a pris décidément l'offensive contre le patriarcat byzantin : à Cosenza, à Acerenza, à Tarente, partout où les deux clergés vivent l'un à côté de l'autre, elle profite de la

1. Leo Ost., III, 24. — *Cart. Tremiti*, fol. 46 ; — Gattola, *Access.*, t. I, p. 171, (charte de 1063).

2. Hugues d'Otrante est déjà cité comme *archiepiscopus* dans une assemblée tenue à Salerne par Alexandre II, peu après le synode de Melfi (1067). — Jaffé-L., 4635, *Patr. lat.*, CXLVI, col. 1336.

3. Mansi, t. XIX, p. 1043.

4. Il la gardera jusqu'à la fin du XVIe siècle. — Cf. mon *étude sur la décadence du rite grec* (*Rev. d'hist. et lit. rel.*, 1897, p. 481) et Maggiulli, *Otranto*, p. 197.

force normande pour tenter de faire disparaître la hiérarchie byzantine : désormais les monastères grecs et les prêtres grecs dispersés, en colonies plus ou moins nombreuses, dans la Lucanie méridionale et dans une partie de l'Apulie, seront soumis à des évêques latins.

CHAPITRE VII

L'ADMINISTRATION LOCALE AU XIe SIÈCLE

DANS LES PAYS LOMBARDS
DANS LES DUCHÉS DE NAPLES ET DE GAETE
ET DANS LE THÈME D'ITALIE

L'ÉMANCIPATION DES VILLES

Pour comprendre comment est administré, au XIe siècle, le thème byzantin d'Italie, il est nécessaire de ne pas séparer l'Apulie, directement soumise au catépan, des territoires lombards qui l'entourent. Dans la région de Salerne ou de Bénévent, comme autour de Bari, les institutions locales, sous des noms en partie différents, sont restées à peu près les mêmes. On y retrouve le fond primitif des institutions lombardes, telles qu'on les observe, à la fin du VIIIe siècle ou au commencement du IXe, dans la principauté de Bénévent. Comment ce fond primitif s'est-il transformé, plus d'un siècle après la restauration byzantine, il est difficile de s'en rendre compte : car si nous possédons, pour cette époque, un assez grand nombre de chartes privées, ces documents nous renseignent mal sur le rôle et les attributions des fonctionnaires locaux.

Principautés lombardes. — Il y a toujours, dans les principautés lombardes, des *gastaldi*, dont l'autorité s'étend sur une circonscription déterminée[1]. Mais le titre de *comes* tend à devenir de plus en plus fréquent. Si, dans certains textes du IXe siècle, ces deux mots paraissent employés indifféremment

1. *Cod. Cav.*, t. I, nos 106, 153, 183 ; t. II, nos 216, 235, 267, 426 ; t. III, nos 460, 480, 569 ; t. IV, no 630 ; t. V, nos 832, 856 ; t. VII, p. 141, 169 ; t. VIII, p. 11.

l'un pour l'autre, il y a des exemples où ils se distinguent nettement : il semble alors que le *gastaldus* soit subordonné au *comes*[1]. En somme, le titre de comte, inconnu dans le royaume lombard et dans les duchés primitifs, commence à être en usage, dès le commencement du IXe siècle, à Capoue, et peu à peu les *gastaldi* des villes principales revendiquent plus volontiers le titre nouveau, qu'on trouve non seulement chez les Francs, mais aussi dans l'ancien duché byzantin de Naples.

Au-dessous du gastaldus est mentionné parfois le *sculdais*, fonctionnaire de rang inférieur[2]. Mais il est visible que ces vieux noms lombards, sans disparaître tout à fait, tombent en désuétude, et qu'au contraire la dignité de comte, d'abord réservée à un petit nombre, s'étend à une catégorie de plus en plus nombreuse. C'est ainsi qu'au XIe siècle on trouvera des comtes non seulement dans les villes principales, centres d'anciens gastaldats, mais encore dans des localités d'importance secondaire : tout autour de Capoue, apparaissent les comtes d'Aquino, de Calvi, de Suessa, de Calinola, etc.[3].

La transmission héréditaire du titre de *comes* est un fait très fréquent ; ce n'est pas encore, au XIe siècle, un fait universel. plusieurs fois ce titre est accordé par une concession personnelle du prince et cesse d'être porté par le fils du dignitaire[4]. Si plusieurs comtes lombards sont devenus en fait des seigneurs indépendants, assez forts pour assurer le pouvoir à leurs héritiers, il reste encore bien des traces de l'ancienne organisation administrative, qui fait du « Sacré Palais » de Salerne, de Bénévent ou de Capoue, le seul centre de la souveraineté. A défaut du prince, ses parents les plus proches occupent les villes principales : les comtes de Teano et d'Aquino, durant plusieurs générations, appartiennent à la dynastie régnante de Capoue ; mais leur subordination se manifeste encore à bien des signes. On voit les comtes d'Isernia et d'Aquino traduits à Capoue devant le tribunal d'un simple *judex*, qui réside au palais du Prince[5].

1. *Cav*, t. VIII, p. 17.
2. *Cav.*, II, nos 286, 373, 425 ; VI, 914.
3. GATT., *Acc.*, p. 96 : — *Cav.*, t. V, n° 834.
4. Exemples de comtes héréditaires : *Cav.*, III, n° 488 ; IV, 583, 618, 656 ; V, 784, 812. Dans d'autres cas, le titre de comte ne passe pas aux fils (*Cav.*, II, 283, 328 ; IV, 706 ; V, 736. Il faut distinguer aussi les *comites palatii* des comtes territoriaux.

Il est difficile de déterminer avec précision le rôle des *judices* : à l'origine, ce mot désigne, d'une manière générale, tous les représentants de l'autorité princière[1]. Mais s'il y a des *gastaldi*, qualifiés en même temps de *judices*, d'autres juges sont de simples clercs ou des notaires[2]. Ainsi le *judex* ordinaire n'est, le plus souvent, ni comte ni *gastaldus*. Arbitre, juge dans les procès civils, dans les contestations de propriété, c'est devant lui que se font les ventes, les donations, les échanges. Tout homme chargé d'une délégation du prince prend le titre de *judex* : mais un *gastaldus* peut aussi parfois nommer un juge[3].

Dans les villes de Teano, de Suessa, il y a un *judex civitatis*, à côté du comte, et qui ne paraît nullement dans sa dépendance[4]. Ainsi l'administration civile, issue du Palais, se conserve encore çà et là ; entre le prince et les différents comtes ou *gastaldi*, il n'y a pas une véritable hiérarchie féodale. Les Normands seront les premiers à l'introduire. Mais il est certain que dans la seconde moitié du XIe siècle, les troubles, provoqués en Campanie par l'apparition des bandes normandes, favorisent l'anarchie. Malgré le concours que leur donnent plusieurs chefs normands, l'autorité des princes tend à s'affaiblir. C'est à ce moment qu'on voit les comtes d'Aquino réussir à briser tout lien avec la principauté de Capoue et s'établir pendant quelque temps à Gaëte. Le comte de Larino, Tesselgard, dont le père est venu de Bénévent, continue sans doute de reconnaitre la suprématie du prince Landolf; mais il agit en souverain indépendant et lève des troupes à son gré pour guerroyer contre ses voisins, « les Apuliens ou les Grecs[5] ».

Naples et Gaëte. — A côté des Etats lombards, l'ancien duché byzantin de Naples garde son caractère original et son organisation autonome, sous le gouvernement de ses ducs héréditaires. On y trouve, comme dans la Rome byzantine du VIIIe siècle, une *militia*, caste militaire nettement distincte, qui a ses domaines propres et sans doute aussi ses privilèges[6].

1. Cf. les lois de Rotaris et de Liutprand : *Edictus Liutpr.*, 25, 27.
2. *Gastaldeus et judex* : *Cav.*, I, n°s 103, 106, 131 ; — *Vult.*, p. 410, 426 ; — *Clericus et judex* : *Cav.*, I, n°s 133, 135.
3. *Cav.*, VI, 976.
4. *Vult.*, p. 419, 423, 460. — GATT., I, 39, *access.*, 69.
5. MURAT., *Ant. It.*, II, 15 (*Cart. Tremiti*, fol. 33).
6. *Reg. Neap.* (CAPASSO, *Monum.*, II, n°s 34, 62, 97, 102, 116, 244, 376). — Cf. SCHIPA, *Arch. Stor. Nap.*, t. XVIII, p. 621.

Naples est la seule ville de l'Italie méridionale où soit encore mentionnée une corporation des « curiales ». Mais la curie napolitaine n'est plus, la remarque en a déjà été faite, qu'un bureau d'enregistrement[1]. A Naples, comme dans les principautés lombardes, il y a des comtes qui nous apparaissent nettement comme les représentants et les fonctionnaires du duc; il y a aussi des « tribuns » et des *lociservatores;* on voit mentionnés enfin, à plusieurs reprises, des *judices publici*[2].

Les *judices* apparaissent également dans le duché voisin de Gaëte et semblent former un groupe distinct[3]. Par une curieuse exception, le duc de Gaëte garde l'ancien titre de *consul*, qui est donné aussi au magistrat suprême de Fondi. Au reste, Fondi et Gaëte restent unies et sont gouvernées par des membres de la même famille. A l'est, au contraire, la bourgade de Traecte devient, dès la fin du xe siècle, le centre d'un comté indépendant; les chartes locales portent les années de règne des comtes de Traecte[4].

Le thème d'Italie. — Dans les villes et les bourgades de l'Apulie byzantine se trouvent en grand nombre, soit de simples dignitaires byzantins, protospathaires, spatharo-candidats, spathaires, soit des officiers ou des magistrats, remplissant une fonction active : turmarques, comtes de la tente, topotérètes. Les turmarques, qui sont les officiers les plus importants du thème après le stratège, appartiennent le plus souvent à la classe des « spatharocandidats[5] ». Mais il ne faut pas établir un rapport fixe entre la hiérarchie des dignitaires et la série des fonctionnaires actifs. C'est ainsi qu'au xe siècle le stratège de Longobardie appartient tantôt à la classe des protospathaires, tantôt — et le plus souvent — à celle des patrices. Un des premiers catépans connus, Grégoire Trachaniote, est simple protospathaire[6]. D'autre part, on voit mentionnés dans les chartes des « protospathaires impériaux », qui ne sont ni

1. Capasso, *Monum.*, III, p. 112.

2. *Reg. Neap. l. c.*, II, n°s 276, 336, 438) (*judices publici*). — Comtes et *lociservatores* (*l. c.*, II, n°s 22, 38, 329; III, p. 11). — Cf. Ciccaglione, *le Istituzioni politiche e sociale dei ducati Napoletani*. Naples, 1892.

3. *Ante omnes potestates omnesque judices* (*Cod. dipl. Caiet.*, I, n° 128).

4. *Cod dipl Caiet.*, I, n° 154; — *Charles de Traecte : id.*, n°s 90, 149, 151, 167, etc.

5. Const. Porph., *de Cerim.*, II, 52.

6. Trinchera, *Syllabus*, n°s 6, 10.

stratèges ni turmarques, et qui semblent n'avoir aucune fonction précise. Le Lombard Grimoald est protospathaire impérial du « Chrysotriclinon », et de même plus tard Romuald[1].

En fait, presque tous ces fonctionnaires ou dignitaires byzantins sont des membres de l'aristocratie locale, des Lombards d'origine : ainsi les spathaires ou spatharocandidats Radelchis, Giselprandus, Dauferius, à Conversano; le protospathaire Pardus, les turmarques Maio et Rossemannus, à Bari; Maraldus « topotérète » de Polignano[2]. Quelques-uns gardent encore l'ancien titre lombard de « gastaldus » : un certain Romuald dans une charte de 957, s'intitule « impérial spatharocandidat et gastaldus[3] ». La plupart signent en latin, bien que certains Lombards affectent l'emploi de caractères grecs; mais les souscriptions grecques, dans les chartes de Bari, de Trani, de Conversano, de Terlizzi, sont fort rares[4].

Ces fonctionnaires ou dignitaires byzantins étant très nombreux, il est probable que le basileus autorisait le catépan ou le stratège à les nommer directement; peut-être cependant les titres les plus élevés ne pouvaient-ils s'obtenir que par un décret spécial du basileus. Nous savons qu'un stratège peut avoir ses « spathaires[5] ». Mais peut-il conférer à quelqu'un la dignité de « protospathaire »? D'autre part, comme les dignités byzantines deviennent des charges vénales et héréditaires[6], elles ont pu se perpétuer dans un petit nombre de familles appartenant à l'aristocratie indigène. A l'époque de Léon VI, les turmarques ne sont nommés qu'avec le consentement exprès du basileus[7] : mais, au XIe siècle, le grand nombre des turmarques lombards à Bari rend bien invraisemblable l'hypothèse d'une nomination directe par le pouvoir central; il est évident que tous ces personnages ont reçu leur titre du catépan, auquel le basileus a donné, à cet effet, pleins pouvoirs. Certaines villes sont gouvernées par un « topotérète », ou un *episkeptès* (ἐπισκεπτής), qui est aussi désigné, sans doute, par l'autorité suprême du thème. Certaines chartes mentionnent un *hecprosopus* (ἐκ προσώπου), délégué impérial, qui n'est

1. *Chart. Cupers.*, n°s 8, 12, 17.
2. *Id.*, n°s 11, 12, 17, 34, 37.
3. *Id.*, n° 13.
4. Cf. CHALANDON, *Mélanges*, t. XXI, 443.
5. REISKE, *Comm. de Cerim.*, p. 47.
6. DE CERIM., II, 49.
7. LEONIS *Tactica* (*P. G.*, CVII, c. IV, col. 708).

probablement que le vicaire ou lieutenant du stratège ou du catépan[1].

Le catépan et les turmarques n'ont pas des attributions exclusivement militaires. Ils sont juges et arbitres, dans les querelles entre particuliers; ils font restituer à un monastère les domaines qui lui ont été enlevés. Les turmarques de Trani prêtent leur assistance à l'archevêque dans un procès où sont impliqués des clercs[2]. Bien que la réunion de tous les pouvoirs entre les mains de l'autorité militaire soit un des traits essentiels du régime des *thèmes*, appliqué en Italie, comme dans tout l'empire, ce serait une erreur de croire que toute administration civile distincte ait disparu des thèmes byzantins. Deux passages extraits des « ταχτικά » nous indiquent le rôle respectif de l'autorité militaire et des fonctionnaires civils au xe siècle. Léon le Sage distingue dans le thème une première catégorie de fonctionnaires, qui sont directement soumis au stratège et ne dépendent que de lui : le comte de la tente, le domestique du thème, etc. Viennent ensuite le protonotaire du thème, le chartulaire, enfin le préteur ou juge du thème : ceux-ci, dans certaines circonstances, obéissent au stratège; mais, d'autre part, pour tout ce qui touche les comptes de leur administration particulière, ils sont en correspondance directe avec le basileus[3].

L'auteur d'un texte postérieur, contemporain de Nicéphore Phocas, se plaint très vivement que les soldats soient méprisés et outragés par les juges civils et qu'ils soient maltraités par de misérables collecteurs d'impôts. Les juges des thèmes doivent laisser au stratège le soin de juger les soldats; il faut que les stratèges recouvrent la plénitude de l'autorité judiciaire, et qu'on mette un terme aux empiètements des juges civils ou « κριταί »[4] : cependant l'auteur des « ταχτικά » reconnaît que le stratège doit avoir pour collaborateurs soit le critès, soit le protonotaire du thème. Il semble donc que le juge du thème cesse d'être le subordonné du stratège. Dans les pays pacifiés, le partage des attributions se fait tout naturellement

1. TRINCHERA, n° 17, 24; — *Chart. Cupers.*, n° 12.
2. BELTRANI, *Documenti*, n° 9. Le catépan reçoit, par l'intermédiaire d'un καλλιγράφος ou comptable, le tribut annuel (συνήθεια) des petites villes d'Apulie (TRINCHERA, n° 16).
3. LEONIS, *Tact.* [*P. G.*, CVII, col. 700 (IV, 30)]. — Cf. RAMBAUD, *l. c.*, p. 201.
4. *App.* de LÉON DIAC., p. 240, c. XIX.

entre les deux fonctionnaires, indépendants l'un de l'autre. On est même porté à croire que le « κριτὴς Ἑλλάδος », mentionné dans un texte de Constantin Porphyrogénète[1], est la plus haute autorité du thème, et qu'il n'y a plus ici un gouverneur militaire permanent. Au xie siècle, il y a parfois un seul « κριτής » pour deux thèmes, le Péloponnèse et l'Hellade, — la Thrace et la Macédoine[2]: un fonctionnaire de cet ordre, nommé directement par le basileus, n'est probablement subordonné à aucun stratège. Dans les thèmes italiens, on voit aussi, à côté du stratège ou du catépan, un « kritès impérial », dont l'autorité s'étend à la fois sur l'Italie et la Calabre : tel est le kritès Eupraxios, qui fonde un monastère à Rossano et se trouve en relations avec saint Nil, dont il veut faire son légataire universel[3]. Tel est, en 1026, le spatharo-candidat Léon, *asecretis* ou membre du secrétariat impérial « kritès de Longobardie et Calabre », devant lequel, à Tarente, un moine du Mont-Cassin vient porter plainte, à propos d'une usurpation de terre[4]; de même, en 1048, à Bari, se trouve Cricorius, juge impérial d'Italie[5]. Mais, si le juge impérial d'Italie et Calabre correspond directement avec le basileus, il est probable qu'il est aussi, dans certains cas, subordonné au catépan. Aux confins de l'empire, si distinctes que soient les attributions entre les fonctionnaires civils et le pouvoir militaire, c'est le catépan, véritable vice-roi, qui représente l'autorité suprême. Quand le spatharocandidat Léon, « kritès impérial », juge en 1026 un procès entre le monastère du Mont-Cassin et un « comte de la tente », fonctionnaire soumis au catépan, il n'agit évidemment qu'avec une délégation expresse du catépan Basile Bojoannès.

Dans les textes apuliens des xe et xie siècles, le titre de « kritès » a une plus grande extension. En dehors du « kritès impérial d'Italie et Calabre », beaucoup d'autres fonctionnaires, dans les différentes villes du thème, s'intitulent « kritès » ou « kritès impérial ». La plupart ont en même temps la dignité de spathaire ou spatharocandidat; ils appartiennent, comme les turmarques et officiers de rang inférieur, à la noblesse

1. CONST. PORPH., II, 44.
2. Lettres de Psellus dans SATHAS, V, 267; — ZACH. V. LINGENTHAL, *Jus græco-romanum*, III, 348. — Cf. *Geschichte des griech.-röm.-Rechts*, p. 380.
3. *Vie de saint Nil*, 45. Cf. *supra*, p. 347.
4. TRINCHERA, *Syllabus*, n° 21.
5. *Codice Barese*, IV, n° 34.

locale, tandis que le « kritès impérial d'Italie », comme le catépan ou le stratège, est un fonctionnaire grec. Tous ces « κριταί », cités dans les documents apuliens, correspondent exactement aux *judices* des chartes lombardes. Au reste, les deux mots continuent d'être employés l'un à côté de l'autre. Nous relevons, en 1001, le nom de Smaragdus, « kritès impérial » ; en 1019, à Monopolis, deux plaideurs se présentent devant : « Pulcaris, gastaldus; Cutaneus, critès impérial, et Autofanus judex » ; en 1052, à Conversano le *judex* Nardus est assisté de Joannacius, « critès impérial » de Bari, et Curticius *ecprosopus* [1]. Y a-t-il une différence spécifique entre le *judex* et le « critès impérial »? Il est impossible de donner à cette question une réponse précise. Dans plusieurs exemples, les termes sont synonymes, mais peut-être n'en est-il pas toujours ainsi. Si les magistrats, nommés directement par le catépan, doivent porter plutôt le titre byzantin de « critès », il est possible que les *judices* des petites villes ne soient pas nécessairement désignés par le plus haut fonctionnaire du thème [2].

Rôle des « boni homines ».— Aux *judices*, il faut joindre les *boni homines* ou *nobiliores homines*, mentionnés dans toutes les chartes de l'Italie méridionale, comme dans les documents contemporains des autres parties de la péninsule [3]. On les trouve aussi bien dans les principautés lombardes ou dans l'Apulie byzantine que dans les duchés de Naples et de Gaëte. Dans les chartes de la Cava, dans celles de Bari, de Conversano, de Tremiti, les *boni homines* nous apparaissent comme les notables de la ville ou de la bourgade, ceux qu'on appelle encore aujourd'hui, dans l'Italie méridionale, les « galantuomini », les personnes honorablement connues, qui servent de témoins dans tous les actes de la vie civile. La plupart des ventes, donations, échanges de terres se font en présence d'un *judex* et de plusieurs *boni homines* [4]. Dans certains cas, leur rôle est

1. *Cod. bar.*, I, n° 8; — *Chart. Cupers.*, n°s 37, 40.
2. Il est difficile de savoir ce que sont, au juste, les *scribones* de la ville de Cotrone, châtiés par le stratège (Cf. *supra*, p. 521). Peut-être faut-il y voir des juges civils de rang inférieur. (V. une novelle de Constantin Porphyrogénète, *Jus Græco-Rom.*, coll. III, nov. 7 : ὁ σκρίβας οὐκ ἔστι τέλειος δικαστής.)
3. Sur les *boni homines* en Toscane cf. Davidsohn, *Deutsche Zeitschrift f. Geschichtwissenschaft*, t. VI (1891), p. 25, 358.
4. *Cod. Cav.*, II, n°s 326, 353, 371, 379; — *Cod. Bar.*, I, n°s 2, 5, 8; IV, 2, 10, 22; — *Chart. Cupers.*, 14, 23, 31.

plus actif : ils sont vraiment les assesseurs du juge, chargés avec lui de trancher un différend[1]. Le plus souvent, ils jouent le rôle de simples arbitres, dans les affaires de peu d'importance, et ce sont eux que l'on consulte d'abord ; s'ils réussissent à mettre d'accord les deux parties, l'intervention du juge devient inutile[2]. S'agit-il d'estimer la valeur d'un domaine contesté entre deux ou plusieurs propriétaires, ce sont les *boni homines* qui se rendent sur les lieux, à titre d'experts. Si tel est, dans la plupart des cas, le rôle des *boni homines*, rien ne prouve qu'ils forment un véritable tribunal ou qu'ils soient régulièrement associés au juge ou au « critès », lorsqu'il s'agit de prononcer une sentence. Ils n'apparaissent comme assesseurs d'un juge que d'une manière exceptionnelle[3].

Cependant on doit remarquer qu'à Gaëte, où l'autorité ducale est plus faible qu'à Naples, la part des *nobiliores homines* dans l'administration des affaires courantes et même dans le gouvernement du duché devient au XIe siècle plus importante ; ils assistent fréquemment le duc et l'évêque en réunion plénière, « conventu pleno » ; les comtes des villes voisines concluent un traité avec le duc et tous les « boni homines »[4]. Dans la seconde moitié du XIe siècle, le duché de Gaëte, par une lente évolution, passe de la forme monarchique à la forme aristocratique. On observe le même changement à Naples, comme le montre le *pactum* conclu par le duc Sergius avec les chefs de l'aristocratie napolitaine[3]. Enfin, dans l'une des capitales lombardes, à Bénévent, la dynastie locale, affaiblie déjà par les révolutions de l'époque des Ottons, est obligée de compter de plus en plus avec les notables de la ville. Pendant deux ans, les princes de Bénévent sont chassés, et la ville se gouverne elle-même ; quelques années plus tard, en 1015, il y a un commencement d'organisation communale : *facta est communitas prima* dit la *Chronique de Bénévent*[5]. Ainsi, dans certaines

1. *Cav.*, III, n° 469 ; IV, 549.
2. *Cav.*, V, n° 867.
3. VON HEINEMANN, *zur Entstehung der Stadtverf. in Italien* (p. 25, 30, 42), exagère le rôle des *boni homines* comme *assesseurs*. — Cf. SALVEMINI, *Arch. stor. Ital.*, s. 5, t. XVIII, p. 407.
4. *Archivio storico Nap.*, t. IX, p. 319 ; — CAPASSO, *Monum.*, III, p. 159. — Il n'est pas certain que le *pactum* de Sergius soit du XIe siècle : d'après une étude récente de Brandileone (*Riv. Ital. per le scienze giuridiche*, vol. XXX, fasc. 1-2, l'acte en question serait du dernier Sergius, duc de Naples, en 1120.
5. *Ann. Benev.*, 1002-1014 ; — DINA, *Il comune beneventano nel mille* (1898).

villes, l'activité des notables ou *boni homines* dépasse le domaine étroit où elle était d'abord confinée et tend à transformer le gouvernement municipal.

Dans le thème d'Italie, à mesure que diminue la puissance réelle des plus hauts fonctionnaires, stratèges ou catépans, c'est la noblesse locale, investie des dignités et fonctions d'ordre secondaire, qui, de plus en plus, administre et gouverne les affaires de chaque ville, à peu près sans contrôle. Il n'y a de fonctionnaires d'origine orientale, étrangers au pays, que dans les grandes villes du littoral : à Tarente, à Trani, à Bari. Partout ailleurs, le « critès » ou le turmarque a été choisi parmi les notables de l'endroit[1]. Plus stable que le catépan lui-même, il faut une circonstance extraordinaire pour qu'il soit destitué. Pour récompenser les services de tel ou tel fonctionnaire, et la fidélité dont il a fait preuve en temps de troubles, le catépan lui accorde des privilèges et des immunités, dont la conséquence est d'affaiblir encore l'autorité centrale au profit de la noblesse locale : un critès de Bari, Bizantios, reçoit du catépan Eustathios, en pleine propriété, tous les habitants d'un village voisin ; désormais, toutes les charges dont ce village était grevé, tous les impôts qu'il devait payer au fisc passent au bénéfice du nouveau propriétaire[2]. C'est ainsi que la noblesse locale, formée des principaux propriétaires, acquiert sur ses domaines une indépendance presque complète. Cependant, nulle part, le « critès » ou le turmarque ne l'emporte assez par sa richesse ou son pouvoir pour exercer dans la ville une prépondérance incontestée, pour réussir à éliminer ses rivaux, pour fonder une souveraineté locale héréditaire. Au reste, il semble bien que la haute administration byzantine ait volontiers multiplié les fonctions secondaires pour les affaiblir les unes par les autres, et établir entre elles une sorte d'équilibre, favorable à l'autorité du catépan. Mais quand les invasions sarrasines ou normandes et l'insécurité plus grande des communications rendent de plus en plus difficile le contrôle du catépan, chaque ville est abandonnée à elle-même. Si les catépans sont trop souvent rappelés à Byzance, leur impuissance, en face de l'aristocratie indigène, devient de jour en jour plus notoire.

1. Les deux villes grecques de Bisignano et d'Otrante ont chacune pour gouverneur ou « φύλαξ » (entre 1050 et 1070) un membre de la noblesse locale (*Cecaumeni strategicon*, p. 30, 35).
2. *Cod. Bar.*, IV, n° 32.

L'émancipation des villes. — L'indépendance croissante de l'aristocratie indigène et l'émancipation des villes en Apulie sont deux faits connexes : car il faut se garder d'attribuer à ces mots de noblesse ou d'aristocratie un sens trop précis. Il n'y a pas encore une noblesse terrienne et une bourgeoisie marchande nettement distinctes. Les citoyens les plus riches des grandes villes, comme Bari ou Trani, doivent leur fortune à la possession de la terre autant qu'au commerce. Mais cette noblesse locale, formée des principaux habitants, des « majores », qui sont en même temps les *boni homines*, est essentiellement citadine. Dès cette époque, la majeure partie de la population est concentrée dans les villes ou bourgades entourées de murs, habituées à se défendre elles-mêmes et à vivre d'une vie propre, qui s'appellent indifféremment *civitates*, *castra* ou *castella*. Les lieux habités, villages ou hameaux, églises ou monastères isolés, qui existent en dehors de ces villes fortifiées, sont situés du moins dans leur voisinage et leur sont étroitement rattachés. La vie municipale a des racines très anciennes dans cette région : si beaucoup de cités ont été ruinées, au début de l'occupation lombarde, puis au IXᵉ siècle, au cours des luttes interminables entre chrétiens et Sarrasins, il est certain qu'après la restauration byzantine, au début du Xᵉ siècle, bien des villes anciennes sont reconstruites, la population s'accroît, de nouveaux centres surgissent. C'est un développement d'abord assez lent, souvent arrêté et retardé par de nouvelles guerres ou de nouvelles invasions, mais qui, à partir du second quart du XIᵉ siècle, semble s'accélérer. D'ailleurs l'initiative de certains catépans encourage la fondation des villes nouvelles [1].

L'exemple le plus instructif est celui de la ville de Troia, fondée ou restaurée par le catépan Basile Bojoannès. Ce sont des habitant du comté lombard d'Ariano, — où certains auteurs ont cru voir, sans raison suffisante, une colonie normande, — qui viennent s'établir sur les terres du basileus : ils relèvent les murs d'une ancienne cité en ruines, Ecana, désormais appelée Troia. En l'année 1019, le catépan, entouré de plusieurs fonctionnaires du thème, vient délimiter le territoire de la ville nouvelle, qui s'étend à l'est jusqu'aux confins de Siponto. Il détermine en même temps les terrains de pâture, qui

1. Cf. *supra*, p. 415 ; — LEO OST., II, 51.

sont le domaine commun des deux villes de Troia et de Vaccarizza, et sur lesquels les habitants de chaque ville ont le droit de faire paître leurs troupeaux, sans qu'on puisse leur imposer aucun cens. Seuls les étrangers qui y enverront leurs bêtes, avec l'autorisation des habitants de l'une ou l'autre ville, seront astreints à payer un impôt, dont les deux tiers doivent revenir aux habitants de Troia, un tiers à ceux de Vaccarizza.

Cinq ans plus tard, pour récompenser la résistance héroïque opposée par la ville aux attaques de l'empereur germanique Henri II, le catépan revient à Troia et lui accorde d'importants privilèges : les gens de la ville pourront faire du commerce dans toute l'étendue du thème, sans payer aucun impôt ; ils ne seront astreints à aucune corvée, à aucune contribution en nature. Mais, chaque année, ils paieront à « la curie impériale » une somme fixe de 100 sous d'or « skyphati »[1]. Ainsi la ville, par une sorte de don annuel, s'affranchit de toutes les charges fiscales qui pèsent ailleurs sur les particuliers. Il est probable que cet exemple n'est pas resté isolé. Le prédécesseur de Basile Bojoannès reçoit un jour de son trésorier la somme de 36 sous d'or, qui représente le tribut annuel de la bourgade de Palagiano, près de Tarente : sans doute les habitants de cette bourgade ne paient-ils pas d'autres impôts aux représentants du basileus. Certaines villes, comme telle église ou tel monastère, obtiennent ainsi des immunités financières plus ou moins étendues. On est autorisé à croire qu'elles forment des communes privilégiées, qui s'administrent elles-mêmes. Le catépan se contente de désigner un « gouverneur » ou « inspecteur », dont l'autorité est limitée par celle des notables.

C'est surtout dans le nord de l'Apulie, en Capitanate, qu'apparaissent au XIe siècle les villes nouvelles : peut-être a-t-on exagéré le rôle du catépan Basile Bojoannès, qui a dû surtout encourager les habitants de certaines villes secondaires à réparer ou à restaurer leurs murailles. Mais un autre indice du développement des villes, en Apulie, dans la période qui s'étend du premier tiers du Xe siècle au milieu du XIe, c'est le démembrement des anciens diocèses, beaucoup trop vastes pour être administrés par un seul évêque. Les centres épiscopaux se

1. TRINCHERA, n° 20. Les sous « skyphati », usités à partir du XIe siècle, sont des pièces d'or à forme concave.

multiplient, en raison même des besoins d'une population croissante. Les évêques, établis dans des cités anciennes, résistent à ce mouvement et ne trouvent d'autre moyen de maintenir leur autorité que de prendre le titre d'archevêque et de se faire conférer les droits de métropolitain. C'est ainsi que Bénévent, dont le diocèse primitif s'étendait, lors de la conquête lombarde, jusqu'à l'Adriatique, devient le centre d'une province ecclésiastique où surgissent de nombreux suffragants ; de même, dans les limites de l'ancien diocèse de Canosa-Bari, apparaissent, au XIe siècle, une douzaine d'évêchés nouveaux[1].

L'un des premiers résultats de l'invasion normande, c'est de hâter la concentration des habitants dans les villes ou bourgades les mieux fortifiées, qui seules peuvent leur servir d'abri. Les chefs normands s'emparent d'abord des localités secondaires, où la résistance est impossible ; puis, à leur tour, ils commencent à les enclore de murailles et les tranforment en villes nouvelles. Le comte Pierre, qui s'intitule « comte de Trani », sans avoir réussi à entrer dans la ville, construit tout autour, dans les villages voisins, une série de forteresses : Barletta et Bisceglie sur le bord de la mer, Corato et Andria dans l'intérieur des terres, qui bientôt deviennent des centres nouveaux de population[2].

Mais si l'on voit surgir, au XIe siècle, un si grand nombre de villes nouvelles, il convient de montrer comment les plus importantes ont conquis une autonomie, qui fait d'elles de véritables communes. Dès le Xe siècle, lors des incursions des Arabes de Sicile ou d'Afrique, si mal réprimées par les armées byzantines, les différentes villes d'Apulie ou de Calabre sont amenées à conclure des trêves particulières avec l'ennemi : chacune traite pour son propre compte, sans qu'on voie intervenir l'autorité suprême du thème[3]. Les mêmes conditions se retrouvent au temps des invasions normandes, surtout quand les défaites successives, la captivité ou la mort des plus hauts officiers byzantins font disparaître les grandes armées, d'abord envoyées à titre de renfort, et rendent impossible la centralisation des forces[4]. Dès lors, la défense et la résistance se disséminent ; les habitants de chaque cité prennent l'habitude

1. Cf. *supra*, p. 356, 427 ; — UGH., VIII, 357 ; — *Cod. Bar.*, I, n° 13.
2. GUIL. APUL., II, 20-32.
3. IBN-AL-ATIR., *Bibl. A. S.*, I, 392, 408, 416, 421 (traités avec Reggio, Gerace, Cassano, etc.).
4. Cf. *supra*, p. 459 ; — GUIL. APUL., I, 400.

de ne plus compter que sur eux-mêmes et de ne plus s'occuper que d'eux-mêmes. Les milices locales, qu'ils sont tenus de fournir, ne servent plus qu'à la défense particulière de la ville[1]. En même temps que l'administration byzantine se dissout dans l'impuissance, l'égoïsme municipal triomphe. Au reste, bien avant l'arrivée des Normands, cet égoïsme municipal paraît être le sentiment le plus fort chez les Apuliens. Les rivalités incessantes entre villes voisines sont l'une des principales causes des troubles et des guerres civiles qui, vers la fin du xe siècle et au commencement du xı[e], désolent le pays. Les gens d'Ascoli se battent contre ceux de Siponto[2]. Bari et Trani sont divisés par de fréquentes querelles; les gens de Troia sont redoutés de tous leurs voisins[3].

Dans ces villes fermées, jalouses les unes des autres, formant une foule de petits centres autonomes, l'aristocratie locale est toute-puissante, et c'est elle qui constitue le gouvernement municipal. Les *civitates* ou « κάστρα » d'Apulie et de Calabre deviennent des républiques oligarchiques, des *communes*, dont les magistrats sont investis de dignités auliques, de titres byzantins; ils reconnaissent la suprématie impériale, ne se servent que des monnaies impériales, continuent à dater leurs actes par les années de règne du basileus; mais, en fait, l'autorité du catépan n'intervient que fort rarement, et l'administration locale n'est soumise à aucun contrôle. Il y a même quelques exemples, où la vie collective de ces communes se manifeste par des actes. Dans le cartulaire de Saint-Benoît de Conversano on trouve une donation collective, faite par un certain nombre de notables, qui représentent la ville de Polignano : il y a parmi eux un protospathaire, un turmarque, plusieurs *gastaldi* et spatharocandidats. C'est au nom de tous les habitants de la cité : *majores, mediani et cuncto populo*, qu'ils offrent des terres et une maison au monastère de Saint-Benoît-de-Polignano : et ce monastère, fondation municipale, reste placé sous la protection de la cité. L'abbé ne pourra être désigné qu'avec le consentement des *nobles*[4].

1. Les *conterati* sont une partie de ces milices locales (cf. TRINCHERA, n° 42). — Sur le *servitium dominicum* ou *stratia*, v. *Chart. Cupers.*, n°s 25-27. — *Cod. Bar.*, IV, 13.
2. *Ann. Bar.*, 981.
3. TRINCHERA, n° 20.
4. *Chart. Cupers.*, n° 38.

Ce n'est pas là un exemple isolé : le monastère grec de Saint-Nicolas-de-Monopoli est aussi placé sous la sauvegarde de tous les habitants de la ville par un acte collectif, que le duc d'Italie, Argiros, confirme au nom du basileus ; l'higoumène sera élu par les moines et les habitants du κάστρον ; quant à l'évêque, il ne peut intervenir qu'en cas de violation manifeste des canons ecclésiastiques[1]. Dans un κάστρον de Calabre, les prêtres, les grands ou ἄρχοντες et le peuple s'assemblent dans l'église principale pour assister à la lecture du testament de l'higoumène Théodore et à la transmission solennelle de la dignité abbatiale[2]. Dans une petite ville, située au nord de l'Apulie, au pied du Gargano, la *civitas Devia*, les habitants, *majores*, *mediani* et *minores*, réunis en présence du turmarque Grégoire et du comte normand Robert, font une donation collective en faveur du monastère de Tremiti[3]. L'archevêque de Siponto, pour faire assurer une meilleure exploitation des domaines de son église, par l'échange de certaines terres ou salines, consulte les prêtres et diacres de la ville, et en même temps « tout le peuple de la même cité », c'est-à-dire, sans doute, les notables qui la représentent. Un autre document contemporain fait allusion à l'ensemble des *judices et nobiles homines* de Siponto, et désigne notamment trois personnages, qui s'intitulent « membres de la communauté de la cité de Siponto[4]. »

Ainsi, dans plusieurs circonstances, c'est la cité elle-même, représentée par ses premiers habitants, qui agit collectivement ; si, dans le nombre, on trouve des dignitaires ou même des fonctionnaires byzantins, ils ne sont là que comme témoins et ne paraissent pas jouer de rôle plus actif que les autres *judices* ou *nobiles* sans titre spécial. Dans les villes populeuses, il y a nécessairement plusieurs familles rivales, par l'influence et la richesse, ayant chacune sa clientèle. Il se forme ainsi, en temps de troubles, des partis hostiles, qui suivent une politique opposée. Déjà, vers la fin du xe siècle, à l'époque des

1. TRINCHERA, n° 42.
2. TRINCHERA, n° 37.
3. *Cart. Trem.*, fol. 47. — Cf. VON HEINEMANN, *zur Entstehung*, p. 63.
4. *Cart. Trem.*, fol. 57 ; — GATT., *Access.*, p. 171. Le texte porte : *Qui sumus coñsis (sic) civitatis Sipontine*. On s'est demandé quel mot représente cette abréviation peu claire, et l'on a proposé *consules* ou *comites*. (Cf. VON HEINEMANN, *l. c.*, p. 30. SALVEMINI, *Arch. Stor. Ital.*, s. 5, t. XVIII, p. 407. KAP. HERR, *Deutsche Zeitschrift f. Gesch.*, 1891, p. 58.) Une autre interprétation me paraît plus probable : pourquoi ne lirait-on pas *comunitatis ?*

Ottons, à Trani et dans les villes voisines, les uns proposent de faire appel aux Lombards et aux Francs, tandis que les autres entendent rester fidèles aux basileus. De même, quand les Normands s'établissent dans le pays, les habitants de Bari se partagent entre deux factions ennemies : les uns poussent leurs compatriotes à traiter avec les Normands, les autres les excitent à la résistance. Lors du siège de Bari, ces deux factions ont chacune leur chef connu, l'un Argyrizzos, l'autre Bizantios[1].

On peut se demander si cette guerre intérieure n'est pas celle de l'aristocratie indigène contre les immigrés byzantins, marchands ou fonctionnaires. Mais rien ne prouve qu'à Bari il y ait une colonie d'origine orientale assez nombreuse pour avoir ses intérêts distincts : les noms purement grecs ne représentent qu'une minorité assez faible, et les familles les plus riches qui se disputent l'influence sont également issues du pays même. Depuis qu'Argiros, fils de Mélo, a hérité de l'autorité des catépans, la part de l'élément purement grec, dans l'administration byzantine de l'Apulie, est encore plus faible ; et l'exemple même d'Argiros montre comment une même famille a pu, tour à tour, représenter le parti favorable aux Normands et le parti fidèle au basileus.

Le déclin de la domination byzantine et l'affermissement de la puissance normande favorisent singulièrement l'indépendance intérieure des villes apuliennes. Les chefs normands ne peuvent obtenir leur soumission que s'ils laissent intactes les magistratures locales. Chaque ville traite avec eux à des conditions particulières : sous la plume des premiers chroniqueurs normands, c'est le terme de *fœdus* qui revient le plus souvent pour exprimer les rapports qui s'établissent entre les envahisseurs et les populations indigènes. Si la résistance se prolonge de longues années sur le littoral apulien, si les révoltes continuelles des barons normands y trouvent leur point d'appui, c'est, à n'en pas douter, par la forte organisation municipale des villes[2].

1. Cf. *supra*, p. 537. — AIMÉ, V, 27.

2. Cf. sur l'origine des communes d'Apulie : CARABELLESE, *Rassegna Pugliese*, 1896, et *Codice Barese*, t. III, p. XI et s.

CHAPITRE VIII

LE DROIT LOMBARD, LE DROIT ROMAIN ET LE DROIT BYZANTIN

DANS L'ITALIE MÉRIDIONALE AU XIe SIÈCLE

Rien ne fait mieux comprendre la véritable nature du gouvernement byzantin dans l'Italie méridionale et l'habile souplesse avec laquelle il s'adapte aux conditions locales, que de montrer quelles lois et coutumes restent en vigueur dans les différentes régions du pays. Le droit lombard, le droit romain, le droit byzantin, ont chacun leur domaine : ce sont d'ailleurs les seuls qui exercent une influence sur la législation de l'Italie méridionale. Les lois franques ou germaniques sont restées pour ainsi dire inconnues, même dans les principautés lombardes qui ont été soumises à la suprématie des empereurs carolingiens et saxons. Les sentences prononcées en faveur des grandes abbayes, lors des expéditions impériales, les diplômes de protection qu'elles ont reçus, sont des actes isolés, trop rares et trop irréguliers pour qu'on puisse leur attribuer la moindre importance dans l'histoire du droit local. Si quelques *missi* de Louis II ou d'Otton ont parfois séjourné en Campanie, ce n'est pas une administration de quelques semaines ou de quelques mois qui a pu modifier en quoi que ce soit les lois et les coutumes du pays [1]. Dans les trois principautés lombardes de Bénévent, Capoue et Salerne, c'est le droit lombard qui domine toujours, tel qu'il a été fixé par l'édit de Rotaris, et

1. Rinaldi, *Dei primi feudi nell'Italia meridionale*, p. 114 et s., pour affirmer l'influence du droit franc chez les Lombards, n'apporte aucun argument décisif. — Cf. les justes critiques de Brandileone : *Archivio Storico per le prov. Nap.*, t. XII (1887), p. 449.

les lois postérieures des rois lombards, notamment celles de Liutprand : quelques changements de détail y ont été apportés par le premier prince de Bénévent, Arichis, et par Adolchis[1].

Le droit lombard dans les thèmes byzantins. — C'est le même droit qui domine dans toute l'étendue du thème de Longobardie après la restauration byzantine. Les stratèges et turmarques, établis à Bari et dans les villes principales de l'Apulie, acceptent, sans y rien changer, les lois et les coutumes locales ; et jusqu'au milieu du XIe siècle, à l'époque des catépans comme au temps des premiers stratèges, les habitants de Bari, de Trani, de Lucera, s'ils ont à vendre une terre, s'ils font une donation ou un échange, s'ils se marient ou font leur testament, continuent d'invoquer l'édit du roi Rotaris. L'expression *secundum ritus gentis nostræ Langobardorum* revient à chaque instant dans les chartes. L'évêque de Lucera, comme l'abbé du Mont-Cassin, quand ils reçoivent ou échangent un domaine citent la *lex Langobardorum* ou, plus précisément, telle loi bien connue d'Aistulf ou de Liutprand. Il est toujours question de *morgincap* dans les actes de mariage et de *launegilt* dans les donations. Une femme ne peut agir sans l'assentiment de ses protecteurs naturels ou *mundoalt*[2]. C'est ainsi qu'une femme de Trani se rend, accompagnée de ses parents, devant le κριτής byzantin Romanos, et celui-ci l'interroge pour savoir si toutes les prescriptions de la loi (lombarde) ont été observées[3]. Que le magistrat présent signe en latin ou en grec, c'est toujours la même procédure qui est suivie : les chartes, rédigées dans les différentes villes d'Apulie, ne diffèrent en rien, à cet égard, de celles des grandes abbayes lombardes du Mont-Cassin, du Vulturne ou de la Cava. Le catépan Eustathios Palatinos, en reconnaissant à un κριτής de Bari la propriété d'un village, lui accorde, entr'autres privilèges, celui d'être seul à rendre la justice aux habitants du village « selon la loi lombarde[4] ». Ainsi, de l'aveu même

1. Cf. *Edictus*, éd. 8°, p. 170, 176.
2. Pour Lucera, cf. *Cod. Cav.*, I, n° 21 ; II, n° 434 ; VI, n° 938 ; — Trani, dans Beltrani, *Docum. long. e greci*, n°s 5, 7 ; — *Chart. Cupers.*, n°s 3, 6, 17, 24, 28 ; — *Cod. Bar.*, I, 4, 14 ; — *Cart. Tremiti* (Cf. article cité, p. 398).
3. Beltrani, *l. c.*, n° 15.
4. *Cod. Bar.*, IV, n° 32, p. 67.

des plus hauts fonctionnaires byzantins, c'est le droit lombard qui est le seul en usage dans toute l'étendue du thème.

N'y a-t-il donc eu, de la part des représentants du basileus, aucune tentative pour changer le statut local des habitants de l'Apulie, pour les amener à se servir des lois byzantines? Les textes connus n'en portent pas la trace. D'ailleurs, pour que le droit byzantin pût entrer dans la pratique, en dehors des régions qui, comme la Calabre méridionale et l'extrémité de la Terre d'Otrante, n'avaient jamais cessé d'être byzantines, il aurait fallu transformer profondément la langue et les usages. Si le droit lombard garde sa prépondérance, c'est que les populations apuliennes, en grande majorité, sont restées latines. Dans cette région, la seule législation connue et pratiquée, depuis plusieurs générations, c'est celle des rois et ducs lombards. Ainsi le droit lombard, n'ayant d'autre rival que les lois byzantines, écrites pour des Grecs et par des Grecs, s'est maintenu sans peine; et il est entré si profondément dans les usages de chaque jour que les gouverneurs byzantins ont jugé plus simple de le reconnaître et de l'adopter, seule manière pour eux d'intervenir dans l'administration du pays.

Le droit romain-justinien en Campanie. — Faut-il croire que toute trace ait disparu, dans l'Italie méridionale, de l'ancienne législation justinienne sous sa forme latine? Bien que cette thèse ait été défendue, dans toute sa rigueur, avec des arguments assez spécieux [1], elle nous semble impossible à justifier. S'il ne s'agit que de l'Apulie, c'est-à-dire de toute la région du sud-est jusqu'à Brindisi et Tarente inclusivement, il est très vrai de dire que le droit justinien n'y a pas laissé de trace. Mais comment soutenir la même thèse en ce qui concerne la Campanie, dont une partie importante n'a jamais été soumise aux Lombards? Dans le duché de Naples, dans les territoires d'Amalfi et d'Atrani, à Gaëte et à Fondi, le droit en vigueur, du VIIIe au XIe siècle, a toujours été la loi romaine [2]. Comme ces villes ont réussi à garder leur indépendance, sous la

1. BRANDILEONE, *Il diritto greco-romano nell'Italia meridionale sotto la dominazione Normanna* [*Archivio Giuridico*, vol. XXXVI (1886), p. 80]. — Cf. en sens contraire : PERLA, *Arch. Stor. Nap.*, t. X (1885), p. 130 : — CICCAGLIONE, *Le istituzioni politiche e sociale dei ducàti Napoletani* (1892), p. 29.

2. *Cod. Cav.*, t. II, n°s 418; III, n°s 491, 494, 501, 516; — *Cod. Caiet.*, I, n°s 151, 154.

suprématie lointaine de Byzance, comme le lien qui les unit à l'empire, au début même du xe siècle, est moins étroit encore qu'à Salerne et à Bénévent, comme, d'autre part, la langue latine y est restée prépondérante, tout autant qu'en Apulie, il va de soi que la *lex et consuetudo Romanorum*, souvent citée dans les chartes, représente la législation de Justinien. Si les habitants d'Amalfi ou d'Atrani invoquent en termes exprès la loi et la coutume des Romains, c'est précisément parce qu'ils sont en rapports fréquents avec les Lombards, dont les domaines environnent de tous côtés leur territoire. L'attachement à la coutume romaine reste, pour les villes du littoral campanien, la principale sauvegarde de leur indépendance. Elles mettent à conserver leur statut local et personnel tout autant d'obstination que les villes apuliennes peuvent en mettre à garder le droit lombard, sous l'administration des officiers byzantins.

Dans un traité conclu en 933 entre les Napolitains et les Lombards de Capoue-Bénévent, les deux parties prévoient le cas où la différence des lois peut amener des conflits, lorsque les habitants des deux Etats font entre eux une convention. Il est entendu qu'on devra se conformer, dans la rédaction des actes, à la procédure romaine ou à la procédure lombarde, selon la nationalité des contractants ; mais les deux procédures sont considérées comme équivalentes[1].

On soutient, il est vrai, que les allusions à la loi romaine sont beaucoup plus vagues dans les chartes d'Amalfi ou de Gaëte que les citations de l'édit de Rotaris et des lois lombardes dans celles de Bénévent ou de Capoue ; et l'on en tire cette conclusion : si le droit justinien est connu à Amalfi et à Naples, ce n'est que par tradition orale, par la conservation de certains usages ou de certaines formules ; mais les notaires ignorent certainement les sources même de ce droit[2]. C'est là une hypothèse toute gratuite. Il est impossible de saisir une différence essentielle entre la formule employée dans les chartes lombardes : *secundum ritus gentis nostræ Langobardorum*, et celle dont se servent les Napolitains : *secundum consuetudinem et legem Romanorum*. Sans doute le droit justinien n'est pas cultivé comme une science : on ne connaît à Naples et à Gaëte

1. *Edictus*, éd. 8°, p. 184 ; — Capasso, III, 129.
2. Brandileone, *l. c.*

aucune école de droit romain, comparable à celles qui apparaissent bientôt à Ravenne, à Pavie et, plus tard, à Bologne[1]. Mais, s'il n'y a eu aucune interruption dans la pratique, comment admettre qu'on ait cessé de connaître les lois elles-mêmes? Plusieurs textes prouvent le contraire : une charte du XIe siècle mentionne expressément la loi romaine et *preceptum divi Justiniani* sur les droits du tuteur ; dans une charte de Gaëte, on lit ces mots en propres termes : *lex precipit romana*[2]. Dans le *placitum* de 1014, à l'occasion du procès du Mont-Cassin avec le comte de Traecte, les parties invoquent, d'une part, la loi lombarde, et de l'autre, les *novelles* de Justinien[3]. En l'absence même de ces indices, il suffirait de se rappeler quels rapports fréquents existent entre Rome et la Campanie, — qu'il s'agisse du Mont-Cassin, de Gaëte ou de Naples, — pour que l'hypothèse de l'ignorance du droit romain dans l'Italie méridionale paraisse injustifiable. Bien plus, il est visible qu'au XIe siècle le droit romain tend à pénétrer jusque dans les régions purement lombardes. C'est à Salerne, en particulier, que cette influence est manifeste ; elle s'exerce surtout par le clergé. Tandis que, dans les environs de Rome, les moines de Farfa revendiquent énergiquement le privilège d'être jugés selon le droit lombard, à Salerne plusieurs clercs déclarent qu'ils vivent selon la loi romaine[4]. Une sentence prononcée en 1089, dans la curie archiépiscopale, contient une citation des Institutes. L'avocat Romualdus, auquel l'archevêque Alfanus de Salerne adresse des vers, est réputé pour sa connaissance du droit romain[5]. On peut conclure de ces indices qu'il y a eu à Salerne, au XIe siècle, une véritable école de droit romain. La connaissance du droit justinien a sa place dans tous les centres lombards, où les études sont en honneur : l'abbé du Mont-Cassin, à la fin du XIe siècle, fait copier un manuscrit des Institutes[6].

Pénétration réciproque des différents droits ; progrès du droit byzantin. — Au reste, la prépondérance du droit lombard dans

1. Cf. FLACH, *Etudes critiques sur l'histoire du droit romain*, p. 120-125.
2. *Cod. Cav.*, t. VIII, p. 219 ; — *Cod. Caiet.*, I, n° 154.
3. *Cod. Caiet.*, I, n° 130.
4. *Cod. Cav.*, VI, n°s 914, 944 ; VII, p. 54.
5. PERLA, *l. c.*, p. 158. — Vers d'Alfanus dans : SCHIPA, *Arch. stor Nap.*, XII, 769.
6. PETR. DIAC., III, 63, p. 747.

les principautés de Bénévent, de Capoue, de Salerne et dans l'Apulie byzantine ne prouve point nécessairement que les lois romaines y soient complètement inconnues ou négligées. Si les édits de Rotaris et les lois de ses successeurs suffisaient, dans la plupart des cas, aux notaires et aux juges des petites villes, les lois romaines, plus complètes, permettaient de combler sur bien des points les lacunes de la législation lombarde. Dans les procès qui intéressaient les personnes ecclésiastiques, les lois lombardes étaient loin de prévoir tous les cas possibles : volontiers alors on invoquait d'autres textes, et comment le clergé n'aurait-il pas cherché à se servir de ces lois justiniennes qui lui assuraient d'importants privilèges[1] ?

C'est une conception trop simple et peu conforme à la réalité que de se représenter les deux législations, ayant chacune leur territoire distinct : en fait, les échanges étaient fréquents et les preuves ne manquent pas d'une influence réciproque. Les gens d'Atrani et d'Amalfi, qui prétendent ne connaître que la loi et la coutume des Romains, adoptent à leur insu certains usages, certaines formules d'origine lombarde, comme la *guadia* et le *launegilt*[2]. De même, dans les chartes apuliennes rédigées par des notaires latins conformément au droit lombard, se glissent, çà et là, certaines formules de droit byzantin[3]. Mais c'est surtout en Campanie, dans le pays de Capoue et de Salerne, que le droit lombard et le droit romain se complètent et se pénètrent.

Reste à savoir si le droit byzantin, particulier aux Grecs de Calabre et de la Terre d'Otrante, n'a pas dépassé les limites premières où il était enfermé. La Calabre méridionale et la Terre d'Otrante, hellénisées depuis le VIIe siècle et n'ayant vu passer que par intermittence les conquérants lombards ou arabes, ont gardé naturellement les mêmes lois que toutes les provinces de l'Empire d'Orient. L'*Ecloga* de Léon l'Isaurien, promulguée vers 740, peu après l'époque où la Calabre est, en quelque sorte, détachée de l'Occident, y a certainement pénétré ; à plus forte raison, les lois promulguées par les empereurs de

1. CALISSE, *Diritto ecclesiastico e diritto longobardo*, p. 134-136.

2. *Cod. Cav.*, III, n°s 494, 501. *Guadia* signifie gage ou garantie ; le *launegilt* (lohngeld) est le signe représentatif d'une donation, un objet concédé en échange.

3. *Et fecit sibi* epitropos. — *Cod. Bar.*, I, n° 10 ; — *Chart. Cupers.*, n° 42. — Cf. BRANDILEONE, *Arch. Giuridico*, vol. XXXVI, p. 257.

la dynastie macédonienne, après les conquêtes de la fin du IXe siècle, le *prochiron* de Basile, les *basiliques* et les divers remaniements ordonnés par Léon le Sage[1]. Au reste, c'est très probablement de l'Italie méridionale que viennent quelques-uns des principaux manuscrits, par lesquels se sont transmis les textes officiels ou privés du droit byzantin de cette époque. Plusieurs ont été trouvés dans le pays, alors qu'il n'y avait plus que des liens très rares entre l'Italie méridionale et Constantinople. Sambuc découvre à Tarente un manuscrit de la Σύνοψις τῶν βασιλικῶν, manuel rédigé au début du Xe siècle; à Otrante, un manuscrit de l'Επιτομή τῶν νόμων[2]. Les manuels privés de droit byzantin, composés au Xe siècle, sont connus surtout par des manuscrits de Rome, de Venise ou de Paris, dont quelques-uns ont été certainement copiés dans l'Italie méridionale. Au reste, parmi ces manuscrits, il en est trois qui méritent une attention spéciale, parce qu'ils contiennent des textes législatifs rédigés tout exprès pour les Grecs de l'Italie méridionale, soit à l'époque byzantine, soit à l'époque normande. Le *Cod. Marc.* 172, et le *Cod. Vatic.* 845, où se trouve une novelle grecque du roi Roger, nous montrent la persistance de la législation byzantine au XIIe siècle, sous la domination normande. Le *Cod. Paris.* 1384, qui contient les fragments d'une traduction de l'édit de Rotaris, a été copié de même à l'époque normande[3].

Cette traduction grecque de la loi lombarde, dont il reste en réalité deux fragments[4], a dû être rédigée à l'usage des fonctionnaires byzantins, chargés d'appliquer en Apulie le droit lombard. C'est la première hypothèse qui se présente à nous. Mais un examen plus attentif nous amène à d'autres conclusions. On a déjà remarqué que le manuscrit, dans sa forme actuelle, présentait une lacune, puisque le principal fragment ne contient que 58 titres, et que le dernier de ces titres porte le chiffre 158 : cela suppose qu'une centaine de titres ont disparu. Mais cette rédaction primitive elle-même n'était pas une traduction complète de l'édit lombard, qui comprend 314 titres : elle n'en était qu'un extrait. Or il est facile d'établir que cet extrait n'a pas été choisi d'une manière arbitraire : le traduc-

1. Brandileone, *l. c.*, p, 63.
2. Brandileone, *l. c.*, 70.
3. Brandileone, *l. c.*, p. 68 ; — Zachariæ, *Jus græco-romanum*, IV, p. 3.
4. *M. G. leges*, t. IV, p. XLIII, 226 et s.

teur a copié la plus grande partie des premiers titres ou *capitula* de l'édit, formant une sorte de code pénal avec le tarif des amendes qui sont dues pour les différents crimes, coups, blessures, etc. Mais il a omis toute une série fort importante, les chapitres CL à CCXXXI, c'est-à-dire toutes les dispositions qui concernent le mariage, la transmission des biens, les donations, la procédure de l'affranchissement. Une telle omission semble bien prouver que les magistrats, auxquels était destinée cette traduction, ne se servaient que très partiellement du droit lombard. D'autre part, ces extraits sont mêlés, dans le manuscrit, à de nombreux fragments de droit byzantin, dont la rédaction se place entre l'époque de Basile Ier et celle de Basile II. Si l'on remarque le caractère essentiellement pratique de ces divers fragments, on trouvera fort vraisemblable de conclure que les extraits volontairement incomplets de la loi de Rotaris étaient destinés à être encadrés, en quelque sorte, dans la législation byzantine : ils devaient servir pour une région où l'on appliquait encore, dans certains cas, la vieille coutume lombarde, mais où le droit civil sur la transmission des biens, les droits des femmes, etc., était le droit byzantin.

D'ailleurs, si la copie actuelle de cette traduction est du XIIe siècle, le texte nous montre qu'elle a été rédigée certainement à l'époque byzantine. Il suffit, pour s'en convaincre, de comparer attentivement la traduction grecque à son original latin[1]. Les premiers articles de l'édit concernent le châtiment réservé à ceux qui complotent contre le roi ; mais *rex* est ici traduit par βασιλεύς, qui doit désigner non le roi normand, mais l'empereur de Byzance. A l'article 6, les mots : *contra ducem aut contra eum qui ordinatus est a rege ad exercitum gubernandum* sont traduits par : « κατὰ τοῦ στρατηγοῦ ἢ τοῦ κριτοῦ αὐτοῦ ἢ κατὰ τοῦ τεταγμένου ἀπὸ τοῦ βασιλέως » ; il est difficile d'admettre que cette mention précise du stratège, du « critès » ou de tout autre fonctionnaire nommé par le basileus soit postérieure à l'époque byzantine. L'article 9 mentionne encore le basileus, ou quelqu'un qui commande : ces derniers mots : « ἢ ἄρχοντα τίνα » ont été ajoutés par le traducteur pour désigner évidemment tout haut fonctionnaire chargé de représenter le basileus dans les thèmes italiens.

1. *Leg.*, *l. c.*, IV, 226.

Si ces fragments de droit byzantin et ces extraits des lois lombardes ont été rapprochés dans une intention commune, si les uns et les autres ont été rédigés à peu près vers la même époque, ne devons-nous pas admettre qu'ils étaient destinés à une région mixte, où les magistrats byzantins pouvaient avoir l'occasion d'appliquer simultanément les deux droits, où même la population indigène, s'hellénisant peu à peu, commençait à se soumettre, dans certains cas, aux lois byzantines, tout en gardant une partie de ses vieilles coutumes, issues du droit lombard? Ces traits conviennent précisément au pays qui s'étend depuis la vallée du Crati jusqu'à Brindisi. Ne savons-nous pas que le nord de la Calabre, avec les villes de Cosenza et de Bisignano, la Lucanie méridionale et orientale, bientôt appelée Basilicato, la région de Tarente et de Brindisi, soumises aux Lombards depuis la fin du VIIe siècle jusqu'au milieu du IXe, occupées pendant près d'un demi-siècle par les émirs sarrasins, ont subi, à partir de l'an 900, l'influence profonde de l'hellénisme? Tandis que les habitants du littoral apulien résistent à l'assimilation byzantine, ceux-ci, moins nombreux peut-être, formant des groupes de population moins compacts, ont été plus facilement conquis par l'incessante propagande des colonies militaires et monastiques. A la suite de la langue et de la liturgie grecques, le droit byzantin a pénétré, et peu à peu il a fait brèche dans les usages locaux. C'est pour les Lombards à demi hellénisés du pays de Cosenza ou des bords du Bradano qu'a dû être faite la traduction grecque d'un fragment de l'édit.

Mais le troisième manuscrit dont nous avons parlé contient un texte récemment publié, qui est un manuel de droit byzantin, spécialement rédigé en vue des besoins locaux, dans la Calabre grecque [1]. C'est une compilation formée d'emprunts aux différentes sources de la législation byzantine, depuis l'ἐκλογή de Léon l'Isaurien, jusqu'au πρόχειρον de Basile Ier et à l'ἐπιτομή τῶν νόμων : ces sources ne sont pas citées textuellement, mais plus ou moins remaniées. La copie actuelle, comme celle des manuscrits précédents, est une œuvre de la seconde moitié du XIIe siècle, car on y trouve certaines additions, qui n'ont pu être faites qu'au temps du roi Roger. Mais, dans l'ensemble, la

1. BRANDILEONE, *Rendiconti dell'Accademia dei Lincei*, 1885, p. 508; *Prochiron legum*, publié par le même auteur, dans la collection des *Fonti per la storia d'Italia*.

rédaction est bien de l'époque byzantine, de la fin du xe siècle ou du commencement du xie. Nous savons, au reste, que le roi Roger s'est contenté de renouveler et de confirmer les coutumes ou les lois antérieures à la conquête normande et restées en vigueur jusqu'à son avènement[1].

Ce manuel, divisé en quarante chapitres, contient surtout des prescriptions de droit civil sur le mariage, les donations, les testaments, l'affranchissement, l'emphytéose, la location des terres, etc. On trouve aussi, dans les derniers chapitres, l'énoncé des peines qui doivent frapper différents crimes ou délits. Le rédacteur semble insister particulièrement sur les châtiments, réservés aux traîtres, aux rebelles, qui vendent des armes aux barbares ou leur apprennent à construire des navires[2]. Il s'agit donc, probablement, d'une œuvre destinée à des populations nouvellement soumises, chez lesquelles le droit byzantin est introduit depuis peu de temps. On leur présente comme un résumé de la législation byzantine, facile à consulter pour les cas les plus fréquents. Cette hypothèse est d'ailleurs confirmée par les remarques de l'éditeur du *Prochiron*, M. Brandileone, qui a signalé dans plusieurs passages l'influence des coutumes lombardes, surtout dans les dispositions relatives aux contrats de mariage et à l'apport du mari dans la communauté[3]. Il est donc vraisemblable d'attribuer à ce manuel un lieu d'origine très voisin de celui où fut écrite la traduction de la loi de Rotaris; comme il semble destiné à des populations voisines de la mer, c'est sans doute aux environs de Tarente, peut-être à Tarente même, qu'il a été rédigé.

Ainsi, dans la plus grande partie de l'Apulie latine, de même que les Byzantins ont dû reconnaître le clergé latin, tenant ses pouvoirs du pontife de Rome, de même ils ont accepté les coutumes locales, c'est-à-dire avant tout les lois lombardes. Mais dans la région qui s'étend de Brindisi aux environs d'Acerenza, de Tarente à Cosenza, le droit byzantin, tout en adoptant et en s'assimilant, pour ainsi dire, une partie de la législation lombarde, a fait les mêmes progrès que la langue et la liturgie grecques. M. Brandileone a montré l'influence visible des lois byzantines[4] dans certains contrats de mariage, conclus à Melfi,

1. Brandileone, *Archivio Giuridico*, vol. XXXVI, p. 290.
2. T. XXXIV, 1, 8, 36.
3. *L. c.*. *Introd.*, p. x et s.
4. *Arch. Giuridico*, vol. XXXVI, p. 257.

selon le droit lombard. Dans cette région mixte, les deux droits se pénètrent, et il se fait un lent travail de propagande au profit de Byzance. Voilà comment l'Italie méridionale a gardé quelques-unes des œuvres les plus curieuses de la littérature juridique byzantine ; c'est d'ailleurs aux souverains normands et à des copistes de leur temps que nous devons la conservation de ces œuvres et de ces manuscrits. Nous saisissons ainsi par un nouvel exemple la puissance de la tradition locale, qui fait des Normands les héritiers et les continuateurs des Byzantins.

CHAPITRE IX

LA CIVILISATION DE L'ITALIE MÉRIDIONALE ET L'INFLUENCE BYZANTINE

A LA FIN DU XIe SIÈCLE

Le développement économique. — Par ses relations plus fréquentes avec l'Orient byzantin, l'Italie méridionale arrive, au XIe siècle, à un degré de richesse et de prospérité qu'elle n'avait pas atteint depuis longtemps. L'accroissement de la population, la création de villes nouvelles, l'importance plus grande des grandes cités apuliennes, sont les signes visibles de ce progrès économique. Mais c'est, en réalité, le résultat d'un lent travail, le terme d'un long développement, dont il faut chercher l'origine à la fin du IXe siècle, lorsque les victoires des amiraux byzantins rendent un peu plus de sécurité aux grandes routes du commerce méditerranéen. Si les incursions périodiques des corsaires musulmans, au cours du Xe siècle, sont pour les villes de la Calabre et de l'Apulie méridionale une cause de désastres trop fréquents, elles nous montrent aussi combien l'opulence de ces villes excite les convoitises de leurs voisins : bien plus que l'ambition conquérante des Arabes, l'appât du butin est le mobile essentiel de ces entreprises. Les corsaires qui viennent attaquer Reggio, en 901, y trouvent une grande quantité d'or et d'argent, ils remplissent leurs navires de denrées et d'objets fabriqués. Les vainqueurs de la ville d'Oria, en 925, y prennent une quantité d'étoffes précieuses, dont ils restent émerveillés[1]. Dans les grandes cités directe-

1. *Bibl. A. S.*, IBN-AL-ATIR, I, 400; — AL.-BAYAN, II, 18, 27; — Cf. *supra*, p. 156, 207.

ment soumises à Byzance, comme Reggio, Tarente, Oria, Bari, le luxe et la richesse sont à peu près les mêmes qu'à Salerne, Amalfi ou Naples.

Les produits du sol. — Sans doute, on peut trouver çà et là, dans les chartes contemporaines, bien des allusions à l'affreuse misère dont souffrent les habitants[1]. Mais ces témoignages se rapportent à des époques où la guerre et l'invasion désolent, depuis plusieurs années, une région déterminée : tel est, par exemple, l'état de la plaine d'Apulie, dans les dernières années du xe siècle, au moment où les révoltes locales sont si fréquentes. En fait, les conditions économiques sont si instables que les habitants de la Calabre et de l'Apulie ont dû passer par des alternatives, souvent répétées, d'infortune et de prospérité. Il suffit que la paix soit rétablie durant quelques années pour que, de nouveau, les ressources naturelles du sol soient régulièrement exploitées et que la richesse générale se développe[2]. Quand les premiers envahisseurs normands arrivent dans l'Italie méridionale, ils sont vivement frappés de la fertilité du sol et de l'abondance de ses produits[3]. Aussi bien, la région où ils s'établissent tout d'abord, conduits par le Lombard Ardouin, est-elle remarquable, entre beaucoup d'autres, par la variété de ses cultures : les flancs volcaniques du Vulture, couverts de bois, de vignes, d'oliviers, forment encore aujourd'hui un large îlot de verdure, dont le contraste avec les plaines voisines est saisissant ; plus loin, dans le pays du *Tavoliere* de Pouille, se trouvent de vastes prairies où abonde le bétail, dont les pillards normands font de fréquentes razzias. Au nord de l'Ofanto, les villes de Capitanate, restaurées ou agrandies par les soins du catépan Basile Bojoannès, entre 1020 et 1030, semblent avoir été des centres importants de culture : un hagiographe contemporain vante, avec une emphase qui n'exclut pas la précision de certains détails, la richesse de la ville de Troia, grand marché pour le grain[4]. Les chartes de Bari, de Conversano, de Trani, nous montrent combien est active la culture de la vigne et de l'olivier aux environs des villes du littoral. Les docu-

1. *Chart. Cupers.*, n°s 8, 29.
2. Cf. *supra*, p. 235, la restauration des abbayes lombardes.
3. Aimé, II, 17, 22 ; — Leo Ost., II, 66 ; — Guil. Apul., I, 225, 240 ; — Gauf. Mal., I, 10.
4. Ughelli, I, 1335.

ments réunis dans le cartulaire de Tremiti se rapportent tous à une région assez restreinte : les rives du Fortore et du Biferno, près de l'embouchure de ces deux fleuves, et le littoral de l'Adriatique, au pied du Gargano, depuis Termoli jusqu'à Siponto. On est surpris de voir combien sont nombreux les lieux habités et cultivés dans cette zone côtière, aujourd'hui désolée en grande partie par la malaria, et avec quel acharnement les propriétaires ruraux, abbayes ou simples particuliers, se disputent le bord des rivières et les lacs voisins. Aux environs de Siponto et près du lac de Lesina, où les grandes abbayes lombardes, le Mont-Cassin et Saint-Vincent-de-Vulturne, revendiquent certains domaines, la pêche et l'exploitation des marais salants semblent être des sources importantes de revenus[1].

Quand Robert Guiscard s'établit en Calabre, dans la vallée du Crati, il trouve des villes nombreuses et prospères[2]. Ses compagnons et lui s'enrichissent assez vite, à force de rapines et de razzias, dans un pays où paissent, en grand nombre, bœufs, moutons et chevaux. Mais il suffit d'une mauvaise récolte, jointe aux maux de la guerre, pour amener la disette : une année, le pain et le vin, d'ordinaire fort abondants, font presque entièrement défaut : on mange alors de la viande sans pain, dit le chroniqueur, et on ne boit que de l'eau[3].

D'autres écrivains de la même époque vantent la richesse de la Calabre : l'évêque Benzo, d'Albe, parle de l'argent et de l'or fin qu'elle envoie dans les contrées voisines[4]. Un géographe arabe du XIIe siècle signale les belles forêts de pins du nord de la Calabre et de la Lucanie, d'où l'on tire du goudron et de la poix pour l'exportation[5]. Quant aux pays du littoral campanien, il n'est pas besoin d'insister sur leur fertilité : les environs de Salerne sont remarquables, entre tous, par la variété des cultures et les riants jardins d'arbres fruitiers au milieu des vignes et des oliviers[6].

Le commerce. — Les produits agricoles de l'Italie méridionale sont exportés au loin par les vaisseaux de Bari, de Tarente et d'Amalfi. D'autre part, les villes d'Apulie et de Calabre, comme

1. *Le Cartulaire de Tremiti* (*Mélanges*, *l. c.*, p. 405).
2. AIMÉ, III, 6-9, 10 ; — GUIL. APUL., II, v. 345.
3. GAUF. MAL., I, 27.
4. BENZO, *M. G.*, *Ss.*, XI, 622, 678.
5. EDRISI, *l'Italia descritta*, ed. Amari, p. 74.
6. *Cod. Cav.*, t. I, n° 137, 143 ; II, n° 336.

celles de Campanie, reçoivent des étoffes de luxe, draps précieux, soieries, tapis de pourpre, dont la plupart sont d'importation byzantine ou orientale. Sans doute, il y a çà et là des industries locales : à Naples, on fabrique des toiles fines, des tissus de lin[1]. Dans plusieurs villes, on trouve des ouvriers en or, *aurifices*. Malgré tout, il est probable que, pour les industries de luxe, l'Italie méridionale reste tributaire de Constantinople. Il est une forme spéciale de commerce, qui resserre encore les liens entre les thèmes italiens et la capitale de l'empire : à mesure que se fondent de nouvelles églises ou de nouveaux monastères, à mesure que leur trésor s'enrichit, c'est Byzance qui fournit surtout les objets les plus précieux, pièces d'orfèvrerie ou tissus de luxe. A plusieurs reprises, sont mentionnés dans les chartes les *fazioli grecisci*, la soie de Constantinople, qui sert de parement d'autel, les « icones » d'or ou d'ivoire qui représentent la Vierge et les saints[2]. Or si, dès le IXe siècle, les Lombards du Sud sont en rapports fréquents avec la capitale de l'empire, si les moines du Mont-Cassin possèdent dans leur trésor de nombreuses pièces de fabrication byzantine[3], on imagine aisément combien ces relations ont dû s'accroître et se développer, lorsque les Byzantins reprennent possession d'une grande partie des côtes, depuis le détroit de Messine jusqu'au Gargano.

Nous savons, par le témoignage de Luitprand, que les Byzantins prétendaient réserver aux sujets de l'empire l'usage de certaines étoffes de pourpre, sorties des fabriques impériales : mais l'évêque de Crémone ajoute que ces étoffes étaient vendues couramment en Italie par les marchands de Venise et d'Amalfi[4]. En tout cas, les sujets et vassaux de Byzance étaient les clients privilégiés des manufactures impériales. Vers la fin du XIe siècle, l'abbé du Mont-Cassin, prévoyant une visite prochaine de l'empereur germanique, s'empresse de venir à Amalfi pour y acheter vingt étoffes de soie à trois couleurs, une spécialité byzantine alors fort célèbre en Italie[5].

1. *Bibl. A. S.*, IBN-HAWKAL, I, 25. A la fin du Xe siècle, dit le voyageur arabe, les tissus de lin fabriqués à Naples sont les plus remarquables qu'on puisse voir en aucun lieu du monde.
2. GATTOLA, I, 80; — LEO OST., I, 26; — *Cod. Bar.*, IV, 42; — *Cod. Cav.*, t. VI, p. 227
3. Cf. *supra*, p. 46; — et *Chron. S. Ben.*, 7.
4. LIUDPR., *leg.*, 55.
5. LEO OST., III, 18; — GATT., *Access.*, p. 172. Cf. sur les *panni triblatti*, PIERRE DAMIEN, IV, 7.

Les villes apuliennes. — Si les marchands amalfitains sont au premier rang parmi les Latins de l'Italie méridionale qui fréquentent la capitale de l'empire, ceux des grandes villes apuliennes, et notamment de Bari, commencent aussi à jouer un rôle important dans le commerce méditerranéen. Un chrysobulle de Basile II fait allusion aux marchands lombards qui viennent à Constantinople, et cite, en particulier, les gens de Bari[1]. Souvent des navires chargés d'huile quittent le port de Bari pour se diriger vers l'Orient[2]; c'est surtout au XIe siècle que Bari, capitale du thème d'Italie, résidence du catépan, métropole ecclésiastique, l'emporte décidément sur les autres villes apuliennes et devient le marché principal de toute la région du sud-est[3]. Mais Tarente, Brindisi, Otrante, Trani, souvent citées par les chroniqueurs normands et plus tard par les géographes arabes[4], comme des cités prospères et bien construites, doivent sans doute au commerce maritime une bonne part de leur richesse. Une autre question se pose, à laquelle les documents du XIe siècle ne nous permettent pas de donner une réponse précise : c'est de savoir quel est, dès cette époque, le rôle de la marine vénitienne dans le développement économique de l'Apulie.

Salerne et Amalfi. — Les deux régions de l'Italie méridionale où la vie urbaine est la plus intense sont le littoral apulien, de Siponto à Otrante, et le littoral campanien, de Gaëte à Salerne. Au XIe siècle, les grandes villes maritimes, Amalfi et Salerne, laissent loin derrière elles par leur richesse et leur activité les vieilles cités lombardes de l'intérieur, comme Bénévent. Si les princes de Salerne arrivent, vers 1040, à conquérir la prépondérance sur leurs rivaux de Capoue, c'est que, sans détruire l'indépendance d'Amalfi, ils en ont fait leur tributaire. Mais la prospérité de Salerne se développe dès la fin du IXe siècle, quand elle est rattachée à Byzance par des liens plus étroits que les autres villes lombardes. Le voisinage d'Amalfi et les rapports avec Byzance, telles sont les causes essentielles de l'importance économique de Salerne. Naples tient à ce moment moins de place dans

1. ZACHARIÆ VON LINGENTHAL, *Jus græco-romanum*, III, p. 304.
2. *Anon. Bar.*, 1051, 1062.
3. GUIL. APUL., II, v. 480.
4. EDRISI, *l. c.*

l'histoire que ses deux puissantes voisines : si les ducs de Naples n'ont jamais cessé d'être, en théorie, les vassaux de l'empire, leurs relations avec Byzance sont, en fait, à peu près les mêmes que celles des princes lombards. Mais leur faiblesse politique empêche la ville ducale d'égaler, par son prestige, la brillante capitale des princes de Salerne. Ceux-ci étalent, dès la fin du xe siècle, un luxe extraordinaire, soit qu'ils cherchent à gagner les faveurs de l'empereur germanique, soit qu'ils accueillent dans leur palais les représentants du basileus. La femme du prince Gisulf Ier porte des vêtements de pourpre, ornés de broderies d'or et de pierres précieuses[1]. Au XIe siècle, Guaimar prodigue une partie de ses trésors pour corrompre l'empereur Conrad II et son entourage, ou pour garder les Normands à sa solde. Son fils Gisulf II, brouillé avec les Normands, fait le voyage de Constantinople pour obtenir les secours du basileus : mais il cherche, par les présents qu'il apporte, à donner à la cour byzantine une haute opinion de sa richesse[2].

Vers la même époque, la ville marchande d'Amalfi arrive au plus haut point de sa prospérité. C'est elle qui tient, dans la Méditerranée, la place que prendront un peu plus tard Pise et Gênes. Amalfi est le principal intermédiaire du commerce avec l'Afrique et l'Espagne musulmanes. Dès le xe siècle, des Amalfitains vont s'établir en Egypte, fondent au Caire des comptoirs importants, et y sont représentés par une colonie assez nombreuse[3]. Depuis longtemps, avant même leur union avec Byzance, ils ont des intérêts en Syrie[4]. Mais, depuis la restauration byzantine, qui fait de leur duc un personnage officiel de l'empire, ils font une active concurrence aux Vénitiens, jusque dans les ports les plus voisins de la capitale, et à Constantinople même. Quand les Byzantins reprennent possession de l'Adriatique, les marchands d'Amalfi fondent des comptoirs à Durazzo, à côté des Vénitiens[5]. Les plus riches personnages de la ville viennent résider à Constantinople, ou du moins ils n'acquièrent une fortune considérable que par leur séjour prolongé en Orient : tel est le cas de

1. *Chron. Sal.*, 169, 172, 180.
2. AIMÉ, II, 5; III, 12, 28; IV, 37; VIII, 3.
3. SCHLUMBERGER, *Epopée byzantine*, t. II, 99.
4. *Chron. Amalf.* (MURAT., *Ant. It.*, t. I, p. 209); — Cf. *supra*, p. 249.
5. ANNE COMNÈNE, *Alexiade*, V, 1 ; VI, 5. — Cf. notes DU CANGE, *id.*, II, 540.

Maurus et de Pantaléon, qui donnent l'hospitalité au prince de Salerne, préparent un rapprochement entre Constantin Doukas et la cour germanique, et contribuent par leur munificence à embellir les églises de l'Italie méridionale [1].

Le poète apulien Guillaume décrit ainsi la ville d'Amalfi : « Aucune n'est plus riche en or, en argent, en étoffes de toute sorte ; elle est habitée par de nombreux marins, aussi experts dans la connaissance du ciel que dans celle de la mer. On y apporte des marchandises d'Alexandrie et d'Antioche ; on y connaît les Arabes et les Indiens, les gens de Sicile et d'Afrique. Les Amalfitains sont réputés dans le monde entier comme vendeurs et acheteurs [2] ».

En résumé, les produits de l'industrie orientale sont apportés surtout, dans l'Italie méridionale, par des marchands latins : selon la très juste remarque de Heyd, les empereurs aiment mieux laisser venir chez eux les habitants des villes italiennes que d'envoyer les objets fabriqués à Byzance par des Grecs de la capitale et de l'Archipel [3]. Dès ce moment, le courant qui entraîne vers l'Orient les marins de l'Italie méridionale latine semble plus important que le courant inverse. D'autre part, les villes de la Calabre grecque n'ont évidemment qu'une importance maritime secondaire, si on les compare à celles de l'Apulie et du littoral campanien.

Règlements maritimes. — Le développement de la marine marchande latine coïncide avec l'affaiblissement déjà sensible de la marine byzantine [4]. Il est possible que dès cette époque on ait rédigé, dans une sorte de code, les règlements et coutumes maritimes des grands ports de l'Italie méridionale. Est-ce une raison pour faire remonter jusqu'au XIe siècle les deux textes les plus importants de droit maritime, que nous ait laissés l'Italie méridionale, le document connu sous le nom de *Tavola* d'Amalfi, et les *Ordinamenta* de Trani [5] ? Les articles édictés par la « curie maritime de la noble cité d'Amalfi » sont rédigés soit en italien, soit en latin : on s'est demandé de

1. Cf. *supra*, p. 528 ; — Benzo, *Ss.*, XI, 615 ; — Aimé, VIII, 3 ; — Heyd (trad. Raynaud, *Comm. du Levant au m. â.*, t. I, p. 100).
2. Guil. Apul., III, 477. — Cf. Camera, *Mem. Stor.*, I, 192, 196.
3. Heyd., *l. c.*, t. I, p. 52-56.
4. Zachariæ von Lingenthal, *Geschichte des Griechisch-Römischen Rechts*, p. 319. — Cf. Neumann, *Historische Zeitschrift*, 1898, t. II, p. 1 et s.
5. Pardessus, *Lois maritimes*, t. I, p. 141 ; t. V, p. 217.

quelle époque peut être la partie latine, en vingt et un articles, qui est évidemment la plus ancienne; mais il n'y a pas la moindre indication dans le texte, qui permette de l'attribuer au xie siècle plutôt qu'au xiie. Tous les arguments qu'on prétend donner, dans un sens ou dans l'autre, ne reposent que sur des hypothèses très fragiles[1].

Quant aux *ordinamenta* de la ville de Trani, il est très vrai qu'ils portent en tête la date *millesimo sexagesimo tertio prima indictione :* 1063, Ire indiction[2]. Mais on n'a pas la moindre preuve que cette mention soit exacte, et l'on ignore complètement à quelle époque elle a été écrite. Le texte italien, qui suit cette date, est évidemment très postérieur à l'époque byzantine. On a cherché à établir que c'est la traduction d'un original, remontant à 1063 : mais on n'apporte, à l'appui de cette thèse, aucun argument solide. Il est question des trois *consuls* de la ville de Trani, qui ont promulgué ce règlement : or les chartes du xie siècle, écrites dans différentes villes d'Apulie, ne mentionnent pas une seule fois un consul. On peut proposer toutes les dates que l'on voudra, pour la rédaction des *ordinamenta* de Trani ; en dépit de toutes les tentatives des érudits, il est impossible, dans l'état présent des textes, d'arriver à une conclusion probable : au reste, ces deux documents n'étant connus que par des manuscrits très tardifs, c'est peine perdue que de vouloir, à moins de découvertes nouvelles, en éclaircir l'origine[3].

De même que nous pouvons affirmer l'existence d'un mouvement communal dans les villes d'Apulie, au xie siècle, tout en avouant notre ignorance sur l'organisation de ces communes, de même les textes nous indiquent assez clairement qu'à cette émancipation des villes correspond un progrès du commerce et de la marine marchande : mais à ces faits très généraux on ne peut ajouter aucun détail certain.

Rôle de la monnaie byzantine. — Cependant l'importance des intérêts qui unissent l'Italie méridionale au monde byzantin

1. Alianelli, *Delle antiche consuetudini e leggi marittime delle provincie Napolitane* (1871), p. 68. — Cf. Schupfer, *Manuale di Storia del diritto italiano*, p. 318.

2. Alianelli, *l. c.*, p. 53.

3. Alianelli, *l. c.*, p. 13 (étude de Volpicella). — Cf. Racioppi, *Arch. Stor. Nap.*, III, 679 ; — Schupfer, *l. c.*, 310 ; — Carabellese, *le Relaz. comm. fra la Puglia e Venezia*, vol. II (1897), p. 26 ; — Gabotto, *Arch. Stor. Nap.*, XXIII, (1898).

s'exprime encore par le rôle prépondérant de la monnaie byzantine dans les transactions locales. L'histoire des monnaies nous montre par des signes visibles les changements politiques qui se sont accomplis, du IXe au XIe siècle, dans les différentes régions de l'Italie méridionale et les conséquences qu'ils entraînent dans la vie économique. Après la chute de l'exarchat de Ravenne et du royaume lombard, apparaissent, à Bénévent comme à Naples, des pièces de frappe nouvelle, qui symbolisent le triomphe des souverainetés locales : on a vu comment, sur les pièces napolitaines, l'image de saint Janvier se substitue à celle du basileus[1]. Mais les plus répandus sont les sous d'or du prince de Bénévent, Arichis, imités d'ailleurs des pièces byzantines. Les monnaies lombardes des princes Grimoald, Sicon, Radelchis, portent l'image du protecteur national des Lombards, l'archange saint Michel[2]. D'ailleurs les tentatives de l'empire franc pour étendre sa souveraineté jusque sur les princes de Bénévent ont laissé des traces sur les monnaies locales : certaines pièces du temps de Grimoald, fils d'Arichis, portent le nom de Charles, roi des Francs. D'autres pièces, de la fin du IXe siècle, rappellent la domination éphémère de l'empereur Louis II dans la ville de Bénévent[3] : mais ce sont là des exceptions. En tout cas, c'est un fait, digne de remarque, que les seules monnaies connues des princes lombards soient antérieures à la restauration byzantine de Basile Ier et de Léon VI. On n'a trouvé, jusqu'à présent, aucune monnaie bénéventaine du Xe et du commencement du XIe siècle, sauf des deniers, à petit module, portant la légende *Lan-pri* et *Pal-pri*[4]. Quant aux princes de Salerne, le seul dont on trouve le nom sur une pièce de monnaie, c'est Gisulf, — probablement Gisulf II, — avec les mots *Opulenta Salerna* au revers.

Or des chartes assez nombreuses nous renseignent fort bien sur les monnaies en usage dans les principautés de Bénévent, de Capoue, de Salerne, aussi bien qu'en Apulie. Il n'y a, en réalité, que deux types de monnaie, dont le nom revient sans cesse dans les documents des Xe et XIe siècles : c'est le sou d'or byzantin et le *tari* d'Amalfi, valant un quart du

1. Cf. *supra*, p. 19.
2. MURATORI, *Antiq. Ital.*, II, 617.
3. MURATORI, *id.*; — ENGEL et SERRURE, *Traité de numismatique du moyen âge*, I, 35, 278.
4. ENGEL et SERRURE, *l. c.*, I, 291.

sou[1]. Le chiffre de la *composition* qui doit être payée, selon le droit lombard, en cas de violation d'un contrat, est toujours exprimé en sous de Byzance, sous de Constantin ou de Romain[2]. Les chartes apuliennes mentionnent, à plusieurs reprises, des sous de type spécial, *soteriki*, représentant l'image du Sauveur[3]; enfin les textes du XIe siècle font allusion aux sous *skyphati*, pièces de forme concave[4]. Si le prix de la composition est évalué en sous, le prix de vente d'une terre et le cens dû pour la location d'un domaine sont évalués, généralement, en *taris* d'Amalfi : les « taris » sont une monnaie courante à Naples et dans toute la Campanie ; ils pénètrent jusqu'en Apulie et en Calabre[5]. Au reste, on les fabrique à Salerne aussi bien qu'à Amalfi. Enfin on doit signaler les monnaies à légendes coufiques, frappées à Salerne jusqu'à la fin du XIe siècle, et destinées à faciliter les relations avec les pays musulmans. Amari en cite une, qui porte au droit le nom de Gisulf et au revers celui de l'émir africain Moezz[6]. Ce sont ainsi les deux villes voisines de Salerne et d'Amalfi qui présentent, au XIe siècle, la plus grande variété de types monétaires. Mais l'usage constant du *tari* local n'empêche point celui du sou byzantin, réservé, semble-t-il, pour le paiement de sommes plus considérables. L'Italie méridionale, par ses rapports avec Byzance, est la seule région de la péninsule, où circule en abondance la monnaie d'or. Les pièces franques ou germaniques qui, par l'Italie centrale, pénètrent jusqu'à Capoue, sont des pièces d'argent et, dans les pays où elles sont en usage, l'argent reste le seul métal monnayé[7]. C'est ainsi que le sou byzantin, longtemps après la conquête normande, est encore en Italie le type populaire de la pièce d'or : le nom de *Bizantii* est familier dans la langue italienne jusqu'au XIVe siècle, et c'est une locution courante en Toscane que de dire : *avere de' buoni Bizanti*[8].

1. Dans les chartes du *Cod. Cav.* on rencontre souvent l'expression *una quatuor tari boni per solidos* (*Cav.*, t. III, n°s 460, 479). Sur le *tari*, cf. CAPASSO, *Monum.*, III, 247 ; — CAMERA, *l. c.*, I, 174 ; — AMARI, *l. c.*, II, 456.
2. *Cod. Cav.*, t. III, n[os] 463, 467, 475 ; IV, 586 : *solidum Romanatum* (*Cod. Bar.*, IV, n° 25). GATTOLA, *Acc.*, p. 68, 220 ; I, 293.
3. *Cod. Bar.*, IV, n°s 7, 18, 19 ; — *Chart. Cupers.*, n° 32.
4. BELTRANI, *Docum. longob.*, n°s 15, 17.
5. *Reg. Neap.*, dans CAPASSO, t. II, n° 493 ; — TRINCHERA, n° 13.
6. AMARI, *l. c.*, II, 459.
7. ENGEL et SERRURE, *l. c.*, II, 791.
8. MURATORI, *Ant. It.*, II, 789.

Diversité des races : colonies slaves, arméniennes et juives. — Deux peuples et deux langues se partagent, au XIᵉ siècle, les thèmes italiens : les Grecs de Sicile et de Calabre, qui ont pénétré jusqu'en Lucanie ; les Latins-Lombards d'Apulie. Mais au milieu d'eux sont disséminées certaines colonies de races différentes, dont quelques-unes ont gardé leur organisation particulière et leur physionomie originale. L'élément arabe ou musulman, après avoir occupé pendant près d'un demi-siècle une grande partie des pays lombards, semble avoir à peu près disparu : c'est à peine si l'on peut signaler certains chefs de bande, établis en Apulie, au commencement du XIᵉ siècle ; mais il n'y a plus trace de colonies musulmanes importantes fixées dans la région[1].

En même temps que les corsaires musulmans, les Slaves de Dalmatie sont venus souvent visiter ou piller le littoral italien du sud-est : plusieurs d'entre eux, passés à l'Islam, sont entrés au service des émirs de Palerme. Mais, en dehors de ces bandes de pillards, il y a eu sur le sol italien, et assez loin du littoral, plusieurs colonies de Slaves, formant des groupes assez nombreux pour garder leurs chefs nationaux. Dès le VIIᵉ siècle, un chef bulgare, avec « toute l'armée de son duché », étant venu demander des terres aux Lombards, le duc Romuald avait établi ces émigrants dans les lieux déserts du pays des Samnites, à Sepino, Bojano, Isernia ; et, plus de cent ans après, ces Bulgares du Samnium, bien qu'ils eussent appris à parler latin, n'avaient pas encore perdu l'usage de leur langue originelle[2]. Au Xᵉ siècle, on trouve des colonies slaves au pays des Marses, non loin du lac Fucin : des notables *Sclavi* sont mentionnés expressément comme témoins dans les chartes de l'abbaye de Saint-Vincent-de-Vulturne[3]. Vers le milieu du XIᵉ siècle, une troupe de soldats slaves habite au nord de la Calabre, et Robert Guiscard les prend à son service, car ils connaissent fort bien tous les défilés du pays[4]. Enfin, dans la région du Gargano, près de cette ville de Siponto, attaquée à maintes reprises par les corsaires de l'Adriatique, on trouve à la même époque plusieurs chefs slaves, qui s'intitulent encore *jouppani*[5].

1. *Cf. supra*, p. 417, 436.
2. Paul Diacre, V, 29.
3. *Chron. Vult.*, 441.
4. Gauf. Mal., I, 16.
5. *Le mon. de Tremiti* (*Mélanges*, *l. c.*).

Il ne semble pas que, depuis l'époque de Basile Ier, les empereurs de Byzance aient envoyé dans les thèmes italiens de nouvelles colonies, venues des thèmes orientaux. Pourtant les chartes du XIe siècle nomment à Bari plusieurs Arméniens établis et mariés dans la ville : l'un de leurs prêtres a épousé une femme, originaire de Tarente[1]. Ces Arméniens descendent-ils de ceux qui sont venus avec les légions byzantines à la fin du IXe siècle, ou faut-il voir en eux des immigrants, attirés dans le pays par les intérêts de leur commerce? Les deux hypothèses peuvent être admises.

Nous sommes mieux renseignés sur les colonies juives fort importantes, établies dans l'Italie méridionale, et notamment en Apulie, bien avant la restauration byzantine. La communauté de Venosa était déjà connue par des tombes et des inscriptions hébraïques, dont les dates varient entre le Ve et le VIIIe siècle. Mais on a publié récemment un texte fort curieux contenant l'histoire d'une famille de notables juifs, depuis le milieu du IXe siècle jusqu'au milieu du XIe : c'est la chronique du rabbin Achimaaz d'Oria[2]. L'un des ancêtres de ce personnage est le rabbin Schefadja, établi à Oria, au temps de Basile Ier. Celui-ci ayant pris contre tous les juifs de l'empire des mesures fort rigoureuses, Schefadja se rendit à Constantinople, où il était déjà connu comme savant; il réussit à gagner la confiance du basileus et obtint de lui un privilège spécial, en faveur de la communauté juive d'Oria. Au reste les mesures générales de persécution ordonnées par Basile Ier devaient être bientôt rapportées par son fils, Léon VI. Le même texte nous montre les juifs établis à Gaëte, à Bénévent, à Capoue : quelques-uns arrivent aux plus hautes charges, comme ce Samuel ben Chananel, qui, d'après la chronique, serait devenu, à la cour des princes de Capoue, maître des douanes et des monnaies, au début du XIe siècle. Un autre membre de la famille d'Achimaaz, l'astrologue Paltiel, entre en rapports avec le khalife de Mehdia, conquérant de l'Egypte, Moezz ou Al Muizz; il devient bientôt premier ministre à la cour des Fatimites. C'est lui qui reçoit à Mehdia les ambassadeurs de Byzance. Un de ses oncles, dépouillé par les Arabes, lors des attaques des corsaires sur les côtes italiennes, a recours à lui

1. *Codice Barese*, I, n° 9; IV, n°s 4, 9, 11.

2. KAUFMANN, *Die Chronik des Achimaas von Oria*, 850-1054 (1896). On trouve à Bari, au XIe siècle, des Juifs hellénisés (TRINCHERA, n°s 26, 31).

pour se faire restituer ce qu'on lui a pris. Le même personnage obtient du basileus un chrysobulle qui l'autorise à revendiquer les anciens domaines ou trésors de sa famille, dispersés dans plusieurs villes d'Italie. Il se rend à Otrante et à Bari, où se sont réfugiés les juifs d'Oria, après le sac de 925, puis il va se fixer à Bénévent. Deux de ses fils s'établissent à Amalfi, et le patrice leur confie une ambassade à la cour de Mehdia, où leur cousin est toujours grand-vizir[1].

Les chartes de la Cava nous renseignent sur la *judaica* ou ghetto de Salerne, qui touche aux domaines de l'église Sainte-Marie : plusieurs membres de la colonie juive reçoivent de l'abbé, recteur de cette église, des concessions de terres, avec le droit de bâtir des maisons[2]. On trouve parmi eux des médecins, comme il y en a dans les villes de Calabre, au temps de saint Nil. Naples a aussi son quartier de juifs et sa synagogue[3]. Nous savons enfin, par la chronique de Léon d'Ostie, que les moines du Mont-Cassin avaient cédé à certains juifs, en gage d'un emprunt, une étoffe du trésor de l'abbaye : elle fut rachetée plus tard par l'empereur Henri II[4].

Sur le sol de l'Italie méridionale gréco-latine vivent ainsi les uns près des autres, et se trouvent en continuelles relations, des représentants de toutes les races et de toutes les religions du monde méditerranéen : il était naturel qu'un tel pays donnât naissance à une civilisation particulièrement brillante. Si cette civilisation n'arrive à son apogée qu'à l'époque normande, c'est dans la période byzantine qu'il faut en chercher les origines. Il nous reste à rappeler quelle influence exercent sur le mouvement intellectuel les liens qui unissent encore l'Italie méridionale à l'Empire d'Orient vers la fin du XIe siècle.

Le mouvement intellectuel. — Il faut mettre à part les pays grecs de Calabre, les seuls qui appartiennent, par leur langue et leur littérature, au monde byzantin. C'est dans les grandes villes de Calabre, à Reggio et à Rossano, que s'est réfugiée, pour ainsi dire, toute la culture de la Sicile byzantine[5], gravement

1. KAUFMANN, *l. c.*, p. 10, 12, 25, 29.
2. *Cod. Cav.*, II, n° 442 ; IV, n° 567, 651 ; V, n° 841 ; VII, p. 299.
3. *Reg. Nap.* (CAPASSO), II, n° 316, 403.
4. LEO OST., II, 43. — Cf. AIMÉ, II, 39 : il raconte l'histoire d'un jeune chrétien de Campanie, qui faillit se convertir au judaïsme.
5. BATIFFOL (*L'abbaye de Rossano*, Introduction) a justement insisté sur les origines siciliennes de l'hellénisme calabrais.

menacée au IXe siècle par le triomphe des Arabes. La *Vie de saint Nil* nous a montré comment les lettres grecques sont en honneur dans les principales familles de Rossano. Au reste, les seuls témoignages qui nous soient parvenus de l'activité intellectuelle des Grecs de Calabre sont les œuvres des moines, biographies de saints et poèmes liturgiques, dont la plupart appartiennent à la fin du Xe siècle et aux premières années du XIe. L'histoire des monastères basiliens est beaucoup moins connue au XIe siècle que dans la période antérieure[1]. Comme ils étaient en général fort mal défendus, établis loin des grandes villes et dans des conditions très précaires, il est probable que les envahisseurs normands, comme autrefois les Sarrasins, furent la cause de nouvelles migrations monastiques. Quand Robert Guiscard et ses compagnons commencent à expier leurs vols, en fondant des monastères latins, beaucoup de ces fondations ont dû se faire, tout d'abord, aux dépens des anciens monastères basiliens. Cependant les chartes de fondation des grandes métropoles latines, comme Bari et Acerenza, mentionnent, en termes généraux, les monastères grecs compris dans leur ressort, sans en indiquer le nombre. Nous en connaissons quelques uns d'une manière plus précise, à Bari, à Monopoli, et même beaucoup plus au nord, près de Lesina[2]. Mais le plus célèbre n'est pas situé dans le thème byzantin d'Italie : l'abbaye fondée à Grottaferrata par saint Nil se développe pacifiquement, sous la protection des comtes de Tusculum. Vers le milieu du XIe siècle, c'est encore un moine de Calabre, originaire de Rossano, qui est à sa tête : l'abbé Barthélemy, ancien disciple de Nil, est en relations avec le pape Benoît IX et le prince Guaimar de Salerne, et le monastère continue d'être, sous sa direction, un centre important de culture byzantine[3].

En dehors de la Calabre, dont les colonies monastiques se

1. Les seules vies de saints de cette époque sont : 1° celle de saint Philarète de Sicile, qui a vécu dans la Calabre méridionale et a connu les monastères des deux Elie (GAETANI, *l. c.*, II, 112) ; 2° celle de saint Barthélemy de Rossano, quatrième abbé de Grottaferrata (*Patr. gr.*, t. CXXVII, col. 477).

2. *Cod. Bar.*, I, n° 18 ; — TRINCHERA, n° 42 ; — *Cart. Trem.*, fol. 39 v° : la treizième année du règne de Constantin Monomaque, l'abbé Nicolas, *de genere Grecorum*, offre au monastère de Tremiti l'eglise et le monastère de Sainte-Marie, *in loco ubi puteo fetido dicitur*, aux environs de Lesina. — Cf. *supra*, p. 167, 377, 378 (sur la région du Vulture voir aussi FORTUNATO : *Rionero medievale*, p. 14).

3. *Patr. Gr.*, t. CXXVII, col. 477. — Cf. SCIOMMARI, *Note ed osservazioni istoriche spettanti all'insigne badia di Grottaferrata* (Rome, 1728).

répandent jusqu'aux portes de Rome, aucune trace n'est restée d'une vie intellectuelle dans les villes d'Italie, directement soumises au basileus[1]. L'Apulie lombarde, malgré la prospérité commerciale de Bari et de Trani, semble à cet égard singulièrement pauvre, et les seules œuvres écrites qu'on puisse signaler sont de sèches chroniques, sans aucun caractère littéraire[2]. Il faut arriver jusqu'à l'époque normande, pour trouver dans cette région un écrivain digne de ce nom, un poète historien, l'auteur des *Gesta Wiscardi*, écrits dans les dernières années du XIe siècle : encore n'est-il pas certain que Guillaume de Pouille soit un Lombard d'origine[3].

Entre l'Apulie et la Campanie, le contraste est saisissant : en Campanie, les lettres latines trouvent au contraire des foyers de culture ancienne, des centres très vivants, où se manifeste, à la fin du XIe siècle, une véritable renaissance : sans doute, l'influence byzantine n'entre que pour une part assez restreinte dans le développement de cette civilisation locale. Si l'abbaye du Mont-Cassin, dès la fin du IXe siècle, montre une remarquable activité intellectuelle, elle se rattache surtout au monde latin et carolingien, dont elle est, en quelque sorte, le poste le plus avancé vers le midi. On ne doit pas oublier cependant quels rapports existent entre Byzance et les Lombards du Sud, bien avant la restauration de Basile Ier. La ville de Naples, en même temps qu'elle est de nouveau unie à l'empire, devient, au Xe siècle, le principal foyer d'échanges intellectuels entre Byzance et le monde latin ; c'est, à vrai dire, le premier atelier de traduction qui se trouve dans l'Italie méridionale pour les œuvres des hagiographes grecs[4]. Vers la même époque, la ville de Capoue, par la présence des moines du Cassin et de l'abbé Jean, auteur de nombreux manuscrits, est devenue un centre

1. D'après certains témoignages du XVe siècle, un centre d'études grecques aurait existé à Nardò, dans la Terre d'Otrante, dès l'époque byzantine (ERMANNO AAR, *Gli studi storici di Terra d'Otranto*, p. 134). Mais, dans l'état présent des textes, il est impossible de dire quelle est la valeur de cette tradition. Très probablement, il y avait dans cette ville un monastère basilien, qui fut supprimé à l'époque d'Urbain II (*Ughelli*, I, 1036). Sauf cet exemple isolé, on ne sait rien de précis et de sûr sur les monastères basiliens de la Terre d'Otrante, *avant l'époque normande*.

2. Les *Annales de Bari* et la *chronique* dite de Lupus Protospata (*M. G., Ss.*, t. V). — Cf. dans MURATORI, *R. I. S.*, t. V, l'anonyme de Bari (HIRSCH, *de Italiæ inferioris annalibus*, p. 2).

3. *M. G. H., Ss.*, t. IX, p. 239. — Cf. *Archiv*, X, 107 ; — AMARI, *l. c.*, III, p. 21.

4. Cf. *supra*, p. 242 et s.

d'études fort actif. Mais, à la fin du xe siècle, c'est Salerne qui l'emporte par son activité intellectuelle sur les autres villes lombardes. La plus importante chronique qui nous soit restée de l'Italie méridionale lombarde est l'œuvre d'un moine de Salerne[1]; et cette œuvre, souvent pédantesque, pleine de récits fabuleux et de légendes, est assurément plus pittoresque et plus vivante que la sèche et triste histoire du moine Erchempert, écrite au siècle précédent. Le moine de Salerne a vécu en des temps plus heureux : il a composé sa chronique à loisir, consultant les archives locales, s'amusant à d'interminables digressions et mêlant à ses récits des dissertations grammaticales, où il se plaît à étaler naïvement son érudition. Bien qu'il ait fait, au reste, de larges emprunts à l'œuvre d'Erchempert, il est loin de partager son antipathie violente contre les Grecs. Il parle avec éloge du basileus Nicéphore, contre lequel un Italien du Nord, dans une œuvre contemporaine de la chronique de Salerne, et d'une valeur littéraire supérieure, dirigeait ses plus violentes satires[2].

Dès ce moment, les médecins de Salerne sont célèbres jusque dans le nord de la Gaule, puisque l'évêque de Verdun vient à Salerne pour les consulter. Il est vrai que vers la même époque, un de leurs confrères, venu à Amiens, passe pour un personnage fort ignorant et dont il faut se méfier[3]. En dehors de Salerne, on trouve des médecins — prêtres ou laïcs — dans toute les villes du littoral, et notamment à Naples[4]. Au xie siècle, les clercs napolitains, sous la direction de l'archevêque Pierre, continuent de copier ou de traduire de nombreuses vies de saints, et font connaître au clergé occidental des légendes byzantines[5]. La ville de Capoue compte, vers la même époque, beaucoup d'hommes instruits[6]. Mais, dans la seconde moitié du xie siècle, lors des luttes décisives entre Byzantins et Normands, Salerne et le Mont-Cassin sont les deux centres où la renaissance des lettres et des études se manifeste avec le plus d'intensité, où apparaissent les hommes les plus remarquables

1. *M. G. H.*, *Ss.*, t. III.
2. *Chron. Sal.*, *l. c.*, 173.
3. *Gesta episcoporum Virdunensium* (*M. G. H.*, *Ss.*, IV, 47 ; — Richer, *id.*, *Ss.*, III, 600 ; — Orderic Vital, t. II, 70.
4. *Reg. Neap.*, *l. c.*, II, 179. — Cf. *Reg. Neap. arch. mon.*, t. IV, 245 : — Gattola, *Access.*, 45.
5. Capasso, *Monumenta*, I, 232.
6. Capasso, *l. c.*, I, 274.

de cette époque, les seuls qui par leurs œuvres aient laissé un nom. L'archevêque Alfanus, parent des princes de Salerne et lié avec l'abbé Didier d'une étroite amitié, cultive la médecine et les arts libéraux, il compose de nombreuses pièces de vers, des épitaphes en l'honneur des princes de la dynastie salernitaine; il célèbre la *renovatio* du Mont-Cassin et les mérites de l'archidiacre Hildebrand. D'ailleurs, bien qu'il soit allé à Constantinople avec le prince Gisulf, il se trouve en conflit avec lui sur la conduite à tenir à l'égard des Normands. Les envahisseurs lui apparaissent comme un nouveau fléau de Dieu, contre lequel toute résistance est inutile; il est d'accord sur ce point avec son ami l'abbé Didier et les plus hauts personnages de l'Eglise romaine[1].

Didier n'est pas seulement l'un des chefs du mouvement réformateur, l'ami de l'archidiacre Hildebrand, le politique tenace et habile, qui fait de son abbaye la capitale d'un nouvel Etat ecclésiastique, le plus puissant de la péninsule après l'Etat pontifical : il veut donner au Mont-Cassin un éclat incomparable par la culture des lettres et des arts. Tandis qu'il contribue de toute son influence à rompre les derniers liens politiques qui unissent l'Italie méridionale à Byzance, à favoriser l'action conquérante de l'Eglise romaine contre le patriarcat byzantin, c'est à Byzance qu'il s'adresse pour décorer son église et pour embellir son monastère. Ayant eu l'occasion, dans un voyage à Amalfi, d'admirer les portes de bronze du palais épiscopal, il en commande de semblables à Constantinople, avant même d'avoir entrepris l'agrandissement de l'église. Mais bientôt il rêve de refaire, sur un plan plus grandiose, une autre basilique, et d'ajouter au monastère d'autres constructions. Son ambition s'étend avec les richesses, toujours croissantes, de l'abbaye. Pendant qu'il demande à Rome les marbres et les colonnes dont il a besoin, il envoie chercher à Constantinople les ouvriers les plus habiles dans l'art de la mosaïque : les uns décorent l'abside, le grand arc et le vestibule de la basilique, les autres font un pavé aux riches couleurs. La beauté de ces œuvres a si vivement frappé les contemporains qu'ils y ont vu le commencement d'une ère

1. Sur Alfanus, cf. LEO OST., III, 7; — AIMÉ, IV, 39. — Ses œuvres sont dans *Patr. lat.*, CXLVII, col. 1219; — SCHIPA, *Arch. Stor. Nap.*, XII, 767; — GIESEBRECHT, *de Litterarum Studiis apud Italos*, p. 46; — OZANAM, *Documents inédits pour servir à l'histoire littéraire de l'Italie*, p. 261.

nouvelle : on pouvait ainsi faire renaître, en pays latin, des arts dont le secret s'était perdu, croyaient-ils, depuis plusieurs siècles. Telle est bien d'ailleurs la pensée de Didier; il veut fonder au Mont-Cassin une école locale pour tous les arts dans lesquels Byzance exerce alors une primauté incontestable[1]. Mais, quels que soient ses rêves d'avenir, il ne peut se passer du concours des artistes byzantins; et certaines œuvres d'un art plus raffiné ne peuvent être exécutées qu'à Byzance même. Pour avoir une table d'autel en or, ornée d'émaux et de pierres précieuses, Didier envoie un de ses moines dans la capitale de l'empire, et s'adresse spécialement au basileus, dont l'autorisation lui est nécessaire, pour faire fabriquer à Byzance et emporter en Italie un objet aussi précieux[2].

C'est ainsi que l'abbé du Mont-Cassin maintient les relations traditionnelles du monastère avec la cour byzantine : ces relations deviennent même plus actives et plus fréquentes que sous les prédécesseurs de Didier. Jamais les moines bénédictins ne sont venus si souvent à Constantinople; la protection impériale leur est désormais inutile pour les domaines que les Normands seuls peuvent protéger ou menacer; mais ils flattent le basileus en sollicitant son concours pour embellir une église, qui est devenue l'un des lieux les plus vénérables et les plus célèbres de la chrétienté : en continuant d'envoyer des présents à l'abbaye du Mont-Cassin[3], Michel VII gardait un dernier lien avec l'Italie, et peut-être pensait-il sauver ainsi, dans la mesure du possible, le prestige impérial.

Ce ne sont pas seulement les œuvres de l'art oriental et le luxe des églises byzantines qui pénètrent au Mont-Cassin, au temps de l'abbé Didier. Les moines qui travaillent sous ses ordres rivalisent avec les clercs napolitains comme traducteurs de vies

1. Leo Ost., III, 18, 27.

2. Leo Ost., III, 32. J'ai volontairement omis, dans ce chapitre, tous les renseignements que peuvent fournir l'archéologie et l'étude des monuments. Je savais trop bien avec quel soin et quelle compétence mon ami M. Bertaux devait traiter cette question, pour me risquer sur le même terrain. Dans le beau livre qu'il vient de faire paraître sur *l'Art dans l'Italie Méridionale*, l'œuvre de l'abbé Didier (ou Desiderius) est étudiée dans le plus grand détail. Pour tout ce qui touche à l'influence byzantine dans l'art, on consultera notamment la fin du livre I, chap. IV et V et tout le livre II (l'art monastique, basiliens et bénédictins). Il ne me semble pas que les conclusions de l'auteur diffèrent sensiblement des résultats auxquels je suis arrivé, par la seule étude des textes.

3. Petr. Diac. III, 39 (continuation de Leo Ost.).

de saints[1]. D'ailleurs, les relations intellectuelles du monastère avec l'Orient se multiplient de toutes manières : parmi les novices, auxquels Didier donne l'habit monastique, se trouve un savant médecin né en Afrique, qui a passé une grande partie de sa vie à Bagdad. Au dire de ses contemporains, rien ne lui est étranger des sciences de la Chaldée, de l'Arabie, de la Perse, de l'Egypte et de l'Inde ; il a cultivé la grammaire, la dialectique, la physique, l'astronomie. Accueilli au Mont-Cassin après un court séjour à Salerne, Constantin l'Africain emploie les dernières années de sa vie à traduire en latin les œuvres des médecins arabes, auxquelles il joint certains extraits de Platon et d'Hippocrate[2].

Assurément, il n'y a pas en Italie un monastère latin qui soit plus ouvert que le Mont-Cassin à l'influence de la civilisation byzantine ; et pourtant on aperçoit en quelles limites étroites s'enferme déjà cette influence. Tandis que la supériorité des artistes byzantins leur assure encore un rôle prépondérant dans la décoration des églises, Didier et ses compagnons ne connaissent, en réalité, qu'une faible part de la littérature hellénique. Sauf les légendes de saints, toujours accueillies avec une vive curiosité, les seuls écrits byzantins qui, par le Mont-Cassin, pénètrent dans le monde occidental sont des textes d'un caractère pratique et d'une application immédiate. C'est par les manuscrits de ses juristes et de ses médecins que Byzance continue de faire l'éducation des Latins de l'Italie méridionale.

1. Cf. article du P. Delehaye, *Mélanges Fabre*, p. 48.
2. Leo Ost., III, 35. — Pierre Diacre, *de Viris ill. Casin.* (Murat., *R. I. S.*, t. VI, p. 40).

CONCLUSION

La restauration byzantine dans l'Italie méridionale, favorisée par l'anarchie occidentale et l'impuissance des derniers Carolingiens, a été l'une des œuvres les plus remarquables de la dynastie macédonienne, depuis Basile Ier et Léon VI jusqu'à Basile II le Bulgaroctone. Pour rétablir leur autorité dans la péninsule, au sud de Rome, les empereurs byzantins ont profité d'abord de la faiblesse des princes lombards, incapables de se défendre contre les invasions arabes. Ils ont eu ainsi, dans la protection de l'Italie contre l'Islam, un rôle décisif qu'on a trop laissé dans l'ombre. Au moment où un émir musulman occupe Bari, où d'autres Sarrasins, ayant pris Tarente, pénètrent, sans être arrêtés, jusque dans les massifs montagneux de l'Italie centrale, tandis que les corsaires ravagent impunément les côtes de Campanie, il s'en faut de peu qu'une grande partie de la péninsule ne subisse le même sort que la Sicile et l'Espagne. La marine napolitaine, après avoir sauvé Rome une première fois, sous le pontificat de Léon IV, est devenue, vers la fin du IXe siècle, la complice des musulmans. Cependant la puissance franque retrouve avec l'empereur Louis II une force nouvelle et son intervention longtemps retardée arrête enfin l'élan de l'Islam. Quand le petit-fils de Louis le Pieux rend Bari aux chrétiens, il semble que l'Italie méridionale va devenir une province de l'empire carolingien, dont la péninsule forme à ce moment la partie essentielle. Mais les Francs ne tardent pas à disparaître : la captivité de Louis II à Bénévent atteste, plus que tout autre épisode, la fragilité de leur domination. Les musulmans reprennent l'offensive sur terre et sur mer; et le pape adresse un appel désespéré au dernier empereur d'Occident, comme à l'empereur d'Orient. Seul alors le Byzantin est assez fort pour répondre à cet appel et justifier, par des services réels, la confiance du Saint-Siège.

Seul, il peut protéger Bari reconquise et recueillir, dans la plaine d'Apulie, le bénéfice des victoires franques, tandis que ses vaisseaux apparaissent, pour la première fois depuis près d'un siècle, sur le littoral campanien. Non seulement l'empire byzantin est seul en état d'opposer aux Arabes une résistance efficace, mais il réussit à leur enlever la plus grande partie du pays occupé par eux dans la péninsule, depuis que les maîtres de Palerme et de Carthage ont franchi le détroit de Messine et le canal d'Otrante. Quand les généraux byzantins, avant 890, ont repris Tarente et chassé les Arabes de la Calabre, il ne reste plus en Italie qu'un petit nombre de colonies sarrasines, établies surtout en Campanie et dont l'expulsion n'est qu'une affaire de temps. La victoire remportée, en 915, sur les bords du Garigliano, en faisant disparaître la dernière de ces colonies, marque le triomphe de la politique byzantine : c'est autour du stratège de Longobardie que se rangent, avec les milices de l'Italie méridionale, celles de Rome et de Spolète. La suprématie byzantine, reconnue par les princes lombards de Salerne et de Capoue, par les princes de Naples et les « archontes » de Gaëte et d'Amalfi, arrive à son apogée; au milieu de l'anarchie italienne, la puissance politique et militaire du basileus tient sans peine le premier rang, et le prince des Romains, Albéric, comme le roi d'Italie, maître seulement de l'Italie du Nord, recherchent à l'envi son alliance. Les Byzantins, en Italie comme partout, savent s'imposer à la fois par le prestige de leurs armes et par une diplomatie habile et souple, qui trouve dans le trésor impérial d'inépuisables ressources.

Malgré ces brillantes apparences, leur œuvre est incomplète et présente, dès le milieu du xe siècle, bien des signes de faiblesse. S'ils ont réussi, même après le règne de Léon VI, à empêcher tout établissement permanent des Arabes sur le sol de la péninsule, ils sont incapables de faire la police des côtes et de s'opposer au pillage des grandes villes du littoral. Au contraire, dans l'intérieur des terres, le progrès de la sécurité favorise la restauration des villes et des monastères. Si, dans la plupart des régions de l'Europe occidentale au xe siècle, le morcellement féodal ne fait que s'accroître, l'Italie méridionale offre un spectacle tout différent : sous le protectorat byzantin, les dynasties locales de Capoue et de Salerne s'enracinent davantage et fortifient leur autorité. Mais en même temps leurs liens avec Byzance n'ont plus qu'une valeur insignifiante ; dès lors elles tendent à s'affranchir d'une suprématie qui a cessé d'être utile, et bientôt elles poursuivent, aux dépens des officiers du basileus, une politique d'extension territoriale.

Entre le domaine des principautés lombardes et celui qu'administrent directement les stratèges de Longobardie et de Calabre, il est impossible de tracer une frontière : car il n'y a jamais eu de limite précise, ni aux yeux des Byzantins, ni aux yeux des Lombards. Mais, en fait, la zone mixte que se disputent les uns et les autres est assez resserrée : l'autorité byzantine a été reconnue, de bonne heure, sur le littoral de l'Adriatique, jusqu'à Lesina et à Termoli; à l'ouest de la plaine d'Apulie, elle pénètre jusqu'à Bovino, Ascoli, Melfi. Les vallées lucaniennes du Bradano, du Basento et de l'Agri sont soumises, presque tout entières, aux officiers du basileus, et il est probable que les comtes lombards, ne reconnaissant d'autres suzerains que les princes de Salerne ou de Bénévent, n'ont point dépassé, sauf en cas de guerre et d'une manière exceptionnelle, une ligne qui passe à peu près par les villes de Potenza, de Marsico et de Laino.

Vers la fin du xe siècle, les empereurs germaniques essaient de faire revivre, au-delà de Rome, les prétentions carolingiennes : leur intervention a surtout pour conséquence de provoquer des troubles en Campanie comme en Apulie, d'aggraver la misère, née des incursions sarrasines et d'ouvrir de nouveau dans les capitales lombardes, après une paix de plus de soixante ans, l'ère des révolutions de palais. Mais c'est en vain qu'ils trouvent des complices dans les factions, qui se divisent les villes d'Apulie et de Calabre. Le désastre d'Otton II sur les rives du golfe de Squillace marque la fin tragique d'une folle aventure. C'est en vain que les Césars germaniques prétendent rattacher au Saint-Empire les principautés lombardes : Capoue seule reconnaît leur suprématie, qui devient purement nominale après la mort de Paldolf Tête-de-Fer. En fait, les princes lombards oscillent entre les deux empires ; selon les circonstances et l'intérêt du moment, ils se rapprocheront de l'un ou de l'autre, à moins qu'ils ne cherchent à les flatter, tous deux ensemble, par de vaines promesses de soumission.

Cependant les Byzantins, mieux instruits sur les causes de faiblesse qui menacent leur domination italienne, réorganisent les deux thèmes de Longobardie et de Calabre, dont le premier, centre principal des forces byzantines, en relations plus directes, par les côtes illyriennes, avec le reste de l'empire, s'appelle officiellement désormais : thème d'*Italie*. Le catépan, installé à Bari, exerce au nom du basileus l'autorité suprême depuis Termoli et les bords du Biferno jusqu'au détroit de Messine et bientôt, par un vigoureux effort, l'un de ces catépans, Basile Bojoannès, relève la puissance byzantine, à peine ébranlée par la révolte de l'apulien Mélo et les premières attaques de ses alliés normands. A ce moment Byzance reprend en Italie à peu près le même rôle qu'un siècle plus tôt, au lendemain de la victoire du Garigliano. Le prestige du basileus est assez grand pour ramener dans le cercle de l'influence byzantine le prince de Capoue, plus puissant et plus redouté, entre 1025 et 1035, que son rival, le prince de Salerne. Mais, en dépit des apparences, les princes lombards sont pour l'empire des alliés plutôt que des vassaux : et l'autorité du basileus, qui se croit le maître d'une moitié de la péninsule, de Bari et Reggio jusqu'à Rome, repose en réalité sur un équilibre fort instable.

Le grand effort tenté contre la Sicile, entre 1038 et 1040, n'ayant abouti, après les premières victoires, qu'à un lamentable échec, porte une grave atteinte à la réputation des armes byzantines. Quand les mercenaires normands et le prince de Salerne se retournent contre le catépan, impuissant à défendre son thème, les Byzantins jouent de malheur, et bientôt ils n'ont plus les troupes suffisantes pour réparer une suite ininterrompue de défaites. La région où s'établissent les chefs normands est à peu près celle que les princes lombards ont cherché vainement à conquérir, un siècle plus tôt, et qui a vu passer ensuite les armées germaniques. Mais, à la différence des Francs, des Lombards et des Germains, les Normands, répartis en petites bandes très mobiles, attirant à eux tous les soldats d'aventure, tous les rebelles ou les mécontents en quête de pillage, restent fixés dans le pays ; ils terrorisent les paisibles habitants de l'Apulie et de la Calabre ; ils tiennent la clé de toutes les routes qui, des principautés lombardes, conduisent dans les thèmes byzantins, et ils interrompent ainsi toutes communications entre l'ouest et l'est. Voilà comment les princes lombards et avec eux les ducs indépendants du littoral campanien, complètement séparés de l'empire, au moment où l'empire vient de montrer sa faiblesse militaire, ne tiennent plus compte de Byzance dans leurs combinaisons politiques, et favorisent, par leurs querelles, les progrès des chefs normands, d'abord leurs auxiliaires et bientôt leurs tuteurs.

Dans les vingt années qui suivent l'entrée des Normands à Melfi, aucune victoire ne vient relever en Italie le prestige des Byzantins, et la décadence de leur marine militaire achève d'isoler les thèmes italiens. La fidélité à l'empire des villes d'Apulie et de Calabre est en réalité, durant cette période, le principal fondement de l'autorité du basileus; et les villes sont si divisées, si jalouses les unes des autres, que c'est là un fondement bien fragile. Pourtant, si la cour byzantine n'eût été occupée par d'autres luttes encore plus graves, si au péril extérieur n'étaient venus s'ajouter les troubles intérieurs, provoqués par des révolutions de palais trop fréquentes, il semble qu'une armée régulière, nombreuse et bien commandée, aurait pu aisément refouler les Normands en dehors des thèmes, ou du moins soumettre leurs chefs et les transformer en turmarques byzantins, prêts à reconnaître la souveraineté du basileus. Les désastres de l'empire après la mort de Constantin Monomaque et l'inaction forcée de la cour byzantine ont peut-être mieux servi les Normands que l'alliance tardive conclue avec eux par le Saint-Siège, à partir de l'avènement de Nicolas II.

Rien ne prouve, au reste, que durant ces deux siècles l'administration byzantine en Italie ait été particulièrement tracassière et oppressive. Sans doute, l'autorité sans contrôle, laissée aux stratèges et aux catépans, pouvait être la source de graves abus, mais la menace d'un prompt rappel restait toujours suspendue sur leur tête ; leur intérêt personnel, autant que celui du basileus, leur commandait de faire bon ménage avec les autorités locales et de ne pas s'aliéner les populations lombardes ou calabraises, très attachées à leur autonomie. Il ne semble point que les révoltes des villes apuliennes, ni même l'insurrection qui éclate au début du XIe siècle, aient jamais eu le caractère d'un soulèvement général contre l'empire; ce sont des émeutes locales, provoquées par les exactions de tel ou tel fonctionnaire et promptement réprimées. Elles se produisent aussi souvent dans la Calabre grecque que dans l'Apulie latine ; elles ne sont pas plus fréquentes, assurément, que dans les pays lombards, soustraits à l'autorité des officiers byzantins. Au contraire, quand on voit le mépris des premiers Normands pour ces populations pacifiques, si faciles à terroriser, on peut se demander si les Apuliens du XIe siècle, exposés surtout au fléau des invasions étrangères, ne sont pas moins accoutumés aux guerres privées que les habitants de la Campanie.

A prendre dans son ensemble l'histoire de l'Italie méridionale byzantine, depuis les premières années du xe siècle jusque vers 1040, y voit-on plus de troubles et de massacres que dans n'importe quelle autre province de l'empire? Les révoltes des princes lombards, considérés à Byzance comme les sujets du basileus, ont paru sans doute beaucoup moins redoutables, beaucoup moins menaçantes pour la sécurité de l'empire que celle des généraux d'Asie Mineure. Dans les périodes de crise les plus graves, quand les empereurs germaniques arrivent jusqu'à Bari, le basileus trouve toujours un point d'appui solide dans la fidélité d'une partie de la population et dans le zèle du haut clergé. Lors de la révolte de Maniakès, quand déjà les Normands ont remporté sur les troupes byzantines plusieurs victoires, les villes italiennes refusent tout appui au stratège rebelle et accueillent avec faveur les représentants de l'autorité légitime. Enfin, dans la longue résistance que les villes des deux thèmes opposent à la conquête normande, on ne remarque aucune différence entre le loyalisme des unes et des autres ; les Lombards de Bari, comme les Grecs de Gerace ou de Reggio, trouvent dans le régime impérial la plus sûre garantie de leur indépendance.

C'est qu'en effet la suprématie byzantine se maintient en Italie par des moyens très simples. Les stratèges de Longobardie, puis les catépans d'Italie, au nom du basileus, ont prodigué les dignités et les titres de la hiérarchie officielle aux anciens fonctionnaires lombards, aux grands propriétaires, aux notables des villes. Par une habile répartition de faveurs, ils divisent l'aristocratie indigène, mais lui abandonnent presque entièrement l'administration locale. Les vieilles coutumes sont respectées; le droit lombard reste en vigueur. Si l'on travaille lentement à rattacher les évêques latins d'Apulie au patriarcat byzantin, on ne cherche nullement à rompre avec le Saint-Siège, qui, depuis Jean VIII jusqu'à Etienne IX, a été à plusieurs reprises l'allié de l'empire dans l'Italie méridionale; il arrive même que le catépan de Bari reconnaisse, de la manière la plus explicite, les droits traditionnels du patriarcat Romain. Il y a donc eu dans l'attitude des gouverneurs byzantins, dans leurs rapports avec les Latins de l'Italie méridionale, une souplesse, une habileté, un esprit de conciliation, où l'on aurait tort de voir seulement une preuve de faiblesse : car les mêmes personnages, comme un Basile Bojoannès, témoignent, à l'occasion, d'une extrême énergie pour rétablir l'autorité du basileus.

Est-ce à dire que les stratèges et les catépans se soient bornés à maintenir la suprématie politique de Byzance, sans poursuivre l'assimilation des Lombards latins? En fait, s'il y a eu parfois des tentatives violentes pour imposer aux habitants du pays la langue et la liturgie officielles de Byzance, ces tentatives semblent avoir été assez rares. Vers la fin du XIe siècle, au nord de Tarente et de Brindisi, la masse de la population est restée latine. Sur le littoral campanien, les gens de Naples et d'Amalfi, anciens vassaux de Byzance, sont de purs Latins, comme leurs voisins lombards de Salerne et de Capoue. Cependant, chez les uns comme chez les autres, l'influence de la langue et de la culture byzantines se propage lentement par les monastères grecs, dispersés un peu partout, et par les émigrants venus de Calabre; il faut y ajouter, du moins en Apulie, le prestige de l'empire : volontiers, les nobles lombards, si avides de dignités byzantines, s'habillent à la mode byzantine, écrivent ou signent leur nom en grec et s'instruisent dans la langue officielle, sans perdre leur caractère local; le duc d'Italie, Argiros, est le type de ces Lombards hellénisés. Mais la seule région qui se transforme, et dans laquelle l'hellénisme devient prépondérant, c'est le nord de la Calabre, la Lucanie méridionale, les vallées de l'Agri et du Sinni, la région voisine de Tarente et de Brindisi. Il semble que les colonies proprement byzantines, d'origine orientale, n'aient joué qu'un rôle secondaire dans cette hellénisation, sauf peut-être au début de la conquête, au temps de Basile Ier et de Léon VI. On doit tenir grand compte, au contraire, de l'action des émigrants siciliens et calabrais, qui a été plus continue et plus durable.

Ainsi la Grande-Grèce byzantine a dépassé les limites, où elle était enfermée au VIIIe siècle; et la langue grecque restera vivante dans ce domaine nouveau jusqu'à la fin du moyen âge. Ce n'est pas le seul résultat durable de la restauration macédonienne. Les Normands ne détruisent, à la fin du XIe siècle, que la puissance militaire du basileus; mais ils empruntent aux vaincus les cadres de leur administration et leur manière de gouverner; ils laissent intactes les institutions locales, et c'est à peine si l'organisation ecclésiastique, par les progrès de l'Eglise romaine, commence à subir quelques changements. La suprématie du basileus, très inégalement reconnue selon les villes et les régions, a donné cependant comme une empreinte commune à toutes les parties de l'Italie méridionale; elle a préparé ainsi l'unité de la monarchie normande. Si l'influence franque ou germanique a pénétré, passagèrement, jusqu'en Campanie, si l'Apulie et la Calabre n'ont pas échappé à l'influence arabe, ces deux influences n'ont eu, à vrai dire, dans l'Italie méridionale, du VIIIe au XIe siècle, qu'un rôle secondaire. C'est le mélange des influences byzantine et lombarde qui a donné à l'Etat gréco-latin, organisé par les Normands au sud de la péninsule, son caractère original. Enfin la civilisation si brillante, qui s'y épanouit au XIIe siècle, a son principe dans le développement de la vie urbaine, du commerce et du luxe — conséquence naturelle des rapports plus fréquents avec Byzance.

TABLE ALPHABÉTIQUE DES NOMS PROPRES

N. B. — Les chiffres écrits en italiques renvoient aux passages les plus importants.
Les noms d'auteurs modernes, mentionnés en dehors des références, sont marqués d'un astérisque.

A

B

C

F

H

I

J

K

L

(1) oltre alle pagine su riferite, Lupo Protospad… menzionato alle seguenti pp. 110, 114, 143, 14… 208, 209, 211, 214, 215, 232, 304, 3025, 330 … 346, 360, 362, 364, 367, 368, 369, 399, 401, 40… 4[illegible] 433, 434, 451, 454, 455, 464, 46… [illegible] 503, 505, 521, 526, 535, 536…

N

O

Q

R

S

T

U

TABLE ANALYTIQUE DES MATIÈRES

V. La campagne franque de 866-867 ; Louis II en Campanie et en Apulie. . . . .

Louis II et les États campaniens. — Guerre contre les Sarrasins.

LIVRE II

LA POLITIQUE ET LA CONQUÊTE BYZANTINES DANS L'ITALIE MÉRIDIONALE DEPUIS L'AVÈNEMENT DE BASILE Ier JUSQU'A LA VICTOIRE DU GARIGLIANO (867-915).

CHAPITRE I. — **Les rapports entre Basile Ier et Louis II. Siège et prise de Bari. Etat de la Campanie à la fin du règne de Louis II (867-875)**. . . . .

I. Les rapports entre Louis II et la cour byzantine avant la tentative d'alliance . . . .

II. La lettre de Louis II à Basile est-elle authentique ? . . .

III. La tentative d'alliance entre les deux empereurs. Prise de Bari par les Francs (867-871). . . . .

Valeur du témoignage byzantin sur les préliminaires et les causes de l'alliance. — Le rôle militaire des Francs. — Prise de Bari. — Malentendus et causes de rupture.

IV. La révolte de Bénévent et l'appel aux Byzantins contre Louis II ; les Francs et les Sarrasins en Campanie jusqu'à la mort de Louis II (871-875) . . . .

Captivité de Louis II à Bénévent. Les Sarrasins devant Salerne. — Louis II délivré prépare une nouvelle campagne. — Louis II à Capoue. Le prince de Bénévent se tourne vers Byzance.

CHAPITRE II. — **Les débuts de l'occupation byzantine au Sud-Est. Première intervention en Campanie (875-883)**. . . . .

I. Les Byzantins maîtres de Bari et de Tarente (876-880) .

Les Byzantins entrent à Bari. — Campagne navale. — Première armée envoyée en Calabre.

II. Les Sarrasins en Campanie ; la politique du pape Jean VIII et son alliance avec les Byzantins. . . . . . .

Capoue et Salerne détachées de l'alliance sarrasine. — Les Sarrasins dans l'État pontifical. — Révolution à Naples : avènement de l'évêque Athanase. — Le Saint-Siège tributaire des Sarrasins. Alliance avec les Byzantins. — Le prince de Bénévent se rapproche du pape et des Byzantins. — Jean VIII et l'Église byzantine. — Guerre civile en Campanie. — Politique napolitaine. Les Sarrasins à Agropolis et sur les bords du Liris. — Résultats de la politique de Jean VIII. — Nouvelles incursions des Sarrasins de Campanie. — Destruction des grandes abbayes lombardes.

CHAPITRE III. — **Les Sarrasins chassés de Calabre et de Campanie. — Etablissement du protectorat byzantin sur les Lombards du Sud (883-915)** . . . .

I. Les conquêtes du stratège Nicéphore Phocas. L'action byzantine à Salerne et à Naples. 132

Les campagnes de Nicéphore Phocas en Calabre et chez les Lombards. — Rôle politique de l'évêque de Naples; accord avec les Sarrasins. — Le prince de Salerne et le duc de Spolète provoquent l'intervention byzantine. — Le protectorat byzantin à Salerne. — Les auxiliaires byzantins à Naples.

II. L'autorité byzantine et les Bénéventains; révolte du prince Aion; Bari perdue et reprise (885-888) 141

Révolte des Lombards de Bénévent et d'Apulie contre le stratège. — Envoi d'une armée byzantine et campagne autour de Bari. — Le comte de Capoue se rapproche des Byzantins. — Prise de Bari et soumission du prince de Bénévent.

III. La politique byzantine dans l'Italie méridionale après la reprise de Bari; conflit avec la maison franque de Spolète (888-900) 145

La protection de la Calabre méridionale. — Les stratèges à Bénévent. Tentatives pour soumettre directement la Campanie. — Les Byzantins chassés de Bénévent et remplacés par les Francs de Spolète. — Nouvelle révolution. La dynastie des comtes de Capoue prend possession de Bénévent. — Léon VI et les Francs de Spolète. — Un projet de mariage entre la fille du basileus et le roi carolingien de Provence.

IV. Le péril sarrasin au début du xe siècle; dernières luttes en Campanie, victoire du Garigliano (915). 155

Les Africains en Calabre. — Paix provisoire en Calabre. — Luttes en Campanie. — Le prince de Capoue et Bénévent entre dans la clientèle byzantine. — La suprématie byzantine reconnue à Naples et à Gaëte. — Bataille du Garigliano.

LIVRE III

LE RÉGIME BYZANTIN DANS L'ITALIE MÉRIDIONALE DEPUIS LE RÈGNE DE LÉON VI JUSQU'A L'AVÈNEMENT DE NICÉPHORE PHOCAS (886-963). 165

Chapitre I. — L'administration byzantine : les thèmes et les États lombards vassaux au commencement du Xe siècle. . . . 167

I. Comment se forment les thèmes de Longobardie et de Calabre . . . . *Id.*

Origine du thème de Calabre. — Longobardie. — Les premiers stratèges de Longobardie. — Le thème de Céphallénie : ses rapports avec la Longobardie.

II. Les rapports avec la population lombarde. 175

Les trois régions du thème de Longobardie. — L'attitude des stratèges et les principes de la politique impériale.

III. La colonisation byzantine. 181

CHAPITRE V. — **Les moines grecs en Calabre et la colonisation religieuse byzantine** 254

Saint Elie de Castrogiovanni et saint Elie de Reggio. — Les moines de la Calabre septentrionale les saints Christophore et Sabas, Luc et Vital. Le « Mercourion ». — Saint Nil de Rossano. La vie monastique au milieu du x° siècle.

LIVRE IV

L'ITALIE MÉRIDIONALE ET L'EMPIRE BYZANTIN DEPUIS L'AVÈNEMENT DE NICÉPHORE PHOCAS JUSQU'A LA MORT DE CONSTANTIN VIII (963-1028). LES CONFLITS AVEC L'EMPIRE GERMANIQUE. 287

CHAPITRE I. — **Rivalité de Nicéphore Phocas et d'Otton Ier dans l'Italie méridionale. Politique nouvelle de Jean Tzimiscès. Rapports des principautés lombardes avec les deux empires. (966-973)** 289

I. Les affaires italiennes et les deux empires avant le conflit . . . . *Id.*

Expédition malheureuse des Byzantins en Sicile. — Restauration de l'empire d'Occident. Conséquences à Rome et dans l'Italie méridionale.

II. La politique germanique et le prince de Capoue. Premières négociations diplomatiques entre Nicéphore et Otton 295

Le rôle de Paldolf, prince de Capoue. — L'empereur Otton chez les Lombards du Sud. — Première ambassade byzantine à Ravenne.

III. Rupture entre Otton et Byzance. La guerre en Apulie, en Calabre et en Campanie (968-970) 304

Ambassade byzantine à Capoue. Otton Ier en Apulie. — L'évêque de Crémone à Byzance. Causes du conflit. — Nouvelle invasion d'Otton Ier dans les thèmes byzantins. — Captivité de Paldolf. Les Byzantins reprennent l'offensive.

IV. Renversement de la politique byzantine. Mariage de Théophano et d'Otton II. Situation respective des deux empires au sud de Rome 316

Causes du revirement : les débuts de Jean Tzimiscès. — Retour de Paldolf en Italie. — Ambassade germanique à Byzance ; mariage de Théophano. — Résultats de la politique d'Otton Ier. Puissance du prince de Capoue.

CHAPITRE II. — **L'Italie méridionale au commencement du règne de Basile II. La politique d'Otton II et l'invasion germanique en Calabre (976-983)** 324

Nouvelles incursions sarrasines en Calabre et en Apulie. — Les projets d'Otton II. Préliminaires et causes de son expédition dans l'Italie méridionale. — Révolutions locales à Salerne et à Bénévent. — Invasion de l'Apulie. — Invasion de la Calabre.

CHAPITRE III. — **Une réforme administrative : l'institution du catépan d'Italie** . . . .

Origines de la réforme. — La mission du magistros Nicéphore. — Le juge impérial d'Italie et Calabre. — Le thème d'Italie. — Sens du mot catépan.

CHAPITRE IV. — **Les églises grecques et latines dans l'Italie méridionale à l'époque du conflit entre les deux empires.** . .

I. La politique religieuse de Nicéphore Phocas : institution d'une nouvelle métropole grecque à Otrante (968).

II. Les nouvelles métropoles lombardes. . . . .

La métropole et la province de Bénévent. — La métropole et la province de Salerne.

III. Les diocèses apuliens à la fin du xe siècle. . . . . . .

Les archevêques de Bari et de Trani. — Y a-t-il des évêques grecs en Apulie ?

CHAPITRE V. — **L'Italie méridionale depuis la retraite d'Otton II jusqu'à la révolte de Mélo (983-1009).** . . . .

La défense de la Calabre et de l'Apulie contre les Sarrasins. — Révolutions locales en Campanie. — Intervention d'Otton III.

CHAPITRE VI. — **Les moines grecs en pays latin. Saint Nil et le Mont-Cassin.** . . . .

Les Basiliens en Apulie. — Les Basiliens en Campanie. — Rapports des Basiliens avec les princes lombards et les empereurs germaniques. — Basiliens et Bénédictins. — L'Italie méridionale et les moines réformateurs d'Occident.

CHAPITRE VII. — **La politique et l'influence byzantines à Rome. Les rapports du basileus avec Otton III** . . . .

Les élections pontificales et la cour byzantine. — Premiers rapports d'Otton III avec Byzance. — L'aventure du Calabrais Philagathos. — Ambassade germanique à Byzance. — Les rêves d'Otton III et l'influence byzantine.

CHAPITRE VIII. — **La révolte de Mélo et les premières guerres contre les Normands en Apulie (1009-1018).** . . . .

Les sources de l'histoire de Mélo. — Première révolte et victoire des Byzantins. — Attitude des princes lombards. — Mélo et les premiers chefs normands. — Intervention du pape Benoît VIII. — Invasion des Normands en Apulie : premières victoires et défaites finales.

CHAPITRE IX. — **L'œuvre du catépan Basile Bojoannès. Lutte contre l'empire germanique et triomphe de la politique byzantine (1018-1028).** . . . .

Les villes nouvelles : fondation de Troia. — Le péril sarrasin diminue. — Rapports du catépan avec les Lombards de Campanie. — Expédition de l'empereur germanique Henri II ; siège de Troia. — Intervention d'Henri II à Capoue et au Mont-Cassin. — Retour à Capoue de Paldolf III, protégé des Byzantins. — La politique byzantine à Rome. — Les Byzantins dans l'Adriatique et en Sicile.

LIVRE V

LE DÉCLIN DE LA DOMINATION BYZANTINE (1028-1071) 431

CHAPITRE Ier. — **L'Italie méridionale et les deux empires depuis le départ du catépan Basile Bojoannès jusqu'à la seconde invasion normande (1028-1040)** 433

I. La lutte contre les Sarrasins . . . . *Id.*

II. Prépondérance de Paldolf, prince de Capoue, allié des Byzantins (1028-1037) 437

Le premier comte normand d'Aversa. — Le prince de Capoue maître de Gaëte; soumission du Mont-Cassin. — Rapports de Paldolf avec Bénévent et Salerne.

III. Nouvelle intervention germanique: prépondérance de Guaimar V, prince de Salerne (1037-1039) 442

L'empereur Conrad est-il venu dans l'Italie du Sud avant 1038? — L'empereur Conrad et la cour byzantine. — Expédition germanique en Campanie: Capoue livrée au prince de Salerne; triomphe de l'influence impériale au Mont-Cassin. — Nouvelles conquêtes du prince de Salerne; ses rapports avec Byzance.

CHAPITRE II. — **La seconde invasion normande en Apulie. Révolte de Maniakès et rôle d'Argiros (1040-1043)** 450

Campagne de Maniakès en Sicile; sa disgrâce. — Les Normands en Apulie; rôle du Milanais Ardouin, prise de Melfi. — Défaites successives des catépans. — Maniakès renvoyé en Italie. Accord des Normands avec Argiros, fils de Mélo. — Révolte de Maniakès et soumission d'Argiros. — Les Normands d'Apulie et le prince de Salerne. — Fuite de Maniakès; jugements sur son caractère.

CHAPITRE III. — **Progrès de l'occupation normande. Le pape Léon IX allié d'Argiros et des Byzantins. Bataille de Civitate. Les évêques apuliens et le schisme oriental (1043-1054)** 469

Le thème d'Italie après 1043. Séjour d'Argiros à Constantinople. — Politique du prince de Salerne. — Intervention de l'empereur Henri III en Campanie. — Rôle du pape Léon IX dans l'Italie méridionale. — Occupation de Bénévent par le Saint-Siège. Préparatifs de guerre contre les Normands. — Révolution à Salerne et retour d'Argiros. Alliance du pape et des Byzantins. — Bataille de Civitate. — Correspondance du pape avec le basileus et le patriarche. Les origines du schisme et le clergé apulien.

CHAPITRE IV. — **De la bataille de Civitate au concile de Melfi. L'inaction byzantine. Le revirement de la politique pontificale (1054-1059)** 501

Lente extension de la conquête normande. — Les débuts de Robert Guiscard. — Les Normands et le prince de Salerne. — L'inaction militaire de Byzance; politique d'Argiros et nouvelles tentatives d'alliance entre les deux empires. — Le Mont-Cassin et le Saint-Siège. — Projets du pape Etienne IX

contre les Normands. — Puissance des Normands en Campanie; rôle du moine Didier; l'alliance byzantine est abandonnée. — Accord entre les Normands et le parti réformateur romain. — Le concile de Melfi.

CHAPITRE V. — **Du concile de Melfi à la prise de Bari. Le dernier effort des Byzantins contre les Normands d'Apulie (1058-1071)** 520

Progrès de Robert Guiscard en Apulie; soumission de la Calabre. — La politique d'Isaac Comnène et de Constantin Doukas. — Négociations entre Byzance et la cour germanique: rôle d'Amalfi. — Dernières luttes en Apulie; relations des rebelles Normands avec Byzance. — Résistance de Bari aux Normands; siège et prise de la ville.

CHAPITRE VI. — **État politique de l'Italie méridionale en 1071. Le rôle du Saint-Siège et l'état des églises** 539

I. Les Normands et l'administration byzantine. — L'Apulie et la Calabre. — La Campanie.

II. L'action du Saint-Siège. Diocèses latins et grecs 545

L'œuvre de Nicolas II. — L'œuvre d'Alexandre II. — Les nouveaux archevêques et évêques latins.

CHAPITRE VII. — **L'administration locale au XIe siècle dans les pays lombards, dans les duchés de Naples et de Gaëte et dans le thème d'Italie. L'émancipation des villes** 553

Principautés lombardes. — Naples et Gaëte. — Le thème d'Italie. — Rôle des « boni homines ». — L'émancipation des villes.

CHAPITRE VIII. — **Le droit lombard, le droit romain et le droit byzantin dans l'Italie méridionale au XIe siècle** 569

Le droit lombard dans les thèmes byzantins. — Le droit romain-justinien en Campanie. — Pénétration réciproque des différents droits; progrès du droit byzantin.

CHAPITRE IX. — **La civilisation de l'Italie méridionale et l'influence byzantine à la fin du XIe siècle** 580

Le développement économique. — Les produits du sol. — Le commerce. — Les villes apuliennes. — Salerne et Amalfi. — Règlement maritime. — Rôle de la monnaie byzantine. — Diversité des races; colonies slaves, arméniennes et juives. — Le mouvement intellectuel.

CONCLUSION 599

TABLE ALPHABÉTIQUE DES NOMS PROPRES 607

TABLE ANALYTIQUE DES MATIÈRES 629

TOURS. — IMPRIMERIE DESLIS FRÈRES, 6, RUE GAMBETTA.

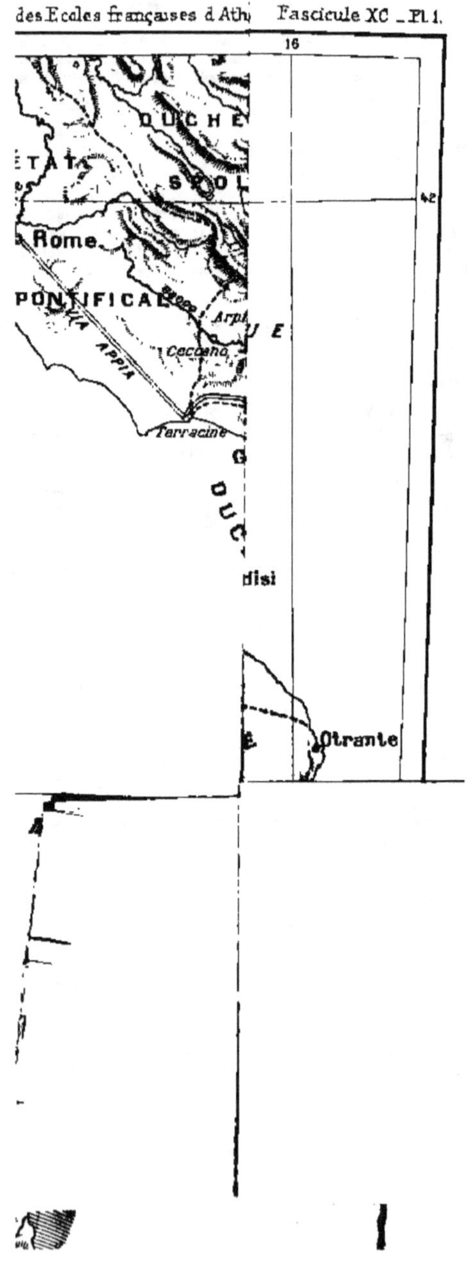
16
42
DUCHE
ÉTATS
SPOL
Rome
PONTIFICAL
VIA APPIA
Arpi
E
Ceccano
Terracine
G
DUC
disi
Otrante

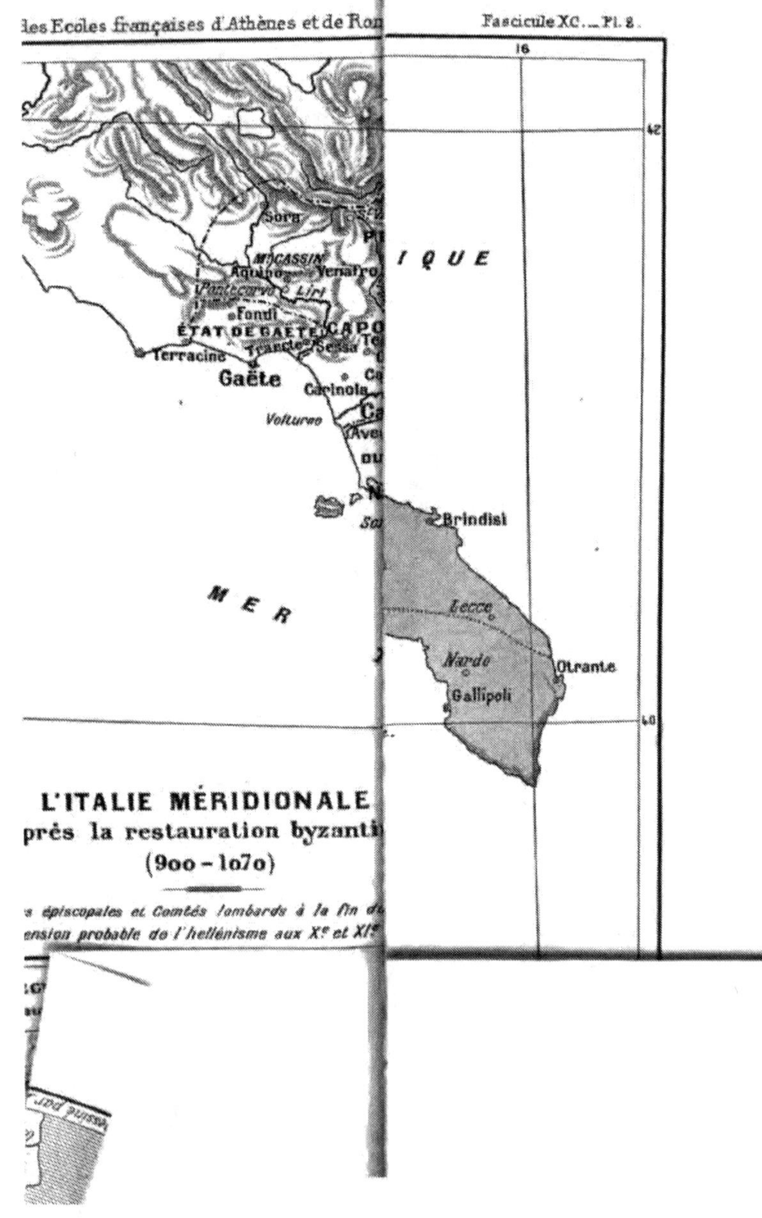

L'ITALIE MÉRIDIONALE
près la restauration byzanti
(900 – 1070)

s épiscopales et Comtés lombards à la fin d
ension probable de l'hellénisme aux Xe et XIe

www.ingramcontent.com/pod-product-compliance
Lightning Source LLC
La Vergne TN
LVHW011634170226
831838LV00036B/1133

* 9 7 8 1 0 1 5 6 7 2 8 9 5 *